A ÓPERA CLÁSSICA ITALIANA

Supervisão Editorial:	J. Guinsburg
Assessoria Editorial:	Plinio Martins Filho
Revisão:	Francisco Costa
Capa e Diagramação:	Adriana Garcia
Produção:	Ricardo W. Neves
	Heda Maria Lopes
	Raquel Fernandes Abranches

HISTÓRIA
DA ÓPERA

Lauro Machado Coelho

A ÓPERA CLÁSSICA ITALIANA

Dados Internacionais de Catalogação na Publicação (CIP)
(Câmara Brasileira do Livro, SP, Brasil)

Coelho, Lauro Machado
A ópera clássica italiana / Lauro Machado Coelho. -- São Paulo : Perspectiva, 2003. -- (História da ópera)

Bibliografia.
ISBN 85-273-0591-7

1. Classicismo na música 2. Ópera - Itália
I. Título. II. Série.

03-4115 CDD-782.10945

Índices para catálogo sistemático:
1. Ópera clássica italiana: 782.109.45

EDITORA PERSPECTIVA S.A.
Av. Brigadeiro Luís Antônio, 3025
01401-000 – São Paulo – SP – Brasil
Telefax: (11) 3885-8388
www.editoraperspectiva.com.br
2003

Para Simone Belda,
Liz Nogueira e Bea Esteve,
a cuja amizade e apoio devo muito

Cantar é quase miraculoso
porque significa dominar
aquilo que é o mais puro
instrumento do egotismo:
a voz humana

HUGO VON HOFMANNSTHAL

No teatro, vemos o que foi dito,
pensado ou feito por várias pessoas,
em vários lugares diferentes;
na ópera, vemos o que não foi dito,
pensado ou feito por ninguém, em parte alguma

WILLIAM HAZLITT

Quem suportaria as intermináveis arengas de Wotan,
sem a música soberba que as acompanha?
Orfeu chorando a morte de Eurídice
nos comoveria tanto se, desde o início,
Gluck não tivesse, com umas poucas notas,
conquistado nosso coração?
E o que pensaríamos das marionetes da
Flauta Mágica *sem a música de Mozart?*

CAMILLE SAINT-SAËNS

Sumário

Prefácio

Não se espante o leitor ao reencontrar, neste volume dedicado ao Classicismo, autores como Anfossi e Guglielmi, Sarti ou Zingarelli, já citados, de forma mais breve, em *A Ópera Barroca Italiana*, desta mesma coleção. Músicos em cuja obra ainda persistem elementos barrocos tardios típicos, eles pertencem também ao grupo dos que se empenharam em renovar o melodrama peninsular, por isso perfilando-se ao lado de representantes do Classicismo italiano em sua plenitude, como a trinca Cimarosa, Piccinni, Paisiello.

Periodização é uma questão muito delicada, já que estilos de época não têm desenvolvimento paralelo de uma arte para a outra, e muito menos de país para país. Delimitar fronteiras nítidas é ainda mais difícil no caso da História da Ópera italiana na segunda metade do século XVIII. Identificar elementos barrocos na obra de um conservador como Zingarelli, que viveu até 1837, é tão curioso quanto dar-se conta de que, na produção de compositores de estampa ainda clássica como Mayr, Paer e, sobretudo, Rossini, já estão presentes traços característicos do Pré-romantismo. Tendo, em *A Ópera Barroca*, encarado Guglielmi ou Anfossi de determinado ângulo, podemos agora mudar o ponto de vista, e examiná-los de outro ângulo.

Em *A Ópera na França*, o leitor terá também encontrado referências à fase francesa da carreira de Piccinni, Sacchini, Salieri, músicos associados, de uma forma ou de outra, ao auge da carreira de Ch. W. Gluck, desenvolvida em Paris. Essa era uma visão restrita, concentrando o foco num aspecto determinado da produção desses compositores. Temos agora a possibilidade de abrir esse foco e dar dela uma visão mais ampla.

É evidente que um panorama do Classicismo não se completa sem a menção à obra de Gluck, Mozart, Haydn, sobretudo numa época em que a ópera de modelo italiano ainda tem caráter hegemônico, e é praticada tanto em Nápoles e Veneza quanto em Londres, Berlim, Viena ou na distante corte de Catarina II, a Grande, para a qual trabalharam várias personagens deste livro. Referências à contribuição desses grandes nomes serão feitas a todo momento. Mas, para uma abordagem mais detalhada, remeto o leitor à *Ópera na França* (Gluck) e à *Ópera Alemã* (Haydn e Mozart) – lembrando que o autor das *Bodas de Fígaro*, um dos maiores operistas de toda a história do gênero, será objeto de um volume independente nesta coleção.

Muito importante para ilustrar os autores resenhados neste trabalho foi o material fornecido pelo álbum *A Hundred Years of Italian Opera 1800-1810*, do selo inglês Opera Rara, regido pelo maestro David Parry. Como são muito freqüentes as referências a essa antologia, ela será sempre mencionada com a sigla HYIO/OR.

Quero aqui agradecer aos amigos que, na noite de 12 de dezembro de 2002, reuniram-se no Teatro Municipal de São Paulo, para marcar com um recital o lançamento de *A Ópera Italiana Após 1870*, desta coleção. Minha gratidão a Vânia Pajares, que fez a direção musical, o acompanhamento ao piano, e cantou no recital; a Sergio Casoy, que fez a produção e a apresentação; a João Malatian, que fez a formatação cênica; e aos cantores Adelia Issa, Andrea Ferreira, Angelica Feital, Daniela de Carli, Deborah Oliveira, Eduardo Janho-Abumrad, Eiko Senda, Isabel Batista, Laura Aimbiré, Luiza de Moura, Marcello Vannucci, Marcio Marangon, Monica Martínez, Paulo Queiroz, Richard Bauer, Rosana Barakat, Sebastião Teixeira. Minha gratidão e respeito muito especiais a Niza de Castro Tank, a primeira intérprete em discos da Cecy do *Guarany*, por sua participação especial. Meu agradecimento também a Lucia Camargo, a diretora do Teatro Municipal, e a Sarah Nasralla, a sua assistente.

Lauro Machado Coelho
maio de 2003

Introdução

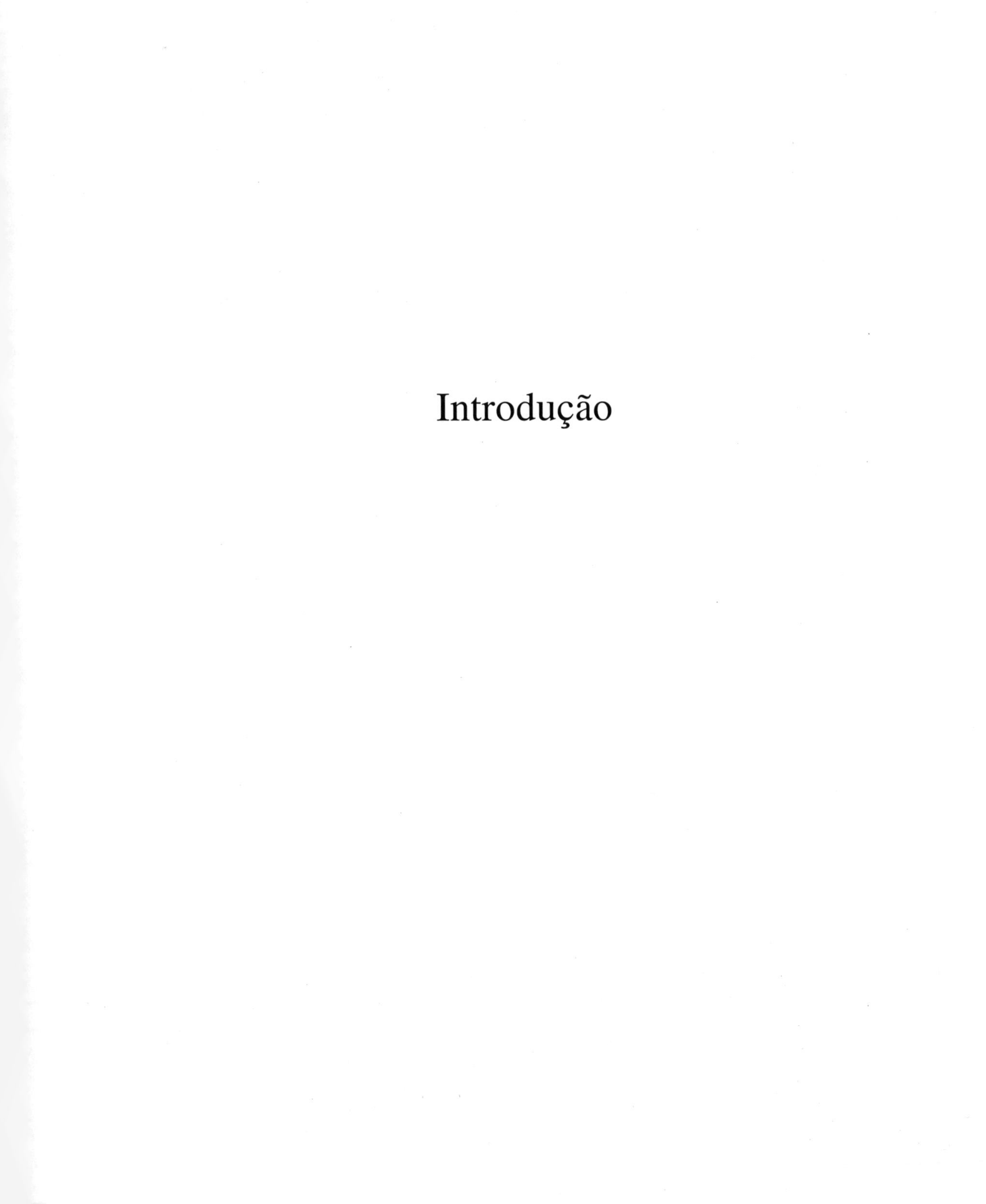

O Classicismo

Como delimitar o início do Classicismo na Itália? Para a História da Ópera, sobretudo no caso da Itália, Barroco e Classicismo não são categorias fáceis de separar. Na obra de artistas que viveram perto do fim do século XVIII, continuarão aparecendo características típicas do estilo predominante no *primo Settecento*. Autores como Galuppi ou J. Ch. Bach, estudados no primeiro volume desta coleção, dedicado ao Barroco, poderiam, a rigor, ter sido colocados aqui. Por outro lado, músicos de transição como Jommelli e Traetta, analisados naquele volume, têm de reaparecer aqui, pois são fundamentais para que se compreenda o processo de transformação por que está passando a *opera seria* de molde metastasiano.

O problema é tanto mais complicado porque, como já se disse em outros volumes desta coleção, não é harmonioso o desenvolvimento dos estilos de época de uma arte para a outra, e há sempre uma defasagem entre a literatura, que costuma sair na frente, e a música, em que as tendências levam mais tempo para se manifestar. O grande meste barroco que foi Johann Sebastian Bach (1685-1750) é exato contemporâneo de um típico escritor clássico como o dramaturgo francês Pierre Marivaux. E ainda estava vivo quando os pré-românticos Rousseau e Diderot iniciaram a carreira.

O caso de Marivaux é muito significativo. Nascido em 1688, ainda na vigência do Barroco – Racine morreu em 1699 – estreou sua primeira peça, *Le Père Prudent et Équitable*, em 1706, antes portanto da morte de Luís XIV, ocorrida em 1715. Sua obra se estende por toda a primeira metade do século XVIII, pois a última, *Le Préjugé Vaincu*, é de 1746. Ora, essa é, na História da Ópera, a fase de apogeu de Haendel, cuja última ópera, *Deidamia*, é de 1741; e de Hasse, que continuará fazendo ópera metastasiana até *Il Ruggero*, de 1771.

Do ponto de vista da música como um todo, Classicismo é um fenômeno que se pode observar desde a segunda metade do século XVIII – tanto que 1750, o ano da morte de Bach, costuma ser apontado pela musicologia como o divisor de águas para o nascente estilo clássico. Mas em 1750, Christopher Willibald Gluck ainda está estreando, em Praga, o *Ezio*, com libreto de Metastasio, totalmente fiel à fórmula ortodoxa da *opera seria*. E será necessário esperar mais doze anos para que ele dê início, com *Orfeo ed Euridice*, às suas revolucionárias propostas de reforma do drama lírico. Em 1750, Guglielmi, Piccinni, Paisiello ainda não iniciaram a carreira teatral; Cimarosa tem apenas um ano, e só em 1778 obterá seu primeiro sucesso com *L'Italiana in Londra*.

O apogeu da ópera clássica italiana, portanto, vai se situar mais tarde, em torno de 1780-1790[1]. E estende-se até as primeiras décadas do século XIX, confundindo-se e mis-

1. Para que fique clara a evolução paralela e dissímile das artes, eis as datas de nascimento e morte de três ex-

turando-se com as formas pré-românticas, que já anunciam o surgimento de uma fórmula nova de melodrama no *Ottocento*. Não se espere, portanto, delimitações simples ou fáceis. Traços barrocos ainda estarão presentes em Zingarelli, que foi professor de Bellini; e principalmente em Gioachino Rossini que, tendo composto óperas de 1812 a 1829, desempenha papel duplo: sua obra constitui a última grande síntese do espírito clássico e, ao mesmo tempo, apresenta-se como uma das principais precursoras do Romantismo. Só isso basta para dar uma idéia da complexidade do material aqui tratado.

Antes, porém, de entrarmos na descrição das transformações formais ocorridas, durante o período clássico, num modelo de teatro musical que, criado nos últimos anos do século XVI, se estabilizara – e cristalizara – na primeira metade do XVIII, é necessário termos uma idéia da vida italiana no período coberto por este livro.

Situação Histórica

As atribulações das guerras da Sucessão Espanhola e da Sucessão Polonesa culminaram nos tratados de paz de Utrecht (1713) e de Aix-la-Chapelle (1748), que tiveram a conseqüência – como vimos no volume *A Ópera Barroca Italiana*, desta coleção – de fazer com que a Espanha perdesse o seu papel de dominadora na Itália, sendo substituída pelo império austríaco. Com isso, a Itália ingressou num período de paz relativa, sob o sistema de dominação familiar austríaca, presidido pela imperatriz Maria Theresa e seu príncipe consorte, Francisco da Lorena-Toscana – mais tarde também coroado imperador com o nome de Francisco I.

No final da primeira metade do século XVIII – a fase de transição do Barroco para o Classicismo, com a qual se encerrou o período abarcado pelo volume precedente – era a seguinte a situação nos territórios italianos:

poentes da literatura romântica italiana: Vittorio Alfieri (1749-1803); Ugo Foscolo (1778-1827) e Alessandro Manzoni (1785-1873).

- a Lombardia era governada pelo filho mais velho da soberana que, depois de sua morte, em 1780, subiria ao trono com o título de José II;
- o grão-duque da Toscana era seu segundo filho, Leopoldo, que também poria na cabeça a coroa imperial, após a morte do irmão mais velho;
- duas das filhas da imperatriz, Maria Carolina e Maria Amália, eram casadas com os primos Ferdinando das Duas Sicílias e Ferdinando de Parma, ambos pertencentes à família Bourbon (os laços dos Habsburgos com os Bourbons foram, de resto, estreitados com o casamento de uma outra filha de Maria Theresa, a desventurada Maria Antonieta, com o delfim da França, o futuro rei Luís XVI);
- um outro filho, o arquiduque Ferdinando, tinha-se casado com Maria Beatrice d'Este e, dessa forma, tornara-se o governante de Módena;
- a proteção francesa garantia a Gênova a manutenção de sua independência;
- Veneza entrara numa fase definitiva de declínio político, mas o esplendor de seus teatros, o luxo de sua arquitetura, a licenciosidade de seus costumes ainda faziam dela a mais fascinante das cidades italianas, perpétuo atrativo para os visitantes estrangeiros;
- a república de Lucca tinha caído nas mãos de uma oligarquia fechada, que conseguia mantê-la à margem dos joguinhos de armar das grandes potências européias;
- e, perdida nos Apeninos, a pequena república de San Marino preservava, devido às suas proporções diminutas e posição geográfica remota, as formas constitucionais de uma cidade-Estado.

Os principais governantes italianos tentarão, entre 1748-1792, adotar medidas para combater a proliferação dos crimes violentos, remediar a extrema pobreza da maioria da população, coibir a riqueza excessiva do clero e os privilégios abusivos dos resquícios feudais ainda vigentes no sul do país. Na Lombardia, o *censimento*, taxa fixa sobre a terra, e a abolição de muitos desses privilégios, ajudou a distribuir a carga financeira de forma mais homogênea e a desenvolver a agricultura mediante o estímulo ao pequeno proprietário. Uma concordata imposta à Santa Sé criou impostos sobre as posses eclesiásticas, suprimiu cerca de cem mosteiros e redistribuiu seus bens para projetos educacionais ou assistenciais. Em 1764, o criminologista Cesare Beccaria, discípulo de Montesquieu, publicou anonimamente, em Livorno, um livro fundamental: *Dei Delitti e delle Pene*. Suas idéias inspiraram reformas que levaram à abolição da tortura e humanizaram a legislação judiciária.

Na Toscana, onde o despotismo retinha o caráter paternalista que lhe tinha sido imprimido desde o tempo dos Médicis, o grão-duque Leopoldo posava como um dos grandes *illuminés* do século, introduzindo o livre comércio, a igualdade de impostos, a reforma penitenciária, a redução das forças armadas, a limitação do poder e da força da Igreja. Carlos das Duas Sicílias – o futuro rei Carlos da Espanha, a partir de 1759 –, e o seu vice-rei Bernardo di Tanucci, também tentaram melhorar a situação do campesinato, abolindo as taxas sobre serviços pessoais, reconhecendo aos camponeses o direito de apelação às cortes reais, e permitindo que eles vendessem seus produtos no mercado aberto. Empenharam-se ainda em garantir os direitos da coroa contra a Igreja, nas questões de justiça, finanças e nomeações clericais.

Outro sinal da emancipação do mundo secular ocorreu na Sicília, de onde foram expulsos os jesuítas, braço armado da Santa Inquisição e poder infiltrado do trono espanhol. Terminou também o tributo anual em reconhecimento da suserania papal sobre a Sicília. Em 1773, a oposição aos jesuítas e à sua influência política tinha crescido tanto, que o papa Clemente viu-se obrigado a suprimir o ramo italiano da Companhia de Jesus.

Na Sardenha semi-bárbara, os reis da Sabóia, Carlos Emanuel III, e seu sucessor, Victor Amadeus III, tentaram melhorar as condições sociais aumentando a autoridade da coroa e diminuindo os poderes da Igreja e dos latifundiários. Mas todas essas reformas visavam aos interesses dos déspotas e eram impostas à população sem qualquer forma de consulta. Os membros da Casa da Sabóia eram estrangeiros na Sicília e, embora contassem com a lealdade e o apoio da população do Piemonte, governavam de forma rigidamente autoritária. Interessante é notar que a prosperidade e a maior atenção às questões políticas, resultantes das medidas reformistas, tiveram como subproduto encorajar os italianos a pensar e agir por conta própria. Entre os sinais de uma atividade nova, na Itália, geradora de inquietação revolucionária, estão:

- as dezenove tragédias, escritas entre 1776-1786 – Mirra, Saul, Virginia, entre outras – em que Vittorio Alfieri denunciava a tirania e exaltava a liberdade;
- a popularidade, na classe média em ascensão, das lojas maçônicas como um local de reunião e discussão do ideário iluminista;
- a fundação de jornais como Il Cafè, de Milão, plataforma para a discussão das idéias inovadoras de historiadores, economistas, filósofos e cientistas.

Em março de 1796, nomeado pelo Diretório comandante da Armée d'Italie, Napoleão Bonaparte invadiu a península. A maioria dos Estados italianos fazia parte do sistema anti-França, mas nenhum deles foi capaz de lhe oferecer resistência. O Reino da Sardenha já tinha se enfraquecido consideravelmente com a perda da Sabóia e de Nice, na campanha francesa de 1792, e com os movimentos revolucionários internos. Existia um sistema austríaco de oposição à França revolucionária, com base na Lombardia, apoiando-se em alianças familiares; mas a Toscana, a unidade potencialmente mais forte dessa liga, declarara-se neutra. O Reino de Nápoles poderia ser um aliado precioso para a Áustria; mas era paralisado pelo reacionarismo clerical e a estrutura social arcaica, que empobrecia as massas populares, e opunha-se ferrenhamente a qualquer tipo de centralização. Parma, Piacenza e Módena estavam dentro da órbita austríaca, mas estavam divididas pela luta contra reformas que não tinham sido bem aceitas.

Veneza e Gênova, decadentes e dominadas por uma oligarquia de visão muito estreita, preservavam o equilíbrio com dificuldade, a Sereníssima República defendendo-se mal das tentativas austríacas de avançar sobre seus territórios continentais, e os genoveses demonstrando-se incapazes de governar a Córsega e a Ligúria. As repúblicas menores, Lucca e San Marino, permaneciam estagnadas em seu isolamento municipal, e os Estados papais tinham uma administração inteiramente inadequada, que os tornava muito vulneráveis. A campanha de Bonaparte começou com a derrota do Piemonte e o armistício de Cherasco, em 27 de abril de 1796, que fez a Sardenha retirar-se da aliança com a Áustria. Em seguida, o exército francês cruzou o Pó, tomou Parma e Módena e, em 15 de maio, entrou em Milão, capital da Lombardia austríaca. As forças imperiais nada puderam fazer, pois seus reforços ficaram bloqueados em Mântua.

Em junho, Ferdinando IV, de Nápoles, pediu o armistício. Parte do exército francês invadiu os territórios papais de Bolonha e Ferrara, forçando Pio VI a assinar o Tratado de Tolentino, em fevereiro de 1797. Nesse meio tempo, respondendo ao contra-ataque austríaco, Bonaparte avançou até as proximidades de Viena, chegando em março a 50 milhas da cidade. As negociações de Leoben puseram fim a essa fase da luta.

No início da invasão, já havia na Itália alguns grupos revolucionários entusiasticamente pró-franceses, responsáveis por levantes no Piemonte, em Nápoles e Bolonha. A princípio a população italiana recebeu os invasores com indiferença e sem hostilidade. Mas essa atitude mudou diante do confisco violento de dinheiro para manter o exército de ocupação e enviar fundos ao Diretório: entre 1796-1797, houve revoltas em Pavia, Gênova e Verona. E os jacobinos italianos se decepcionaram com o oportunismo de Bonaparte e a desconfiança com que o Diretório tratava os nacionalistas locais, temeroso de que eles fizessem campanha pela emancipação da Itália e, conseqüentemente, lutassem contra a ocupação francesa.

Bonaparte, porém, desfrutava nessa fase de imenso poder e prestígio e conseguiu reorganizar a península, apesar das dificuldades. O Diretório não concordava com a política que ele implantava na Itália, mas ficava em silêncio desde que o fluxo de dinheiro para Paris não se interrompesse. Essa política repousava, sobretudo, na idéia de estabelecer um Estado italiano no norte do território. Em outubro de 1796, Reggio Emilia, Módena e Bolonha uniram-se na Repubblica Cispadana, cuja constituição baseava-se em princípios revolucionários. Em julho de 1797, foi a vez de surgir, em Milão, a Repubblica Cisalpina (por pouco tempo chamada de Transpadana). No mês seguinte, a Cispadana foi anexada pela Cisalpina, cujo território se alargou ainda mais com as áreas continentais de Veneza e terras do cantão suíço da Valtellina. Dotada de uma constituição decalcada na da França revolucionária, a Repubblica Cisalpina tinha independência nominal e se fazia representar por um embaixador em Paris. Mas a presença das tropas de ocupação francesas, o pesado tributo mensal para a República Francesa, e a desconfiança com que esse "Estado" era visto pelo resto da Europa sempre o impediu de desempenhar papel realmente independente.

A reorganização do norte da Itália se completou com a reestruturação de Gênova, que passou a se chamar a República da Ligúria, e com a assinatura, em 17 de outubro de 1797, do Tratado de Campo Formio com a Áustria, nos termos do qual caberia a Veneza arcar com o ônus das compensações territoriais a serem dadas a Viena, pela perda da Lombardia. Como essas compensações incluíam a própria cidade dos canais, a República Veneziana deixou de existir. Como já tinha acontecido antes em Gênova e. Veneza, os franceses encorajavam abertamente os protestos dos democratas nos demais Estados independentes, pois os incidentes daí decorrentes lhes forneceriam o pretexto para invadir e "pacificar" esses territórios. Tendo fracassado as suas tentativas de controlar as expedições "patrióticas" vindas da nominalmente aliada Repubblica Cisalpina, Carlos Emanuel IV foi obrigado, em dezembro de 1798, a retirar-se para a Sardenha, deixando que o Piemonte fosse anexado pela França.

Joseph Bonaparte, irmão de Napoleão, nomeado embaixador da França em Roma, também encorajou a minoria jacobina a se rebelar embora, oficialmente, manifestasse ao Sumo Pontífice o desejo da França de manter a paz na Santa Sé. Em dezembro de 1797, o general Leonard Duphot morreu num distúrbio de rua provocado pelos jacobinos. Apesar do pedido de desculpa do papa, Joseph Bonaparte retirou-se para Florença, alegando não ter garantias de segurança em Roma. E o general Pierre Alexandre Berthier – sucessor de Napoleão no comando da *Armée d'Italie* – ocupou a cidade, depôs o governo papal e exilou Pio VI para a França, onde ele morreu em 1799. A República Romana, criada pelos jacobinos em 15 de fevereiro de 1798, era um governo fantoche, totalmente impopular a partir do momento em que ficou claro que ele nada podia fazer para impedir os franceses de saquear a cidade.

Fernando IV, das Duas Sicílias, ofereceu com as próprias mãos o pretexto de que os franceses precisavam. Encorajado pela presença, no Mediterrâneo, da esquadra britânica chefiada por lorde Horatio Nelson, vencedor de Napoleão na Batalha de Abukir (agosto de 1798), o soberano decidiu declarar guerra à França. Acreditava que os problemas de manutenção das tropas de ocupação; a ausência de Napoleão que, nesse momento, estava chefiando a campanha do Egito; e as divergências entre os agentes políticos enviados pelo Diretório tinham diminuído a capacidade de luta dos soldados franceses. Além disso, a motivação dominante era apossar-se dos antigos territórios franceses. O exército napolitano tinha sido recentemente reorganizado por sir John Francis Edward Acton. Em 28 de novembro, chefiado pelo general austríaco barão Von Mack, ele invadiu Roma. Ao mesmo tempo, uma expedição naval desembarcava em Livorno.

Os franceses tinham-se retirado da sede do papado. Mas o general Jean-Étienne Championnet voltou à cidade, pôs sob controle os agentes políticos do Diretório e, em seguida infligiu a Von Mack uma derrota fragorosa em Civita Castellana. As tropas napolitanas saíram a toda velocidade de Roma, onde a república foi restabelecida. A fuga da corte Bourbon para Palermo, em 21 de dezembro, e a rendição de Von Mack, deram o sinal para um levante revolucionário, em Nápoles, contra os democratas pró-França, acusados de planejar entregar a cidade a Championnet. Foram três dias de combates de rua violentíssimos, antes que as tropas franceses restabelecessem a ordem a ferro e fogo. Em 23 de janeiro de 1799, foi proclamada a Repubblica Partenopea. Mas as reformas bem intencionadas que a nova administração quis implantar esbarraram no ódio da população napolitana, e do campesinato calabrês, pelos estrangeiros vistos como ateus e perversores, e por seus aliados democratas.

Além disso, os democratas demonstraram-se desastrosamente inexperientes, e a situação piorou muito depois que Championnet, que ainda se opunha à exploração indiscrimanada do novo Estado, foi substituído pelo general Alexandre McDonald, e este não fez esforço algum para impedir seus homens de saquear a cidade. A Repubblica Partenopea não demorou a se transformar numa ficção política, pois era contestada pela maioria dos cidadãos, dentro de Nápoles, e não tinha controle algum sobre o campo, devido à presença das embarcações de guerra britânicas no litoral.

A reconquista da Itália pelo exército austro-russo foi ainda mais rápida do que a campanha francesa de 1796. Depois que o marechal Suvórov derrotou os franceses, em 28 de abril de 1799, na Batalha de Cassano, o marechal J. V. M. Moreau ordenou a McDonald que levasse suas tropas para o norte, para evitar que as forças francesas ficassem divididas em dois grupos sem contato um com um outro. Depois de nova derrota, o comando foi entregue a B. C. Joubert, e ele se retirou para Gênova. Somente o regimento de Masséna foi deixado, em território suíço, para proteger a fronteira meridional francesa. A ocupação da Lombardia pelos austríacos acarretou o colapso da República Cisalpina. Depois que ela desapareceu, a República Romana e a Partenopea duraram pouco mais tempo e, no sul, principalmente em Nápoles, iniciou-se uma fase de reação violenta.

Percebendo a intenção austríaca de explorar ao máximo a situação favorável criada pelas vitórias de Suvórov, os russos se retiraram da coalizão. Nem os austríacos nem as autoridades restauradas deram a menor atenção às aspirações nacionalistas dos patriotas italianos que, durante o breve período de relativo apoio francês, tinham crescido enormemente. O acúmulo de decepções e a experiência de ver frustrarem-se suas expectativas explica a força com que o desejo de independência e unificação do país há de explodir, nas primeiras décadas do século XIX, no movimento conhecido como *Risorgimento*.

Em 9 de outubro de 1799, Napoleão Bonaparte voltou do Egito. Um mês mais tarde, no golpe de Estado de Brumário, nomeou-se primeiro cônsul. Mas só iniciou a reconquista da Itália ao ter certeza de que sua situação interna estava consolidada. Em maio de 1800, finalmente, fez seu exército cruzar o Monte São Bernardo e, em 2 de junho, entrou em Milão, restaurando a Repubblica Cisalpina. Em 14 de junho, obteve uma de suas maiores vitórias contra os austríacos, na Batalha de Marengo, perto de Alessandria. Uma vez mais, a Itália estava nas mãos do exército napoleônico.

Dessa vez, Bonaparte exigiu de seus soldados mais disciplina e consideração pelos invadidos, e foi mais moderado em suas exigências. Permitiu a Pio VII manter o controle dos territórios pontifícios e outorgou governos provinciais à Toscana, ao Piemonte e à Ligúria. O Tratado de Lunéville, em 8 de fevereiro de 1801, garantiu a independências das repúblicas Cisalpina e da Ligúria e restaurou a maioria dos termos do documento de Campo Formio. A pacificação se completou com a assinatura dos tratados de Aranjuez (21 de março), com a Espanha, e de Florença (28 de março), com o Reino de Nápoles. O primeiro fez de Luís, filho de Ferdinando, duque de Parma, rei da Etrúria, na Toscana; no segundo, Ferdinando IV concordou em fechar os portos napolitanos às embarcações britânicas e em admitir em seu território algumas guarnições francesas. Em 21 de setembro de 1802, o Piemonte foi incorporado à República Francesa, com direito a representante no Legislativo.

A consolidação do controle napoleônico sobre a República Cisalpina ocorreu nessa fase de reorganização do território. Numa consulta popular realizada em Lyon, o ministro Talleyrand e seus assistentes manobraram para que fossem aceitas as mudanças à Constituição propostas pelos delegados cisalpinos, e conseguiu que Bonaparte fosse eleito presidente desse Estado independente, agora batizado de República Italiana. Ele governaria mediante uma administração local, chefiada por Francesco Melzi d'Eril, membro da ala lombarda patriota moderada.

Em 18 de maio de 1804, o general Bonaparte tomou das mãos de Pio VI a coroa dos reis da França e colocou-a em sua própria cabeça. Napoleão I tornara-se imperador da França. Imediatamente, ocorreu aos moderados lombardos que, se o título de rei da Itália lhe fosse oferecido, isso facilitaria convencê-lo a conceder à República Italiana um grau maior de independência. Em 26 de maio de 1805, a coroa de ferro dos reis lombardos foi colocada na cabeça de Napoleão, e o corso pronunciou a fórmula sagrada: "Dio me l'ha data, guai a chi la tocca." Sua primeira medida foi remover Melzi d'Eril para uma função política subalterna, no norte do país. Em seu lugar, nomeou um vice-rei, Eugène de Beauharnais, irmão de Joséphine, sua mulher.

Dando prosseguimento ao nepotismo, entregou Lucca à sua irmã, Elisa. Anexou Parma ao império e, em junho de 1805, forçou o governo de Gênova a requisitar a mesma incorporação, o que pôs fim à República da Ligúria. Reagindo a esse desrespeito ao Tratado de Lunéville, cujo objetivo era garantir que os novos Estados permanecessem independentes, a Grã-Bretanha, a Áustria e a Rússia formaram nova coalizão, à qual Nápoles aderiu. As derrotas foram rápidas e Viena não demorou a firmar, em 16 de dezembro de 1805, o Tratado de Pressburgo, pelo qual entregava o Vêneto austríaco ao Reino da Itália, e aceitava a ocupação francesa da Ístria e da Dalmácia.

Em 15 de fevereiro de 1806, José Bonaparte entrou em Nápoles. A corte Bourbon fugiu novamente para Palermo, sob proteção das tropas anglo-russas. O desembarque de tropas britânicas, que resisitiram longamente em Gaeta, estimulou a população rural da Calábria a se rebelar contra os franceses; mas o levante foi brutalmente sufocado por tropas policiais. Em 30 de maio, José I foi proclamado rei de Nápoles, e tomou efetivamente medidas sérias para implementar reformas que visavam a desmontar o entulho de uma legislação e de uma estrutura social de raízes feudais. O Code Napoléon serviu de modelo às mudanças nos procedimentos criminais e judiciários. Essas reformas foram continuadas pelo marechal Joachim Murat, que sucedeu a José I em 1808. Seus efeitos foram importantes, mas limitados pelo engessamento do rei, preso às regras do bloqueio continental contra a Grã-Bretanha, e pelo fracasso total do governo em proceder à real redistribuição da terra.

As restrições impostas pelo sistema continental foram a causa subsidiária tanto da ocupação da Toscana por Elisa Bonaparte, em 1808, quanto da deterioração das relações do império francês com a Santa Sé. Napoleão fora muito cuidadoso em sempre assegurar o apoio da Igreja a seus empreendimentos e, por esse motivo, assinara a Concordata de 1801. Mas a recusa de Pio VII em conceder o divórcio a Jerônimo Bonaparte, irmão do imperador, e a necessidade de intensificar o bloqueio continental fizeram as tropas napoleônicas ocuparem Roma em 2 de fevereiro de 1808. Em abril, os territórios papais foram anexados ao Reino da Itália. De Viena, que tinha ocupado em 1809, Napoleão proclamou o fim do poder temporal e, como Pio VII tinha preparado uma bula de excomunhão, mandou prendê-lo, em 5 de julho, e exilá-lo. Em 1810, Roma foi formalmente anexada ao império francês e declarada a sua segunda cidade. O Code Napoléon foi imposto à população romana que, industriada por um clero despido de seus privilégios, reagiu da pior maneira possível.

Praticamente toda a Itália, agora, estava sob dominação napoleônica. Apenas a Sardenha e a Sicília mantinham-se sob um governo já existente antes da invasão francesa. Foram desastrosos os efeitos dessa sujeição para a vida econômica da península, exceto nas áreas em que o bloqueio podia ser desrespeitado impunemente. As demais, muito dependentes do comércio com a Grã-Bretanha, estavam sendo arruinadas pelo bloqueio. As províncias anexadas eram as mais rigidamente controladas; mas o nominalmente autônomo Reino da Itália sofria sob impostos escorchantes. Além do ônus de sustentar a guarnição francesa, era preciso manter forças italianas que drenavam a força-de-trabalho. O complicado sistema alfandegário imperial, agravado pela ausência de uma burguesia forte, que pudesse influir na mudança desse estado de coisas, tornava difícil o acesso à Alemanha e ao Piemonte, mercados naturais para a indústria do norte da Itália.

Não se pode, porém, ignorar os benefícios trazidos ao país pela fase napoleônica: um sistema bancário e comercial mais moderno, um programa de obras públicas que melhorou as comunicações e, principalmente, a primeira experiência de um sistema comum de administração pública e educação, de um código legal comum a todas as regiões. A maior contribuição do bonapartismo foi, portanto, ideológica: ele ajudou a despertar no homem da península a consciência de que poderia haver uma só Itália. A própria desilusão de intelectuais como Ugo Foscolo, que a princípio tinham depositado grandes esperanças em Napoleão, foi responsável pela idéia pré-*risorgimentale* de que era necessário buscar na própria identidade nacional peninsular, e não na ajuda estrangeira, as forças para reagir e promover a unificação.

A administração francesa fracassou não por falta de idéias inovadoras, mas pela incapacidade de fazê-las sair do papel. Como nada se fazia para associar as massas ao novo regime, medidas essenciais como a redistribuição da terra, mencionada em todos os manifestos jacobinos desde 1796, nunca foram postas em práticas. E isso corroeu lentamente as bases de governo, deixando-o sem apoio quando a invasão austríaca da Itália recomeçou, em outubro de 1813, com a Batalha de Leipzig. Diante da superioridade numérica do inimigo, Joachim Murat rompeu com Eugène de Beauharnais, que recusara a sua proposta de negociar a paz em separado. As tentativas do vice-rei eram comprometidas pelas sabotagens dos patriotas, esperançosos de que a independência da Itália pudesse seguir-se ao colapso do poder francês.

O armistício de Schiarino Rizzino, em 23 de abril de 1814, reconheceu o Reino da Itália. Liderados pelo conde Confalonieri, os patriotas assumiram o controle de Milão. Beauharnais fugiu para a Baviera e os austríacos ocuparam a Lombardia. Tendo imaginado que os Habsburgos lhes permitiriam assumir o poder naquela região, os patriotas desiludiram-se amargamente uma vez mais, pois a entrada dos soldados estrangeiros em Milão foi feita com toda a violência. Durante os Cem Dias, enquanto Napoleão, fugindo de Elba, retornava a Paris, o marechal Murat também tentou restabelecer o Estado napoleônico no sul da península; mas foi preso e executado. Tinha sido removido o último obstáculo à Restauração.

Esse processo de Restauração, porém, não poderia levar a Itália de volta à ordem vigente em 1795. uma das preocupações centrais do Congresso de Viena foi a de que a Áustria mantivesse o controle da península, para impedir o retorno da influência francesa. Administrados como uma província única, a Lombardia e o Vêneto tornaram-se o grande foco de reação a um governo remoto e opressivo. Maria Luísa, a ex-imperatriz da França, recebeu o ducado de Parma, Piacenza e Guastalla, e aí preservou as características gerais da administração e da estrutura legal napoleônicas. Em Módena, foi muito grande a reação ao governo de Francisco IV, neto da imperatriz Maria Theresa. Mas a Toscana, durante aqueles anos de perseguição, foi um oásis para os liberais, sob o tolerante Ferdinando III, filho do imperador Leopoldo II. Mas qualquer tentativa maior de reforma política esbarrava na oposição de Metternich, o todopoderoso primeiro ministro austríaco. E o ódio dos liberais aumentava com a consciência de que qualquer tentativa mais drástica de mudar a Constituição desencadearia a imediata intervenção militar de Viena.

Quanto aos Estados não-austríacos, o Reino da Sardenha teve expansão territorial com a anexação da Ligúria ao Piemonte. Dentro do Piemonte, a reação às inovações introduzidas pelos franceses era grande; mas temperada pelo ressentimento contra a dominação austríaca do norte da Itália. Nos Estados papais, a Restauração foi desastrosa: as reformas que o cardeal Ettore Consalvi tentou implantar fracassaram devido à incompetência dos administradores e ao retorno da influência reacionária dos jesuítas. Desde os primeiros dias da Restauração, a inquietação revolucionária agitava as ex-províncias do Reino da Itália. Em Nápoles, Ferdinando quis restabelecer o *ancien régime*. Mas foi impedido pela intransigência da Sicília que, durante a fase da Constituição imposta a Ferdinando pelas forças britânicas de ocupação, desfrutara de certo grau de autonomia; e também pelo fato de que dependia de um serviço público formado por Murat e habituado a condições novas. Houve violenta, mas inútil reação clerical quando Lucca passou para as mãos de Maria Luísa, viúva de Luís, rei da Etrúria, da linha dos Bourbons de Parma. San Marino, como sempre, sobreviveu praticamente intocado ás tormentas da fase napoleônica e da Restauração.

Estava montado o cenário para a campanha do *Risorgimento* que, durante a primeira metade do século XIX, com revoltas, insurreições e hábeis jogadas diplomáticas, levaria à unificação do país, e à coroação de Vittorio Emanuele II, em fevereiro de 1861, como rei da Itália. A ópera foi a tribuna privilegiada dos anseios do homem italiano, nesse processo, e um dos meios mais eloqüentes que ele encontrou de afirmar a sua personalidade nacional. Essa é a história contada em *A Ópera Romântica Italiana*, volume desta coleção.

A Crise da *Opera Seria*

Metastasio, que morreu em 1782, ainda estava vivo quando o modelo de *opera seria* que criara começou a dar os primeiros sinais de estar entrando em crise. O *poeta cesareo* não gostava de Baldassare Galuppi – "que sabe escrever para os violinos, os violoncelos e os cantores, mas é um péssimo artesão para os poetas" – e menos ainda de Gluck, que considerava "un giovane di sorprendente ardore... ma pazzo". Nas cartas que Metastasio escreveu aos amigos a partir da década de 1740, são cada vez mais freqüentes as queixas de que a ópera está se tornando "barulhenta e extravagante", verdadeiras "sinfonias vocais" cheias de "gritinhos desgraciosos". E não se tratava de mera ranzinzice de um homem envelhecido, que já não entendia mais o que a nova geração queria fazer. Pelo contrário: Metastasio entendia bem demais, e percebia que o centro de gravidade estava se deslocando do drama, tal como ele o concebia, para a música.

A demonstração mais inquietante do rumo que a *opera seria* estava tomando era o que acontecia a seus libretos, ou aos de poetas ainda mais antigos – Apostolo Zeno, Silvio Stampiglia –, quando eram musicados outra vez. Os recitativos viam-se drasticamente reduzidos; o texto das árias, reescrito de modo a permitir a composição de estruturas mais amplas; muitas das árias eram substituídas por cenas de conjunto; o aparato orquestral tornava-se cada vez mais suntuoso e – na opinião de Metastasio – intrusivo. É compreensível que, numa época em que os mesmos libretos eram retomados e remusicados *ad infinitum*, o

O interior do Teatro Ducal de Milão no século XVIII (gravura de Michelangelo dal Re, Museu do Scala).

compositor tivesse de estar constantemente em busca de novos recursos musicais, que oferecessem ao público ângulos novos para histórias que ele estava cansado de conhecer. Além disso, em *Le Revoluzioni del Teatro Musicale Italiano dalla sua Origine fino al Presente* (1782), o padre espanhol Esteban Arteaga apontava outro motivo para, na sua opinião, a música estar mudando tanto: o público assistia a óperas demais; estava "saturado de beleza" e, cansado das "coisas simples e naturais"; exigia sempre, portanto, temperos novos e mais fortes.

Significativo, aponta R. Strohm em *Die italienische Oper im 18. Jahrhundert* (1979), é o que estava acontecendo em Roma desde o início do século XVIII. Forçada, pelas flutuações da censura pontifícia, a ter uma vida teatral muito instável, Roma deixou de assistir à ópera em 1697, quando o Teatro Tordinona foi demolido "no interesse da moralidade pública". Mas, em 1711, a vida operística romana renasceu e, até 1733, cinco teatros tinham sido reabertos. Entre eles estavam o Argentina – assim chamado porque ficava ao lado do Palazzo della Torre Argentina, pertencente ao bispo de Estrasburgo –, centro da produção de *opere serie*, e o Teatro della Valle, onde se encenavam principalmente comédias e peças mais leves. Mulheres, porém, não podiam pisar no palco na sede do papado e, com elencos exclusivamente masculinos, era muito difícil realizar o drama, a não ser mediante recursos extremamente estilizados – ou seja, por meios exclusivamente musicais, capazes de sugerir, lançando mão de diversas convenções, a diferença entre o príncipe heróico e a castelã melancólica e enamorada. Técnicas e expedientes expressivos tinham de ser levados ao extremo, a música instrumental ganhava função mais importante e, ao arsenal sério, era preciso também somar uma série de elementos que provinham do domínio bufo.

De qualquer maneira, por mais que a ópera de estilo metastasiano tivesse atingido, nas décadas de 1730-1740, o equilíbrio músico-dramático, o drama lírico não poderia restringir-se, indefinidamente, aos limites do idioma utilizado pelos compositores barrocos, até mesmo os melhores deles, Haendel, Bononcini, Hasse ou Leonardo Vinci. Por trás desse processo de evolução havia, também, um conflito latente entre músicos e poetas. Estes últimos consideravam que, ao tornar-se dia-a-dia mais sutil, complexa e brilhante, a música abalava os fundamentos tradicionais do *dramma per musica*: a imitação da natureza e a representação em profundidade dos *affetti*, as emoções básicas da alma humana, tal como René Descartes as descrevera e catalogara no *Traité des Passions de l'Âme* de 1649.

Em *A Ópera Barroca Italiana*, desta coleção, mostramos como, num período muito amplo, que se estende de 1737 a 1772, a obra de Niccolò Jommelli surge como uma das tentativas mais consistentes de conciliar a expressividade natural do texto com as possibilidades virtuosísticas da música. Numa época em que a orquestra tornava-se maior e a instrumentação mais densa, é notável a independência do acompanhamento jommelliano em relação ao canto. É do abade Vogler, o professor de Weber e Meyerbeer, o comentário: "Jommelli fala sem palavras e permite aos instrumentos continuar declamando até mesmo quando o poeta silencia." Aquilo que, para Metastasio, era o risco de o poema ser submergido pela música, era a forma de enfatizar a expressão dramática para um compositor que julgava essencial a fidelidade ao texto. "É meu dever absoluto não trair as palavras", dizia Jommelli em 1769 a seu libretista Gaetano Martinotti, "e sim expressá-las bem". E apressava-se em acrescentar: "Não é meu dever e, para dizer a verdade, nem está em meu poder, dar-lhes uma agudeza de sensibilidade e de paixão que, por si mesmas, por sua própria natureza, elas não possuem." O acompanhamento orquestral, portanto, era elaborado não por gosto puro e simples da complicação, mas para enfatizar expressivamente o texto.

Outro ponto importante a considerar, nessa fase de passagem do Barroco para o Classicismo, é o aumento da influência francesa sobre um modelo teatral antes predominantemente mediterrâneo. Hasse vai para Dresden em meados da década de 1740 e ali fica até a dissolução da orquestra da corte saxônica em 1760. Em 1753, Jommelli vai para Stuttgart, como *Kapellmeister* do duque de Württtemberg, e só volta para casa em 1770. Manfredini, Galuppi, Traetta, Paisiello, Sarti, Cimarosa,

Martín y Soler são contratados para trabalhar em São Petersburgo entre as décadas de 1750-1790. Ora, as cortes de São Petersburgo, Stuttgart, Dresden, entre outras, foram fortes centros de influência cultural francesa. Assim como o era, dentro da península, o ducado de Parma, onde Traetta foi diretor musical entre 1758-1765. Era inevitável, portanto, que à *opera seria* do apogeu do Barroco se misturassem elementos provenientes da *tragédie lyrique* ou do *opéra-ballet* parisienses.

O caso mais típico é o de Gluck, *Kapellmeister* da corte vienense entre 1754-1764. Nessa fase, é verdade que ele conviveu com personalidades italianas importantes: o conde Giacomo Durazzo, intendente dos teatros imperiais; o coreógrafo Gasparo Angiolini; o poeta Raniero da Calzabigi, seu primeiro grande libretista. Mas era predominantemente afrancesada a vida teatral com a qual estava envolvido, e isso correspondia às diretrizes do chanceler Wenzel Kaunitz, interessado em todo tipo de aproximação estratégica entre a Áustria e a França – uma série de manobras diplomáticas que culminariam, em 1770, no casamento da princesa Maria Antonieta, filha da rainha Maria Theresa, com o Delfim que, quatro anos mais, seria coroado com o nome de Luís XIV.

Desde 1752, Durazzo tinha trazido de Paris a companhia do empresário Jean-Louis Hébert, que se instalou em Viena, apresentando peças de Racine, Molière e Voltaire, balés e, principalmente, *opéras-comiques*. Estes últimos agradavam muito ao intendente. Entrando em contato com o empresário e compositor Simon Favart, o conde Durazzo fez vir de Paris o que havia de mais atual no gênero. Em *A Ópera na França*, vimos como Gluck tinha, entre seus encargos, reger esses espetáculos estrangeiros; como era solicitado, desde o início, a compor árias adicionais para tais peças; e como, finalmente, escreveu *opéras-comiques* de grande sucesso: *Le Cadi Dupé* ou *Les Pèlerins de la Mecque*.

Por muito tempo, Gluck continuou fornecendo a teatros de Roma e Bolonha óperas metastasianas convencionais: a última delas, *Antigono*, é de 1756. Mas com *Orfeo ed Eurídice*, de 1762, Calzabigi e ele iniciaram a reforma que teria as mais amplas conseqüências para a História da Ópera. Se esse projeto de ópera reformada – em última análise o que David Kimbell, em *Italian Opera*, chama de "a fusão das melhores características da tradição italiana e da francesa" – teve condições de se impor, é porque Gluck estava cercado de francófilos: Durazzo, admirador da ópera parisiense, tanto séria quanto cômica; Angiolini, discípulo do *maître de ballet* Jean-Georges Noverre, e um dos defensores de sua inovadora proposta de balé narrativo; e Calzabigi, ex-seguidor de Metastasio que, ao entrar em contato com as idéias de Francesco Algarotti, rompera com seu antigo mestre.

Algarotti é uma figura emblemática da vida cultural do *Settecento*. Grande viajante, amigo pessoal de Voltaire e Frederico, o Grande, ele já tinha publicado uma tradução da *Eneida* e ensaios sobre os mais diversos assuntos – a óptica newtoniana, a política russa, o império dos incas –, antes de voltar-se para o drama lírico, e fazer um curioso diagnóstico dos sintomas de seu declínio no *Saggio sopra l'Opera in Musica*, publicado em Livorno em 1755. Ao fazer a crítica da *opera seria* do Barroco Tardio, Algarotti põe o dedo na ferida ao falar da complexidade exagerada de algumas árias; da falta de preocupação em fazer o estilo musical corresponder à função dramática; da arrogância e irresponsabilidade de cantores preocupados apenas com sua exibição de virtuosismo; do descuido com que esses intérpretes emitiam as palavras e a negligência com que se comportavam no palco. É na austeridade musical e na flexibilidade cênica da *tragédie lyrique* que Algarotti vai buscar o ponto de partida para a reação contra o envelhecido modelo metastasiano.

Na verdade, o declínio da *opera seria* não resultava da irresponsabilidade dos compositores, e sim, pelo contrário, do fato de, com o passar do tempo, eles serem obrigados a assumir responsabilidades cada vez maiores. Quanto mais expressiva e dramática a música se tornava, mais patente ficava a separação entre música e drama que marcara o libreto árcade, desde os tempos de Apostolo Zeno. Originalmente, a poesia destinava-se a fornecer o elemento dramático, e a música, a servir de decoração, colorido, apoio ornamental. À medida que a ópera barroca se desenvolveu, porém, os músicos se empenharam mais e mais em dar à sua composição uma expressividade dramática própria, fazendo da ópera uma entidade em que todos os elementos integrantes sejam coordenados por uma única mente criadora – aquilo que Wagner chamaria mais tarde de *Gesamtkunstwerk* (obra de arte total).

Isso foi o que Gluck e Calzabigi se propuseram a fazer, a partir do *Orfeo*, e sobretudo na *Alceste*, cujo prefácio é um grande manifesto de aplicação prática das idéias bebidas em Algarotti. Mas Calzabigi e Gluck não inventaram sozinhos a ópera reformada. Eles sistematizaram aquilo que Jommelli já vinha fazendo em Stuttgart. E que, dentro da própria Itália, como já assinalamos, Tommaso Traetta também realizava em Parma. Como Gluck, ambos precisavam de ter a seu lado um poeta competente – "um Ditador", como dizia o próprio Metastasio em carta de 1765, "que escolha o assunto, conduza a fábula, defina o número de personagens a serem introduzidos, imagine as personalidades, as situações, até mesmo os cenários". Isso não lhes faltava: Jommelli tinha Mattia Verazi – outro leitor de Algarotti; e ao lado de Traetta, estava Carlo Innocenzio Frugoni, *poeta cesareo* da corte de Parma.

O ducado de Parma ocupa lugar central nesse processo que estamos descrevendo. Seu governante, o espanhol Felipe de Bourbon, francófilo de quatro costados, nomeara primeiro-ministro o parisiense Guillaume du Tillot. E este deu à vida cultural de Parma um viés tipicamente gaulês: contratou o filósofo iluminista Condorcet para cuidar da educação do príncipe herdeiro; e, em 1756, nomeou Jacques-Simon Mangot *maître de chapelle* do ducado. Uma corte realmente culta, porém, não podia deixar de ter também o seu teatro de ópera italiana. Em 1756, Du Tillot escolheu para *revisore degli spettacoli* o poeta Frugoni, que morava em Parma desde 1724 e tivera a experiência de escrever libretos para Vinci e outros. Nos anos seguintes, Frugoni preparou a versão italiana de *Les Indes Galantes*, de Rameau; do *Zélindor, Roi des Sylphes*, de Rebel e Francoeur; e do *Titon et l'Aurore*, de Mondonville, entre outras.

Em 1758, Traetta foi a Parma supervisionar os ensaios de *Solimano*, escolhida para dar início à temporada de Carnaval. Gostou da cidade, das condições de trabalho que lhe eram oferecidas por Du Tillot, e ali ficou alguns anos, trabalhando com Frugoni na adaptação italiana das óperas de Rameau, pelas quais tinha grande admiração. O próprio Algarotti, que era uma espécie de assessor não-oficial de Frugoni, lhe aconselhou a inserir cenas tiradas diretamente da *Phèdre*, de Racine, na tradução que fez, em 1759, do libreto de Simon-Joseph Pellegrin para *Hippolyte et Aricie*, a primeira ópera de Rameau. Em *A Ópera Barroca Italiana*, o leitor encontrará a análise dessa fase pré-clássica na obra de Traetta. Mas cabe alertar para o fato de que ele não era um radical deliberadamente empenhado em implodir o edifício metastasiano. Compunha para Parma óperas de estilo híbrido ítalo-francês, porque era isso o que aquela corte solicitava dele. Mas, exatamente como Gluck, continuou fornecendo aos teatros de Roma ou Bolonha *opere serie* de corte convencional.

Nas óperas de Jommelli, Traetta e Gluck, portanto, muitos elementos são de origem francesa: coros mais numerosos; cenas que rompem com a estrutura recitativo-ária e se constroem como quadros de estrutura mais contínua; sinfonias descritivas e entradas de balé integradas à ação – é o caso por exemplo, das danças das Fúrias e dos Espíritos Bemaventurados, nos atos I e II do *Orfeo ed Eurídice*. Particularmente interessante é o trabalho de Frugoni e Traetta, ao traduzir para o italiano – em todos os sentidos – uma obra tão visceralmente francesa quanto *Hippolyte et Aricie*. Frugoni, em seu *rifacimento*, não só aumentou o número de árias como, eliminando o "merveilleux" tão típico da ópera francesa, incrementou os aspectos humanos, psicológicos, o que permite a prospecção mais aprofundada dos *affetti*. Sem obedecer, porém, à tradicional alternância recitativo-ária. Os quadros partem de recitativos acompanhados que se convertem aos poucos em arioso e, dele, evoluem para o cantábile, freqüentemente associado a intervenções do coro.

Uma das recomendações mais importantes de Algarotti era justamente a de que o recitativo acompanhado fosse usado o mais possível, "para que coração e mente sejam tocados, ao mesmo tempo, pelos poderes da música". E, ao apontar, como modelo dessa técnica, o último ato da *Didone Abbandonata* de Leonardo Vinci, quase todo construído com *recitativo stromentato*, o musicólogo alertava que esse era "l'uso di Francia". É claro que não interessava aos compositores italianos chegar ao extremo da *tragédie lyrique*, em que havia mais monólogos de empostação dramática do que verdadeiramente árias de cantábile muito elaborado. Mas aumentavam muito as críticas às árias *da capo*, desproporcionadamente longas para sua função dramática (curiosamente, uma recriminação muito parecida à que, no início do século XVIII, se fazia à proliferação de árias da Escola Veneziana, e que presidiu à reforma árcade do libreto). Era consenso geral também que o uso indiscriminado de ornamentação improvisada pelos cantores tornava as árias muito parecidas umas com as outras.

Foi Gluck quem atacou esse problema de maneira mais radical no *Orfeo*, na *Alceste*, na *Paride ed Elena*, reduzindo drasticamente o número de árias; só usando ritornellos quando absolutamente necessário; restringindo ou eliminando inteiramente a coloratura; acabando com as intermináveis repetições de palavra que tinham-se tornado a marca registrada da ária barroca; e só recorrendo à forma *da capo* quando houvesse para ela uma justificativa dramática. Desenvolveu com isso um estilo de ária declamatória mais austera, que não renuncia à beleza melódica nem à temperatura lírica muito intensa, mas funde verso, gesto, música numa unidade indivisível. Foi no prefácio à *Paride ed Elena*, de 1770, que Gluck disse: "A canção, na ópera, nada mais é do que um substituto para a declamação no teatro." Isso significa retornar à pureza do ideal de *recitar cantando* que, em 1597, tinha guiado os primeiros passos da ópera, na Escola Florentina.

Nesse ponto, Gluck difere muito de italianos como Jommelli ou Traetta, em cuja obra não há redução do número nem do brilho das árias. Neste último, a forma *da capo* ficou restrita a um número específico de situações; a ária foi remodelada de forma a se tornar mais ágil, viva e precisa em seu objetivo de refletir nuances psicológicas ou flutuações de estados de espírito; mas não perdeu sua carta de nobreza. Bom exemplo disso é dado por David Kimbell, em *Italian Opera*, ao analisar a ária "Qual destra omicida", cantada por Orestes no ato I da *Ifigenia in Tauride* (1763), de Traetta:

> A ária utiliza o seguinte texto:
> (I) Qual destra omicida – la morte m'appresta,
> (II) ah!, ferma, t'arresta – la madre m'uccida,
> (III) la madre spietata – se sazia l'ingrata – di sangue non è.
> (IV) Oh, Dio, non senti – gl'ululati, i lamenti?
> (V) Ah, barbara affreta – l'acerba ferita
> (VI) Qual dono è la vita – se l'ebbi da te?
>
> Traetta usa, neste texto, uma espécie de forma de sonata, sem ritornellos ou desenvolvimentos, mas com extensos episódios entre a exposição e a recapitulação, entre a recapitulação e a coda. Nesse estágio da evolução da ária, as várias frases do texto identificaram-se estreitamente com os diversos membros da estrutura musical e esses, conseqüentemente, podem ser mais distintamente expressivos do que no passado. No caso que estamos estudando, tanto na exposição quanto na recapitulação, o verso (I) corresponde ao primeiro tema, (IIa) à transição, (IIb)–(IIIc) ao segundo tema. O verso (IV) é encaixado no primeiro episódio, os versos (V) e (VI) no segundo. Em ambos os episódios, acrescentam-se oboés à orquesra de cordas – na verdade, eles dominam a instrumentação –, de tal forma que, a maior parte do tempo, Orestes parece estar *ouvindo*, e os chorosos semitons transformam-se na imagem audível dos "ululati" e dos "lamenti" que o atormentam. Na coda, Traetta pinça fragmentos de verso de todas as seções do texto, misturando-os numa confusão de pesadelo. Embora a ária seja supremamente bem proporcionada, o canto de estilo declamatório e com frases entrecortadas, a incessante tormenta dos instrumentos, e a forma que, em vez de encarnar um ideal abstrato, parece moldar-se aos estados de espírito da personagem, combinam-se para dar à música uma teatralidade quase gráfica, inteiramente nova na ópera italiana daquela época.

Gluck confere à ária uma função nova, essencialmente teatral. Traetta e Jommelli, como bons italianos, continuam acreditando no *belcanto*, na aspiração a oferecer, mediante a combinação da voz humana com os instrumentos, o puro deleite sonoro. Essa é uma tendência da tradição italiana que atravessará o Classicismo e, mesmo modificada, resistirá durante todo o *primo Ottocento*.

O afastamento do modelo metastasiano rumo a um outro, que combinasse as características mediterrâneas com as do teatro lírico francês, fez as preferências temáticas tenderem de novo para os assuntos mitológicos, em detrimento dos episódios históricos, que tinham sido o forte da *opera seria* barroca. Um motivo para isso era a dificuldade em acomodar os temas históricos num formato de peça

Um Concerto em Veneza, tela de Francesco Guardi (1782).

em que os elementos espetaculares e a dança desempenhassem papel de destaque. O próprio Algarotti confessava não conseguir imaginar Júlio César ou Catão "saracoteando" no palco. Por outro lado, afastar-se dos assuntos históricos era uma forma de romper com os libretos metastasianos, que nele encontravam a sua fonte prioritária de inspiração.

Na sua *Letteratura Italiana del Settecento* (1949), Benedetto Croce diz que os italianos do século XVIII "não possuíam uma filosofia coerente da história; apenas a viam como uma série de brincadeiras de mau gosto, ou de equívocos contra a Razão e a Natureza que, só na época deles, estavam adquirindo sentido graças a um programa iluminista de reforma". O drama metastasiano, no qual as personagens são joguetes de suas paixões, parecia refletir fielmente a realidade para uma época "que não carregava a história em si mesma, mas submetia-se a ela como o resultado da opressão dos governantes, da impostura do clero, das flutuações de temperamento que governavam sua mente". Por volta da década de 1770, porém, era muito forte a convicção de que o drama deveria refletir não as paixões fugazes do momento, ou os *affetti* particulares de um determinado indivíduo, mas as linhas mestras formadoras do caráter humano – aquilo que Algarotti chamava de "a mola e o espírito ativadores da ação". Ou seja, da caracterização individualizada passou-se à busca de traços arquetípicos e, para isso, os temas mitológicos, com seu caráter universal e intemporal, eram muito adequados. O ideal clássico da unidade na diversidade fez com que, ao drama histórico de intriga, se preferisse um outro, com personagens traçadas de forma mais ampla e uniforme. Gluck reconhece isso, no prefácio a *Paride ed Elena* (1770), ao admitir:

> Tive de fazer um esforço para encontrar certa variedade de colorido, procurando-a nos caracteres diferentes de duas nações, a Frígia e Esparta, contrastando a natureza selvagem e rude desta última com tudo o que, na outra, é suave e delicado.

Algarotti tinha consciência de que, usando temas mitológicos, a ópera corria o risco de "ver sua ação principal desaparecer soterrada pelos acessórios" – todos os artifícios cenográficos para reconstituir os tempos lendários –, o contrário do que acontecia na *opera seria*, onde a encenação era em geral austera, com seus excessos domados pela imposição da regra da unidade de lugar. Mas, ainda assim, achava-os preferíveis pois, bem manipulados, combinavam a possibilidade de espetáculos cenicamente eficientes com entrechos simples e familiares ao público. Numa época em que se voltava a falar em simplificar a arte, essa opção teria a vantagem de dispensar os libretos palavrosos, necessários para tornar compreensíveis as intrigas emocionais complexas dos dramas metastasianos. As personagens das histórias mitológicas eram movidas não pelas intermitências do coração, mas pelos desígnios insondáveis do destino, e pelo choque entre o plano humano e o divino.

O *Saggio* de Algarotti é, portanto, um documento seminal para se comprender as transformações por que passa a *opera seria* na segunda metade do século XVIII. Mas não se deve esquecer o trabalho de outros pensadores, que contribuíram definitivamente para que emergisse o conceito clássico de *dramma per musica*:

- a *Lettre sur la Danse* (1760), de Jean-Georges Noverre, propondo o retorno ao ideal grego da naturalidade nos movimentos, a simplicidade nos cenários e figurinos, e a ênfase no conteúdo dramático em vez das figurações coreográficas abstratas voltadas para explorar apenas o virtuosismo dos bailarinos (o *Don Juan* de Gluck, composto em 1761, é o primeiro grande ballet d'action baseado nas idéias de Noverre);
- *De la Poésie Dramatique* (1758), em que Jacques Diderot proclama o novo ideal do *drame bourgeois, a* meio caminho entre a tragédia e a comédia barrocas, tratando de personagens e temas observados da vida da classe média contemporânea, com situações sérias, potencialmente trágicas, e que se resolvem não mediante a intervenção do *deus ex machina*, mas dos mecanismos racionais de bom senso e tolerância defendidos pelo pensamento iluminista: suas peças *Le Fils Naturel* (1757) e *Le Père de Famille* (1758) serão o modelo para a ópera semi-séria, gênero da maior importância no Classicismo;
- a G*eschichte der Kunst des Altertums (Hist*ória da Arte da Antigüidade), publicada em 1762, em que Johann Joachim Winckelmann

parte do estudo das artes plásticas greco-romanas para formular uma filosofia da arte aplicável a todas as manifestações do espírito humano; segundo Winckelmann, "a beleza é atingida quando as características particulares e individuais são subordinadas ao plano geral da obra" – rejeitando-se, assim, tudo o que é excessivamente individualista, em favor da universalidade, um dos objetivos primordiais do Classicismo. "Cria-se, desse modo, uma obra ideal, que transcende o pessoal e tem uma nobre simplicidade e uma calma grandeza na harmonia de suas proporções."

"Eine edle Einfalt und eine stille Grösse" – esta é uma definição muito precisa dos objetivos últimos do espírito clássico. Gluck esteve brevemente com Winckelmann em Roma, em 1756. Mas é sobretudo quando Calzabigi lhe apresenta o *Saggio* de Algarotti – o principal discípulo italiano de Winckelmann – que Gluck vai se familiarizar com as idéias desse filósofo alemão.

De um lado, portanto, temos, com Jommelli e Traetta, o ideal de fusão de todas as artes num espetáculo esplendoroso que toma seu ponto de partida no teatro lírico francês.

Do outro, as óperas reformadas de Gluck, que encarnam à perfeição o conceito winckelmanniano da "nobre simplicidade".

Ambos os caminhos, naturalmente, esbarravam na oposição ferrenha dos conservadores. Arteaga considerava Calzabigi "um dos maiores corruptores do teatro contemporâneo". E lamentava que "o gosto pelas sofisticações dos habitantes do Sena" tivesse levado os italianos a virar as costas ao racionalismo do modelo metastasiano. O próprio Metastasio não perdia oportunidade de criticar a forma como o espetáculo usurpara as prerrogativas da poesia. Além disso, deve-se levar em conta que o experimentalismo estava restrito a centros mais cultos, Viena, Stuttgart, Parma e, naturalmente, Paris. Na maioria das cidades italianas, a *opera seria* continuava em voga – e esse é um fenômeno que persistirá até o final do século. Aos empresários, não agradavam nem um pouco as conseqüências da "nobre simplicidade" gluckiana para os seus espetáculos. Demonstração disso é o *rifacimento* a que o *Orfeo ed Eurídice* foi submetido em Nápoles em 1774: a ascética distribuição original de três personagens foi desdobrada para sete; e inúmeras árias muito floridas de J. Ch. Bach foram inseridas, de modo a tornar mais palatável a "calma grandeza" da declamação.

Foi relativamente pequena, portanto, a influência imediata desses três grandes renovadores, fora dos centros onde trabalharam. As obras de Traetta escritas fora de Parma, obrigadas a conformarem-se àquilo que era exigido pelos empresários, confundem-se com as de outros compositores que continuavam aplicando o receituário tradicional. Charles Burney considerava "too operose" para o gosto italiano as produções de Jommelli depois que ele voltou para Nápoles. No prefácio a *Paride ed Elena*, o próprio Gluck reconhecia que suas propostas reformistas tinham avançado muito pouco na Itália. Calzabigi voltou para Nápoles em 1780, e ali ficou até morrer em 1795; mas nem os compositores nem os diretores de teatro interessaram-se muito em aproveitar o seu talento. Só na fase final de sua carreira Paisiello escreveu, para o Teatro San Carlo, duas óperas utilizando libretos de Calzabigi: *Elfrida* (1792) e *Elvira* (1794). O que vinha das regiões *oltremontani*, Paris, Viena, São Petersburgo, era encarado com certa desconfiança e desprezo pela média dos compositores da península. E basta dizer que o *Idomeneo* (1784), de Mozart, o mais belo produto da fase final da *opera seria*, não foi cantado na Itália antes de 1947.

Ainda assim, os reformistas tiveram certo impacto na Itália. Por mais que o *rifacimento* da ópera de Gluck desfigurasse os seus ideais, a representação napolitana de 1774 impressionou Paisiello a ponto de fazê-lo reproduzir, no ano seguinte, a cena de Orfeo enfrentando as Fúrias, em *Il Socrate Immaginario*. Em 1777, o marquês de Corletto fundou a Nobile Accademia di Musica e, em sua temporada inaugural, montou *Paride ed Elena*, para "demonstrar a decadência da ópera napolitana". Ferdinando Bertoni tinha assumida admiração por Gluck e, no esforço para acomodar as propostas da reforma à sua linguagem ortodoxamente metastasiana, escreveu música nova para o *Orfeo* de Calzabigi[2]. Bertoni foi professor de Simone

2. As gravações de Claudio Scimone (Arts Music, 1990)

Mayr que, com ele, assimilou o gosto pela música de Gluck – nas partituras que esse bávaro naturalizado italiano produz, a partir da *Saffo*, de 1794, essa influência é bem patente. E mesmo sendo pequena, na prática, a marca deixada por Gluck, era de respeito à relação que os músicos italianos tinham com ele. Em *Le Mie Memorie Artistiche*, publicadas em 1865, Giovanni Pacini chama-o de "a perfeita encarnação da verdade dramática".

Os libretos de Metastasio continuaram a ser musicados por muito tempo. Neste volume, ao fazer o levantamento da obra dos autores estudados, preocupei-me em assinalar os casos de reutilização de seus textos, para que o leitor tenha idéia da persistência de um legado poético que, na década de 1820, ainda estava inspirando óperas de Pacini e Mercadante. Mas de 1770 em diante, cada vez que voltavam à cena, esses libretos sofriam remanejamentos para a inserção de elementos progressistas, correspondentes a um gosto novo que vinha se firmando. Na ópera italiana estava acontecendo algo de parecido ao que Mozart, na época da Clemenza di Tito (1791), chamou de "revisar o libreto de Metastasio para transformá-lo numa ópera de verdade". Esses remanejamentos consistiam em:

- eliminar as longas árias sentenciosas ou baseadas em metáforas prolongadas;
- desbastar os recitativos secos ou convertê-los em recitativos acompanhados, mais dinâmicos; e às vezes até em breves ariosos;
- substituir as narrativas[3] – resquício da regra francesa da *bienséance* – pela representação direta dos fatos;
- substituir os focos de tensão dramática, disseminados pelas numerosas "árias de saída" da ópera metastasiana, por clímaxes teatrais deslocados para o finale dos atos, possibilitando assim longas passagens de concertato em que os números de conjunto, coordenando-se uns aos outros, ofereciam variedade muito maior de escrita musical.

Kimbell aponta, em *Italian Opera*, casos – como o do prefácio que o libretista Luigi Serio escreveu, em 1783, para o *Oreste* de Cimarosa – em que se nota a assimilação, pelos intelectuais italianos, de idéias gluckistas:

> Os dramas de hoje em dia têm pouco interesse, não pela falta de méritos da poesia, mas devido ao grande vazio existente entre os recitativos e as árias, e também aos caprichos, à negligência e à ignorância dos cantores, que emitem as palavras sem arte e a devida expressão. Pensando em pôr fim a tais desordens, tentei reduzir os recitativos ao mínimo necessário, e introduzi trechos corais no drama, para despertar a atenção do espectador. Para que esses coros não se transformassem em meras peças efêmeras e ruidosas, tentei uni-las à ação. [...] De modo geral, as árias não passam de um palavrório insípido. [...] Tentei colocá-las, em especial as cantadas pelas personagens principais, em posição tal que o compositor seja forçado a relacionar música e poesia, e os cantores a explicar, com elas, o movimento das paixões.

Em torno de 1790, portanto, assistimos à substituição do drama de intrigas sentimentais por narrativas mais austeras, em que o papel do coro ganha muita importância. A unidade básica do teatro metastasiano – recitativo/ária *da capo*, inserida numa situação de "saída de cena" – cede lugar a quadros melhor organizados, em que o foco dramático se desloca do recitativo para as diversas seções de música contínua. A influência externa é determinante para que isso ocorra. Em Piccinni, Sacchini e Salieri, ela é o resultado do contato com Gluck em Paris. Em Cimarosa e Paisiello, é uma tendência que resulta dos anos passados em São Petersburgo, na corte de Catarina II, de grande influência francesa.

É muito grande a intensificação psicológica e dramática obtida com o esquema do recitativo acompanhado que evolui para o arioso e, dali, para a ária. Exemplo perfeito disso é a cena 5 no ato I de *Gli Orazii e i Curiazii*, de Cimarosa[4]. Paralelamente, é sensível a redução do recitativo seco, de que sobram poucos compassos no último ato do *Catone in Utica* – um libreto de Metastasio –,

e Räto Tschupp (Jecklin, 1994) permitem conhecer esse curioso *Orfeo-II*.

3. O teatro clássico frânces impunha o respeito àquilo "que cai bem", confiando portanto à narrativa tudo o que pudesse ser considerado violento ou de mau-gosto (por exemplo, o longo relato da morte de Hyppolyte, nas garras do monstro marinho mandado por Netuno, feito por Théraméne, na *Phèdre*, de Racine).

4. Que o leitor pode ouvir na gravação de Massimo de Bernart para o selo Bongiovanni (ver o capítulo sobre Cimarosa).

estreada por Paisiello em Nápoles, em 1789. Esse mesmo compositor diminuiu consideravelmente a quantidade de coloratura em suas últimas *opere serie*, visando a construir formas musicais mais concisas e diretas. Algumas das páginas mais nobres de Cimarosa são de estilo declamatório e, nelas, a emotividade decorre da própria simplicidade. A essa evolução na técnica de elaboração dos números cantados corresponde, naturalmente, uma mudança no estilo do acompanhamento instrumental. São cada vez mais freqüentes, nos recitativos acompanhados, certas figurações com valor simbólico ou descritivo, que já encontrávamos nas óperas de Jommelli.

No caso italiano, porém, a superação da *opera seria* convencional fez surgir o que poderíamos chamar de modelo pós-metastasiano pois, embora Gluck tenha dado à música uma função teatral que ela nunca teve no apogeu do Barroco, os compositores e o público peninsulares continuavam agarrando-se àquilo que, por sua própria natureza, era e continuaria sendo para eles a essência mesma da ópera: a beleza do canto, o prazer de ouvir uma suntuosa ária solista. Em Piccinni, Sarti, Paisiello e Cimarosa, ou na geração mais jovem de Salieri, Zingarelli e Generali, persistirá esse fascínio pela beleza do som em si mesmo. E é por isso que, em Rossini ainda, identificaremos um traço herdado do Barroco: a indefinição de tom que fazia os mesmos procedimentos – apenas porque eram bonitos e agradavam aos ouvidos do público – serem usados de forma indiscriminada em óperas sérias ou cômicas.

A importação, para a *opera seria*, de técnicas originalmente desenvolvidas no domínio da ópera bufa é outro aspecto fundamental do teatro musical da segunda metade do século XVIII, no qual encontraremos o embrião para o drama lírico romântico. Em sua biografia de Mozart, publicada em 1978, o musicólogo Hermann Abert situa em torno de 1750 o momento em que Piccinni começa a usar, em suas árias sérias, figuras repetitivas para o acompanhamento e um intercâmbio mais solto de frases entre as vozes e a orquestra, como era comum na comédia. Nas *opere serie* da maturidade de Paisiello, é normal aparecer a técnica *parlante* bufa, de tal forma que, nas cenas de conjunto, a partir do momento em que a propulsão rítmica é desencadeada pela orquestra, as vozes ficam livres para desenvolver uma declamação flexível e verdadeiramente teatral.

Na década de 1780, surge, na *opera seria*, um finale em grande escala, como os que eram comuns na ópera cômica. O *Pirro* (1787), de Paisiello, é apontado por Kimbell como um exemplo típico dessa técnica. Do ponto de vista estrutural, era um desenvolvimento que carregava consigo muitas possibilidades interessantes. O que tinha de problemático era trazer, para o domínio sério, um certo tom dançante, uma exuberância rítmica que não se encaixava bem com as características teatrais do gênero. No clímax de uma das obras sérias mais grandiosas desse período, *Os Horácios e os Curiácios* de Cimarosa, é inevitável não se harmonizarem muito bem a luminosidade da música e o horror da situação: o irmão patriota que mata a irmã, porque esta, revoltada com o assassinato do noivo, amaldiçoou Roma.

Seja como for, a *opera seria* italiana tinha aprendido com a ópera bufa uma forma enérgica e extrovertida de coordenar música e drama, que convinha mais à índole nacional mediterrânea e não era severa como o modelo gluckiano. A isso, um compositor da transição barroco-clássica, como J. Ch. Bach, ou um clássico da primeira hora, como Paisiello, deram utilização muito rica, integrando coros e balé às suas árias de suntuoso cantábile.

Durante a década de 1760, a descoberta do norte da Europa e de seus misteriosos atrativos introduz, na ópera italiana do *tardo Settecento*, elementos temáticos que abrem caminho para o Pré-romantismo. Em 1762, o Dr. Samuel Johnson mandou a seu amigo, o ensaísta Giuseppe Baretti, a edição das obras de Shakespeare que acabara de preparar, sugerindo que ele "apresentasse o bardo inglês às damas da Itália". Foi o que fez Baretti: publicou, no jornal *La Frusta*, de janeiro de 1764, um ensaio no qual declarava que "Shakespeare, como poeta tanto trágico quanto cômico, mantém-se em uma posição isolada, muito acima de todos os Racines, Corneilles e Molières da Gália". Em 1771, em carta ao amigo Giuseppe Bottoni, é Metastasio quem confessa ter lido "com infinito prazer" os *Night Thoughts* de

O Teatro La Fenice, de Veneza (gravura do século XVIII).

Os fundos do Teatro La Fenice de Veneza (gravura do século XVIII).

Edward Young, típico poeta pré-romântico inglês, precursor da voga da poesia melancólica, do gosto pelos cenários sombrios e em ruínas:

> Apesar da falta de ordem e conexão em seus textos, das repetições freqüentes, da obstinação em sempre mostrar o lado escuro das coisas, da falta de vontade de conduzir-nos à virtude, deixando-se mergulhar no desespero, apesar de todas essas opressivas circunstâncias, eu lhe digo, é um poeta que captura a atenção do leitor e o leva para onde quer.

Maior ainda do que a atração por Shakespeare ou os primeiros poetas pré-românticos ingleses, foi a verdadeira mania que varreu a Itália, a partir de 1763, quando Cesare Comarotti publicou em Pádua as primeiras traduções de Ossian. Nos volumes desta coleção sobre a ópera francesa e alemã, já nos referimos à notável fraude do escocês James McPherson. Tendo fracassado, em 1758, na tentativa de interessar os editores de Edimburgo na publicação de seu poema *The Highlander* (O Homem das Terras Altas), McPherson imaginou um artifício para impor-se literariamente. Ajudado por um amigo, o reverendo James Horne, forjou textos imitados dos poemas gaélicos de tradição oral, que circulavam em Invernesshire, onde nascera, e Aberdeen, onde estudara. Em 1760, publicou em Edimburgo *Fragments of Ancient Poetry Collected in the Highlands of Scotland, and Translated from the Gaelic or the Erse Language*.

McPherson afirmava ter localizado, em suas pesquisas, textos de Ossian, antigo bardo gaélico do século III, filho do chefe guerreiro Finn, ou Fingal (cujo nome foi dado às grutas evocadas por Mendelssohn em seu poema sinfônico). O clima soturno e brumoso do norte, as aventuras de guerreiros destemidos, o canto nostálgico das glórias perdidas ia ao encontro de sentimentos muito fortes no homem do final do século XVIII, insatisfeito com a época em que vivia. Fascinados com os poemas de Ossian, muitos leitores deram a McPherson substanciosas contribuições em dinheiro, para financiar as suas "pesquisas". E ele não os decepcionou, pois *Fingal* (1762), *Temora* e *Comala* (1763) foram outros *ancient epic poems* do "Homero do Norte" divulgados a seguir.

A paixão por Ossian correu toda a Europa. Um de seus maiores admiradores era Napoleão, que conferiu a Légion d'Honneur a Jean-François Le Sueur por ele ter composto, em 1804, a ópera *Ossian ou Les Bardes*. Só depois de os escritos de McPherson terem sido coligidos nos dois volumes de *The Works of Ossian* (1765), é que surgiram as primeiras desconfianças, a princípio limitadas a círculos acadêmicos muito restritos. Embora nunca tivesse sido capaz de exibir os manuscritos de onde traduzira os poemas de Ossian, McPherson morreu coberto de glória, em 1796, e está enterrado na abadia de Westminster, junto dos maiores nomes da arte inglesa. Só no século XX é que Donald Thomson demonstrou cabalmente, em *The Gaelic Sources of McPherson's "Ossian"*, que esses textos eram uma impostura de gênio.

Comentando a observação de McPherson de que "a variedade de metros é a indicação de que esses poemas eram originalmente cantados acompanhados de música", Cesarotti diz, no prefácio à sua tradução:

> O coro e a variedade métrica tornam esses poemas muito semelhantes aos melodramas gregos. Postos em música por um maestro culto, embelezados com as ornamentações musicais adequadas, eles poderiam ser um libreto de estilo moderno, e criar no palco um tremendo efeito.

Os poetas não demoraram a morder a isca atirada por Cesarotti. Em 1770, Calzabigi escreveu um libreto baseado em *Comala*. Jovens dramaturgos como Simeone Sografi ou Gaetano Rossi foram muito influenciados por Cesarotti. No início do século, o interesse pelas brumas setentrionais ossianescas passou por forte revivescência, com a descoberta dos romances históricos do escocês sir Walter Scott – ao qual *La Donna Del Lago* de Rossini foi, em 1819, o primeiro tributo na ópera. O libreto "ossiânico", de tom ao mesmo tempo bélico e elegíaco, introduziu, na ópera italiana do final do Classicismo, todo um repertório de temas, situações e imagens que prepara o caminho para o Romantismo: marchas e canções guerreiras; imagens de morte, lamento, nostalgia; exílio ou morte por motivos patrióticos; o pavor diante dos fenômenos naturais; o lado "sublime" das paisagens desoladas, em que as ruínas são banhadas pela luz mórbida da lua.

A esse tipo de inspiração deve-se também a ousadia de virar as costas ao final feliz obrigatório, herdado da tradição barroca. Os libretos pré-românticos começam timidamente a dar desenlace sombrio às intrigas – é o caso da *Elfrida* de Calzabigi, que bebeu nessa fonte, embora não seja um libreto estritamente "ossiânico". Dentro do mundo de paixões primitivas da poesia ossianesca, não há mais lugar para a visão do mundo culta e esclarecida de Metastasio, em que as paixões e os conflitos sempre se reconciliam à luz da razão e do bom-senso.

De matriz parisiense era a ópera semi-séria, de popularidade cada vez maior na segunda metade do século. Suas raízes estavam no *opéra-comique* francês, cujos elementos sentimentais sempre tiveram mais peso do que os meramente bufos. E para ela contribuíam muito também os temas e a técnica de caracterização de personagens do *drame bourgeois* de Diderot e seus seguidores. Exemplos paradigmáticos do gênero são *La Cecchina ossia La Buona Figliuola* (1760), de Piccinni, e *Nina ossia La Pazza per Amore* (1789), de Paisiello, esta última adaptada de um libreto francês, originalmente musicado por Nicolas Dalayrac. Mas o grande expoente da ópera semi-séria foi Ferdinando Paer que, de *Griselda* (1798) a *Agnese* (1809), compôs sete peças desse tipo – entre as quais *Leonora* (1804), a partir do mesmo libreto escrito por Nicolas Bouilly para Pierre Gaveaux, e que inspirou também o *Fidelio* de Beethoven.

Em suas *Musical Reminiscences, Containing an Account of the Italian Opera in England from 1773* (1824), um crítico conservador como o conde Richard de Mount-Edgcumbe, defensor ferrenho da regra de separação de gêneros, protesta contra o mau-gosto da ópera semi-séria, que misturava o cômico e o horrível, o aristocrático e o plebeu. Na sua opinião, essa mixórdia desvirtuava a pureza do melodrama italiano. Mas os compositores sentiam-se cada vez mais atraídos por libretos híbridos, que lhes permitiam a justaposição de texturas contrastantes, muito mais coloridas, variadas e pitorescas. Convinha muito à sensibilidade da época a possibilidade de manipular o patético, o ameaçador, o apavorante – por exemplo a cena de loucura da *Agnese* de Paer –, sem que fosse necessário dar à história um desenlace trágico. Excitava-se a sensibilidade do espectador com toda espécie de situação cruel ou angustiante mas, depois, ele era tranqüilizado por uma reviravolta de última hora que permitia a tudo entrar nos eixos, e à história, terminar bem.

Outro ponto fundamental a considerar – e que há de adquirir enorme importância no melodrama romântico – é o peso que o libreto de ópera passa a dar ao elemento político. Em 1756, as disputas entre a Prússia e a Áustria, na Europa, e a rivalidade entre a França e a Inglaterra, nas colônias americanas, provocam a Guerra dos Sete Anos, encerrada pela Paz de Hubertsburg, em 1763. A ascensão da Prússia, o aumento da influência russa na política européia, a derrota da França, e a afirmação da Inglaterra como uma grande potência européia alteram o equilíbrio de poder continental. E dão um golpe de morte nos ideais cosmopolitas, pacifistas e apolíticos do Iluminismo. Nas décadas subseqüentes, a vida social, intelectual e artística vai se tornar cada vez mais politizada.

Na Itália, um dos mais claros sintomas desse debate político, voltado para a questão da emancipação e unificação nacionais, é a transformação das lojas maçônicas em focos de reunião dos jacobinos democratas. Marcante, do ponto de vista do espetáculo, é também, em 1776, a estréia do dramaturgo Vittorio Alfieri, ardente republicano, cujas tragédias trarão a denúncia da opressão absolutista e a pregação de que é necessário reagir a isso, lutando pela liberdade. Em *I Miei Ricordi* (1867), o marquês Massimo d'Azeglio comenta:

> Um dos maiores méritos [de Alfieri] foi ter encontrado uma Itália metastasiana, e ter deixado uma Itália alfieriana. Mas a primeira e a maior virtude desse homem foi ter descoberto a Itália, assim como Colombo descobriu a América, e de ter plantado nela a semente da idéia da Itália como uma Nação.

O ideal alfieriano de que o teatro deveria ser uma "escola de patriotismo" era ainda mais explícito do que o de Zeno e Metastasio, que queriam fazer da ópera uma "escola das virtudes". A função da peça era "ensinar a ser livre", como ele diz numa carta de 1777 a Calzabigi:

Acredito firmemente que, no teatro, os homens têm de aprender a ser livres, fortes, generosos, inspirados pela verdadeira virtude, intolerantes em relação a todo e qualquer tipo de violência, amantes de sua pátria, plenamente conscientes de seus próprios direitos e apaixonadamente ardentes, honestos e magnânimos. Assim era o teatro de Atenas. Mas um teatro assim nunca poderá existir se crescer à sombra de um príncipe.

Sem ter o mesmo gênio, alguns dos libretistas com quem Cimarosa trabalhou compartilhavam os ideais de Alfieri: Giovanni Pindemonte (*Giunio Brutto*, 1781), Simeone Sografi (*Gli Orazii e i Curiazii*, 1796), Luigi Serio (*Oreste*, 1783). Este último, embora fosse *poeta cesareo* da corte dos Bourbon, morreu lutando do lado dos republicanos, durante as revoltas napolitanas de 1799. À gradual politização da ópera correspondeu, naturalmente, o garrote cada vez mais apertado da censura. Na década de 1840, Salvatore Cammarano, libretista residente do Teatro San Carlo de Nápoles, teria ainda problemas graves com os censores ao tentar inspirar-se em Alfieri para um de seus libretos.

Tendo de driblar os mastins da censura, libretistas e compositores abandonaram os temas mitológicos defendidos por Algarotti, e voltaram para os episódios históricos. Mas, desta vez, com um viés claramente político: glorificavam, por exemplo, as virtudes republicanas da antiga Roma, como fez Sografi nos *Orazii*, como uma forma indireta de sugerir ao público a idéia de que na república estava a resposta para seus problemas. Um dos mais hábeis aplicadores dessa técnica – diz Kimbell na obra citada – foi Vincenzo Monti, em cujas mãos o libreto volta a converter-se naquilo que tinha sido na Viena do século XVII: uma alegoria política. Ele o mostra explicitamente na *licenza* do libreto de *Teseo*, que escreveu em 1804 para Vincenzo Federici:

Greche imprese son ombra
di vicende fra noi
più famose, e d'eroi
che per opre di spada e di consiglio
meravigliose e nuove
della antica virtù vinser le prove.
Suona il labbro Teseo
ma Buonaparte il cor.

(Empreendimentos gregos são a sombra de fatos mais famosos entre nós, e de heróis que, usando a espada e o bom conselho, venceram as provas maravilhosas e novas da antiga virtude. Soa o lábio de Teseu, mas de Bonaparte o coração.)

Em Nápoles, quatro anos depois, Monti colaborou com Paisiello em *I Pitagorici*, outra alegoria política, em memória dos mortos na revolução napolitana de 1799. "Não dei o nome de ninguém", disse Monti, "deixei à platéia a tarefa de adivinhá-los." Com Monti começa uma técnica de redação de libreto em que o tema aparente dissimula o tema real, e é deixada ao público a missão de fazer as substituições necessárias".

Procedimento inatacável, contra os quais os censores nada podiam fazer. Durante a década de 1840, nas mãos de um artista como Verdi, esse artifício haveria de se transformar num instrumento utilíssimo de defesa da causa nacionalista.

Porém, nem as soturnas paisagens ossianescas, nem a seriedade da causa republicana eram capazes de afastar os compositores italianos do *tardo Settecento* de sua paixão principal: o prazer hedonista com o som bonito, a melodia opulenta, a arte consumada dos grandes intérpretes. Em *Über Cimarosas Opere Serie* (1982), Friedrich Lippmann assinala a ambigüidade das obras maduras desse compositor, que considera as mais perfeitas do período. Lippmann não põe em dúvida a seriedade de intenções de Cimarosa, e é da opinião que, quando se torna necessário manter a tensão durante longos segmentos de um ato, ele é capaz de encontrar recursos que nada ficam a dever a Gluck ou Mozart – isso é particularmente verdade no caso dos *Orazii*. Mas, dentro dessa moldura, Cimarosa encontra também lugar para o puramente musical. "Algumas de suas árias mais graciosas", diz Lippmann, "têm como única razão de ser agradar aos ouvidos do espectador".

A manutenção do gosto pela arte do *belcanto*, que datava do Barroco, não fez porém a linguagem musical estagnar. As mudanças foram marcantes, particularmente, quanto ao timbre e volume de sonoridades, que se tornaram mais densos e escuros. Para isso contribuiu a evolução na área vocal: o uso mais freqüente do coro e o fim da prática da castração, durante o período napoleônico, o que fez o foco deslocar-se para os timbres masculinos naturais. Aliou-se a isso a modernização dos instrumentos, enriquecendo a palheta orquestral; e para esse processo foi muito importante a contribuição do bávaro Simon Mayr, que trouxe para a Itália as aquisições mais modernas da orquestra-laboratório de Mannheim. Em *Rome, Naples et Florence en 1817*, Stendhal diz que

> o seu dom peculiar era o de enriquecer os ritornellos e acompanhamentos com os efeitos harmônicos que seus contemporâneos, Mozart e Haydn, estavam aperfeiçoando na Alemanha naquela época. [...] [Mayr] criou um estilo pesado, denso, muito distante da beleza espontânea da fala natural, mas com uma certa qualidade própria à qual, após certa luta, acabávamos nos acostumando.

Paisiello fora o primeiro a usar instrumentos de sopro, na introdução do segundo tema de suas árias em forma de sonata. Com Mayr, tais instrumentos passaram a ter utilização muito variada, como solistas *obbligati*. Para obter efeitos específicos, Mayr introduziu na orquestra sonoridades novas: o corne inglês na *Lodoïska* (1800); o trombone na *Medea in Corinto* (1813). Donizeti, que foi seu aluno, aprendeu com ele a técnica de criar grande efeito dramático, nas cenas de tom intimista, fazendo da orquestra um uso camerístico. De Donizetti, esse procedimento passará às mãos de Verdi, que extrairá dele belíssimos resultados.

No *Tratatello sopra agli Stromenti ed Istromentazione*, que publicou em 1825, Mayr faz observações muito interessantes sobre a arte italiana da orquestração na era pré-romântica. Rossini, por exemplo, preferia o clarinete ao oboé, pois considerava mais débil o som desse instrumento; o que Mayr, pessoalmente, deplorava, pois o oboé, em sua opinião, era "o rei dos instrumentos de sopro", o mais indicado para evocar tanto a melancolia quanto a ironia ou a jovialidade rústica. Ele adverte contra o abuso dos trombones, citando *Semiramide* como um exemplo particularmente deplorável. E critica Rossini pelo excesso de efeitos de "música turca" – a que explorava as sonoridades exóticas de pícolo, tambor, címbalo, prato, triângulo. Se dependesse dele, só o balé admitiria essas "excentricidades".

Quanto à ária, assiste-se à sua dramatização crescente. Abandona-se a velha fórmula metastasiana, que fazia da ária *da capo* uma interrupção no fluxo da ação, para que a personagem refletisse sobre aquilo que lhe tinha acontecido e expressasse o *affeto* correspondente. Em vez de relegar a ação ao recitativo, resolvido rapidamente, para que se pudesse voltar logo a cantar, a seqüência recitativo acompanhado-arioso-cantábile, um evoluindo naturalmente a partir do outro, integra melhor ação-reflexão, reduzindo o caráter fragmentado da *opera seria*. Rejeita-se também a convenção da "ária de saída", que colocava obrigatoriamente os cantábiles antes dos momentos em que as personagens saíam de cena, dando aos atos estrutura mecânica e artificial.

Paisiello trabalha muito com a ária em forma de sonata; Piccinni gosta da ária em duas seções, lento-rápido, semelhante à que encontramos com muita freqüência nas óperas maduras de Mozart. O texto se preocupava sempre em providenciar algo que justificasse e tornasse verossímil essa passagem do lento para o rápido. Por exemplo, em *Gli Orazii e i Curiazii*, Marcos Horácio canta o *largo* "Alla patria ognor donai", em que externa a sua devoção a Roma; é interrompido pelo coro, que vem anunciar a sua escolha como o herói que duelará contra os inimigos de Alba Longa; e, cheio de fervor patriótico, entoa o *allegro non tanto* "Ah, di giubilo quest'alma".

Todos esses desenvolvimentos demonstram que, na segunda metade do século XVIII, o ideal de coordenar a ação dramática com estruturas musicais contínuas, surgido inicialmente no domínio bufo, estava sendo transportado com muito sucesso para o terreno da *opera seria*. Não apenas em grandes nomes como Paisiello ou Cimarosa, mas também em compositores de menor fama – mas não menor importância – como Guglielmi, Sarti ou Gazzaniga, encontraremos sofisticadas árias em três ou quatro partes. Eram muito variados – e até mesmo tumultuados – as formas e estilos herdados por Rossini. Era necessário que esse mestre, de prestígio precocemente consolidado, os regulamentasse. E ele o fez, primeiro no domínio cômico, em que logo se impôs, depois no sério, em que fez fama a partir do *Tancredi*, de 1813. Com Rossini, a forma vai se tornar mais simples e elegante; e vai se sistematizar a estrutura *ária-cabaletta* (a primeira, um cantábile lento e introspectivo; a segunda, uma seção rápida e virtuosística). Essa seqüência constituirá a unidade básica da ópera romântica, animada por uma escrita orquestral viva e cheia de verve.

Por volta de 1815, já tinha se desenvolvido o molde dramatúrgico e formal a que, posteriormente, a musicologia daria o nome de *Códice Rossini*. Não se trata de um conjunto de regras que o próprio Rossini tenha formulado a priori e de modo teórico, e sim de uma série de procedimentos que ele aplicou na prática e, depois, foram estudados, definidos e aplicados como uma receita. O primeiro a tentar definir o Códice, e descrevê-lo em seus múltiplos aspectos, foi Carlo Ritorni em *Ammaestramenti alla Composizione di ogni Poema e d'ogni Opera Appartenente alla Musica*, publicado em Milão em 1841.

Nos termos do Códice, a ópera deveria iniciar-se com uma abertura formal – que não precisava ter relações temáticas com o corpo da obra – ou talvez um curto prelúdio, preparando o espectador para aquilo a que ia assistir. A *introduzione*, geralmente seguida de uma cavatina, apresentava a cena e caracterizava uma das personagens. Era costumeiro trazer o primeiro cantor, em geral com um companheiro que lhe dava a réplica, para uma ária lenta, seguida de um diálogo com o coro e uma cabaletta. A ação principal divide-se, portanto, em um certo número de cenas emoldurando um acontecimento dramático único, relacionado com um pequeno grupo de personagens.

Depois que a questão principal é apresentada, ou sugerida pela música, uma das personagens reflete sobre ela, o que traz novos elementos ao problema, seja mediante ação cênica, seja pela reação emocional da personagem diante dele. No clímax que se segue, o problema proposto é resolvido, normalmente por meio de uma ação ou tomada de decisão e, conseqüentemente, muda também o ânimo da personagem. O drama articula-se, portanto, por meio de *scenas*, cuja estrutura musical espelha a progressão da reflexão para a ação.

Rossini estabilizou a convenção, herdada de Mozart, de que cada personagem importante deveria ter pelo menos uma *scena* dessa natureza. Embora a *scena* se originasse na ária em duas partes (lento-rápido), que era popular no fim do século XVIII, Rossini a expandiu, acrescentando-lhe um longo recitativo introdutório, e interpolando, entre a reflexão lírica do cantábile e o movimento brilhante da cabaletta, uma passagem de transição que recebeu o nome de *tempo di mezzo*. O *andante* cantábile tendia a ter duas estrofes e a ser tonalmente estático. A cabaletta, também de forma binária simples, não precisava ser em tonalidade relacionada com a da ária e, em sua parte final, oferecia ao cantor a oportunidade de fazer exibição de virtuosismo. Enquanto a ária da *scena* era binária, a romança, mais descomprometida, tinha um só movimento.

O dueto era normalmente de forma A.B.A. Na primeira seção, rápida, um dos cantores expunha a melodia, enquanto o segundo respondia com o mesmo tema, ou com um motivo semelhante. Ao longo do diálogo, uma modulação podia levar à seção intermediária, com andamento contrastante (era freqüente um *andante* em que as vozes se respondiam em intervalos de terça ou sexta). Depois de uma intervenção externa que provocasse uma dramática interrupção, os participantes lançavam-se à cabaletta, em que as vozes cantavam a mesma melodia sucessivamente e, em seguida, a reprisavam. Este, é claro, é um formato básico: existem várias formas de variar a ária e o dueto.

O "concertato de perplexidade" da ópera bufa, que ocorria perto do final do ato, quando todas as personagens expressavam o seu espanto diante de um qüiproquó especialmente difícil de deslindar, deu origem ao finale multisecional, em que uma melodia orquestral era desenvolvida ao longo de uma série de episódios em tonalidades diferentes, culminando num *largo concertato* a várias vozes, e numa *stretta* brilhante.

À inventividade de Rossini para escrever os acompanhamentos orquestrais – o brilho do colorido dos instrumentos, a profusão dos ritmos –, deve-se muito da vitalidade que ele infunde à *opera seria*, projetando-a, para o futuro, como o modelo de que hão de partir Pacini, Mercadante, Donizetti, Bellini, os grandes mestres da primeira geração romântica. Acima de tudo, Rossini renova os meios expressivos, prepara o terreno para a evolução teatral que, ao longo do século XIX, levará à plenitude operística da obra de Verdi e, depois dele, da de Puccini e dos veristas e neo-românticos.

Mas o faz sem perder o contato com a mais italiana das características: o prazer hedonista do *belcanto*, da melodia encantadoramente lírica. Em *Rossini: a Biography*, H. Weinstock conta que, em 1818, explicando a um jornalista de Berlim a mágica das óperas rossinianas, o *poeta cesareo* Giuseppe Carpani declarou: "É que nelas há a cantilena, sempre a cantilena, a bela, a mágica, a rara cantilena. A natureza, que nos tinha dado Pergolesi, Sacchini e Cimarosa, agora criou Rossini para nós".

O Apogeu Rossiniano

Uma das figuras mais folclóricas da Restauração é Domenico Barbaja. Semi-analfabeto e desbocado, esse napolitano tinha acumulado, com a exploração do jogo em Milão, uma imensa fortuna que gastava, sem mãos a medir, em corridas de cavalo e na compra de jóias e quadros. De volta a Nápoles em 1804, começou a explorar os salões de jogos anexos aos teatros e, durante o período napoleônico, vendeu armas e fez empreendimentos de construção civil. Foi também, entre 1809-1840, empresário dos teatros reais napolitanos nos quais, graças a seu faro empresarial, manteve o esplendor de uma tradição que remontava a Alessandro Scarlatti, no final do século XVII.

Com seus hábitos operísticos arraigados, Nápoles foi o último grande centro italiano a capitular à mania da ópera rossiniana. Mas em 1815, Barbaja trouxe Rossini para a cidade e, no período em que ali esteve, até 1822, apesar da acolhida fria que recebeu a princípio, o autor do *Barbiere* produziu óperas que levam o Classicismo italiano a seu ponto culminante e, ao mesmo tempo, colocam pedras fundamentais para a construção do edifício romântico. Na *Vie de Rossini*, Stendhal diz que os conservadores napolitanos estavam

> prontos a dar-lhe crédito pela maneira elegante e caracteristicamente divertida como escrevia para a geração atual mas, no que se referia às idéias, às questões realmente fundamentais, não havia comparação possível entre esse novato e os grandes compositores de outros tempos.

Não demorou, porém, para que Rossini vencesse suas reservas e, no dizer de Philip Gossett, se transformasse no "filho adotivo favorito dos napolitanos"[5]. Ele começou cautelosamente, testando a platéia com *Elisabetta Regina d'Inghilterra* e *La Gazzetta*, cuja música adaptara em parte de obras precedentes. Trabalhava com um público culto, familiarizado com experimentações estilísticas de origem franceas: recitativo acompanhado, maior participação do coro, partes instrumentais que explorassem os recursos de orquestras muito bem equipadas. Um público preparado para aceitar inovações dramáticas como o final trágico do *Otello* ou do *Maometto II* (que tiveram de ser mudados para as apresentações em Roma e Veneza).

A boa acolhida da platéia fez com que Rossini dedicasse às óperas da fase napolitana mais tempo do que estava acostumado a despender com a redação de cada uma de suas partituras, polindo-as com mais vagar. Compunha explorando as melhores qualidades vocais de um elenco estável de altíssima qualidade, estimulando-o a dar o melhor de si mesmo na execução de virtuosístico *canto fiorito*. A dificuldade de escrita das óperas desse período atesta a qualidade de vocalistas como Maria Marcolini; Giambattista Velluti, o último *castrato* a se apresentar no palco; ou os notáveis tenores Giovanni David e Andréa Nozzari. Com esses últimos, em especial – aquele um *tenore di grazia* de voz leve e ágil, este um *drammatico d'agilità* de tessitura mais robusta e escura, que rivalizavam e tentavam superar um ao outro –, Rossini se deliciou em contrastar personagens como Roderigo e Otello; ou o rei Giacomo e o rebelde Roderigo Dhu, em *La Donna del Lago*.

Essa escalação de tenores para os papéis principais foi fundamental para a superação do antigo hábito de destinar papéis heróicos masculinos a vozes muito agudas – *castrati* ou mulheres –, e os compositores contemporâneos de Rossini começaram a dar preferência ao timbre natural de homem. Causava também espanto a espectadores tradicionais como o conde Mount-Edgcumbe que o músico de Pesaro emanci-

5. Em *Mestres da Ópera Italiana 1* da série *New Grove* (L&PM).

passe a voz de baixo, restrita até então a papéis bufos ou secundários, de personagens idosas, dando-lhe participação mais ativa – "como se o contrabaixo passasse a liderar os instrumentos da orquestra", diz esse viajante inglês em suas *Musical Reminiscences* (1824). Mas cantores como Filippo Galli ou Michele Benedetti o inspiravam a criar personagens fortes, como o protagonista de *Mosè in Egitto*, dotando-os de coloratura tão ornamentada quanto a que se escrevia para tenor (modernamente, foi necessário que um baixo como Samuel Ramey resgatasse toda uma técnica praticamente perdida, para estar em condições de realizar esses papéis).

Duas cantoras espetaculares estavam à sua disposição em Nápoles: o contralto Rosmunda Pesaroni e um soprano dramático, a espanhola Isabella Colbran, mulher de grande beleza e forte presença cênica. Ao conhecer o jovem Gioacchino, La Colbran abandonou Barbaja, de quem era a amante, tornou-se sua namorada e, mais tarde, sua primeira mulher. Em abril de 1807, o crítico do *Redattore del Reno* a descreveu "perfeita no método e no estilo, com uma extensão prodigiosa, de quase três oitavas, do sol grave ao mi agudo, emitidas com uma perfeita mistura de suavidade e energia". Sua voz durou muito pois, em 1822, ao ouvi-la fazer *Zelmira* em Viena, um crítico austríaco ainda elogiou

> o belo *portamento* de sua voz, a entonação perfeita, o método refinadíssimo, a forma como as Graças espargem néctar sobre cada sílaba que ela emite, cada uma de suas *fioriture*, cada *grupetto*, cada *trillo*. Escalas de quase duas oitavas, claramente articuladas, e outros artifícios de seu canto, mostram que ela ainda é uma cantora de primeira.

Na famosa conversa de 1858 com Edmond Michotte[6], o próprio Rossini que, a essa altura, não tinha mais razões emotivas que interferissem em seu julgamento, referiu-se à Colbran como "a maior cantora de seu tempo; e isso a põe em segundo lugar apenas em relação à Malibran, que era única" (*Une Soirée chez Rossini à Beau-Séjour, Passy*).

O gosto conservador de Rossini fez com que preferisse textos barrocos – Torquato Tasso (*Armida*); Racine (*Ermione*) – ou de autores da segunda metade do século XVIII: o poema épico *Il Ricciardetto*, de Niccolò Forteguerri (*Ricciardo e Zoraide*) ; ou dramaturgos franceses como Antoine-Vincent Arnault (*Bianca e Faliero*), Jean-Marie Boutet de Monvel (*Matilde di Shabran*), Dormont de Belloy (*Zelmira*) e Voltaire (*Semiramide*). Mas ele buscou inspiração também em Shakespeare (*Otello*) e foi o primeiro italiano a se basear num romance do escocês sir Walter Scott (*La Donna del Lago*, de 1819), popularíssimo durante o Romantismo. Mas em que medida tais fontes fazem desses títulos óperas românticas? É verdade que a caçada, na cena inicial da *Dama do Lago*, com suas seis trompas fora de cena, dispostas de modo a criar efeitos de eco; ou a barcarola cantada por Elena, a protagonista, numa barquinha que flutua no Loch Katrine, já apresentam elementos pitorescos de predileção dos românticos. Mas a música ou a maneira de caracterizar as personagens têm muito pouco a ver com a sensibilidade romântica.

No caso do *Otello*, a abordagem do universo shakespeareano ainda é tipicamente setecentista. Stendhal fez as mais duras críticas ao libretista dessa ópera, embora ressalvasse: "Ficamos tão eletrizados com a qualidade dessa música magnífica, tão enfeitiçados por sua incomparável beleza, que acabamos inventando na cabeça o nosso próprio libreto". Mas o "mau poeta", que irritara o romancista francês a ponto de ele o tachar de "fraude literária que nem dá para mencionar", era um intelectual respeitadíssimo, o marquês Francesco Berio di Salsa. Lady Sydney Morgan, a mulher do notável cirurgião inglês sir Thomas Charles Morgan, escreveu em *Italy* (1822), seu livro de memórias:

> O marquês Berio é um nobre rico e de alta estirpe, e de talentos literários consideráveis, que se estendem à filosofia e às *belles-lettres* da Inglaterra, França, Alemanha e seu país nativo. Leu tudo e continua a ler tudo; vi a sua sala de estar, atulhada de romances e poesia ingleses que ele fizera vir do exterior, enquanto ele próprio se ocupava escrevendo, *all'improviso*, uma bela ode para lorde Byron, nos primeiros transportes de entusiasmo após ler o canto IV do *Childe Harold*, que se tornou tão admirado na Itália.

6. Que foi citada na introdução à *Ópera Romântica Italiana*, desta coleção.

Interior do Teatro San Carlo de Nápoles, na segunda metade do século XVIII (Museu Nacional de San Martino, em Nápoles).

A Saída do Teatro, pintura anônima da escola veneziana do século XVIII (Museu do Scala).

Mas se Berio admirava Byron, a recíproca não era nem um pouco verdadeira. Ao assistir à ópera em Veneza, em março de 1818, o poeta inglês se indignou:

> Crucificaram *Othello* ao transformá-la numa ópera. Música boa, mas lúgubre – quanto às palavras! Todas as cenas com Iago foram cortadas &, maior de todos os contra-sensos – o lenço[7] foi transformado num *billet doux* e, por razões estranhas, explicadas no prefácio, o primeiro Cantor não quis pintar o rosto de preto. Cenário – figurino – & música: muito bons.

Porém, os elementos que desagradavam a Stendhal e Byron eram justamente os mais apreciados pelos compatriotas de Berio di Salsa, convencidos de que ele fizera muito bem ao amenizar "as tremendas catástrofes do feroz Shakespeare". Essa era uma época, afinal de contas, em que os polidos hábitos clássicos ainda não tinham desaparecido de todo. E deve-se reconhecer que a fidelidade às fontes de Shakespeare, a densidade dramática do texto, e a ousadia do último ato do *Otello* permitiram a Rossini escrever música que já prenuncia claramente o Romantismo, a ponto de Meyerbeer ter dito:

> O mais extraordinário é esse último ato ser de uma beleza totalmente anti-rossiniana: declamação de alta qualidade, recitativo apaixonado, acompanhamento misterioso, cheio de cor local e capaz de capturar, em seu mais alto grau de perfeição, o estilo das romanças do passado (citado por H. Weinstock).

Com as óperas sérias do período napolitano, Rossini contribuiu de forma considerável para sintonizar a sensibilidade italiana num estado de espírito pré-*risorgimentale*. O *Nabucco* verdiano deve muito a *Mosè in Egitto* (1818), baseada na tragédia *L'Osiride*, do monge Francesco Ringhieri. Preparada para execução na temporada da Quaresma e, portanto, com um tom austero de oratório, que não corria o risco de atrair a condenação clerical, essa *azione tragico-sacra*, sem intriga profana, colocava as aspirações religiosas e nacionalistas da comunidade judaica no centro do drama, e usava o coro para expressar o sofrimento e as aspirações populares. Kimbell cita o trecho de *Massimila Doni*, romance de 1839, em que Balzac descreve muito fielmente o que deve ter sentido um nacionalista italiano ao assistir a essa ópera:

> *Il me semble avoir assisté à la libération de l'Italie, pensait un Milanais. Cette musique relève les têtes courbées, et donne de l'espérance aux coeurs les plus endormis, s'écriait un Romagnol.*
>
> (Tive a sensação de ter assistido à libertação da Itália, pensava um milanês. Essa música faz reerguer-se as cabeças curvadas e dá esperança aos corações mais adormecidos, exclamava um habitante da Romagna).

Há, portanto, inúmeros elementos prenunciadores do Romantismo na obra de Rossini. Mas esse homem que considerava de mau-gosto a atração do século XIX pelos temas mórbidos e sinistros, que pensou em adaptar o *Fausto* de Goethe "deixando de lado espectros, demônios e lúgubes fantasmas", era um típico artista do *Settecento* do ponto de vista da sensibilidade, do domínio formal, do prazer lúdico e intelectual que sentia em fazer música. Quando Giuseppe Carpani o avalia, após ouvir a *Zelmira* em Veneza em 1822, é em termos de suas relações com o passado, pois o que ele diz é que, em sua obra, revivem a "espontaneidade e delicadeza de concepção" de Haendel, Gluck e Mozart. O próprio Rossini autorizava esse tipo de julgamento, pois era o primeiro a reconhecer a dívida que tinha em relação a Cimarosa e Mozart. As palavras de Kimbell reforçam a idéia de que é ao mundo clássico que pertence o autor do *Barbiere*:

> Rossini acreditava que a música era uma arte "tutta ideal quanto al suo principio e, quanto allo scopo, incitativa ed espressiva" (idealista em seus princípios e, quanto ao objetivo, estimulante e expressiva). Para ele, "a música é a atmosfera moral que preenche o espaço, no qual as personagens do drama desempenham os seus papéis". E a tarefa do compositor, portanto, não era imitar o que as palavras já estavam dizendo de modo suficientemente claro mas, pelos recursos de sua própria arte, tornar os corações e mentes dos ouvintes mais susceptíveis, sintonizá-los com as situações da história e as paixões e o destino das personagens. Há momentos em que os pontos de vista estéticos de Rossini parecem-se muito com os de Debussy.

Prova de que a música de Rossini estava livre da dependência estreita com o texto é o

7. Byron se refere ao lenço que Otello deu a Desdêmona e do qual Iago se apossa; depois, conta ao o mouro que o encontrou em casa de Cássio, para convencê-lo de que Desdêmona o trai com seu capitão; esse epidódio é fundamental na versão de Boito-Verdi.

fato de permanecer nele o hábito clássico-barroco, a que já nos referimos, de transferir trechos de uma ópera para a outra, sem levar em conta as mudanças de sentido ocorridas quando esses transplantes eram efetuados. O caso mais famoso é o da abertura do *Barbeiro de Sevilha* que, saindo do *Aureliano in Palmira*, já tinha formado a base para a sinfonia da *Elisabetta Regina d'Inghilterra*. Friedrich Lippmann cita outro exemplo curioso: a música da explosão emotiva de Elcia, na versão original do *Mosè in Egitto*,

> *Tormenti, affani, smanie,*
> *voi fate a brani il core!*
> *Tutto di Averno o Furie*
> *versate in me il furore.*
> *Straziate voi quest'anima,*
> *che regge al duolo ancor!*

(Tormentos, preocupações, sofrimentos, vocês me despedaçam o coração! Derramai todo o furor do Inferno sobre mim, ó Fúrias. Dilacerai esta alma que ainda resiste à dor.)

Na segunda versão da ópera, essa mesma melodia vai acompanhar a ária de Sinaide, a mulher do Faraó, de tom muito diferente:

> *Che ascolto... oh! qual nell'alma*
> *piacer mi scende ancor*
> *all'amor suo la calma*
> *io deggio del mio cor.*
> *Ventura, onor e gloria*
> *gli sian propizii ognor.*

(O que ouço... ao seu amor eu devo a calma em meu coração, bem como o prazer que desce uma vez mais sobre a minha alma. Felicidade, honra e glória lhe sejam sempre propícios).

Como explicar o uso indiscriminado da mesma melodia para situações tão dessemelhantes? Aqui não se pode nem mesmo falar de "atmosfera moral". O objetivo da música é simplesmente "incitativo", é o de fazer, com a sensualidade e a vitalidade de seus contornos, um apelo à sensibilidade do ouvinte, levando-o a compartilhar as emoções – sejam elas quais forem – da personagem. A preocupação dos compositores românticos com uma declamação precisa – que vai levar à *parola scenica* de Verdi, um músico que venerava Rossini, mas tinha concepções dramáticas antagônicas às dele – entra em choque com a convicção rossiniana, de matriz absolutamente clássico-barroca, que a autonomia da música deve ser preservada. A composição, para ele, tem uma existência em si mesma, baseada em princípios intrínsecos de repetição, simetria, variação e contraste, sem que lhe pareça necessário adaptá-la a situações dramáticas diferentes.

Mas se, por um lado, Rossini é um compositor que se volta para o passado e faz dele uma grande síntese, os anos napolitanos oferecem muito em termos de experimentação e inovação. Os quatro anos que se passam entre *Otello* e *Maometto II* mostram-no dando grandes passos à frente, em termos de estrutura geral da peça, forma de trabalhar os episódios isolados e de equilibrar vozes e orquestra – até a *Semiramide*, que Alberto Zedda chama de "a súmula dos valores de toda a tradição que a precedeu". Não há dúvida de que influências externas operam nesse caso: em 1820, Rossini tinha-se envolvido pessoalmente na produção do *Fernando Cortez*, de Spontini, e portanto não é por acaso que tanto *Mosè* quanto *Maometto II* tivessem um formato que facilitasse convertê-las, mais tarde, em óperas de estilo parisiense.

O interesse por formas de textura e estrutura mais ampla, nas quais pudessem ser acomodadas construções musicais mais variadas, o faz reduzir o número de árias solistas, intensificar o uso do coro, ou inovar com passagens desusadas: o coro que irrompe no meio da abertura da *Ermione*; a cena de conjunto da aparição de Desdêmona, no *Otello*, em vez de uma *aria di sortita*; o *terzettone* que faz as vezes de finale do ato I de *Maometto II*. Na ópera dos primeiros anos do século XIX, o ato III do *Otello* é um caso raro de pensamento musical unificado: o recitativo inicial é interrompido pela canção do gondoleiro, fora de cena; a romança de Desdêmona, "Assisa al pie d'un salice", é entrecortada por recitativos; e tanto a canção do gondoleiro quanto a *preghiera* "Deh, calma, o ciel", têm forma muito compacta, para não retardar o rápido avanço da ação para o final trágico.

No tratamento que Rossini dá à abertura há alguns dos traços mais renovadores de suas óperas napolitanas. Apesar dos esforços pioneiros de Gluck e Jommelli, a ópera italiana continuava a fazer da sinfonia apenas um movimento brilhante, visando a despertar a atenção do público para o que ia se passar – e as aberturas anteriores do próprio Rossini não fogem a essa tradição. Na fase em que está testando as predileções do público napolitano, tentando descobrir a melhor maneira de agradá-lo, ele ainda reutiliza na abertura do *Otello*, material previamente escrito para *Sigismondo*. Depois, à exceção da *La Gazza Ladra* ou *Semiramide*, que foram compostas para outras cidades, substitui a abertura tradicional, em *Mosè* e *Maometo II*, por *introduzioni* que se constroem como um grande quadro coral-sinfônico, mergulhando o espectador diretamente no cerne da ação.

Durante os anos passados por Rossini em Nápoles, a *scena* ternária (recitativo-ária-cabaletta) começou a se impor como a unidade básica da estrutura do ato. Mas ele não deixou de experimentar com formas novas, cada vez que um esquema diferente parece corresponder melhor à situação descrita. Na ária de Desdêmona com que se encerra o ato II do *Otello*, por exemplo, expressa o estado de perturbação em que a personagem se encontra por meio de uma estrutura desusada: depois do *primo tempo*, e de um *tempo di mezzo* cuja propulsão vem de um tema orquestral de tom quase grotesco, há uma frase cantábile muito breve, que leva à brilhante cadência com que o número se encerra, como se pulássemos o início da cabaletta e fôssemos diretamente à sua coda.

Elementos típicos do século XVIII ainda estão presentes aqui e ali, quando as personagens são idosas ou pertencem a um universo que as distancia das demais figuras. O Douglas da *Donna del Lago* é idoso e, por isso, em sua ária do ato I, usa uma forma antiquada; o mesmo vale para a cavatina de Uberto – o rei James – cuja condição de soberano o destaca dos outros. Até mesmo o *da capo* reaparece numa ária como "Ah come mai non senti", de Rodrigo no ato II do *Otello*, em que Rossini superpõe a técnica estática de reflexão da *opera seria* ao molde moderno da *scena* ternária: o mesmo material cantábile da ária reaparece, na cabaletta, como se fosse a seção A' da grande ária barroca. Há um dos primeiros exemplos de genuíno rondó, no repertório do século XIX, no final da *Dama do Lago*, com três reprises de um tema muito brilhante que, a cada retorno, vem adornado com coloratura mais e mais refulgente. E "Assisa al pie d'un salice", de Desdêmona, é um belo exemplo de canção estrófica com variações.

Nas cenas de conjunto da fase napolitana, os compositores da primeira metade do século XIX encontrarão modelos técnicos e estilísticos em que se basearão freqüentemente. Chamando-o de "um momento congelado de excepcional percepção", David Kimbell analisa o dueto de Desdêmona e Emília, no ato I do *Otello*, mostrando que ele se desenvolve em três fases, em que as vozes se respondem em antífona ("Vorrei che il tuo pensiero"), por imitação livre ("Quanto son fieri i palpiti") e, finalmente, com canto paralelo (a repetição de "Quanto son fieri"), com isso construindo "um esquema que reserva seu devido lugar tanto à precisa caracterização quanto ao prazer sensual com os artifícios musicais". Mas em Rossini já estão presentes exemplos dos duetos "dissimétricos" – em que as personagens cantam material divergente mas complementar – que serão muito freqüentes em Donizetti e Verdi. No dueto para Elena e Uberto, que se superpõe ao trio do ato II da *Donna del Lago*, Rossini sugere a tensão existente entre as duas personagens, contrastando as frases cantábile em tom maior da soprano com intervenções do tenor, em estilo *parlando* e em tom menor.

Nos momentos de crise, em que a ação se interrompe para que as personagens reflitam, em cenas de conjunto que são a montagem de solilóquios superpostos, Rossini usa com muita habilidade a técnica do *adagio* ou do *andante* de forma canônica. Nesses grandes quadros sonoros, gosta de apresentar o cânon mediante uma série de variações, acrescentando novas cores ao modular de uma tonalidade para a outra, moldando, ao longo desse procedimento, novos contornos melódicos.

À exceção de *La Gazzetta*, composta em 1816 para o Teatro dei Fiorentini e recebida sem muito entusiasmo, Rossini não escreveu comédias para os teatros napolitanos. Mas não deixou de trazer para o domínio sério técnicas originalmente pertencentes à ópera bufa, e isso constitui um fator da maior importância para o desenvolvimento de seu estilo pessoal. É na riqueza da orquestração que isso está mais patente e, em especial, na ênfase que Rossini dá às possibilidades emocionais e teatrais do ritmo. À marcha e coro com que se inicia o final do ato I de *Otello*, por exemplo, ele confere uma intensa vibração interior. Falando do efeito dessa vitalidade rítmica, a respeito da *Elisabetta Regina d'Inghilterra*, Stendhal dizia: "Ela oferece toda a grande tensão emocional da *opera seria*, sem nos impor tudo o que havia de pesado e tedioso naquele gênero."

O mesmo acontece em relação à coloratura. Na *Storia del Belcanto* (1983), Rodolfo Celletti mostra como, a partir do *Otello*, fundem-se estilos provenientes do terreno cômico e do sério: a *agilità di grazia* o *canto di garbo*, o *canto di bravura*. Nas obras do início da carreira, a escrita vocal brilhante era de um tipo mais convencional, "baseada numa emissão fluente e semi-silábica do texto, com seqüências regulares de colcheias ou semicolcheias, construídas de tal forma que pudessem acomodar as cadências improvisadas pelos cantores". Mas a partir de *L'Inganno Felice* (1813) surge um tipo de ornamentação mais contida e elegante, "como se Rossini estivesse entrando cautelosamente no terreno do intérprete". Daí para a frente, o talento dos cantores com quem trabalhou o impulsionou a ampliar a coloratura até proporções excepcionais.

Nem sempre isso agradava a seus contemporâneos. Na sua *Autobiografia* (1861), ao relatar espetáculos a que assistiu em Nápoles, Ludwig Spohr queixa-se: "A voz cantada perde muito de seu encanto peculiar, e é até mesmo desfigurada quando Rossini a submete a *roulades* que qualquer instrumentista medíocre seria capaz de fazer muito melhor". Opinião germânica típica, não compartilhada pelo público italiano, apaixonado pela graciosa pirotecnia dos aéreos desenhos feitos pela voz dos excelentes intérpretes que o maestro tinha à sua disposição. Afinal, ele era o produto de uma época que acreditava no que diz Giuseppe Carpani nas suas *Lettere Musico-teatrali*: "O primeiro dever do músico é o de dar a seu público prazer musical. A expressão dramática vem sempre em segundo lugar." O *canto fiorito* rossianiano tinha tudo para agradar a um platéia particularmente sensível às nuances de fraseado, gradação dinâmica, variações timbrísticas.

Mas ao lado dessa preocupação sistemática com os aspectos belcantísticos, encontramos também em embrião a expressividade teatral da plenitude romântica. A atmosfera tensa do último ato do *Rigoletto* já está prenunciada no dueto do ato III do *Otello*, em que a tempestade natural se equaciona com o cataclisma psicológico do assassinato de Desdêmona. E, como já dissemos, *Mosè* é uma grande fonte de inspiração para o *Nabucco*. Não se pode tampouco ignorar a importância da troca de influências entre Rossini e Spontini. Gioachino que, para o *Mosè*, de 1818, certamente se mirara no modelo de ópera heróica, em estilo de estatuária, proposto por Spontini na *Vestale* (1807), deixa sua marca visível na *Olympie*, que o italiano residente em Paris e Berlim escreverá em 1819. Mais tarde, a versão francesa dessas duas óperas napolitanas – *Le Siège de Corinthe* (1826) e *Moïse et Pharaon* (1827) – serão, juntamente com *Guillaume Tell* (1830), pedras fundamentais sobre as quais Meyerbeer, discípulo e imitador de Rossini na fase italiana de sua carreira, erguerá o edifício do *grand-opéra*, essencial para o desenvolvimento de toda a ópera romântica européia.

Aparentemente contraditório – e difícil de equacionar para muitos musicólogos e historiadores – é o fato de Rossini, nada tendo de romântico, ser o compositor que mais contribuiu para a forma e o estilo especificamente italianos do Romantismo. Os próprios contemporâneos de Rossini, porém, não pareciam se incomodar com a forma como ele se equilibrava entre passado e futuro. Até mesmo o que mais incomodava os conservadores em sua época – a seriedade com que ele estudava a linguagem de Haydn e Mozart, e a traduzia para a sua – haveria de se revelar o guia muito fértil de um caminho para o futuro. Os temas novos que Rossini experimentou, as convenções formais que estabeleceu no Códice Rossini, serviriam de ponto de partida aos operistas italianos dos próximos trinta anos. Até mesmo seus maneirismos mais inconfundíveis – o estilo de *canto fiorito*, o crescendo, os ritmos irresistíveis, a forma muito peculiar de orquestrar – foram imitados, muitas vezes servilmente, às vezes com a capacidade de capturar sua elegância e perfume particular, de assimilá-los e traduzi-los em termos pessoais,

Baile no Teatro San Carlo de Nápoles, durante o século XVIII.

como ele mesmo tinha feito com todo o legado que herdou.

A Comédia Clássica

Em *A Ópera Barroca Italiana*, desta coleção, vimos como, por volta da década de 1720, começa a surgir, no domínio cômico, uma das mais importantes contribuições à História da Ópera: o *finale concertato*. De um determinado ponto do ato em diante, cessa a alternância recitativo seco/número cantado. Todas as seções cantábile se encadeiam umas às outras, sem interrupção, de modo geral aumentando gradualmente o número de participantes, até que se forme um animado número de conjunto, com o qual o ato, ou a ópera, terminam. A princípio, essas seções cantadas são apenas justapostas umas às outras. Depois passam a ser subordinadas por relações de interdependência melódica, tonal ou de andamento. O finale amplia-se gradualmente a ponto de, na segunda metade do século XVIII, ocupar às vezes a metade do ato. Nas mãos de Mozart – e em especial no grandioso finale do ato II das *Bodas de Fígaro*, de excepcional comprimento –, o *finale concertato* chega a seu ponto culminante, pois é pensado em termos sinfônicos, com uma organicidade de concepção que lhe dá sólida estrutura arquitetônica. Na parte deste capítulo dedicado à *opera seria*, vimos como esse procedimento foi importado do domínio bufo, como forma de solucionar o problema de dar ao drama lírico uma estrutura mais contínua.

Embora Nápoles tenha sido o centro de onde partiu a tradição clássico-barroca da ópera cômica italiana, é fundamental, neste contexto, ressaltar a participação de um dos maiores dramaturgos e libretistas do *Settecento*, o veneziano Carlo Goldoni. Em suas *Mémoires*, publicadas em francês em 1787, Goldoni reconhece aos napolitanos a primazia do gênero. Conta como a ópera bufa foi introduzida em Veneza pela companhia do empresário Giuseppe Imer, para quem ele próprio trabalhou a partir de 1734. E afirma que *La Fondazione di Venezia*, de que ele foi o libretista, constituiu "talvez a primeira ópera cômica a ser produzida na República de Veneza" (a estréia foi no Teatro San Samuele em 1736).

Essa colaboração com Imer coincide com o momento em que Goldoni está empenhado em reformar a comédia falada italiana, abandonando as farsas improvisadas provenientes da *Commedia dell'Arte*, e criando uma comédia de costumes com características literárias definidas. Tinha escrito apenas quatro libretos em 1743, o ano em que saiu de Veneza para trabalhar como advogado na Toscana. Os cerca de cinqüenta poemas que forneceu ao palco lírico pertencem à fase do retorno à cidade, em 1748 – ou seja, convivem com a fase de maturidade de suas comédias faladas, em que as idéias sobre a reforma do teatro já estavam plenamente consolidadas. Na *Ópera Barroca Italiana*, vimos a importância de sua parceria com Galuppi, para quem, a partir de 1749, com *L'Arcadia in Brenta*, escreveu quinze libretos. Deles, o mais famoso é *Il Mondo della Luna*, musicado também por Paisiello e Haydn.

Em vista da riqueza e da importância da Escola Veneziana para o desenvolvimento do teatro lírico, é estranho que a comédia tenha demorado para se impor na Sereníssima República – cidade muito adequada para o gênero, pois sua vida sempre foi famosa pelo brilho, o bom-humor e a dissolução dos costumes. Mas esse início lento foi compensado pela vitalidade, o charme irresistível, o otimismo cheio de sensatez do universo dramático variadíssimo que Goldoni criara em seu teatro de prosa, e que transportou para o palco da ópera. Em *Musica e Maschera: il Libretto Italiano del Settecento* (1984), Paolo Gallarati frisa o fato de Goldoni preferir dar às suas óperas a denominação de *dramma giocoso*. Eram peças em que as *parti serie* e as *parti buffe* se uniam, no retrato multifacetado do *piccolo mondo*, o microcosmo da vida italiana que ele concentra nos *campielli*, as pracinhas de suas peças, sempre satirizando as fraquezas da natureza humana, mas lançando sobre elas um olhar sorridente e compreensivo.

Surgem nessas óperas tipos impagáveis. O Don Poppone de *La Diavolessa*, que acredita nas previsões cabalísticas e se tranca na adega de sua casa, examinando o chão com uma forquilha, e esperando que ela vibre para lhe indicar o local estão onde foram enterrados tesouros magníficos. Ou os novos ricos da *Arcadia in Brenta*, que acreditam no preceito do "viva o luxo e padeça o bucho": preferem passar fome em casa e economizar para poder fazer inveja em seus vizinhos com as extravagantes casas de campo que mantêm fora da cidade – tema este a que o dramaturgo voltaria, anos depois, com a deliciosa trilogia falada das *Villegiature*. Nos objetivos "pedadógicos" desses textos estão claras as ligações da comédia goldoniana com o *drame bourgeois* francês.

O melhor exemplo está em *La Buona Figliuola*. Escrito para Egidio Duni em 1756, para encenação no Teatro Ducal de Parma, esse libreto baseava-se em *Pamela Nubile* (1751), a peça que ele mesmo extraíra do popular romance inglês *Pamela or Virtue Rewarded* (1741), de Samuel Richardson. Mais famosa ainda do que a versão de Duni haveria de se tornar a de Niccolò Piccini, *La Cecchina ossia La Buona Figliuola* (1760), um dos títulos mais importantes dentro do repertório semi-sério do Classicismo.

É típica de Goldoni a forma como eleva à categoria de arte maior as brincadeiras inconseqüentes da comédia de seu tempo, inserindo-as com naturalidade no *dramma giocoso* e fazendo-as conviver com o lado sério dessas histórias. No ato I de *La Calamità de' Cuori*, escrita para Galuppi, insere uma cena de exposição semelhantes às "paradas" da antiga *Commedia dell'Arte*. Nela, os quatro pretendentes da misteriosa estrangeira Bellarosa se apresentam e se descrevem: são eles Armidoro, o constante; Giacinto, o sedutor; Saracea, o fanfarrão, e Pignone, o avarento. Quanto a Bellarosa, ela corresponde à própria definição goldoniana da *soubrette* como "aquela personagem que aparece em cena de diversas formas, muda várias vezes de roupa, faz muito papéis diferentes e fala em diversas línguas". Com Pignone, ela demonstra meticuloso interesse na gestão de seus próprios negócios; com Saracea, finge espantar-se diante de todas as coisas de que ele se vangloria; com Giacinto, assume um ar pedante e namorador; com Armidoro, expressa-se de modo ardorosamente romântico (a Mirandolina de *La Locandiera* também age assim com seus pretendentes).

No finale do ato I, há um jogo de adivinhas para saber de onde vem a estrangeira. Essa é a importação de um clichê favorito da *Commedia dell'Arte*: as brincadeiras com diversas personagens de procedências regionais e nacionais diferentes. Já as encontrávamos na comédia madrigalesca seiscentista: a *Barca de Veneza para Pádua*, de Adriano Banchieri, por exemplo. E as reencontraremos na *Viagem a Rheims*, de Rossini, escrita para Paris. Pignone, que vê Bellarosa como "l'economa vera", acha que ela é de Florença, Gênova ou Turim. Saracea, que a considera "uma femina brava", tenta Nápoles, Brescia e Bolonha. Giacinto acha que essa "donna vezzosa" é de Veneza, Parma ou Milão. Só Armidoro, que a ama de verdade, descobre que ela de Ragusa (a atual Dubrovnik).

Mas é principalmente o desenvolvimento do *finale concertato* a principal contribuição de Goldoni para o teatro lírico do *tardo Settecento*, como o demonstrou D. Heartz em *The Creation of the Buffo Finale in Italian Grand Opera* (1978). A teoria de que esse tipo de finale remonta a Logroscino, defendida por um historiador como Hermann Kretzschmar, não foi comprovada, pois a pequena parte da obra desse compositor napolitano que se conserva não autoriza que se dê crédito a essa tese. *Il Governatore*, a única comédia de Logroscino que sobreviveu inteira, tem apenas a estrutura simples de canções justapostas a que em Nápoles dava-se o nome de *gliuòmari*. De resto, na época de Goldoni, essa inovação lhe era reconhecida até mesmo por Gasparo Gozzi, o irmão de seu mais ferrenho rival, o dramaturgo Carlo Gozzi: "Goldoni tem o direito de se intitular o inventor dessa novidade de encerrar os atos com ações agradavelmente variadas."

Não se tratava de um programa artístico ou de um conceito filosófico e, sim, de uma idéia feliz. Tendo-a experimentado uma vez, e verificado que ela dava certo, Goldoni aplicou-a de novo, e de novo, até convertê-la numa forma consagrada. O *finale concertato* não aparece em seus primeiros libretos – embora ele os tenha reescrito posteriormente, para incluí-los. O finale foi esboçado, de forma ainda rústica, em dois libretos escritos para Vincenzo Ciampi, em 1748-1749. Mas é no ato II da *Arcadia in Brenta*, para Galuppi, que essa técnica surge com formas reconhecíveis – e ali, era uma imposição do texto, pois esse final de ato constitui uma espécie de peça dentro da peça, em que as cinco personagens envergam trajes de *Commedia dell'Arte* e encenam uma pequena comédia. Deu certo, o resultado foi ótimo, e Goldoni voltou a aplicar a receita com tanta felicidade que, durante a década de 1750, ela tinha-se espalhado por toda a Itália.

Houve autores que atribuíram a Piccinni a criação do *finale concertato*. Mas é apenas em 1760 que ele aparece pela primeira vez em uma de suas óperas: justamente *La Buona Figliuola*, cujo libreto é de Goldoni. No mesmo ano, Piccinni reutilizou essa mesma forma em *La Furba Burlata*, escrita para Nápoles, suscitando um comentário do cronista Napoli-Signorelli:

> Essa ópera introduziu uma novidade em nosso teatro musical cômico. Em Nápoles, os finais de ato limitavam-se a uns poucos versos nos momentos de ação mais intensa; mas no resto da Itália eles eram longos, com vários versos contendo incidentes variados, que davam origem a uma variedade de andamentos e temas musicais, como se pode ver na *Buona Figliuola* e no *Filosofo di Campagna*, ambas escritas por Goldoni.

Foi Piccinni o responsável por levar a Roma e Nápoles o modelo da comédia goldoniana que cruzava o bufo com elementos do *drame bourgeois* e da *comédie larmoyante* de matrizes francesas – características que *La Buona Figliuola* compartilha com a *Nina Pazza per Amore* de Paisiello. O sucesso desmesurado da *Cecchina* fez com que Piccinni ficasse rotulado: a posteridade passou a afirmar que seus talentos limitavam-se apenas à expressão "*dell'ingenuo e del tenero*" – o que é injusto, como o leitor verá no capítulo dedicado a esse compositor. Em *La Commedia per Musica* (1968), V. Monaco cita a carta do abade Galiani a Mme d'Épinay, na qual esse fervoroso ouvinte de ópera rende uma homenagem ao compositor: "Piccini atingiu o alvo maior da arte: fez-me descobrir que cantamos, cada vez que falamos." Hermann Abert o considerou um dos compositores mais inventivos de seu tempo pois, "mesmo durante as seções cantadas de suas árias, é freqüentemente a efervescência dos detalhes instrumentais a fonte principal de realização do músico". E é interessante reproduzir o comentário de Charles Burney que, em *The Present State of Music in France and Italy* (1771), diz:

> Piccinni era acusado de empregar os instrumentos com tanto excesso que, na Itália, copista algum aceitaria transcrever uma de suas partituras sem que lhe pagassem um sequim a mais do que os que ele cobrava de qualquer outro compositor.

Mas não foram Galuppi e Piccinni os únicos a terem Goldoni como mentor. Até mesmo Mozart, ao fazer, em 1768 com *La Finta Semplice*, a primeira experiência de comédia que cruza o gênero bufo com o sentimental, teve a sombra do grande veneziano planando sobre ele. Marco Coltellini revisou extensamente o libreto que Goldoni extraíra de *La Fausse Agnès ou Le Poète Campagnard*, de Philippe Néricault Destouches. Mas deixou intocados os finales, construídos de acordo com o esquema goldoniano típico: cada incidente novo, na cadeia de acontecimentos, é assinalado por uma mudança na metrificação – sinal para que o compositor mude o andamento, a tonalidade, o ritmo, etc. É Heartz quem diz: "Com guia tão experiente (e também um ou outro conselho de Leopold), o primeiro *finale concertato* desse menino de doze anos não poderia deixar de ser a inventiva e eficiente seqüência de pequenos movimentos contrastante que é."

Durante a primeira parte do século XVIII, a ópera bufa tinha-se espalhado lentamente de Nápoles para Roma e Veneza. De 1750 em diante, graças ao enriquecimento musical e dramático do gênero, tornou-se uma forma nacionalmente apreciada, ganhando também as praças, no exterior, que eram dominadas pelo modelo hegemônico de ópera mediterrânea: Londres, Viena, e até mesmo Paris, onde Egidio Duni era muito bem-sucedido em cruzá-la com as formas locais do *opéra-comique*. O âmbito do estilo dramático goldoniano demonstrou aos compositores que não havia limites para a introdução de inovações técnicas, fossem elas vocais ou instrumentais. Esta foi uma das eras mais produtivas em toda a história do gênero pois, depois de Goldoni e Galuppi terem demonstrado que ação dramática e continuidade musical podem ser coordenadas, grandes e pequenos nomes passaram a aplicar essa fórmula em todas as partes do mundo.

De compositores, não havia falta. O problema era encontrar, na mesma proporção, poetas que lhes fornecessem bons textos – uma profissão que, segundo nos conta Lorenzo da Ponte em suas *Memórias*, era ingrata, difícil e pouco proveitosa, tanto em termos financeiros quanto de glória artística. Nos áureos tempos da *opera seria*, as coisas tinham sido mais simples, pois um punhado de bons libretos escritos por Stampiglia, Zeno ou Metastasio podia ser – e era – indefinidamente retomado, mesmo quando submetido a variadas revisões. O mesmo já não acontecia até com as melhores comédias de Goldoni, pois – os poetas logo o descobriram – o estilo solene dos velhos drama de intriga histórica resistiam melhor à passagem do tempo do que piadas muito ligadas a situações contemporâneas de seu autor.

Donde o hábito, já que as opções de casa escasseavam, de remanejar libretos franceses, os de Baculard d'Arnaud para Dalayrac, os de Nicolas Bouilly para Gaveaux, e assim por diante. E surgiam figuras como o napolitano Giuseppe Palomba, especialista em adaptar poemas estrangeiros, o que fazia com rapidez vertiginosa. De qualquer forma, diz M. Scherillo em *L'Opera Buffa Napolitana Durante il Settecento: Storia Letteraria* (1916), "isso não tinha a menor importância, pois seus textos não tinham começo, nem meio, nem fim e remoíam incansavelmente os mesmos clichês, um após outro." O enorme investimento de tempo e talento necessário para produzir um bom texto teatral só podia ser feito por um poeta oficial como Lorenzo da Ponte, pago pela corte vienense, ou por uma figura como o abade Giambattista Casti, que tinha funções sacerdotais e escrevia como diletante.

Em Nápoles, a ópera bufa era um produto de consumo rapidamente descartável e poucas são, dentre as que sobreviveram, as dotadas de texto acima da média. Em Veneza, a comédia não só se popularizou como ganhou carta de nobreza de respeitabilidade intelectual e social. Ao voltar para seu local de origem, o gênero obteve reconhecimento oficial na temporada de 1767-1768, quando estreou *L'Idolo Cinese*, de Paisiello, com libreto de Giambattista Lorenzi, um dos melhores dramaturgos da época, colaborador do mesmo músico na *Nina ossia La Pazza per amore*. Scherillo cita o prefácio às *Opere Teatrali* de Lorenzi, no qual o seu editor conta que Bernardo Tanucci, o austero primeiro-ministro napolitano, que não gostava de ópera, ouviu falar do espetáculo e foi incógnito ao Teatro Nuovo, para assisti-lo. Ficou tão encantado com a ópera, que ordenou a realização de uma récita privada para a família real, no teatro do palácio de Caserta, na periferia de Nápoles. Antes disso, diz Scherillo, a aristocracia não tinha o hábito de assistir à ópera bufa, "por causa das vulgaridades de que havia grande profusão na maior parte delas".

Desse momento em diante, a ópera bufa começa a ser aceita pelas classes altas e, conseqüentemente, rompem-se os vínculos que faziam da *commedeja pe mmuseca* barroca um espelho apenas da vida das camadas mais populares. No prefácio a *L'Infedeltà Fedele*, de 1779, Lorenzi descreve seus esforços para eliminar da ópera bufa as técnicas cômicas mais grosseiras, de modo a torná-la mais palatável para as platéias exigentes:

> Tentei distanciar-me das *buffonerie* populares e vulgares, tão comuns em nossos teatros pequenos, contentando-me com o uso moderado de ditos espirituosos, suficientes para formar uma moldura cômica para os elementos sérios que eu tinha introduzido e, até então, não eram usados nas comédias musicais. A minha intenção era que, a meio caminho entre os dramas inteiramente sérios montados no Teatro San Carlo, e as peças inteiramente bufas apresentadas por esses teatros pequenos de que falei, essas óperas servissem de *mezzano spettacolo* (espetáculo intermediário), participando discretamente de ambos os gêneros, para que todas as camadas de público encontrassem, na cidade, um teatro que correspondesse a seu gosto.

A primeira conseqüência dessa ênfase na ópera semi-séria, de cunho burguês e *larmoyant*, foi a alteração do papel representado na comédia pelo dialeto. Desde que, na década de 1720, Bernardo Saddumene tinha introduzido, em seus libretos – *Le Noce de Veneviente*, *Le Zite'n Galera* –, personagens que falavam toscano, a parte desempenhada pelo dialeto tinha-se reduzido, limitando-se às figuras realmente populares, criados, comerciantes, gente da rua, que se queria contrastar com as de extração mais elevada. Lorenzi reduziu ainda mais esse uso, res-

A fachada do Teatro allá Scala de Milão, construído em 1778 pelo arquiteto Giuseppe Piermarini e inaugurado com *L'Europa Riconosciuta*, de Salieri e Mattia Verazzi.

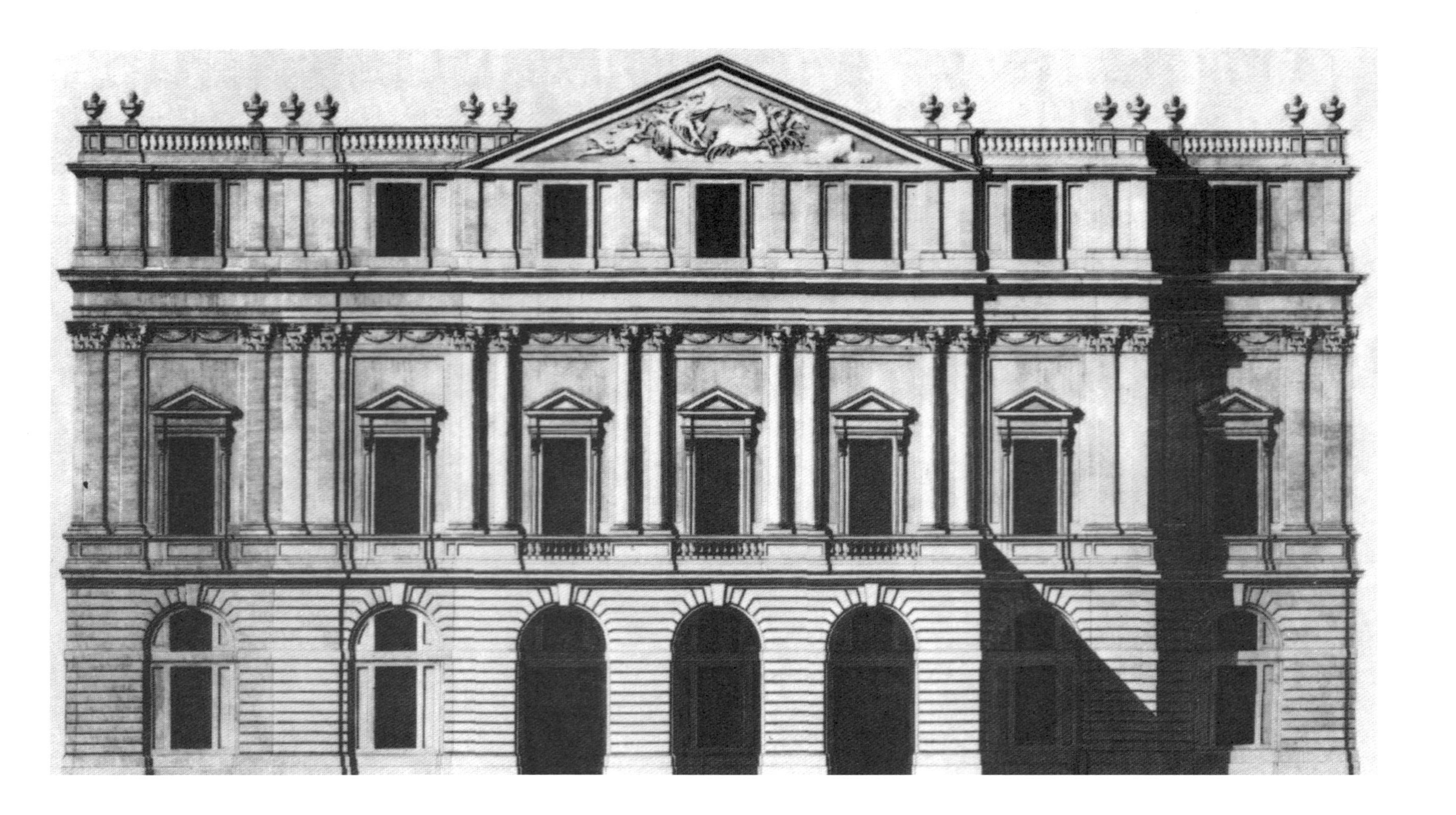

tringindo-o apenas às figuras realmente cômicas, cujo comportamento desajeitado era enfatizado pela forma de falar. Prova disso é que, no *Ídolo Chinês*, o trapalhão Tuberone fala napolitano, e seu criado, Gilbo, muito mais esperto, fala toscano. O tipo cômico grotesco napolitano tornou-se muito popular: assim era o barão de Trocchio, personagem título do primeiro *intermezzo* de Gazzaniga, com texto de Franceso Cerlone, encenado com muito sucesso em 1769.

Não havia objetivos pedagógicos nem satíricos na inserção desses *personaggi napoletani*: queria-se apenas fazer o público rir. Eles não tinham os grandes defeitos de caráter das personagens da comédia barroca – o avarento, o misantropo, o santarrão hipócrita de Molière, por exemplo – mas apenas algum cacoete engraçado – gagueira, distração – ou uma mania inofensiva: a obsessão com os estudos filosóficos nos *Astrologi Immaginari* de Paisiello, ou com o aprendizado de música em *Che Originali!*, de Mayr. Depois de Goldoni, a ópera cômica começou aos poucos a perder de vista os objetivos elevados do barroco e as teorias iluministas sobre a função do teatro. Tornaram-se raros libretos explicitamente satíricos, como o *Cublai Can* de Casti, escrito para Salieri, que a censura austríaca barrou e só pôde ser encenado no século XX. No último terço do século XVIII, a ópera bufa tinha assumido um tom de aceitação não-crítica dos costumes contemporâneos, e até mesmo de tolerância para com as fraquezas humanas. E de endosso complacente da visão oficial do mundo, como o sentimos nas palavras de Giorgio, o criado, na cena 4 do ato I de *Nina ossia La Pazza per Amore*:

Oh eccelenza, mercè la vostra generosità,
e quella della cara padroncina,
non manchiamo per nulla. [...]

E o Conde, mais adiante, responde:

...accettate tutto;
il Cielo esaudisce i voti dell'onesta povertà.
Pregatelo per lei, questa è la vostra gratitudine.

(Oh, excelência, graças à sua generosidade, e a da querida patroazinha, não nos falta nada.//...aceitem tudo; o Céu atende os votos da pobreza honesta. Peçam por ela [por Nina], essa é a sua gratidão.)

Entramos, portanto, perto do final do século, num mundo predominantemente farsesco – embora sem os temperos levemente obscenos da antiga comédia popular napolitana –, em que sensíveis namorados que falam toscano competem, pelos favores do público, com figuras cômicas que se expressam em dialeto. Nessas comédias, a risada descomprometida e os enredos fantasiosos eram mais importantes do que a "escola das virtudes" ou o retrato fiel da vida cotidiana. Lorenzi e Cerlone, os dois melhores libretistas dessa fase, eram muito versados nas práticas da *Commedia dell'Arte*, e sabiam deixar, em seus textos, boa margem à improvisação de cantores-atores muito experimentados. Lorenzi, no início da carreira, tinha trabalhado como "amoroso" para uma companhia de comediantes semi-profissionais que costumava se apresentar no teatro privado do duque de Maddaloni. Os *scenarii* que escreveu para esse grupo, cheios de *lazzi* e *tirate*, conferiram-lhe a desenvoltura improvisatória que dão a libretos como o do *Socrate Immaginario* caráter muito solto, com diálogos burlescos que lembram o "besteirol" da *Commedia*.

Sente-se, no uso de efeitos puramente musicais para obter resultados cômicos, o quanto os compositores sentiam-se estimulados por técnicas farsescas que se prestavam a explorações sonoras muito engraçadas. É Hermann Abert quem diz que, nas óperas de Paisiello, "o espírito bufo amalucado e aventureiro dos italianos celebra verdadeiras orgias, com o choque das mais impossíveis justaposições, criando aquele tipo de confusão em que Rossini, mais tarde, será mestre." Essa comicidade se manifesta principalmente nas cenas de conjunto e nos finales de ato, momentos em que é possível criar situações contorcidas que se prestam aos *lazzi* musicais. Sementes cômicas que identificamos em Pergolesi ou até, antes dele, em Alessandro Scarlatti, germinam ricamente na comédia do fim do século XVIII, por dois motivos: o desenvolvimento do *pezzo d'insieme*, teatralmente mais flexível, e a independência dada à orquestra, que pode transformar-se num instrumento paralelo de fazer graça com o texto.

Muito característica da ópera bufa das últimas décadas do século XVIII é a técnica da *nota e parola*. Desde Pergolesi que o efeito cômico de algumas árias baseava-se na emissão muito rápida e agitada das palavras. Mas enquanto a orquestra permanecia subserviente, cabia à voz sozinha prover a melodia e o ritmo da declamação. A partir da década de 1760, Paisiello desenvolve um estilo de emissão *parlante* mais rápido e livre, com contornos temáticos discretos mas funcionais, e cujo caráter melódico era amplificado pelas intervenções alternadas da voz e da orquestra. A *nota e parola* foi enriquecida pelo acréscimo de ritornellos que, em vez de simplesmente introduzir o tema da ária, ajudam a criar propulsão rítmica; por modulações súbitas para tonalidades inesperadas, que introduzem variedade no momento em que a repetição arrisca tornar-se monótona; por melodias orquestrais que servem de pano de fundo ao vertiginoso silabato da voz. Para o ouvinte contemporâneo, essa técnica está associada a passagens famosas como o "Largo al factotum" e "A un dottor della mia sorte", do *Barbiere di Siviglia*, ou o dueto "Chetti, chetti, immantinente", do *Don Pasquale*. Mas já no final do século XVIII essa técnica está plenamente desenvolvida e, em peças como o *Matrimonio Secreto*, de Cimarosa, é utilizada com toda a maestria.

A Paisiello atribui-se, se não a invenção, certamente a sistematização do *parlante* – a técnica da qual, gerações mais tarde, haveria de emergir a *parola scenica* verdiana. Havia a necessidade de sustentar a coerência musical da partitura até mesmo naquelas passagens onde não havia razão para um cantábile mais efusivo, de tom lírico. Entregava-se, portanto, a melodia principal à orquestra e, enquanto ele a repetia em várias tonalidades, e até mesmo a desenvolvia, as vozes flutuavam por cima num estilo declamatório, intermediário entre o recitativo acompanhado e o arioso. Rossini considerava primitivo o uso do *parlante* feito por Paisiello, considerando mais elegante o de Cimarosa; e isso é verdade. Mas, como o demonstrou Hermann Abert em *Paisiellos Buffokunst und ihre Beziehung zu Mozart* (A Arte Bufa de Paisiello e a sua Relação com a de Mozart), de 1919, essa simplicidade está ligada à proximidade que, nele, essa técnica mantém com o hábito de reproduzir sons onomatopaicos que havia na origem do gênero. Há também, na escrita de Paisiello, um traço inequívoco das práticas instrumentais improvisatórias da música folclórica.

A paródia é outra pedra-de-toque na comédia clássica. Paródia das convenções da *opera seria*, nas inúmeras peças sobre os bastidores das companhias líricas e as dores de cabeça dos empresários, escritas pelo Cimarosa do *Impresario in Angustie*, pelo Fioravanti das *Cantatrici Villane*, pelo Francesco Gnecco da *Prima Prova d'una Opera Seria*, pelo Salieri de *Prima la Musica poi le Parole* ou o Mozart do *Schauspieldirektor*. Paródia também da linguagem florida e heróica de Metastasio como fazem Sarti em *Fra Due Litiganti il Terzo Gode*, Mayr em *Che Originali!*, Paisiello no *Socrate Immaginario*.

Mas o que confere qualidade superior à ópera cômica, em sua maturidade, é a elegante simetria de estrutura, na qual os grandes mestres conseguem fundir, com naturalidade e senso de proporção, as onomatopéias ingênuas do *intermezzo;* o gosto pelos efeitos *strepitoso*, *arcistrepitoso*, *strepitosissimo* nos finales; os ingredientes farsescos, incongruentes, anárquicos, de paródia. A ópera bufa italiana, em seus melhores momentos – que Stendhal chamou de "caos perfeitamente organizado" – ilustra o sofisticado jogo intelectual típico da arte do século XVIII, produto da *facultas ludendi* a que alude J. Huizinga em *Homo Ludens: O Jogo como Elemento da Cultura* (1949)[8]. Domínio da estrutura a que se soma uma linguagem musical de grande beleza, capaz de ser ao mesmo tempo eloqüente e lírica.

Sinal do enriquecimento da ópera bufa é o aumento gradual da orquestra. Por volta de 1750, as madeiras e sopros suplementavam o conjunto básico de cordas apenas em alguns dos números da partitura. Era raro o comparecimento de flautas, clarinetes e trompetes, a não ser em números com *obbligato* parodiados da *opera seria*. Em 1800, já era comum, mesmo em teatros relativamente pequenos como S. Benedetto de Veneza, a orquestra ter as dimensões clássicas básicas da sinfonia haydniana. Não faltava quem visse nisso um sintoma de declínio, de que a música estava se tornando desnecessariamente complicada e barulhenta. Mas os compositores não tinham

8. Trad. bras., São Paulo, Perspectiva, 1972.

dúvidas quanto às possibilidades maiores de colorido que a orquestra ampliada lhes oferecia – exemplo disso é a sinfonia descritiva com que se inicia *L'Idolo Cinese* de Paisiello.

As orquestras aumentavam de tamanho, mas os recursos vocais continuavam basicamente os mesmos: a média de sete ou oito solistas. Era raro os empresários quererem contratar coralistas. É comum, nas partituras dessa época, a rubrica que se encontra na *Grotta di Trofonio* (1785), de Paisiello: "todos os solistas cantam juntos dos bastidores". É esse compositor o líder do abandono das vozes agudas artificiais da *opera seria*, em favor do timbre natural de tenor, para fazer as *parti serie*. É na escrita elegante de suas árias que encontramos também a semente do refinamento, da expressividade lírica que, no auge do Classicismo, terão o Don Ottavio, a Fiordiligi mozartianas. É de grande variedade o formato dos números solistas de Paisiello: rondós, breves cavatinas, árias concertantes com forma de sonata, até mesmo cançonetas de estilo popular (por exemplo, a do pastor, na *Nina*, acompanhada pela *zampogna*, a gaita de fole.

A "parada" da antiga *Commedia*, retomada por Goldoni, como vimos, em *La Calamità de' Cuori*, está também na origem de um outro número de conjunto, a *introduzione*, que encontramos em várias óperas do final do século – em especial as que têm libreto dos poetas "vienenses", Da Ponte e Casti. O hábito de fazer todas as personagens desfilarem diante do público, antes do início da peça, e apresentarem-se a ele, evoluiu, e converteu-se numa cena inteiramente cantada, de ação intensa, que faz a ópera começar *in media res*: é o caso, por exemplo, do *D. Giovanni*, que se inicia com a tentativa fracassada de sedução de Donna Anna e o duelo em que morre o Comendador.

A aparição da *introduzione* tem também a ver com o abandono da abertura italiana tradicional, *allegro-lento-allegro*. Por volta de 1760, Paisiello passou a substituí-la por uma peça em um só movimento, com forma de sonata, em que um episódio *concertino* tendia a tomar o lugar do desenvolvimento. Para compensar pelos movimentos orquestrais suprimidos, passou a usar o que chamava de *overtura di panno*: um número vocal como o sexteto que dá início ao *Socrate Immaginario*. Piccinni também usou recurso semelhante em *I Viaggiatori*, de 1775. Em *L'Idolo Cinese*, de 1767, esse procedimento já evoluiu a ponto de se transformar numa cena extensa, com quatro movimentos interligados. E quando havia um coro disponível, essa solução era muito tentadora: "Dormi, o cara, e nel tuo core veglin solo idee serene", a cena introdutória da *Pazza per Amore*, em que os camponeses falam de seu afeto pela infeliz heroína, é uma das melhores aplicações dessa técnica. O Bellini da *Sonnambula* e o Verdi da *Luisa Miller* deviam ter Paisiello em mente ao escrever a cena inicial de suas óperas.

A estréia do *Matrimonio Segreto*, em 1792, assinala o final de um grande ciclo. Nenhuma outra ópera dos anos finais do século granjeou fama tão grande. A fase de passagem do *Settecento* para o *Ottocento* assiste ao desaparecimento de Anfossi (1797), Piccinni (1800), Cimarosa (1801), Sarti (1802), Guglielmi (1804). Paisiello vive até 1816, mas na fase final da carreira não produz nada de tão significativo quanto a *Nina* ou o *Barbiere di Siviglia*. Os anos de fogo da ocupação napoleônica fizeram parecer insípido um gênero que estava em declínio, a ponto de, em 1804, o poeta Vincenzo Monti se lamentar, em *La Supplica di Melpomene e di Talia*:

> *Del dramma comico*
> *non dico niente:*
> *v'avria pericolo*
> *d'un accidente.*
> *Goffo il soggeto,*
> *ladro il libretto,*
> *tutto un'orribile*
> *bestialità.*
>
> (Do drama cômico não digo nada, pois seria perigoso um acidente. Assunto estúpido, libreto ladrão, tudo uma horrível bobagem.)

Bastou, porém, que uma voz original se fizesse ouvir, em 1810, para que os espectadores voltassem a encher os teatros e a ópera bufa italiana se tornasse de novo uma sensação no mundo inteiro.

O padre Stanislao Mattei, professor de Gioacchino Rossini no Liceo Musicale de Bolonha, deu-lhe o apelido de "Il Tedeschino". Não foram poucos os compositores italianos, de Jommelli a Verdi e Puccini, acusados de terem traído a naturalidade da tradição mediterrânea, deixando-se influenciar pelas complexidades harmônicas e de orquestração de além-Alpes. No caso de Rossini, porém, é inegável a influência, em sua formação, da música de Haydn, cujos quartetos de cordas e sinfonias ele estudou a fundo, e do "sempre adorável Mozart", que ele chamava de "meu ídolo e meu mestre". O mais mozartiano dos compositores italianos tinha, de fato, a ambição de conciliar o melhor do estilo italiano e do germânico, fusão na qual ele via o segredo da irretocável perfeição de seu ídolo. Em carta de 1867 a Naumann, ele diz:

> Em todos os tempos, os alemães sempre foram os melhores harmonizadores, e os italianos, os melhores melodistas. Mas a partir do momento em que o norte produziu um Mozart, nós, do sul, fomos derrotados em nosso próprio campo, pois esse homem ergue-se acima das duas nações, unindo o encanto da melodia italiana à profundidade da harmonia alemã.

La Cambiale di Matrimonio, que estreou em Veneza em 1810, quando ele tinha apenas dezoito anos, já o mostra possuidor de um artesanato invejável, capaz de recorrer desenvoltamente a técnicas contrapontísticas, no dueto para dois baixos, para opor o excitável Mill ao fleugmático Slook. A segurança de escrita da abertura dessa primeira farsa, a sutileza harmônica da introdução lenta e a variedade rítmica da seção *allegro* demonstram ter sido muito proveitosos os detidos estudos que ele fez de obras de Haydn.

É verdade que as sonoridades "germânicas" de sua música – a orquestra grande para os padrões da época, o destaque às madeiras e metais – já tinham sido antecipadas por Simon Mayr, o bávaro que se instalara na Itália desde 1787. Mas, como observa David Kimbell, "o que poderia ser perdoado a um 'bárbaro' não era tolerado em um italiano nato". Parte do elenco da *Cambiale* protestou, durante os ensaios, que a "barulheira" da orquestra não deixaria o público ouvir suas vozes. E H. Weinstock cita, em sua biografia de Rossini, um crítico do *Giornale Teatrale* de Veneza que, em 1822, depois da estréia da *Gazza Ladra*, criticava

> a tempestade de notas que não te deixa respirar um só minuto, os tímpanos, os trompetes, as trompas, a família inteira dos instrumentos mais ruidosos que te assaltam o tempo todo, te perturbam, te atrapalham, te intoxicam, te confundem, muitas vezes transformando algo sério numa bacanal de sons...

Nada melhor do que as palavras de Kimbell para responder a isso:

> Quando lemos, nas críticas do início do século XIX, que os cantores sentiam-se sacrificados pela orquestra rossiniana, sentimo-nos tentados a não levar a sério o que nos parece um contrasenso. Mas não é bem assim. A verdade é que Rossini tinha um senso muito mais desenvolvido do que qualquer outro compositor de seu tempo do prazer a ser obtido com as propriedades físicas da música: textura e sonoridades, ritmo e dinâmica, colorido das vozes e dos instrumentos. Desde o início da carreira, ele percebeu claramente o potencial cômico dessas coisas. Podemos ouvir a inequívoca individualidade do 'som rossiniano' em coisas simples como o 'Misipípi, pipi, pípi' de "Ombretta sdegnosa", a ária de Pacuvio em *La Pietra Del Paragone* (Milão, 1812). Ou na mais delirante bacanal sonora que é o finale do ato I da *Italiana in Algeri* (Veneza, 1813), com suas camadas de 'din din...tac tac... cra cra... bum bum...', suas cordas reluzentes, seus pícolos brincalhões. A manifestação mais sensacional do lado físico de sua música é o crescendo, um dos muitos maneirismos comuns aos praticantes do estilo bufo a que ele deu uma marca absolutamente pessoal.

Na verdade, o que antes funcionava como mero truque, torna-se parte integrante do estilo de um compositor que proclamava: "No ritmo reside todo o poder, toda a expressividade da música." E seus contagiantes ritmos dançantes, que ele maneja melhor do que ninguém, conquistaram o público das primeiras décadas do século. Rossini é particularmente bem-sucedido nas superposições de momentos estáticos e dinâmicos, dentro das cenas de conjunto, correspondendo a instantes de perplexidade (em geral com escrita canônica para as vozes) seguidos de explosões de exuberância (na forma de uma *stretta parlante* com crescendo).

"Em Rossini", sustenta Kimbell, "é como se o espírito carnavalesco que anima as cenas mais hilariantes de Paisiello tivesse chegado a um estágio de desenvolvimento hipertrófico." Há nele os traços sentimentais da *Cenerentola*, é claro, e os elementos semi-sérios da *Gazza Ladra*, cuja vertente rústica e idílica serve de elo entre a *Nina* e a *Sonnambula*. Mas a comédia de Rossini se distancia das finalidades educativas da era de Goldoni e da visão contemporânea dos iluministas. Em sua fase, o escapismo dos libretos voltava-se para o pas-

Aquarela do século XVIII representando o interior da Comédie Italienne, em Paris.

sado, as fábulas exóticas de namorados que tentam escapar das mãos de potentados otomanos bigodudos e caricatos. Até mesmo a sátira é menos cortante; apenas um tipo leve de zombaria como o que se faz, na *Cambiale di Matrimonio*, com o mercantilismo do canadense Slook: "Prezado senhor, decidi formar uma companhia matrimonial. como não há aqui a firma adequada, embarque, por favor, no primeiro navio que venha para esta colônia, uma esposa que obedeça às seguintes formas e qualidades..." Kimbell observa:

O texto de Romani para *Il Turco in Itália* (Milão, 1814) é o perfeito microcosmo – quase poderíamos dizer parábola – da ópera bufa desse período. As fragilidades sociais e as características da natureza humana não estão em discussão: Prosdócimo, o poeta, apenas anda pelo mundo afora à procura de incidentes que possam ser convertidos em árias, trios, quartetos e finales, com o objetivo único de fazer rir a platéia. *Il Turco* possui, de modo supremo, uma qualidade óbvia comum à maioria, talvez a todas as comédias de Rossini. Brinca de forma irônica e parodística com as convenções estabelecidas do gênero. Para tomar emprestada uma frase de Stefan Kunze, faz "ein Spiel mit dem *déjà vu*" (um jogo com o *déjà vu*). O libreto de Romani é um exemplo brilhante do tipo em moda na época. Vejam, por exemplo, o dueto do ato II, cena 2, em que o príncipe turco Selim e Don Gerontio disputam por causa de Fiorilla, a leviana e namoradeira mulher desse último:

Selim – *D'un bel uso in Turchia*
forse avrai novella intesa;
della moglie che gli pesa
il marito è venditor.
Gerontio – *Sarà l'uso molto buono,*
ma in Italia è più bell'uso:
il marito rompe il muso
all'infame tentator.

(Talvez você tenha ouvido falar de um belo costume turco: o marido vende a mulher que lhe pesa.//Esse costume é muito bom, mas na Italia é melhor ainda: o marido quebra a cara do infame tentador.)

Mas a figura do poeta, planando sobre a cena e criando um efeito de distanciamento, transforma deliberadamente a ação em um jogo, um espetáculo lúdico a ser desfrutado pela habilidade com que é conduzido:

Poeta (*godendo dello spettacolo*) –
Seguitate... via... bravissimo...
azzufatevi, stringetevi,
graffi, morsi... me lo godo...
Che final! che finalone!
Oh! che chiasso avrà da far!

([*divertindo-se com o espetáculo*]: Continuem... assim... bravíssimo... atraquem-se, agarrem-se, unhadas, mordidas... me divirto... que final! que grande final! Oh, que sucesso isso vai fazer!)

O que Kimbell diz a respeito do libreto do *Turco na Itália* pode aplicar-se a toda a arte rossiniana da composição. Suas óperas estão cheias dessas estruturas convencionais, formalizadas numa série de regras a que se deu o nome de Códice Rossini – a ponto de Wagner ter falado de sua "quadratische Tonsatzkonstrution" (construção músico-dramática quadrada). Rigidez de construção amplamente compensada pelos ritmos e coloridos instrumentais cintilantes, pela verve e variedade das idéias musicais que dão vida a esses blocos estruturais pré-determinados. Virtualmente todos os elementos da linguagem musical de Rossini têm esse caráter "lúdico" que, em vez de imitar a vida, oferece dela uma visão elegantemente estilizada. Para Stefan Kunze[9],

muitas das árias e conjuntos de Rossini começam com a detida observação de uma personagem ou de uma situação ou verdade expressiva; mas tais qualidades são rapidamente submergidas, no decorrer do canto, pelas torrentes de coloratura e a inebriante dança dos ritmos. O *canto fiorito* rossiniano não pretende ser nem uma paródia e nem um mero enfeite para a melodia subjacente: é a essência mesma dos deliciosos artifícios com os quais a sua ópera bufa distancia-se da vida real.

A estética rossiniana permanece basicamente a do século XVIII – e é esta a razão pela qual sua obra é estudada neste volume. A novidade é que, nele, os ideais setecentistas, como diz Kimbell, "são tratados não com o decoro ritual mas com arroubos amalucados, com uma força e uma energia que fazem a sua música possuir um poder quase demoníaco". De um ponto de vista estético, a obra de Rossini ainda vincula-se ao passado; mas no que se refere ao temperamento, havia nela, no dizer de Heinrich Heine, "com que fazer toda a Itália pegar fogo". Não é à toa que Stendhal dizia, da música de Rossini, que ela era capaz de inspirar paixão para a vida toda.

9. Em *Ironie des Klassizismus: Aspekte des Umbruchs in der musikalischen Komödie um 1800* (A Ironia do Classicismo: Aspectos da Mudança Radical na Comédia em torno de 1800), de 1982.

La Cenerentola, de 1817, é a última ópera bufa rossiniana. Depois dela, *La Gazza Ladra*, do mesmo ano, é semi-séria; e *Adina o Il Califfo di Bagdad* – encomendada em 1818, mas só estreada em 1826 – uma farsa que reutiliza muita música de obras anteriores. Os últimos anos de sua permanência na Itália, até 1822, foram dedicados à *opera seria*, e só em 1825 ele voltaria ao *dramma giocoso* no Théâtre Italien de Paris, com *Il Viaggio a Reims ossia l'Albergo del Giglio d'Oro*, escrita para as festividades da coroação de Carlos X, rei da França. Durante a primeira metade do século XIX, a Itália assistirá à estréia de pelo menos duas obras-primas cômicas, *L'Elisir d'Amore* (1832) e *Don Pasquale* (1843), ambas de Donizetti, mas o repertório da era romântica será dominado pelo heróico e o trágico.

A ópera semi-séria, de estilo idílico e sentimental, que teve na *Buona Figliuola* de Piccinni e na *Nina* de Paisiello seus dois maiores exemplos setecentistas, encontrará seguidores no Bellini da *Sonnambula* (1831) e no Donizetti da *Linda di Chamounix* (1842). Mas a verdadeira ópera bufa não recuperará mais o lugar central que ocupou, nas preferências do público, na virada dos séculos XVIII-XIX, a despeito das tentativas feitas por autores que buscavam nela uma forma de escapar aos rigores da censura – *Crispino e la Comare* (1850), dos irmãos Ricci, é o mais bem-sucedido exemplo. Na segunda metade do século XIX, esse será um gênero relegado a segundo plano, até o milagre do *Falstaff*, em 1893, e a revivescência que a comédia terá, nas primeiras décadas do século XX, com Wolf-Ferrari. Em abril de 1839, num artigo escrito para a *Gazzeta Piemontese*, Felice Romani decretara o final do gênero, "já cronicamente inválido e ameaçado, pelas suas lamúrias diárias contra os malefícios da ópera séria, a se ver reduzido ao estado de agonia definitiva".

É por isso que, no momento em que os dramas de Bellini e Donizetti, e depois os de Verdi, começaram a suplantar as *opere serie* de Rossini, as suas comédias resistiram, e continuaram a ser o modelo insuperado de que todo compositor tinha de partir, se ambicionasse aventurar-se no gênero. O próprio Romani admite isso, num artigo de 1º de janeiro de 1840 para a *Gazzetta Piemontese*: "As comédias de Rossini continuam a encher o cofre de todos os empresários da península, a divertir os circunspectos alemães, a inflamar os frígidos britânicos, a fazer até os recatados quakers da Pensilvânia dançar de alegria."

Em termos técnicos, não havia muito o que diferenciasse a ópera cômica da séria na fase pós-Rossini. As estruturas tendiam à concisão, o estilo à simplicidade e as texturas eram mais leves. E continuavam populares os procedimentos que davam a um bom ator cômicos ótimas oportunidades: o *parlante*, a *nota e parole*, o recitativo seco que se manteve até a segunda metade do século XIX (Verdi ainda o utiliza em 1840, em *Un Giorno di Regno*). As personagens continuavam vinculadas à venerável tradição da Commedia dell'Arte – este é o caso, por exemplo, do solteirão cabeçudo, do parzinho de namorados e do médico astucioso em *Don Pasquale*. Há casos até em que as antigas máscaras retornam: no libreto de Romani para *Un Avventura di Scaramuccia* (1834), de Luigi Ricci. E a arenga de Dulcamara aos aldeões ou o "Dapprima, figuratevi", em que Crispino exibe toda a sua erudição médica são a prova de que a "ária de catálogo", filha da antiquíssima *tirata*, continuava fazendo sucesso.

A paródia continuará sendo uma pedra-de-toque da comédia italiana, seja no tom clássico do "Come Paride vezzoso" de Belcore, no *Elisir*, com suas alusões mitológicas, seja no estilo quase popular de "Una volta un ciabattino", de *Crispino*, em que está clara a brincadeira com a "Una volta c'era un rè" da *Cenerentola*. A presença, em 1850, de valsas, polcas e galopes na partitura dos irmãos Ricci faz Kimbell acenar para a influência da opereta vienense, o que não é inviável, pois esses compositores, que trabalhavam muito em Trieste, tinham constante contato com o mundo musical austríaco. O próprio Kimbell diz:

> Há toques de opereta, por exemplo, no encerramento do *Elisir d'Amore*, em que a ária final é construída como uma reprise da barcarola cantada no início do ato. Não há nenhuma razão dramática para isso: trata-se apenas da repetição de um número que Donizetti tem a certeza de ter agradado ao público a primeira vez que foi ouvido.

Mas o *Elisir*, remanejado de um *opéra-comique* de Scribe e Auber, é a prova de que, mesmo em seus dias de declínio, a ópera bufa mantinha uma forma própria e bem definida. Romani não preservou a forma de *Le Philtre*, em que há diálogos falados interligando os números cantados. Retrabalhou-a inteiramente, nos termos de uma estrutura mediterrânea multiseccional, herdada do Classicismo, em que o fluxo e o desenvolvimento das emoções experimentadas pelas personagens se faz, primariamente, mediante recursos essencialmente musicais.

A Geração de 1720-1740

Anfossi

Depois de dez anos tocando violino em orquestras de pequenos teatros napolitanos, Pasquale Anfossi (1727-1797) decidiu tornar-se compositor e, segundo conta P. L. Guinguené em sua *Notice sur la Vie et les Ouvrages de Nicola Piccinni* (1800), conseguiu que o autor da *Cecchina* lhe desse aulas particulares. Não há, a seu respeito, muitos dados biográficos anteriores a isso. O *Dizionario Biografico degli Italiani*, publicado no final do século XVIII, informa que ele nasceu em Taggia e entrou no Conservatório de Loreto em 1744. O viajante inglês Charles Burney conta que Sacchini, com quem também ele teve aulas, o incumbiu de escrever números adicionais para óperas.

Piccinni lhe conseguiu o primeiro contrato, *La Serva Spiritosa ossia I Ripieghi della Medesima*, uma farsa encenada no Teatro Capranica de Roma no Carnaval de 1763; e o indicou a Guglielmi, que precisava de um parceiro para preparar, em prazo curto, *Lo Sposo di Tre e Marito di Nessuna*, para a temporada de outono daquele mesmo ano, no Teatro Nuovo de Nápoles. Escreveu também o ato I de *Fiammetta Generosa*, que Anfossi estreou no Teatro dei Fiorentini, no Carnaval de 1766. Com padrinho tão influente, as encomendas começaram a aparecer:

1767 – I Matrimoni per Dispetto;
1769 – *La Clemenza di Tito* (Metastasio);
1770 – *Armida*, para o Regio de Turim; Caio Mario.

A partir de 1771, Piccinni obteve para seu aluno encomendas nos teatros romanos, onde seu prestígio era imenso. Depois da séria *Quinto Fabio*, para o Teatro delle Dame, veio um *intermezzo* com texto de G. Petrosellini, *Il Barone di Rocca Antica*, partitura muito decalcada nas de seu mestre, mas inegavelmente bem escrita, de que o selo Bongiovanni tem a gravação de Gabriele Catalucci feita em 1988. Duas *opere serie* reciclando velhos libretos de Metastasio foram escritas para o San Carlo – *Nitteti* (1771) – e o Argentina de Roma: *Alessandro nelle Indie* (1772). E aí, veio o grande sucesso.

Petrosellini adaptara de uma comédia de Goldoni o libreto de *L'Incognita Perseguitata*, que pôs a seus pés a platéia romana na temporada de Carnaval de 1773. Prova da popularidade desse ágil *dramma giocoso* é ele ter sido cantado fora da Itália, em Viena, Dresden, Fontainebleau e Versalhes, entre 1773-1781. De estilo suavemente diatônico e com relativamente pouca variedade de um número para outro, mas com um melodismo elegante em seus melhores momentos, a música de Anfossi, a essa altura, trai o decalque visível dos maneirismos de Piccinni. Mas tratava-se de um nome novo, e o público do delle Dame, para quem o autor da *Cecchina* já não representava mais novidade, bandeou-se para o lado do recém-chegado. Anfossi não só aproveitou a maré de sorte, fornecendo títulos após títulos aos teatros romanos – e também aos de Veneza, onde chegara o rumor de sua fama – como assumiu a rivalidade com Piccinni, usando de todas as armas que estar na moda lhe facultava:

1773 – *Demofoonte* e *Antígono* (ambas de Metastasio);

1774 – *La Finta Giardiniera*, com libreto de Petrosellini (foi depois de assistir a essa ópera que Mozart decidiu-se a tratar esse tema para o Salvatortheater de Munique, usando o mesmo texto); *Lucio Silla* (usando o libreto de Gamerra que Mozart já musicara dois anos antes); *Il Geloso in Cimento, Olimpiade* (Metastasio);

1775 – *La Contadina Incivilita, Didone Abbandonata* (Metastasio), *L'Avaro*.

No capítulo sobre Piccinni, vimos como a claque dos anfossianos, estimulada pelo compositor, vaiou a estréia de *La Capricciosa*, programada pelo Teatro delle Dame para ser cantada na mesma temporada de *La Vera Costanza*, no Carnaval de 1776. Não haveria a necessidade desse expediente – que magoou muito Piccinni e o decidiu a aceitar o convite a ir trabalhar na França –, pois a *Verdadeira Constância* é uma ópera bem escrita, que deixou sua marca na época. Prova disso é a história da pescadora Rosina, secretamente casada com o conde Errico, a quem dá todas as provas de sua fidelidade, atraiu Josef Haydn que, em 1779 musicou, para o teatro de Esterháza, o mesmo libreto de Francesco Puttini.

A essa altura, mudanças estilísticas verificavam-se na escrita de Anfossi: as texturas tornavam-se mais leves, a linha vocal recebia ornamentação menos gratuita e pesada, ele aprendia a usar melhor os sopros e fazia uma utilização expressiva das pausas tanto na melodia vocal quanto no acompanhamento. Essa foi a fase de apogeu em sua carreira. Embora a documentação existente não permita determinar as datas de sua contratação e afastamento, sabe-se que entre 1773-1777 ele foi *maestro di coro* do Ospedaletto dei Derelitti, a escola de música para órfãs, de Veneza. O *Dizionario Biográfico* registra que ele esteve em Paris em 1780 – mas se isso é verdade, não escreveu nada para os teatros locais – e, dali, foi direto para Londres; o que parece dúbio, pois só em 19 de dezembro de 1782 foi cantada no King's Theatre *Il Trionfo della Costanza*, com libreto de C. F. Badini. Como sua música agradou muito ao público inglês, ele foi convidado a assumir a direção do King's Theatre e, entre 1782-1784, viu serem publicadas várias de suas *Favourite Songs*, reduções de árias de ópera para voz e cravo, destinadas à execução privada. Portanto, de 1776 até a ida para a Inglaterra, foi para teatros italianos que Anfossi produziu:

1776 – *Motezuma, Isabella e Rodrigo ossia La Costanza in Amore*;

1777 – *Il Curioso Indiscreto* (para a qual Mozart escreveu árias adicionais, quando ela foi apresentada em Viena em 1783; embora Wolfgang escrevesse ao pai "à exceção de minhas árias, a ópera foi um fracasso completo", *Il Curioso* foi um dos títulos mais apreciados de Anfossi e correu a Europa até 1790); *Gengis-Kan, Adriano in Síria* (Metastasio), *Lo Sposo Disperato*;

1778 – *Il Controgenio ovvero Le Speranze Deluse, Ezio* (Metastasio), *La Forza delle Donne, L'Americana in Olanda*;

1779 – *Cleopatra, Il Matrimonio per Inganno, Azor Rè di Kibinga*;

1780 – *Amor Costante, Tito nelle Gallie; La Finta Zingara per Amore, I Viaggiatori Felici*;

1781 – *Lo Sposo per Equivoco, Il Trionfo d'Arianna, l'Imbroglio delle Tre Spose, Gli Amanti Canuti*;

1782 – *Zemira, Il Disprezzo, Il Trionfo della Costanza*.

Além de preparar títulos novos para Londres, nos quais trocava o formato tradicional de suas árias por estruturas mais livres, Anfossi supervisou a encenação de obras de outros compositores – inclusive a estréia britânica do *Orfeo ed Eurídice* de Gluck, num *rifacimento* em que inseriu árias de Haendel e J. Ch. Bach. A última ópera para Londres, *L'Inglese in Itália*, não agüentou mais do que dois dias em cartaz pois, como disse, em 27 de maio de 1786, o crítico do *General Advertiser*: "A música é laboriosa e só provoca a mais tediosa monotonia." Tinha chegado a hora de voltar para casa, cumprido o périplo estrangeiro, de que ficaram:

1783 – *I Vecchi Burlati, Le Gelosie Fortunate*;
1784 – *Issipile* (Metastasio), *Le Due Gemelle*;
1786 – *L'Inglese in Itália.*

Na última fase da carreira, Anfossi ainda assiste à renovação do interesse por suas óperas, sobretudo com a farsa *Le Pazzie dei Gelosi*, encenada no Teatro della Valle, de Roma, no Carnaval de 1787. Em 1790, porém, ele renunciou ao palco, pois tinha a promessa de ser nomeado substituto oficial de Giovanni Battista Casali, *maestro di cappella* de São João de Latrão, quando este, já muito idoso, morresse ou se aposentasse. A formalização do compromisso foi efetuada em agosto do ano seguinte. E, em julho de 1792, com o desaparecimento de Casali, Anfossi assumiu oficialmente o posto, que exerceu até a morte. Nesses últimos anos, compôs oratórios, missas e outras peças para o culto. São as seguintes as suas últimas óperas:

1787 – *Le Pazzie dei Gelosi, Creso, L'Orfanella Americana*;
1788 – a farsa *La Maga Circe*; *Artaserse* (Metastasio), *I Matrimoni per Fanatismo*;
1789 – *La Gazzetta ossia Il Bagiano Deluso, Zenobia di Palmira; Gli Artigiani.*

Michael Robinson menciona ainda doze óperas cuja atribuição a Anfossi é duvidosa.

GUGLIELMI

Um episódio de seus anos de estudante no Conservatório de Loreto, em Nápoles, define bem a personalidade de Pietro Alessandro Guglielmi (1728-1804), capaz a vida toda de atrair a amizade e a proteção de pessoas influentes, mas também de inspirar amargas inimizades. Tinha sido instituído entre os alunos do conservatório um concurso para a redação de uma fuga em oito partes. Seu professor, Francesco Durante, lhe disse que ainda não o considerava preparado para participar. Guglielmi reagiu tão mal que foi excluído da competição. Pois, "trabalhando trinta horas sem parar", contava ele, compôs uma fuga que Durante foi obrigado a reconhecer como a mais perfeita a lhe ser apresentada.

No fim da vida, quando uma soprano estrelíssima quis improvisar *fioriture* para uma de suas árias, Guglielmi lhe respondeu secamente: "Madame, quem canta aqui é a senhora. Mas quem compõe sou eu." Esse homem de temperamento volátil, capaz tanto de trabalhar como um *workaholic* quanto de mergulhar de cabeça na dissoluta vida napolitana, era descendente de uma família de músicos. Seu pai, Jacopo Guglielmi, era *maestro di cappella* de Alderano Cibo, duque de Massa, perto de Lucca. Sua corte mantinha atividades musicais muito intensas para cidade tão pequena. Guglielmi teve com o pai as primeiras lições de viola e fagote; e aprendeu cravo e os rudimentos de contraponto com o tio, o abade Domenico Guglielmi, organista na catedral de Massa. Luigi Nerici, autor da *Storia della Musica in Lucca* (1879, republicada em 1969), afirma também que ele teve aulas com Giacomo Puccini – o ancestral de quem o autor da *Tosca* herdou o nome –, antes de a duquesa de Massa patrocinar seus estudos em Nápoles a partir de 1746.

Parece que ele compôs uma *farsetta* aos dezessete anos, mas as primeiras partituras se perderam. A mais antiga de que se tem o registro é *Lo Solachianello 'mbroglione*, em dialeto, cantada no Teatro dei Fiorentini no Carnaval de 1757. Até 1763, quando veio a encomenda de *Tito Manlio*, uma *opera seria* para o Teatro Argentina de Roma, ele tinha ficado em Nápoles trabalhando principalmente com o gênero bufo. O contrato com o Argentina foi resultado do sucesso de *I Cacciatori*, baseada na comédia de Goldoni, no Teatro Tordinona romano, em 30 de janeiro do ano anterior:

1758 – *Il Filosofo Burlato*;
1759 – *La Rica Locandiera, I Capricci d'una Vedova, La Moglie Imperiosa*;
1760 – *I Due Soldati, L'Ottavio*;
1761 – *Il Finto Cieco*;
1762 – *I Cacciatori, La Donna di Tutti Caratteri, Don Ambrogio*;
1763 – *Tito Manlio*, estreada em 8 de janeiro.

O sucesso em Roma fez vir convites dos teatros venezianos, onde Guglielmi passou bom tempo nos próximos quatro anos. Mas não se conseguiu comprovar a afirmação do marquês de Villarosa, em *Memorie dei Compositori di Musica del Regno di Napoli* (1840), de que ele teria sido professor de canto no Ospedaletto dei Derelitti, a escola veneziana para moças órfãs. Logo depois do *Tito Manlio*, ele tinha se casado com a cantora Maria Leli que, no palco, apresentava-se com o nome de Lelia Acchiappati. Não tendo sido bem-sucedida como prima-dona no San Carlo de Nápoles, ela se contentou com a carreira de *seconda donna* e acompanhou o marido em suas viagens.

Tiveram oito filhos, que o compositor entregou a famílias amigas para criar, alegando não ter condições de cuidar deles, com a vida errante que leva. Não era tampouco o mais fiel dos maridos; extremamente mulherengo, envolveu-se mais de uma vez em duelos, de que sempre se saía bem, em conseqüência de suas conquistas amorosas. Versões não confirmadas dão conta de que, no final da vida, quase arruinou-se tentando comprar os favores de uma cantora romana chamada Oliva. Sabe-se que, no outono de 1767, Guglielmi partiu para Londres, onde seria compositor residente do King's Theatre, a convite de Felice Alessandri, recém-nomeado diretor dessa sala de espetáculos. São muito pouco confiáveis as informações da época sobre sua vida, pois as pesquisas de James Jackman concluíram não proceder a versão do *Dizionario Biográfico degli Italiani*, publicado no final do século XVIII, de que parte da década de 1760 ele a teria passado nas cortes de Dresden e Brunswick. Antes da ida para a Inglaterra, ele tinha estreado:

1763 – *La Francese Brillante, L'Olimpiade* (Metastasio);
1764 – *Siroe Rè di Persia* (Metastasio), *Li Rivali Placati*;
1765 – *La Donna Scaltra, Farnace, Tamerlano, Il Ratto della Sposa, Adriano in Siria* (Metastasio);
1766 – *Sesostri* (com o antigo libreto de Apostolo Zeno), *Demofoonte* (Metastasio);
1767 – *La Sposa Fedele, Antígono* e *Il Rè Pastore* (ambos de Metastasio).

O melhor testemunho sobre a estada de Guglielmi na Inglaterra foi dado por Charles Burney, que assim explicou "o pouco sucesso que ele fez em Londres":

> Embora ele manifestasse muitas habilidades, tivesse um fogo tipicamente napolitano, compusesse melhor aqui do que jamais fizera em sua pátria, e tivesse trazido consigo o conhecimento de tudo o que havia de mais novo e na moda em relação à escrita de frases musicais, trabalhava depressa demais, com pouca invenção e sem ser seletivo em certas passagens.

Opinião semelhante, e até em termos mais severos, é a de Gian Giacomo Ferrari que, em suas *Aneddoti Piacevoli e Interessanti*, publicadas em Londres em 1830, afirma:

> Guglielmi tinha bons conhecimentos de música dramática, mas era preguiçoso, desmazelado e sem auto-respeito. Escrevia dois ou três números completos de sua ópera e, depois, mandava que seus discípulos ou os copistas completassem as partes vocais das árias ou orquestrassem os números de conjunto.

Ferrari, que tinha chegado a Nápoles em 1784 e fizera amizade com Paisiello, não tem opinião totalmente isenta. Ao fazer essas críticas a Guglielmi, ele deixa de mencionar que esse, na época, era um procedimento bastante comum. Assim como os pintores trabalhavam em ateliês, fazendo o desenho da tela, pintando as partes principais – rostos, mãos –, deixando que os aprendizes se encarregassem do resto e só dando os retoques finais, também os músicos tinham, em seus estúdios, alunos que os ajudavam a dar o acabamento nas partituras – não fossem eles obrigados a fornecer aos teatros três, quatro óperas por ano.

Além disso, numa época em que ainda não existia, por parte de um público muito disperso, o respeito religioso com que a platéia de hoje assiste a uma ópera, o sucesso dependia da beleza e da originalidade de alguns números que agradavam ao ouvinte. Giovanni Bustico, em seus *Appunti Biografici* (1898), diz que Guglielmi era capaz, do dia para a noite, de transformar em triunfo uma ópera antes recebida com indiferença, só trocando uma ária por um trio. Seja como for, até 1776, quando voltou para a Itália, Guglielmi não escreveu apenas óperas para os ingleses, mas também para teatros de casa:

1768 – *Ifigenia in Aulide* (com libreto de G. Baottarelli decalcado no de Leblanc de

Roullet, de 1774, para Gluck); *I Viaggiatori Ridicoli Tornati in Italia* (de Baottarelli, baseado em Goldoni; no levantamento estatístico que faz em *Italian Opera in London 1760-1800*, publicado em 1971, F. C. Petty afirma que *Os Viajantes Ridículos* foi, na época, a ópera mais vezes reprisada em Londres, depois da *Cecchina* de Paisiello); *Alceste* (com o texto de Calzabigi para Gluck);

1769 – *L'Impresa d'Opera*, com libreto de B. Cavalieri, uma das muitas comédias do século XVIII que mostram os bastidores das companhias líricas e as dores de cabeça dos empresários com suas vedetes, cantada no S. Moisè, de Veneza, na temporada de Carnaval; *Ruggiero*;

1770 – *Ezi,o* (Metastasio), com a colaboração de Barthélémon, Giordani e Sacchini; *Il Disertore*, que C. F. Badini traduziu do libreto de Sedaine, escrito para Monsigny um ano antes; *L'Amante che Spende*;

1771 – *Le Pazzie di Orlando*;

1772 – *Il Carnevale di Venezia ossia La Virtuosa; L'Assemblea*, baseada em Goldoni; *Demetrio*, com o libreto de Metastasio reescrito por Bottarelli;

1773 – *Mirandolina*;

1774 – *La Contadina Superba ovvero Il Giocatore Burlato; Tamas Kouli-kan nell'Indie*;

1775 – *Merope*, com libreto de Apostolo Zeno; *Vologeso*, com libreto adaptado do *Lucio Vero*, também de Zeno, ambas para cerimônias oficiais no Teatro Ducale de Milão; e *L'Intrighi di Don Facilone*, para o Carnaval romano;

1776 – *La Semiramide Riconosciuta* (Metastasio).

No outono de 1776, Guglielmi voltou para Nápoles, onde ficou ater 1793, fornecendo de uma a cinco óperas por ano, tanto sérias quanto bufas, aos empresários seus clientes habituais. Após tantos anos de ausência, não desanimou ao perceber que Cimarosa e Paisiello tinham dominado o mercado. Enfrentou-os aguerridamente, como era de seu feitio. Paisiello reagiu irritadamente à concorrência e chegou a pagar claques para vaiar óperas do rival. Ter Guglielmi, um antigo amigo, do outro lado do tabuleiro foi uma das razões que o decidiu a aceitar o convite de Catarina, a Grande e partir para a Rússia. Mas depois de 1784, com o retorno de Paisiello a Nápoles, as rixas entre os três tornaram-se tão freqüentes que o próprio rei, dizem, resolveu intervir, mandando um de seus ministros, o príncipe de Severo, reunir-se com eles e pacificá-los.

Em 1777, foi eleito membro da recém-fundada Nobile Accademia di Musica e, em 3 de março de 1793, sucedeu a Borroni como *maestro di cappella* em São Pedro de Roma. Em julho de 1797, assumiu as mesmas funções em San Lorenzo Lucina. Desse momento em diante, intensificou a produção de música sacra, embora nunca tivesse abandonado inteiramente as obras para o palco. Pertencia à Acaademia di Santa Cecilia, em Roma, e ao Institut National des Sciences et des Arts; e, em 1799, foi inscrito como membro da seção de artes e ciências, no Istituo Nazionale criado em Nápoles durante a efêmera vida da Repubblica Partenopea. A essa fase final da obra pertencem:

1776 – *Il Matrimonio in Contrasto*;

1777 – *Artaserse*, o inevitável libreto de Metastasio, que praticamente nenhum compositor do século XVIII deixou de musicar; *I Fuorusciti*;

1779 – *Il Raggiratori di Poca Fortuna; La Villanella Ingentilita ossia I Due Fratelli Sciocchi*; e *Narcisso*, uma encomenda da Academia di Dame e Cavalieri napolitana;

1780 – *La Dama Avventuriera; La Serva Padrona*, com o mesmo libreto de G. Federico já musicado por Pergolesi e Paisiello;

1781 – *Le Nozze in Commedia, Mietitori*;

1782 – *La Semplice ad Arte, La Quakera Spiritosa*;

1783 – *La Donna Amante di Tutti* e *Fedele a Nessuno*;

1784 – *Le Vicende d'Amore, I Finti Amori ossia L'Impostore Punito*;

1785 – *Le Sventure Fortunate, La Finta Zingara, La Virtuosa di Mergellina, Enea e Lavinia*;

1786 – *L'Inganno Amoroso ossia Le Due Gemelle, Le Astuzie Villane*;

1787 – *Lo Scoprimento Inaspettato, Laconte* (depois corretamente intitulada de *Laocoonte*);

1788 – *La Pastorella Nobile, Arsace*;
1789 – *Rinaldo, Ademira, Gl'Inganni Delusi, Alessandro nelle Indie* (Metastasio), *La Bella Pescatrice*;
1790 – *La Serva Innamorata, L'Azzardo*;
1791 – *Le False Aparenze, La Sposa Contrastata*;
1792 – *Il Poeta di Campagna, Amor tra le Vendemmie*;
1793 – *La Lanterna di Diogene*;
1794 – *Gli Amanti della Dote, Admeto*;
1795 – *La Pupilla Scaltra, Il Trionfo di Camilla* (usando o antigo libreto de Silvio Stampiglia);
1796 – *La Morte di Cleopatra*;
1797 – *L'Amore in Villa*, para ser cantada no teatro particular da Casa di Sforza Cesarini, em Roma;
1798 – *Ippolito*;
1802 – *Siface* e *Sofonisba*.

São inúmeros os *pasticcios* montados com música de Guglielmi e outros autores, bem como as óperas falsamente atribuídas a ele. No *Essai sur la Musique Ancienne et Moderne*, Jean-Baptiste de la Borde mostrou-se muito impressionado pela qualidade de sua música, que considerava "correta e aprovada pelos escolásticos até mesmo quando aderia a certas licenças do estilo moderno". C. Gervasoni, na *Nuova Teoria di Musica* (1812), louvou os seus elevados conhecimentos técnicos e descreveu seu estilo como "verdadeiramente harmonioso, puro e natural", adjetivo que, numa época muito influenciada pelo rousseauismo, era um dos maiores elogios que se podia fazer a um artista. A freqüência com que lhe eram encomendadas partituras para situações festivas oficiais é prova do apreço de Nápoles por ele. Muitas de suas comédias – *Il Ratto della Sposa, L'Impresa d'Opera, La Villanella Ingentilita, La Serva Inamorata* – foram sucessos internacionais e ficaram em cartaz durante trinta anos. Dois de seus oratórios, *Debora e Sisara* e *La Morte di Oloferne*, foram várias vezes encenadas como óperas.

Estudos modernos têm reavaliado a produção séria de Guglielmi, demonstrando seus aspectos inovadores, entre eles a inserção sistemática de duetos ou trios no final dos dois primeiros atos. A esse respeito, escreve James Jackman:

> Uma característica marcante dessas óperas é um tipo de ária com linhas melódicas de frases longas e em arco, geralmente em graus conjuntos e com notas longas, sobre um acompanhamento ritmicamente ativo (contrapartida vocal do estilo instrumental do período a que se dava o nome de *allegro cantabile*), produzindo um efeito de grande beleza e dignidade, freqüentemente dentro de uma situação dramática tensa e contrastante. Nessas obras, as árias derivavam das formas *da capo*, mas a repetição era em geral escrita sob a forma de variação. Formas *da capo* simples (A.B.A'.) ainda apareciam ocasionalmente mas, com a passagem do tempo, tornou-se mais comum a grande ária *da capo* inteiramente escrita (A.A'.B.A' ou A.B.C.B'). Cenas com árias ou conjuntos precedidos por recitativo acompanhado ocupavam uma proporção cada vez maior em cada ato, especialmente naqueles trechos que conduzem aos encerramentos de ato ou às mudanças de cena, permitindo um grau cada vez maior de organização do ato como uma unidade musical em larga escala, com clímaxes cuidadosamente dispostos, realizados por meios tanto dramáticos quanto musicais. Progressivamente, como na ópera bufa, esse clímax no finale de conjunto, forçando mudanças na estrutura tradicional do libreto metastasiano. Na altura da *Morte de Cleópatra*, em 1796, a dramaturgia tradicional de Guglielmi, de nítida filiação barroca, tinha sido substituída por formas mais internacionais, que incorporavam traços da ópera francesa e antecipavam o Pré-romantismo de virada de século: construção em dois atos, uso estrutural proeminente do coro (homens no ato I, mulheres no II), números de conjunto freqüentes no interior do ato, texto mais curto e ação simplificada e um fluxo mais livre entre os recitativos e as partes cantadas. Já não se tratava mais de um drama estático de reflexão moral, como no apogeu da *opera seria* metastasiana, mas do drama de sentimentos e paixões expressos de forma dinâmica. Não é possível determinar o grau de pioneirismo de Guglielmi nesse processo, mas ele certamente participou dele.

No domínio bufo, ele começou com as peças em três atos (1760-1770), depois abreviou-as para dois e, em seguida, aclimatou à ópera italiana a fórmula francesa das duas *farsette* em um ato dentro do mesmo programa. Tanto quanto Cimarosa, Piccinni ou Paisiello, contribui para a variedade no uso das vozes em finales construídos de forma complexa, fazendo mudar, além disso, a proporção entre o numero de árias e de cenas de conjunto. A princípio estáticos e com a forma de emoção em uníssono, eles passaram, do final da década de 1770 em diante, a comportar mais ação e a ter uma organização interna mais sofisticada do ponto de vista das relações rítmicas e harmônicas.

No início da década de 1770, Guglielmi não usava mais árias *da capo* nas óperas cômicas, e sim a chamada forma de "repetição integral", em que as duas estrofes do texto são cantadas e, depois, repetidas com variações ou modulações para tonalidades relacionadas com a principal. Esse padrão básico permite grande variedade estrutural, dependendo do tamanho, da complexidade poética ou dos requisitos expressivos do texto. Às vezes, Guglielmi tratava as duas seções do texto modificando o metro, o andamento, até a tonalidade das duas seções, de modo a articulá-las com mais flexibilidade. Ou dava-lhes um tratamento "instrumental" que soldava as duas partes uma à outra, dissimulando a "costura" entre elas. Nas últimas óperas, aparecem árias de composição contínua e com formas menos simétricas.

As aberturas ternárias de tipo italiano, do início da carreira, cederam lugar, no fim dos anos 1770, a movimentos únicos com contraponto imitativo na introdução, do tipo praticado por Paisiello; em seguida, a variante chamada "austríaco", em um só movimento *allegro*, precedido de breve introdução lenta. Sua orquestração era muito conservadora, mas ele demonstrou interesse pela inovação orquestral ao endossar, em 1786, a idéia de Marescalchi de modificar a disposição dos músicos na orquestra do San Carlo de Nápoles.

Piccinni

A fase francesa da carreira de Niccolò Piccinni (1728-1800) foi evocada em *A Ópera na França*, desta coleção. Ali era discutida a polêmica dos gluckistas – os adeptos da ópera reformada – contra os defensores da ópera de estilo italiano. Tendo à frente o conservador Jean-François Marmontel, estes últimos elegeram Picinni como o autor de melodramas que consideravam ideal. Forçado pelas circunstâncias a assumir, nesse conflito entre duas facções muito radicais, uma posição que o colocou em indesejado antagonismo com um dos maiores compositores de seu tempo, Piccinni ficou como parte perdedora – e isso é profundamente injusto para com um dos mestres da ópera clássica italiana no período que vai de 1754 a 1794. É fundamental o papel que ele desempenha no contexto do desenvolvimento da ópera estudado neste livro.

Vito Niccolò Marcello Antonio Giacomo era filho de um músico de Bari. Sua mãe era irmã do compositor Gaetano Latilla, natural da mesma cidade. Seus pais, porém, o destinavam ao sacerdócio, e não aos estudos musicais. Mas P. L. Guinguené, na *Notice sur la Vie et les Ouvrages de Nicolas Piccinni*, publicado em Paris em 1801, conta que seu talento manifestou-se tão cedo que a família decidiu, em maio de 1742, enviálo para o Conservatório S. Onofrio, de Nápoles. Nicolò foi aluno de Leo e de Durante, e este último tinha por ele uma grande afeição – que Piccini retribuía, pois voltava regularmente ao conservatório para vê-lo, depois de formado. Numa dessas visitas, no Carnaval de 1755, participou, como cantor, de uma montagem de *I Figliastri*, de Giuseppe Sigismondo.

No ano anterior, ele tinha dado início à carreira teatral com *Le Donne Dispettose*, uma comédia, como era o costume para compositores estreantes. Desde o princípio, Piccinni teve de enfrentar a preferência do público pelas obras, de estilo mais conservador, de Logroscino e seus seguidores. Esta foi a primeira das situações competitivas que esse homem amável e generoso teria de enfrentar ao longo de sua carreira. Mas o talento revelado nessa partitura, e em *Il Curioso del Suo Proprio Dano*, de 1755, fizeram com que, um ano depois, o San Carlo lhe encomendasse a sua primeira *opera seria*. Encenada em 18 de dezembro de 1756, *Zenobia* usava o mesmo libreto escrito por Metastasio, em 1740, para Luca Antonio Predieri, contando a história da filha de Mitridate, rei da Armênia, injustamente acusada de ter sido infiel a Radamisto, seu marido. A retomada desse texto sobre a virtude feminina, capaz de resistir a todos os ardis de quem deseja a sua perda, constitui a respeitosa aplicação do receituário barroco tardio. Nos anos seguintes, seu renome firmou-se com:

1756 – *Le Gelosie*;

1757 – *L'Amante Ridicolo, La Schiava Seria; Caio Mario, Farnace* e *Nitteti* (Metastasio, 1756, Conforti);
1758 – *Gli Uccelatori*, baseada numa peça de Goldoni.

Era uma época feliz para Piccinni, mas também cheia de responsabilidades. Em 1756, ele se casara com Vincenza Sibilla, uma de suas alunas de canto, na época com catorze anos. Sua voz era muito bonita e ela cantava excepcionalmente bem as árias do marido, conta Guinguené; mas Niccolò nunca permitiu que Vincenza se exibisse no teatro. Nessa época, Charles Burney fez diversas tentativas de convencê-lo a ir para a Inglaterra. Mas Piccinni não podia abandonar a família, que estava aumentando rapidamente: eles tiveram nove filhos, dos quais dois morreram na infância.

A fama do compositor crescia, e veio o convite para a primeira ópera fora de Nápoles, a metastasiana *Alessandro nelle Indie*, cantada no Argentina de Roma em 21 de janeiro de 1758. Esta sempre seria uma das *opere serie* de Paisiello prediletas do público. Ele a retomaria no Teatro della Pergola, de Florença, em 26 de dezembro de 1776, numa versão revista. E reescreveria inteiramente a música, numa fase em que sua linguagem estava mais amadurecida, para a triunfal execução no San Carlo de Nápoles, em 12 de janeiro de 1792.

Ainda em 1758, Piccinni produziu *Madama Arrighetta*, que G. Palomba adaptara do *Monsieur Petitone* de Goldoni, e *La Scaltra Letteraria*. A maturidade chegara e ele estava pronto para seu primeiro enorme sucesso – e para dar ao *Settecento* italiano um de seus melodramas mais significativos.

Publicado em 1741, *Pamela or Virtue Rewarded* (Pamela ou a Virtude Recompensada), o romance epistolar de Samuel Richardson, popularizou-se rapidamente, em toda a Europa, graças às traduções francesa e italiana. A história da criada virtuosa que resiste a todas as tentativas de sedução de seu amo, até este decidir-se a pedi-la em casamento, era uma verdadeira antologia de todas as situações burguesas que, durante a segunda metade do século XVIII, polarizariam o palco de prosa e de ópera. O público da época ficou fascinado com o naturalismo *avant la lettre* das situações descritas, atenuado pelo tom edificante e a açucarada linguagem sentimental. Modelo básico do tipo de melodrama pertencente à *école larmoyante*, o livro de Richardson não deixaria de suscitar adaptações teatrais. As duas mais importantes foram:

Nanine ou Le Préjugé Vaincu, de 1749, em que Voltaire, no prefácio, para definir as características do "teatro burguês", já utiliza o adjetivo *romantique*;
e *La Pamela*, de Carlo Goldoni, encenada em Veneza em 1750, revista, no ano seguinte, com o título de *Pamela Nubile*, e complementada, mais tarde, por *Pamela Maritata*.

Esta é a primeira peça de Goldoni em que não são utilizadas as máscaras da *Commedia dell'Arte*. Mas o dramaturgo italiano atenuou bastante as ousadias de Richardson. Seu Marchese della Conchiglia é um homem mais jovem e sensível do que o Lovelace original; e não chega aos extremos de seu equivalente inglês, que praticamente tenta estuprar a moça quando ela opõe resistência a seus desejos. Além disso, Goldoni não se envolveu na polêmica social que está no cerne da *Virtue Rewarded.* Em Richardson, o aristocrata, vendo fracassar suas tentativas de sedução, joga a toalha. Deseja tanto a moça, que passa por cima dos obstáculos de classe, e casa-se com ela, mesmo sendo plebéia. Goldoni preferiu recorrer ao velho expediente do *deus ex-machina*: no final, alguém aparece providencialmente, para revelar que o pai de Pamela é um nobre alemão, de quem ela se perdeu quando menina.

O príncipe Felipe de Borbone e o primeiro-ministro Guillaume du Tillot, responsáveis pela introdução de ideais reformistas no Teatro Ducale de Parma, apresentaram Goldoni ao compositor Romualdo Duni, para quem ele escreveu, baseado na sua própria peça, o libreto de *La Buona Figliuola*, no qual Pamela é rebatizada com o nome de Cecchina. O sucesso dessa ópera, em 26 de dezembro de 1756, fez com que, em 1760, Salvatore Perillo reutilizasse o libreto de Goldoni para o S. Moisè de Veneza.

Portanto, ao estrear a sua *La Cecchina ossia La Buona Figliuola* no Teatro delle Dame de Roma, em 6 de fevereiro de 1760, Piccinni estava trabalhando com um tema já familiar para o público, pela via da leitura de Richardson, e da audição das bem recebidas óperas anteriores. Mas alcançou um tal nível de realização teatral que condenou ao esquecimento as partituras de seus antecessores, e deu a impressão de ser a primeira vez que o libreto de Polisseno Fegejo – pseudônimo arcádico de Goldoni – era posto em música. O próprio dramaturgo diz, em suas *Memorie*:

> A ópera agradou muito em Parma e teria agradado ainda mais se a execução tivesse sido melhor. Mas alguns anos depois, o maestro Piccinni, encarregado de compor uma ópera bufa para Roma, preferiu o meu velho drama a todos os outros que lhe foram propostos, e a sua *Buona Figliuola* teve a melhor sorte.

Foi unânime a aprovação à *Cecchina*, que Guinguené afirma ter sido composta no tempo recorde de apenas dezoito dias. Até mesmo um juiz severo como o compositor Jommelli disse, após ouvi-la: "Questo è un inventore." Em seu livro sobre a vida musical napolitana, Francesco Florimo registra que, depois da estréia romana,

> *La Cecchina* foi solicitada por todos os teatros da Itália e, por toda parte, teve a mesma recepção extremamente favorável do público, e não há exemplo de sucesso mais brilhante na história teatral daqueles tempos, nem mais universalmente sustentado. A moda era dar o nome da Cecchina aos cafés; a família Lepri comprou uma mansão nos arredores de Roma e deu-lhe o nome de Villa Cecchina; e a rapaziada na rua só cantarolava, da manhã à noite, as melodias da *Cecchina*.

Na escolha do drama de Goldoni contou o fato de Piccinni estar em Roma, para a encenação do *Alessandro nelle Indie*, em 1758. E não lhe escapou o fato de que *Pamela Nubile* tinha, todas as noites, lotação esgotada no Teatro Capranica, do início de janeiro até o fim do Carnaval – o que, para os padrões da época, era uma temporada excepcionalmente longa. Homem de teatro experimentado, não só avaliou corretamente as possibilidades emotivas da vertente patética da história, como percebeu que o libreto de Goldoni lhe oferecia situações para as quais poderia escrever os *pezzi d'insieme* que, a essa altura, dominava do modo mais desinvolto. *La Cecchina* assinala o momento em que a ópera cômica se emancipa do tradicional modelo bufo napolitano. Ela é o ponto de partida para as grandes realizações de Paisiello, Salieri, Martín y Soler e, principalmente, Mozart. E consolida a estrutura do *pezzo concertato* que, já existente em libretos anteriores de Goldoni, será mais tarde incorporado à *opera seria* e ajudará a efetuar o trajeto do melodrama clássico para o romântico.

A jardineira Cecchina está apaixonada pelo Marchese della Conchiglia, em casa de quem trabalha; por isso, rejeita a corte do bondoso Mengotto, que a ama. Mas reconhece a distância social que a separa do patrão, e foge quando este lhe diz que a quer bem. O marquês encarrega a criada Sandrina de dizer a Cecchina que suas intenções são sérias. Mas Sandrina, que também se sente atraída pelo patrão, e tem inveja da atenção que Mengotto dá à sua companheira de trabalho, resolve vingar-se. Procura o Cavaliere Armidoro, noivo de Lucinda, irmã do marquês, e o adverte do escândalo que será seu cunhado casar-se com uma plebéia estrangeira. A reação indignada de Armidoro faz Lucinda, temendo pelo seu próprio casamento, chamar Cecchina e dizer-lhe que decidiu mandá-la para a casa de sua irmã mais velha, Aspasia, que está precisando de uma boa jardineira.

O marquês encontra Cecchina em lágrimas, porque vai ter de sair de sua casa e, em conversa com Lucinda, confirma que ama a jardineira, apesar dos preconceitos sociais. Porém, quando Cecchina está saindo da Villa Conchiglia, encontra-se com Mengotto, que volta a declarar-se a ela apaixonadamente. A conversa é ouvida pelo marquês. Com a cabeça cheia dos mexericos feitos por Sandrina e a criada Paoluccia, outra invejosa, o jovem aristocrata se convence de que Cecchina é amante de Mengotto, e a rejeita. Vendo a reação da moça diante do marquês, Mengotto também lhe vira as costas; e a pobre coitada vê-se inteiramente abandonada.

Armidoro manda um grupo de soldados forçar Cecchina a sair da cidade; mas ela é salva por Mengotto, que surge com um grupo de caçadores. Antes que a garota possa exprimir sua gratidão, aparece o marquês, arrependido, e a leva consigo. Mengotto quase perde a cabeça; mas Tagliaferro, um soldado alemão que está na Itália à procura de uma moça perdida, diz-lhe que, a morrer por amor, vale mais a pena alistar-se no exército. Nesse meio tempo, Sandrina e Paoluccia vão dar a Lucinda a má notícia de que Cecchina continua na cidade e está em companhia do marquês.

Mas a moça continua rejeitando as ofertas amorosas do nobre, e este, deixando-a sozinha, encontra-se com Tagliaferro. O soldado lhe conta como, durante a retirada das tropas alemãs, vinte anos antes, o seu coronel viu-se separado da filha, chamada Mariändel, que pode ser reconhecida por uma mancha azulada que tem no peito. Certo de que Mariändel só pode ser Cecchina, o marquês leva Tagliaferro até o lugar onde a deixou, e se afasta. O soldado contempla a jovem adormecida, sonhando com seu pai. Sandrina e Paoluccia assistem à cena e vão dizer ao marquês que Cecchina se entregou ao alemão. O nobre rechaça severamente as insinuações das duas e elas quase estouram de raiva.

Paoluccia está repetindo sua história maldosa a Lucinda e Armindoro, quando é interrompida pelo marquês, que vem dar à irmã a notícia de que decidiu casar-se com uma aristocrata alemã. Vai à procura de Cecchina e, por um momento, diverte-se contando-lhe a mesma história, antes de lhe revelar que a jovem é ela mesma. Prova a todos que a jovem jardineira é a Mariändel desaparecida e a ópera termina com o regozijo e a reconciliação. Até mesmo as criadas invejosas são perdoadas e, ao pobre Mengotto, resta o prêmio de consolação de casar-se com Sandrina. Da *Buona Figliuola*, existem duas gravações disponíveis:

Fonit-Cetra, 1981 – Rinaldi, Aliberti, Ravaglia, Zillio, Benelli, Corbelli, Dara/Gianluigi Gelmetti.

Nuova Era, 1990 – Peters, Moriggi, Ruffini, Morino, Praticò, Spagnoli, Mingardo, Zanni/Bruno Campanella.

A Sinfonia é de clássico formato ternário italiano – *allegro spiritoso*; *andante*; *presto*; com a alternância de ré maior e menor –, criando o clima para a cena inicial, que se passa "in un giardino delizioso, adorno di vari Fiori, con veduta del palazzo del Marchese", o cenário típico da peça semi-séria de tema sentimental, muito parecido, por exemplo, com o da *Nina* de Paisiello. A *ária di sortita* da protagonista, "Che piacer, che bel diletto", um *andante* em fá maior, de tom muito lânguido, já dá o tom do que será a empostação ao mesmo tempo séria e delicada dessa personagem.

Cecchina vai contrastar com o tratamento cômico dado a Sandrina e Paoluccia, que cantam com ritmos rápidos, repetitivos e angulosos. O mesmo acontece com as duas personagens bufas masculinas. Tagliaferro é um típico herdeiro do militar truculento de *Commedia dell'Arte* que, na pré-história da ópera, tínhamos encontrado no *Amfiparnasso*, a comédia madrigalesca de Orazio Vecchi. Mengotto, porém, é um pouco mais nuançado. De um modo geral, sobretudo quando está irritado, tende à tradição cômica. Mas participa do sentimentalismo de Cecchina ao se declarar a ela – embora, nesse caso, o acompanhamento orquestral seja de tom irônico, para frisar a idéia de que seu amor não é retribuído. À declamação delicada e emotiva de Cecchina, portanto, opõem-se os silabatos caricaturais, a coloratura *parlante*, os expedientes estilísticos da comédia.

De um lado estão as personagens populares, às quais Cecchina, no início, pertence por força das circunstâncias. Do outro, as aristocráticas, de outro mundo, até mesmo em termos musicais. A começar pelo fato de Armidoro ser representado por uma soprano, devido à praxe barroca de se confiar às vozes femininas a interpretação de figuras nobres e jovens. Nos dois primeiros atos, Armidoro e Lucinda cantam árias *da capo* com vocalizes *di forza* muito laboriosos, efeitos de eco, *pichettati*, *roulades*, etc. ("Della sposa il bel sembiante", do I, ou "Cara, s'è ver ch'io v'amo", do II). E mesmo suas árias binárias do ato III – "Chi più di me contento", por exemplo – são belcantisticamente decoradas.

Quanto ao Marchese della Conchiglia, é Rodolfo Celletti quem comenta a dupla face de uma personagem que se equilibra na corda bamba entre o nobre amoroso e a figura cômica:

> Encontramo-nos diante de um papel que, pela sua ambivalência, é talvez a chave para entendermos a denominação di *mezzo carattere* que foi dada ao tenor de ópera cômica do *Settecento* tardio, ou seja, uma figura intermediária entre o bufo caricato e o bufo nobre, de um lado, e os papéis sérios de outro.

Essa caracterização do marquês coaduna-se bem com a de Cecchina. Desde o início, em vez do formalismo da ária metastasiana, o que a própria variedade métrica e estrófica de Goldoni sugere a Piccinni é a *arietta* menos previsível, na qual podem encaixar-se notações realistas nítidas, e se desenrola no tempo, em vez de congelá-lo numa reflexão abstrata que paralisa a ação. É claro que essa não é uma invenção de Piccinni. Outros músicos que trabalharam com libretos goldonianos já tinham lançado mão de uma forma mais descontraída, que a própria metrificação flexível do poeta solicita. A genialidade de Piccinni está em ter sabido utilizar esse modelo para definir um universo feminino novo, ao mesmo tempo virginal e, a seu modo, heróico, capaz de erguer-se contra o mundo masculino na defesa de determinados valores. Um universo que anuncia à distância a *Gazza Ladra*, a *Sonnambula*, a *Linda di Chamounix*. Nisso reside a originalidade e também a modernidade da *Bella Figliuola*.

Piccini funde, com muita destreza, elementos sintáticos de natureza oposta, a música que expressa as emoções mais fortes, aliada a um melodismo de estilo pastoral, de uma doçura que já foi chamada de "pré-belliniana". O melhor exemplo disso é "Almen fra queste piante avrò un può di riposo... Vieni, il mio seno", a cena do sonho, do ato II, destinada a se tornar uma das passagens mais famosas e apreciadas da ópera. O encanto da linha melódica é reforçado pela sutileza e transparência de um acompanhamento em que frases em *legato* e *staccato* se combinam elegantemente. A orquestra de Piccinni, de resto, não é mais apenas a obrigatória fornecedora de apoio rítmico e harmônico simétrico ao canto. Converte-se numa forma a mais de expressar as complexas gradações de sentimento das personagens.

Essa orquestra tem as dimensões usuais da utilizada na comedia clássica italiana: quinteto de cordas, dois oboés, duas trompas. Um par de flautas *obbligati* intervém na ária do sono. Um par de *ciufoletti* (piccolos) e tambor são usados em "Star trompette, star tampurri", a ária bufa de Tagliaferro, que canta com um pesado sotaque alemão. De um modo geral, tocam em uníssono os primeiros e segundos violinos, e as violas com violoncelos e contrabaixos. O cravo funciona como parte integral da orquestra, unindo-se ao acompanhamento dos números cantados, e não apenas apoiando o recitativo seco.

O finale dos dois primeiros atos é em cinco partes, com uma estrutura que provém do rondó livre. Esse tipo de construção convém ao estilo de metrificação variável de Goldoni e permite a Piccinni superpor habilmente camadas de *stile patetico* e de canto bufo muito vivo, fazendo contrastar a emotividade de Cecchina com a malícia das empregadas, a ingenuidade de Mengotto, a truculência de Tagliaferro. Comentando a técnica picciniana do finale, diz Angelo Foletto, no ensaio de apresentação do álbum Campanella:

> Na superposição e na progressiva fusão das vozes, materializa-se um ritmo representativo que nos faz saborear um tipo de realismo até então inédito. Um realismo que subtrai a situação cênica e sentimental das cristalizações bufas, projetando-a numa dimensão teatral autêntica. Só o que conta são os impulsos verdadeiros. E resultam verdadeiras as personagens, sustentadas pela invenção harmônica num plano expressivo que renuncia a todo e qualquer formalismo operístico, para lançar-se numa utopia sentimental carregada de humores e respirações internas, íntimas, que nenhum autor, até então, tinha ousado levar a esse ponto, superando o nível da simples contemplação estática dos *affetti*, como se fazia na era barroca.

O sucesso da *Cecchina* fez com que, além dos títulos que lhe eram pedidos para Nápoles e outras cidades, Piccinni continuasse a ter encomendas para todas as temporadas romanas de Carnaval, até 1773. Era legendária a fertilidade do compositor: nove óperas só em 1761! Sua facilidade para compor surpreendia, até mesmo numa época em que autores prolíficos eram o que não faltava. Charles Burney, que em 1770 o descreveu como "um homenzinho muito amável, um tanto sério para um italiano, gente que costuma ser tão cheia de fogo e de vivacidade", exagera ao dizer que ele compôs cerca de trezentas óperas. Mais próximo da realidade é o cálculo de 130 feito por Guinguené – mesmo porque o catálogo preparado por Julian Rushton admite a perda de várias partituras e a atribuição duvidosa de outras. O ritmo de produção não mudou nem mesmo quando ele foi nomeado, em 1770, *secondo maestro di cappella* da catedral de Nápoles e, no ano seguinte, segundo organista da capela real.

1760 – *L'Origille, Il Rè Pastore* (Metastasio), *La Furba Burlata, Le Beffe Giovevoli*;
1761 – *Le Vicende della Sorte* (baseada em *I Portentosi Effetti della Madre Natura*, de Goldoni), *La Schiavitù per Amore, Olimpiade* (Metastasio), *Tigrane, Demofoonte* (Metastasio), *La Buona Figliuola Maritata* (baseada na *Pamela Maritata* de Goldoni, mas de muito menor sucesso que *La Cecchina*); *Lo Stravagante, L'Astuto Balordo, L'Astrologa*;
1762 – *Amor senza malicia, Artaserse* (Metastasio), *Le Avventure di Rodolfo, La Bella Verità* (Goldoni), *Antigono, Il Cavalier Parigino* (a quatro mãos com Sacchini), *Il Cavaliere per Amore*.

É de 1763 uma das mais bem-sucedidas comédias de Piccini, uma vez mais usando um texto de Goldoni. Escrito em 1751 para Gioacchino Cocchi e encenado no S. Cassiano de Veneza, o libreto de *Le Donne Vendicate* foi remanejado por Giuseppe Petrosellini, que o condensou às dimensões de um *intermezzo* com quatro personagens em vez de oito. Ouvidas no Teatro della Valle de Roma, na temporada de Carnaval, *As Mulheres Vingadas* foi levada em Veneza e Perúgia (1764) e, dali em Viena, Londres, Dresden e Paris onde, em maio de 1779, jogou mais lenha na fogueira da querela entre gluckistas e piccinnistas.

Muito curiosa, vista com os olhos de hoje, a comédia opõe Ferramonte, dono da casa de verão onde a ação se passa, ao Conde Bellezza. Ferramonte é um "difensore dele donne", sempre em conflito com Bellezza, encantador e vaidoso, um machista convencido de que as mulheres, "a gente as usa e joga fora". Bellezza – "Sono bello, io già lo so, sono simile a Narcisso" – está rondando duas irmãs: Lindora, pupila de Ferramonte, e Aurélia, que tem pretensões a ser romancista. Num dueto "literário" entre as duas, Aurélia declara "Il Conte ha d'esser mio". Mas quando ele se declara, Aurélia, que é uma intelectual – uma legítima herdeira das *précieuses* seiscentistas –, diz que a etiqueta literária impede o donzel de beijar a mão de sua dama. A única exceção foi Tancredi que ousou beijar Clorinda (ela se refere ao episódio da *Gerusalemme Liberata* em que o cristão Tancredi luta com um cavaleiro desconhecido, sem saber que ele é a muçulmana Clorinda, a quem ele ama, e a beija quando ela está agonizando).

Bellezza reage dizendo que as mulheres são bem conhecidas pelas armas de sedução que usam. Tudo nelas é falso, e é necessário mais do que isso para conquistar um homem experimentado como ele. Ofendidas, as duas irmãs resolvem recorrer a Ferramonte: "Rimettiamo in sue mani la vendetta". Num trio de empostação literária muito pedante, as duas moças exigem de Ferramonte: "Andate adesso colla spada allá mano ad uccidere il Conte!" Bellezza, interpelado, não teme a espada de Ferramonte, orgulhoso mas também um tanto poltrão, e confirma as suas convicções: "Sian Indiane, sian Cinesi, sian Persiane, sian Lucchesi, dirò mal di tutte quante." Durante a briga, percebemos que Ferramonte está apaixonado por Aurélia, embora não desdenhe sua irmã.

Antes que o confronto armado se realize, Lindora e Aurélia decidem dar uma lição de etiqueta amorosa a Bellezza: é preciso "rispetto e civiltà" para merecer o coração das mulheres. Na hora do duelo, porém, Ferramonte morre de medo e desiste. O conde zomba dele e o remorso que demonstra é muito vago. No final, depois de mais umas farpas trocadas entre eles, Aurélia decide que gosta de Ferramonte, mais delicado e constante; Lindora apaixona-se por Flamínio (personagem mudo), que ela conheceu numa festa; e o Conde fica sozinho com toda sua beleza.

Le Donne Vendicate foi escrita para responder às acusações de "nemico delle donne" feitas a Goldoni, devido à misoginia de peças como *La Mascherata*, de 1751. A conspiração das duas irmãs contra Volpino – rebatizado por Petrosellini com um nome mais alusivo a seu narcisismo – foi a forma que ele encontrou de desfazer a má impressão causada por suas posturas politicamente incorretas. Ainda assim, Bellezza continua sendo a personagem mais interessante da ópera, e sua punição é meramente formal. A ele pertencem algumas das passagens mais bem escritas – a seqüência "Non ci è caso" com a cavatina "Si l'ho detto lo ridico" e, logo em seguida, "Perchè madre natura" e a ária "Cara quest'occhi miei" – em que reafirma suas posições pouco lisonjeiras para o sexo feminino.

Há, porém, bons momentos de paródia, quando se satiriza as pretensões intelectuais das duas irmãs, ou a covardia de Ferramonte. O trio da lição, "Amar senza modestia", pertencia originalmente a *Le Vicende della Sorte*, também adaptada por Petrosellini da comédia goldoniana *I Portentosi Effetti della Madre Natura*, e foi transplantado para *As Mulheres Vingadas*. No selo Bongiovanni, existe a gravação ao vivo de Rino Marrone, com Letizia Calandra, Rosanna Casucci, Vincenzo Sanso e Giovanni Guarino, feita em março de 2000 no Teatro Piccinni de Bari.

São criações da fase 1763-1772:

1763 – *Le Contadine Bizzarre;*
1764 – *Gli Stravaganti ossia La Schiava Riconosciuta, La Villeggiatura, Il Parrucchiere, L'Incognita Perseguitata, L'Equivoco, La Donna Vana, Il Nuovo Orlando* (atribui-se também a ele, sem certeza, uma *Berenice* cantada em Nápoles nesse ano);
1765 – *Il Barone di Torreforte, Il Finto Astrologo, L'Orfana Insidiata.*

Não se sabe quem foi o libretista de *La Pescatrice ovvero L'erede Riconosciuta.* Mas esse *intermezzo*, originalmente previsto para a inserção entre os atos de uma *opera seria*, mas com a possibilidade de ser encenado como uma ópera bufa independente, pois é bastante extenso, fez muito sucesso em toda a Itália, depois de ter estreado em 6 de janeiro de 1766, no Teatro Capranica de Roma. Diversos manuscritos localizados por D. Boschan, que em 1982 fez a edição para a Edito Musica Budapest, mostram que ela circulou por teatros alemães e, em 1771, foi apresentada numa versão expandida para três atos, um *rifacimento* provavelmente da mão de Salvatore Perillo. Essa é uma das óperas de Piccini que se pode conhecer mediante o disco (Pennicchi, Garbato, Comencini, Gatti/Carlo Rizzi, selo Bongiovanni, 1982).

1766 – *La Baronessa di Montecupo, L'Incostante, La Molinarella, Il gran Cid, La Fiammetta Generosa* (em colaboração com Anfossi);
1767 – *La notte critica, La Finta Baronessa, La Direttrice Prudente, Mazzina, Acetone e Dindimento*;
1768 – *Olimpiade* (Metastasio), *Li Napoletani in America, La Locandiera di Spirito*;
1769 – *Lo Sposo Burlato, L'Innocenza Riconosciuta, La Finta Ciarlatana ossia Il Vecchio Credulo, Demetrio* (Metastasio), *Gli Sposi Perseguitati*;
1770 – *Cesare in Egitto, Didone Abbandonata* (Metastasio), *Il Regno della Luna* (a história de Goldoni, mas com libreto diferente), *Gelosia per Gelosia, L'Olandese in Italia; Don Chisciotte, Il Finto Pazzo per Amore, Catone in Utica* (Metastasio);
1771 – *Antigono, Le Finte Gemelle, La Donna di Bell'Umore, La Corsala*;
1772 – *L'Americano Incivilito, L'Astratto ovvero Il Giuocator Fortunato, Le Trame Zingaresche, Ipermestra, Scipione in Cartagena.*

Sua posição em Roma foi abalada, a partir de 1773, pela popularidade de Anfossi, de muito menor talento e que, embora um ano mais velho do que ele, tinha sido seu aluno em Nápoles, e recebido a sua ajuda para iniciar a carreira na sede do papado. As vaias do público romano a uma de suas óperas o fez cair seriamente doente e voltar para Nápoles. A data desse acontecimento é duvidosa: Guinguéné situa-o em 1775 mas, nesse ano, os teatros romanos estavam fechados por causa do jubileu. O mais provável é que isso tenha acontecido no Carnaval de 1776, quando a reprise de sua *La Capricciosa*, no Teatro delle Dame, coincidiu com a estréia de *La Vera Costanza*, um dos títulos mais apreciados de Anfossi.

A reputação de Piccinni em Nápoles continuava firme. Mas parecia-lhe, agora, muito tentadora a oferta do embaixador napolitano em Paris, o duque de Caraccioli, de que ele fosse trabalhar para a corte francesa. As negociações se atrasaram, devido à morte de Luís XV; nesse meio tempo, Piccinni não ficou parado. Entre 1773-1776, mais óperas jorraram de sua pena:

1773 – *La Sposa Collerica, Il Vagabondo Fortunato*;
1774 – *Gli Amanti Mascherati* e a segunda versão de *Alessandro nelle Indie* (Metastasio);
1775 – *Il Sordo, L'Ignorante Astuto; I Viaggiatori*, uma de suas comédias de

maior sucesso, com libreto de Mililotti adaptado da peça de Goldoni; *Enea in Cuma*, uma paródia de *opera seria* escrita por Mililotti; e *La Contessina*, outra comédia muito aplaudida, que Coltellini adaptara de Goldoni.

A séria *Radamisto* acabara de estrear, em Nápoles, quando finalmente foi assinado o contrato que lhe garantia uma gratificação anual, além da renda das óperas que eventualmente escrevesse para os teatros parisienses. Piccini saiu de Nápoles em 16 de novembro de 1776, e chegou a Paris no último dia do ano, sofrendo muito com o frio, sem saber uma só palavra de francês, e sem imaginar as reservas de habilidade e versatilidade que seriam exigidas dele, para sobreviver em meio ao vendaval das polêmicas entre gluckistas e antigluckistas – logo destinados a intitularem-se piccinistas.

Pouco depois de chegar, fez amizade com Jean-François Marmontel (1723-1799), o líder do *parti italien*. Protegido de Voltaire, Marmontel tinha feito nome com os *Contes Moraux*, publicados no *Mercure de France* a partir de 1756, e com o poema filosófico *Bélisaire* (1766), condenado pela Sorbonne por defender a tolerância religiosa. Esse iluminista típico, colaborador da *Encyclopédie*, era inimigo jurado dos gluckistas, e viu em Piccinni o músico de que precisava para pôr em prática as suas idéias. Ensinou-lhe francês e apresentou-o ao *tout Paris*. Em seu polêmico *Essai sur la Révolution de la Musique em France* (1777) apontou-o como o modelo do grande compositor contemporâneo, capaz de salvar a ópera dos "desvios" propostos por Gluck. E adaptou para ele o libreto do *Roland*, que Quinault escrevera para Lully em 1685.

A estréia de *Roland*, na Academie Royale, em 27 de janeiro de 1778, foi um acontecimento, pois gluckistas e piccinistas estavam se pegando por causa do *Essai*, e mais lenha fora atirada à fogueira com a notícia de que o Chevalier Gluck estaria trabalhando nesse mesmo assunto, mas desistira e o trocara pela *Armide*, ao saber que Piccinni estava compondo sua ópera. Nicolò estava apavorado pois, além da *Armide*, que estreara com sucesso em setembro do ano anterior, ele estava enfrentado outra concorrência: a de Sacchini, cuja *Olympiade* estava agradando muito às platéias parisienses. Mas ficou surpreso com a reação entusiasmada do público e, em especial, com a dedicação do tenor Henri Larrivée que, mesmo sendo um gluckista convicto, fez uma interpretação magnífica do papel de Roland, enlouquecido pelo amor não retribuído por Angélique e que, no auge da insanidade, tenta matar Médor, o namorado da moça. Ficou famosa a interpretação que Larrivée fez da ária "Je me reconnais", em que Roland acha ter recuperado seu orgulho de soldado; ou da cena de loucura, escrita com uma técnica de uso de pequenas células musicais contrastantes, característica da *tragédie lyrique*. No *Roland*, Piccinni soube combinar habilmente árias de estilo italianado com elementos tradicionais da ópera francesa: declamação respeitando os ritmos da fala, inserção de *divertissement* e sinfonias descritivas.

Entre 1778-1789, contrataram-no para dirigir a *Troupe des Italiens*, que cantava óperas bufas na Academie Royale. Ele trouxe a Paris partituras de Paisiello, Traetta, Sacchini, e até mesmo do mal-agradecido Anfossi. Fez também ouvir partituras suas: *Le Finte Gemelle, La Sposa Collerica, La Buona Figliuola Maritata, Il Vago Disprezzato* e, principalmente, a versão original de *La Cecchina*, que Paris já conhecia, pois a ouvira em 1771, na Comédie-Italienne, traduzida como *La Bonne Fille*. O renome que isso lhe trazia valeu o convite para ensinar canto na École Royale de Musique et de Déclamation, além de atrair muitos alunos particulares – entre eles os filhos do banqueiro Jean-Jacques de la Borde. Isso o compensava pelo mau cumprimento das promessas que lhe tinham sido feitas, quando aceitara ir para a França.

Pouco ética foi também a forma como De Vismes, o diretor da Academie, agiu com ele, ao lhe propor e a Gluck que compusessem óperas sobre o mesmo tema, a *Iphigénie em Tauride*. Na verdade, Piccinni preferia trabalhar na *Atys*, que Marmontel estava adaptando para ele de um outro libreto de Quinault (1676) para Lully. Mas De Vismes o convenceu a aceitar o poema muito inferior de Dubreuil, com o argumento de que a sua ópera seria encenada antes da de seu oponente. Em seguida, problemas de organização no teatro retardaram a estréia. A *Iphigénie* de Piccinni só subiu à cena em 1781, chovendo no molhado pois, em 18 de maio de 1779, o prestígio de Gluck junto à rainha austríaca, que ele conhecia desde os tempos de Viena, lhe valera conseguir que a sua *Iphigénie* – culminação de sua obra para o teatro – fosse encenada no Opéra.

Nesse meio tempo, *Atys* tinha sido cantada em 22 de fevereiro de 1780, e demonstrara ser uma partitura de grandes qualidades – tanto assim que foram freqüentes as reprises em anos subseqüentes, principalmente depois que, em 1783, Piccinni preparou dela uma versão revista mais compacta. Para essa segunda versão, porém, Piccinni utilizou um *lieto fine* respeitando os costumes italianos clássico-barrocos, que é de efeito bem mais fraco do que o original de 1780, fiel ao desenlace trágico de Quinault.

Atys jurou renunciar ao amor mas, na verdade, fez isso porque não se conforma com o fato de que Sangaride, a quem ama, está noiva do rei Céloenus. A deusa Cybèle desce à terra, proclama-o seu sumo-sacerdote e, fazendo-o adormecer, revela-lhe, em sonho, o seu amor por ele. Ao despertar, Atys finge não ter compreendido a mensagem da deusa. Cybèle, louca de ciúmes, faz Atys e Sangaride serem condenados por seu amor culpado. Em seguida, enlouquece o rapaz. Em seu delírio, Atys toma a namorada por um monstro e a apunhá-la. Ao recuperar a razão, desespera-se com o que fez, e suicida-se amaldiçoando Cybèle. Marmontel cortou a cena final de Quinault em que, após a morte de Atys, os deuses, compadecidos com seu sofrimento, o transformam em um pinheiro.

Além disso, Marmontel eliminou o prólogo alegórico – obrigatório nas óperas versalhesas do século XVII, pois era o momento em que se fazia o elogio do Rei-Sol, para quem todos os espetáculos eram produzidos. Comprimiu a ação em três atos, reduziu os recitativos e *entrées de ballet*, para abrir espaço às árias e cenas de conjunto, nas quais poderia expandir-se o estilo mediterrâneo de escrita piccinniana. São dignas de nota as árias enfáticas de desespero, em que Piccinni faz um uso marcante de tonalidades menores – preocupação expressiva que, na verdade, é mais típica da ópera reformada do que da tradição belcantística clássico-barroca. A cena do sonho mostra-o capaz de encontrar acentos muito precisos para fazer pintura sonora. Em *French Opera in the 17th and 18th Centuries* (1991), Julian Rushton chama a atenção para a originalidade do quarteto final, extenso número de duzentos compassos, no qual Piccinni reutiliza material de óperas que compusera anteriormente, na Itália.

A última pá de cal na polêmica entre gluckistas e piccinnistas foi atirada em 23 de janeiro de 1781, quando, mesmo consciente do triunfo retumbante da *Iphigénie* de Gluck, Piccinni insistiu em montar a sua versão. Por melhor que fossem algumas de suas páginas isoladas, ela era muito inferior à melhor ópera de seu rival. E foi seriamente prejudicada pelo fato de Mlle Laguerre, que fazia o papel-título, ter subido ao palco completamente bêbada – o que os impiedosos parisienses não perdoaram: logo surgiu a paródia *Iphigénie en Champagne*.

O principal problema da ópera de Piccinni é a mediocridade do libreto de Alphonse du Congé Dubreuil, baseado na tragédia de Claude Guimond de la Touche, uma pesada adaptação do texto de Eurípedes. Nem a revisão feita por Pierre-Louis Guingené conseguiu remediar seus problemas. Além disso, num momento em que Gluck está empenhado em integrar árias e recitativos, de modo a dar ao discurso musical maior continuidade, Piccini retrocede para a velha estrutura dos *pezzi chiusi*, os números fechados com recitativo acompanhado. Isso não impede que haja, em sua partitura, momentos convincentes, como se pode avaliar pela gravação ao vivo de Donato Renzetti, com Silvia Baleani, que existe no catálogo da Fonit-Cetra. São muito bem escritas árias como a da loucura de Orestes, "Cruel! et tu dis que tu m'aimes", na cena 5 do ato III, em que o uso do trombone cria uma atmosfera sobrenatural; ou o espetaculoso final da ópera, com o monólogo de Diana, "Quittez cet horrible rivage".

Funciona muito bem a idéia de, após a tempestade mandada pelos deuses, com que se encerra o ato I, uni-lo, sem interrupção, ao ato seguinte. O acorde conclusivo de dó maior do ato I é a dominante da tonalidade de fá maior com que o II se inicia. E o trio cantado por Ifigênia, Orestes e Pilades já prenuncia a técnica mozartiana do concertato psicológico, o tipo de cena de conjunto em que várias personagens expressam sentimentos discordantes, através de linhas melódicas diferentes, mas harmonicamente unificadas. Ainda assim, é desvantajoso para Piccinni o confronto com a outra *Iphigénie*.

Desencorajado pelo insucesso de sua *Iphigénie*, Piccinni tentou recuperar-se com *Adèle de Ponthieu*, uma desengonçada *tragédie lyrique* de tema medieval, escrita por Jean-Paul-Antoine de Saint Marc; mas a apresentação, em 27 de outubro de 1781, foi um total fracasso. O jeito foi voltar aos textos de Marmontel e, em 16 de outubro de 1783, ele conseguiu se recuperar com a *Didon*, cantada no teatro do castelo de Fontainebleau. Causa principal da boa acolhida foi a interpretação magnífica de Antoinette-Cécile de Saint-Huberty no papel-título. Mantida no repertório do Opéra até 1823, *Didon* mostra com que habilidade Piccini assimilara as lições de seu rival alemão, para expressar, em árias construídas com movimentos curtos e contrastantes, a multiplicidade de sentimentos de suas criaturas: a agitação violenta de Dido em "Hélas, pour nous il s'expose" (ato III), quando ela percebe que não conseguirá resistir à paixão que sente por Enéias; ou o dilema do herói, dividido entre a emoção e o dever em "Au noir chagrin qui me dévore", a patética ária em dó menor com que se abre o ato II. Nesses passos e, por exemplo, no uso do trombone para a cena da aparição do fantasma de Anquises, pai de Enéias, que vem lhe lembrar o compromisso de recriar, no Lácio, a Tróia destruída pela guerra, Piccini antecipa alguns procedimentos que Berlioz – profundo conhecedor da ópera do século XVIII – utilisará em seus *Troianos*.

As duas comédias que Piccinni escreveu em seguida – *Le Faux Lord* (Fontainebleau, 6.12.1783) e *Le Dormeur Éveillé* (Comédie-Italienne, 14.11.1783) – são muito graciosas. A primeira delas, em especial, mereceria o resgate discográfico. Mas a competição oferecida por Sacchini era cada vez maior, e uma ópera gluckiana como *Les Danaïdes*, de Salieri, afastava cada vez mais o público dele. Piccinni deixara de ser novidade. *Diane et Endimyon*, com libreto de Jean-François Espic, Chevalier de Lirou, pareceu antiquada, e não agradou a ninguém na Academie, em 7 de setembro de 1784. *Lucette*, com libreto de Giuseppe, seu filho mais velho, ainda se salvou um pouco na Comédie-Italienne, em 30 de dezembro de 1784, por ser uma comédia. Mas a última colaboração com Marmontel, *Penélope*, foi gelidamente recebida em Fontainebleau, em 2 de novembro de 1785 – o que estudiosos como Rushton consideram imerecido.

Não deu em nada o projeto de reprisar *Adèle de Ponthieu*, que Piccinni tinha revisado em 1786. Não se sabe sequer se ele chegou a terminar *L'Enlèvement des Sabines* (1787). Nesse mesmo ano, chegaram a se iniciar os ensaios de *Clytemnestre*; mas a direção da Academie concluiu que ela não teria condições de agradar ao público, e o espetáculo foi cancelado. Isso entristeceu Piccinni, mas não o amargurou. Era demasiado generoso para guardar mágoa. Fez o elogio fúnebre de Sacchini, quando ele morreu, e propôs a realização de um concerto anual em memória de Gluck. A Revolução cortou sua pensão anual e, não tendo mais como se manter na França, ele voltou em 1791 para Nápoles onde, a princípio, foi muito bem recebido.

Mas, em 1792, a sua filha casou-se com um francês pertencente ao partido jacobino, e isso o colocou sob suspeita de cumplicidade com grupos revolucionários. Em 1794, ao voltar de Viena, onde tinha ido supervisionar a encenação de *Le Trame in Maschere* e *Ercole al Termodonte*, foi detido, sem que lhe explicassem sob que acusação, e colocado em prisão domiciliar. Ficou nessa situação durante quatro anos, compondo peças sacras para igrejas das vizinhanças, o que lhe permitiu sobreviver nesses anos de indigência.

O último sucesso italiano de Piccinni foi *La Griselda*, encenada no Teatro San Samuele, de Veneza, em 8 de outubro de 1793. No volume sobre a *Ópera Barroca Italiana*, dessa coleção, mostramos como a história da virtuosa Griselda, contada por Boccaccio no *Decameron*, inspirou óperas de Alessandro Scarlatti, Vivaldi e Bononcini. O libreto de Angelo Anelli recicla o antigo texto de Apostolo Zeno. A luta de Griselda para recuperar o amor do rei seu marido, que a rejeita porque sua origem humilde a faz ser mal vista pela corte, aproxima a ópera da *co-*

médie larmoyante francesa. Mas, ao contrário de Nina, que é salva por um golpe de sorte, o triunfo de Griselda é resultado exclusivo de sua força de caráter e de seus esforços pessoais.

Isso dá à ópera um ângulo didático, que culmina, no desenlace, em uma cena coral de tom moralizador. A mistura semi-séria de elementos bufos, para descrever os aspectos mais corriqueiros do dia-a-dia, e dramáticos, para reconstituir o trajeto da heroína da queda em desgraça até a vitória final, convém perfeitamente ao estilo maduro de Piccinni. *La Griselda* é obra mais bem escrita de seus últimos anos, e seria mera questão de justiça fazer dela uma documentação em disco.

O final da vida, em Paris, foi tristonho. O apelo a Bonaparte resultou apenas na restauração parcial de sua pensão. No sustento da família, era ajudado por Luigi Lodovico, seu terceiro filho, que lhe mandava dinheiro de Estocolmo, onde foi *Kapellmeister* entre 1796-1801. No início de 1800, quando foi nomeado sexto inspetor do Conservatório, Nicolò Piccinni já estava doente demais para poder se beneficiar do modesto salário que receberia por esse trabalho subalterno: ele morreu no dia 7 de maio.

Tornou-se costumeiro descrever Piccinni – as palavras são de Hermann Abert – como "um compositor de veia terna, intimista, melancólica, voltado para as formas elevadas da comédia, de estofo mais fino e delicado do que a média de seus contemporâneos". Esta não é apenas a opinião de um musicólogo do início do século XX. No seu *Entwurf einer musikalischen Bibliothek* (Projeto de Biblioteca Musical), de 1768, Johann Adam Hiller já dizia que seu forte era "o ingênuo e o terno", visão que era encorajada pelas características sentimentais da *Cecchina*, sua ópera mais famosa. Coleções manuscritas de suas árias, feitas durante a sua vida, mostram a preferência por peças desse tipo, e parece haver, em suas óperas, proporção maior de números dessa natureza, do que nas obras da maioria de seus contemporâneos.

Estes, por sua vez, tinham muito respeito por essa vertente lírica de sua produção, e elogiavam a graça e a elegância, mais do que o vigor e a energia de seu estilo. Mas havia quem percebesse também que não faltava força à sua escrita. Em *The Present State of Music in France and Italy* (1771), Charles Burney considerava Piccinni "um dos compositores mais férteis, espirituosos e originais" de seu tempo. P. L. Guinguené, no volume da *Encyclopédie Méthodique* (1791) dedicado à Música, reconhecia em sua música "vigor, variedade e, especialmente, uma graça inteiramente nova, um estilo brilhante e animado".

O estilo de Piccinni é, de fato, complexo devido ao número de elementos de que lança mão, e das fontes de onde os tira. Sua originalidade está na forma como aproxima e equilibra ingredientes ora simples, ora complexos, na linha vocal, nas texturas do acompanhamento, e na relação entre uma e outro. O estilo – se não a forma – do que Piccinni escreveu na década de 1750 continuou não parecendo fora de moda na de 1780. Isso é notável, particularmente, no que se refere à organização harmônica; e na forma com que os motivos de acompanhamento são usados para articulá-la. Nesse sentido, é Piccinni quem estabelece os padrões do chamado *gran stile classico* da ópera italiana, que haveriam de predominar até os primeiros anos do século XIX.

Ao longo do tempo, a escrita piccinniana desenvolveu refinamento de detalhe, e elegância artesanal, mesmo quando as condições vertiginosas de trabalho o faziam, às vezes, optar por soluções um tanto apressadas. A técnica de acompanhamento é o melhor exemplo disso. Começando com o padrão de meados do século XVIII – primeiros violinos dobrando a linha vocal –, ele vai adquirir cada vez mais brilho de som instrumental, e independência e sutileza na inter-relação voz/orquestra. Essa variedade se manifestou, sobretudo, na comédia. Nesse gênero, Piccinni especializou-se em operar bruscas e virtuosísticas mudanças de registro, do dramático para o sentimental, deste para o heroicômico, do sério para a farsa, ou até mesmo do bufo declarado para a alta comédia. Para isso, recorre a constantes mudanças de metro, andamento ou caracterização expressiva. Moldes de *opera seria* são utilizados nas árias cantadas pelas *parti serie* de suas comédias. As árias cômicas já não têm mais apenas o esquema tradicional dos números bufos, mas ganham diversos tipos de formato diferentes, entre os quais o que faz duas apresentações completas do texto, num esquema tonal binário.

Afirma-se ter sido em *La Furba Burlata* (cerca de 1760), cuja partitura se perdeu, que Piccinni trouxe para a ópera napolitana o finale multi-seccional que Galuppi, e outros compositores do norte da Itália, já usavam. Na *Cecchina*, escrita para Roma, esse procedimento já está presente. Engana-se Hermann Kretzschmar ao dizer que Piccinni é o criador do rondó-finale: em algumas óperas napolitanas anteriores a ele, já existem exemplos embrionários do retorno de seções inteiras dentro do finale. Mas é ele o primeiro a fazer voltar material significativo de uma determinada seção, ligando-o a certas personagens ou a certas situações dramáticas. Os finales piccinnianos, decerto, são tão variados quanto as suas árias.

Embora suas comédias tenham sempre chamado mais a atenção, Piccinni deu contribuições igualmente importantes à evolução da *opera seria*. Na *Zenobia* (1756), por exemplo, a ária "Ch'io parta?" retém a forma externa de *da capo*; mas começa com um recitativo acompanhado distante da tonalidade principal, e se desenvolve de forma declamatória, sem excessos de *fioriture*. No dueto "Va, ti consola", o segundo cantor não entra, como de hábito, repetindo o solo do primeiro com palavras diferentes. Piccinni utiliza ali um de seus procedimentos favoritos: modula para menor a melodia do solo inicial e, com isso, obtém grande contraste expressivo.

Nas suas primeiras árias de *opera seria*, Piccinni utiliza a forma ortodoxa da ária *da capo*, comum em seu tempo. A partir de 1760, já está optando pela forma abreviada a que se costuma dar o nome de ária *dal segno*. E nas ópera escritas pouco antes de sua ida para a França, as árias já tendem a ter um só movimento, com forma de sonata. Aparecem algumas cavatinas – árias de uma só estrofe, como se fossem a seção A da ária *da capo*. Na década de 1770, essa cavatina – a que Piccinni já não dá mais esse nome – expandiu-se: não é mais a primeira estrofe, apenas, mas as duas estrofes do texto que são musicadas de forma contínua, depois repetidas inteiramente com modulação para outra tonalidade, de acordo com o esquema tonal binário (essa é uma técnica de ópera cômica, que ele transporta para o domínio sério).

Nas óperas francesas, Piccinni usou árias de diversos formatos: em vários movimentos ("Vaines frayeurs", da personagem-título em Didon); com seções intermediárias contrastantes ("Malheureuse, hélas!", de Sangaride, no *Atys*); ou também árias com inserção de arioso ou de forma incompleta. Era muito admirado como melodista, mas o público da época tendia a preferir o lirismo de Sacchini, mais de acordo com a sensibilidade francesa. E é claro que nem um nem outro tinham o rigor de construção e a nobreza expressiva de Gluck. Julian Rushton é da opinião de que Piccinni tende a mostrar-se emocionalmente pouco envolvido, em algumas de suas árias francesas.

As árias mais eficientes são as que combinam o modelo francês e o napolitano: sobre um contínuo temático muito atraente, desenvolvem-se células declamatórias de grande efeito retórico. São assim a célebre "Je me reconnais", de *Roland*; "Cruel et tu dis que tu m'aimes", de Orestes, na *Iphigénie*; e "Cesse d'agiter mon âme", de *Diane et Endymion"*, da qual Grimm disse: "É a ária mais bonita que Piccinni escreveu na França."

Orquestrador refinado em suas óperas italianas, Piccinni passou a fazer um uso ainda mais elaborado dos instrumentos – seu acompanhamento é até mais pesado do que o de Gluck – a partir do momento em que, na França, pôde contar com efetivos maiores, mais modernos, e músicos melhor treinados. Mas essa é uma faca de dois gumes pois, como diz Rushton:

> suas doces linhas melódicas em graus conjuntos tendem a se tornarem insípidas com essas ricas vestes orquestrais, enquanto os recitativos, especialmente os de Orestes, ganham uma veemência vazia, pois não se apóiam em invenção harmônica muito rica.

Seja como for, as óperas francesas de Piccinni constituem a realização dos princípios teóricos expostos por Marmontel em seu *Essai*. Conservam o frescor italiano, despido de seus excessos, a elas fundindo formas mais flexíveis: a inserção de ariosos nos recitativos, maior uso do coro, o emprego do balé. No *Roland*, ele ainda não está de todo à vontade. Algumas árias e duetos são demasiado longos. Mas os recitativos em tom de arioso já são bem expressivos e a personagem-título tem árias muito felizes a cantar. Não só a já mencionada "Je me reconnais", mas também o monólogo "Ô nuit, favorisez mes désirs", seguido da cena de loucura, em que, ao encerrar um *allegro* em fá menor, Piccinni justapõe ousadamente um acorde de dó maior a um mi bemol menor.

No *Atys*, sente-se que Piccinni já está fazendo do estilo francês um uso mais integrado. Talvez ainda haja um número demasiado grande de árias (sete só para a personagem-título), mas a forma equilibrada como ele faz com que todos os papéis sejam interessantes já anuncia a *Iphigénie*. Na *Atys*, como dissemos ao falar dessa ópera, destacam-se, como excelente aplicação das regras francesas, a seqüência do sonho, com coro e dança, e o lamento coral pela morte de Sangaride. Principalmente, Piccinni consegue harmonizar, sem que isso pareça incongruente, a sobriedade expressiva francesa com o derramamento italiano do quarteto a que aludimos, o que tem duzentos compassos. É na *Iphigénie*, na *Didon*, e na mal-sucedida *Pénélope* que vamos vê-lo dominando desenvoltamente o cruzamento de suas escolas. Nesse sentido, é na *Pénélope* que se encontram os melhores frutos de sua colaboração com Marmontel e, por esse motivo, é lamentável não haver dela a documentação discográfica.

Pelo que foi dito até aqui, parece ter ficado claro que as óperas francesas de Piccinni não são a tentativa de opor a tradição barroca italiana à "ópera reformada" de Gluck. Na verdade, ambos estavam experimentando com várias possibilidades de síntese na organização musical. Piccinni tem, inegavelmente, um débito para com Gluck, e as suas óperas escritas em Paris são tão dramaticamente comprometidas quanto as do alemão. A isso some-se a ênfase que ele sempre dá ao colorido melódico, e que é o resultado inevitável de suas origem como músico mediterrâneo.

A música italiana já era muito familiar para os franceses quando Piccinni chegou a Paris. O *intermezzo* de Pergolesi e as obras de Egidio Duni tinham ajudado o *opéra-comique* a ganhar refinamento, tanto nos números individuais, concebidos com cuidado, quanto nas cenas de conjunto, construídas com maior complexidade. No Opéra, Piccinni vai levar adiante a tentativa de Dalayrac ou Philidor de fazer a síntese ítalo-francesa, a partir da *língua franca* que ainda era o idioma lírico peninsular, nas décadas finais do século XVIII. Ele será, portanto, um vaso condutor para que compositores italianos e alemães desenvolvam seu próprio estilo a partir de uma base franco-italiana. Piccinni pavimentou o caminho para Sacchini e, principalmente, para Spontini, cuja ópera heróica, de lirismo intenso, orquestração rica e veemência dramática, é gluckista na forma, mas piccinnista de coração.

SARTI

Sétimo dos onze filhos de um joalheiro de Faenza, que era um dedicado violinista amador, Giuseppe Sarti (1729-1802) iniciou os estudos musicais precocemente, em Pádua, com Valotti. Tinha apenas dez anos quando a família o mandou para Bolonha, interno no instituto dirigido pelo reputado padre Martini. De 1748 a 1752 ele foi organista na catedral de Faenza, aceitando depois a direção da Accademia dei Rimoti, onde eram realizados os espetáculos de ópera da cidade. Nela estreou, no Carnaval de 1752, *Pompeo in Armenia*, sua primeira ópera, ouvida por um empresário de Veneza, que sugeriu o seu nome para a temporada de Carnaval do S. Moisè. Ali foi muito recebida, no ano seguinte, *Il Rè Pastore*, com libreto de Metastasio – que Mozart retomaria em 1775.

Bem impressionado com o seu trabalho, Pietro Mingotti o contratou como regente de sua companhia de ópera, que tinha uma turnê marcada para Copenhague. A música de Sarti e sua personalidade expansiva cativaram Frederico V, que o convidou a ficar na Dinamarca e, em 1755, o nomeou para substituir Scalabrini como o *Kapellmeister* da corte. Diretor da Ópera Italiana de Copenhague, atendeu ao gosto conservador da corte escrevendo para ela, principalmente, *opere serie* de estilo barroco, retomando antigos libretos de Apostolo Zeno, Pietro Pariati e Metastasio, embora procurasse introduzir nelas algumas novidades formais. Continuou na corte de Christiansborg, compondo música instrumental para as cerimônias oficiais, depois que essa companhia foi dissolvida em 1763. Frederico mandou-o à Itália, em 1765, encarregado de contratar cantores para a reabertura do teatro de ópera da corte mas, durante sua estada em casa, o rei morreu, e Sarti resolveu ficar em Veneza, onde se empregou como *maestro di coro* no Conservatorio della Pietà. Desse período no exterior, tinham resultado:

1754 – *Vologeso* (do *Lucio Vero* de Zeno), *Antígono* e *Ciro Riconosciuto*, ambas de Metastasio;
1756 – *Arianna e Teseo* (Pariati);
1758 – *Anagilda*;
1759 – *Armida Abbandonata, Achille in Sciro* (Metastasio);
1760-1762 – *Andromaca* (Zeno), a pastoral heróica *Filindo*; e, com libretos de Metastasio, *Astrea Placata, Nitteti, Issipile, Alessandro nell'Indie, Semiramide* e *Didone Abbandonata*;
1763 – *Narciso* (Zeno), *Cesare in Egitto*, o drama pastoral *Il Naufrágio di Cipro* e *Il Gran Tamerlano*.

As atribuições profissionais não lhe deixaram muito tempo livre e ele compôs apenas, para Roma, a séria *Ipermestra* (Argentina, 1766) e a comédia *La Giardiniera Brillante*. Em 1768, foi chamado de volta à Dinamarca, onde o esperavam os cargos de regente da capela real e professor de canto do novo rei. Foi de início uma fase muito bem sucedida na carreira e na vida pessoal, pois casou-se com a cantora Camilla Passi, de quem teve duas filhas. Mas caiu em desgraça ao dar apoio ao partido errado, numa das intrigas da corte e, em 20 de maio de 1775, foi sumariamente demitido. Nesses anos, tinha contribuído para os primeiros passos da ópera dinamarquesa pois, além de libretos em italiano, musicara também alguns em língua nacional:

1769 – a cantata dramática *L'Asile de l'Amour* e *La Doublé Meprise ou Carlile et Fanny*, uma *comédie mêlée d'ariettes*, ambas com texto de Deschamps;
1770 – *Soliman den Anden* (Solimã II), traduzido por C. D. Biehl de um pastiche de Favart; *Le Bal*, um *opéra-comique* original de Deschamps;
1771 – *Il Tempio d'Eternità* e *Demofoonte*, ambas de Metastasio; *Tronfølgen i Sidon* (A Sucessão do Trono de Sidon), versão dinamarquesa de *Il Rè Pastore*, traduzida por N. K. Bredal; uma versão nova do *Rè Pastore*, diferente da veneziana de 1753; *La Clemenza di Tito* (Metastasio);
1772 – *Deucalion og Pyrrha*, tradução de Bredal e C. A. Thielo de um *opéra-comique* de G. F. Poullain de Saint-Foix;
1774 – *Aglae eller Støtten* (Aglaé ou A Coluna), traduzido por C. Fasting e A. G. Carstens de um *opéra-comique* de L. Poinsinet de Sivry;
1775 – *Kierlighedesbrevene* (Cartas de Amor), Biehl a partir de Boissy.

De volta a Veneza, Sarti retomou os contratos com os teatros dessa cidade, de Roma, Florença, Turim, Milão, e a fama das peças escritas para os teatros dinamarqueses fez com que salas de outros países começassem a se interessar em produzir suas óperas. Em 1779, ele venceu o concurso, ao qual concorria, entre outros, Paisiello, para o cargo de *maestro di cappella* da catedral de Milão. E isso reforçou sua reputação, atraindo estudantes, que o procuravam de toda parte – um deles foi o florentino Luigi Cherubini. A ópera mais importante desse período é *Giulio Sabino* – de que o leitor encontrará a gravação no selo Bongiovanni, feita em 1999 por Ottavio Dantone, com Sonia Prina, Giuseppe Filianotti e Alessandra Palomba.

Com libreto que P. Giovannini extraiu do drama *Epponina*, de sua própria autoria, *Giulio Sabino* estreou no San Benedetto de Veneza, em janeiro de 1781, e tornou-se uma das *opere serie* mais representadas dos últimos anos do século XVIII. É uma daquelas obras híbridas em que, à estrutura ortodoxamente metastasiana e aos números de corte tradicional e sabor antiquado, vêm juntar-se outros que apontam para o futuro. Primeira *opera seria* a ser escolhida por Haydn para encenação no teatro de Esterháza, em 1783, ela o influenciou bastante, deixando marcas visíveis em sua *Armida*, do ano seguinte. A popularidade de *Giulio Sabino* se explica pela capacidade de Sarti de agradar tanto ao público tradicional, pelo conservadorismo de seu molde externo, quanto ao mais progressista, pela espontaneidade de inspiração de algumas de suas passagens. A mais famosa é a cena da prisão, com recitativos acompanhados muito fluentes, harmonias ricas e uma escrita de conjunto muito envolvente. Eis a produção do período 1776-1778:

1776 – *Farnace*, *Le Gelosie Villane*;
1777 – *Ifigenia*, *Medonte Rè d'Epiro*, *Il Militare Bizarro*;
1778 – *Olimpiade* (para Florença, sobre o libreto de Metastasio que praticamente todo compositor musicou, desde Caldara em 1733), *Scipione*, *I Contratempi*, *Adriano in Siria* (Metastasio);
1779 – *L'Ambizione Delusa*, *Mitridate a Sinope*; *Achille in Sciro* e *Siroe*, ambas de Metastasio;
1781 – *Giulio Sabino*, as metastasianas *Demofoonte* e *Didone Abbandonata*; e *Alessandro e Timoteo*;
1782 – *Fra i Due Littiganti il Terzo Gode*, *Attalo Rè di Bitinia*;
1783 – *Idalide*, *Erifile*, *Il Trionfo della Pace*, e uma versão nova de *Olimpiade*, para o Teatro delle Dame, em Roma, com música totalmente diferente da de 1778.

Nesta fase situa-se a comédia mais popular de Sarti, cantada no Scala em 14 de setembro de 1782. É de Carlo Goldoni o libreto de *Quando Dois Brigam, o Terceiro se Diverte*.

O conde e a condessa discutem para saber com quem casar a criada Dorina: com o criado Titta ou com o jardineiro Mingone. O fazendeiro Mingotto também está apaixonado por Dorina, mas vem fazer seu pedido de casamento exatamente no momento em que o patrão, para impor sua escolha, está decidido a promover o casamento surpresa com Titta, seu candidato. A condessa desmonta esse estratagema colocando-se no lugar da empregada.

As coisas se complicam porque ninguém arreda pé de suas posições. Dorina foge, pois não gosta de nenhum dos candidatos. Quando a encontram, os patrões e os dois futuros noivos começam a brigar por ela. Aproveitando a confusão, Mingotto leva-a consigo e, quando voltam, já estão casados. Mingone fica estatelado, sem saber o que dizer. Titta, mais prático, consola-se com Livietta, a outra empregadinha que, desde o início, gostava dele. O conde e a condessa se reconciliam, e dão sua bênção ao duplo casamento.

Fra i Due Littiganti correu mundo, e para seu sucesso contribuiu muito a vivacidade do texto de Goldoni. Há notícias de várias encenações remanejadas e com títulos novos: *I Pretendenti Delusi*, *Le Nozze di Dorina* e *I Rivali Delusi*.

O grão-duque Paulo, da Rússia, estava presente à estréia de *Alessandro e Timoteo*, no Teatro Ducale de Parma, em 6 de abril de 1781. Ficou muito impressionado com a música para esse drama de Giovanni della Torre di Rezzonico, e sugeriu a Catarina II que o contratasse para substituir Paisiello como seu músico de corte. O convite lhe foi feito e, em meados de 1783, Sarti iniciou a longa viagem para São Petersburgo, como tinham feito tantos de seus contemporâneos. Parou em Viena, a caminho, e foi graciosamente recebido por José II, que o presenteou com o dinheiro obtido com a venda de ingressos para uma apresentação de *Fra Due Litiganti*.

Na capital austríaca, conheceu Mozart, que tocou para ele e o descreveu como "um homem honesto e amável". E o homenageou citando o tema da ária "Come un'agnello", dos *Dois Litigantes*, na cena final do *Don Giovanni*. Sarti, porém, não foi capaz de compreender a música de Wolfgang Amadeus, anos-luz à frente da sua. No *Esame Acustico Fatto Sopra Due Frammenti di Mozart*, que escreveu pouco depois, analisou trechos dos quartetos dedicados a Haydn, apontando neles "barbarismos" harmônicos e terminando com a citação de uma frase de Rousseau: "C'est de la musique pour faire boucher les oreilles" (É música para fazer com que a gente tampe as orelhas).

Em São Petersburgo, ele dirigiu com muita competência a companhia de Ópera Italiana, fazendo com que a tsarina o cumulasse de honrarias. Compôs óperas sérias e bufas e, em 1790, colaborou com Carlo Canobbio e Vassíli Alekséievitch Pashkiévitch em *Iúnost Oliéga ili Natchálnoie Upravliênie Oliéga* (A Juventude de Oliég ou O Início do Reinado de Oliég), cujo libreto era da própria Catarina II. Descrevendo a luta dos príncipes Oliég e Igor contra o Império Bizantino, e sua tomada do poder em Kiev, essa *opera seria* é necessariamente uma colcha de retalhos, pois Canobbio limita-se a citar temas do folclore camponês russo, adaptando-os à linguagem operística tradicional, enquanto Pashkiévitch faz um esforço para preservar o estilo harmônico da música de seu país, embora adequando-os aos critério de música ocidentais.

Quanto a Sarti, no *Éclaircissement sur la Musique Composée pour Oleg*, ele descreve sua tentativa de imitar a antiga música grega. Há uma interessante "peça dentro da peça" no ato V, em que o imperador bizantino recebe Oliég em seu palácio, em Constantinopla, e manda encenar, em sua homenagem, a *Alceste* de Eurípedes. Provavelmente ajudado pelo ator Nikolái Lvov, respeitado helenista, Sarti musicou os coros da ópera usando modos e ritmos gregos, com o uso da flauta para imitar a tíbia, e de uma combinação de harpa e violinos em *pizzicato* para sugerir a lira que acompanhava a declamação dos solistas. Essa é a única manifestação de interesse por música helênica dentro de sua obra. Mas era um trabalho bastante respeitado pelos nacionalistas empenhados em criar uma escola nacional russa, que viam nele um esforço de descer às mais profundas raízes étnicas para criar uma música que desse verdadeira cor local. Até 1795, essa ópera fez parte do repertório em todas as temporadas.

Suas obras corais celebratórias antecipam uma composição festiva como a *Abertura 1812*, de Tchaikóvski. O *Te Deum* a quatro vozes, de 1789, para comemorar a vitória do general Potiômkin, favorito da tsarina, na batalha de Otchákov, usa dois coros, grande orquestra, sinos e canhões. Os mesmos efetivos e uma magnífica exibição de fogos de artifício faziam do *Slava v Výshnikh Bógu* (Glória a Deus nas Alturas), de 1792, um superespetáculo para marcar a assinatura do tratado de paz de Iasi. Mais recolhida é a Liturgia Russa Completa, uma vasta composição para coro duplo. Escreveu também, em 1793, um *Réquiem pour Sa Majesté le Roi Louis XVI, executado na capela imperi*al russa.

Intrigas cortesãs ligadas a desentendimentos seus com a meio-soprano Todi fizeram a soberana exilá-lo para uma casa de campo na Ucrânia, que lhe tinha sido presenteada por Potiômkin. Ali, Sarti fundou uma escola de canto que formou vários artistas importantes. Reconhecida por esse trabalho, a imperatriz chamou-o de volta à capital para dirigir um conservatório que acabara de fundar. Entre outras coisas, nesse conservatório, Sarti criou um diapasão cuja freqüência (lá = 436) foi, durante muito tempo, o padrão de afinação para as orquestras russas. Em 1801, ele decidiu voltar à Itália. No caminho, parou em Berlim para visitar uma das filhas, casada com Natale Mussini, *Kapellmeister* da rainha mãe prussiana. Pouco depois de chegar, foi acometido de um enfarte fulminante, em 28 de julho, e está enterrado na Hedwigkirche. Eis as óperas da fase final de sua carreira, apresentadas no teatro do Hermitage ou no Kámennyi Ostróv:

1784 – *Gli Amanti Consolati*;
1785 – *I Finti Eredi*;
1786 – *Armida e Rinaldo*; *Castore e Polluce*, traduzindo o libreto de P. J. Justin-Bernard para Rameau; e *Zenoclea*;
1787 – nova versão de *Alessandro nell'India*, escrita para o Teatro S. Cecilia de Palermo, diferente da de 1761;
1788 – *Cleomene*;
1790 – *Natchálnoie Upravliênie Oliéga*, com Canobbio e Pashkiévitch;
1791 – *Il Trionfo d'Atalanta*, que não chegou a ser encenada;
1798 – *Andromeda*;
1799 – *Enea nel Lazio* e *La Famille Indienne en Angleterre*, que o marquês de Castelnau adaptara de uma comédia de Kotzebue;
1800 – *Les Amours de Flore et de Zéphire* – que o autor do roteiro, Pierre Chevalier, chamou de *ballet anacréontique* – para uma festa no palácio da Gatchina.

Dennis Libby, ao preparar o catálogo de sua obra, considerou duvidosa a atribuição a ele de nove títulos, entre eles *Gram og Signe*, da fase dinamarquesa, na verdade um *pasticcio* montado por Bredal, no qual árias suas foram inseridas. Na opinião de David DiChiera:

> A qualidade das obras teatrais de Sarti não justifica a popularidade de que ele desfrutava. A habilidade técnica e a inventividade musical são evidentes, mas esses aspectos raramente coincidem com a inspiração dramática. Nas árias, o estilo melódico freqüentemente é pedestre e as harmonias, na maior parte dos casos, são convencionais.

Julgamento tão rigoroso não diminui a importância de Sarti como um dos responsáveis – ao lado de contemporâneos seus de maior espessura criativa – pelo processo de transição, ao longo da segunda metade do século XVIII, da ópera barroca tardia para a romântica. Ele também colaborou para a superação da antiga forma da ária *da capo*, que raramente aparece em suas obras como tal. Às vezes, usava a forma A.B.A'., mas totalmente escrita, sem margem para muitas *fioriture* improvisadas. Mas, em geral, preferia uma estrutura binária breve, correspondendo à seção A.A' da ária *da capo*. Ou então, usava a forma lento-rápido, em que a segunda seção assume o caráter de antecipação da cabaletta. As árias de escrita contínua, que são a regra em suas óperas cômicas, e às vezes aparecem também nas sérias, costumam, às vezes, terminar com uma seção rápida. Sarti mostrou-se muito hábil na utilização do recitativo acompanhado de matriz gluckiana, e *Giulio Asbino* é o melhor exemplo disso.

A sua orquestração não é de uma originalidade extrema, mas é flexível e eficiente. Coros e cenas de conjunto são raras nas *opere serie*, o que as vincula à tradição barroca. Intervêm de forma significativa apenas em *Alessandro e Timeo*, de 1782, porque essa ópera foi emcomendada pela corte de Parma, de gostos afrancesados e, nesse caso, ele foi buscar inspiração nas formas da *tragédie lyrique*, privilegiando não só coros e *morceaux d'ensemble*, mas também danças e sinfonias descritivas. Nas obras cômicas, as cenas de conjunto são muito comuns. Mas aqui também identificamos um traço de ligação com o Barroco: a música é fluida, viva, mas de tom indeterminado, com aquela preocupação com a beleza sonora abstrata que dá pouca atenção ao sentido teatral das palavras. Em *L'Opera Comica Italiana nel '700* (1923), ao comentar *Fra Due Litiganti*, Andrea della Corte a descreveu como "meramente linear, instrumental e rítmica, sem corresponder mais intimamente à situação". Por outro lado, procedimentos típicos da ópera são encontrados nas obras sacras de Sarti, onde ele os combina com o domínio efetivo que tinha da escrita contrapontística.

Sacchini

Retomamos, neste volume, o estudo da obra de Antonio Sacchini (1730 1786), a que nos referimos, em *A Ópera na França*, ao mencionar os músicos que se situam como epígonos de Gluck. Cabe aqui, porém, examinar na sua integralidade a produção desse compositor da primeira geração clássica.

Cozinheiro do séqüito do infante Don Carlos, o florentino Gaetano Sacchini mudou-se com ele para Nápoles, quando seu filho mais velho, Antonio Maria Gasparo Gioacchino, estava com quatro anos. A vocação musical do menino era muito precoce pois, aos dez anos, já o encontramos estudando no Conservatório de S. Maria de Loreto, com Nicola Fiorenza (violino), Gennaro Manna (canto) e Francesco Durante (teclado e composição), que o estimava muito e profetizava que ele seria "o compositor do século". De fato, o *intermezzo* de formatura de Sacchini, *Fra Donato* (1756), correu as salas pequenas de Nápoles e da província, depois de ser cantado no auditório de S. Maria.

Um segundo *intermezzo* montado no conservatório, *l Giocatori* (1757), fez com que, no ano seguinte, ele fosse nomeado *maestro di cappella straordinario*, cargo não remunerado, mas que lhe permitia ganhar experiência trabalhando como assistente de Gennaro Manna e Pierantonio Gallo. Ao mesmo tempo, entre 1758-1760, fornecia comédias aos teatros Nuovo e Fiorentini, de Nápoles, e ao Capranica de Roma: *Olímpia Tradita, Il Copista Burlato, Il Testaccio, La Vendemmia, I Due Fratelli*. Desempenhou-se com tanta competência em S. Maria que, em maio de 1761, quando Manna se aposentou, Gallo o substituiu, e Sacchini foi promovido a *secondo maestro*. Nesse mesmo mês, tinha subido à cena *Andrômaca*, a primeira de suas *opere serie* aceitas pelo San Carlo. Seguiram-se mais comédias: *La Finta Contessa, Li Due Bari* (farsa em dialeto), *L'Amore in Campo*.

Em 12 de outubro de 1762, o conservatório concedeu-lhe licença para ir a Veneza supervisionar a montagem simultânea de *Alessandro Severo*, no S. Benedetto, e de *Alessandro nell'Indie*, no Vendramin di S. Salvatore. A edição da partitura dessa última traz a menção *musica tutta nuova*, com a qual Sacchini queria deixar claro que estava tentando oferecer novidade ao retomar, pela enésima vez, o libreto em que Metastasio celebra a generosidade de Alexandre, o Grande, em relação a Poro, rei da Índia, cujo território conquistou. O aplauso do público o fez negligenciar totalmente as suas funções. Em vez de voltar para Nápoles, seguiu para Parma onde, em 9 de julho de 1793, triunfou com *Olimpiade* – o libreto de Metastasio que vários compositores tinham musicado –, ópera que viajou pelos teatros de toda a Itália. Ficar preso a S. Maria de Loreto já não lhe interessava mais. Sacchini pediu demissão, instalou-se em Roma, e aventurou-se na penosa carreira de compositor profissional. Decisão acertada, como o demonstraram as *opere serie* que passaram a surgir, reutilizando inclusive antigos libretos barrocos:

1764 – *Semiramide Riconosciuta* (Metastasio), *Eumene* (A. Zeno), *Il Gran Cidde* (baseado no Cid Campeador espanhol), *Lucio Vero* (Zeno);
1765 – *Il Finto Pazzo per Amore, Il Creso*;
1766 – *La Contadina in Corte* (de que existe, no selo Bongiovanni, a gravação de Gabriele Catalucci), *L'Isola d'Amore, Le Contadine Bizzarre*.

Em 1768, logo depois de estrear no Argentina de Roma um *Artaserse* que é a enésima versão do surrado libreto me-tas-tasiano, Sacchini mudou-se para Veneza, de onde viera o convite para dirigir o Conservatorio dell'Ospedaletto. Cedo construiu a reputação de excelente professor de canto e, entre suas alunas, teve estrelas como Laura Conti, Adriana Gabrielli e Nancy Storace. É uma fase em que se dedica sobretudo a oratórios para o Ospedaletto e inúmeras peças sacras para igrejas venezianas. Só *Nicoraste* foi escrita para o S. Benedetto, na festa da Ascensão de 1769.

Scipione in Cartagena foi estreada na corte de Munique, que ele visitou em 1770. Para ela escreveu também *L'Eroe Cinese* e, no mesmo ano, *Calliroe*, para o Residenztheater de Stuttgart. Na volta a Veneza, conciliou as responsabilidades no Ospedaletto e contratos assinados com o S. Benedetto, o Regio Ducale de Milão, o Ducale de Parma: *Adriano in Síria* e *Ezio* (Metastasio), *Armida, Vologeso* (Zeno). Depois, tomou o rumo de Londres, destino muito apreciado pelos italianos desde que Bononcini e Haendel tinham feito da capital inglesa um dos quartéis-generais da *opera seria* européia. Suas duas primeiras óperas cantadas em Londres em 1773, uma revisão do *Cid* e *Tamerlano*, suscitou de Charles Burney, em *The Present State of Music in France and Italy*, o comentário de que elas eram

iguais, se não superiores, a qualquer outro drama musical que ouvi em qualquer parte da Europa. As árias de Millico, o *primo uomo*, foram escritas de forma a corresponder inteiramente ao estilo patético e delicado desse cantor; quanto à prima-dona, a sua parte condizia com o estilo nervoso e incisivo da Girelli. E ele avaliou o talento dos cantores inferiores de forma tão judiciosa, que seus defeitos foram constantemente dissimulados ou escondidos.

É Burney também quem conta que, ao chegar a Londres, Traetta não fez sucesso algum, "porque Sacchini tinha tomado posse de nossos corações, e se estabelecido tão firmente no favor do público, que não haveria de ser suplantado por um compositor do mesmo estilo". Mas a vida dissoluta de Sacchini lhe trouxe muitos inimigos – o tenor Rauzzini, seu antigo amigo, chegou a reivindicar a autoria de várias árias de suas óperas –, e o fez contrair pesadas dívidas, que o deixaram à beira da ruína. Confrontado com o risco de ser mandado para Old Bailey por seus credores, cada mais impacientes, chegou à conclusão, em 1781, que chegara a hora de ir conhecer Paris onde, entre 1775-1777, tinham sido muito aplaudidas *La Colonie* – a versão francesa de *L'Isola d'Amore* – e a tradução de *L'Olimpiade*. Dos anos londrinos tinham resultado:

1774 – *Perseo, Nitteti* (Metastasio);
1775 – *Motezuma, Didone Abbandonata* (Metastasio);
1778 – *Erifile, L'Amore Soldato, L'Avaro Deluso ossia Don Calandrino*;
1779 – *Enea e Lavinia, Mitridate* (Zeno).

Em plena querela dos progressistas adeptos de Gluck, partidários da ópera reformada, contra os conservadores "piccinnistas", para os quais Piccinni era o representante do modelo italiano tradicional, que consideravam ideal, Sacchini foi visto como um reforço à ala dos defensores da música mediterrânea. Eles o levaram a Versalhes, no outono de 1781, e o apresentaram a Maria Antonieta. A rainha da França recebia, nesse momento, a visita do irmão, o imperador José II, grande admirador de ópera italiana. Ele se entusiasmou com a música de Sacchini e recomendou-o à proteção da soberana. Decidida a mantê-lo na França, Maria Antonieta ordenou aos diretores do Opéra que aceitassem a sua exigência de dez mil francos de cachê por cada ópera que encenasse.

Desde o primeiro instante, isso fez com que a estada de Sacchini em Paris fosse cercada de intrigas e má-vontade. De um lado, os gluckistas faziam campanha contra ele. Do outro M. de la Ferté, *l'intendant des Menus-Plaisirs*, descontente com a ordem que recebera, aumentava a hostilidade contra ele, espalhando por todo lado que Sacchini era o protegido de Maria Antonieta, suspeita de favorecer os estrangeiros em detrimento da prata da casa. De la Ferté fez tudo o que pôde para adiar a estréia de *Renaud* – revisão da *Armida* de 1772 – e quando, finalmente, ela subiu à cena, em 28 de fevereiro de 1783, não foi bem recebida. Os "piccinnistas" se decepcionaram, pois havia na partitura sinais evidentes de que Sacchini era simpático às idéias reformistas de Gluck. Mas não o suficiente para convencer os "gluckistas", que acharam a ópera fria, convencional e sem originalidade.

Chimène, adaptada das duas versões anteriores do *Cid*, tinha tudo para agradar aos franceses, pois Nicolas François Guillard, libretista de Gluck, tinha adaptado o texto de modo a aproximá-lo da mais famosa tragédia de Pierre Corneille. Mas a estréia em Fontainebleau, em 18 de novembro de 1783, foi sabotada pelos "piccinnistas" que, agora, o consideravam um inimigo vendido ao campo adversário. *Chimène* foi desfavoravelmente comparada à *Didon* de Piccinni, cantada dois dias antes e proclamada uma obra-prima pelos tradicionalistas. *Chimène* de fato perde no confronto com a música do mais talentoso Piccinni. Mas a rainha fez questão de apresentar os dois compositores a seu marido, e este concedeu a ambos uma generosa pensão.

Ao ser levada no Opéra, em 9 de fevereiro de 1784, a nova ópera teve mais sorte: recebeu dezesseis récitas, e o *Mercure de France* a considerou musicalmente muito bonita – mas dramaticamente fraca, "porque sobrecarregada com um número desnecessário de árias e ritornellos". Diante disso, renunciando à prática de recauchutar antigos sucessos, Sacchini escreveu música inteiramente nova para o próximo libreto de Guillard, *Dardanus*, retomando o tema já tratado por Rameau em 1739. Desejava com ela adequar-se aos padrões do drama francês e agradar ao gosto parisiense mas, uma vez mais, esbarrou na oposição de seus desafetos dentro do Opéra, que tudo fizeram para sabotar a estréia. Percebendo a má-vontade contra seu protegido, Maria Antonieta levou *Dardanus* para o Trianon, no palácio de Versalhes e, ali, finalmente, em 18 de setembro de 1784, Sacchini ouviu, pela primeira vez, aplausos irrestritos desde que chegara à França.

Animado com esse resultado, Sacchini atirou-se com todo entusiasmo à composição de *Oedipe à Colonne*, sua melhor obra, como ele próprio acreditava. O libreto de Nicolas-François Guillard conta como Polinice, o filho de Édipo, pede a ajuda de Teseu, rei de Colona e de Atenas, para reconquistar o trono de Tebas, ocupado por seu tio Creon, desde que o pai renunciou a ele. Teseu, partidário de Polinice, oferece-lhe a mão de sua filha Herifile. Mas quando eles vão ao templo pedir a proteção divina, o altar cobre-se de fogo, pois os deuses estão indignados com Polinice, que aprovou o exílio do pai.

Nesse momento, descendo do monte Cytheron, onde estava recluso, e apoiando-se em sua filha Antígone, que o guia em sua cegueira, Édipo vai a Tebas e conta ao povo a sua lamentável história. A multidão quer expulsá-lo dali, mas Teseu vem em sua defesa, alegando que ele não passa da vítima das armadilhas do destino. Antígone vai falar com o irmão e implora que ele peça perdão ao pai por sua atitude. Édipo acredita no arrependimento sincero do filho e lhe dá a sua bênção. Isso acalma os deuses, e Polinice pode unir-se à filha de Teseu.

Sacchini confiava na promessa da rainha de que esta seria a primeira ópera encenada em Fontainebleau, quando a família real para lá se transferisse em sua estada anual nesse palácio. Mas as críticas crescentes ao favoritismo de que desfrutava deixaram Maria Antonieta numa situação penosa, e ela foi obrigada a dar preferência à *Phèdre* de Jean-Baptiste Lemoine. O compositor Henri Berton, aluno preferido de Sacchini, afirmava que isso o deixara muito abalado. A hostilidade com que *Édipo em Colona* foi recebido, no Teatro de Versalhes, em 4 de janeiro de 1786, apressou a sua morte. De fato ele morreu nove meses depois, e *Arvire et Eveline*, deixada incompleta, teve de ser terminada por Jean-Baptiste Rey, o regente do Opéra, para a estréia póstuma em 29 de abril de 1788. Mas na verdade Sacchini já vinha sofrendo há muito tempo de gota e dos efeitos da vida dissipada que levara.

Só lhe foi dado valor depois de sua morte. *Oedipe* foi reprisada em 1º de fevereiro de 1787, aclamada como uma obra-prima, inscrita no repertório regular do Opéra e encenada 583 vezes até 1842, ano em que sumiu do mapa – merecendo, desde então, um resgate discográfico que lhe devolva o lugar que merece. Um dos mais comoventes números da ópera, o dueto em que Antígona pede ao pai que perdoe os erros de seu irmão Polinice, tornou-se um número muito freqüente nos recitais de canto da época. *Arvire* nunca chegou a ter a popularidade de *Oedipe* mas, até 1827, tiha sido apresentada 95 vezes em Paris.

A visão que se tem hoje da obra de Sacchini não é tão entusiasmada quanto a de Charles Burney que, em 1773, colocava-o, ao lado de Galuppi, Jommelli e Piccinni, como um dos quatro maiores compositores italianos – "mais promissor dentro do gênero sério". Falando de *Il Cid* e *Tamerlano*, Burney considerou-as

> tão íntegras, tão magistrais e, ao mesmo tempo, tão novas e naturais, que nada há nelas a criticar ou censurar, apenas inúmeras belezas a assinalar e admirar.

Na geração seguinte, Giuseppe Carpani via nele "o maior melodista do mundo" – e é verdade que, nas *opere serie*, Sacchini exibe uma excepcional facilidade para a melodia que, se não é estritamente original – do tipo que possua a chamada "assinatura" –, é sempre atraente e capaz de abranger uma gama ampla de expressões. Nas comédias, porém, as melodias têm um formato carimbado que as torna monótonas. A simplicidade de texturas e a estrutura equilibrada de frases, típicas do Classicismo pleno, marcam o estilo de Sacchini. Mas não está ausente dele a expansão lírica que, se por um lado lembra a ampla frase melódica mozartiana, por outro antecipa os arroubos líricos do Romantismo.

Em Sacchini, a harmonia tende a ser mais rica do que na média dos compositores seus contemporâneos. David di Chiera chama a atenção para o uso eficiente que ele faz das sétimas diminuídas, sextas aumentadas e das dominantes de graus da escala diferentes da tônica. E também para a técnica de obter tensão dramática com harmonias cambiantes sobre um pedal tônico, ou uma modulação brusca de maior para menor. Burney descreveu bem um acompanhamento orquestral que visa fundamentalmente a dar apoio à linha vocal, quando disse:

> Seus acompanhamentos, embora sempre ricos e engenhosos, nunca distraem a atenção das vozes mas, por meio de transparências constantes, a melodia principal permanece distintiva em meio a todos os artifícios instrumentais imitativos ou pitorescos.

A freqüência com que Sacchini usa o violino como instrumento *obbligato*, e o cuidado com que anota as figuras ornamentais desse instrumento têm a ver com o fato de ele ter-se tornado, nas mãos de Nicola Fiorenza, um verdadeiro virtuose.

São bastante variados os formatos de ária usados por Sacchini. Raramente utiliza a estrutura *da capo* plena; de um modo geral, prefere versões alteradas desse plano básico. Recorria muito também ao transporte, do gênero bufo para o sério, tanto da cavatina binária quanto do rondó. Árias de escrita contínua são ocasionais nas comédias. Nas óperas escritas na França, o que aparece é uma combinação de cavatina e cabaletta que antecipa a estrutura da *scena* ternária romântica. Seus recitativos acompanhados são bastante poderosos e, nesse caso, sente-se a atenção ao modelo gluckiano que, nas últimas óperas, lhe serviu de guia. Às vezes o recitativo une-se à ária, mediante o uso de material melódico comum aos dois, para formar uma unidade. E dentro das árias, há passagens de transição de uma seção para a outra, escritas no estilo do recitativo acompanhado.

Já não é tão bem-sucedida a escrita das cenas de conjunto, em que Sacchini aplica mecanicamente a regra – válida para os finales cômicos – das mudanças rápidas de andamento e caráter musical, mantendo um centro tonal definido. Até a chegada em Londres, o coro tinha papel praticamente insignificante em suas óperas. É muito curiosa a descrição de Burney do esforço que ele fez para se ajustar aos hábitos londrinos:

> Ao perceber como os ingleses gostavam dos coros dos oratórios de Haendel, ele introduziu coros solenes e elaborados em algumas de suas obras. Eram de escrita excelente dentro de seu gênero, mas nunca faziam bom efeito, pois a mistura de cantores ingleses e italianos, somando-se à dificuldade que eles tinham de aprender o tex-

to de cor, fazia com que essas composições admiráveis ficassem ridículas, quando eles se apresentavam desajeitadamente como atores, o que não teria talvez acontecido se a apresentação fosse estática.

É bem melhor o uso das cenas corais nas óperas francesas, em especial nas passagens em que o coro alterna com as vozes solistas em forma de rondó. As cenas de grande efeito das últimas óperas de Sacchini – *Dardanus* e *Oedipe*, da qual todos os ritornellos e árias desnecessários foram eliminados – têm grande importância histórica, pois formam o elo entre a reforma gluckiana e a ópera heróica de Spontini, passo em direção ao *grand-opéra* meyerbeeriano da plenitude romântica. *Oedipe* é incontestavelmente a obra-prima de Sacchini, e ele próprio sabia disso. A fluência com que ele combina e obtém a gradação do recitativo acompanhado, do arioso e do cantábile formal, apoiados numa orquestração bastante sutil, para espelhar as emoções cambiantes do belo texto de Guillard, fazem da ópera uma grande síntese: a do estilo melódico italiano com as propostas inovadoras de Gluck, dentro de uma moldura dramática muito específica, que é a da *tragédie lyrique* francesa.

TRITTO

Como freqüentemente acontece com músicos do *Settecento*, são incompletos e conflitantes os dados biográficos disponíveis sobre Giacomo Tritto (1733-1824). Um biógrafo como o dedicado G. de Napoli demonstrou não proceder a informação, em que o próprio compositor acreditava, de que seu nome de família teria sido originalmente o aristocrático Turitto. Em *La Tríade Melodrammatica Altamurana: Giacomo Tritto, Vincenzo Lavigna e Saverio Mercadante* (1931), De Napoli demonstrou que o nome era realmente Tritto, podendo, isso sim, aparecer às vezes grafado Tritta.

Aluno de violoncelo do Conservatorio della Pietà dei Turchini em data indefinida – Fétis diz que ele tinha onze anos, mas a data do nascimento de Tritto de que dispunha estava incorreta – ele estudou também contraponto com Cafaro. Fez tentativas no domínio bufo com comédias e intermezzos para as temporadas de Carnaval mas, em 1777, quando pediu às autoridades a permissão de contribuir com uma *opera seria* para o San Carlo, ela lhe foi recusada sob a alegação de que lhe faltavam experiência e reputação na área. Tritto consolou-se fornecendo farsas e comédias leves aos teatros napolitanos menores – 24 entre 1780-1798, além de outros títulos que conseguiu colocar em salas de Roma, Veneza e Madri.

Sua primeira chance veio após uma bem-sucedida encenação do *Medonte*, de Sarti, em maio de 1783, regido por ele. Contente com o bom resultado de seu trabalho, Sarti usou de seu prestígio para que o San Carlo aceitasse a sua *Artenice* – embora lhe fosse pago o cachê mínimo de 200 ducados. Desse ponto em diante, suas óperas cômicas e sérias sucederam-se em Roma, Milão, mas também no Del Fondo e no San Carlo napolitanos.

Secondo maestro straordinario da Pietà dei Turchini em 1º de outubro de 1785, Tritto foi promovido a *secondo maestro* em 1793. Durante as convulsões da Repubblica Partenopea, não se envolveu com os revolucionários, e celebrou o retorno do rei com duas cantatas. A recompensa foi ter sido nomeado *primo maestro* do conservatório, quando Sala se aposentou. Em 27 de julho de 1804, assumiu o cargo de *maestro di cappela* real. Quando o decreto de dezembro de 1806 ordenou a fusão dos conservatórios napolitanos, Tritto, Fenarolli e Paisiello foram nomeados maestros conjuntos do novo Collegio Reale di Musica. Não lhe retiraram as cátedras de contraponto e composição, que manteve até o fim da vida, nem mesmo quando Zingarelli foi nomeado o único maestro em 1813. A confirmação no cargo de *maestro di cappela* real, em 14 de julho de 1816, quando houve a Restauração, é a prova de que tinha considerável capacidade de se adaptar a qualquer regime.

Não é lisonjeira a avaliação que um especialista em ópera napolitana setecentista, como Dennis Libby, faz desse compositor menor:

Embora fosse mais importante como professor, tendo exercido influência na formação de várias gerações de compositores napolitanos, as duas obras didáticas publicadas por Tritto, *Partimenti e Regole Generali per Conoscere Qual Numerica Dar si Deve ai Vari Movimenti del Basso* (1821), uma coleção de baixos figurados com muito pouco texto de acompanhamento, e *Scuola di Contrappunto ossia Teórica Musicale* (1823), na forma tradicional de diálogos entre o mestre e o discípulo, são irrelevantes. Tritto foi um compositor bastante pedestre e de significado apenas local para Nápoles e, talvez, Roma. Que as suas *opere serie* tenham alcançado alguma notoriedade na primeira década do século XIX é uma indicação menos de seu próprio mérito, do que do empobrecimento do palco napolitano com a morte ou o silencio de Cimarosa, Paisiello e Guglielmi.

Ainda assim, no seminal *Vincenzo Bellini und die italienische Opera Seria seiner Zeit* (V. B. e a Ópera Séria Italiana de seu Tempo), de 1969, Friedrich Lippman enfatiza as tendências modernas de Tritto em sua última ópera, *Marco Albino in Siria* (1810), apontando para o uso de intervenções corais intercaladas às árias e para as formas múltiplas com seções em andamento contrastado. Mas a isso pode-se objetar que, em 1810, esses procedimentos já não eram mais inovadores. Numa obra anterior, como o *Cesare in Egitto*, de 1805, a impressão que se tem é a de uma música de estilo mais antiquado e com a utilização de formas de âmbito mais restrito. A importância que Tritto dá, na orquestra, aos instrumentos de sopro, parece uma tentativa de agradar ao público romano. Mas é muito tímido sempre que se trata de explorar as novas possibilidades abertas pelo recitativo acompanhado.

Paisiello

Qualquer pessoa a quem se perguntar, hoje, quem é o autor do *Barbeiro de Sevilha*, responderá, sem hesitar: "Rossini". E no entanto, em 1816, ao estrear sua – hoje famosíssima – versão da comédia de Beaumarchais, Rossini tomou a precaução de intitulá-la *Almaviva*, pois não desejava a comparação com o *Barbiere di Siviglia* escrito, 34 anos antes, para o teatro da corte de Catarina II, a Grande, da Rússia. A popularidade desse *Barbiere* era tão grande que, mesmo já tendo grande prestígio como operista, Rossini temia o confronto. Em 1816, aos 76 anos, e em seu último ano de vida, Giovanni Paisiello (1740-1816) era um monumento vivo. Ao lado de Cimarosa e Piccinni, integrava a tríade dos maiores compositores italianos da fase 1760-1790.

Não se sabe ao certo quantas óperas escreveu Giovanni Gregorio Cataldo Paisiello, pois muitas de suas partituras se perderam. Mas Andrea della Corte calculou, em *Il Settecento Italiano e Paisiello, con una Tavola Tematica* (1922), o primeiro estudo importante a ser publicado sobre ele, que o compositor nascido em Roccaforzata, perto de Taranto, produziu ao todo noventa títulos. Paisiello tinha apenas 24 anos, e era um recém-formado estudante do Conservatório Santo Onófrio, de Nápoles, ao estrear, em 1764, nada menos do que quatro óperas. Tinha ido para Bolonha, logo após receber o diploma. E foi lá que, uma após a outra, fez-se aplaudir com *Le Virtuose Ridicole, La Moglie in Calzoni, Il Ciarlone ossia La Pupilla* e *I Francesi Brillanti*. Foi um dos renomes mais rapidamente feitos em toda a História da Ópera italiana.

Era tão talentoso que, no ano seguinte, ao mesmo tempo que recebia do S. Moisè de Veneza a encomenda de *L'Amore in Ballo*, era convidado pelo ilustre Pietro Alessandro Guglielmi, um dos operistas mais respeitados da época, a colaborar com ele em *Madama l'Umorista ossia Gli Stravaganti*, cantada em Módena. Não demorou para que toda a Itália cantarolasse as suas árias de contagioso melodismo, sobretudo depois que ele se instalou em Nápoles, em 1766, e só naquele ano jorraram de sua pena *Le Nozze Disturbate, Le Finte Contesse* e *La Vedova di Genio.* Antes dos trinta anos, Paisiello tinha conquistado, no primeiro plano do palco lírico, posição equivalente à de Cimarosa e Piccinni. O catálogo dos anos seguintes é uma enxurrada de óperas bufas e sérias:

1767 – *Le'mbroglie de le Bajasse* (em dialeto), *L'Idolo Cinese* – que iniciou sua longa colaboração com Giambattista Lorenzi, um dos melhores libretistas napolitanos de ópera bufa –, *Il Furbo Malaccorto* e *Lucio Papirio Dittatore*, sua primeira *opera seria*, usando um vetusto libreto de Apostolo Zeno;

1768 – *Olimpia, La Luna Abitata* e *La Finta Maga per Vendetta*;

1769 – *L'Osteria di Marechiaro* (gravação no selo Bongiovanni, com Gina Longobardo Fiordaliso, Ernesto Palacio, Renzo Casellato/Domenico Sanfilippo), *La Claudia Vendicata, Don Chisciotte della Mancia* e *L'Arabo Cortese*;

1770 – *La Zelmire, Le Trame per Amore*;

1771 – *Il Demetrio, Annibale in Torino, La Somiglianza de' Nomi, I Scherzi di Amori e di Fortuna, Artaserse* (com o libreto escrito em 1730, por Metastasio, para Leonardo Vinci);

1772 – *Semiramide* (no selo Cetra, havia a gravação de trechos dessa *opera seria*, feitos em 1963), *Motezuma, La Dardané, Gli Amanti Comici*;

1773 – *L'Innocente Fortunata; Sisimano nel Mogol, Il Tamburo Notturno, Alessandro nelle Indie* (libreto de Metastasio, de 1729, para Porpora);

1774 – *Andromeda, Il Duello* (de que a Haydn Society tinha um antigo registro feito em 1953), *Il Credulo Deluso* (primeira versão de *Il Mondo della Luna*), *La Frascatana* e *Il Divertimento de' Numi*;

1775 – *Il Demofoonte* (libreto de 1733, de Metastasio, para Caldara); *La Discordia Fortunata, L'Amore Ingegnoso ossia La Giovane Scaltra, Le Astuzie Amorose, Il Grand Cid.*

Socrate Immaginario, encenada no Teatro Nuovo em outubro de 1775, foi o resultado do encontro de Paisiello com uma figura curiosa, o abade Ferdinando Galiani. Forçado, por motivos políticos, a sair de Paris, onde residira longos anos, Galiani asilou-se a contragosto em Nápoles. Esse típico *diseur de bons mots*, observador cáustico do mundo à sua volta, fez um preciso e precioso retrato da vida napolitana na correspondência que trocou com sua amiga, Mme D'Épinay, dona de um animado *salon* parisiense. Nessas, ele manifesta o entusiasmo com a obra de Paisiello, em quem vê o sucessor de Piccinni. E conta como foi concebido o libreto dessa *commedia per musica*, para o qual contou com a colaboração de Giambattista Lorenzi, que o ajudou na versificação. Retomando um clichê a essa altura já usual – o do homem que, como o Quixote com seus livros de cavalaria, impregna-se tanto de determinado assunto que acaba perdendo o vínculo com a realidade –, Galiani e Lorenzi criaram a figura de Don Tammaro Promontório: à força de ler livros de filosofia, ele se convenceu de que é um segundo Sócrates e passou a comportar-se como o antigo filósofo grego.

Por dá cá aquela palha, Don Tammaro afirma que tudo o que sabe é que nada sabe. E tolera até mesmo o mau-humor de Donna Rosa, sua mulher, pois assim a sua vida assemelha-se mais à do verdadeiro Sócrates, que sofreu nas mãos de Xantipa, sua esposa. Chega a lhe pedir que derrame em sua cabeça o conteúdo de um urinol, como Xantipa fez com o marido. Pela mesma razão, quer que *mastro* Antonio, seu barbeiro, aja como Platão e se case com sua filha Emília. Mas a garota tem um namorado, Ippolito – recusa-se, porém, a se casar sem o consentimento do pai; e a possibilidade de que este o recuse deixa o rapaz muito aflito.

Tammaro decide que, para incrementar o desenvolvimento demográfico da nação, deve ter uma segunda esposa, e escolhe Cilla, a filha do barbeiro. Mas seu criado Calandrino está apaixonado pela moça, e os dois jovens casais conspiram para desarmar os planos de Tammaro que, evidentemente, está insano. Baseando-se na narrativa de Diógenes Laércio, segundo o qual Sócrates costumava conversar com o Diabo, Calandrino disfarça-se como uma figura infernal, na tentativa de convencer o patrão de que sua filha deve casar-se com Ippolito. Mas esse truque falha e, de resto, a relutância de Emilia em enganar o pai também dificulta os estratagemas em que eles pensam.

Finalmente, Calandrino convence Tammaro, completamente ensandecido, de que ele deve tomar cicuta, se quer realmente igualar-se a seu modelo antigo. Na verdade, o que quer é lhe dar um sonífero, e fazê-lo adormecer, para permitir a Emília e Ippolito fugir para se casarem. Mas o efeito da beberragem é totalmente inesperado: Don Tammaro recupera a razão, dá-se conta do absurdo de seus planos, e isso permite à história ter um final feliz.

Um casal bem conhecido em Nápoles serviu de modelo a Galiani: o seu desafeto Don

Saverio Mattei, orientalista e professor na Universidade de Nápoles, e sua mulher Giulia Capece Piscitelli, ambos pessoas presunçosas e pedantes. Mas a sátira vai além do desabafo contra um inimigo pessoal: visa as academias, que proliferavam na Itália naquela época, abrigando indivíduos pretensiosos, cuja erudição era com freqüência muito superficial. Nesse sentido, Don Tammaro é parente próximo do Petrônio dos *Astrologi* (ou *Filosofi*) *Immaginari*; embora esta ópera tenha a vantagem de contar, em Galiani, com um dramaturgo mais irônico e intelectualmente elegante do que o Bertati com quem haveria de trabalhar na Rússia. Especialmente interessante nessa ópera, em termos de paródia, é a mascarada do final do ato II, na qual está sendo visivelmente caricaturada a cena do Inferno no *Orfeo ed Euridice* (a ópera de Gluck tinha sido encenada um ano antes em Nápoles, num *rifacimento* a que foram acrescentados trechos tirados de obras de Johann Christian Bach e outros). As fúrias dançam ao ritmo de uma chacona, enquanto Don Tammaro invoca seu *daimon* numa melodia pastoral acompanhada pela harpa. No selo Bongiovanni, existe a gravação do *Socrate* feita por Giovanni di Stefano no Teatro Chiabrera de Savona, com Christophoros Stamboglis, Claudia Marchi, Jolanda Auyanet e Filippo Pina Castiglioni.

O ano de 1776 assistiria a uma guinada radical na vida de Paisiello. Na temporada napolitana de Carnaval, ele apresentara *Le Due Contesse*, de que existe, no selo Bongiovanni, um registro assinado por Vittorio Parisi, tendo no elenco Manuela Kriscak e Amedeo Moretti. Seguiu-se a séria *La Disfatta di Dario*. Em junho, ele estava em Roma para a estréia da comédia *Dal Finto al Vero*, quando recebeu a visita do conde Ieláguin, diretor dos Teatros Imperiais de São Petersburgo. Este lhe trazia uma proposta irrecusável: Catarina a Grande lhe oferecia 3.000 rublos anuais por um contrato para exercer, durante três anos, as funções de *maestro di cappella* da corte russa. Em 29 de julho, Paisiello partiu para a Rússia, onde ficaria até o início de 1784, com a incumbência de compor óperas, peças instrumentais para as cerimônias cortesãs e reger a orquestra da corte. As relações com os funcionários das casas de espetáculo eram difíceis, o estrangeiro regiamente pago era visto com maus olhos pelos cantores e músicos locais, mas Catarina gostava dele e, em setembro de 1779, renovou seu contrato por mais três anos, aumentando o salário para 4.000 rublos.

A imperatriz estava tão satisfeita com seus serviços que, em 1781, antes mesmo do segundo contrato expirar, já lhe propôs a renovação por outros quatro anos. Para não desagradar sua protetora, Paisiello apressou-se em concordar embora, a essa altura, já estivesse se comunicando com amigos, em Nápoles, perguntando-lhes se havia a possibilidade de conseguir um cargo oficial em casa. A situação tornou-se insustentável em novembro de 1783, pois ele entrou em conflito com o novo comitê dos Teatros Imperiais. Alegando a má saúde de sua mulher que, realmente, tinha muita dificuldade em adaptar-se ao clima russo, o compositor pediu à imperatriz licença para passar um ano na Itália. Contra a promessa de que retornaria, Catarina lhe concedeu licença remunerada. Paisiello sabia que estava deixando a Rússia para não mais voltar. Em janeiro de 1784, o embaixador do reino de Nápoles em São Petersburgo lhe comunicara a notícia de que, em 9 de dezembro de 1793, o rei Ferdinando IV o tinha nomeado *compositore della musica de' drammi* em sua corte. Mas a permanência na Rússia tinha sido muito fértil: ele compusera doze óperas e, entre elas, estavam duas de suas composições mais importantes: *O Barbeiro de Sevilha* e *Il Mondo della Luna*. Eis o resultado dos anos passados na corte russa:

1777 – *Nitteti*, reciclando o libreto metastasiano de 1756 para Nicola Conforti; e a comédia *Lucinda e Armidoro*.

1778 – *Achille in Sciro*, com libreto de Metastasio escrito em 1736 para Caldara; e *Lo Sposo Burlato* (Bongiovanni: gravação Paolo Paroni, com Patrizia Cigna, Luciano di Pasquale e Nunzia Santodirocco);

1779 – a comédia *Gli Astrologi Immaginari*; a nova versão de *Il Demetrio*, inteiramente recomposta e *Il Matrimonio Inaspettato ossia La Contadina di Spirito*;

1780 – *La Finta Amante* e *Alcide al Bivio*, reutilizando o texto de uma *festa teatrale* de Metastasio;

1781 – *La Serva Padrona* e *Il Barbiere di Siviglia ovvero La Precauzione Inutile*;
1782 – *Il Mondo della Luna*.

A coleção *Arte Vocale Italiana*, do selo Nuova Era, tem a gravação de *Gli Astrologi Immaginari*, a quarta ópera composta para a corte russa. Foi feita por Bruno Rigacci, em abril de 1967, na Radiotelevisione della Svizzera Italiana, com Carmen Lavani, Angela Vercelli, Giancarlo Montanaro e Teodoro Rovetta – e é um exemplo do tipo de ópera que agradava a Catarina II: breve, de texto denso e irônico, com música de economia epigramática, capaz de descrever com poucos traços o caráter das personagens. Catarina gostou tanto dessa comédia, estreada no teatro do Hermitage em 14 de fevereiro de 1779, que pediu a reprise, cantada em russo, durante o outono daquele mesmo ano. Traduzida em alemão, francês, dinamarquês, polonês e húngaro, *Os Astrólogos Imaginários* correu a Europa e sempre foi considerada uma das obras-primas de seu autor. O libreto de Giovanni Bertati é o *rifacimento* em dois atos de um *dramma giocoso* em três, intitulado *I Visionari*, que ele mesmo tinha escrito, em 1772, para representação em Veneza com música de Gennaro Astarita. Também chamada às vezes de *I Filosofi Immaginari*, a ópera se inscreve em um filão muito generoso no século XVIII: o da crítica às manias pseudo-intelectuais da aristocracia – e, nesse sentido, assemelha-se a *Che Originali!*, de Simon Mayr, que zomba das pretensões musicais de sua personagem.

Petronio, um pedante da melhor cepa, conta com o apoio da filha mais velha, Cassandra, que parece ter saído das *Précieuses Ridicules* de Molière. Clarice, a mais nova, que tem os pés no chão, tenta apresentar ao pai "um signor di buon aspetto, ben vestito, giovinetto": Giuliano, que está apaixonado por ela e quer pedir sua mão ao pai. Mas Petronio recusa-se a casar a filha, totalmente ignorante, com um outro ignorante, pois "vedriam procrearsi d'ignoranti bambinelli". Esbarrando na teimosia de Petrônio, Giuliano retira-se e volta, logo depois, disfarçado como um discípulo do conhecido filósofo Argatifontidas, de quem o velho nunca ouviu falar, é claro – mas a última coisa que há de fazer é dar o braço a torcer. O discípulo fala latim e, entre os dois, estabelece-se um diálogo hilariante:

Giuliano – *Tu loqueris latine?*

Petronio – *Io, sì signore,*
latine... ma loquebis tu italianum
che intendebo
semplus che ultramontanum.

Giuliano (*Vo' seguitare um poco.*) –
Noscis tu Argatifontidas?

Petronio – *Sit cum suportationem;*
ma istum talem non sappio
si sit homo aut animalem.

Giuliano – *Filosofum est ite,*
illustris per illustris illustrissimus.

Petronio – *Profundatis largam reverentiam*
facio ad suam illustrissimam sapientiam:
ma nos parlamus sicut altras gentes
perchè latinum ligaverunt dentes.

(Falas latim?//Eu, sim senhor, latim... mas fale italiano, que eu entendo melhor do que essas línguas de além-Alpes.//[Vou continuar um pouco.] Conheces Argatifontidas?//Desculpe-me mas, esse tal, eu não sei se é homem ou animal.//É um filósofo, ilustríssimo entre os mais ilustres.//Faço reverências amplas e profundas à sua ilustríssima sapiência, mas falemos como as outras gentes, pois o latim faz grudar os dentes.)

Depois, disso, Giuliano lança-se à enumeração cômica de tudo o que seu mestre aprendeu: filosofia na Grécia, astronomia no Egito, magia com os caldeus, a Cabala com os hebreus... Tendo preparado o terreno, o rapaz volta, mais tarde, "travestito da vecchissimo filosofo grecco"; e Petrônio, deslumbrado com tão alta prosopopéia, consente no casamento dele com sua filha. Ao descobrir o engodo, já será tarde demais.

Expedientes musicais muito distintos retratam as personagens: melodias líricas, diretas e simples para Clarice ("Mi sai guida la mia stella"), e um estilo de rebuscada ornamentação para a pretensiosa Cassandra ("Uma donna letterata"). Giuliano canta árias que fazem a caricatura da erudição; e Petronio expressa-se com o tradicional vocabulário do baixo bufo, sobretudo nas situações em que se irrita por ver-se encantoado e sem saída. Ele é praticamente um ensaio para a figura mais elaborada de Bartolo, que virá logo adiante. A própria concisão do libreto estimula Paisiello a escrever música de concentrada vivacidade.

A lista dos títulos estreados por Paisiello em São Petersburgo mostra que, além dos assuntos que estava habituado a tratar, eram-lhe solicitadas *opere serie*, para solenidades cortesãs. Nesse caso, ele recorria ao velho expediente de *ripristinare* os veneráveis poemas metastasianos. Ainda que mãos anônimas operassem neles revisões para adicionar números de conjunto, era conservada, ainda em 1770-1780, a obsoleta estrutura barroca, que relegava a ação aos recitativos, reservando os números cantados para a expressão arquetípica. Nenhuma dessas partituras conserva grande interesse, comparada à riqueza de inspiração das comédias, em que Paisiello dava o melhor de si mesmo.

Para o aniversário de quatro anos do grão-duque Aleksandr, neto da imperatriz, Paisiello recebeu a encomenda de um *intermezzo* a ser executado em 10 de setembro de 1781, no teatrinho do palácio de Tsárskoie Seló. Recorrendo ao antigo libreto de Gennaro Federico sobre os estratagemas que a criada Serpina usa para acabar se transformando na esposa de Uberto, seu mal-humorado patrão, Paisiello compôs uma *Serva Padrona* bem recebida na estréia, e sempre escutada com agrado enquanto ele estava na Rússia. Mas não suplantou o charme ingênuo da versão de Pergolesi, de importância inclusive histórica. A comparação das duas é muito interessante, e pode ser feita mediante a gravação ao vivo dessa curiosidade, que existe no selo Nuova Era (A. V. Banks, G. L. Ricci/P. Vaglieri, 1991).

Pierre-Augustin Caron de Beaumarchais foi a típica figura do aventureiro setecentista, que tentou a sorte nas mais diversas profissões: relojoeiro, empresário teatral, jornalista, diplomata. Iniciou a carreira de dramaturgo como discípulo de Diderot. Mas foi morna a acolhida a *Eugénie* (1767) e *Les Deux Amis ou Le Négociant de Lyon* (1770), dramas burgueses com personagens prosaicas, elementos sentimentais, e forte conteúdo de crítica social. Isso o decidiu a tentar a sorte no terreno da comédia e, de saída, num gênero diametralmente oposto: a *parade*, peça de estrutura muito frouxa, feita de cenas superpostas e relativamente independentes, mas com um estilo irreverente, cheio de gíria, e não raro obsceno. *Zirzabelle Mannequin, Les Bottes de Sept Lieues* e *Jean Bête* foram escritas para as festas no castelo de Étioles, organizadas pelo banqueiro Charles-Étienne Le Normand, o complacente marido de Madame de Pompadour, amante de Luís XV.

As *parades*, peças improvisadas que se moldavam nos antigos *scenarii* da *Commedia dell'Arte*, tinham surgido como uma das manifestações do *théâtre forain*, o teatrinho de feira que se desenvolvera em Paris desde que, no século XVI, as primeiras companhias ambulantes italianas tinham excursionado pela França, ali fazendo imenso sucesso. Beaumarchais conhecia a coleção de *scenarii* publicada por Evaristo Gherardi e, para as suas peças licenciosas, mas cheias de farpas contra a política, a justiça e as pretensões ridículas dos intelectuais, tinha tomado de empréstimo a ela situações, *lazzi*, às vezes diálogos inteiros. Nessas *parades* já existem, em embrião, os temas e personagens de sua grande trilogia cômica, uma das maiores realizações do teatro europeu no fim do século XVIII.

Em 1772, Beaumarchais escreveu um *opéra comique* intitulado *Le Barbier de Séville ou La Précaution Inutile*, cuja música, de sua autoria, baseava-se em canções espanholas autênticas, que colecionara durante os anos passados em Madri. Ofereceu-o à Troupe des Comédiens Italiens, que a recusou – conta Maurice Rat – porque Clairval, o principal ator da companhia, tinha sido barbeiro na juventude, e não quis fazer o papel-título, temendo que a platéia zombasse dele por causa disso. A ópera foi portanto transformada numa comédia em prosa, em cinco atos, com canções intercaladas, estreada no Théâtre de la Comédie Française em 23 de fevereiro de 1775. De início, foi um tremendo fracasso. Agradou mais ao público, porém, ao ser reapresentada, quatro dias depois, numa versão mais compacta, em quatro atos. Como era comum na época, *Le Barbier* compõe-se de inspiração buscada em várias fontes:

- o próprio Beaumarchais admitia que o tutor rabujento, a pupila falsamente ingênua e o namoradinho ardente saem de *L'École des Femmes e Les Folies Amoureuses de Molière;*
- a cena em que Fígaro descreve a Rosina um rapaz sério, cujo único defeito sério é estar seriamente apaixonado, sai da *Précaution*

Inutile de Nolant de Fatouville (aliás, *Precaução Inútil* é o título de uma novela de Scarron, escrita no século XVII, que já tinha batizado peças de Dorimond, Gallet, Achard e Anseaume, antes de chegar à comédia de Fatouville e, dela, passar para a de Beaumarchais);

- e de *On ne s'Avise Jamais de Tout,* libreto de Sedaine para um *opéra-comique,* vem a seqüência em que Bartolo, tendo proibido a Rosina usar papel, tinta e material de leitura, conta as folhas e desconfia de que ela andou escrevendo um bilhete para um namorado.

Acima de tudo, *Le Barbier* é um herdeiro inequívoco da *Commedia dell'Arte*, cujos arquétipos impregnam o teatro de Molière e, na época de Beaumarchais, ainda fazem sua aparição nas comédias de Marivaux. Um dos traços mais típicos das antigas comédias italianas, que Beaumarchais pratica com gosto especial, é a *tirata*, aqueles monólogos que se constroem por acumulação, e são a origem das "árias de catálogo" bufas. É o que faz, por exemplo, Bartolo – o tipo acabado do Dottore pedante e reacionário – em

Siècle barbare!... qu'a-t-il produit pour qu'on le loue? Sottises de toutes espèces: la liberté de penser, l'attraction, l'électricité, le tolérantisme, l'inoculation, le quinquina, l'Encyclopédie et les drames.

(Século bárbaro!... o que produziu para que o louvem? Bobagens de toda espécie: a liberdade de pensar, a gravidade, a eletricidade, a tolerância, a inoculação, o quinino, a *Enciclopédia* e os dramas.)

Molière, Fatouville, Sedaine, Scarron, a *Commedia*: uma multifacetada colagem, portanto – o que era perfeitamente normal no Barroco-Classicismo. Mas a essa variada apropriação, o estilo inimitável de Beaumarchais dá um tom personalíssimo. O mesmo tipo de absorção e incorporação de materiais diversos marcará, de resto, as duas outras partes de sua genial trilogia, *Le Mariage de Figaro* (1784)[1] e *La Mère Coupable* (1792)[2]. E o Fígaro dessas três peças é um marco fundamental num processo que está ocorrendo no século XVIII, em que os indivíduos livram-se aos poucos dos estereótipos de classe, de casta, e se afirmam plenamente por suas qualidades humanas de inteligência, de astúcia, de solidariedade.

Em 1781, *Sevílskii Tsiriúlnik ili Tshtchiôtnaia Priedostorójnost*, a tradução russa da peça de Beaumarchais, foi tão aplaudida no teatro de corte de Catarina II, que Paisiello percebeu estar diante do tema ideal para uma ópera bufa – o que era até mesmo facilitado pelas origens e a estrutura do texto. Não foi ele, porém, o primeiro a pensar nisso. Um ano depois da estréia da peça em Paris, Friedrich Ludwig Benda e Johann André já a tinham usado como tema de *singspiele* intitulados *Der Barbier von Sevilla*, cantados em Leipzig e Berlim, respectivamente. Um ano depois, o inglês Samuel Arnold apresentava *The Spanish Barber* no Covent Garden.

O libreto da quarta adaptação da peça de Beaumarchais para o palco lírico foi encomendado ao abade Giuseppe Petrosellini – o árcade Envisildio Prosindio –, que já colaborara com Paisiello em *Le Due Contesse.* Andrea della Corte o considera "um versejador medíocre, que conseguiu privar o original de Beaumarchais de toda vivacidade estilística e frescor de diálogo". O julgamento parece demasiado severo pois, embora Petrosellini não fosse um Da Ponte, manteve escrupulosamente a seqüência de cenas de uma peça muito bem construída e, em diversos momentos, concebida como um libreto de ópera. O próprio Paisiello, em carta ao abade Galiani, dizia: "É uma comédia francesa traduzida em versos italianos."

Na estréia, no teatro de corte de São Petersburgo, em 26 de setembro de 1782, *Il Barbiere di Siviglia ossia L'Inutile Precauzione* tinha a mesma divisão em quatro atos da peça. Para a estréia napolitana, em 23 de novembro de 1787, no Régio Teatro de Caserta, Paisiello pediu a Giambattista Lorenzi que desse à ópera a conformação em três atos, comum à ópera bufa italiana. Essa apresentação revista foi regida por Pasquale Cafaro, o *primo maestro di cappella* da corte.

A popularidade da comédia de Beaumarchais, somada à da ópera de Paisiello, fez com

1. Musicada por William Shield (1784), Venceslao Persicchini (1791), Mozart (1786), Karl Ditters von Dittersdorf (1789), Marcos Portugal (1799) e Luigi Ricci (1838).

2. Transformada em ópera, em 1966, por Darius Milhaud. É também, parcialmente, fonte de inspiração para *The Ghosts of Versailles* (1991), do americano John Corigliano.

que, antes e depois de Rossini, outros compositores se interessassem pela história de Fígaro e Almaviva. Além de nomes menores, hoje esquecidos – Elsperger (1783), Schulz (1786), Reinagle (1794) – as composições mais importantes foram:

- Die *unnütze Vorsicht oder Die betrogene Arglist (A Inútil Precaução ou A Malícia* Enganosa), opera para marionetes de Joseph Weigl (Viena, 1783);
- Il *Barbiere di Siviglia, com o mesmo libreto* de Petrosellini, composta pelo maltês Nicolò Isouard para o Teatro de Ópera de La Valetta, em Malta (1796);
- e Il B*arbiere di Siviglia, de Fra*ncesco Morlacchi (Dresden, 1816), combinando trechos do libreto de Petrosellini com o de Cesare Sterbini para Rossini (no selo Bongiovanni existe uma gravação dessa obra, a respeito da qual o leitor encontrará informações em *A Ópera Alemã*, desta coleção).

A lista não pára aí. O *Oxford Dictionary of Opera* registra, no verbete "Beaumarchais", diversos outros *Barbeiros* escritos por Dall'Argine (1868), Graffigna (1879), Giménez e Tórroba (uma zarzuela de 1901), Cassone (1922) e Torazza (1924). A personagem do astucioso criado de Almaviva inspirou diversos outros autores, em óperas que são variantes da trilogia ou a tomam apenas como ponto de partida, escritas por Ferdinand Paer, Michele Carafa, Luigi Ricci, Saverio Mercadante, Lauro Rossi, Antonio Cagnoni, Giacomo Panizza e Jean-François Delmas. A mais recente é *Figaro lässt sich scheiden* (Fígaro se divorcia), do serialista Giselher Klebe, cantada em Hamburgo em 1963.

Existem duas gravações da comédia de Paisiello:

Ricordi, 1962 – Nicola Monti, Rolando Panerai, Graziella Sciutti, Renato Capecchi, Mario Petri/Renato Fasano (versão abreviada, sem recitativos, em dois atos divididos em quatro quadros);

Hungaroton, 1975 – Dénes Gulyás, Krisztina Laki, József Gregor, István Gáti, Sándor Sólyom-Nagy/Adam Fischer (versão original em quatro atos).

Em vídeo, há uma montagem de 1991 da Ópera de Mântua: Bonnelli, Safina, Lassalin/Goffredo.

A intriga do *Barbeiro de Sevilha* é, graças à ópera de Rossini, tão familiar que não parece necessário resumi-la aqui. A abertura tem um só movimento e visa apenas a criar uma atmosfera alegre e cheia de expectativa. A ária do Conde, "Ecco l'ora s'avvicina", de estilo sentimental, com elegante acompanhamento de flautas, baseia-se numa frase de oito compassos ouvida durante a introdução orquestral. Seu estilo aristocrático contrasta com o tom popular e descontraído de "Diamo alla noia il bando", a canção que Fígaro, de papel e lápis na mão, está compondo ao entrar em cena. As frases entrecortadas desse trecho sugerem o fluxo de pensamento de quem está em processo de escrever, e busca as palavras, certo de que "Con quest'aria farò certo portenti". Reconhecido pelo Conde, Fígaro reconstitui as peripécias de sua vida em "Scorsi già molti paesi", uma "ária de catálogo" que serviria, obviamente, de modelo para a "Madamina" mozartiana.

Feci un'opera e cascai
e col mio bagaglio adosso
me ne corsi a più non posso
in Castilla e nella Mancia,
nell'Asturie e in Catalogna,
poi passai l'Andalusia,
e girai l'Estremadura,
come ancor Sierra Morena
ed in fin nella Galicia.

(Compus uma ópera, fracassei e, com minha bagagem nas costas, corri a mais não poder pela Castela, a Mancha, as Astúrias e a Catalunha, depois passei pela Andalusia e rodei pela Estremadura, e também pela Serra Morena e, finalmente, pela Galícia.)

Essa "ária de catálogo" é, na verdade, uma coleção de todos os truques do *stile buffo*:

- o início sotto voce, apenas com o primeiro violino, ganhando energia e velocidade à medida que os outros instrumentos entram;
- passagens em uníssono voz-orquestra, com comentários picantes das cordas;
- uma escrita vocal que progride com largos intervalos, semelhantes aos da fala;
- intensificação rítmica em cadências cheias de contrastes ou pausas bruscas para obter efeito;

- repetição do mesmo motivo, em modulações ascendentes – dó maior, ré maior, mi menor, sol maior, lá menor, dó maior – quando Fígaro faz a lista das regiões que visitou;
- primeiro risadas das cordas, depois um ameaçador acorde diminuído, comentando a frase "In un luogo bene accolto, e in un altro in lacci avvolto";
- e as cordas dançando literalmente quando Figaro se descreve "di buon umore d'ogni evento superior", frase a que os oboés e trompas dão um colorido marcial.

De forma binária, desusada para uma ária bufa, o monólogo adquire andamento mais moderado, em 3/8, quando Figaro chega ao presente e, adotando o tom cerimonioso com que se deve falar a um nobre, oferece seus serviços ao Conde:

Or qui in Siviglia fo permanenza,
pronto a servir Vostra Eccelenza,
se pur io merito un tanto onor.

(Agora me instalei aqui em Sevilha, pronto a servir Vossa Excelência, se merecer tanta honra.)

O estilo sentimental volta em "Lode al ciel, che alfine aperse", a *aria di sortita* de Rosina, personagem mais compenetrada na versão de Paisiello do que na de Rossini. Sua música é quase a de uma personagem de *opera seria*, e a flauta, o oboé e o fagote que intervêm aqui vão acompanhá-la a ópera toda. O idílio se interrompe com a aparição de Bartolo, e o dueto de forma livre que se estabelece entre eles tem a estrutura fragmentada de pequenas unidades contrastantes de motivos, que correspondem aos trechos cantados no balcão, ou na rua, quando o velho desce para procurar a letra da "Inútil Precaução", que sua pupila deixou intencionalmente escapulir das mãos.

O Conde se identifica na serenata "Saper bramate, bella, il mio nome", de estrutura estrófica, simples e nobre; mas com um acompanhamento irônico no bandolim que pode significar – como já sugeriram alguns autores – uma advertência: o pretendente a namorado de Rosina não é um rapaz pobre, como quer fazer parecer. O criado que vem fechar a janela no nariz de Rosina interrompe sua resposta a Lindoro e devolve os dois homens à necessidade de arquitetar rápido um plano.

À promessa do Conde "Non dubitar, o Figaro, dell'oro io porterò", o barbeiro responde com "Or, or... ritornerò", deixando claro que vai ajudar Almaviva por seu dinheiro, não pelos seus belos olhos. Remontando à origem distante dessa personagem, que vem da *Comedia dell'Arte*, mas com a adição de elementos psicológicos que a individualizam, vemos que Fígaro é um Brighella que será eternamente fiel enquanto estiver sendo bem pago. Ao mesmo tempo, é um homem do fim do século XVIII, sem nenhum traço de servilismo, e dono de seu próprio nariz. Depois de ser assim retratado no ato I, Fígaro vai se retirar para um discreto segundo plano, ficando como um mestre de cerimônias que, por detrás do pano, puxa os cordéis da ação. Antes disso, porém, canta com Almaviva o divertido dueto em que lhe ensina a reconhecer sua loja:

La mia bottega
è a quattro passi:
tinta celeste,
vetri impiombati,
con tre bacili
sopra attaccati.
V'è per insegna
un occhio in mano:
consilio manuque.
Io là sarò.

(Fica a quatro passos daqui: pintada de azul celeste com vitrines emolduradas de chumbo e três bacias dependuradas. Na placa há um olho pintado na palma de uma mão: *consilio manuque* [juízo e habilidade]. Eu estarei lá.)

Numa cena em recitativo, no início do ato II, Fígaro surpreende Rosina escrevendo uma carta, fala-lhe de Lindoro, que só tem um defeito, o de estar *inamorato morto*, e promete-lhe entregar ao rapaz a mensagem que ela lhe envia. O ato II é dominado pela figura de Bartolo, avarento, pedante, cabeçudo, empenhado em parecer mais jovem aos olhos da pupila com quem quer se casar – digno descendente do Pantalone da *Commedia*. Conseqüentemente, a ele cabe a música de estilo mais arcaico, figuras repetitivas, mais próximas do recitativo do que do canto, no trio "Ma dov'eri tu stordito", que canta com os dois empregados: Lo Svegliato (O Acordado), que boceja sem parar, porque Fígaro lhe ministrou um sonífero; e Giovinetto (Jovenzinho), um velho que mal se agüenta em pé e espirra o tempo todo, devido ao forte rapé que o barbeiro lhe deu. A mistura de notações realistas e convenções bufas é de efeito muito engraçado. Della Corte comenta:

> Rossini criou um Fígaro protagonista, figura sensível, ativa, exuberante, contente com sua própria versatilidade industriosa e o fez superar as demais personagens. Em Paisiello, a verdadeira figura central é Bartolo, e a atmosfera cômica colore-se de maneira irresistível quase que só em torno dele. Paisiello preocupou-se sobretudo com a 'inútil precaução', com a ambição vazia e a severidade tola de Bartolo, e foi bem-sucedido em desenhá-lo como uma personagem débil e estúpida.

A cena em que Basílio, professor de canto de Rosina, vem aconselhar a Bartolo comprometer a reputação de Lindoro, não tem maior função dramática, nem na peça de Beaumarchais, nem nas óperas de Paisiello e Rossini – tanto que Bartolo não dá muita importância a esses maléficos conselhos. Mas trata-se de uma típica *tirade*, um *morceau de bravoure*, mais relacionado com as preocupações de Beaumarchais com as calúnias de que ele próprio fora vítima, do que com a ação da peça. Mas é, em Beaumarchais, uma página tão brilhantemente concebida que haveria de sugerir a Petrosellini e Sterbini o texto de árias excelentes:

> *La calomnie, monsieur! Vous ne savez guère ce que vous dédaignez: [...] d'abord un bruit léger, rasant le sol comme hirondelle avant l'orage, pianissimo, murmure et file, et sème en courant le trait empoisonné. Telle bouche le recueille et, piano, piano, vous le glissez en oreille adroitement. Le mal est fait...*
>
> (A calúnia! O senhor não sabe o que está desdenhando: de início, um ruído leve, perto do chão, como a andorinha antes da tempestade, pianissimo, murmura e escorrega e semeia correndo a palavra envenenada. Uma boca o recolhe e, *piano, piano*, habilmente o faz escorregar para dentro da orelha. E o mal está feito...)

O princípio bufo da intensificação se aplica perfeitamente ao texto desta ária, muita próxima do original francês, em que se fala da calúnia que, "radendo il suolo incomincia piano piano... rinforzando... s'alza, fischia, gonfia a vista", até se transformar num "tumulto universale" de longas notas sustentadas – o que é acompanhado por figuras na orquestra imitando trovões e relâmpagos. Esta grande ária bufa é complementada pela explosão de Bartolo no monólogo "Veramente ho torto, è vero". Desconfiado de que Rosina usou papel e tinta para escrever ao namorado, ele deixa claro que suas desculpas não o convencem e, na breve seção mais rápida de arremate, ameaça: "Un'altra volta, quando ch'io sorta, con catenacci e più lucchetti a cento chiavi vi chiuderò." Um texto amorfo, sem muito senso de direção, impede Paisiello de obter, aqui, um efeito tão bom quanto o de Rossini em "Un dottor della mia sorte". Ele a repete: na primeira vez, progride da tônica para a dominante; na segunda, regride da dominante para a tônica. Mas essa simetria iterativa está longe de ter a força do crescendo na irresistível versão rossiniana.

Nesse ponto, chega o Conde disfarçado de soldado bêbado. Enquanto Bartolo procura o documento que o exonera de dar alojamento a soldados, Almaviva tenta se aproximar de Rosina e é interrompido por Bartolo, que o proíbe de falar com sua esposa. E a zombaria é a mesma que Beaumarchais tirou das *Folies Amoureuses* de Molière: Lindoro responde "Vostra sposa? V'ho creduto io suo bisavolo". Esse dueto, que se transforma em trio, converge para o finale em episódios múltiplos, cuja técnica Paisiello dominava perfeitamente. As emoções expressas são muito variadas: a emoção dos dois jovens de verem um ao outro, mas só se poderem falar cochichando e por meias palavras; a indignação crescente de Bartolo, que se expressa num estilo cada vez mais *parlante*; a fúria do velho quando Almaviva rasga em seu nariz o papel da isenção, e que o faz dar saltos histéricos de oitava em seus protestos.

Uma sugestão de fanfarra surge quando o Conde pergunta: "Lei vuol Battaglia? Battaglia sia." O canto simultâneo mistura as vozes de Bartolo, descontrolado, de Rosina, que tenta acalmá-lo, e do Conde, que o provoca cada vez mais. Uma cadência em uníssono leva, sem transição, à mudança de ré maior para si bemol menor, com andamento retardado, e um acompanhamento cambiante, com tremolos, figuras rítmicas em semicolcheias e motivos mutáveis, que intensificam a tensão. A seção final do trio é uma recapitulação em que os dois jovens cantam juntos e Bartolo, isolado, resmunga em seu tipo de declamação bufa. A orquestra responde à linha vocal com as mesmas figurações ágeis das cordas que reencontraremos nas cenas de conjunto das *Bodas* ou do *Don Giovanni*.

Bartolo consegue finalmente expulsar o soldado bêbado e tenta, pela força, arrancar das mãos de Rosina o bilhete que viu Almaviva lhe entregar. Ela recusa, resiste, o tutor lhe toma o papel, mas em vão pois, habilmente, ela o trocou por uma carta inócua que recebeu de seu primo de Madri. Bartolo, em cuja figura grotesca o ato II concentrou-se, desculpa-se abjetamente, deixa-a sozinha – e o ato se encerra de forma inusitada, mas que não chega a ser um anticlímax. Rosina se acalma e, na cavatina "Giusto ciel, che conoscete", pede a Deus que lhe devolva a tranqüilidade de espírito. Há acentuado parentesco entre esse número e "Porgi amor", a ária que a mesma Rosina – mais madura e desiludida – canta no início do ato II das *Bodas de Fígaro* de Mozart. Ambas são em mi bemol maior, e o clarinete e fagote *obbligati* dão-lhes caráter concertante. Num só ponto elas diferem: a ornamentação em Paisiello ainda é de origem instrumental e revela a persistência, nele, de traços provenientes da *opera seria*.

Um tema *alla marcia*, seguido dos habituais resmungos de Bartolo, marca "Oh, che umor!", com que se abre o ato III, pontuada pelas batidas na porta, como se fossem um efeito de percussão. As tercinas repetidas dos violinos tornam ainda mais aborrecidos os intermináveis "Pace e gioia!" de Almaviva, disfarçado como Don Alonzo, e cantado no mesmo falsete anasalado que a personagem de Rossini retomará. Na conversa que se segue, o conde revela-se capaz de encontrar respostas prontas e de revirar a seu favor até mesmo as situações mais difíceis. Superadas as desconfianças de Bartolo, inicia-se "Già riede primavera", a lição de canto de Rosina, cujo texto foi tomado de empréstimo à cançoneta *La Primavera*, de Metastasio.

A ária é introduzida por um extenso ritornello de estilo concertante e tem a estrutura formal *da capo*, com A. e A'. em 3/4 *allegro*, e B. em 6/8 *andante*. O estilo é deliberadamente impessoal; há torneados melódicos propositalmente estereotipados: as notas pontuadas para descrever "o sorriso da Primavera"; a forma como o clarinete e o fagote *obbligati* sugerem "il grato zeffiretto che scherza fra erba e fior". Tudo isso acentua o tom antiquado do número, pertencente a uma outra realidade, a do melodrama do início do século. A ornamentação é de estilo paródico; mas há algo, na sensualidade da clarineta *obbligato*, a nos lembrar que Rosina está cantando para seu namorado e, ao mesmo tempo que representa, declara-se a ele, ao falar da "misera pastorella" apaixonada pelo pastorzinho Lindoro.

À monotonia dessa ária séria, Bartolo opõe a *seghidiglia spagnuola* "Vuoi tu, Rosina, far compra fina?", um esplêndido exemplo de humor musical. No ensaio de introdução à gravação Adam Fischer dessa ópera, Judit Péteri chama esse número de "uma espécie de serenata de Beckmesser", referindo-se à personagem bufa dos *Mestres Cantores*. De ritmo anguloso, com prosódia mal resolvida, e repetições desajeitadas que frisam a construção medíocre do texto, a ária mostra como Paisiello sabe "escrever mal" quando isso é necessário. A melodia de oito compassos soa muito irregular, pois a tônica não cai no lugar certo e uma frase parece trombar na outra. O acompanhamento musical também não encaixa direito na letra e, em determinado momento, Bartolo vê-se obrigado a repetir a mesma frase durante vários compassos. É a sátira cruel das pretensões amorosas de um homem idoso, que não se dá conta de tudo o que o separa da mulher desejada.

O episódio da chegada de Basílio, do dinheiro que o conde lhe oferece para convencê-lo de que está muito doente, e da perplexidade de Bartolo – que sabe haver ali algo de errado, mas não consegue descobrir o quê – é resolvido num complexo quinteto, de que participa também Fígaro, que veio para fazer a barba do tutor. Na primeira parte do quinteto, todos cantam histericamente frases ascendentes, que se encavalam, até uma brusca pausa, em que o Conde assume o controle da situação. A seção seguinte é mais calma, alternando um motivo estável, que corresponde à tranqüilidade dos jovens e Fígaro, e um outro irregular, com trilo nas cordas, que sugere as suspeitas de Bartolo. As coisas acabam dando errado e, no concertato final, *allegro presto*, em 4/4, os três jovens formam um campo ao qual se opõem, em contraponto, os protestos do velho. A coda em silabato tem o andamento vertiginoso comum nesses finales bufos.

O ruído da chuva, o sopro do vento, trovões e relâmpagos são imitados pela orquestra na bem escrita sinfonia descritiva com que o ato IV se inicia. Rosina foi convencida por Bartolo de que Lindoro é um pau-mandado do Conde Almaviva, e a está seduzindo para, depois, entregá-la a ele. É em recitativo seco a cena em que ela recebe muito mal o rapaz, quando este aparece, pela porta da varanda, em companhia de Fígaro. Mas o trecho em que os dois jovens se reconciliam, depois de ter sido explicado que Lindoro e Almaviva são a mesma pessoa, é em recitativo acompanhado, com contrastes harmônicos e melodias entrecortadas que descrevem o estado de espírito confuso da moça. É interessante a utilização, nesta passagem, de um recurso típico de *opera seria*, sem qualquer intenção de paródia. Trata-se, realmente, de um instante de recolhimento e compenetração que se introduz no universo bufo, e acena para a mistura de gêneros que predomina na segunda metade do *Settecento*.

Está tudo pronto para o *finale ultimo*, em seções múltiplas, que se inicia com o dueto "Cara, sei tu il mio bene... Caro, fra dolci pene", típico da ópera de tema sentimental, com um aveludado *obbligato* de clarineta, o instrumento predileto de Paisiello. O tom e o andamento mudam, e os oboés substituem o clarinete, quando Fígaro vem avisar que tiraram a escada e eles estão sem rota de fuga. Basílio chega com o Notário e outra bolsa cheia de ouro acalma as objeções do professor de música ao casamento de Almaviva com Rosina. A união é realizada num recitativo cerimonioso, com acompanhamento de acordes orquestrais solenes. O irônico concertato *alla marcia* com que Basílio aceita o dinheiro ("Questo è un peso che fa dir di sì") tem o detalhe engraçado do "sì" que as personagens repetem uma após a outra, como se fosse o saco de moedas que passasse de mão em mão.

Bartolo aparece com a polícia ("Arrestate tutti quanti"), mas já é tarde demais. O "briccone", o patife que ele afirma ter agarrado, é o pobre tabelião, que quer saber o que está se passando. Reforçado pelos saltos de sétima na orquestra, Fígaro anuncia orgulhosamente estar na companhia de "sua Eccelenza, il gran Conte d'Almaviva", nome que Bartolo repete várias vezes, incrédulo, estupefato. Vista à luz dos costumes setecentistas, é muito ousada a frase de Bartolo:

Cosa importa questo qua?
Signor Conte, in altro loco
servo son di sua Eccelenza;
in mia casa, abbia pazienza,
nulla val la nobiltà.

(O que me importa tudo isso? Senhor Conde, em outro local sou um servo de sua Excelência mas, dentro de minha casa, tenha paciência, a nobreza não vale de nada.)

Mas tudo conspira contra o velho tutor: o contrato nupcial está assinado, Rosina não foi forçada a nada; duas testemunhas presenciaram o ato e, o que é pior, Basílio é uma delas. À indignação de Bartolo, o venal professor responde filosoficamente: "Oh questa è bella! S'egli ha piena la scarsella d'argomenti in quantità!" (Essa é boa! Ele tem a bolsa cheia de uma boa quantidade de argumentos). Só resta encerrar a comédia, bem ao gosto do Século das Luzes, com versinhos que retomam o subtítulo da ópera para, dele, extrair a "moral da história":

ROSINA E O CONDE – *Allor, quando in giovin core,*
è d'accordo il Dio d'Amore,
qualsivoglia Precauzione
sempre Inutil si trovò.

POLICIAL, TABELIÃO, FÍGARO, BARTOLO, BASÍLIO –
Quel che fece, con ragione,
ben l'inutil precauzione
questa qui chiamar si può.

(Então, quando o Deus do Amor está de acordo com corações jovens, seja qual for a *Precaução*, ela sempre será inútil.//O que faz, com toda razão, com que, neste caso, a precaução possa ser chamada de totalmente inútil).

Uma curiosidade: nesse final, durante dezesseis compassos, como uma homenagem a Catarina, Paisiello cita o tema do hino que se executava para anunciar a chegada da tsarina nas cerimônias da corte.

O *Barbiere* de Paisiello é um grande exemplo da técnica setecentista de orquestração. Os músicos de sua geração já não se contentavam mais com o conjunto em que predominavam as cordas: usavam regularmente oboés e trompas, freqüentemente fagotes e, em casos especiais, acrescentavam flautas ou clarinetes. Ocasionalmente, faziam um uso "descritivo" da instrumentação: na serenata "Saper bramate", bandolim e violinos em pizzicato sugerem o som da guitarra espanhola. A escrita de Paisiello para as cordas é muito transparente: os violoncelos não são independentes dos contrabaixos, e a sua linha é geralmente dobrada pelas violas uma oitava acima; mas cada vez que as violas têm sua própria linha melódica, os violinos tocam em uníssono.

Há sempre um objetivo preciso, quando as madeiras juntam-se às cordas. De modo geral, oboés e trompas são usados para adensar ou sustentar as harmonias subjacentes; flautas aparecem quando se quer sugerir a ambientação ao ar livre, como na *introduzione*, no "Lode al ciel" de Rosina, e na música da tempestade. E a clarineta, o instrumento do romance, intervém quatro vezes: na serenata do conde; no "Giusto ciel" de Rosina; na ária da lição de canto; e no dueto de amor que dá início ao *finale ultimo*. Uma breve passagem de "Già riede primavera" exemplifica perfeitamente as nuances poéticas da instrumentação de Paisiello. O ritornello de introdução é ricamente orquestrado e tem caráter concertante; os solos de clarinete e fagote são muito atuantes na pri-meira seção da ária. Mas esses dois instrumentos se calam e deixam ao oboé, de voz mais melancólica, a tarefa de colorir os versos

Tornan le fronde agli alberi,
l'erbette al prato tornano,
ma non ritorna a me
la pace del mio cor.

(Voltam as frondes às árvores, as ervinhas ao prado voltam, mas não volta para mim a paz do coração.)

E em "ma non ritorna a me", até mesmo o oboé silencia, deixando a voz solitária, "abandonada por todos", em companhia apenas das cordas.

Encenada no S. Moisè de Veneza, na temporada de Carnaval de 1750, *Il Mondo della Luna*, de Baldassare Galuppi, tinha libreto de Carlo Goldoni[3]. O dramaturgo veneziano baseara-se em idéias contidas no *Arlequin Empereur dans la Lune* (1743), de Nolant de Fatouville. Mas não tivera acesso direto a esse texto: ouvira a história contada por um amigo, o conde Grosberg, que assistira à peça em Paris. Fatouville dá empostação de farsa a seu texto, e os costumes que Arlequim encontra na Lua são tão terrestres e dissolutos quanto os da Terra. Goldoni, ao contrário, prefere transformá-los na "utopia pseudocientífica" – no dizer de Giuliano Tonnini – que é o Império da Lua, uma mistura de fábulas e crendices populares, dentro da cabeça do ingênuo Buonafede que, literalmente, "vive no mundo da lua".

Buonafede, "d'astrologia dilettante", atormentado por "non saper trovar dottrina alcuna/ che sappia spiegar cos'è la Luna", freqüenta a casa de Ecclittico, que está apaixonado por sua filha Clarice. Vai ver o satélite da Terra pelo telescópio de Ecclittico, pois este lhe garante que, com esse instrumento, é possível até mesmo "spogliar le donne/ quando vanno a letto". O que o rapaz deseja é encontrar o meio de convencer Buonafede a permitir que ele e seu amigo Ernesto casem-se com Clarice e sua irmã Flaminia, o que o velho recusa, pois sua ambição é ter na família "i principi d'altezza".

Ecclittico anuncia a Buonafede que vai viajar. Foi convidado pelo príncipe da Lua a visitá-lo. Mostra-lhe "certo liquore che, quando il beverò,/ leggermente alla luna io volerò", porque a beberagem produz uma metamorfose corpórea: "ci sentiremo sttilizar le membra in forma tale/ che anderemo in su come se avessim l'ale" (sentiremos nossos membros ficarem tão leves, que subiremos como se tivéssemos asas). Entusiasmado com a idéia de descobrir o que é a Lua, Buonafede toma o poderoso sonífero que há no frasco, e cai adormecido.

Acorda no jardim de Ecclittico, transformado em cenário dos domínios lunares, dentro da melhor tradição barroca do mundo como ilusão. Não se espanta em ver ali Ernesto e suas filhas, pois o gentilíssimo Imperador da Lua – interpretado por Cecco, o criado de Ecclittico – lhe diz que mandou buscá-los na Terra para que ele não se sinta só. Quando o imperador entrega as duas moças aos cuidados de seu camareiro Ecclittico e da Estrela Ésper (Ernesto), o velho faz algumas débeis

3. O leitor encontrará informações sobre as óperas de Galuppi e de Haydn, baseadas neste libreto de Goldoni, em *A Ópera Barroca Italiana* e *A Ópera Alemã*, ambas desta coleção.

objeções, mas não pode se opor aos costumes locais. Fica, aliás, muito contente, quando Cecco anuncia que os quatro jovens vão se casar, pois o lisonjeia ver as filhas unindo-se à mais alta aristocracia lunar. Ao descobrir a esparrela em que caiu, tem lucidez suficiente para perceber que a única culpada foi a sua fantasia. E aceita o fato consumado.

Tomando como ponto de partida o pessimismo de Cyrano de Bergerac em *Le Voyage aux Empires du Soleil et de la Lune*, Fatouville olha amargamente a Terra do ponto de vista da Lua, e chega à conclusão de que ela não tem mesmo jeito. Esse tom desiludido é substituído, em Goldoni, pela sabedoria sorridente de quem usa o *stile caricato* para mostrar que "tutto nel mondo è burla" e nada – os preconceitos, as ambições, as vaidades – deve ser levado muito a sério. O próprio Buonafede amadurece, no final, e se dá conta de que foi ele mesmo o artífice de sua derrota.

O esquema tradicional das personagens cômicas é completado por Lisetta, a empregadinha por quem Buonafede está secretamente enrabichado, e à qual não desagradaria fazer o papel de "serva padrona". Mas a própria Lisetta é vítima de suas ilusões: ela acaba vivendo com tanta intensidade o papel de Imperatriz da Lua que, para ela, o retorno à realidade é bastante abrupto. Quanto a Cecco, ele é o típico criado bufo, astucioso, cheio de truques, e pode ter sido um modelo para Bertati e Da Ponte, na criação de Leporello.

Paisiello tinha grande admiração pela peça de Goldoni e pela ópera de Galuppi. Em 1774, fez uma adaptação napolitana do texto para o Teatro Nuovo, intitulada *Il Credulo Deluso*, em que as personagens cantavam na habitual mistura de toscano e dialeto. Em 1782, esta foi a sua última produção para o Teatr Kámenny Ostróv, de São Petersburgo, numa versão do libreto revista pelo *poeta cesareo* Marco Coltellini, em que havia 28 números musicais. Coltellini eliminou a figura de Lisetta; passou a chamar Cecco de "príncipe", para não vexar os russo com o uso, que poderia ser considerado desrespeitoso, do termo "imperador"; e cortou todos os versos de Goldoni em que havia alusões críticas ao totalitarismo dos governantes. Como aos russos não agradava um número muito grande de árias interrompendo o fluxo da ação dramática, Coltellini comprimiu os três atos de Goldoni em um só. Mas previu pausas depois dos concertatos "Vado, vado, volo volo" e "Favorisca la sua mano", inserindo na peça cenas de balé que eram do gosto da corte russa, de costumes muito afrancesados.

Mas estava longe ainda de terminar a história das versões do *Mundo da Lua* paisielliano. Depois da vitoriosa apresentação de 1784, no Teatro del Fondo, em Nápoles, Viena quis assistir a essa *commedia per musica*. Na volta para casa, Paisiello tinha parado na Áustria e, por encomenda de José II, compusera *Il Re Teodoro in Venezia*, um drama de estilo *eroicomico* que agradara muito ao imperador. José II requisitou a ópera para seu Hoftheater, e Paisiello preparou uma nova versão, dividida em dois atos e com números adicionais. A fortuna crítica dessa ópera registra ainda uma curiosa apresentação de 1788, no Palácio Mercantil de Bolzano, na época sob dominação austríaca, de um *singspiel* intitulado *Die Welt im Monde*, cantada por uma companhia alemã trazida pelo mecenas Anton Melchior von Menz. Esses artistas tinham pirateado uma partitura comprada a Wenzel Sukowaty, o copista da corte de Viena; e substituíram os recitativos por diálogos falados de estilo completamente diferente dos de Goldoni-Coltellini.

Para a encenação no festival *Musica Estate a Bolzano*, de 1993, o maestro Fabio Néri utilizou a versão de São Petersburgo, editada pelo musicólogo Guido Pannain. Esse espetáculo ao vivo, muito valorizado pela interpretação de Enzo Dara como Buonafede, existe no selo Bongiovanni. Os dois casais são cantados por Gemma Bertagnolli e Daniele Gaspari, Carla di Censo e Mattia Nicolini. O papel de Cecco é feito pelo bufo Riccardo Ristori.

Talvez justamente porque números solistas não fossem o que o público russo mais apreciava, Paisiello é extremamente cuidadoso na escrita das oito árias, cinco no ato I, duas apenas no II, e três no último. As de Clarice são particularmente interessantes, pois a descrevem como uma moça imperiosa e determinada, da mesma têmpera que a Rosina do Barbiere. "Se vado alla finestra" aparenta ter um tom elegíaco e ressentido mas, a partir das palavras "Ah, mi fa male il cuore", fica claro que a menina está parodiando as heroínas choramingas de *opera seria*, como uma forma de se rebelar contra a falta de compreensão do pai. E seu verdadeiro temperamento se manifesta na cascata de notas e palavras de "Son fanciulla da marito", em que vem à tona o temperamento quente da mulher trancada dentro de casa, à espera de que um hipotético pretendente ideal apareça. "Se vado alla finestra" é muito mais eficiente, em termos de descrição de personagem, do que a florida "La donna che è amante", escrita para Luisa Laschi – a primeira Condessa das *Bodas de Fígaro* – na versão vienense.

Entre uma ária e outra de Clarice, Flamínia também expressa sua personalidade bem diferente em "Mi palpita il cuore", em que o descritivismo sonoro é simples mas eficiente: o acompanhamento "soluçante" com tercinas repetidas; a "batida" de uma figura rítmica na orquestra, cada vez que ela repete as palavras "amor mi martella"; as palavras fragmentadas e ofegantes do final da ária. Uma vez mais, esta ária é preferível à lânguida "Infelice, sventurata, io son nata per penar", cantada em Viena.

Em "Pronto sarà il denaro" (I, 3), Ernesto assegura a Ecclittico o apoio financeiro à trama contra Buonafede, dizendo-lhe: "In me um amico avrete". Mas quando ele pensa em Flamínia, por quem está apaixonado, o ritmo e o andamento mudam, e a melodia se converte numa emocionada declaração de amor, "Per la mia bella farò portenti". Já "Della luna il gran signore" (II, 10), de Ecclittico, equilibra-se entre a paródia do *stile patetico* sério e a necessidade de fazer do Imperador da Lua um retrato amável e magnânimo. Um hábil crescendo da orquestra sugere o espanto cada vez maior de Buonafede diante da beleza do mundo lunar em "Che mondo amabile" (II, 11). O clímax da ária está na última sílaba da palavra "beltà", que Buonafede canta em cânon com os baixos do coro, enquanto a orquestra mantém um triunfante pedal.

E na sua última ária, "Qua la mano" (III, última cena), Buonafede adota um tom muito formal, que corresponde à solenidade da celebração do casamento de suas filhas com tão ilustres figuras da corte lunar. Mas a dimensão cômica é dada pelos fagotes, que balbuciam sugerindo a falta de espontaneidade da personagem, ou o modo cômico como os violinos dobram o tom solene das palavras "Io vi unisco in matrimonio".

Mas as melhores passagens da ópera são os números de conjunto no final de cada ato. O quarteto "Vado, vado, volo, volo" (I, 8) tem sua urgência frisada pelas figuras ascendentes dos violinos, realçada pela entrada canônica das personagens, até o momento em que a poção faz efeito e Buonafede já nem consegue mais falar. Vem em seguida a seção *più calmo*, em que Ecclittico justifica o seu estratagema e tranqüiliza as duas moças. O número termina com "Felice quell'amante quando trova um cor", que volta a ser um quarteto com a chegada de Ernesto, e torna-se cada mais esfuziante, concluindo-se com o veloz "Viva il dio d'amor e la nostra fedeltà".

No quinteto "Favorisca la sua mano" (II, 13), os dois casais tentam dissimular seus verdadeiros sentimentos por trás de modos cerimoniosos. Mas Buonafede está atento – "Una Stella sì lucente inganarmi non saprà" – e adverte aos jovens que fiquem onde os possa ver claramente. Eles o tranqüilizam de tal maneira, que o velho exclama "O che mondo benedetto che per me questo sara". Suas filhas repetem "che bel mondo è questo qua", desencadeando o duplo cânon final, cheio da vitalidade que Paisiello sempre consegue infundir a seus finales de estrutura contrapontística. Quanto à cena final, quem lhe dá início é Cecco, depois que Buonafede pronunciou o "Io vi unisco in matrimonio" e desejou: "Lunga vita il ciel vi dica e figliuoli in quantità":

Cecco – *Orsù! Tutto è finito,*
Buonafede è contento,
voi siete soddisfati,
ognun vada a goder
la sua fortuna
e lasciamo il Mondo della Luna.

Buonafede – *Come? Cosa dite?*
Intendervi non so.

Cecco – *Meglio dunque per voi,*
vi spiegherò.
Buonafede, tondo, tondo
come il cerchio della Luna,
ritornate all'altro mondo
a cercar miglior fortuna.

Ecclittico – *E le vostre dame belle*
resteranno qui con noi,
maritate, che son furbe più di voi.

ERNESTO – *Signor suocero garbato,*
siete un poco stralunato.

CLARICE E FLAMINIA – *Signor padre, non pensate*
ai passati nostri amori.
Noi già siamo maritate,
non cadrem più in tali errori.

BUONAFEDE – *Ah! Bricconi v'ho capito.*
Son da tutti assassinato,
ma sei tu che m'hai tradito,
cannochiale disgraziato.

TODOS – *Questo è quello che sucede*
a chi vuol cambiar fortuna.
Tutto spera e tutto crede
nelle stelle e nella luna.
Ma alla fin si pentirà
chi lunatico sarà.

(Pronto! Acabou tudo, Buonafede está contente, vocês estão satisfeitos, que cada um vá gozar sua boa sorte e deixemos o Mundo da Lua.//Como, o que está dizendo? Não entendo.//Melhor para você, eu explicarei. Buonafede, redondinho como o círculo da Lua, volte para o outro mundo e procure melhor sorte.//E as suas belas damas ficarão aqui casadas conosco, pois são mais espertas do que o senhor.// Meu caro sogro, o senhor está um pouco aluado.//Senhor pai, não pense em nossos amores passados, pois já estamos casadas e não cairemos mais em erros semelhantes.//Ah, patifes, entendi. Fui assassinado por todos, mas foi você quem me traiu, telescópio desgraçado.//Isso é o que acontece a quem quer mudar de fortuna. Espera tudo e acredita em tudo, nas estrelas e na lua. Mas no fim, quem for lunático há de se arrepender.)

A figura rítmica de dezesseis notas sempre associada à raiva de Buonafede aparece também neste sexteto final, sob a forma de uma repetição mecânica de caráter cômico, na qual Friedrich Lippman via o embrião de um procedimento semelhante, que será muito comum nas cenas de conjunto rossinanas.

Em *Il Mondo della Luna*, há apenas um dueto, o de Eсclittico e Clarice, no fim do ato II, demonstrando afeto um pelo outro, "Amabile e vezzoso... bell'amorin grazioso". Quanto ao coro, o seu papel é de grande importância. É muito bonita a forma como, na primeira cena, ele responde às frases da "Luna lucente di Febo sorella" de Ecclittico, criando um clima cerimonial e iniciático. Na cena 3 do ato II, "Uomo felice", pontuado por trompetes e tímpanos, acompanha de forma dignificada a cena em que Buonafede veste as roupas lunares destinadas a ele pelo imperador.

Vale a pena ainda destacar o relevo dado por Paisiello às intervenções instrumentais, sobretudo no ato II, em que assumem função descritiva através de movimentos coreográficos, para sugerir as paisagens lunares que Buonafede está descortinando. Paisiello teve a idéia de colocar músicos nas coxias do palco, para dar origem misteriosa aos sons ouvidos pelo velho. E como essa música é respondida pela da orquestra, cria-se um efeito de eco. O solo de violino imita o canto dos pássaros. Clarinete, fagote e trompa criam "l'armonia Che esce dagli arboscelli agitati daí dolci venticelli", fazendo Buonafede exclamar: "I musici in questo mondo suonan meglio dei nostri suonatori." Para as danças das ninfas e pastoras, a música é muito graciosa; um solene *tempo di marcia* assinala a entrada de Cecco como o imperador; e quando as duas garotas chegam à Lua, são recepcionadas por uma delicada *Piccola Sinfonia*.

Retornemos à já mencionada *Il Re Teodoro a Venezia*, cantada no Burgtheater de Viena em 23 de agosto de 1784. Giovanni Battista Casti, a partir de um episódio do *Candide* de Voltaire, dá tratamento inteiramente fantasioso a uma personagem real, o barão Theodor von Neuhoff que, em 1736, graças a hábeis manobras políticas, conseguiu fazer-se proclamar rei da Córsega. Na ópera, o mordomo do rei Teodoro, que está à beira da bancarrota, propõe-se a ajudá-lo promovendo o seu casamento com a filha de um rico taverneiro veneziano. O pai fica lisonjeado em dar a mão de sua filha a uma cabeça coroada. Mas a moça tem um namorado e este, ajudado por um criado astucioso, denuncia as tramóias de Teodoro para apoderar-se do trono, e ele é preso pelas autoridades venezianas.

Mozart assistiu à estréia dessa ópera e, em suas cartas ao pai, elogiou o libreto bem construído de Casti e a música de Paisiello – a quem admirava. A prova do sucesso de *Il Re Teodoro* foi a ópera ter sido reprisada em Dresden, em 1791, com o título de *Gli Avventurieri*, com um libreto remanejado por Caterino Mazzolà – o autor do texto da *Clemenza di Tito* mozartiana.

Ferdinando VI gostou tanto de *Antigono*, outra repescagem de um libreto de Metastasio – escrito em 1743 para Hasse –, encenada em janeiro de 1785 no San Carlo, que concedeu a

Paisiello uma pensão de 1.200 ducados anuais, a ser paga metade pelo tesouro real e metade pelas rendas da bilheteria do teatro. Essa foi uma década extremamente prolífica:

1785 – *La Grotta di Trofonio*, de dezembro, em que G. Palomba adaptava o libreto de G. B. Casti para Salieri, cantado em Viena em outubro daquele mesmo ano;
1786 – *Olimpiade*, o mesmo libreto de Metastasio que, escrito em 1733, foi musicado por diversos compositores, de Pergolesi a Cimarosa; e *Le Gare Generose ossia Gli Schiavi per Amore*;
1787 – *Pirro, Giunone Lucina* e *La Modista Raggiratrice ossia Il Maestro di Scuola Napolitano*;
1788 – *Fedra* e *L'Amor Contrastato ossia La Molinara.*

No capítulo de introdução a este volume, falamos da importância do trabalho de Tommaso Traetta na corte francófila de Parma, e do papel que a influência francesa tem na formação do melodrama clássico italiano. Uma das óperas mais significativas escritas por Traetta, em 1759, em colaboração com Carlo Innocenzo Frugoni, foi *Ippolito ed Aricia*, tradução e adaptação da primeira ópera de Rameau, *Hippolyte et Aricie* (1733), que o abade Simon Joseph Pellegrin extraíra da *Phèdre* de Racine. Pois foi o libreto de Frugoni o ponto de partida para o texto da *Fedra* que Mario Savioni preparou, no fim de 1787, para Paisiello. A estréia no San Carlo, em 1º de janeiro de 1788, foi recebida "con aplauso indicibile", no dizer da *Gazzetta Universale*. E isso devia-se à música, mas também à qualidade do elenco.

Teseo era o tenor Giacomo David, pai de Giovanni, um dos tenores rossinianos por excelência. Brígida Banti, a primeira Arícia, tinha sido definida por Castil-Blaze como "la virtuose du siècle" e o imperador José II dissera dela que era a "voz mais bonita da Europa". Do *castrato* Giovanni Crescentini (Hipólito), Schopenhauer escreveu: "Sua voz, de beleza sobrenatural, não pode ser comparada à de nenhuma mulher: não pode haver timbre mais encorpado e mais doce, e até mesmo com essa pureza argentina ele alcança uma potência indescritível". O balé *Il Soldato per Amore*, com música de autor desconhecido e coreografia de Sebastiano Gallet, dançado por Eleonora Dupré, completava o luxuoso espetáculo.

Composta no mesmo ano do *Demophoon* que, em Paris, Cherubini escrevera no auge da polêmica dos gluckistas contra os piccinistas, *Fedra* é a demonstração de que a Paisiello não faltavam nem as informações e nem o interesse sobre o que de mais novo se fazia, na França, em termos de *tragédie lyrique*: assuntos tirados da Antigüidade helênica, uso extenso do recitativo acompanhado, parcimônia na ornamentação e no número de árias, grande espaço aberto ao coro e às danças. Isso está muito nítido em números que ostentam um tom nitidamente gluckiano: a abertura, a ária "Contro ogni nembo irato" de Hipólito ou os trechos corais – por exemplo "Giusti Dei, che in ciel regnate", do ato I, ou "Viva l'eroe". Enquanto Aricia, em árias ornamentadas como "Aricia, che farai?" e, sobretudo, "Mille perigli insieme" é uma personagem estreitamente ligada à tradição canora napolitana, Fedra se expressa em monólogos declamatórios de um estilo retórico semelhante ao de Alceste. O melhor exemplo disso é, no ato I, a sua *aria di furia* "Svegliati all'ire ormai", depois que ela confessa sua paixão ao enteado e é rejeitada.

De resto, desde o *Alcide al Bivio* escrito para São Petersburgo, já se observava em Paisiello o amplo emprego de *recitativi stromentati*. E no *Pirro*, composto para Nápoles em 1787, comparecia um *finale d'azione* derivado da ópera bufa, fórmula aplicada pelos gluckistas e que, como já foi várias vezes dito, haveria de se constituir num dos embriões dramatúrgicos da ópera romântica. Há tempos Paisiello vinha também eliminando as árias não essenciais, para personagens secundárias (as chamadas *arie di sorbetto*), buscando uma maior continuidade narrativa. Isso faz, portanto, de *Fedra* um documento importante no processo de penetração na Itália de certas características do modelo gluckiano. Para conhecê-la, existe a gravação de uma transmissão radiofônica da RAI de Milão, em 1958 (selo Nuova Era, 1989). Angelo Questa rege o elenco integrado por Lucilla Udovick, Angelica Tuccari, Agostino Lazzari e Renato Cesari.

Para se ter uma idéia da grande popularidade de *L'Amor Contrastato ossia La Molinara*, cantada no Teatro dei Fiorentini na temporada de outono de 1788, basta lembrar que a ária "Nel cor più non mi sento", um dos *big hits* da década de 1790, serviu de inspiração a vários compositores – inclusive Beethoven – para fantasias, paráfrases e variações instrumentais. No libreto de Giuseppe Palomba, Rachelina, a moleira do sub-título, é cortejada por três rapazes: dois membros da pequena nobreza, Don Calloandro e Don Rospolone, com mais pretensões do que substância; e uma figura simplória mas de bom coração, o tabelião Pistofolo, que fala em dialeto e assegura os episódios cômicos.

Os dois nobres usam Pistofolo para ir apresentar seus respeitos à moça que estão cortejando; mas, cativada pelos modos diretos e sinceros do tabelião, Rachelina apaixona-se por ele, o que deixa os outros dois furiosos. Perturbado pelos ciúmes, Calloandro perde a razão e faz tantas ameaças que os dois namorados vêem-se obrigados a fugir; mas voltam depois que ele se acalma, e a ópera termina com a reconciliação. Exemplo muito típico da *commedia per musica* napolitana, a ópera pode ser conhecida mediante o registro da Fonit-Cetra feito em 1959 com o título de *La Molinara* (Sciutti, Lazzari, Misciano, Bruscantini, Calabrese/Caracciolo).

No ano seguinte, após um *Catone in Utica* que retomava o libreto de Metastasio escrito em 1728 para Leonardo Vinci, Paisiello produziu a ópera semi-séria que, ao lado do *Barbeiro de Sevilha*, fez sua fama no mundo inteiro. *Nina ossia La Pazza per Amore* constitui um passo fundamental no processo de passagem do Classicismo para o Romantismo. Dela existem duas gravações disponíveis:

Arts, 1992 – Jeanne Marie Bima, Gloria Banditelli, William Mateuzzi, Natale de Carolis, Alfonso Antoniozzi/Hans Ludwig Hirsch (gravada em Budapeste);

Nuova Era, 1991 – Marina Bolgan, Don Bernardini, Francesco Musinu, Fiorella Pediconi, Giorgio Surian/Richard Bonynge (ao vivo no Teatro Massimo Bellini, de Catania, em outubro de 1989).

Um conto de *style larmoyant*, intitulado *La Nouvelle Clémentine*, e incluído por François Thomas Baculard d'Arnaud em sua coletânea *Délaissements de l'Homme Sensible* (1783), sugeriu a Benoît-Joseph Marsollier de Vivetières o libreto de *Nina ou La Folie par Amour*. Estreada na Comédie-Italienne em 15 de maio de 1786, ela representou o pináculo na carreira de Nicolas Dalayrac. E foi um dos papéis mais marcantes de Rose Lefèvre Dugazon, cuja voz passou a designar o timbre claro e ágil da "mezzo Dugazon", especial para papéis de *jeunes amoureuses*.

A fama dessa ópera francesa fez com que a corte encomendasse a Paisiello uma versão italiana, para ser cantada ao ar livre, em 25 de junho de 1789, durante a visita que a rainha Maria Carolina faria ao palácio do Belvedere, que Ferdinando IV mandara construir no subúrbio de San Leucio di Caserta – o mesmo onde se passa *Le Cantatrici Villane*, de Fioravanti. Uma crônica da época conta que um teatrinho de madeira tinha sido construído no jardim da casa onde morava o *direttore delle vigne*. "O caminho que liga essa casinha ao teatro foi todo iluminado e recoberto de folhagens, de modo a criar um *grottone di verdura*, e a fachada da casa foi também iluminada com velas". A platéia emvolveu-se de tal modo com os sofrimentos da protagonista que, ao ouvir Celestina Coltellini cantar a desolada "Il mio ben, quando verrà?", uma das damas debruçou-se de seu camarote, em prantos, e gritou para a cantora: "Vivi sicura! Verrà il tuo bene!"

Ouvida inicialmente em um ato, *Nina* foi desdobrada em dois ao ser levada para o Teatro dei Fiorentini, na temporada de outono de 1790. O original tinha diálogos falados entre os números cantados, o que o vincula às suas origens num *opéra-comique* francês. Sò mais tarde, para a estréia em Parma (1794), Paisiello escreveu os recitativos utilizados nas representações modernas. Giovanni Carpani fizera a tradução italiana do texto de Marsollier, e Giovanni Battista Lorenzi acrescentara trechos adicionais. Nina foi uma das óperas de Paisiello a ficar mais tempo em cartaz. Dentre as diversas encenações que recebeu, merecem menção:

- a de Viena em 1790, com libreto revisto por Lorenzo Da Ponte e música adicional de Peter Weigl;
- a do Opéra de Paris, em 1791, com recitativos acompanhados e uma ária adicional, escritos por Cherubini;
- a do Teatro del Fondo, de Nápoles, em 1811, um dos pontos altos altos na carreira de Isabella Colbran, a futura senhora Rossini;
- e a do Teatro Carcano, de Milão, em 1829, com duas típicas estrelas do Romantismo, Giuditta Pasta e Gilbert-Louis Duprez.

A governanta Susanna conta a Giorgio, o velho tutor do Conde, por que Nina, a filha única de seu patrão, enlouqueceu. O Conde concordara com o noivado de Nina e seu namorado, Lindoro. Depois mudou de idéia, pois preferia casá-la com um nobre mais rico. Lindoro veio despedir-se de Nina, cruzou com o rival e foi morto num duelo. Assistindo à cena, Nina enlouqueceu, vive à espera de que seu amado volte, e entra em crise cada vez que ouve o nome do pai.

O Conde, morto de remorso, confiou´a filha à guarda de Susanna e vem pedir notícias dela. Enquanto Giorgio consola o Conde, Susanna vai entregar a Nina, que acabou de despertar, uma cesta de pequenos presentes para as camponesas que a esperam diante do portão. É lá que ela vai postar-se, todos os dias, lamentando a ausência de Lindoro e esperando o momento em que ele há de voltar. O Conde não resiste à tentação de ir falar com a filha, mas ela não o reconhece e trata-o como um estranho importuno, que distrai sua atenção da espera pelo noivo. Passa um pastor tocando a *zampogna* (uma espécie de gaita de fole) e Susanna quer acompanhá-lo até a aldeia; mas Nina teme que Lindoro chegue, nesse meio tempo, e ela não esteja lá para recebê-lo. A governanta garante que ele esperará, e consegue afastá-la um pouco do pai, que a fica olhando angustiado.

Giorgio vem correndo avisar que os guardas-caça do castelo prenderam um desconhecido que tentava pular o muro do jardim. É Lindoro, que não esperava recepção amigável do Conde, e se surpreende quando este o abraça como um pai. Conta-lhe que sobreviveu aos ferimentos do duelo, cuidado por um amigo fiel, e pergunta se Nina ainda o ama. O Conde descreve-lhe o estado lamentável em que a filha se encontra, e fica na dúvida: se revelar-lhe a verdade, pode submetê-la a um choque que a destruirá psicologicamente para sempre. Aconselhado por Susanna, o Conde pede a Lindoro que tire o casaco debruado com bordados feitos por Nina, e se apresente a ela como se fosse o seu próprio pai.

A princípio ela fica muito agitada, mas Lindoro consegue acalmá-la e, relembrando coisas muito pessoais que ambos conversavam no passado, convence-a de que é ele mesmo quem está a seu lado. Nina finalmente recupera a sanidade e se dá conta de que o pai já não se opõe mais à sua união com o homem que ama. Susanna, Giorgio, o Conde e os camponeses, que acompanhavam nervosamente os vários estágios da conversa, unem-se a eles para celebrar a alegria do final feliz.

É necessário colocar-se na cabeça de um espectador da Era da Sensibilidade – à beira da Revolução Francesa e muito perto da eclosão dos sentimentos românticos em sua plenitude –, para entender o impacto de *Nina* sobre a platéia. As lágrimas, a identificação total do público, que esquecia estar diante de uma cantora e tentava se comunicar com a personagem, transmitindo-lhe uma palavra de estímulo e solidariedade, são o resultado de *Nina* tratar de um tema de importância social, na época ainda delicado – a injustiça de os casamentos por interesse criarem obstáculos cruéis à verdadeira expressão dos sentimentos –, mas que as mentes progressistas já discutiam abertamente. A moldura narrativa é idílica – a paz da vida no campo –, porém, sem o intelectualismo e a idealização da poesia bucólica arcádica. A natureza "de verdade" em que evoluem essas personagens simples e humanas já é a do Pré-Romantismo.

Mas há um outro ponto muito importante. Nina não é a primeira "pazza per amore" da História da Ópera. Esse tipo de reação à infelicidade amorosa já existe, por exemplo, nos diversos tratamentos barrocos ao episódio do *Orlando Furioso*, extraído de Ariosto. Mas a personagem de Paisiello dá início a toda uma linhagem de figuras femininas frágeis e oprimidas que mergulham na insanidade, como defesa contra o absurdo da situação em que vivem, e que as atinge no que no têm de mais íntimo e precioso. Nina é a ancestral das grandes loucas românticas: a Lucia e a Linda di Chamounix de Donizetti; a Elvira de Bellini; a Ofélia de Ambroise Thomas, a Dinorah de Meyerbeer, a Jane Glover da *Jolie Fille de Perth* de Bizet. Algumas delas só encontram na morte o ponto de repouso. Outras, mais felizes, recuperam a razão ao lhes ser devolvido o ser amado.

No capítulo sobre Piccinni, falamos da grande introdutora do *style larmoyant* na Itália, a ópera semi-séria *La Cecchina* (1760), baseada na *Pamela* de Samuel Richardson. Mas aqui é necessário relembrá-la por um motivo de importância histórica. Piccinni tinha sido precedido, em 1756, por Romualdo Duni. Sua *La Buona Figliuola* tinha libreto de Goldoni, baseado na peça que o dramaturgo veneziano extraíra da novela de Richardson. Só não se pode atribuir a Duni a posição conferida à *Cecchina*, porque sua partitura se perdeu. Mas em 1757, Duni foi para Paris e, lá, foi um dos consolidadores do *opéra-comique*, o tipo de melodrama francês com mais peso para os ingredientes sentimentais do que para os bufos, que tinha diálogo falado ligando as partes cantadas. A esse gênero que o italiano Duni ajudou a fixar na França, pertence a *Nina* de Dalayrac, que Paisiello imitou na Itália. Vê-se aí, portanto, mais um exemplo dessas influências cruzadas de que a História da Ópera está cheia. À tradição semi-séria aberta pela *Cecchina* e a *Nina*, vão filiar-se, no futuro, o *Adelson e Salvini* de Fioravanti e Bellini, a *Leonora* de Mercadante, a *Emilia* e a *Linda di Chamounix* de Donizetti, e tantas outras.

Além do "Il mio ben, quando verrà?", de cortar o coração, Nina tem, no ato I, outras belas seqüências. Primeiro, "Brave, non mi abbandonate", acompanhada pela voz de uma camponesa; e "Lontana da te, Lindoro, suo ben", em que dialoga com o coro. Logo depois, "Che soave armonia", o dueto com Susanna quando ouve a canção do pastor; e "Come oimè! partir degg'io", o número de encerramento do ato, quando hesita diante do convite da governanta para que vá passear na aldeia. No ato II, o grande momento para o tenor é "Questo è dunque il loco usato": deixado sozinho pelo Conde, que lhe pede "Frena l'impazienza tua, io tel' comando", Lindoro lembra-se dos dias felizes passados naquele jardim, em companhia da namorada:

Questi augelli e questo prato,
queste aurette lusinghiere
mi ritornano al pensiere:
quanto fui felice un dì.

(Estes pássaros e este prado, estas levíssimas brisas voltam-me ao pensamento: como fui feliz um dia.)

Em seguida, o tom suave e melancólico da primeira seção converte-se na *preghiera* ansiosa

Oh Ciel! Non reggo! Questo è il trono d'Amor.
Nume, perdona, eccomi ai piedi tuoi.
Pietoso Nume, pon fine a' nostri mali!

(Ah, céus, não suporto! Este é o trono do Amor. Deus, perdoa, eis-me a teus pés. Deus piedoso, põe fim a nossos males!)

Esta ária ilustra uma vez mais o domínio adquirido por Paisiello na expressão das emoções humanas em sua forma mais sutil e variada, terminando com um dístico que é um verdadeiro aforisma, sintetizando toda a ópera: "Ch'è un vano don la vita/a chi ragion smarrì" – a vida é um dom inútil para quem foi desamparado pela razão.

O finale tem alto nível de inspiração e é um dos melhores exemplos do senso de *timing* adquirido por Paisiello na maturidade. É impecável o desenvolvimento dramático, o acúmulo de suspense partir do quarteto "Vedi tu?", em que Nina, a princípio, se recusa a acreditar que tem Lindoro diante de si:

Oh, como egli è mesto!
Oh, se egli fosse Lindoro
potrebbe essere mesto
nel vedere la sua Nina?
E se fosse Lindoro,
come potrebbe, accanto a lui,
la sua Nina soffrire ancora
ed essere infelice?

(Oh, como ele está triste! Se ele fosse Lindoro, poderia estar triste ao ver a sua Nina? E se fosse Lindoro, como poderia a sua Nina, ao lado dele, sofrer ainda e sentir-se infeliz?)

A tensão cresce ao longo do dueto "Oh momento fortunato", no qual o namorado consegue aos poucos convencê-la de que está vivo e ainda a ama. Ela acredita quando Lindoro lhe fala do anel de noivado que lhe deu – e ela ainda traz no dedo – e em que "osò per prima volta di sposa il sacro nome darti". É um daqueles momentos privilegiados na ópera em que a música traduz maravilhosamente as emoções confusas da personagem, "soprafatta dagli affetti diversi". O movimento final, do instante em que, tendo pronunciado finalmente o nome do amado, Nina pergunta "Son qui desta?... o sogno è il mio?", é de enorme felicidade como realização teatral. As palavras do coro, um tanto sentenciosas, trazem a moral da história:

Ed apprenda ogni amatore
come Amore
in pochi istanti
sa premiare i lunghi pianti
di una cara fedeltà.
Sì, sperate, afflitti amanti:
figlio è Amor della pietà.

(E que todo amante aprenda, em poucos instantes, como o Amor sabe premiar o longo pranto da fidelidade. Sim, tenham esperança, amantes aflitos, pois o Amor é filho da piedade.)

Uma curiosidade: no final da década de 1780, Cimarosa tinha encontrado, no convento das beneditinas, em Verona, uma órfã cuja voz era de excepcional beleza. Apesar da oposição das freiras, que desejavam fazê-la seguir a carreira religiosa, o compositor obteve a dispensa papal e a autorização para que a moça fizesse os estudos musicais. Nina foi o papel com que estreou, no Scala, a cantora Floria Tosca – personagem real que inspirou a Victorien Sardou a peça *La Tosca* (1887), na qual baseou-se a ópera de Puccini. No drama de Sardou, depois de ter triunfado no Scala e no La Fenice, Floria Tosca está levando os romanos ao delírio, com sua interpretação da louca por amor no Teatro Argentina. E na cena do baile no palácio real – não aproveitada no libreto de Illica e Giacosa –, Paisiello é uma das figuras históricas que aparecem. Essas informações são dadas tanto por Michael Robinson, autor do catálogo temático da obra de Paisiello, quanto por Mosco Carner em *Puccini: a Critical Biography*.

Ao receber, no início de 1785, a ordem de pagar metade da pensão a Paisiello, a direção do teatro San Carlo quis que os 600 ducados a ele devidos fossem considerados o pagamento antecipado por uma *opera seria*, que ele se comprometeria a fornecer todo ano. Assim foi durante algum tempo e, na lista acima, o leitor perceberá a presença de títulos sérios reciclando os previsíveis libretos do grande *poeta cesareo* setecentista. Mas, na metade de 1790, depois do imenso sucesso de *L'Amor Contrastato* e *Nina*, o compositor foi protestar junto ao rei e, no início de outubro de 1790, Ferdinando decidiu que o tesouro lhe pagaria toda a pensão. Em 29 de outubro de 1787, o rei já o nomeara *maestro della real camera*, com o salário de vinte ducados mensais. Os bons salários e a importância dos cargos que ocupava fizeram de Paisiello o músico mais poderoso de Nápoles. Mas a instável situação política do final do século XVIII teria efeitos consideráveis sobre a fase final de sua carreira.

Em janeiro de 1799, as forças republicanas entraram em Nápoles, o rei fugiu para a Sicília, mas seus músicos ficaram para trás. Embora, ao contrário de Cimarosa, ele não tivesse aderido à causa liberal, Paisiello foi nomeado *maestro di cappella nazionale* pelas autoridades da efêmera Repubblica Partenopea e, depois, teve dificuldades para provar que não tinha desejado esse emprego. Depois do retorno de Ferdinando a Nápoles, ele perdeu todos os seus cargos e, só em 7 de julho de 1801, após um processo demorado, foi eximido de culpa e reconduzido.

Napoleão era um grande admirador de Paisiello, embora tenha ficado famoso o episódio em que o então Primeiro Cônsul lhe disse que, de todas as suas óperas, a que mais apreciava era *Le Cantatrici Villane*... escrita por Fioravanti. No final de 1801, Napoleão negociou com Ferdinando uma licença remunerada para que o músico vistasse Paris. Numa carta de 19 de janeiro de 1802, Paisiello pede ao tesouro que pague seus rendimentos a um advogado, durante a sua ausência. Em abril de 1802, Napoleão o nomeou seu *maître de chappelle* com o salário de mil francos e, para ele, Paisiello concebeu a *Missa Pastorale di Natale per la Cappella del Primo Console* (1802), uma *Messa Breve* (1803) e a grandiosa *Messe pour le Jour de la Proclamation de Sa Majesté Impériale* (1804). Porém, a única ópera do período francês foi uma *tragédie lyrique* intitulada *Proserpine*, com texto de M. Guillard adaptado de um antigo libreto de Ph. Quinault, cantada no Opéra de Paris em 28 de março de 1803. Nela, percebe-se a esforçada tentativa de praticar a linguagem reformada gluckiana, em voga na França.

Pouco depois da coroação do imperador, Paisiello lhe pediu a permissão para retornar à Itália, que Napoleão – como Catarina antes dele – concedeu com relutância. Não procede, porém, a história contada por Florimo de que o corso lhe teria, generosamente, concedido uma pensão anual de 2.400 francos. O que existe é um *brevet* de 31 de julho de 1808, em que Napoleão lhe destina uma pensão anual de mil francos, com efeito retroativo desde 22 de setembro de 1804. Le Petit Caporal continuou a lhe manifestar apreço: em 18 de julho de 1808, nomeou-o cavaleiro da Légion d'Honneur; e em 1809, quando Haydn morreu, escolheu-o para preencher sua vaga na seção de Belas Artes do Institut de France. Sua carreira como operista já estava se encerrando. Estas foram as óperas dos últimos dezesseis anos:

1791 – *Ipermestra* (Metastasio, 1744, Hasse) e *La Locanda ossia Il Fanatico in Berlina*, para o Pantheon Theatre, de Londres;
1792 – *I Giocchi d'Agrigento, Il Ritorno d'Idomeneo in Creta e Elfrida*, com libreto de Raniero da Calzabigi;
1794 – *Elvira* (Calzabigi), *Didone Abbandonata* (Metastasio, 1724, D. Sarri);
1797 – *Chi la Dura Vince* (pasticcio com música de óperas suas montado no Scala); *La Daunia Felice*, uma *festa teatrale* encomendada para o casamento de Francesco, duque da Calábria, com a arquiduquesa Maria Clementina; e *Andromaca*;
1798 – *L'Inganno Felice*;
1803 – *Proserpine*;
1808 – *I Pittagorici*.

Em 1807, Paisiello tinha escrito também uma cena adicional para *Elisa ossia Il Passaggio del Monte S. Bernardo*, de Simone Mayr, e em seguida uma farsa intitulada *Epilogo per "L'Elisa" di Mayr*.

Em janeiro de 1806, o irmão do imperador, Joseph Bonaparte, derrubou Ferdinando VI e coroou-se rei de Nápoles. O compositor predileto da família foi nomeado *compositore e direttore della musica per l'uso della Reale Camera e della Reale Cappella*. O marechal Joachim Murat, que sucedeu a Joseph em 1808 e manteve-se no trono até 1815, confirmou-o nessas funções. Entre 1807-1813, Paisiello fez também parte da direção da Escola de Música do Estado, fundada por Joseph Bonaparte. A queda de Murat, o fim do controle francês sobre Nápoles, e o retorno de Ferdinando significaram, para Paisiello, a queda em desgraça. Como já estava com 75 anos, não lhe tiraram o posto de *maestro della real cappella*, para que pudesse se sustentar. A pensão francesa foi cortada, apesar de sua tentativa de agradar aos Bourbons restaurados compondo a *Messa per la Real Cappella delle Tuileries a Sua Real Maestà Cristianíssima Luigi XVIII*. Giovanni Paisiello morreu em junho de 1816 – simbolicamente no ano em que estreou uma comédia destinada a deixar na relativa obscuridade a mais famosa de suas óperas.

Apesar das inúmeras concessões que teve de fazer ao gênero sério, no qual preferia, por ser mais cômodo, retornar às fórmulas garantidas do modelo metastasiano, embora atualizadas com a inclusão de números de conjuntos, era no domínio da comédia que Paisiello dava o melhor de si mesmo, e encontrava seus acentos não só mais efervescentes, mas também mais progressistas. Ele foi o primeiro compositor napolitano a descartar as duas últimas seções da tradicional abertura italiana (allegro-lento-allegro), escrevendo peças curtas e vivas com forma de sonata. São sua marca registrada harmonias simples, uso constante de fórmulas cadenciais, mistura muito peculiar de frases alternando *legato* e *staccato*, repetição de células rítmicas curtas no acompanhamento, e utilização parcimoniosa dos ornamentos.

Na fase russa (1776-1784), teve de modificar a estrutura de suas comédias, pois Catarina II não gostava de espetáculos que ultrapassassem uma hora e meia. Passou a escrever peças de dois em vez de três atos; reduziu o número de árias, que são momentos de reflexão, privilegiando cenas de conjunto, em especial as de interação conflituosa ou agitada entre as personagens, ideais para um público que nem sempre entendia os diálogos. Com isso, seu poder de caracterização se aguçou, sua orquestração tornou-se mais colorida e as melodias, mais calorosas. Dos contatos com Viena, datam os torneados mozartianos que, vez por outra, aparecem em suas partituras. Mas a rua é de duas mãos pois, em *Naples and Neapolitan Opera*, Michael Robinson aponta, nas *Bodas de Fígaro* e no *Don Giovanni*, a presença de maneirismos do *Barbiere di Siviglia*, com a qual Mozart ficara encantado, ao ouvi-la.

A admiração pela poesia metastasiana fez Paisiello retomar constantemente os seus textos, ainda que os submetesse a revisões para atualizá-los superficialmente. Mas permaneceram as características básicas do Barroco: ação relegada aos recitativos e árias reservadas à expressão dos *affetti*; e oportunidades para o exibicionismo vocal mesmo em momentos pouco apropriados do drama. Ainda assim, Paisiello se esforçou para limitar os abusos dos cantores, eliminando os vocalises exagerados, restringindo a possibilidade de inserção de cadências opcionais e usando um número maior de recitativos acompanhados. Nunca chegou a aderir totalmente aos princípios da ópera reformada gluckiana – a não ser, por razões práticas, na *Proserpine*, obviamente –, mas adotou seletivamente algumas de suas propostas, principalmente o uso do acompanhamento orquestral para costurar mais fortemente o recitativo à ária. Um exemplo curioso, embora isolado, de experimentalismo é *Pirro*, de 1787, na qual ele insere finales em concertato, típicos de ópera cômica, que são de música contínua e fazem a ação progredir.

Gazzaniga

Relativamente pouca coisa sobreviveu da obra bastante vasta de Giuseppe Gazzaniga (1743-1818). No *Viking Opera Guide*, David Burtchart informa que 33 partituras suas se perderam. E além de tudo, ele entrou para a história por ser o autor de uma ópera extremamente bem-sucedida, que ficou à sombra, pois seu libreto foi saqueado por Lorenzo Da Ponte, que o converteu em *Il Dissoluto Punito ossia Il Don Giovanni*, escrito para Mozart. As duas gravações existentes – a de Stefan Soltesz para o selo Orfeo; e a de Bruno Weil para o Sony Classical, ambas feitas em 1991 – atestam que o *Don Giovanni Tenório ossia Il Convitato di Pietra* de Gazzaniga teria muito melhor destino, se não concorresse com um dos maiores monumentos de toda a História da Ópera.

A família do veronense Gazzaniga o destinava ao sacerdócio. Mas ele estudou música escondido, foi para Veneza onde teve aulas com Porpora durante algum tempo e, graças a uma carta de recomendação de seu professor, conseguiu inscrever-se no Conservatorio di Sant'Onofrio a Capuana, em Nápoles. Consta que, em 1767, teve também aulas de aperfeiçoamento com Piccinni. Sua primeira obra para o palco, *Il Barone di Trocchia*, com texto de Francesco Cerlone, era um *intermezzo* encenado em Nápoles com grande sucesso, em 1769. Mas nesse mesmo ano foi para Veneza onde, até 1785, encenou dezoito óperas, na maior parte comédias. De algumas delas ainda se possui a partitura:

1771 – *Il Calandrino* e *La Locanda*;
1772 – *L'Isola d'Alcina*;
1773 – *Zon Zon*;
1774 – *La Donna Soldato*;
1777 – *La Bizzaria degli Umori*;
1778 – *La Vendemmia* (e também *La Contessa di Nuovaluna*, que foi escrita para Dresden);
1779 – *Il Disertore* e *Antígona*;
1780 – *La Moglie Capricciosa*;
1784 – *Il Serraglio di Osmano*;
1786 – *Circe*.

Logo após a estréia de *Circe*, Gazzaniga viajou para Viena a convite de Da Ponte, que era seu amigo – embora, em suas *Memórias*, não tenha palavras muito lisonjeiras para ele. O *poeta cesareo* cedeu-lhe o libreto de *l Finto Cieco*, que foi ouvida com agrado pelo público austríaco. No ano seguinte, Pasquale Bondini, empresário do Gräflich Nostitzsches Nationaltheater de Praga, onde *As Bodas de Fígaro* tinham feito muito sucesso, encomendou uma ópera nova a Mozart. Este deu carta branca, na escolha do assunto, a seu colaborador, que andava muito ocupado na época, escrevendo *L'Arbore di Diana* para Martín y Soler, e traduzindo para Salieri o *Tarare* que ele estreara na França (ver o capítulo sobre esse compositor). Da Ponte não teve dúvidas: passou a mão no *Convitato di Pietra* de Gazzaniga e o remanejou.

Não há dúvida que, do ponto de vista teatral e poético, seu trabalho é muito superior ao de Giuseppe Bertati. E a música de Mozart está a anos-luz da de qualquer um de seus contemporâneos. Mas nem por isso deve-se ignorar as qualidades de uma partitura muito característica do que se fazia na ópera veneziana dos últimos anos do *Settecento*. Gazzaniga ainda escreveu pelo menos cinco outras óperas para os teatros de Veneza; mas delas preservou-se apenas *Gli Argonauti in Colco*, de 1790. No ano seguinte, ele aceitou o cargo de *maestro di cappella* da catedral de Crema, onde ficou até o fim da vida, compondo apenas música sacra. Seu estilo melódico não se afasta muito das convenções melódicas de seu tempo, e a armadura harmônica é, de um modo geral, simples. Mas Gazzaniga é um compositor sensível, que capta bem os *affetti* de suas personagens nas árias, tem boa mão para as situações cômicas e, em óperas como *Il Disertore* ou *La Donna Soldato*, sabe construir finales de ato extensos e bem montados.

O veneziano Bertati, principal colaborador de Gazzaniga, seria o libretista do *Matrimonio Segreto* de Cimarosa, durante o curto período (1791-1794) em que trabalhou em Viena como *poeta cesareo*, sucedendo justamente a Da Ponte. Terminado o seu contrato com a corte austríaca, ele não o quis renovar, pois não se adaptara bem à vida no exterior. Voltou a Veneza, onde trabalhou até o fim da vida como arquivista do Arsenal. Bertati e Gazzaniga são também os autores de *Il Capriccio Drammatico* – de que temos apenas o libreto –, a comédia que precedia *Il Convitato di Pietra*, funcionando como um *lever de rideau*.

Adaptada de uma farsa intitulada *La Novità*, que o próprio Bertati escrevera para o Teatro Giustiniani di S. Moisè, em 1785 – não se sabe para que compositor –, *O Capricho Dramático* era uma espécie de *divertissement* de tom satírico, de um tipo muito comum nas temporadas de Carnaval. Ao lado de *Prima la Musica e poi le Parole*, de Salieri, *O Empresário*, de Mozart, ou *Le Cantatrici Villane*, de Fioravanti, é mais uma daquelas obras que zombam das intrigas internas do teatro de ópera.

Uma companhia itinerante de ópera, que excursiona pela Alemanha, não consegue pôr-se de acordo sobre a "novidade" que oferecerá ao público. O empresário, o nobre que lhes serve de mecenas, o ponto, o *maestro al cembalo* e os cantores discutem – num tom que lembra muito o do *Impromptu de Versailles*, de Molière, modelo provável para Bertati —, mas acaba prevalecendo a vontade do empresário de montar *Il Convitato di Pietra*. Aos argumentos de que a trama é inverossímil e a ópera não segue as regras – pois é um *dramma giocoso* que mistura elementos sérios e cômicos –, o empresário responde: "E que importância tem isso? São exatamente peças extravagantes e intrincadas como esta que rendem dinheiro." A companhia começa a trabalhar e o ensaio converte-se na apresentação da ópera principal da noite – o maior sucesso na carreira de Gazzaniga.

Entre 1787 e 1815, há a documentação de cerca de quarenta encenações em teatros italianos e do exterior. A mais curiosa delas é a de Londres, em 1794, dirigida por Lorenzo da Ponte, que se instalara na capital inglesa depois de cair em desgraça com o imperador. Da Ponte retocou uma vez mais o libreto de Bertati, e inseriu na partitura de Gazzaniga música escrita por Federici, Sarti e Guglielmi, transformando-a num *pasticcio* – que foi muito aplaudido. Para os interessados em conhecer esta ópera, uma precisão quanto à discografia existente:

- a da Sony, com um CD, tem muito bom elenco – Douglas Johnson, Ferruccio Furlanetto, Luciana Serra, Elzbieta Szmytka – e execução musicologicamente muito correta, de Bruno Weil à frente da Orquestra Barroca Tafelmusik; mas não tem os recitativos; como a ópera era a segunda parte de um divertimento carnavalesco, não há tampouco abertura;
- a da Orfeo, com dois CDs, feita na Rádio da Baviera, tem elenco igualmente bom, mas menos estelar: John Aler, Eva Steinsky, Pamela Coburn, Margit Kinzel; a gravação vem com os recitativos, e o regente Stefan Soltesz optou por usar, como abertura, uma *Sinfonia em ré maior*, do próprio Gazzaniga, cujo manuscrito se encontra na Herzog August-Bibliothek de Wolfenbüttel.

Desde *L' Empio Punito* de Alessandro Melani, cantada em Roma em 1669, a história do *Burlador de Sevilla*, que desafia Deus e as convenções dos homens, e recusa-se a se arrepender até mesmo quando é arrastado para o inferno pela estátua do homem que matou, fascinou os mais diversos autores teatrais. As peças de Tirso de Molina, Molière, Goldoni serviram de inspiração para as óperas de Righini, Calegari, Tritto e Albertini, antes de Gazzaniga. Logo depois da estréia do *Convitato di Pietra*, um certo Gardi capitalizou apressadamente o seu sucesso, encenando a toque de caixa *Il Nuovo Convitato di Pietra*. Naquele mesmo ano, três outros autores explorariam o tema: Fabrizi, Reeve e Mozart. Dentre os muitos outros autores dos séculos XIX-XX que se deixaram tentar pelo tema, estão Pacini e Dargomýjski, Lattuada, Malipiero e Alfano. O *Don Juan de Mañara* de Henri Tomasi[1] é de 1956.

A fonte do conciso libreto de Bertati é a peça de Tirso de Molina, desbastada de todos os elementos acessórios. Dadas as condições da representação, Donna Anna só aparece uma vez, no início da ação, pois a cantora que a interpretava tinha, em seguida, de fazer a camponesa Maturina (a Zerlina de Mozart). Donna Anna retira-se em um convento, até Don Ottavio ter cumprido a promessa de vingar a morte de seu pai. Também o papel de Biagio (Masetto), noivo de Maturina, viu-se reduzido em tamanho e importância, pois o mesmo baixo fazia o Comendador. A seqüência dos episódios, em Bertati e Da Ponte, é praticamente a mesma, com a aparição da indignada Donna Elvira, a quem Pasquariello (Leporello) exibe o catálogo das conquistas do patrão, a festa do noivado de Maturina, que Giovanni interrompe, e assim por diante.

Da Ponte eliminou o episódio do encontro de Giovanni com Donna Ximena, a quem, para variar, ele jura amor eterno. E suprimiu a figura totalmente dispensável do criado Lanterna. Criou também uma série de situações novas, para ampliar o libreto. Em Bertati, depois que Elvira impede Giovanni de seduzir Maturina, as duas mulheres cantam o dueto "Per quanto ben ti guardo", uma das páginas mais interessantes da partitura, em que discutem qual delas é mais amada pelo sedutor. Depois disso, há um salto: já estamos diante do mausoléu do Comendador, que é convidado a ceiar. Na seqüência final, bastante extensa, Donna Elvira tenta em vão salvar Giovanni, convencendo-o a mudar de vida; o sedutor canta com Pasquariello um dueto em louvor dos prazeres da vida veneziana ("Far devi um brindisi allá città"); o Comendador vem busca-lo e, às demais personagens, que chegam assustadas, Pasquariello e Lanterna contam o que aconteceu. Não se tira moral alguma dessa história. Para uma ópera de Carnaval, o encerramento tem de ser festivo. Todos comentam, meio pró-forma:

Misero! Resto estatico!
Ma è meglio di tacer.

E concluem, rapidinho:

Più non facciasi parola
del terribile suceso.
Ma pensiamo in vece adesso
di poterci rallegrar...
Che potressimo mai far?

(Coitado! Fico paralisado! Mas é melhor calar. // Mas não falemos mais desse terrível acontecimento. Agora, em vez disso, pensemos em nos alegrar... O que poderíamos fazer?)

E a ópera termina com uma cena de estilo rigorosamente bufo ("A a a, io vò cantar"), a que não faltam efeitos onomatopaicos para imitar o som dos instrumentos. Em algumas representações ulteriores, essa festa final foi cortada. Não que isso significasse uma propensão pré-romântica ao final trágico. Terminar com a morte do libertino ligava-se às tradições do teatrinho popular de marionetes, onde era muito comum encenar a história de Don Juan. Terminar com o fogo do inferno, os demônios e as fúrias era de mais efeito do que com o número final de tom despreocupado.

O libreto de Bertati, em decorrência das limitações criadas pelo tipo de espetáculo a que se destinava, não tem, portanto, a profundidade psicológica que Da Ponte confere sobretudo a seu trio de personagens femininas. E a música de Gazzaniga não ultrapassa os limites do gênero bufo; mas isso não a desvaloriza. Gazzaniga domina bem as regras desse

1. Ver *A Ópera na França*, desta coleção.

gênero, constrói suas cenas com habilidade, é um bom melodista, possui muita variedade de tom, e a ópera flui com muita desenvoltura. Vejam, por exemplo, os oito compassos em surdina com que, na Introdução, ele cria rapidamente o ambiente noturno para o início da ação.

É muito pouco provável que Mozart conhecesse a partitura de uma ópera estreada em Veneza no início de 1787, oito meses antes da sua – vários musicólogos tentaram descobrir isso sem, contudo, encontrar provas documentais. O fato é que, em várias cenas há paralelos musicais notáveis: na introdução, em que Pasquariello/ Leporello se entedia, esperando do lado de fora da casa do Comendador; na cena do duelo de Giovanni com o pai de Donna Anna; na das bodas camponesas; na do cemitério. Compare-se, por exemplo, a cena da festa de noivado de Zerlina e Masetto com a cavatina "Bella cosa per uma ragazza", de Maturina, acompanhada pelo "Tarantella con tarantà" do coro – há inegável identidade de soluções. Embora possa se tratar também de clichês expressivos que, do Barroco ao Classicismo, eram território comum de todos os compositores.

Gazzaniga não tem a capacidade mozartiana de diferenciar as suas personagens até mesmo no recitativo seco. Mas nos números, ele os distingue nitidamente. Seus dois tenores – Giovanni e Ottavio – são estilisticamente muito diferentes um do outro. Embora personagem secundária, Ottavio tem uma ária de tom heróico, "Vicin sperai l'istante", ao saber da morte do futuro sogro. E Giovanni adota um tom melífluo e aparente sincero ao declarar-se a Donna Ximena na apaixonada "Per voi nemmeno in faccia", em que promete, por causa dela, nunca mais olhar para outras mulheres. Nesse ponto, é totalmente diferente da camaleônica figura mozartiana, que não possui características musicais próprias, e sempre adota as das personagens que lhe estão vizinhas.

Elvira e Maturina também são diferenciadas, e isso fica evidente em seu dueto – para o qual, talvez, Gazzaniga se lembrasse da cena de confrontação de Susanna com Marcellina nas *Bodas de Fígaro*. O nível aristocrático de Elvira e o plebeu de Pasquariello também são habilmente sugeridos em "E mi lascia così... De l'Italia ed Allemagna...", no momento em que o criado mostra à mulher seduzida por seu patrão que ela não passa de um item a mais num interminável rol de conquistas. É divertida a comparação que faz entre as "campanhas" de seu amo e as do herói macedônio:

> *Siccome, io dico, che Alessandro il Grande*
> *non era giammai sazio*
> *di far nuove conquiste, il mio padrone,*
> *se avesse ancora cento Spose e cento,*
> *sazio non ne saria, nè mais contento.*
> *Egli è il Grande Alessandro delle femmine;*
> *onde, per far le sue amorose imprese,*
> *spesso, spesso cangiar suol di paese.*

> (Assim como, eu digo, Alexandre, o Grande não se saciava nunca de fazer novas conquistas, o meu patrão, mesmo que tivesse centenas de Esposas, não ficaria saciado, e muito menos contente. Ele é o Grande Alexandre das mulheres; e, para realizar as suas empreitadas amorosas, muito freqüentemente costuma mudar de país.)

Registremos ainda que, para os padrões da época, Gazzaniga é um orquestrador muito competente. Sua orquestra é pequena, com dois oboés, duas trompas e cordas, mas ele sabe usá-la bem e, em cenas tensas como a do duelo, a do cemitério, ou no momento em que o convidado de pedra vem acertar contas com seu anfitrião, tem um senso de *timing* que promove convenientemente a escalada da tensão. Tem razão Stefan Kunze ao concluir, no ensaio que apresenta a gravação Bruno Weil:

> O ato único de Gazzaniga não tem apenas interesse histórico. Por certo ele não foi além das limitações e da linguagem da ópera bufa. Mas sua ópera tem um efeito cativante por seu extraordinário frescor, concisão e original teatralidade.

Cimarosa

A morte do pedreiro Gennaro Cimarosa, que caiu de um andaime durante a construção do palácio Capodimonte, em Nápoles, obrigou sua viúva a pedir emprego, como lavadeira, no mosteiro de S. Severo, em Aversa, a cidadezinha onde morava. Ali arranjou também lugar na escola para seu filho. Foi o padre Polcano, organista desse mosteiro, quem, percebendo a propensão de Domenico Nicola Cimarosa (1749-1801) para a música, deu-lhe as noções teóricas básicas. Com onze anos, vamos encontrar Domenico no Conservatório de Santa Maria di Loreto, na lista dos alunos de Pietro Antonio Gallo que, ao diplomá-lo, elogiou "seus dons naturais, sua vocação para o trabalho, sua força de caráter e sua graça de expressão e comportamento".

Tendo estudado violino com Carcais e cravo com Fenarolli, Domenico freqüentou a escola de canto do *castrato* Giuseppe Aprile, e aperfeiçoou-se em composição com Niccolò Piccinni. No Carnaval de 1772, aos 23 anos, conseguiu que o Teatro dei Fiorentini, uma pequena sala que encenava comédias a preços módicos, montasse *Le Stravaganze del Conte* (por ter estrutura autocontida, o ato III dessa primeira ópera viria, mais tarde, a ser reapresentado com o título de *Le Magie di Merlina e Zoroastro*). O êxito foi medíocre. Ainda assim, no ano seguinte, Cimarosa escreveu sua segunda ópera para o Teatro Nuovo sopra Toledo.

Francesco Cerlone, o libretista, afirmava ter sido aluno de Goldoni mas, na verdade, *La Finta Parigina* não passa de um amontoado de clichês típicos da ópera bufa da época, com seus *coups de théâtre*, seus travestimentos e suas intrigas complicadas, cuja resolução depende de reviravoltas improváveis.

Don Martino Crespo é tão ciumento que, um dia, desconfiando da mulher, Donna Olímpia Onesti, dá-lhe um soco no seio e, de dor, ela desmaia. Achando que a matou e temendo ser processado, o marido ordena aos criados que a enterrem em segredo. Mas Olímpia acorda do desmaio e, de comum acordo com os criados, foge para Mezzotto, uma aldeiazinha perto de Aversa – a cidade natal de Cimarosa – onde assume a identidade de Limpiella. Arranja um emprego como verdureira e mora na casa de seu ex-jardineiro, de quem sempre foi amiga. A ópera começa quando Cardillo, dono da hospedaria de Mezzotto, anuncia a chegada de Martino e sua noiva, Donna Armida Gnoccolosa.

Em outros tempos, Armida namorou Don Flaminio del Sole, morador de Mezzotto; mas, por causa de seu temperamento volúvel, preferiu aceitar o pedido de casamento de Martino, que se diz viúvo. Antes de se casar, porém, deseja rever Flaminio, de quem continua gostando. Ao saber da chegada do marido à cidade, Olimpia não resiste à tentação de contar sua história a Cardillo e, juntamente com Flaminio, ambos decidem pregar uma peça em Martino, vingando-se de sua falta de respeito pela falecida esposa. A mulher de Crespo, que já se faz passar por Limpiella, adota uma terceira identidade: apresenta-se a ele como Madame Tupè, uma parisiense casada com um oficial do exército – na realidade Malacarne, o irmão de Cardillo, que acaba de voltar da Hungria, onde era mercenário.

Isso desencadeia uma série de reações: Martino fica muito intrigado com a semelhança entre Mme Tupè e sua falecida esposa; Armida fica muito preocupada ao ver Flaminio cercar a falsa parisiense de atenções; e o rapaz se irrita por ver sua ex-namorada decidida a casar-se com outro. Malacarne, fazendo o papel de marido ciumento, ameaça Martino de morte, caso ele continue a demonstrar interesse por Mme Tupè. Nesse meio tempo, em Nápoles, as autoridades atinaram com a estranheza do desaparecimento de Donna Olímpia, e foi emitida uma ordem de prisão contra seu marido. Nesse momento, Mme Tupè revela sua verdadeira identidade e salva Martino de ir para a cadeia.

A história poderia terminar aí. Mas a seqüência de *coups de théâtre* continua. Mme Tupè diz a Martino que não é realmente Olímpia: apenas explorou a semelhança com ela para impedi-lo de ser preso mas, agora, o que quer mesmo é ir embora com o marido oficial. Nesse meio tempo, Armida concluiu que é realmente a Flaminio que ama, e voltou para ele. Vendo Martino sozinho e deprimido, Cardillo lhe apresenta Limpiella, dizendo-lhe que ela saberá consolá-lo. Isso o deixa mais confuso ainda, pois todas as mulheres que encontra parecem-se com Olímpia. A moça lhe revela finalmente toda a verdade e diz que o perdoa.

Não se pode negar a vivacidade de certas árias e a boa técnica de construção dos três finales de ato. Mas a gravação existente da *Falsa Parisiense* – a de Danilo Lombardini no Politeama de Palermo, com Annarita Gemmabella, Alessia Sparacio e Alessandro Battiato (selo Bongiovanni, 1999), montagem que comemorou os 250 anos do nascimento do compositor –, mostra que, de fato, nada havia ainda de muito original no operista novato, que se limitava a imitar cuidadosamente as fórmulas aprendidas com Piccinni, ou os maneirismos do popularíssimo Paisiello. Bem fez ele, depois dessa segunda ópera, em concluir que precisava manter silêncio por um certo tempo, estudar mais, preparar-se melhor para enfrentar a pesada concorrência.

Só em 1776 Cimarosa animou-se a propor *Gli Sdegni per Amore* ao Nuovo sopra Toledo. Agora, sim, a carreira engrenou. Nesse mesmo ano, fez montar *I Matrimoni in Ballo* e *La Frascatana Nobile*. E no ano seguinte, enquanto preparava *Il Fanatico per gli Antichi Romani* e *L'Armida Immaginaria* para o Teatro dei Fiorentini, cumpria mais uma etapa importante ao aceitar a primeira encomenda para fora de Nápoles. Embora nessa época não chegasse a ter realmente uma escola operística própria, Roma tornara-se um grande centro de produção musical, e era uma das praças mais visadas como trampolim, para os compositores do Sul que queriam ter acesso aos grandes teatros setentrionais. Esse objetivo, Cimarosa só o alcançaria plenamente em 1781, quando a Accademia Filarmonica de Verona apresentou *Giunio Bruto*. Para isso, porém, contribuiu muito o prestígio granjeado na sede do Papado.

Foi no Teatro della Valle que *I Tre Amanti* estreou, na temporada de Carnaval de 1777. Nela, Cimarosa contou com seu primeiro bom libretista, o abade Giuseppe Petrosellini, poeta residente do Della Valle, que colaborou também com Piccinni, Paisiello, Anfossi e Salieri. Embora seja chamado de *intermezzo in musica*, a forma dos *Três Amantes* é a de uma ópera-bufa em dois atos – e não a do *intermezzo* tal como o definiu a era barroca: cenas cômicas a serem intercaladas entre os atos de uma ópera séria. O leitor encontrará duas gravações de *Os Três Amantes*:

- a de Erwin Loehrer, feita em 1968, com Basia Rechitzka, Carlo Gaiffa, Rodolfo Malacarne (Nuova Era, coleção *Arte Vocale Italiana*) – trata-se de registro de importância histórica: Loehrer foi um dos precursores da redescoberta de grandes nomes do Barroco e do Classicismo; sob sua direção, a Rádio da Suíça Italiana transformou-se num verdadeiro laboratório de pesquisa musicológica;
- e a de Domenico Sanfilippo, com Valeria Baiano, Ernesto Palacio, Renzo Casellato (selo Bongiovanni).

Violante mora em Livorno, e é uma moça um tanto excêntrica, mas de bom coração, de espírito prático e capacidade de avaliar corretamente as pessoas. Tem um pouco de medo do amor mas, ao mesmo tempo, deseja enamorar-se. Três homens a cortejam. O Barone della Nebbia vangloria-se de seus ancestrais ilustres, mas não tem onde cair morto, e espera contrair um matrimônio que lhe permita endireitar suas combalidas finanças. O capitão Don Riccardo é vaidoso e prepotente – mas assim mesmo Brunetta, a jovem serva de Violante, morre de amores por ele. Quanto a Don Arsenio Scarnicchia, filho de um rico banqueiro de Palermo, ele está de passagem por Livorno, é um pouco tolo, sonhador e confuso.

Os três brigam um com o outro e tentam atrair a atenção de Violante. Ela os desencoraja mas, no fundo, não deixa de ter uma certa simpatia pelo desajeitado Arsenio. O barão e o capitão o ameaçam e tentam fazê-lo desistir, descrevendo Violante como uma megera, de gênio terrível. Mas o jovem conta à moça o que disseram dela, ganhando assim sua simpatia. Violante os convoca e, a cada um deles, dá um presente – uma flor para o barão, um leque para o capitão, um relógio para Arsenio – que eles interpretam de forma favorável às suas pretensões matrimoniais. Conversando com Arsenio, Violante se dá conta de que ele a ama de verdade mas, ainda indecisa, tenta manter à distância esse sentimento.

À noite, os três reúnem-se sob sua janela para fazer-lhe a serenata. Enquanto Brunetta simula ser a patroa para aproximar-se de Riccardo, Violante finge indignação e manda seus criados expulsarem os três seresteiros a bastonadas. A serva então procura Riccardo e o barão e os aconselha a passar à ação direta, pedindo a mão da moça que amam, e deixando-a escolher quem prefere. Os dois decidem aliar-se contra Scarnicchia; mas Violante recusa os dois. Querendo impressionar bem a moça, Arsenio apresenta-se cuidadosamente vestido à moda antiga; e seus rivais aproveitam para denunciá-lo à polícia como o perigoso capitão Bombarda, um pirata há muito tempo procurado. Enquanto os guardas o levam, Riccardo lhe faz uma proposta: usará seu prestígio para libertá-lo, se ele renunciar a Violante.

A princípio muito amedrontado, Scarnicchia pensa em aceitar. Depois, recupera a dignidade e diz que prefere a morte a desistir de sua amada. Nesse momento, Violante está saindo mascarada de sua casa, e pede aos guardas que soltem Arsenio, alegando ser a filha do poderoso capitão Don Riccardo. Os dois mulherengos, que não a reconheceram, aproximam-se dela e começam a fazer-lhe galanteios, o que a enche de desdém pelos dois. Ainda incógnita, interroga Arsenio, para saber se ele também é infiel. Mas as respostas dele são tão apaixonadas que ela tira a máscara e confessa amá-lo também.

Para obra tão de início de carreira, *Os Três Amantes* já contém traços promissores – entre eles o hábito, típico de Cimarosa, de começar a ópera com uma cena de conjunto que lhe permite apresentar várias personagens. Assim é o quarteto "Bella cosa è alla Marina", para o barão e Riccardo, Violante e sua criada. O ato I ainda tem a típica estrutura barroca da seqüência de árias intercaladas por recitativo secco – mas de escrita muito viva. Todo o elenco participa do animado finale "Tutto il dì si fatica", em que Violante dispersa a porretadas a serenata noturna. O ato II é mais interessante: além do quarteto inicial "Son da tutti desprezzata", em que Brunetta procura os pretendentes para aconselhá-los, valem a pena, nele,

- a cena "Io pirata di mare?", em que Arsênio reage estupefato à acusação que lhe é feita de ser um bandido procurado pela polícia;
- o dueto "Don Arsenio, le dirò", em que Violante interroga o rapaz para descobrir se ele também é leviano;
- e o buliçoso *finale ultimo*, de que, uma vez mais, toda a companhia participa.

Depois dos *Três Amantes*, os ventos começaram a mudar para Cimarosa, pois as portas dos teatros romanos abriram-se às suas óperas. Foi no Valle que ele teve, em 28 de dezembro de 1777, o seu primeiro grande triunfo: *L'Italiana in Londra*, em que vestiu com música cintilante o texto muito ágil e bem-humorado de Petrosellini.

A genovesa Lívia vai a Londres à procura de Milord Arespingh que, durante uma visita à Itália, lhe fez a corte e depois a abandonou. Ao cabo de muitas confusões, Lívia consegue reconquistá-lo. A história, de estrutura muito simples, como convém a um *intermezzo*, serve basicamente de apoio para uma série de brincadeiras com as características nacionais contrastantes dos ingleses e dos italianos. Muito do sucesso deveu-se à boa interpretação, no papel do Milord, de Francesco Bussani que, mais tarde, criaria Don Alfonso no *Così Fan Tutte* mozartiano. Mas a gravação de Carlo Rizzi, feita em Piacenza em 1986 (selo Bongiovanni), demonstra ser inovadora a forma como, dentro desse gênero essencialmente cômico, Cimarosa mistura árias bufas a outras de tom sentimental, e termina ambas as partes com elaborados finales multi-seccionais. O elenco é de primeira: Patrizia Orciani, Maurizio Commencini, María Ángeles Peters e Bruno Praticò.

A Italiana em Londres foi a primeira ópera de Cimarosa a viajar. Com revisões feitas por Haydn, foi ouvida em 1783 no palácio de Esterháza. Intitulada *La Locandiera*, foi apresentada no King's Theatre de Londres, em 15 de janeiro de 1788 – e nela tinha sido inserido o dueto "Con quelle tue manine", de *L'Amore Costante* (1782). Para a estréia parisiense, em 1790, Cherubini escreveu árias e um trio adicionais. Quatro anos depois, na reprise napolitana, o *intermezzo* ganhou mais duas árias e um quarteto, da mão do próprio Cimarosa. Isso fez com que pudesse ser encenada como uma ópera-bufa em Gênova (1794), com o título de *La Virtù Premiata*; e como um *opéra-comique* em três atos em Paris: *L'Italienne à Londres* (1801). Foi redescoberta nos Estados Unidos, no Hunter College Playhouse, de Nova York, em 25 de maio de 1955, com o título de *Love Triumphant*. E teve uma reprise muito importante na Ópera de Buxton, na Inglaterra, em 27 de julho de 1989.

Depois disso, a cada novo título, aumentava o prestígio de Cimarosa:

1778 – *Gli Amanti Comici ossia La Famiglia di Scompiglio, Il Ritorno di Don Calandrino* e *Le Stravaganze d'Amore*;

1779 – *Il Matrimonio per Raggiro* e *L'Infedeltà Fedele*;

1780 – *Le Donne Rivali, I Finti Nobili, Il Falegname* e a sua primeira *opera-seria*, intitulada *Caio Mario*. Das *Mulheres Rivais* existe, no selo Bongiovanni, a gravação ao vivo, feita por Alberto Zedda no Teatro degli Illuminati de Castello, em setembro de 1994, com Bruno Praticò, Bruno Lazzaretti e Alessandra Ruffini. Dos *Falsos Nobres*, o selo Foyer tem uma gravação de trechos, feita por B. Marinotti em 1970, com Maria Grazia Ferracini, Riccardo Cassinelli e Rodolfo Malacarne.

Essa produção vertiginosa não era incomum na época mas, além de atender aos contratos que assinava com os empresários romanos, Cimarosa trabalhava como organista assistente na capela real de Nápoles. E, a partir da década de 1780, começou também a reger como convidado no Ospedaletto di SS. Giovanni e Paolo, em Veneza. Ali, conheceu o empresário do Teatro San Samuele, que lhe encomendou um título novo para sua sala.

Filippo Livigni escreveu o texto de *Giannina e Bernardone*, um *dramma giocoso* em dois atos, narrando as atribulações de uma mulher atormentada pelos ciúmes irracionais do marido. No programa da estréia, em novembro de 1781, o empresário alertava o público de que o humor napolitano talvez não fosse muito claro para a audiência veneziana; mas esse era um cuidado que não precisava ter, pois a peça foi aplaudidíssima. O mesmo apuro com os finais de formato multi-seccional aparece aqui. Entre as árias, "Maritati poverelli", em que Bernardone admite suas tendências misóginas, ficou muito famosa, graças à brilhante interpretação de Bussani. A gravação radiofônica de Nino Sanzogno, feita em julho de 1953 na RAI de Milão (selos Myto e Melodram), conta com ótimo elenco: Sena Jurinac, Graziella Sciutti, Mario Boriello e Sesto Bruscantini.

Giannina e Bernardone ainda estava sendo preparada em Veneza, e Cimarosa já trabalhava num novo libreto, uma história original do abade Petrosellini, estreada na temporada de Carnaval de 1781, no Teatro della Valle. Também chamada de *intermezzo*, na realidade *Il Pittor Parigino* é uma ópera cômica em dois atos, com oito números e finales elaborados para cada um deles (em Nápoles, a exigência de que a comédia tivesse três atos fez o libreto ser expandido, e Francesco Cipolla escreveu para ela números adicionais). Ouvida no exterior em Paris e Londres, Viena, Praga e Varsóvia, *O Pintor Parisiense* foi regida por Haydn em Esterháza, e fez muito sucesso pois, além da estréia em 1783, foi reprisada seis vezes até 1790.

O dinheiro é a mola propulsora dessa história em que as personagens não são estereotipadas, mas gente comum, observada de forma realista e composta de uma mistura de qualidades e defeitos. O nome de Monsieur de Crotignac – o parisiense que chegou a Lyon, onde a história se passa – sugere origem nobre. Mas ele não tem nem eira nem beira, vive da pintura, é oportunista, e está decidido a conquistar a mão (e também o dote) de Eurilla, bonita, inteligente e muito rica. Mas não tem escrúpulos em fazer a corte a outras moças ao mesmo tempo. A fortuna de Eurilla atrai também o barão Cricca, da nobreza provinciana – uma verdadeira personagem de ópera bufa, bronco, lerdo e de apetites gargantuescos. Esse barão Ochs setencentista dorme de tédio quando Eurilla lê para ele um trecho da peça que está escrevendo; e é indiscreto a ponto de fazer um buraco num retrato, para espionar o colóquio da moça com o pintor.

Eurilla é uma variante das "preciosas" de Molière. É pedante, sim, e pretensiosa, muito; mas genuinamente apaixonada pelas artes. Tem rasgos de inspiração poética, equilibrados por momentos de bom-senso. Seu pai deixou-lhe uma boa quantia, mas os vinte mil escudos a que terá acesso, se casar-se com Cricca, a fazem reprimir os sentimentos ternos que começa a sentir pelo pintor, preferindo a solução racional de um casamento por dinheiro. Cíntia, sobrinha de Eurilla, é uma espécie de Donna Elvira suburbana: veio de Marselha atrás do barão, que a seduziu, prometeu-lhe casamento e depois a abandonou. É uma personagem complexa pois, ao mesmo tempo, ama o barão e quer reconquistá-lo, mas o detesta pelo que ele lhe fez. Seus sentimentos são muito honestos, mas tampouco lhe repugnam os vinte mil escudos da herança de Cricca.

Há uma quinta personagem, Broccardo, que puxa os cordéis da ação por trás do pano. Secretário pessoal de Eurilla, serviu, no passado, o pai de Cíntia; e toma o partido dela, permanecendo-lhe leal até o fim – de forma desinteressada, sem esperar remuneração, o que dá caráter atípico à sua personagem. Broccardo tenta convencer Eurilla a desistir do casamento com Cricca. Primeiro introduz Cíntia sob disfarce na casa de Eurilla, como se fosse uma cantora; e ela faz tudo para indispor o barão com sua candidata a noiva. Conta a Eurilla que o barão e seus amigos vaiam todas as cantoras que se recusam a ter maiores intimidades com eles. O pobre do barão, que nunca vai ao teatro, não tem a menor idéia de como as coisas se passam nos bastidores; o pintor é quem dá a entender que as intrigas de coxia não lhe são estranhas.

Mas o tiro sai pela culatra, pois o pintor fica caído pela "cantora"; e o que irrita Eurilla é ele convidar Cíntia para sair, e não o "mau comportamento" do barão. Eurilla exige que Cricca e Broccardo desafiem Crotignac para um duelo, mas nenhum dos dois gosta muito da idéia. Nesse meio tempo, Cíntia disfarça-se como uma camponesa que bebe como um sargento, joga baralho e fuma charutos, e se apresenta como se fosse a irmã do barão. Eurilla ainda não se recuperou de um choque quando tem de enfrentar outro: o pintor aparece disfarçado como se fosse seu próprio tio, e diz ter vindo a Lyon para buscar o sobrinho. Quer levá-lo de volta a Paris, onde é impacientemente esperado por princesas e outras damas de alta classe.

A ciumenta Eurilla entra em pânico e, fazendo aquilo que Broccardo tinha previsto em sua ária do ato I, renuncia à fortuna do barão e oferece a mão ao pintor, que fica muito contente de poder unir-se à mulher rica por quem se sente atraído. Já que não há outro jeito – e o *lieto fine* exige que a comédia termine com *il trionfo dell'amore* – o barão chega à conclusão de que o melhor a fazer é voltar para sua antiga namorada. As tramóias de Broccardo foram desmascaradas, mas todos o perdoam para que a história possa acabar bem.

Il Pittor Parigino mostra Cimarosa em pleno domínio da técnica do acompanhamento ilustrativo, da música que recorre a expedientes onomatopaicos para ilustrar o sentido das palavras. Bom exemplo disso é a ária de Cíntia no ato I, com seus efeitos de risadas, espirros e gritinhos sugeridos pelos instrumentos, terminando com uma escala descendente nas cordas quando ela se ajoelha no chão, envergonhada com o que está contando sobre o comportamento reprovável do barão. São as partes vocais as portadoras do sentido do drama: suas frases curtas, com freqüentes mudanças de direção, ritmo, progressão melódica conjunta ou disjunta, expressam as diversas reações emocionais. Mas a orquestra, de proporções modestas – cordas com pares de oboés e trompas, que nunca agem como solistas –, oferece um apoio sempre muito vivo e eficiente aos cantores.

Nas árias de conteúdo amoroso, os oboés são substituídos por flautas (na época, os mesmos músicos tocavam os dois instrumentos) e, ocasionalmente, atendendo a solicitações específicas do texto, intervêm também o bandolim e a clarineta. A grande ária de Cíntia, no ato II, menciona "um bandolim bem afinado"; e o barão, em sua ária do mesmo ato, fala dos "fantasmas e espíritos etéreos que querem levar-me, ao doce som das flautas e clarinetes".

A linguagem de Broccardo, a personagem cômica da ópera, é obviamente a da declamação articulada, próxima ao recitativo, com uso freqüente da emissão veloz dos fonemas (*silabato* ou *patter song*). Cíntia também recorre a esse estilo quando faz o papel de *soubrette*, mas muda para formas mais elevadas cada vez que posa de "heroína injuriada". Ao papel de Cíntia está associado também o uso da escrita "popular" – melodias com sabor de cançoneta ou ritmo de dança de folclore urbano –, outro traço comum na ópera bufa napolitana.

O texto de Petrosellini, mesmo não sendo de qualidade poética excepcional, fornece a Cimarosa a possibilidade de escrever árias de formato muito variado, ora reflexivas, ora narrativas ou do tipo que faz a ação avançar. Os contrastes de estados de espírito se fazem pela reação, com rápidas mudanças de ritmo, andamento ou tonalidade, às sugestões do texto. Encontramos, no *Pintor Parisiense*, a habitual técnica de parodiar os clichês da *opera seria*, em situações de farsa, exagerando seus traços estilísticos (a ária do barão, no ato II, é o melhor exemplo). Mas é preciso distinguir entre esse uso satírico do estilo elevado e o que se faz, nos momentos de emoção verdadeira, quando os jovens amantes expressam seus sentimentos. Esse tipo de aparição compenetrada dos recursos de *opera seria* é típica da comédia sentimental, gênero de origem francesa, em que o *Pittor* parcialmente se inscreve.

Eurilla é a única personagem realmente "séria" da ópera. Cricca e Broccardo são bufos típicos; Cíntia e Crotignac, devido a seu cinismo e senso prático, movem-se no domínio do *mezzo carattere*, misturando ingredientes dos dois registros. Mas a linguagem musical de Eurilla sofre uma interessante transformação musical, perto do final da ópera. Ao adquirir o senso de realidade, ela desce de seu pedestal de heroína estereotipada, e o dueto em que o pintor e ela celebram sua união é de tom muito descontraído e assume nítidos contornos de ópera cômica.

Crotignac é desenhado com cuidado, abrangendo extremos muito distintos: de um lado, a ária apaixonada do ato I, com pesada coloratura; do outro, a intervenção bufa do II, quando ele aparece disfarçado de seu próprio tio. Mas o mais original é os dois estilos fundirem-se na cavatina do ato I. A delicada melodia da primeira parte dá lugar à explosão raivosa da segunda, um *allegro* farsesco, com acelerações mecânicas, sobre motivos extraídos da primeira seção. No dueto final, porém, Crotignac parece sincero, e pode-se ter a esperança de que, por trás da personagem frívola e interesseira, existam sentimentos genuínos pela mulher rica a quem vai se unir. Para conhecer *Il Pittor Parigino*, existe a ótima gravação de Tamás Pál (selo Hungaroton), com Marta Szücs e Veronika Kincses, Gerard Garino e József Gregor, e o bufo Martin Klietmann.

Inicia-se aqui uma fase intensamente produtiva na carreira de Cimarosa – o que, na realidade, é um padrão na obra dos compositores clássico-barrocos, habituados a trabalhar em ritmo vertiginoso e, nesse processo, a recorrer desenvoltamente ao expediente de deslocar números de uma ópera para a outra, mascarando para um teatro, com titulo diferente, obras já apresentadas em outras cidades – na realidade, até mesmo em outro "país", se levarmos em conta a situação politicamente fragmentada em que se encontrava a Itália daqueles anos. Ainda assim, é volumoso o catálogo dos seis anos em que, tendo-se firmado como um dos dramaturgos mais solicitados da época, Cimarosa vai compor sem cessar para Nápoles, Milão, Veneza, Verona, Turim, Florença:

1781 – a comédia *L'Amante Combattuto dalle Donne di Punto* e as sérias *Alessandro nell'Indie* e *Giunio Bruto*, de gosto bem barroquizante – em especial esta última, escrita para o público conservador de Verona;

1782 – *Il Convito, L'Amore Costante, L'Eroe Cinese* e *La Ballerina Amante*.

Todas essas comédias foram imensamente populares. Mas não tanto quanto *I Due Baroni di Rocca Azzurra*, mais um daqueles *intermezzos* em duas partes apreciados pelo público do Della Valle, onde estreou no Carnaval de 1783. De Roma, *Os Dois Barões* correu por toda a Itália, levada pelo barítono Francesco Benucci, futuro criador de Figaro nas *Bodas* e de Guglielmo no *Così*. Mozart, aliás, apreciava muito a vivacidade dessa comédia e, para a estréia vienense de 1789, inseriu nela a bela ária "Alma grande e nobil core" K. 578, destinada a Louise de Villeneuve, a futura Dorabella do *Così*.

Demofonte e seu sobrinho Totaro, dois baronetes ridiculamente vaidosos e pedantes, estão à espera de Laura, a prometida deste último. Mas o jovem Franchetto, que deseja arranjar um casamento rico para sua irmã Sandra, apresenta-se a eles como o embaixador da noiva. Traz o seu retrato para Totaro – e entrega-lhe a imagem de Sandra, por quem ele fica interessado. Nesse meio tempo, a verdadeira Laura chega e queixa-se a Demofonte da má acolhida que recebeu. Laura e Sandra – que já está flertando com Totaro – brigam, e Demofonte pensa em resolver o problema oferecendo-se para casar com Laura; mas ela o recusa. Propõe-se um teste grafológico para saber quem é a verdadeira Laura. Mas Franchetto consegue passar à sua irmã o texto de uma canção copiada por Laura e, assim, os dois manuscritos são idênticos.

Os dois barões precisam encontrar quem descubra a verdadeira Laura. Franchetto vem dizer que uma cartomante egípcia (Sandra disfarçada) acaba de chegar e poderá ajudá-los. Mas Laura ouve a conversa e também veste-se de cigana. Sandra diz que Laura é a do retrato entregue a Totaro (ou seja, ela mesma); a outra "cigana", naturalmente, diz o contrário. Franchetto sugere à irmã que se disfarce como a feiticeira Alcina; mas Laura, descobrindo que eles são irmãos e estão tentando enganá-la, decide vingar-se. No pavilhão do jardim, os pobres barões são confrontados por duas Alcinas, e ambas lhes dizem: a verdadeira Laura é a que mais se parece com elas mesmas. A confusão que se segue é intensificada pelo medo dos dois poltrões de irritar os dois musculosos mouros da escolta de Sandra. Finalmente, Franchetto confessa seu estratagema e diz que queria afastar Laura de Totaro, pois pensava em casar-se pessoalmente com ela. A comédia termina com o casamento de Totaro e Laura; e com o de Demofonte com Sandra que, assim, realizará seu sonho de ser baronesa.

O libretista de *Os Dois Barões* é Giuseppe Palomba, sobrinho de Antonio Palomba, dramaturgo mais famoso. Apesar de colaborar com vários compositores napolitanos, era um poeta medíocre, que sabia apenas alinhavar, em suas peças, os mecanismos teatrais mais surrados: travestimentos, identidade trocada, qüiproquós previsíveis. A ação, muito complicada, não abre espaço para que as personagens ganhem credibilidade e tem conclusão insatisfatória. O duplo casamento final não convence – sobretudo o de Sandra, que cortejou Totaro todo o tempo e, no final, desposa Demofonte por puro interesse – porque ele desmente a *massima di saggezza* do teatro bufo: uniões entre esposa jovem e marido idoso são incompatíveis. Parece mais verdadeira do que nunca a observação de Mozart que, numa carta de 1781 a seu pai, dizia:

> Por que é que gostam por toda parte da ópera bufa, por mais lamentável que o libreto seja? Até mesmo em Paris a música domina totalmente e faz esquecer todo o resto.

Na verdade, é a vivacidade da música de Cimarosa que fez a ópera triunfar – como o demonstra a gravação de Domenico San Filippo (selo Bongiovanni), com Bruno Praticò, Domenico Trimarchi, Ernesto Palacio, Martina Musacchio e Valeria Baiano – feita em julho de 1989, durante o Festival dell'Opera Gioiosa. Esse festival se realiza no Teatro S. Cecília, de

Palermo, reinaugurado em 1789 com *I Due Baroni di Rocca Azzurra*, depois de ter sido inteiramente destruído pelo terremoto de 1726.

O tradicional esquema ternário da abertura italiana (*allegro-andante-allegro*), com um ritmo contagiante de tarantella, já dá o tom do que será essa *commedia buffa*. A estrita alternância de recitativo-ária é quebrada por alguns duetos e trios. Mas a escrita dos números de conjunto é linear, as vozes apoiando-se na mesma linha melódica e entrelaçando-se monofonicamente, alternando-se ou imitando uma à outra com técnicas canônicas. A ária cômica e a séria não têm a mesma função: esta é uma reflexão da personagem, um monólogo cantado para si mesmo; aquela participa de um diálogo que faz a ação avançar (por exemplo, no ato I, "Figuratevi um tantino", de Franchetto, ou "Di scherma io son maestra", de Sandra).

O uso da estrutura *lento/veloce/più stretto* serve bem à intenção de Cimarosa de criar tensão e dar propulsão à narrativa, especialmente nos finales em seções múltiplas, que são unificados por relações tonais muito nítidas. Nada disso é muito original, mas se trata da aplicação extremamente competente de procedimentos rotineiros, temperando-os com efeitos instrumentais interessantes – os episódios solistas no *finale primo*, incluindo um bandolim de sabor popular –, ou usando truques cômicos de efeito seguro: falsete, a imitação de sons de animal numa ária como "Dir di botto ad un par mio", ou a paródia de latim estropiado.

Consistência musical maior é dada a Laura, que se exprime num estilo virtuosístico de *opera seria*, por exemplo em "Infelice ch'io sono... Il mio cor, gli affetti miei": esse rondó é precedido por um recitativo acompanhado, o que é pouco usual no domínio bufo. Isso dá a Cimarosa o crédito de uma agilidade técnica que lhe permite superar as inconsistências de um libreto mal amarrado, mantendo a atenção do público suspensa à sua música, malgrado as bobagens da história. Quantas vezes a ópera não é isso?

Medida de sucesso dos *Dois Barões* é Cimarosa e Palomba a terem ampliado numa ópera bufa em dois atos, para a apresentação em Nápoles, em 1793 (esta é a versão gravada por Sanfilippo, mantendo no ato I o acréscimo da ária de Mozart). Postumamente, ela reapareceu em Módena como *La Sposa in Contrasto* (1802). E foi levada no Théâtre Italien de Paris, em 1805, como *Il Barone Deluso*.

O ano de 1783 foi muito fértil: *La Circe, La Villana Riconosciuta*, a séria *Oreste*, e a farsa *Chi dell'Altrui si Veste Presto si Spoglia* – de que existe uma gravação ao vivo, de 1968, no selo Nuova Era.

Da mesma forma, no ano seguinte: *I Matrimoni Impensati, L'Apparenza Inganna ossia La Villeggiatura, I Due Supposti ossia Lo Sposo senza Moglie* e a séria *Artaserse*, usando com modificações aquele mesmo libreto de Metastasio que, de Leonardo Vinci a Gluck, foi musicado uma centena de vezes.

As tradições da *opera seria* barroca ainda estavam longe de desaparecer, na Itália, quando Cimarosa prestou-lhes tributo associando-se à longa série dos compositores que reutilizaram a *Olimpiade* metastasiana, escrita para Vicenza em 1784. Em *A Ópera Barroca Italiana*, o leitor encontrará referência às versões dessa ópera escritas por Vivaldi, Pergolesi, Leonardo Leo e Galuppi. Percorrendo os catálogos de outros compositores tratados neste volume, verá que não poucos retomaram esse texto. Relembremos aqui as linhas gerais da história, para que se possa acompanhar as referências ao trabalho de Cimarosa.

Clistenes, rei de Sicyone, promete a mão de sua filha Aristea ao vencedor dos Jogos Olímpicos – o que entristece a moça, pois ela está apaixonada por Megacle. O jovem Licida deseja a mão de Aristea mas, sabendo que nunca será capaz de ganhar as Olimpíadas, pede a Megacle que concorra em seu lugar. Este acaba de chegar de uma viagem a Creta, não sabe ainda qual é o prêmio, e concorda só para agradar ao amigo. Tendo empenhado a sua palavra, luta por Licida com toda a lealdade, mesmo depois de ter descoberto o que é exigido dele. Tendo vencido, deixa Aristea desesperada, pois tenta convencê-la a aceitar a mão do amigo em nome do qual combateu. Nesse meio tempo, Argene, com quem Licida tinha prometido se casar, chega de Creta, descobre estar sendo traída e denuncia a Clistene o que aconteceu. O soberano condena Licida ao exílio e este, furioso, revolta-se e tenta matar o rei.

Licida é preso e condenado à morte. Argene decide oferecer sua vida a Clistene em troca da dele, e apresenta-se ao rei ornamentada com todas as jóias que deveria usar no dia de seu casamento. Entre elas, há um colar, que lhe foi oferecido por Licida quando eles ficaram noivos. Clistene o reconhece: era de seu filho, atirado ao mar quando menino, porque um oráculo tinha previsto que, ao crescer, ele mataria o pai. Chamado, Licida confirma que, quando pequeno, fora salvo das águas do mar por um pescador. Aristea, portanto, é sua irmã e ele deverá casar-se com Argene. A filha de Clistene sai correndo à procura de Megacle e ainda tem tempo de impedi-lo de se matar, desesperado por ter perdido a mulher que ama. O duplo casamento é celebrado com toda a pompa no final da ópera.

A *Olimpiade* de Cimarosa foi condensada em dois atos, fundindo em um só o II e o III originais, o que exige simplificação e reorganização da intriga. O atentado de Licida contra o rei Clistene, antes relatado por um mensageiro, é representado em cena – o que significa um passo rumo à supressão da *bienseance* clássica, a regra que proibia mostrar tudo o que é violento ou considerado de maugosto. Com isso, Alcandro perde a razão de ser e some da lista de personagens. O remanejamento do libreto não chega a ser tão drástico quanto o de Caterino Mazzolà para a *Clemenza di Tito* de Mozart. Mas, no encerramento da ópera, comparece um finale de estrutura importada do gênero bufo para o sério. A partir do momento em que Clistene reconhece em Licida o seu filho Filinto, todo o resto da ação é em música contínua, com vários movimentos encadeados.

Como os atos II e III foram comprimidos, a ária "Siam navi all'onde algenti" (II, 5) – em que Aminta proclama: "impetuosi venti i nostri affetti son" – é transferida para o início, e transforma-se no primeiro monólogo da ópera. Esta é uma modificação teatralmente eficiente: colocada no pórtico da ação, ela resume um aspecto essencial da visão metastasiana do mundo, o fato de que as atribulações psicológicas do indivíduo têm sua origem numa característica inata da natureza humana. O ato I é o menos alterado. "Quel destrier che all'albergo è vicino" (I, 3) e "Più non si trovano" (I, 7) são trocadas por "S'affretta il passagiero" e "Fra mille amanti um cuore", sem que a mão anônima que fez a revisão tenha sido poeticamente mais feliz do que o venerável *poeta cesareo*.

A alternância barroca de recitativo e ária é mantida no ato I. Mas a escrita das árias é suntuosa, sofisticadíssima. O melhor exemplo é "Superbo di me stesso", em que Cimarosa lança mão de todos os recursos possíveis – contrastes de linha melódica e fluxo rítmico, de textura, modulações harmônicas e nuances dinâmicas –, para mostrar a dualidade das emoções de Megacle, o orgulho pelas próprias realizações e, ao mesmo tempo, o afeto por Licida, a cujo serviço se coloca. Outra característica da *Olimpiade* cimarosiana mostra que o modelo metastasiano está vivendo seus últimos dias. Já não agrada a um compositor da década de 1780 que, na *opera seria*, árias ou duetos só possam ser cantados em momentos de suspensão da ação. A substituição ocasional da ária *da capo* por um tipo mais compacto, em dois movimentos, ou o hábito de interromper os monólogos com episódios em forma de recitativo ou arioso, mostram que Cimarosa está se esforçando por integrar os monólogos ao fluxo dramático.

Isso fica patente no dueto "Ne' giorni tuoi felici", de Megacle e Aristea, pertencente ao finale do ato I. O texto de Metastasio não é alterado em uma só palavra; mas é subdivido em quatro segmentos, amarrados um ao outro por material temático que, apresentado em um, é desenvolvido no seguinte: uma despedida; uma exclamação de angústia; um duplo solilóquio em que os dois refletem sobre seu dilema; uma explosão final de desespero e recriminações mútuas. Neste caso, o estilo coloquial dos versos de Metastasio ajudava Cimarosa a usar, no modo sério, a técnica de fragmentação do finale bufo, para obter uma série de episódios musicais contrastantes, mas coordenados, que correspondem às mutações psicológicas das personagens. Este, aliás, era o grande desafio para o compositor teatral, nesse final de *Settecento*: coordenar ação dramática e continuidade musical.

O selo Unique Opera possuía a gravação pirata, de 1975, da farsa *Il Marito Disperato*, a primeira ópera composta por Cimarosa em

1785. Este é um ano de repouso, após a agitação dos dois anteriores, pois nele foi estreada apenas uma outra farsa, *La Donna Sempre al Suo Peggior s'Appiglia*. Está terminando, na vida do compositor, a fase de trabalhar duro, sem parar para respirar, tentando tornar-se conhecido como operista. Em 1786, além de *Il Credulo*, que teve excelente acolhida e também viajou por todos os Estados italianos, ele escreveu *Le Trame Deluse*; um drama sacro, *Il Sacrifício di Adamo*, encomendado pelo Teatro del Fondo para a Quaresma; e *L'Impresario in Angustie*, uma comédia de popularidade extremamente duradoura, pois há notícia de apresentações suas ainda nas primeiras décadas do século XIX. Há dois registros desse *intermezzo*:

- o pirata, feito em 1963, em Nápoles (Gatti, Tajo, Bruscantini/Colonna), que existia no selo UORC;
- e o de Fabio Maestri, no Teatro Sociale de Amelia, em novembro de 1997, com Angelo Romero, Patrizia Zanardi e Gioacchino Zarrelli, lançada pelo Bongiovanni.

Cimarosa escolheu Giuseppe Maria Diodati como libretista, porque já tinha dado muito bom resultado a colaboração com ele em *Le Trame Deluse* – cujo quinteto "Quel tremore nelle vene" ficou tão famosos, que vamos reencontrá-lo, imitado por Rossini, no sexteto da *Cenerentola*. O texto de Diodati para *L'Impresario in Angustie* insere-se na tradição teatral setecentista dos melodramas que satirizam as excentricidades do mundo operístico.

O único libreto cômico de Metastasio, *L'Impresario delle Canarie* (1724), toma como inspiração as críticas violentas aos bastidores da cena lírica feitas por Benedetto Marcello em *Il Teatro alla Moda*, de 1720, um panfleto vitriólico que visava sobretudo Antonio Vivaldi[1]. Escrito originalmente para Domenico Sarro (1724), esse libreto foi musicado também por Tommaso Albinoni (1725), Leonardo Leo (1741) e Giovanni Battista Martini (1744). Em 7 de fevereiro de 1786 – o mesmo ano em que Cimarosa e Diodati estavam preparando a sua ópera para o Teatro Nuovo de Nápoles –, Viena assistia à estréia de um programa duplo na Orangerie do Palácio de Schönbrunn: *O Empresário*, de Mozart, e *Prima la Musica e poi le Parole*, de Salieri, em homenagem à visita do governador dos Países Baixos. *Le Cantatrici Villane*, de Valentino Fioravanti, escrita em 1797, também trata das dificuldades de encenar uma ópera bufa. *La Prima Prova d'Opera*, de Vincenzo Gnecco, toma como ponto de partida um ensaio dos *Orazii e i Curiazii* cimarosianos. E em 1827, Donizetti ainda mantém vivo, em Nápoles, esse antigo tipo de farsa, com *Le Convenienze ed Inconvenienze Teatrali*. Reflexo moderno da metalinguagem desse subgênero é também *Capriccio*, a última ópera de Richard Strauss[2].

Em sua versão original, *L'Impresario in Angustie* era uma farsa em um ato, apresentada no Teatro Nuovo em outubro de 1786, em complemento ao *Crédulo*. O sucesso fez com que Cimarosa a ampliasse numa comédia que tinha ora dois, ora três atos. Mas o formato em um só – mantido por Fabio Neri em sua gravação – continuou a ser o preferido, pois assim o *Empresário* podia ser acoplado a outros títulos. No ano seguinte à estréia, ele acompanhou duas versões diferentes de *Il Convitato di Pietra*, ambas em um ato: a de Lorenzi-Tritto e a de Bertati-Gazzaniga.

Don Crisobolo, descrito como um "empresário tolo e presunçoso", terá de enfrentar as habituais crises temperamentais que opõem Fiordispina, conhecida como La Coribanti, a *prima buffa*; Doralba, a *prima donna seria*; e Merlina, a *prima donna giocosa*. Todas elas pressionam tanto o empresário quanto Gelindo Scagliozzi, o compositor da companhia, para que as melhores chances lhes sejam conferidas. E a situação de Gelindo é particularmente delicada pois, ex-amante de Fiordispina, ele é agora o companheiro de Merlina. E não são fáceis as suas relações com Don Perizonio Fattapane, um poetastro muito pedante e incompetente – que fala em dialeto –, incumbi-

1. Ver o capítulo sobre esse compositor em *A Ópera Barroca Italiana*, desta coleção.

2. A respeito das óperas aqui citadas, ver: os capítulos sobre Salieri e Fioravanti, neste volume; os capítulos sobre Mozart, em *A Ópera Alemã*; e Donizetti, em *A Ópera Romântica Italiana*, ambos desta coleção. Em *As Óperas de Richard Strauss*, haverá um capítulo especialmente dedicado a *Capriccio*.

do de escrever o libreto. Depois dos habituais qüiproquós e desentendimentos, a intriga se acalma e Fiordiligi e Don Perizonio, atraídos um pelo outro, encerram a peça proclamando:

No, sorte più bella
Di questa non v'è.
L'affano, tiranno,
Mai dentro del cuore
La pace non giunga a turbar.

(Não, nunca houve sorte mais bela do que esta. Nunca mais o sofrimento tirano venha, dentro do coração, perturbar a paz.)

A estrutura é simétrica. O quinteto "Anima fella e cotta" divide a ópera ao meio. De um lado – após a *Introduzione* "Vè se matta maledetta", em forma de quarteto – há o primeiro dueto de Fiordispina e Perizonio; e as árias de Perizonio e Merlina. Do outro, há outras duas árias para Fiordispina e Perizonio, e o dueto final. Como acontece freqüentemente em Cimarosa, a lépida cena de conjunto inicial já nos apresenta várias personagens, caracterizando-as e contrastando-as: as aflições de Crisobolo, que não sabe como atender às exigências da petulante Doralba, os dois exprimindo-se num veloz silabato na região médio-grave da voz; o distraído Gelindo, que só pensa nos vocalizes da ária que está escrevendo; e os chiliques de Merlina, que faz questão de "un'aria, ma obbligata, col fagotto e l'oboè".

A atmosfera muda com a aparição de Fiordispina e Don Perizonio, no dueto "Senti, senti l'augellino". Este tornou-se o número mais popular da ópera, devido à forma como o violino *obbligato* sugere, com seus trinados e rápidas escalas ascendentes e descendentes, o vôo de um pássaro, numa ensolarada manhã primaveril. O tom idílico, a tonalidade de lá maior e o balouçante andamento ternário parecem prenunciar a entrada de Fiordiligi e Dorabella, no *Così Fan Tutte*. O casal antecipa o sucesso que fará a ópera escrita por Fattapane e estrelada por La Coribanti.

Depois é a vez de Crisobolo, que vem tranqüilizar a aflita prima-dona quanto à possibilidade de êxito do espetáculo. Uma vez mais trabalhando com o silabato, sublinhado por um comentário orquestral virtuosístico, ele descreve o trabalho de retaguarda que o empresário tinha de fazer, na época, para garantir o sucesso de sua primeira cantora:

Vado e giro nei palchetti,
parlo a questo, parlo a quello,
Ed al suon del ritornello
Gran silenzio si farà.
A cantar tu puoi comminci
Come um flebile usignolo,
E la gente a stuolo, a stuolo,
Bravo, bravo ti dirá.
Da me tosto si ripiglia:
Miei signori, la sentite?
è una buona, buona figlia,
non sa l'acqua intorbidar.
Se poi sento i zerbinetti
che ti facciano i fischetti:
c'è per Bacco, c'è la via
che a dovere li fa star.
Stati allegra, mia carina,
che vogliamo giubilar.

Mas, depois, num aparte, acrescenta aquilo que era muito comum o empresário fazer, caso a ópera fracassasse: dar no pé na calada da noite!

Ma non sa, la poverina,
che se l'Opera va giù,
si dirà poi, la mattina:
l'Impresario non c'è piu!

(Vou, ando pelos camarotes, falo com um e outro e, ao som do *ritornello*, há de se fazer um grande silêncio. Começas então a cantar como um frágil rouxinol e as pessoas, aos poucos, hão de te dizer bravo, bravo. Logo volto à carga: estão ouvindo, meus senhores? É uma boa moça, não sabe turvar a água [não é capaz de fazer coisas erradas]. E se eu sentir os pelintras te vaiando, por Baco, há meios de fazê-los ficar quietos. Fique alegre, minha beleza, pois queremos nos rejubilar.// Mas a pobrezinha não sabe que, se a ópera for um fiasco, vão dizer, na manhã seguinte: o empresário sumiu!)

Merlina expõe suas necessidades ao poeta em "Il meglio mio carattere", misturando a falsa humildade com que fala ao libretista à promessa de usar todo o seu charme para enfeitiçar a platéia. O melhor número da ópera é o quinteto que se segue. O poeta começa a ler seu drama, que traz o título rebarbativo de *Le Interne Convulsioni di Pirro Contro gli Affetti Isterici di Andromaca*, suscitando reações desencontradas dos outros. Pela sua estrutura complexa, em seções múltiplas de andamento e tonalidades diferentes, mas correlacionadas, esse quinteto corresponde a um *finale primo*, a uma grande cesura que divide em dois o ato único. A seção conclusiva é notável: Perizonio continua, num estilo de silabato bem rápido, a ler a sua peça, escrita numa língua erudita incompreensível. E as intervenções dos outros vão sendo feitas até a conclusão: esta baseia-se no contraste entre seções de ritmo estável e entradas solistas em rápida sucessão, de padrão dinâmico variado. Comentando *L'Impresario in Angustie*, Alfredo Stefanelli diz que esse quinteto "antecipa a loucura organizada de certos finales de Rossini".

As árias de Fiordispina e Perizonio são de um modelo mais tradicional. Mas seu dueto, "Son donzella si innocente", introduz um procedimento desusado: retoma a tonalidade de lá maior e a estrutura ternária (*larghetto con moto-andantino agitato-allegro*) do primeiro dueto que eles cantaram. Essas três etapas correspondem aos arrufos de namorado, à reconciliação e à decisão de dar à ação um final feliz, com casamento. A forma saltitante, espevitada, não deixa de trazer à lembrança a *Serva Padrona*, de Pergolesi.

Goethe assistiu à ópera em 31 de julho de 1787 e, em seu *Italienische Reise* (Viagem pela Itália), anotou:

> Fui ver uma ópera cômica ontem à noite. Um novo intermezzo chamado *L'Impresario in Angustie*, uma obra excelente, que há de nos divertir por mais algumas noites, apesar do teatro horrivelmente quente. O quinteto é soberbo: o poeta lê a sua obra, o empresário e a prima-dona o elogiam, o compositor e a *seconda donna* o criticam, e a conclusão é uma balbúrdia tremenda.

Ao assumir, em 1791, a direção do Teatro de Weimar, Goethe decidiu iniciar a primeira temporada com *L'Impresario*, que ele própio traduziu livremente, chamando-a de *Die Theatralischen Abenteuer*. O espetáculo foi reprisado em duas outras temporadas e, em 1797, voltou com o libreto adaptado por Christoph Vulpius, a inserção de duas canções com textos de Goethe, e a inclusão de números do *Empresário* de Mozart. Dois anos depois, reapareceu como um *singspiel* e, dessa forma, com diálogos falados, foi representada em Weimar até 1814. Em 1º de março de 1794, *L'Im-presario in Angustie* foi apresentada no Haymarket de Londres, num arranjo de Lorenzo da Ponte intitulado *Il Capriccio Drammatico*. Sua companheira de palco era um *pasticcio* extravagante do *Don Giovanni*, conservando o libreto de Da Ponte, mas misturando música de Gaz-zaniga, Sarti, Federici e Guglielmi.

Chegara a hora de ampliar os horizontes, de tentar conquistar platéias fora da Itália. Em 1787, veio um convite que Cimarosa achou muito atraente: substituir Giuseppe Sarti no posto de *maestro di cappella* da imperatriz Catarina II da Rússia. O relato que deixou, em seu diário, da viagem que fez de Nápoles a São Petersburgo, parece ter sido escrito por um de seus libretistas. Depois de dezessete dias de viagem num mar tempestuoso, Domenico desembarcou em Livorno e foi levado à corte da Toscana, onde agradou muito ao grão-duque Leopoldo. É muito saborosa a descrição que faz de um quarteto que cantou, certa noite, com o soberano, a grã-duquesa e um dos membros da ópera da corte. Apesar do convite do grão-duque para permanecer a seu serviço, continuou viagem.

Por ignorar o regulamento que exigia uma declaração detalhada do conteúdo de suas malas, Cimarosa teve sérios problemas com a polícia austríaca ao chegar a Viena. Só não foi parar na cadeia, porque o embaixador de Nápoles veio em seu socorro e levou-o à corte, onde ele foi apresentado ao imperador José II. A música de Cimarosa agradou muito ao soberano, e o italiano recebeu dele generosos presentes. José II também queria retê-lo em sua corte, mas Domenico, insistindo em cumprir seu compromisso com os empregadores russos, foi até São Petersburgo – e arrependeu-se mortalmente de não ter ficado pelo caminho.

As condições de trabalho eram muito precárias, pois boa parte dos subsídios aos Teatros Imperiais tinha sido cortados. A grande Catarina não apreciou tanto a música de Cimarosa quanto gostava da de Sarti, ou de seu predecessor, Paisiello. E o clima ingrato da Rússia fez sofrer muito esse homem habituado ao sol e à luz napolitanos. Foi relativamente pequena a produção de Cimarosa para a corte russa: além de algumas peças sacras, compôs em 1787 as óperas *Volodimiro* e *Il Fanatico Burlato* (dessa última, existe, no selo Agorá, a gravação de Carlo Felice Cilario, feita em Savona em 1988, com Gabriella Morigi, Gabriella Uccello e Mario Bolognesi). Em 1788, produziu a comédia *La Felicità Inas-*

pettata e a ópera semi-séria *La Vergine del Sole*, num estilo fantasioso e lendário apto a agradar ao público eslavo. O ano de 1789 assistiu a *La Cleopatra*, versão atualizada do já superado modelo da *opera seria*. O fato de não ter composto outras óperas antes da expiração de seu contrato, em 1791, demonstra que, por um lado, as condições de trabalho eram cada vez piores – em 1790, o elenco estável da corte vira-se reduzido a apenas três cantores italianos, assistidos por cantores russos que eram servos mal treinados e inexperientes; por outro, que Cimarosa estava apenas à espera de ser liberado de seu compromisso, para poder voltar ao Ocidente.

Na escala vienense, no caminho de retorno à Itália, um velho conhecido o esperava: José II tinha morrido e seu irmão, o ex-grão-duque da Toscana, tinha subido ao trono austríaco com o título de Leopoldo II. Lembrando-se do prazer que lhe dera a visita daquele músico napolitano em 1787, Leopoldo encomendou-lhe uma ópera. O resultado seria *Il Matrimonio Segreto*, a comédia responsável, até hoje, pela fama de Domenico Cimarosa, que Eduard Hanslick dizia estar "cheia do brilho do sol". E que Verdi descreveu como "a verdadeira comédia musical, dotada de tudo o que uma ópera bufa deve ter". O libreto foi o primeiro trabalho de Giuseppe Bertati como *poeta cesareo*, posição em que tinha sucedido a Lorenzo da Ponte – e este, despeitado, haveria de chamá-lo de "um sapo cheio de vento".

Bertati baseou-se em *The Clandestine Marriage*, de George Colman Sr. e do famoso ator David Garrick. No prefácio à comédia, estreada no Drury Lane Theatre, de Londres, em 1766, Garrick dizia ter-se inspirado no *Marriage à la Mode*, a série de gravuras em que William Hogarth faz a sátira da maneira como, em sua época, os casamentos eram negociados, sem levar em conta os sentimentos dos jovens envolvidos. Sterling, a personagem da peça, é um *nouveau riche* que construiu para si uma casa de campo, cheia de tudo o que há de mais moderno e aparatoso em termos de decoração. E agora, sonha em casar uma de suas filhas com um membro da nobreza. Vê-se às voltas com Lord Ogleby e sir John Melvil, dois aristocratas falidos, sem eira nem beira, que estão de olho em seu dinheiro. Mas não sabe que sua filha já se casou secretamente com o namorado.

Bertati não foi o primeiro a converter o texto de Colman e Garrick em um libreto. Marie-Jeanne Laboras des Mézieres, que assinava Mme Riccoboni, já tinha escrito *Sophie ou Le Mariage Caché* para Joseph Kohaut, que a apresentou em Paris em 4 de junho de 1768. A capital francesa assistiu a um outro *opéra-comique* baseado em Colman e Garrick: *Le Mariage Clandestin*, de François Devienne, estreado em 11 de novembro de 1790. O libreto de Joseph Alexandre Pierre visconde de Ségur para esta última, muito mais próximo da peça inglesa do que o de Riccoboni, parece ter sido o modelo imediato de Bertati. Este condensou Ogleby e Melvil em uma só personagem, lord Robinson, que surge na ópera como a tradicional caricatura do "milord" britânico, excêntrico, um pouco tolo, capaz até de reviravoltas inesperadas no desenlace da história. Bertati também inseriu cenas cômicas típicas do estilo bufo napolitano, nas quais as personagens tentam escapolir de seus admiradores indesejados. E criou a figura de Fidalma, apaixonada por Paolino. Em suma, forneceu a Cimarosa um libreto de muito boa qualidade, em tudo conforme às mais legítimas tradições italianas.

Il Matrimonio Segreto subiu à cena no Burgtheater, em 7 de fevereiro de 1792 e foi a causa de um episódio único na História da Ópera. Leopoldo II, presente à estréia, entusiasmou-se tanto com a música que, após uma ceia suntuosa oferecida a toda a companhia, pediu aos cantores um bis... da ópera inteira! *O Matrimônio Secreto* passou para os anais, portanto, como a única ópera cuja primeira e segunda récita se realizaram no mesmo dia. Essa acolhida triunfal repetiu-se em casa: ela teve o total de 110 récitas em cinco meses, ao ser cantada em Nápoles no ano seguinte. Na primeira apresentação da ópera, Cimarosa inserira a ária "Al desio di chi t'adora K. 577", que Mozart escrevera para a reprise de 1789 das *Nozze*, e uma *Scena Livornese* alusiva ao encontro que tivera com Leopoldo, quando este era ainda o grão-duque da Toscana. Ambas são omitidas das encenações modernas. Como o *Barbiere* de Paisiello foi suplantado pelo de Rossini, esta é a única comédia clássica italiana a ter ficado no repertório básico desde o dia

Domenico Cimarosa retratado por Francesco Candido em 1785.

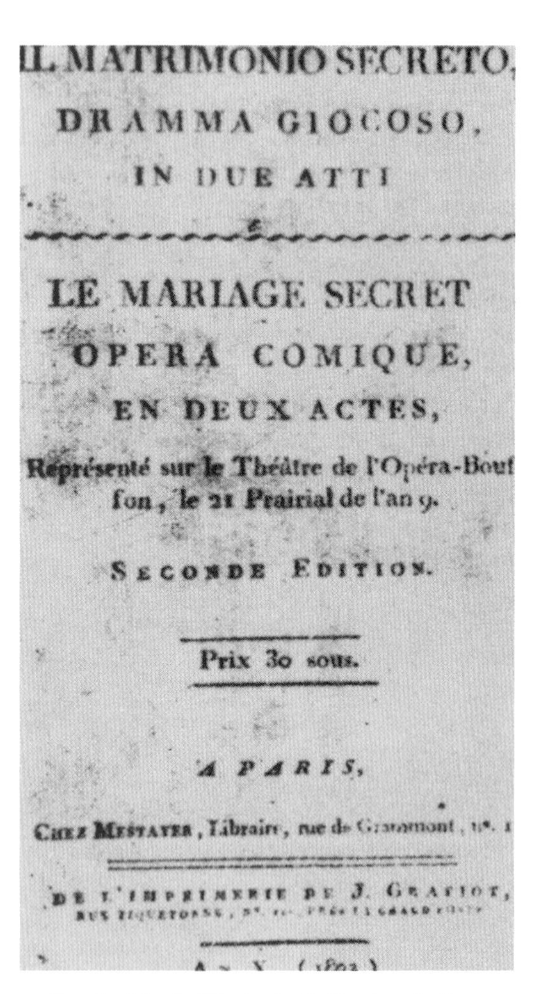

IL MATRIMONIO SECRETO,
DRAMMA GIOCOSO,
IN DUE ATTI

LE MARIAGE SECRET
OPERA COMIQUE,
EN DEUX ACTES,
Représenté sur le Théâtre de l'Opéra-Bouffon, le 21 Prairial de l'an 9.

SECONDE EDITION.

Prix 30 sous.

A PARIS,

Chez Mestayer, Libraire, rue de G[illegible]mont, n°. 1

De l'Imprimerie de J. Gratiot,
[illegible]

An X (1802)

Frontispício do libreto de *Il Matrimonio Segreto*, de Cimarosa; edição parisiense de 1802.

O tenor Giuseppe Viganoni, intérprete de Paolino na apresentação do *Matrimonio Segreto* no Scala, em 7 de fevereiro de 1793.

da criação, privilégio que compartilha com as grandes obras da maturidade de Mozart.

Geronimo, mercador bolonhês, rico e avarento, tem duas filhas casadouras: Elisetta e Carolina. Ele não sabe, porém, que a caçula já se casou secretamente com seu namorado, Paolino. Para complicar as coisas, Paulino é amado por Fidalma, a irmã de Geronimo, encarregada de administrar a casa do mercador. Paolino propõe a Geronimo apresentar a Elisetta um amigo seu, o inglês conde Robinson. Mas a jogada é mal-sucedida, pois Robinson apaixona-se por Carolina que tenta, sem resultado, convencê-lo de que não serve como esposa, pois está cheia de defeitos. Encantado com a idéia de o conde casar-se com Elisetta, Geronimo organiza um banquete em sua honra, mas fica muito confuso ao perceber que é à mão da outra filha que ele pretende.

Acaba concordando em casá-lo com Carolina. Preocupadíssimo, Paolino vai pedir a ajuda de Fidalma. Mas a solteirona acha que está recebendo dele um pedido de casamento. Assustado com uma reação que não esperava, Paolino desmaia em seus braços, e é surpreendido por Carolina que, ao vê-los abraçados, convence-se de que o marido retribui os sentimentos da tia por ele. Enquanto isso, o conde tenta desestimular o interesse de Elisetta por ele, pintando a si mesmo como um ogre. Elisetta alia-se então a Fidalma, e ambas planejam mandar Carolina para o convento. Afastando-a, terão o caminho livre para o coração dos homens que amam.

Sabendo disso, Paolino que, a essa altura, persuadiu Carolina da pureza de seu amor, planeja fugir com ela. Mas são apanhados por Elisetta, que amotina todo o pessoal da casa. No lusco-fusco, todos pensam, a princípio, que é o conde o homem surpreendido em companhia de Carolina. Mas ele entra por uma outra porta e, à família surpresa, o casal tem de confessar que já é marido e mulher. Diante do fato consumado, não resta alternativa a Geronimo senão abençoar a união. O conde concorda em casar-se com Elisetta e tudo termina bem.

O Matrimônio Secreto mostra o melodista nato, de plena posse de amplos recursos expressivos, que utiliza para dar à ópera muita variedade formal e, conseqüentemente, grande dinamismo interno. Desde o número de abertura, o dueto "Cara non dubitar" para Carolina e Paolino, Cimarosa consegue caracterizar o par de jovens amantes com uma linha melódica fluida e graciosa. O mesmo pode-se dizer do aliciante motivo com que, em "Pria che spunti in ciel la aurora", no ato II, Paolino convence a esposa a fugir com ele. Essas frases simétricas e bem proporcionadas são do tipo que o público leva grudado na orelha, ao sair do teatro, e explicam o entusiasmo de Leopoldo II na noite da estréia. Mas, como no conjunto de sua obra cômica, as cenas de conjunto são conduzidas com precisão ainda maior.

Cimarosa não foi o primeiro a introduzir trios e quartetos no corpo do ato, como pretendia Fétis; mas estava entre os músicos que mais experimentavam com a flexibilidade da forma, tanto que, antes que se iniciem os extensos finales, os dois atos do *Matrimonio* ostentam quatro duetos, três trios, um quarteto e um quinteto. Nenhum deles chega a ter a simultaneidade de emoções diferenciadas que encontramos no Mozart maduro; mas seus *pezzi d'insieme* são de absoluta eficiência teatral.

O quarteto do ato I começa com uma estrofe para cada um dos participantes; e a de Elisetta tem contornos harmônicos e um tipo de orquestração muito comoventes. Em seguida, os quatro unem-se num conjunto que utiliza o mesmo material melódico – à exceção de Fidalma, personagem cômica, que se expressa com uma linguagem diferenciada. E a coda, irresistivelmente ágil, tem a marca registrada da alegria cimarosiana. As seções do *finale primo*, nitidamente marcadas pelas mudanças de tonalidade, inspiram-se no fantástico finale do ato II das *Bodas de Fígaro*. O trecho mais notável é o *andante* "Che triste silenzio! Parlare conviene"; mas é muito original a idéia de, na seção de encerramento, em vez de simplesmente retornar à tonalidade de ré maior, usar uma versão alterada da melodia ouvida no início.

A atenção ao modelo mozartiano é mais visível ainda no *finale secondo*, pois este relembra certos aspectos da cena do jardim, no final das *Nozze* (a aparição de Robinson, pelo lado contrário daquele para o qual estão voltadas as outras personagens, parece-se com o momento em que a Condessa sai inesperadamente de um dos caramanchões). Nesses trechos, predomina a música rápida, brilhante, de descarga emocional, que faz a tensão dramática culminar numa verdadeira catarse física compartilhada por elenco e platéia.

Se Mozart é, inevitavelmente, presença marcante em toda a ópera, o *Matrimônio Secreto* é, ao mesmo tempo, de todas as peças cômicas de Cimarosa, aquela em que já existem antecipações mais claras de seu grande herdeiro, Gioacchino Rossini. No segundo dueto dos jovens esposos, ao lado da melodia terna, delicada, há um toque de humor no qual identificamos a raiz da linguagem rossiniana. O mesmo pode-se dizer do dueto de Robinson e Geronimo no ato II, que se move no mesmo terreno de alta comédia que o autor do *Barbiere* levará ao apogeu na maturidade[3].

A irresistível extroversão do *Matrimonio Segreto* a fez correr mundo com velocidade. Até 1830, além das principais cidades européias, ela tinha conquistado Nova York e a Cidade do México, traduzida em dez línguas, e cantada por artistas como Malibran, Grisi, Rubini, Lablache. Justificam-se as palavras do crítico Eduard Hanslick: "Ela está cheia de raios de sol... tem a luz genuína, aquele colorido dourado que convém à ópera cômica." Para conhecê-la, existem as seguintes gravações:

Melodram, 1949 – Güden, Noni, Barbieri, Schipa, Bruscantini, Christoff/Mario Rossi (trechos ao vivo, no Scala; vale pelo elenco);

Cetra, 1950 – Rovero, Noni, Simionato, Valletti, Bruscantini/Manno Wolf-Ferrari (documento histórico importante, mas cruelmente cortado);

EMI/Angel, 1956 – Ratti, Sciutti, Stignani, Alva, Badioli, Calabrese/Nino Sanzogno (cortes menores mas ainda substanciais);

DG, 1976 – Varady, Augér, Hamari, Davies, Fischer-Dieskau, Rinaldi/Daniel Barenboim;

Nuova Era, década de 80 – Mazzucato, Dara, De Simone/Antonio Cavallaro;

Arts, 1991 – Patterson, Williams, Banditelli, Matteuzzi, Antoniozzi, Salomaa/Gabriele Bellini (ao vivo no Muziekcentrum Enschede da Holanda).

3. Para as semelhanças entre o libreto do *Matrimônio Secreto* e o da *Scala di Seta*, de Rossini, ver o capítulo sobre compositor, neste volume.

Há também o vídeo do Festival de Schwetzingen de 1986: Daniels, Feller, Nicolai, Kubler/Griffiths.

Leopoldo II morreu em 1º de março de 1793. Cimarosa ainda ficou alguém tempo na Áustria mas, como eram grandes as solicitações de que voltasse para casa, onde suas óperas continuavam sendo muito procuradas, decidiu retornar a Nápoles. Deve ter feito essa viagem durante a primavera de 1793, pois ainda temos a notícia da estréia em Viena, em 1º de abril, da comédia *L'Amor Rende Sagace*, com libreto de Giovanni Bertati (dela, o selo Bongiovanni tem uma gravação feita por Fabio Neri, no Festival de Bolzano de julho de 1991, com Enzo Dara e Gemma Bertagnolli). E em 19 de junho, lá está ele de novo em Nápoles, fazendo-se aplaudir por *I Traci Amanti*, um daqueles temas "otomanos" que pudera observar em Viena, onde eram muito populares. Na série *Arte Vocale Italiana*, da Nuova Era, há a gravação de Erwin Loehrer. Maria Grazia Ferracini, Basia Rechitzka, Carlo Gaifa, Rodolfo Malacarne e Laerte Malaguti cantam essa ópera-bufa de Giuseppe Palomba, que circulou pela Itália com o nome de *Il Padre alla Moda ossia Lo Sbarco di Mustanzir Bassà* e foi levada em Lisboa sob o título de *I Turchi Amanti*.

Em 26 de agosto de 1794, tendo de estrear nova ópera no Teatro dei Fiorentini, e com pouco tempo para conceber coisa inteiramente nova, Cimarosa recorreu ao expediente comum naquela época. Confiou a Palomba a tarefa de maquiar o libreto de Bertati para *Amor Torna Sagaz*. Embora rebatizada como *Le Astuzie Femminili* e com personagens de nomes diferentes, a história – semelhante à de tantas outras *commedie per musica* – é exatamente a mesma. O tutor de Bellina quer que ela se case com Giampaolo, velho e rico. Mas a moça está apaixonada por Filandro, seu primo. Ajudada por sua governanta Leonora e a amiga Ersilia, criará uma série de estratagemas para ridicularizar o velho pretendente. A certa altura, Bellina e Filandro desaparecem e, em casa de Romualdo, o tutor da moça, aparece um casal de húngaros, que fala italiano estropiado – situação muito apreciada nas tradicionais comédias napolitanas. Preocupado, o tutor confia a esses dois o encargo de procu-

Esboço de Camillo Parravicini para a apresentação do *Matrimonio Segreto* no Scala, em 1 de janeiro de 1936.

Cenário de Luciano Damiani para a apresentação do *Matrimonio Segreto* na inauguração do Piccola Scala, em 26 de dezembro de 1955.

Desenhos de Michele Ronchese para os figurinos do *Matrimonio Segreto* apresentado no La Fenice, de Veneza, na temporada de 1960.

rar os fujões: é o pretexto de que os jovens necessitam para sair juntos de sua casa e irem à procura de um padre que os case. Quando voltam, já como marido e mulher, só resta a Romualdo dar-lhes a sua contrafeita bênção. Quantas variantes dessas situações básicas o leitor já não viu nas óperas cômicas do século XVIII?

Esta nunca foi uma das obras de Cimarosa preferidas do público. Ao ser encenada no Haymarket, de Londres, em 21 de fevereiro de 1804, o crítico do *Times* comentou, desdenhosamente: "Não há nenhuma ária que deixe de agradar mas, para dizer a verdade, nada há nessa partitura que nos supreenda." Cito-a aqui com destaque porque, em 1920, Serguêi Diáguiliev a escolheu para ser transformada numa *opera-ballo*. Chamou Ottorino Respighi para adaptar livremente a partitura, coreografada por Léonid Massine. Foi aplaudidíssima quando a companhia dos Ballets Russes a apresentou, em maio, no Opéra de Paris, com o título de *Cimarosiana*. Da ópera, existe, no selo Fonit Cetra, a gravação de Massimo de Bernart no Festival de Martina Franca. Cantam Daniela Dessy, Simone Alaimo e o barítono brasileiro Nelson Portella. No mesmo selo, há um disco de grande valor histórico: trechos bem generosos das *Astúcias Femininas* gravados ao vivo em Turim, em novembro de 1959. Mario Rossi rege um elenco encabeçado por Teresa Stich-Randal e Sesto Bruscantini.

Antes de sua próxima ópera de grande importância, Cimarosa produz, nos dois anos seguintes:

1795 – *Penelope, Le Nozze in Garbuglio* e *L'Impegno Superato*;
1796 – *La Finta Ammalata* e *I Nemici Generosi*

Alba Longa está em guerra contra Roma. E isso cria para Sabina uma situação difícil: casada com o romano Marcos Horácio, tem de se esquecer dos irmãos e parentes pertencentes à família agora inimiga dos Curiácios. Este é o ponto de partida de *Horace* (1639), uma das mais famosas tragédias de Pierre Corneille. Sabina fica aliviada quando o sogro, Públio Horácio, lhe diz que a trégua foi assinada entre as duas cidades, pois outro casamento está prestes a unir a família do marido à sua: Curiácio está noivo de Horácia, a irmã de Marcos. Durante a cerimônia, em que os noivos prometem um ao outro nunca se separarem por razões políticas, Públio vem dizer que o rei de Roma, Tullo Hostílio, e o rei de Alba Longa, Métio Fufécio, decidiram que o resultado da guerra será decidido por um duelo entre guerreiros escolhidos dos dois lados. Para o desespero de Sabina e Horácio, os escolhidos são justamente os três irmãos Horácios e os três Curiácios.

No Campo de Marte, onde o duelo vai se desenrolar, Horácia e Sabina alegam que um duelo entre membros de famílias parentes pode não agradar aos deuses. O oráculo de Apolo é consultado e proclama que o combate deve se realizar. Horácia fica esperando do lado de fora do Circo Máximo e, lá de dentro, ouve gritos: dois dos Horácios foram mortos. Horrorizada, ela se afasta com suas amigas. Mais tarde, numa praça de Roma, Marcos Horácio é aclamado como herói: ele matou os três Curiácios, dando a vitória a Roma. Ao ver seu marido morto, Horácia vai até a ara sagrada, amaldiçoa o irmão e pede aos deuses que castiguem Roma. Acusando-a de traição, Marcos Horácio desembainha a espada, atravessa-a com ela e a derruba sem vida pela escadaria. "Santos Deuses, que fiz?", exclama logo em seguida, enquanto o coro canta um hino fúnebre à "infelice che amò più se stessa che di Roma il vantaggio, l'onor".

No auge dos distúrbios causados pela campanha da Itália e as vitórias napoleônicas, *Gli Oraziio e i Curiazii* estreou no La Fenice de Veneza, em 26 de dezembro de 1796. A escolha de Corneille pelo libretista, Antonio Sografi, está ligada ao clima conturbado desse período, pois o senso de dever e a exaltação patriótica são características marcantes da obra desse dramaturgo seiscentista. Havia também uma atitude política na decisão de Cimarosa e Sografi de aderir à voga que, depois da Revolução Francesa e da popularização de seus princípios liberais nos territórios italianos, escolhia temas da Antigüidade romana para exaltar as virtudes republicanas.

Na prática, porém, esses dramas de propensões "republicanas", que surgem daqui e dali na passagem do século XVIII para o XIX, não significam uma face nova para a *opera seria*. Representam apenas, na opinião de Rodolfo Celletti, "o acréscimo superficial de algumas fanfarras e marchas militares àquilo que a *opera seria* tinha sido em sua fase cortesã: um gênero conservador, mais voltado para a efusão lírica do que para a expansividade épica". Considerada hoje, *Os Horácios e os Curiácios* envelheceu menos em suas cenas melodicamente delicadas, que tratam dos sentimentos e sofrimentos das personagens, do que nos trechos de declamação estentória, em que elas afirmam suas posições trágico-heróicas.

A exaustão do modelo de melodrama metastasiano, marcado pela visão idealista da vida e a *poetica della meraviglia*, resultara, na segunda metade do século XVIII, em uma concepção mais realista e racional da vida e da sociedade – donde o triunfo da peça cômica, cujas raízes deitam-se na realidade e nas personagens do dia-a-dia. Ora, embora praticasse o gênero sério, Cimarosa era o porta-bandeira da comédia italiana e nele, como mais tarde em Rossini, sempre encontramos uma certa facilidade para intercambiar formas de um registro para o outro. A abertura de *Orazii*, por exemplo, explora, no modo lírico, fórmulas que ele utilizou em algumas de suas composições bufas mais conhecidas. Nas melodias das cordas, aqui moldadas com *grupetti* sinuosos, ali apoiando-se em *ribatiture*, sentimos todo o clima langoroso do teatro *larmoyant*, característico de suas peças semi-sérias. Mas esta é uma fase em que a abertura ainda não está temática e estruturalmente relacionada com o material que será ouvido no decorrer da ópera. Ela é apenas uma peça brilhante para despertar a atenção do ouvinte.

Pode-se perceber a mesma coisa em números vocais, no corpo da obra. Se se acelerasse o *andante* de "L'alto genio di Roma nascente", que o Sacerdote canta, no ato I, ela teria o mesmo desenho de uma ária bufa com silabato. Algumas páginas dos *Orazii* ilustram muito bem o tipo de melodia e escrita vocal comum nos melodramas heróicos, de assunto histórico, da passagem do século XVIII para o XIX, que ainda encontraremos no *Demetrio e Polibio* ou no *Tancredi* rossinianos. O largo "Se alla patria ognor donai", de Marco Horácio (I, 5), é um exemplo claro: tessitura central, intervalos ascendentes regulares para enfatizar a linha melódica, breves melismas ou escalas descendentes para dar um tom nobre à declamação, coloratura mais elaborada na seção *allegro* "A voi tutti il vivo lampo".

Embora a sua sensibilidade não tivesse muito a ver com o estilo marcial, a habilidade técnica de Cimarosa o faz usar de modo pelo menos convincente os efeitos retóricos. As intervenções corais não chegam a ser realmente memoráveis, mas "Combatteremo, trionferemo" II, 2), de Curiácio e Marco Horácio, com coro, tem acompanhamento orquestral de inegável elegância. E é muito bonita a solene intodução a "Adorni la chioma", na cena triunfal (II, 6). O dramaturgo experiente manifesta-se também na segurança como são escritos os recitativos e trabalhado o acompanhamento no trio "Al campo, all'armi" (I, 9) ou na agitada "Giusti Dei!" (II, 5), em que Horácia faz a narrativa do duelo:

Giusti Dei!
Della pugna ecco il segnal!
Lasciate... lasciate
deh per pietà!
Dell'armi ecco il fragor...
le grida del popolo s'inalzano:
i germani, lo sposo...
Oh Dio, che sento:
due Fratelli estinti!
Onipossenti Dei,
mancarmi sento il core!
Fuggiam, deh fuggiam
da tanto orrore!

(Justos deuses! eis o sinal da luta! Deixem-me... ah, deixem-me, por piedade! Eis o fragor das armas... os gritos do povo se erguem: os irmãos, o esposo... Oh, meu Deus, o que ouço: dois irmãos já mortos! Deuses onipotentes, sinto-me desfalecer! Fujamos, ah!, fujamos de tanto horror!)

Mas onde o Cimarosa mais autêntico emerge é nas passagens em que, abandonando o formalismo do *stile eroico* – o *larghetto* "Nacqui è ver fra grandi eroi", de Horácia (I, 8) –, ele pode entregar-se às expansões líricas do *stile patético*. É o caso da segunda seção desse monólogo, "Pietà delle mie pene", de uma temperatura emocional digna do mais típico *drame larmoyant*. O segundo exemplo é ainda mais marcante por envolver duas personagens masculinas. Marco Horácio encontra-se com Curiácio (I, 9), e o tom solenemente belicoso de "Quando nel campo armato" transforma-se, de repente, na demonstração de ternura de dois amigos verdadeiros, em "A questi accenti adesso". Do ponto de vista teatral, o efeito é dos mais envolventes. É necessário mencionar outras páginas de alta qualidade:

- no ato I, o trio "O dolce e caro istante", entre Curiácio, Horácia e seu irmão Marco; a mais famosa ária da ópera, a refinada "Care pupille tenere", confissão amorosa de Curiácio; e o breve dueto "Ti giura il labbro", de Horácia e Curiácio;
- e no II, o grande dueto de amor de Horácia e Curiácio, "Rammenta solo", exemplo perfeito das melodias nostálgicas de Cimarosa, com um acompanhamento que, além de apoiar os cantores, insinua-se nas pausas feitas pelas vozes, com comentários extremamente tocantes; e as belas árias de Horácia, "Se pietà nel cor serbate", e de Sabina, "Um raggio sereno".

Mas é na grande cena subterrânea do ato II, que se passa no templo de Apolo, que Cimarosa realmente se supera. Para falar dela, nada melhor do que pedir emprestada a palavra de Rodolfo Celletti:

> À introdução orquestral solene e misteriosa seguem-se outros momentos instrumentais de caráter descritivo, que mostram a genialidade com que certos operistas sabiam sugerir o secreto, o assustador, o horrível, sem trilhar os caminhos da imitação pedestre da natureza. A eles intercalam-se os belos recitativos de Curiácio e Horácia, bem como o *andantino* "Ei stesso intrepido", culminando na grande retomada das outras vozes solistas e do coro em "Regni silenzio muto, profondo. Estávamos no limiar de 1797 e um lufada de jacobinismo percorria a Itália. Daí a dois anos, Cimarosa haveria de compor hinos à Repubblica Partenopea; mas o que o sentimento das trevas, do oculto, do sobrenatural, do sagrado, da *pietas* ainda inspirava ao melodrama sério italiano, nas lúgubres cenas de funeral, de encantamento, de ritual, perpetuava ainda grandes momentos análogos da *Antígone*, de Traetta, e do *Lucio Silla*, de Mozart, prenunciando, ao mesmo tempo, um dos episódios mais famosos da *Semiramide* de Rossini.

Celletti faz também uma precisa análise das características da escrita vocal nesta obra:

> Ela é exemplar na dosagem da respiração, no andamento estritamente ligado ao fraseado, evitando as tessituras demasiado agudas, os longos vocalises, as acrobacias e a ornamentação muito carregada. Dificuldades de caráter estritamente vocal existem somente no *allegro* conclusivo da ária de Marcos Horácio no ato I, devido à sucessão de *acciaccature*, ao ritmo muito marcado e à presença de notas agudas que, na época de Cimarosa, ainda eram emitidas em falsete. Requisitos fundamentais para cantar uma ópera como *Gli Orazii e i Curiazzi*, porém, continuam sendo a suavidade da emissão, a capacidade de sugerir as nuances sonoras, a fluidez na ornamentação. Do ponto de vista da parte ornamentada e vocalizada, a coloratura de Cimarosa pode ser definida como 'ampla', em oposição à coloratura 'diminuta' de alguns operistas barrocos, ou do Rossini do período napoleônico. Donde a necessidade, para os executantes, de integrar à escrita lisa do compositor variações, diminuições e interpolações de cadências, sobretudo nas seções *da capo* das árias.

É o que o leitor encontrará na ótima gravação de Massimo de Bernart, feita ao vivo em novembro de 1983, no Teatro Ariston de Sanremo, com Daniela Dessy, Mario Bolognesi, Simone Alaimo. Existe também o vídeo de uma apresentação de 1990 no São Carlos de Lisboa: Antonacci, Ferreira, Altavilla/Curtis.

Nomeado primeiro organista da Capela Real, em 8 de janeiro de 1786, com o salário mensal de dez ducados, Cimarosa passou a dedicar-se com mais frequencia à música religiosa. Mas as novas atribuições não fizeram decrescer a produção de palco, embora estivesse próximo o momento em que as circunstâncias políticas lhe trariam consideráveis dificuldades:

1797-*Achille all'Assedio di Troia, L'Imprudente Fortunato* e *Artemisia Regina di Caria*;

1798-*L'Apprensivo Raggirato, Il Segreto* e *L'Intrigo della Lettera.*

Pertence a esse período, sem que se saiba a data exata de sua composição, uma das obras mais simpáticas de Cimarosa: o *intermezzo* – na verdade um longo monólogo para baixo bufo – intitulado *Il Maestro di Cappella.* Imbuída até mesmo de uma saudável dose de autocrítica, essa longa ária coloca-nos diante de um maestro que está ensaiando com sua orquestra, e deixa aflorar toda a vaidade de quem acha que sabe de tudo e, falando sem parar, faz de si mesmo um retrato bastante ridículo. O texto é um prato cheio para que o músico brinque com as intervenções instrumentais, paródias e citações. O maestro é tão cheio de si – "no sono di quelli che si fano pregare e ripregare" – que já começa o ensaio cantando para os pobres músicos "un aria di stil sublime che fece apposta, col suo gusto fino, il cavalier Scarlatti".

E lá vêm as chamadas a "l'oboi, i corni, le violette", as recriminações ao "maledetto

Nancy Storace na *Artemísia* de Domenico Cimarosa.

contrabasso", a recomendação óbvia "imparate a ben contare, altrimenti non si va". Lá pelas tantas, irritado com a pouca atenção que os músicos dão à sua batuta, o maestro explode: "Pensate ch'io non sono qui per farvi il buffone!" Mas as coisas aos poucos começam a dar certo e, aos gritos de "bravi! bene!", que não passam na realidade de complacentes autoelogios, ele vai chamando instrumento por instrumento, permitindo a Cimarosa fazer uma utilização da orquestra que confere ao *Maestro di Cappella* uma função didática muito interessante: por se tratar de uma peça curta e engraçada, ela se presta otimamente a introduzir o público jovem nos segredos da ópera e da escrita orquestral.

O ensaio termina com a promessa do maestro de que, da próxima vez, eles experimentarão "un andante, allegro e presto che faravvi stupefar". E ele se despede com um prosaico "Mille grazie, miei signori, e buon appetito" pois, depois de tanto esforço, deve estar morrendo de fome. O *Maestro* é um papel curto, mas cheio de pequenos detalhes que, nas mãos de um bom ator – como Fernando Corena ou Giorgio Gatti, que deixaram registros dele – pode ter ótimo rendimento. A melhor gravação moderna é a de József Gregor, com a Orquestra de Câmara Corelli, regida por Tamás Pal. O disco da Hungaroton (1985) vem acoplado a outra obra do mesmo gênero, a cantata cômica *Der Schulmeister* (O Mestre Escola), de G. Ph. Telemann. Em vídeo, existem as versões de Bekaert/Fagen na Ópera Real de Antuérpia (1984), e a de Cláudio Desderi no San Carlo de Nápoles (1999, sem indicação de maestro).

Em janeiro de 1799, Nápoles foi invadida pelas forças antimonárquicas, que expulsaram o rei Ferdinando e proclamaram a Repubblica Partenopea, à qual Cimarosa aderiu entusiasticamente. Compôs um hino patriótico sobre um poema de Luigi Rossi, cantado em 19 de maio, na cerimônia em que a bandeira real foi queimada. No final de junho, porém, as tropas de Ferdinando retomaram a cidade e o compositor se viu numa situação difícil. O padre Gennaro Tanfano lhe sugeriu o tema de uma cantata celebrando o retorno do rei. Com poema de L. Barbarotta, ele apresentou *Il Giorno Felice* em 23 de setembro – mas, com isso, irritou ainda mais o monarca, que ordenou a sua prisão. Teria sido condenado à morte, não fossem os pedidos de clemência dos cardeais Consalvi e Ruffo, e de Lady Hamilton, amante de Lord Nelson, amiga da família real napolitana.

Cimarosa foi exilado para Veneza. Pensava em voltar para a Rússia, onde tinha sido tão bem recebido, mas antes, a pedido do La Fenice, começou nova ópera para o Carnaval de 1801. Retomou um tema que já tratara em 1797; mas o libreto do *poeta aulico* (cortesão) Cratisto Jamejo – pseudônimo árcade do conde Giovanni Battista Colloredo – nada tem a ver com o poema de Marcello Marchesini para a anterior *Artemísia Regina di Caria*. Não chegou, porém, a terminar essa segunda *Artemísia*. A sua saúde deteriorou rapidamente e ele morreu em 11 de janeiro de 1801, uma semana antes de sua última ópera subir à cena – sem o ato III – no dia 18. O atestado de óbito fala em "cólica biliar". Não faltaram rumores de que a rainha Maria Carolina, interessada em eliminar todos os focos liberais, o tinha mandado envenenar. Pressionada pela opinião pública, a rainha ordenou que fosse feito um exame dos despojos e, em 5 de abril, foi publicado o relatório de uma junta médica que dava, como *causa mortis*, hemorragia interna provocada, provavelmente, por úlcera perfurada. Tibaldi Chiesa, biógrafo de Cimarosa, garante que essas acusações não passam de lenda, pois há sinais, em sua correspondência, de que ele era realmente afligido, havia tempos, por uma úlcera.

Sempre houve polêmica a respeito do estado final de *Artemisia*. Mas Francesco Florimo viu o manuscrito no Conservatório de Nápoles e relata que os dois primeiros atos são da mão de Cimarosa. Além disso, na edição do libreto, o ato III vem inteiramente *virgolato* – entre aspas –, a convenção geralmente aceita para trechos cuja música não chegara a ser composta. A *Artemísia* de Colloredo, assim como a de Marchesini, baseia-se na figura histórica da irmã e esposa de Mausolo, o sátrapa da Caria. Quando ele morreu, em 353 a.C., Artemísia lhe ergueu, em Halicarnasso, a sua capital, um monumento fúnebre que era considerado uma das sete maravilhas da Antigüidade (por causa dele, a palavra "mausoléu" foi derivada do nome Mausolo). Dizem também que ela mandou cremar o corpo do irmão-marido, e misturava as cinzas com água, bebendo um pouco delas todo dia, para incorporar a seu próprio corpo os despojos do homem que amava. Instituiu também um concurso de panegíricos de Mausolo, ganho por Teopompo, o historiador de Quios. Desconsolada, Artemísia morreu dois anos depois do marido.

O libreto de Colloredo é a usual mistura de história e ficção. Artaxerxes da Pérsia, destronado pelo rebelde Artabano, disfarça-se sob o nome de Siface, e acompanha seu amigo Teopompo a Halicarnasso. Artemísia simpatiza com o historiador, a quem pede conselho. E, embora não o admita nem para si mesma, sente-se atraída por Siface. O favor que concede a esses dois estrangeiros enfurece o príncipe Araspe, de sangue real, que planejava casar-se com ela para subir ao trono. Para complicar as coisas, seguindo as boas tradições metastasianas, Ada, a irmã da rainha, apaixonou-se por Siface; mas este não lhe retribui, pois está enamorado da soberana. Carete, o embaixador persa, que está procurando pelo seu rei, chega à Cária e reconhece Siface. Pede então audiência a Artemísia, diz a ela que Artaxerxes está pronto a ser reconduzido ao trono, e pede a sua mão.

Ela alega não poder casar-se de novo, pois jurou fidelidade eterna a Mausolo. E Carete a ameaça: se ela recusar Artaxerxes, ele invadirá a Caria, arrasará Halicarnasso e destruirá o mausoléu. Mas a rainha recusa-se a deixar-se intimidar. Ao saber da entrevista de Artemísia com Carete, Siface revela sua verdadeira identidade e pede sua mão. A rainha diz que vai fechar-se no mausoléu e pedir conselho à sombra do marido. Embora inconclusiva, a ópera, tal como foi vista na estréia, se encerrava com um coro dando a entender que o deus Himeneu abençoaria a união – ou seja, indicando que esse *dramma tragico* teria o *lieto fine* herdado da tradição barroca.

Porém, uma guinada na ação é introduzida no ato III. Artemísia está de fato apaixonada por Siface, e decide casar-se com ele. Mas, no momento da cerimônia, o fantasma do irmão-marido sai do mausoléu e lhe estende dos braços. Um raio cai dos céus, fulmina a infiel, e ela agoniza aos pés do rei persa. É uma pena que Cimarosa não tenha tido tempo de musicar esse último ato. Se o tivesse feito, *Artemisia* teria ficado como um exemplo, historicamente importante, de antecipação da voga romântica do final trágico – uma voga que chega à Itália ainda clássica junto com a onda de liberalismo que acompanha a invasão napoleônica.

É curioso registrar que, na estréia veneziana, o papel título foi cantado por Anna Storace-Braham – a mesma Nancy Storace que criara Susanna nas *Bodas de Fígaro* de Mozart –, e Araspe era o grande tenor inglês John Braham. Eles nunca chegaram a se casar, mas eram amantes e, no ano seguinte, teriam um filho juntos. A adoção desse sobrenome na Itália, católica e puritana, deve-se certamente ao desejo de evitar o escândalo.

O álbum HYIO/OR[4] contém um exemplo dessa ópera infelizmente inacabada. Trata-se do trio do ato I em que Siface e Araspe reagem ao anúncio de Artemísia de que resistiu às pressões de Carete. Embora o número tenha as duas seções habituais, com uma passagem de ligação, não é de estrutura convencional. Em vez de se iniciar com andamento lento, como era o costume, tem uma primeira parte, "Tremante, confusa", vigorosa e impulsiva. A ponte entre as duas seções, também rápida, tem dinâmica oscilante e escrita melódica muito atraente quando as três vozes se unem em "Chi mai sa dir se un'anima possa di più soffrir!" Mas a grande surpresa é a *stretta*, após as palavras "Questo è un affano horribile!" Em vez do final descendente que essas palavras desoladas deixariam supor, Cimarosa faz o trio culminar num lento crescendo construído com recursos muito variados. Se considerarmos que seu autor estava seriamente doente, e a um passo da morte ao concebê-la, esta é música extremamente enérgica e viril, já contendo um impulso que aponta para o futuro.

É muito vasta a obra de Cimarosa: além das óperas mencionadas neste capítulo, ele deixou sete oratórios, cantatas, peças corais, muitas sonatas para cravo e outras peças instrumentais. Na biografia que publicou em 1976, pela editora da Universidade de Cardiff, J. E. Johnson menciona ainda 28 óperas com datação incerta ou autoria duvidosa.

4. Ver Prefácio.

A Geração de 1750-1770

SALIERI

O volume desta coleção dedicado à *Ópera na França*, há um capítulo referente à obra de Antonio Salieri (1750-1825). Mas, ali, ele é abordado basicamente como um epígono de Gluck, devido sobretudo à sua *Les Danaïdes*, em que põe em prática com tal rigor os preceitos reformistas, que essa *tragédie lyrique* chegou a ser atribuída ao autor do *Orfeo ed Euridice*. Aqui, porém, é necessário retomá-lo, pois o diretor musical da corte austríaca foi um dos casos mais curiosos dentro do melodrama clássico: não um representante típico da tradição mediterrânea, mas o resultado da fusão de diversas tendências, entre as quais a de Gluck. E um compositor que se empenhou em eliminar a distinção entre a *opera seria*, de herança barroca, e a ópera bufa de matriz napolitana, criando um *stile misto* que abrirá caminho para diversos outros compositores – entre eles o Mozart do *Don Giovanni*.

Deixemos de lado as lendas que se formaram em torno do nome de Salieri, ligadas à morte de Mozart – delas já falamos no capítulo acima mencionado. E o leitor que desejar mais esclarecimentos a esse respeito, remeto ao excelente *1791: O Último Ano de Mozart*, de Robbins Landon, publicado em português, em 1990, pela Editora Nova Fronteira.

Quinto filho de um comerciante de Legnano, Antonio aprendeu as primeiras noções de violino e cravo com o irmão mais velho, que estudara com Tartini. O nobre Giovanni Mocenigo, amigo de seu pai, levou-o em 1765 para Veneza, onde ele aprendeu canto e a técnica do baixo-contínuo. Em 1766, viajava pela Itália o compositor de origem boêmia Florian Leopold Gassmann[1] que, sendo apresentado a Salieri, percebeu o seu talento e convidou-o a acompanhá-lo a Viena. Antonio devia muito a Gassmann: este o fez estudar latim, alemão e francês, desvendou-lhe os grandes tesouros da literatura italiana e francesa, deu-lhe aulas de contraponto, e o introduziu na corte.

Fez Salieri participar, como instrumentista, das seções vespertinas de música de câmara que se realizavam nos aposentos do imperador José II – e este logo simpatizou com o jovem italiano. Nesses encontros, foi apresentado a Metastasio, o *poeta cesareo*, com quem estudou a arte da declamação. E em 1769, conheceu Gluck, de quem se tornou o protegido, e amigo fiel. Diz Giovanni Carli Ballola, a respeito dessa fase:

> Salieri viu-se rapidamente introduzido no círculo daqueles que detinham o poder musical: Metastasio, Gluck, Bonno; e fruiu largamente de seus favores, ajudado por seu caráter flexível de "carreirista" nato, e pleno engenho vigilante e reflexivo, mais inclinado a captar e assimilar sugestões de natureza diversa do que a impor-se com a força espontânea de uma individualidade inconfundível.

1. Sobre esse compositor, ver *A Ópera Barroca Italiana*, desta coleção.

Decerto, fazer carreira num terreno minado como a corte austríaca era mais fácil para um cortesão nato, cuja versatilidade o predispunha a agradar aos mais diversos gostos, do que para um artista intransigente como Mozart. Mas se Salieri era carreirista, certamente não era ingrato. Com Gassmann, que sempre o tratou como a um filho, colaborou incansavelmente no Teatro Italiano. Herdou a direção dessa casa, em 1774, quando Gassmann morreu, com apenas 45 anos, em conseqüência de uma queda de cavalo. Aos 24 anos, Salieri viu-se nomeado compositor da corte e diretor do Teatro Italiano. A essas funções, vieram juntar-se, em 1778, a de *Hofkapellmeister* da corte e presidente da *Tonkünstler-Sozietät*.

Tendo-se tornado, antes dos trinta anos, o músico mais poderoso de Viena, nunca perdeu o gosto de ensinar. Foi professor das duas filhas de Gassmann, Maria Anna Fux e Maria Theresa Rosenbaum, e encarregou-se de orientá-las na carreira de cantoras do teatro da corte. Entre seus alunos, teve Beethoven (que lhe dedicou sonatas e variações), Liszt, Meyerbeer – a cuja carreira deu o impulso inicial, ao aconselhá-lo a ir aperfeiçoar-se na Itália –, Schubert, Süssmayer, Hummel. As cartas de Mozart contêm referências às "cabalas" de Salieri. Mas isso, na opinião de Volkmar Braunbehrens, autor de *Maligned Master: The Life of Antonio Salieri* (1992), refere-se às

> disputas institucionais dentro do Nationaltheater, a respeito de escolha de elenco ou de repertório a ser programado. Naquele período, Salieri era, de longe, o mais bem-sucedido dos dois compositores, [...] e há provas documentais de que os dois homens valorizavam-se na justa medida.

Em 1770, Salieri estreou sua primeira ópera, *Le Donne Letterate,* em cuja disposição de árias e tratamento do recitativo – com uma proporção maior de *stromentato* do que seco, o que era incomum numa comédia –, já estava patente a influência das idéias reformistas de Gluck. O sucesso foi tão grande que, naquele mesmo ano, ele fez encenar também *L'Amore Innocente* e *Don Chisciotte alle Nozze di Gamace* – esta última, tirada de um episódio do romance de Cervantes já tratado por Telemann, e que haveria, mais tarde, de inspirar também Mendelssohn.

Em 1771, depois da serenata *La Moda*, chamou realmente a atenção com *Armida*, que definiu como "un'opera di stile magico-eroico-amoroso toccante il tragico". Nela, Salieri se afasta deliberadamente do molde barroco: além de dar papel preponderante ao coro, compõe para esse drama uma abertura usando temas que serão ouvidos no decorrer da ação. Chama-a de *sinfonia in pantomima*, e explica que ela foi "concebida como um drama invisível que, embora não seja mostrado no palco, deve ser encenado na imaginação de cada um dos espectadores".

La Fiera di Venezia, Il Barone di Rocca Antica e *La Secchia Rapita*, de 1772, precedem *La Locandiera*, a primeira manifestação do desenvolto domínio que ele tem do estilo cômico clássico. O frontispício da partitura diz que se trata de um "dramma giocoso per musica, cavato da una commedia dell'Avvocato signor Carlo Goldoni, da Domenico Poggi". Esse Poggi era um tenor de certo renome na época, e o libreto é habilmente adaptado de uma das peças mais felizes do grande dramaturgo veneziano. No prefácio da peça-manifesto *Il Teatro Commico*, Goldoni adverte que seu objetivo é misturar várias personagens, em vez de se dedicar ao aprofundamento da psicologia de um número restrito de pessoas, pois assim é a vida em sua diversidade. Não lhe interessam as personagens exemplares e arquetípicas, símbolos de vícios atrozes ou de sublimes virtudes, e sim a "mediocridade" dos homens e mulheres comuns, sem nada de heróico, que desenha com amável ironia. É um teatro de costumes de tal modernidade que, no século XX, voltará a inspirar músicos como Wolf-Ferrari ou Martinu[2]. Essa postura, antimetastasiana por excelência, tinha tudo para atrair um compositor como Salieri que, na mistura de gêneros, encontrava sua maior inspiração. Principalmente numa peça como *La Locandiera*.

A bela Mirandolina, dona de uma *locanda* – um albergue – em Florença, é cortejada por dois de seus hóspedes, o rico e generoso conde de Albafiorita, e o marquês de Forlimpopoli,

2. A obra de Wolf-Ferrari é tratada em *A Ópera Italiana Após 1870*; a de Martinu, autor de uma *Mirandolina* baseada na *Locandiera*, em *A Ópera Tcheca*, volumes desta coleção.

que promete mundos e fundos, mas comparece pouco, pois seus recursos são muito limitados. Mirandolina, porém, sente-se atraída pelo misógino Cavaliere di Ripafratta, para quem a mulher é o maior mal que pode ocorrer a um homem. Ele proclama preferir a caça, a leitura, a poesia e a música. Apesar dos presentes que o conde lhe dá, e das promessas do marquês – que nunca a pressionaria oferecendo-lhe objetos caros! –, Mirandolina faz o cerco ao cavaleiro, e não demora para que este comece a interessar-se por ela – o que exaspera Fabrizio, o garçom do albergue, que também está apaixonado pela patroa.

Ajudada por Lena, a sua empregadinha, Mirandolina usa de todos os recursos para fazer Ripafratta cair em sua rede – o que não é difícil, pois ele não tem experiência nenhuma com as mulheres e a misoginia não passa de uma cortina de fumaça para a timidez. A campanha contra o cavaleiro irrita os outros pretendentes, e o conde o desafiaria para um duelo, se o marquês, mais prudente, não o dissuadisse. Ripafratta se entrega finalmente à paixão e, ao fazê-lo, fica igualzinho aos dois outros, só que ainda mais insistente e ciumento. Cansada de tudo aquilo, e da balbúrdia que tomou conta de seu estabelecimento, Mirandolina os põe todos para correr. E decide casar-se com Fabrizio, desde que ele prometa respeitá-la, ser fiel e nunca ser ciumento.

O desamparo de Ripafratta diante da notícia, e as zombarias de Albafiorita, os fazem quase pegar de novo em armas. Mas Mirandolina impede o duelo e faz ver a cada um deles que nunca lhes prometeu amor. Prefere ficar com Fabrizio, que é um homem de seu próprio mundo. Os três nobres se reconciliam, Lena também fica contente porque Fabrizio lhe promete apresentá-la a seu irmão, e a palavra final é dita pelo Cavaliere:

> *Ma però le donne tutte,*
> *sianno belle o brutte,*
> *come il diavol fuggirò.*
>
> (Porém, sejam elas belas ou feias, fugirei de todas as mulheres como do diabo.)

No *Avvertimento* ao leitor de sua peça, Goldoni diz que *La Locandiera* é sua peça "mais moral, útil e instrutiva", porque denuncia a hipocrisia feminina e os perigos que ela comporta:

> Quis dar um exemplo da bárbara crueldade, do injurioso desprezo com o qual essas mulheres levianas brincam com os miseráveis a quem derrotaram, para mostrar que horror é o estado de escravidão em que esses pobres coitados se metem, e para tornar odioso o caráter dessas sereias encantadoras... Basta que alguém me seja grato pela lição que lhe ofereço. As mulheres honestas também vão se alegrar por estarem sendo desmascaradas essas simuladoras que desonram o seu sexo, e essas mulheres levianas hão de enrubescer ao me olhar, e pouco me importa se, ao cruzarem comigo, elas digam: maldito sejas!

Mas o esforço politicamente incorreto que Goldoni faz para apresentar de sua protagonista um retrato negativo é mal-sucedido. Mirandolina, especialmente aos olhos do espectador moderno, é uma adorável mulher auto-suficiente, alegre, espirituosa, que não quer ser "servita, vagheggiata, adorata". Ela é assim na peça e é assim que Salieri a retrata na ópera – cheia de uma alegria de viver que a tornou muito atraente para as mais diversas atrizes (no Brasil, Tônia Carrero foi sua mais famosa intérprete). Nem mesmo a sua "conversão" final é muito digna de crédito pois, como dizia Silvio d'Amico:

> Talvez o único a acreditar na "regeneração" de Mirandolina seja Fabrizio que, diante dela, deixa-se manipular como um boneco. Mas quem seria capaz de pôr a mão no fogo por seu destino como marido?

La Locandiera explora também um outro tema comum em Goldoni: a habilidade e a astúcia do povo triunfando sobre a inércia dos nobres e a sua arrogante incompetência. A história de uma taverneira que prefere, a um conde, um marquês ou um cavaleiro, um plebeu que terá condições melhores de ajudá-la na administração de seu negócio, exemplifica claramente o problema das relações entre uma classe que está muito perto de perder sua posição hegemônica, e outra cuja hora e vez está chegando em passo acelerado. A platéia aristocrática que, em 1773, aplaudiu a comédia de Salieri, certamente não percebeu o significado corrosivo da história amavelmente narrada por Goldoni. Há ainda um contraponto habilmente orquestrado entre o modo tortuoso, alambicado, de os aristocratas expressarem seus sentimentos, e a forma simples e sem artifícios de Mirandolina ir direto a seus objetivos – mesmo quando brinca de maneira um tantinho cruel com o reprimido Ripafratta.

Tudo isso faz de *La Locandiera* uma peça que se presta muito bem a ser musicada; e a gravação de Fabio Luisi, feita ao vivo no Teatro Rossini de Lugo, em novembro de 1989 (Nuova Era), demonstra com que elegância Salieri utiliza os recursos mais eficientes do gênero bufo para obter bom rendimento cênico. Caracterização musical precisa e distinta das personagens; estrutura que faz alternar de forma flexível recitativo, ária e cenas de conjunto; diálogo muito vivo – é patente o desejo do compositor, ainda jovem, de deixar para trás os ingredientes da farsa pura, e trabalhar com elementos de comédia elevada. São muito felizes árias como "Figliuola del capriccio", de Mirandolina, no ato I, ou "Barbara donna ingrata", do Cavaliere, no III. E um finale como "Bella Mirandolina", no II, exibe alto grau de complexidade de concepção. Se a escrita, às vezes, parece simples, básica, é porque o compositor está renunciando ao excesso de enfeites da tradição napolitana, e optando, ele também, por uma linguagem mais espontânea e direta.

No século XIV, existia, no centro de Milão, a igreja de Santa Maria della Scala, cujo nome fora dado em homenagem a Regina della Scala, a matriarca da poderosa família Visconti. Demolido, esse templo cedeu lugar a um teatro, o Regio Ducale, de proporções modestas, que funcionou até ser destruído em 1776 por um incêndio. A reconstrução o transformou num teatro mais amplo e moderno, o projeto de Giuseppe Piermarini dotando-o de excelente acústica e dos recursos cenográficos mais atualizados da época. Para a inauguração do Teatro alla Scala, uma ópera nova foi encomendada a Gluck. Mas, no auge da polêmica entre gluckistas e piccinnistas, em Paris, ocupado com a composição da *Armide* e da *Iphigenie em Tauride*, este não pôde aceitar. Transferiu o encargo para seu amigo Salieri que, nesse meio tempo, consolidara seu prestígio com *La Calamità de'Cuori* (1774), *La Finta Scema* (1775), *Daliso e Delmita* (1776) e *La Scuola de'Gelosi*.

A direção do novo teatro não se opôs a que a ópera inaugural fosse confiada ao *Kappelmeister* da corte vienense – um italiano, ainda por cima. Esse contrato coincide com a fase em que, descontente com a decisão do imperador de fazer cantar *singspiele* em alemão, língua que considerava totalmente inadequada para a lírica, Salieri se desvinculara do Nationaltheater. *L'Europa Riconosciuta*, com libreto de Mattia Verazi, foi cantada em 3 de agosto de 1778, abrindo oficialmente as portas do que viria a ser o mais importante teatro milanês.

Europa, filha de Agenore, rei de Tiro, foi prometida ao príncipe Isseus, mas é seqüestrada por Asterio, rei de Creta, e são inúteis os esforços de seus irmãos para libertá-la. Sem esperanças de recuperá-la, Agenore nomeia a sobrinha Semele sua sucessora, com a condição de que ela só se casará depois de ter vingado o seqüestro da prima, mandando matar o primeiro estrangeiro que passe pelo reino. Quando Agenore morre, Asterio tenta conquistar Tiro, mas sua frota é destruída por uma tempestade. Ele sobrevive com a mulher e o filho. São aprisionados por Egisto que, com sua morte, espera conseguir a mão de Semele. O Senado reconhece Europa, casada com Asterio e mãe de seu filho. Ela abdica do trono em troca da salvação de seu marido. Semele casa-se com Isseus, e este manda prender e executar o vilão Egisto.

Verazi é um libretista importante da fase de transição entre o período barroco e o clássico. Em Stuttgart, tinha trabalhado com Niccolò Jommelli[3], representante do chamado "nuovo stile napoletano", de características tipicamente pré-clássicas. Discípulo de Ranieri da Calzabigi, o libretista do *Orfeo ed Eurídice* de Gluck, Verazi estava perfeitamente identificado com os ideais reformistas, que o norteiam na redação do texto de *Europa*, cheio de boas oportunidades para o compositor – em particular uma bela ária lírica de Asterio no ato II, que agradou particularmente ao público da estréia. A ópera inaugural do Scala é, portanto, um passo muito importante na direção de *Les Danaïdes*, que será escrita para Paris.

3. Ver o capítulo sobre esse compositor em *A Ópera Barroca Italiana*, desta coleção.

A análise detida das *Danaïdes* foi feita no volume desta coleção dedicado à ópera francesa. Aqui, basta relembrar que se destinava a Gluck o poema da *tragédie lyrique* que François Bailly du Roulet e Louis Théodore barão de Tschudy adaptaram de um libreto de Calzabigi sobre a lenda de Hipermestra. Uma vez mais sobrecarregado de trabalho, Gluck transferiu a Salieri o encargo de escrever a música, triunfo no Opéra em 26 de abril de 1784. A gravação que Gianluigi Gelmetti fez em 1990 para o selo EMI dá uma idéia clara da grande força dessa partitura, um dos pontos altos na carreira de Salieri e, em vários pontos, a antecipação da *Medeia* de Cherubini. Antes de ir a Paris para atender ao convite de Gluck, Salieri tinha composto, para Viena,

1778 – *La Scuola de'Gelosi*;
1779 – *La Partenza Inaspettata*;
1781 – *Der Rauchfangkehrer* (O Limpador de Chaminés);
1782 – *Semiramide*;
1784 – *Il Ricco di un Giorno*.

Ao retornar da França, fez a aplicação dos princípios reformistas em *La Grotta di Trofonio*, encomendada ao abade Giambattista Casti. O tenor irlandês Michael Kelly, criador de Basílio e Don Curzio nas *Bodas de Fígaro*, escreveu em suas *Reminiscences*, publicadas em Londres em 1826, que *A Gruta* foi escrita para rivalizar com essa comédia de Mozart-Da Ponte. Mas a composição das *Nozze* ainda não tinha começado quando *Trofonio* estreou, em 12 de outubro de 1785, no Burgtheater, tendo no papel de Ofélia a soprano Nancy Storace – que não teria podido cantá-la se já estivesse ocupada com a criação de Susanna.

O libreto de Casti é muito fraco, mas a inventividade da música de Salieri, que mistura harmoniosamente elementos estilísticos das mais diversas procedência, disfarça as debilidades dessa pastoral. A ação passa-se na Beócia, onde Ariston tem uma casa de campo. No bosque vizinho, fica a gruta mágica do feiticeiro Trofonio, que tem a propriedade de transformar no exato oposto a personalidade de quem nela se perde. Ariston consente no casamento de suas filhas gêmeas com os homens que amam. Ofélia casa-se com Artemidoro, de temperamento meditativo como o dela; e a extrovertida Doris casa-se com o alegre Plistene.

Mas os dois rapazes vão passear na gruta de Trofônio e dela voltam modificados. Artemidoro tornou-se despreocupado e brincalhão; Plistene, ao contrário, é agora sério e compenetrado. As noivas, não os reconhecendo mais, os rejeitam. Eles voltam à gruta para recuperar suas antigas personalidades; mas as moças tiveram a mesma idéia e o resultado é os dois casais estarem de novo desemparalhados. Finalmente, Artemidoro vai pedir a Trifônio que receba os quatro e lhes devolva o caráter original. Só assim o duplo casamento pode se realizar, em meio à alegria geral.

O mais interessante é a amável paródia do amigo Gluck que Salieri faz, ao dar a Trofonio e seus espíritos subterrâneos um tratamento que lembra muito o das potências infernais no *Orfeu e Eurídice*. A partitura é artesanalmente bem cuidada e na abertura sente-se que Salieri não é indiferente ao estilo mozartiano dos últimos anos.

Uma homenagem da coroa austríaca a visitantes oficiais – o duque Alberto de Saxe-Teschen, governador dos Países Baixos, e sua mulher, a arquiduquesa Cristina – foi a ocasião para um programa duplo, encenado na Orangerie do Palacio de Schönnbrun em 7 de fevereiro de 1786. Esse espetáculo reuniu duas óperas satirizando os bastidores da vida teatral: o *Empresário*, de Mozart, e *Prima la Musica e poi le Parole*, escrita por Casti para Salieri. A intriga, muito simples, alinhava episódios centrados nas divergências do compositor e do libretista um com o outro, e dos dois com os cantores. No poeta, naturalmente, o abade Giambattista faz a caricatura de Da Ponte, seu grande rival na corte. Embora de proporções modestas, essa *operetta* demonstra a facilidade com que Salieri manipula as regras do gênero bufo. É particularmente bem-sucedida a seqüência em que as cantoras se apresentam, e uma delas faz a parodia do *castrato* Luigi Marchesi no papel título de *Giulio Sabino*, a ópera que valera a Giuseppe Sarti o convite para suceder a Paisiello na Rússia. Para conhecer *Primeiro a Música e Depois as Palavras*, existe no selo

Bongiovanni a gravação ao vivo de Domenico Sanfilippo (1968).

Fracassou, no final de 1786, a tentativa de reeditar o sucesso de *Les Danaïdes* com *Les Horaces*, adaptada da tragédia de Corneille. Mas, estando em Paris, Salieri entrou em contato com o dramaturgo Pierre-Augustin Caron de Beaumarchais. E o autor da trilogia do Figaro, baseando-se em uma lenda persa, escreveu para ele o libreto de *Tarare*, encenada com muito êxito no Opéra em 8 de junho de 1787. O video do Festival de Schwetzingen, regido por Jean-Claude Malgoire, que a TV a cabo brasileira exibiu em dezembro de 1998, demonstra que esta é uma das aplicações mais radicais dos ideais gluckianos à ópera semi-séria do final do século XVIII. *Tarare* é um texto extremamente eclético pois, ao lado de elementos remanescentes da tradição barroca – um Prólogo em que intervêm as divindades mitológicas –, é uma peça pré-romântica típica, produto do agitado ambiente pré-revolucionário, em que a aristocracia perdia terreno rapidamente para a burguesia ascendente. Isso se percebe na forma como o dramaturgo lança mão de todos os truques possíveis, visando a atrair a atenção do público novo, muito mais interessado em cruezas explícitas do que em refinadas reflexões. Repito aqui informações que o leitor encontrará também em *A Ópera na França* porque, neste caso, é preciso tê-las em mente para entender melhor o processo posterior de transformação de *Tarare* numa ópera de estilo italiano.

O extenso Prólogo evoca o estado primordial de Caos que presidiu à criação do ser humano, o que explica a confusa mistura de bons e maus sentimentos que ele traz dentro de si. Para demonstrá-lo, a ópera conta a história de um tirano de ilimitada crueldade, que não recua diante de crime algum. A perfeita felicidade doméstica de Tarare, oficial em seu Exército, irrita-o de tal forma, que o déspota decide fazê-lo sofrer de todas as maneiras possíveis. Manda incendiar a casa de Tarare; carrega Aspásia, sua mulher, para o serralho; e força os sacerdotes a profetizarem que o casal tentará tomar-lhe o trono, para poder condená-los à fogueira. O povo, que conhece Tarare e o estima, revolta-se contra o tirano, invade seu palácio, e ele tem de se apunhalar para não ser linchado. Embora relute em aceitá-la, Tarare acaba recebendo a coroa que lhe oferecem, pois foi o povo quem escolheu diretamente seu novo governante.

Na cena final, os deuses do Prólogo retornam para cantar a moral da história: "Homme, ta grandeur sur la terre dérive non pas de ta position sociale, mais de ton caractère." É um indício da desmoralização das instituições monárquicas, poucos anos antes de eclodir a Revolução, o fato de a censura não ter conseguido impedir a montagem de peça tão panfletária, abertamente antimonárquica. Obra inovadora, em que as idéias de Gluck são levadas às últimas conseqüências, *Tarare* também mereceria um registro comercial cuidado. Salieri ilustra musicalmente o texto falado, usando todos os tipos possíveis de recitativo, pedindo sempre que ele seja "expressivo e rápido", e expandindo-o em breves ariosos. Mas rejeita as formas tradicionais, pois nunca chega à ária tradicional. Volkmar Braunbehrens não exagera ao dizer que

> essa forma de tratamento da declamação operística desenvolve-se a partir da abordagem gluckiana, mas não será mais repetida até que Wagner embarque em seu programa de reforma da ópera.

O próprio compositor foi cauteloso ao adaptar *Tarare* para Viena pois, alegando haver "diferenças enormes entre a música escrita para cantores franceses e os de escola italiana", procedeu a modificações substanciais na partitura, que a tornaram sem dúvida alguma mais atraente e *orecchiabile*, mas menos arrojada.

No ensaio de introdução à gravação de *Axur Rè d'Ormus*, feita em agosto de 1989, no Teatro dei Rinnovati de Siena, por René Clemencíc (selo Nuova Era, 1996), o musicólogo Vincenzo De Vivo observa:

> *Habent sua fata nomina*[4]: ao abade veneziano, poeta dos Teatros Imperiais, estava reservado o destino de servir "de ponte" entre um comeodiógrafo de sucesso, Beaumarchais, e os dois compositores que a tradição romântica

4. Provérbio latino que significa: ele já traz o destino no próprio nome.

haveria de retratar como os mais ilustres antagonistas do mundo musical durante o governo de José II: Mozart e Salieri.

De fato, Lorenzo Da Ponte foi o tradutor do libreto de *Tarare*, obra do mesmo dramaturgo de quem adaptou magistralmente *Le Mariage de Figaro* – e há, nesses dois trabalhos, algumas características comuns. A encomenda veio de José II, que desejava uma ópera nova, de grande porte, para o casamento do arquiduque Franz, o futuro imperador, com a princesa Elisabeth von Württenberg – que Romi Schneider popularizou nas telas na série *Sissi*. Não foi possível recorrer a Casti, pois ele tinha caído em desgraça devido à publicação, em 1786, de *Il Poema Tartaro*, no qual evocava, ao falar dos escândalos da corte de Kublai Khan, episódios reais da vida dos soberanos russos Pedro I e Cattarina II. O desconforto diplomático causado por esse texto fizera Casti ser afastado da corte. Era necessário, portanto, uma dose ainda maior de cautela do que a que Da Ponte tivera, antes, com *Le Mariage*. Ele próprio conta, em suas *Memórias*:

> Era necessário eliminar, no texto, todas aquelas perniciosas teorias que, poucos anos depois, suscitariam as altas e destrutivas chamas da Revolução que, na França daquela época, já estava se preparando sob as cinzas.

O libreto do *Axur* foi redigido no período extremamente sobrecarregado em que, além de escrever *L'Arbore di Diana* para Martín y Soler, Da Ponte estava também preparando para Mozart o *Don Giovanni*, tomando como base a ópera de Bertati/Gazzaniga. Depois da estréia de *L'Arbore* em 1º de outubro, Da Ponte foi a Praga no dia 9, decidido a assistir ao *Don Giovanni*, previsto para subir à cena no dia 14. Mas como o espetáculo foi adiado para 29 de outubro, não pôde presenciar à criação dessa obra-prima, pois "una lettera di fuoco" de Salieri o chamou de volta a Viena. Retornando com quantas pernas tinha, Lorenzo recuperou o tempo perdido: "in due giorni l'*Assur* era a l'ordine".

Como sempre, Da Ponte enfeita um pouco a seu favor os episódios autobiográficos que relata, pois Ignaz Franz von Mosel, aluno de Salieri e seu primeiro biógrafo, mostra que a gestação de *Axur* estendeu-se por um período maior: "Ambos trabalhavam juntos, mas com pouca vontade, pois não estavam totalmente convencidos de seu trabalho ser bem-sucedido". Logo ficou claro para o poeta e o maestro que não bastaria apenas traduzir o texto de Beaumarchais, como pensavam a princípio – não só pelas razões políticas acima evocadas; mas também pelo que diz Salieri numa carta reproduzida por von Mosel:

> A música escrita para os franceses, que são mais atores do que cantores, é sempre demasiado pobre, do ponto de vista do canto, para os italianos, que são mais cantores do que atores; além disso, quando o poeta ficava contente com os seus versos, a música – para falar como Gluck – ficava com cheiro de tradução; e quando era a minha orelha que estava contente, Da Ponte não ficava satisfeito com a sua poesia. Temendo, por isso, trabalhar inutilmente, decidi refazer a minha música inteiramente. Pedi portanto ao poeta que, com base no original francês, escrevesse um libreto apropriado a ser cantado pela Companhia Italiana de ópera.

Da Ponte desbastou toda a retórica das *idées philosophiques* que Beaumarchais explora no *Tarare*; cortou o Prólogo e o Epílogo, que deixam de fazer sentido a partir do momento em que a ópera perde o enfoque sócio-político; e, escamoteando as farpas dirigidas ao altar e ao trono, concentrou-se nos episódios que lhe permitiriam desenvolver uma trama tragicômica de caráter essencialmente psicológico (exatamente como nas *Bodas de Fígaro*). Não que tenha renegado a sua veia irônica e rebelde, essencialmente anticlerical (logo ele que, nominalmente pelo menos, era padre). Apenas foi sutil e sugestivo ao abordar conceitos perigosos como a força do povo – que depõe Axur e oferece a coroa a Attar –, ou o servilismo de uma classe religiosa que, instrumento do poder real, não hesita em falsificar oráculos para incriminar Attar e sua mulher Aspásia.

A conseqüência é que o Axur de Da Ponte é menos um tirano de crueldade descontrolada do que um libertino – um Almaviva coroado, um pouco mais poderoso e sem escrúpulos –, dominado pelo desejo físico. Da mesma forma, a personalidade heróica e combativa de Tarare se atenua, diluindo-se na figura mais convencional do amante que sofre por ver-se separado da esposa, em cujo rosto vê "la soave luce di Paradiso". Onde Da Ponte mostra-se mais original é nas intervenções corais. O texto dessas passagens, de tom muito próximo ao da fervorosa tradução que ele fez dos *Salmos de Davi*, antecipa, sem dúvida alguma, a linguagem do melodrama oitocentista:

> *O Tu che tutto puoi,*
> *nume possente e grande,*
> *diffendi i figli tuoi*
> *col tuo divin favor.*
> *Tu fa che l'oste cada,*
> *fa che furente, esangue,*
> *nuoti tra polvere e sangue,*
> *e le spumanti labbra*
> *morda nel suo dolor.*

(Ó Tu que tudo podes, divindade poderosa e forte, defende teus filhos com teu favor divino. Faz com que a hoste caia, faz com que, furiosa e exangue, se espoje em pó e sangue e, na sua dor, morda os lábios espumantes.)

De origem humilde, Attar chegou ao posto de comandante por sua coragem e fidelidade ao trono. A única nuvem a empanar sua felicidade conjugal é o fato de, com freqüência, as missões militares o afastarem de Aspásia, sua mulher. No início da ópera, eles estão no jardim, e declaram um ao outro seu amor, quando percebem que a sua casa está pegando fogo. Enquanto Attar tenta debelar o incêndio, um soldado entra no jardim e seqüestra a moça. No palácio, Biscroma, o criado do rei Axur, lembra-lhe que ambos devem a vida a Attar, e suplica ao soberano que lhe devolva a esposa. Mas o rei, infeliz com as centenas de mulheres de seu harém, inveja a felicidade de seu comandante e o respeito com que o povo o trata. Altamoro, filho de Arteneo, o Sumo-sacerdote, vem avisar a Axur que o seqüestro foi bem-sucedido, e o rei ordena a Biscroma que organize uma grande festa para o dia seguinte.

Attar vem pedir ajuda a Axur e este, embora secretamente se alegre com o sofrimento do comandante, lhe promete um navio para que procure Aspásia. Quando Arteneo vem dizer ao rei que novos inimigos ameaçam o reino e é necessário nomear um novo chefe para o exército, que renove o seu espírito combativo, Axur o lisonjeia dando a entender que esse chefe poderá ser Altamoro. Nesse meio tempo, Biscroma contou a Attar que Aspásia foi levada para o harém, sob o nome falso de Irza. E promete deixar uma escada encostada na janela do harém que dá para o mar: assim, usando o navio que lhe foi cedido pelo rei, Attar poderá entrar à noite no edifício do serralho.

O povo reúne-se diante do templo para ouvir o nome do líder escolhido pelos céus, que será pronunciado pela boca do menino médium Elamir. Apesar das instruções recebidas de Arteneo, é o nome de Attar que o menino anuncia, para grande alegria do povo. Altamoro questiona a escolha, ofende Attar, e este o desafia para um duelo. Enquanto isso, Biscroma tenta dissuadir Axur de antecipar para aquela noite a festa prevista para o dia seguinte, pois quer dar a Attar tempo de resgatar a esposa. Mas o rei insiste e o jeito é usar de um estratagema: após uma mascarada com arlequins, Biscroma canta uma canção descrevendo como Attar salvou sua vida e a do soberano, o que faz Axur ter uma crise de raiva e pôr fim à festa.

Disfarçado de negro por Biscroma, Attar entra no serralho no momento em que Axur, espumando de ódio, sai do quarto de Aspásia, que resistiu a todas as suas tentativas de sedução. Vendo o negro, Axur pensa em outra forma de humilhar a moça: decide casá-la com esse escravo. Desesperada, certa de que seu marido foi assassinado, angustiada com a idéia de ser forçada a casar-se com o negro, Aspásia pede à sua criada Fiammetta que a leve até onde ele está. Numa última tentativa de conquistar a mulher que deseja, Axur ordena a seus soldados que matem o negro, e essa ordem só não é obedecida porque, no último instante, Biscroma lhes revela quem ele é, e os soldados poupam Attar, a quem respeitam.

Mas levam-no diante do rei. Attar amaldiçoa Axur, adverte-o das conseqüências que sua morte trará, e revela que a moça chamada Irza, no serralho, não era sua esposa, e sim Fiammetta em disfarce. As moças, que foram detidas, são trazidas à presença do monarca, e este condena Attar e Fiammetta à morte; mas Aspásia ameaça apunhalar-se se os guardas se aproximarem de seu marido. Axur recusa o pedido de clemência de seus cortesãos; mas o povo invade o palácio e exige a liberdade do comandante. Biscroma toma a frente de soldados que pretendem derrubar Axur, mas Attar exige que eles respeitem a autoridade real. Reconhecendo a superioridade do prestígio de Attar junto ao povo, o tirano o amaldiçoa e se apunhala. A princípio, Attar recusa a decisão do povo, que o aclama como o novo rei; depois concorda. Mas exige que eles não removam as correntes com que Axur mandara prendê-lo: elas ficarão como o sinal de que ele está atado ao povo e só para beneficiá-lo usará o poder a ele conferido.

Axur distingue-se de *Tarare* pela bem-sucedida inclusão das figuras cômicas, ligadas à tradição da *Commedia dell'Arte*. É muito bem construída a cena da mascarada, no ato IV – "Di sposarme ti ho promesso" –, em que Biscroma e Fiammetta fazem o papel de Brighella e Smeraldina. Segue-se a ária em que Biscroma relembra como foi salvo dos corsários por Attar. "Nato io son nello stato romano" tem a típica inflexão de cançoneta estrófica popular, até mesmo na forma como é acompanhada perlas cordas em pizzicato imitando um bandolim. O autor do texto de "Ehi via, buffone, non mi seccar!", no *Don Giovanni*, faz também ouvir a sua voz nesta ópera, quando Axur, dirigindo-se ao escravo desconhecido, exclama:

Misero, abbieto negro,
Perchè Attar non sei,
Cagion dei torti miei,
Cagion dei miei dolor?

(Mísero, abjeto negro, por que és Attar, a razão de meus sofrimentos, a razão de minha dor?)

Ou então, no afogueado dueto do rei com Biscroma, no início do ato II:

BISCROMA – *Ah, mio signor, parmi...*
AXUR – *Biscroma, non seccarmi!*
BISCROMA – *Fategli grazia, o sire...*
AXUR – *E non la vuoi finire?*

(Ah, meu senhor, me parece...// Biscroma, não me aborreça!// Conceda-lhes a graça, senhor...// Quer parar com isso?)

E Salieri, nesses momentos, veste o texto com música muito viva, pois poeta e compositor parecem mais motivados pelos ataques insistentes de Axur à virtude de Aspásia, ou pela frivolidade de Fiammetta, sempre pronta a flertar, do que pelos lamentos da mulher honesta seqüestrada. No fim do ato IV, Aspásia pede: "Morte, pietosa morte, dà fine al mio dolor"; e Fiammetta, com um senso prático que traz à mente a Zerbinetta da *Ariadne auf Naxos* straussiana, retruca:

Un possente monarca alfin è quegli
che vuol farvi felice; al vostro piede
il signor della terra amor richiede.
Che sventura è mai questa
per doversi disperar?

(Afinal de contas, aquele que quer fazer-vos feliz é um monarca poderoso; a vossos pés, o senhor da terra pede amor. Que desventura é essa para terdes de vos desesperar?)

Com seu tom desabusado, realista e terra-a-terra, a criada soa mais convincente do que a estilizada patroa, que declama com o tom elegíaco já velhusco das heroínas sofredoras de *opera seria*.

Além disso, há uma diferença fundamental entre a forma como Salieri se relacionava com Da Ponte, em Viena onde era ele o todo-poderoso *Hofkapellmeister*, e a atitude que assumira diante de Beaumarchais, em Paris onde fazia de tudo para se impor e ser aplaudido. No prefácio de *Tarare*, o libretista elogiava Salieri que, para agradá-lo, "renunciara a uma multidão de idéias musicais com as quais a partitura cintilava, apenas porque elas alongavam a cena e tornavam a ação mais lenta". Na verdade, como afirma Carli Ballola:

[Salieri] teve o cuidado de não melindrar a vaidade intelectual [de Beaumarchais], embora tivesse consciência de tudo de óbvio, convencional e banal que subsistia sob a pátina de "iluminismo de boudoir"; talvez estivesse tão consciente disso, que traduziu fielmente essas banalidades em imagens musicais do mais surrado formulário "sério" ou "bufo" de tipo corrente.

Essa é uma opinião não de todo justa em relação à poesia de Beaumarchais, que não é tão eivada de clichês quanto Carli Ballola faz crer; nem quanto à música de Salieri para *Tarare* que, como dissemos, adapta-se com muita naturalidade ao gosto francês e a um estilo de construção operística não-italiano. O certo, porém, é que, com Da Ponte, ele podia dar-se o luxo de seguir muito mais de perto a modificação do libreto, impondo a sua vontade e guiando-o na elaboração da estrutura dramática. Comparando as duas óperas, von Mosel conclui que

Salieri reconhecia e apreciava o espírito das duas línguas e conseguiu criar música adequada para cada uma delas, sem permitir que o gosto italiano comprometesse o caráter profundo e ponderado que torna a ópera francesa imortal, pois baseado na razão e na natureza.

Altamoro que, em *Tarare*, só declama, ganha na nova ópera a ária "Verso l'alba in grossa nave". O rondó "Son queste le speranze", de Aspásia, tem um tipo de bravura ausente da versão francesa. O balé, obrigatório na França, é substituído pela mascarada dos arlequins, muito saborosa e mais integrada à ação – ela ficou tão popular que chegou a ser apresentada, posteriormente, como peça isolada. O próprio Salieri disse: "Nella mia partitura regnano tre colori: barbaro, eroico e lamentevole." O colorido bárbaro, naturalmente, é o do tirano, reminiscente de Danaus, o sanguinolento pai das *Danáides*. Toda a sua inveja, desprezo pelos outros e frustração explode nas linhas angulosas da cena final, para as quais a poesia de Da Ponte encontra acentos fortes:

Idol vano di um popol codardo,
si odioso al mio cor, al mio sguardo;
ho pur vinto, morir ti vedrò! [...]
(falando a Aspásia)
Io te detesto
e detesto l'amor, l'indegno amore
che m'accese per te. [...]
(ao ordenar a morte do casal)
Ah, sien disgiunti.
O si uccidono entrambi a un colpo solo.
No! Sarebbe il lor duol
colla morte finito e il loro tormento.
Sitibondo io mi sento
delle lagrime lor, dei lor sospiri.
Berrò pria che il lor sangue i lor martiri. [...]
Ah, separate i perfidi!
Aspasia viva, ei mora! [...]
(e depois que o povo o derruba)
Su i stolidi idolatri
venduti a te si sono.
Io non voglio così vita, nè trono.
(mata-se)

(Ídolo inútil de um povo covarde, tão odioso a meu coração, a meu olhar; eu venci e te verei morrer!// Eu te detesto e detesto o amor, o indigno amor que em mim se acendeu por ti.// Ah, separem-nos. Ou que ambos sejam mortos com um só golpe. Não! Com a morte, a dor e o tormento deles terminaria. Sinto-me sedento de suas lágrimas e suspiros. Antes de seu sangue, hei de sorver o seu martírio.// Os estúpidos idólatras venderam-se a ti. Assim, não quero mais nem a vida nem o trono.)

O tom heróico destina-se a Attar, para quem Salieri pede "voce di tenore dolce-energica", capaz de traduzir o misto de doçura e coragem que há em sua invocação "Dio, difensore dei miseri" (IV, 6), na cavatina "Morir posso uma sol volta" (V, 2), ou em "Soave luce di Paradiso" (II, 4), em que o general se expressa como o típico apaixonado da ópera de tema sentimental. Quanto ao colorido elegíaco, no qual se cruzam influências do *style larmoyant* francês e da ópera semi-séria napolitana, é em Aspásia que o encontramos. Ela não tem a coragem de Konstanze, a heroína do *Rapto do Serralho* – é verdade também que Axur não é um *gentleman* como o paxá Selim – e, ao expressar-se, adota o tom melancólico de Cecchina, a *Buona Figliuola* piccinniana, ou de Nina, a *Pazza per Amore* de Paisiello.

As personagens cômicas também são razoavelmente complexas. Embora conserve as características típicas do bufo, Biscroma tem um lado nobre, o da gratidão a Attar, a quem se alia. E Fiammetta não é apenas a criadinha de comédia pois, em sua vertente satírica, ela se presta à paródia do *canto fiorito*, como se estivesse caricaturando La Ferrarese ou um apreciado *castrato* como Coltellini. A isso junta-se o tom cerimonial do ato III, especialmente na dignidade litúrgica da canção do Fanciullo degli Auguri, ecoada pelo coro, com um ritmo solene de marcha.

A reação à estréia, em 8 de janeiro de 1789, no dia seguinte às bodas imperiais, foi apenas polida. No *Diário* do conde von Zizendorff, a respeito de quem falamos no capítulo sobre Martín y Soler, encontramos:

Novos cenários, alguns deles muito bonitos; o ato IV começa com um jardim iluminado e quedas d'água formando terraços. Um salão com lâmpadas e um candelabro. Mas a peça é tediosa.

O que bastou para von Mosel sair em defesa de seu biografado, observando, bem a propósito:

A platéia de ópera italiana não estava habituada a essas formas naturais amadurecidas pela filosofia da arte. A imensa distância que separava esse *dramma tragicomico* do que até então ele conhecia com o nome de *opera seria* deixou-o um tanto perplexo na primeira noite.

De fato, ao longo das quarenta récitas que *Axur* obteve, a popularidade cresceu. O próprio von Zizendorff mudou de opinião. Na terceira vez em que assistiu à ópera, em 23 de janeiro, tendo conseguido sentar-se num lugar melhor, elogiou muito o tenor que fazia Attar, semelhante "a um rei da mais antiga estirpe". Foi *Axur* a obra que valeu a Salieri o título de *maestro di cappella di corte*, em 12 de fevereiro de 1789, substituindo Giuseppe Bonno. E ela foi representada em toda a Europa, de Lisboa a Moscou – e até mesmo no Rio de Janeiro, por uma companhia italiana itinerante, em 1814. A última apresentação documentada do século XIX é a de Stuttgart, em 1863. No século passado, o sucesso do *Amadeus* de Miloš Forman, no qual aparecem os minutos finais de *Axur*, despertou o interesse pela obra e levou à apresentação do Festival de Viena (20.6.1987), em forma de concerto, regida por Giannandrea Gavazzeni. E em seguida à encenação no Teatro dei Rinnovati, em Siena, gravada pela Nuova Era – interpretação excelente, se o ouvinte tiver paciência com os ruídos de palco e a intrusão da voz do ponto. Vincenzo De Vivo diz que o álbum Clemenčíć "ministra ao público o antídoto de que ele necessita para esquecer o conto de fadas de Púshkin sobre o envenenamento do menino gênio".

Salieri certamente sabia que não havia possibilidade alguma de encenação de *Cublai, Gran Khan de' Tartari*, o libreto que Casti lhe deixou antes de partir de Viena, baseado em seu malfadado *Poema Tartaro*. Musicou para si mesmo esse texto ousadíssimo, que antecipa a irreverência da opereta oitocentista, de Offenbach e Johann Strauss II. E isso confere à música um tom livre, pessoal, que só foi possível avaliar na década de 1980, quando J. van Slageren e U. Wessiepe redescobriram a partitura e a publicaram na editora Alkor. *Cublai* foi estreada em 18 de junho de 1998, no Stadttheater de Würzburg – e mereceria uma gravação, pois o libreto dessa *opera eroicomica* é de um deboche que o faz muito moderno, e a música é simplesmente cintilante.

Seguiram-se *Il Talismano* (1788), *Il Pastor Fido* e *La Cifra* (ambas de 1789), antes de outra sátira bem do gosto de Casti e Salieri, que a censura imperial barrou, fazendo-a esperar 202 anos antes de subir à cena. *Catilina* é um *dramma tragicomico* baseado na comédia *Rome Sauvée* (1752), de Voltaire. A conspiração de Catilina, denunciada por Cícero em 63 a.C., é o ponto de partida para a paródia das sobrecarregadas *opere serie* de assunto histórico, que tinham estado em voga no apogeu do Barroco Tardio. Tudo é visto através de lentes deformantes. Cícero é um político vaidoso, escarnecido pela multidão, e suas famosas Catilinárias não passam do falatório de quem gosta de ouvir o som da própria voz. Catilina é uma personagem ambígua pois, imoderadamente ambicioso, incita os outros a cometer crimes em seu lugar; mas, sozinho consigo mesmo, sente remorsos e é perseguido por pesadelos.

O resultado é uma ópera satírica sem heróis – só com vilões patéticos –, reminiscente do amoralismo dos libretos de Busenello para Monteverdi e Cavalli, com um conceito dramatúrgico muito sofisticado, a que a música dá um relevo surpreendente. Não havia clima político para a encenação de peça tão ácida, escrita em 1792, em plena Revolução francesa. Dois séculos depois, quando Robert Didion a editou, pela Ricordi, e ela estreou no Staadttheater de Darmstadt, em 16 de abril de 1994, constatou-se que *Catilina* nada perdera de seu gume crítico. Dela também é desejável que surja logo o registro discográfico. Antes da última produção importante da dramaturgia salieriana, seguem-se três títulos em 1795: a bufa *Il Mondo alla Rovescia* – retrabalhando o libreto de Goldoni escrito para Galuppi em 1750 – e as sérias *Eraclito e Democrito* e *Palmira Regina di Pérsia*. No ano seguinte, a semi-séria *Il Moro*, com o mesmo gosto orientalizante do *Rapto do Serralho*.

José II tinha morrido em 1790 e seu sucessor, Leopoldo II, não se dava bem com o *maestro di cappella*. Achava-o "um insuportável egoísta que almeja êxitos no teatro apenas para as suas óperas", como relata Robbins Landon. Com a demissão desse cargo em que se mantivera por tanto tempo, começa a fase de declínio de Salieri. Mas ela ainda o verá produzir uma de suas obras mais importantes.

É nas cenas jocosas de *Henry IV* que surge pela primeira vez o *fat knight* sir John Falstaff, símbolo do grupo de gente frívola e libertina que gravitava em volta do dissoluto príncipe. Diz a tradição que a forma simpática como William Shakespeare trata essa personagem, debochada e de conduta moral suspeita, agradou à rainha Elizabeth I, e ela lhe pediu que escrevesse outra peça em que Falstaff aparecesse. *The Merry Wives of Windsor* (1601) tornou-se uma das comédias mais populares de seu autor. Personagem obrigatório dos grandes atores cômicos, fonte para *Chimes of Midnight*, o belo filme inacabado de Orson Welles, Falstaff foi também a inspiração para muitos compositores.

O *Oxford Dictionnary of Opera* menciona a obra hoje esquecida de Papavoine (1761), antes das *Lustigen Weiber von Windsor* de Peter Ritter, cantadas em Mannheim em 1794. Karl Ditters von Dittersdorf tinha explorado o mesmo tema em ópera homônima, cantada em Viena em 1796. Sir John já era, portanto, figura familiar ao público austríaco em 3 de janeiro de 1799, quando estreou, no Kärntnertortheater, *Falstaff ossia Le Tre Burle*, que Salieri escrevera sobre texto de Carlo Prospero Defranceschi.

A fortuna do gordo cavaleiro, como o leitor bem sabe, não parou aí. O inglês Michael Balfe estreou um *Falstaff* em 1838; Otto Nicolai compôs em 1849 suas *Alegres Comadres de Windsor*, um dos pontos altos da comédia germânica na primeira metade do século XIX; e Adolphe Adam enriqueceu a lista em 1856 com seu *Falstaff*. O Himalaia da comédia romântica italiana é a última ópera de Verdi (1893), uma das criações mais perfeitas de todo o gênero lírico. Mas a genialidade verdiana não empana o valor de *Sir John in Love* (1929), provavelmente a melhor obra de sir Ralph Vaughan Williams para o palco. Depois dele, o *Oxford* ainda aponta óperas dos pouco conhecidos Swier (1941) e Rea (1982), prova de que, com sua desfaçatez, o velho glutão e libertino continua a fascinar os compositores.

Salieri que perdera a colaboração de Casti e Da Ponte, ambos ausentes de Viena, teve a sorte de contar com Defranceschi, advogado iniciante e poeta amador, que demonstra ter o senso do diálogo rápido e engraçado, e da arte de condensar e simplificar a intriga de Shakespeare, reduzindo-a às proporções de um eficiente libreto de ópera cômica. Guardadas as devidas proporções, seu texto, se não é poeticamente tão rico, é tão bem amarrado quanto o de Boito para Verdi. Eis as opções de Defranceschi:

- eliminar o casalzinho jovem Anna/Fenton e, conseqüentemente, o Dr. Caius, que deixa de ter sentido, pois ele é o candidato à mão da filha de Ford;
- reduzir os criados de Falstaff a um só, Bardolfo;
- inventar uma personagem, Betty, a aia de Mrs. Ford, que não tem a mesma função de Mrs. Quickly;
- e concentrar a ação, à boa maneira bufa italiana, nas relações de sir John com os dois casais, os Ford e os Page – aqui chamados Slender.

Com isso, o papel do tenor cabe a Master Ford e ele ganha duplicidade, pois é, ao mesmo tempo, o marido ciumento e desconfiado, e o amante apaixonado. Nele infundem-se traços que eram originalmente de Fenton. A Mrs. Ford é reservado um papel estritamente cômico, às vezes beirando o de *soubrette*, às vezes desempenhando uma função que, em Shakespeare (ou Verdi), pertence a Mrs. Quickly. É totalmente bufa a sua participação na cena 11: ali, ela se apresenta a Falstaff como a amiga alemã de Mrs. Ford e Slender e, numa mistura impagável de alemão e italiano – a que o próprio Falstaff adere sem querer — diz ser a portadora da resposta ao bilhete que ele mandara às duas comadres:

Mrs. Ford – *Perchè lei, mio Signorre,*
a due Madame aver geschnipft il corre?
Falstaff – *Ah ah ah! Was will machen?*
(Capisco). E chi star queste?
Mrs. Ford – *Quelle che lei biglietto aver mandato.*
Falstaff – *Ma Jungfer come saper questo?*
Mrs. Ford *Io starre amica d'alle zwei –*
mi aver pregata risposta a lei portar.
Falstaff – *Was? Forse l'una saper von andre,*
che mandar biglietto?
Mrs Ford – *Nein, mein Herr – das wär ein Streich!*
Falstaff – *Jetzt sagen mir risposta.*
Mrs Ford – *Mistress Ford lasciar lei dir: um elf Uhr...*
voler dir quando batter campana undici botte
Master Ford nicht zu Haus – allorra Sie,
mein Herr, la Madama poter venir veder.

(Porque o Zenhor, a duas Madames o corração roubou.// Ah ah ah! O que fazer? [Entendo]) E quem ser essas?// Aquelas que Zenhor ter bilhete mandado.// Mas Jungfer como saber disso?// Eu estarr amiga das zwei– elas me ter pedido resposta a zenhor trazer.// Was? Talvez uma saber von andre [da outra], que mandar bilhete?// Não, mein Herr – isso foi uma travessura [de ambas].// Jetzt sagen mir [agora me diga] resposta.// Mistress Ford deixar dizer zenhor: um elf Uhr [às onze horas]... querer dizer, quando bater sino onze badaladas, Master Ford nicht zu Haus [não estará em casa] e enton zenhor, mein Herr, a madame poder vir ver.)

E como Falstaff não pode ver um rabo de saia sem tentar conquistá-lo, Mrs. Ford travestida de alemã canta com ele um dueto bufo em que acusa todos os homens de serem iguais. É tradicional, na ópera mediterrânea, esse tipo de brincadeira com estrangeiros que não sabem falar direito a língua. Na *Barca di Venetia per Padova*, comédia madrigalesca de Adriano Banchieri escrita em 1605, já havia um Tedesco que massacrava um italiano macarrônico. E no *Campanello di Notte*, Donizetti há de extrair efeitos hilariantes da cena em que Enrico aparece na farmácia de Don Annibale Pistacchio como um francês que abusou da comida e bebida, e está com problemas estomacais. Aos vienenses, agradava muito esse tipo de brincadeira: eles se divertiam vendo sua própria língua sendo assim estropiada. Essa é uma tradição que ainda vamos encontrar, no século XX, em personagens como o Valzacchi e a Annina do *Cavaleiro da Rosa*, de Hofmannsthal e Richard Strauss. Além disso, o leitor familarizado com o texto de Boito há de perceber que o de Defranceschi utiliza um molde de diálogo com pontos em comum, saído diretamente da peça de Shakespeare.

Mrs. Slender é mais séria e ponderada, observadora externa mais do que participante ativa da ação. Tem bom senso e, nos momentos em que intervém, é para conciliar as demais personagens. Fica, porém, muito irritada ao receber a carta em que Falstaff se declara a ela. E reage com a furiosa "Vendetta! Che ingiuria così fiera", verdadeira paródia de ária de *opera seria*. Mas deixa-se acalmar – "malgrado la mia collera, mi vien quase da ridere" – quando Mrs. Ford, rindo às gargalhadas, lhe mostra que recebeu uma carta idêntica.

O tratamento dado a Bardolfo lembra muito o do criado de *Don Giovanni*. No ato I, cena 3, ele aparece se lamentando, como Leporello, que o patrão "se la passa, le notte intere, in crapule e in bagordi, e vuol che intanto io vegli!" Em seguida, na cavatina "Or ci siamo, padron mio", adverte a Falstaff – que o escuta às escondidas e o interrompe com um tabefe – que a vida de esbórnia que leva não há de acabar bem. É o mesmo tom da "vita che menate è da briccone", de Leporello. Mas, como todo servo safado herdeiro da *Commedia dell'Arte*, este criado faz menos fita do que o Bardolfo e o Pistola verdianos, quando se trata de entregar uma carta de sedução a uma senhora honesta. Porém, pensa pragmaticamente com seus botões:

> *Mi terrò su due staffe:*
> *porto questi alle belle*
> *per servire il padrone;*
> *poi, per servir me stesso,*
> *la faccenda ai mariti scoprirò*
> *e un regaletto almen ne buscherò.*

(Vou tocar em dois teclados: levo estas cartas às belas para servir o patrão e, depois, para servir a mim mesmo, revelarei a história toda aos maridos e ganharei, pelo menos, um presentinho.)

As referências a Leporello, de resto, não são ocasionais. As reminiscências mozartianas são muito nítidas, seja nos torneados melódicos, seja nas fórmulas instrumentais, a ponto de às vezes parecer que Salieri está fazendo uma citação. Isso não impede o *Falstaff* de ter música muito sofisticada. Dentro de uma partitura em que predominam as melodias de estilo bufo, saltitantes e em tonalidade maior, há surpresas como a ária "Nell'impero di Cupido", com que Falstaff responde à proposta de Mrs. Ford – sob o pseudônimo de Brock – de que ele conquiste sua própria mulher. Brilhante, de tom marcial, com *obbligato* de trompete, ela parece sair – apesar de alguns histrionismos na linha vocal – de uma *opera seria*, como se fosse cantada por um Don Juan envelhecido e patusco.

Já Ford não é uma personagem de ópera cômica, pois seus ciúmes e dúvidas são reais, embora infundados. Depois que Falstaff lhe revela que, daí a pouco, vai encontrar-se com sua mulher, o *cornuto* imaginário expressa-se, em sua cena "Ah, vile! Ah, seduttore!... Or gli affanosi palpiti", como uma verdadeira figura trágica: melodia melancólica e sentida na primeira seção, com *obbligato* de clarineta; ritmos agitados e trepidantes quando ele se indigna: "così compensi, ingrata, il più costante ardor?"; ornamentação com grandes saltos de intervalos e um estratosférico agudo sustentado na cadência. O fato de a filha do casal ter sido suprimida permite que os Ford sejam retratados como bem mais jovens, provavelmente casados há pouco tempo, e ainda muito apaixonados um pelo outro. E isso dá muita força aos ciúmes de Ford e ao modo patético como ele os manifesta.

Nas referências que faz, em sua correspondência, a esta ópera, Salieri diz ter querido dotá-la de grande variedade, não só do ponto de vista do formato dos números – árias, duetos, vários trios, um quarteto no ato I –, mas também dos recursos musicais para caracterizar as personagens, e das técnicas de instrumentação. A orquestra usada tem as proporções clássicas normais – cordas, pares de oboés, fagotes e trompas –, mas várias partes solistas têm seu colorido realçado pela utilização da flauta, do clarinete, do trompete. A orquestra inteira soa apenas uma vez, na ária "Ah, ch'a Idea così gradita" (II, 15), em que Ford celebra a certeza de que a esposa lhe é fiel. Muito interessante também é, na cena em que Bardolfo dorme, o acompanhamento nas cordas graves – solo de violoncelo contra duas violas e contrabaixo em surdina – imitando seu ronco.

Para acentuar o caráter antigo da ação, passada no século XVI, Salieri recorre às vezes a elementos arcaicos, barroquizantes, como o contraponto no trio fugado do *finale primo*. O mesmo acontece no dueto de amor do casal Ford, no final do ato II, em que um violino e um violoncelo acompanham as duas vozes com linhas paralelas. O jovem Beethoven, aliás, encantou-se tanto com a elegante progressão harmônica do dueto "La stessa, la stessissima", do casal Slender, no ato I, que empregou seu tema numa série de variações para piano.

O selo brasileiro Paulus lançou, em 1997, a gravação do *Falstaff* feita em 1985, para o Hungaroton, por Tamás Pál. Além disso, existe o vídeo do Festival de Schwetzingen de 1995, dirigido por Thomas Hampe e regido por Arnold Östman. Esse filme foi exibido no Brasil, pela TV a cabo, em 1998.

Falstaff foi o canto de cisne de Antonio Salieri. A séria *Cesare di Farmacusa* e a comédia *L'Angiolina* (1800) foram um total fracasso. Ele precisou usar todo o peso de seu prestígio para conseguir que lhe encomendassem *Annibale in Capua* (1801), com que foi inaugurada a Ópera de Trieste. Mas não sabia mais renovar-se e o estilo dessa *opera seria* é totalmente obsoleto. *La Bella Selvaggia* (1802) foi um mal-sucedido esforço para atualizar-se, trabalhando com um libreto de estilo pré-romântico que nada tinha a ver com sua sensibilidade. Ele que, muito tempo antes, se demitira do Nationaltheater pois considerava uma aberração óperas cantadas em alemão, escreveu *Die Hussiten vor Nauburg* (Os Hussitas diante de Nauburg), em 1803, e *Die Neger* (Os Negros), do ano seguinte, na vã tentativa de aproveitar a voga crescente do *singspiel*.

Em 1804, compôs um *Réquiem* – decerto para si próprio – e depôs a pena. Esquecido e superado, após ter colhido todas as glórias materiais que uma profissão pode oferecer, Salieri manteve-se em silêncio nos últimos anos. A desilusão e a amargura perturbaram suas faculdades mentais. Tentou o suicídio e foi internado numa instituição para loucos, onde morreu em 1825. Ali, em meio ao delírio da insanidade, afirmava ter sido o causador da morte de Mozart. Essa pobre fantasia de demente serviu de inspiração, em 1830, à peça de Aleksandr Púshkin, *Mozart e Salieri*[5] – por muito tempo a única forma como era lembrado um compositor que, hoje, está em pleno processo de reavaliação.

5. Musicada por Nikolai Rímski-Kórsakov (ver a *Ópera na Rússia*, desta coleção).

ZINGARELLI

Embora no volume desta coleção dedicado ao período barroco tenhamos registrado Niccolò Antonio Zingarelli (1752-1837) como um tradicionalista, no qual estão presentes os últimos resquícios do estilo metastasiano de *opera seria*, é necessário retomá-lo aqui pois, tendo vivido da segunda metade do século XVIII à terceira década do XIX, ele incorporou muitas das características clássicas a seu idioma, e serviu de ponte para o Romantismo mediante a influência que exerceu sobre Mercadante, Bellini e os irmãos Ricci, que foram seus alunos. O desconhecimento em que a obra de Zingarelli se encontra hoje é inversamente proporcional à fama de um músico que, em vida, era internacionalmente celebrado como autor de óperas e música sacra, e respeitadíssimo como professor.

É lógico que, como todo pedagogo que vive muito tempo – Zingarelli manteve-se ativo até o fim da vida, aos 85 anos –, ele acabou sendo vítima da fidelidade a seus princípios. Fétis, Méhul e Spohr o criticaram amargamente, acusando-o de ter disseminado ensinamentos obsoletos e de ter visão muito estreita dos caminhos por que a ópera estava enveredando. É verdade que Zingarelli odiava Rossini, considerava-o um "corruptor da juventude", e estava convencido de que ele desfigurava a feição verdadeira do melodrama peninsular. É uma agradável surpresa, portanto, constatar como é dramaticamente eficiente e cheia de frescor melódico a sua obra para o palco.

Niccolò tinha apenas sete anos quando perdeu o pai, professor de canto no Conservatorio di S. Maria di Loreto, e tenor secundário na companhia do Teatro Nuovo. A direção do conservatório deu-lhe uma bolsa e ele pôde estudar com Fenarolli, Speranza, Anfossi e Sacchini. Dos primeiros, recebeu uma sólida formação enraizada na tradição barroca; com Sacchini, um dos epígonos de Gluck, teve acesso às idéias do alemão sobre a reforma da ópera. Era ainda estudante ao escrever *I Quattro Pazzi*, o habitual *intermezzo* com que todo novato experimentava as asas. Formado em 1772, tornou-se organista e professor de violino em Torre Anunziata, onde estreou a primeira cantata cênica, *Elpino e Nice* (1779).

A primeira ópera, *Montezuma*, com libreto de Vittorio Amedeo Cigna-Santi – tão rigidamente metastasiano quanto o do *Mitridate* que ele escreveu para Mozart – foi cantada no S. Carlo de Nápoles em 13 de agosto de 1781, e chegou a ser encenada fora da Itália. Embora tivesse sérias reservas quanto ao estilo antiquado da partitura, Haydn julgou-a digna de ser montada no Teatro de Esterháza. E levou também a segunda produção de Zingarelli, *Alsinda*, com libreto de F. Moretti, estreada no Scala em 22 de fevereiro de 1785 – o mesmo ano de um *Ricimero* para o S. Benedetto de Veneza, óperas sérias ortodoxamente barroquizantes. Estava consolidando o nome do compositor para o palco que, nos anos seguintes, produziu:

1876 – *Armida e Antígono* (esta última usando o libeto escrito em 1743 por Metastasio, para Hasse);

1787 – *Ifigenia in Aulide*, imitando certos aspectos do estilo gluckiano; mas retrocedendo às fórmulas antigas ao retomar o *Artaserse* que Metastasio redigira em 1730 para Leonardo Vinci, e cerca de cem compositores tinham musicado desde então.

Por sugestão de seu mestre Sacchini, Zingarelli foi tentar a sorte em Paris. Mas a *Antigone*, com libreto de Jean-François Marmontel, foi friamente recebida pelo público do Opéra, em 30 de abril de 1790, pois era tímida a forma como ele aplicava as idéias gluckianas, então em voga na capital francesa. Ainda convenceu De Boigny a lhe fornecer o libreto de *Pharamond* mas, como a direção do Opéra não se interessou em encená-la, Zingarelli voltou para casa e preferiu refugiar-se em fórmulas seguras, que dominava bem. Os próprios títulos das peças compostas daí em diante demonstram que ele continuou evoluindo no território seguro da *opera seria*, com eventuais incursões na comédia de corte clássico:

1790 – *La Morte di Cesare;*

1791 – *Pirro Rè d'Epiro;*

1792 – *Annibale in Torino* (para o Teatro Régio dessa cidade), *Atalanta, L'Oracolo Sannita* e a comédia *Il Mercato di Monfregoso*, adaptada do texto de Carlo Goldoni para *Il Mercato di Malmantile*;

1793 – *La Rossana*, baseada em Racine; *La Sechia Rapita*, com libreto muito irreverente de Angelo Anelli, uma de suas comédias mais bem-sucedidas, talvez porque produzida para o público mais exigente e progressista do Scala; e *Apelle*;

1794 – *Gerusalemme Distruta*; *Alzira* (baseada na mesma tragédia de Voltaire que inspiraria Verdi) – da qual sobreviveu a ária "Nel silenzio i mesti passi", ainda hoje incluído em recitais de soprano; a comédia *Il Conte di Saldagna*, de estilo tipicamente veneziano; e *Quinto Fabio*, usando o libreto antiqüíssimo do *Lucio Papirio* de Apostolo Zeno, uma encomenda da ultra-conservadora Accademia degli Avvalatori, de Livorno;

1796 – *Gli Orazi e i Curiazi*, com libreto de C. Sernicola, cantada no S. Carlo um ano antes de Cimarosa e Sografi estrearem, no La Fenice, a sua *azione tragica* baseada na mesma peça de Corneille; e *Andromeda*, uma das óperas mais interessantes de Zingarelli, que obteve apenas uma representação privada num círculo aristocrático de Veneza.

Há dúvidas quanto à origem do libreto de Giovanni Foppa para *Giulietta e Romeo*, modelo, mais tarde, para o texto de Felice Romani usado tanto por Vaccai quanto por Bellini. Emilia Branca, a viúva de Romani – numa tese esposada pela musicóloga Franca Cella – dizia que seu marido (e, conseqüentemente, Foppa antes dele), tinha buscado inspiração nos autores italianos que forneceram a Shakespeare a sua história: portanto, a *novella* de Matteo Bandello, ou *Le Storie di Verona* (vol. II cap. 10), de Girolamo della Corte. Philip Gosset sugere uma outra possibilidade: a tragédia *Giulietta e Romeo*, de Luigi Scevola – também extraída de fontes mediterrâneas – encenada em Milão em 1818.

Seja como for, não tem o menor sentido a afirmação de Thomas Baumann, na *Oxford Illustrated History of Opera*, editada por Roger Parker, de que Foppa adaptou a tradução francesa de Shakespeare feita por Ducis, retendo o final criado pelo ator Garrick, no qual Julieta acorda antes da morte de Romeu, e este expira em seus braços. Baumann provavelmente não conhecia a ópera, pois o libreto de Foppa mantém um pé firmemente plantado no terreno barroco. Romeu foi escrito para o *castrato* Giuseppe Crescentini, "l'Orfeo italiano" (Vaccai e Bellini manterão essa praxe antiquada, escrevendo seu Romeu para meio-soprano). E sentem-se ainda obrigados a dar um final feliz à história dos amantes de Verona. Em todo caso, pela temática, a intensidade emotiva da intriga, e as efusões passionais que ela permite, *Julieta e Romeu* é uma das obras mais soltas de um compositor que, com freqüência, tende a ser bastante formal.

Cantada festivamente no Scala, em 30 de janeiro de 1796, durante a visita do arquiduque Ferdinando da Áustria e da arquiduquesa Maria Beatrice Riccarda, *Julieta e Romeu* é uma típica ópera de transição. Nela agitam-se sen-

Rosalinda Grossi Silva fez o papel-título da *Ines de Castro* de Niccolò Zingarelli.

Giacomo David, Angelo Testori e Antonio Benelli cantaram na *Ines de Castro* de Niccolò Zingarelli, o professor de Bellini.

timentos e formas de expressão já pré-românticos – tanto que Bellini, cujo respeito pelo antigo mestre nunca se desmentiu, a tinha certamente em mente ao conceber sua *I Capuletti e i Montecchi*. Esta foi uma das óperas de Zingarelli que mais tempo ficou em cartaz: há notícias de representações dela na década de 1830, graças a Maria Malibran, que tinha no papel de Romeu um dos pontos altos de seu repertório. Era uma ópera de tom desusado para a época porque, mesmo com o *lieto fine*, o crítico de Veneza, onde a ópera foi cantada pouco depois da estréia milanesa, achou o ato III demasiado sombrio:

> A história lúgubre, que reserva todos os seus horrores para o ato III, parece pesada para aqueles que não têm o espírito inclinado à melancolia e estão acostumados a ir ao teatro para distrair-se e não afligir-se. Mas se a ação assim o exige, se a música responde ao texto, deve louvar o poeta e o compositor que vestiu seus veros com notas tão belas e expressivas.

A virada de século assinala, de resto, um outro marco de antecipação pré-romântica na produção zingarelliana: *Ines de Castro*[1], que foi cantada no Teatro Carcano de Milão, em 11 de outubro de 1798 – sintomaticamente no mesmo ano em que, no La Fenice, subia à cena a conservadora *La Morte di Mitridate*. A história da que "depois de morta foi rainha" inspirou vários compositores, entre eles Giuseppe Persiani em 1835[2].

D. Pedro, filho de D. Afonso IV de Portugal, casou-se com Constanza, filha de Don Juan Manuel, sobrinho do rei Alfonso X de Castela. Mas apaixonou-se por Inês de Castro, a dama de companhia de sua esposa e, em 1345, quando Constanza morreu de parto, casou-se secretamente com ela. O casamento só foi oficialmente celebrado pela igreja em 1354, quando eles já tinham três filhos; mas, ainda assim, o herdeiro fez tudo o que pôde para manter em segredo essa união. Alguns cortesãos, porém, temiam que, ao subir ao trono, Pedro nomeasse herdeiro um desses filhos, preterindo o que tivera com a esposa – o que desagradaria certamente ao rei da Espanha e traria problemas políticos potencialmente sérios. Arrancaram, portanto, de D. Afonso, a relutante aquiescência a que Inês fosse eliminada.

Durante a ausência de Pedro para uma longa caçada, Inês foi levada para um convento, onde o rei foi procurá-la. Comovido com sua beleza, juventude e coragem, e também com a visão dos netos, que a jovem trouxe para prostrarem-se junto com ela a seus pés e pedir clemência, o soberano decidiu poupá-la. Mas os conspiradores o recriminaram por sua fraqueza e, voltando ao convento, a apunhalaram e mataram as crianças. É bem conhecida a desmesurada selvageria da vingança de Pedro, que mandou arrancar o coração dos dois assassinos, um pelo peito, o outro pelas costas. E, ao subir ao trono, mandou tirar do túmulo os despojos da bem-amada e ordenou uma tétrica cerimônia de coroação da morta como rainha.

Mas a ópera de Zingarelli, por mais que se situe numa fase de transição em que o fascínio pelos temas mórbidos já se impõe, ainda está muito ligada às tradições de *bienséance* – aquilo que cai bem, que é de bom-gosto –, o que torna inaceitáveis esses detalhes crus. O libreto de Antonio Gasparini baseia-se na tragédia de Antoine Houdar de la Motte (1723), que altera a história por motivos de efeito dramático. Don Pietro ainda não se casou com Costanza – que não aparece em cena –, e não poderá cometer o crime de bigamia, pois já está secretamente unido a Inês. Há um elemento complicador da ação: o rei de Portugal, erroneamente chamado de Alfonso, o Severo, casou-se em segundas núpcias com uma mulher designada apenas como La Regina. Ela também foi casada antes, é a mãe de Costanza, se ofende com a rejeição de sua filha e, ao descobrir o motivo da recusa de Pietro, vai procurar Inês e lhe dá um veneno. Por sorte, a dama

1. A datação dessa ópera é problemática: tanto R. M. Longyear, na enciclopédia *Grove*, quanto D.A. d'Alessandro no *Viking/New Penguin Opera Guide*, a situam em 1798 (Longyear dá a data de 11 de outubro). Mas Jeremy Commons, na nota de introdução em *A Hundred Years of Italian Opera 1800-1810*, diz que ela foi encomendada para a inauguração do Teatro Carcano, de Milão mas, como não ficou pronta a tempo, foi substituída pela *Zaira* de Federici em 3 de setembro de 1803, subindo à cena no final do mesmo mês. O Teatro Carcano foi realmente inaugurado em 1803, com a ópera de Federici, como o informa o *Oxford Dictionary of Opera* – o que dá certo peso à versão de Commons, e justifica que ele inclua *Inês de Castro* numa antologia dedicada à primeira década do século XIX.

2. Ver *A Ópera Romântica Italiana*, desta coleção.

de companhia da rainha, cúmplice na investigação que descobriu onde a Castro estava escondida, arrepende-se no último minuto, e troca a taça envenenada por uma poção inofensiva. Don Pietro chega a tempo de salvar a amada das garras da madrasta; e Don Alfonso, deixando de lado a severidade e tendo o necessário acesso de magnanimidade que permite *lieto fine*, abençoa a união do filho com Inês. Neste caso pelo menos, ela será coroada cheia de vida.

O trecho que o leitor encontrará no álbum da Opera Rara mencionado em nota é o quarteto "Anima mia, deh cedi", que faz parte do finale do ato I. Don Alfonso já percebeu que o filho está apaixonado por Inês, mas ainda não sabe que eles se casaram. Para afastá-los, tenta forçar a moça a casar-se com Don Rodrigo, membro do séqüito da rainha. Desesperada, Inês tenta o suicídio, mas é impedida pelo marido. Do quarteto, muito dramático e perfeitamente adequado para dar ao ato um encerramento de efeito, participa também Don Ferdinando, o embaixador de Castela, que veio cobrar a data para a realização das núpcias de Pietro com a nobre espanhola.

O quarteto é claro e absolutamente clássico em suas proporções lógicas. Na introdução, as expressões de amor do casal se opõem à fúria do rei e aos pedidos de clemência de Don Ferdinando – resultando numa música que reflete as mudanças de ânimo das personagens. O *andante* "Pietoso, clemente" é um pedido de ajuda que os dois amantes e o embaixador dirigem a Deus, para que acalme o coração de Alfonso. Mas é inútil, pois este pergunta ao filho: "A este extremo queres reduzir-me, filho ingrato?" E Pietro, numa reação inconvincente, responde covardemente: "O amor me cegou, e mereço piedade." A *stretta* "Desolata, agitata, dolente" contém os comentários de todos os presentes àqueles acontecimentos perturbadores, e a coda, de velocidade crescente, já tem um sabor pré-rossiniano. O Zingarelli que insistia com Bellini que a ópera deve ter "melodias, melodias, sempre melodias" está todo o tempo presente. Mas é também um compositor que sabe construir uma cena com maestria, com vitalidade rítmica, senso de concisão e de simetria das frases. Particularmente bonito é, perto do final da *stretta*, o efeito da série de frases que se sucedem rapidamente, em tonalidade cada vez mais alta à entrada de cada personagem, até culminarem numa frase ricamente ornamentada da soprano. Marilyn Hill Smith e Della Jones (Inês e Pietro), Ian Caley (Alfonso) e Russell Smythe (Ferdinando) fazem desse número uma leitura muito boa no álbum Opera Rara.

Ao voltar para a Itália, em 1793, Zingarelli venceu a competição para substituir Monza como *direttore musicale* da catedral de Milão; mas no ano seguinte, preferiu assumir cargo semelhante na Santa Casa di Loreto, em sua Nápoles natal, onde ficou até 1804. Nessa função, compôs o notável *Annuale di Loreto*, enorme coleção de salmos, motetos, hinos, vésperas, para todos os dias do ano – só comparável, em âmbito de concepção, à *Selva Morale e Spirituale* de Monteverdi.

Em 1804, após a morte de Guglielmi, Zingarelli foi escolhido *maestro di cappella* da catedral de São Pedro, em Roma. Em 1811, quando Napoleão decidiu coroar seu filho menino rei de Roma, as autoridades francesas de ocupação ordenaram que festividades solenes fossem organizadas em todas as igrejas, e lhe pediram que compusesse um *Te Deum*. Zingarelli recusou-se, alegando não reconhecer outro rei de Roma senão o papa Pio VII, nessa época prisioneiro em Fontainebleau. Foi mandado para a cadeia por isso. Mas Napoleão, admirando a sua rebeldia, mandou libertá-lo e levá-lo para Paris, onde o tratou como um hóspede. Zingarelli agradeceu escrevendo o hino *Domine Salvum Fac Imperatorem Napoleonem* e, para a capela imperial, uma concisa *Messe Solennelle* de apenas vinte minutos, mas concebida para grandes efetivos vocais e instrumentais.

Quando externou o desejo de voltar para casa, Napoleão não o prendeu em Paris. Pelo contrário, deu-lhe uma carta de recomendação para Joachim Murat, o rei de Nápoles, graças à qual ele foi nomeado diretor do recentemente consolidado Conservatorio di S. Pietro a Majella. Depois da restauração dos Bourbons, manteve o cargo por três motivos: era leal ao papa; levava uma vida de abstêmio, sem vícios, austeramente católica; e contava com a aprovação dos Habsburgos pois, em 1798, aceitara musicar *Dio Salve Francesco Imperatore*, a tradução italiana que G. Carpani fizera do hino imperial austríaco. Não só o deixaram em seu posto como, em 1716, com a morte de Paisiello, foi nomeado *maestro di cappella* da catedral de Nápoles. Na fase final de sua vida, produziu, oscilando entre os gêneros sério e cômico:

1797 – *La Morte di Mitridate;*
1798 – *Carolina e Mexicow, Meleagro* e *I Veri Amici Repubblicani*;
1799 – *Il Ritratto, Il Ratto delle Sabine;*
1800 – *Clitennestra;*
1802 – *Edipo a Colonna* e *La Notte dell'Amicizia;*
1803 – *Il Bevitore Fortunato;*
1809 – *Il Ritorno di Serse*;
1811 – *Baldovino* e *Berenice Regina d'Armenia*, esta última com texto adaptado por Ferretti do *Lucio Vero*, o primeiro libreto de Apóstolo Zeno, escrito em 1700 para Pollarolo.

Este último representante da *opera seria* escreveu austeros dramas muito solenes, com temas mitológicos e final feliz, em que ainda são comuns os papéis masculinos concebidos para *castrato* ou voz feminina (prática que ainda estará presente no Romeo de seu aluno Bellini). Nas obras pensadas com mais vagar, exibia um estilo nobre e digno, muita ciência do contraponto, e boa inspiração melódica, embora sempre dentro dos limites restritos do diatonicismo. Quando era apressado, tendia a ser superficial, estereotipado e com ocasional queda em soluções triviais. Mas sabia orquestrar com elegância e possuía, como observamos, o senso inato da construção musical. Tinha boa mão para a comédia, mas o ritmo teatral sofria, às vezes, por ele ser naturalmente prolixo.

A ópera, porém, não é o único aspecto importante da produção de Niccolò Zingarelli. Ele foi igualmente o autor de uma obra sacra imensa, pensada devotamente, não em termos concertantes, como a de Cherubini, mas em função de seu uso litúrgico. Foi o pioneiro da composição em vernáculo de peças devocionais antes só cantadas em latim: hinos, motetos, salmos, textos como o *Magnificat* ou o *Stabat Mater*. E deixou uma impressionante coleção de sinfonias, 53 delas em um só movimento e doze em três movimentos.

WINTER

Compositor oficial do Eleitor da Baviera, Peter Winter (1754-1825) passou boa parte de sua carreira na Alemanha. Porém, se o colocamos neste volume, é porque esse compositor – a quem Jeremy Commons chama de "um verdadeiro camaleão artístico" – aproveitou as licenças generosas que seu empregador lhe concedia, e viajou por toda a Europa, compondo de acordo com o gênero que as circunstâncias lhe sugeriam: óperas italianas sérias e cômicas, óperas francesas de estilo heróico, solene e grandioso; *singspiele* de formato alemão, com traços pré-românticos visíveis. Winter é um nome importante para a compreeder o corredor entre Barroco e Classicismo que é a fase clássica.

Demonstrando muito cedo a vocação musical, Winter recebeu as primeiras noções dos músicos de Mannheim, onde nascera, filho de um funcionário da corte. Thomas Hampel afeiçoou-se a ele e, aos dez anos, Peter já tocava violino na orquestra desse principado, famosa pelas pesquisas que realizava sobre a técnica da escrita instrumental. Dono de um posto permanente de violinista aos 22 anos; aluno de composição, por algum tempo, de Georg Joseph Vogler – vice-Kapellmeister da corte e fundador da Mannheim Tonschule – Winter teve, como músico da orquestra, contato com o que havia de mais moderno na produção operística alemã: a *Alceste* de Anton Schweitzer, o *Günther von Schwarzburg* de Ignaz Holzbauer, os melodramas de Jíri Benda[1].

Em 1778, a sede do eleitorado transferiu-se para Munique, cuja atividade cultural era muito mais intensa, e isso refletiu-se no desenvolvimento artístico de Winter. Ele foi nomeado diretor da orquestra e, entre suas atribuições, estava a de reger, no Deutsche Schaubühne, os espetáculos de *opéra-comique* apresentados pela companhia francesa de Marchand. Como já acontecera com Gluck, essa experiência foi muito útil, para familiarizá-lo com o estilo desenvolto de escrita vocal francesa, decalcada nos ritmos naturais da frase falada. Winter produziu nessa fase suas primeiras obras para o palco, balés e melodramas imitando Benda: *Cora und Alonzo* (1778), *Lenardo und Blandine, Reinhold und Armida* (1779).

Uma turnê de concertos com o clarinetista Franz Tausch levou-o a Viena, onde aprendeu com Salieri as técnicas do *belcanto* italiano, e teve mais contato com Mozart, que já encontrara antes em Munique. Na volta, estreou como operista, musicando em 1782 o texto de Calzabigi para *Helena und Paris*, numa tentativa de reeditar o nobre estilo de Holzbauer. Mas esse belo poema, sem ação externa alguma, que retrata de forma absolutamente estática os conflitos internos das perso-

1. Sobre essas obras, ver *A Ópera Alemã*.

nagens, teve em suas mãos o mesmo insucesso da primeira versão, musicada por Gluck em 1770. Seus primeiros *singspiele* foram melhor recebidos. Tanto *Das Hirtenmädchen* (A Pastora), de 1784, quanto *Der Bettelstudent oder Das Donnerwetter* (O Estudante Pobre ou A Trovoada), do ano seguinte, baseado num conto de Cervantes, misturam canções estróficas germânicas, de corte popular, com árias de gosto italianado e balés de estilo francês. Mas *Bellerophon* (1785), de tema sério, fracassou.

O insucesso, porém, não fez Winter desanimar, como o demonstra seu catálogo. Insistiu no gênero sério com *Circe* (1788) e *Medea und Jason* (1789). E em 1790, além de *Psyche*, musicou dois libretos de Goethe: *Jery und Bäteli* e *Scherz, List und Rache* (Gracejo, Astúcia e Vingança). Foi nomeado vice-*Kapellmeister* em 1787, e promovido a *Kapellmeister* em 1798, cargo que manteve até sua morte. O prestígio que essa posição lhe conferia e a liberalidade de seus empregadores permitiram que, a partir desse momento, iniciasse as viagens que o fizeram compor para diversos centros. Isso não aumentou o entusiasmo de seus conterrâneos por suas óperas, mas conquistou para ele boa reputação internacional. A lista de sua produção mostra como seu estilo "camaleônico" oscilava entre o passado e o presente, de acordo com as possibilidades que lhe eram oferecidas:

1791 – *Catone in Utica* (libreto de Metastasio para o S. Benedetto de Veneza) e *Antígona* (libreto de M. Coltellini para o S. Carlo de Nápoles);

1792 – *Il Sacrifizio di Creta ossia Arianna e Teseo* (libreto de Pariati para o S. Benedetto) e *La Mort d'Orphée et d'Euridice*, pantomima para apresentação num teatro cortesão privado de Nápoles;

1793-1794 – as semi-sérias *I Fratelli Rivali* e *Belisa ossia La Fedeltà Riconosciuta*, ambas para Veneza;

1795 – *Ogus ossia Il Trionfo del Bel Sesso*, com libreto de Bertati, para o Nostitzsches Nationaltheater de Praga;

1796 – em Viena, *I Due Vedovi* (G. Gamerra) e um de seus maiores sucessos, *Das Unterbrochene Opferfest* (O Holocausto Interrompido), um *singspiel* escrito em colaboração com Franz Xaver Huber;

1797 – *Babylons Pyramiden*, no Theater auf der Wieden, com texto muito fantasioso de Emanuel Schikaneder, o empresário dessa sala;

1798 – *Elise Gräfin von Hilburg* (Elisa Condessa de Hilburg), adaptação alemã da *Belisa* de 1794; *Das Labyrinth oder Der Kampf mit der Elementen*, tentativa feita com Schikaneder de dar continuação à história da *Flauta Mágica* mas, naturalmente, sem a capacidade mozartiana de transfigurar as ingenuidades do libreto.

De volta a Munique, Winter apresenta *Der Sturm* (1798), extraída da *Tempestade* de Shakespeare. O resultado não é o esperado, e só em 1800 ele volta ao palco com *Marie von Montalban*, baseada numa peça de estilo *larmoyant* escrita por J. N. Komarek. Não encontrando entre seus compatriotas a acolhida desejada, faz de novo as malas:

1802 – o Théâtre de l'Opéra de Paris aplaude *Tamerlan*, adaptada de *L'Orphelin de la Chine* de Voltaire;

1803-1804 – o Haymarket de Londres assiste a três colaborações suas com Lorenzo da Ponte, que ele conhecera em Viena como *poeta cesareo* e, nessa época, tendo caído em desgraça, encontrava-se na Inglaterra: *La Grotta di Calipso, Il Trionfo dell'Amor Fraterno* e *Il Ratto di Proserpina*.

O álbum HYIO/OR contém preciosa documentação de um trecho dessa última. Esse mesmo álbum traz um excerto da *Zaira* que Winter fez encenar no ano seguinte, e a comparação das duas ilustra sua versatilidade – ou a falta de estilo definido? *O Rapto de Proserpina* é o drama pastoral clássico, que tem no *Orfeu e Eurídice* de Gluck o seu antecessor imediato. Mas parte de modelos que remontam a origens ainda mais antigas, ao proto-barroco de Monteverdi, Peri e Caccini, às *favole pastorali* renascentistas de Poliziano, Tasso e Guarini. Esses assuntos antiquados ainda eram usuais em obras de caráter alegórico formal, concebidas para a apresentação durante cerimônias cortesãs – casamentos, batizados, assinatura de tratados. Mas é totalmente anacrônico encontrar, em pleno ano de 1804, um espetáculo desses encenado num teatro público. Quanto à *Zaira*, ela parte da mesma tragédia de Voltaire que haveria de inspirar a malfadada ópera de Bellini. E termina com duas mortes no palco, situação inaceitável nos teatros italianos, naqueles primeiros anos de século XIX, e na qual há nítida antecipação do Romantismo.

O episódio mitológico do *Ratto di Proserpina* é fielmente reconstituído numa *opera seria* que não possui muita ação externa, mas conta com a poesia concisa e de alto nível de um dos maiores libretistas do *Settecento*. Raptada por Plutão, que a faz rainha do Hades, Proserpina é procurada no Inferno por sua mãe, Ceres. A deusa da colheita convence Plutão a deixar que sua filha passe seis meses com ela; os outros seis, ela os passará no subterrâneo com o marido – essa é, segundo a bela interpretação mitológica da alternância das estações, o tempo quente das flores e dos frutos, o tempo frio do outono e do inverno, em que a natureza parece morrer, mas está apenas adormecida, à espera de que Proserpina volte à superfície. Além dos numerosos solos, o tema permitia que Da Ponte previsse coros e danças de pastores, agricultores, ninfas e fúrias do Inferno, mirando-se naturalmente no modelo gluckiano. Como Winter dispunha apenas de três semanas para preparar a partitura, pediu a ajuda de seu compatriota, Christian Kramer, regente da orquestra privada do rei – e também do King's Theatre de 1829 até sua morte, em 1834 –, e este orquestrou para ele a ópera com muita competência.

A chegada de Winter a Londres coincidiu com um momento importante na vida do King's Theatre. A notável soprano inglesa Elisabeth Billington, no auge da forma aos trinta anos, tinha voltado de uma triunfante turnê de oito anos à Itália. E contracenava com a belíssima italiana Giuseppina Grassini, uma ex-soprano cuja voz, por um processo natural de amadurecimento, se transformara num rico contralto de grande volume e flexibilidade. O porte matronal de uma e a figura esguia de outra as tornavam muito adequadas para fazer a mãe e a filha. Em suas *Reminiscences*, de 1826, o cantor Michael Kelly comenta: "Quando suas vozes se juntavam no dueto 'Vaghi colli', esse número era sempre bisado deixando, na memória musical do mundo, uma lembrança que não há de se apagar." Muito apreciadas foram o lamento de Proserpina, "Che farò senza la madre?", em que o eco gluckiano é evidente, e "Apri la madre il core", concebida na medida para explorar as melhores qualidades da voz de Ms. Billington.

O trio "Mi lasci o madre amata", gravado por Parry, ocorre no ato I, quando Ceres, que tem de ir à planície da Frigia, deixa Proserpina em companhia de suas ninfas, nas encostas do Etna. As despedidas das duas são assistidas pelo velho pastor Ascolfo, a quem Plutão devolveu a juventude com a condição de que o ajude a raptar a filha da deusa, o que acontecerá assim que a moça ficar sozinha. Winter é particularmente feliz ao expressar as emoções delicadas, os sentimentos amorosos pudicos. Mãe e filha falam da falta que sentirão uma da outra, e o pastor une-se a esse sentimento pois sabe, de antemão, que essa falta será muito prolongada. As três vozes se entrelaçam, repetindo várias vezes as mesmas palavras em longas seqüências sinuosas. São apoiadas por uma frase rítmica simples nas cordas, em contraponto com figurações da flauta, do clarinete, do fagote, que frisam o caráter pastoral da música.

Como Billington e Grassini não se davam bem, apesar do enorme sucesso que tinham feito juntas, o empresário Goold decidiu não programá-las mais no mesmo espetáculo. Winter escreveu para a soprano inglesa a semi-séria *Il Trionfo dell'Amor Fraterno* e, para a contralto italiana, a séria *Zaira*, que Filippo Pananti adaptou da tragédia de Voltaire (1732). É a história da menina cristã raptada pelos turcos e educada no serralho de Jerusalém. O sultão Orosmane apaixonou-se por ela, é retribuído e, dentro em breve, eles deverão casar-se.

Tempos antes, o sultão libertou Nerestano, um menino que tinha sido raptado junto com Zaira, e o mandara à França, para arrecadar o dinheiro do resgate de dez cavaleiros cristãos. Na verdade, acha que o rapaz aproveitará para fugir, e fica surpreso ao vê-lo retornar ao cativeiro. Impressionado com sua honestidade, recusa o dinheiro e diz que ele poderá libertar cem prisioneiros. Mas não aceita incluir nesse grupo nem Zaira, nem o velho Lusignano, o último na linhagem dos reis francos de Jerusalém. Por amor, entretanto, cede às súplicas de Zaira, que quer ficar com ele, mas pede que a liberdade seja concedida ao ancião.

Nerestano e Zaira vão buscar Lusignano no cárcere e o encontram muito doente. Lamentando seu infortúnio e o de sua família, o velho fala dos filhos de que perdeu o paradeiro ainda crianças, e menciona a cicatriz que o menino tinha no peito, e a cruz que a menina trazia ao pescoço. Zaira e Nerestano descobrem ser irmãos; mas sua alegria é curta: horrorizado ao saber que ela foi educada como muçulmana e vai casar-se com um infiel, Lusignano morre de dor. Cheia de remorso, ela conclui que não pode casar-se com Orosmane e aceita a proposta de Nerestano de fugir.

Mas uma carta trocada pelos dois cai nas mãos do sultão, que não sabe do parentesco entre eles e imagina que os dois são amantes e Zaira o está traindo. Fica à espreita, esperando perto do lugar por onde vão escapar e, ao ver Zaira, atira-se sobre ela e a apunhala. Ao descobrir que Nerestano era, na realidade, o irmão de sua noiva, desespera-se e volta a adaga contra o próprio peito.

Esse final trágico confere singular importância à *Zaira* de Winter, composta em plena vigência do *lieto fine* obrigatório. A própria tragédia de Voltaire constituía uma infração à *bienséance* pois mortes poderiam ocorrer desde que nos bastidores, sendo confiada a um mensageiro a missão de vir narrá-las aos espectadores; e em sua *Zaïre* as personagens morrem em cena. Na Inglaterra dos primeiros anos do século, isso era mais admissível – mesmo porque a tradição teatral elizabetana era muito sanguinolenta. Na Itália, isso não teria sido possível: a primeira morte em cena aberta só surge em 1816, na *Gabriella di Vergi* de Michele Carafa[2]. No álbum Parry, esta ópera é ilustrada pela ária "Sommo Dio, che in sen mi vedi", cantada por Zaira pouco antes de ir ao encontro da morte na ponta da adaga de seu amado.

Ela está angustiada com a idéia de abandonar Orosmane, mas a tentação de ficar com ele desaparece quando, numa alucinação, ela acredita ter visto o fantasma do pai que se ergue ameaçadoramente diante dela, apontando para a rota de fuga. Nessa *preghiera*, ela pede a Deus que lhe dê forças para fazer aquilo que, como toda boa heroína de tragédia clássica, acredita ser o seu dever. Quase no final de uma intriga muito movimentada, num momento de grande tensão emocional, Winter coloca uma ária que é o contrário do que se poderia esperar: uma pausa na ação, cheia de lirismo e recolhimentro. Como no trecho do *Ratto di Proserpina* a que nos referimos, ele demonstra grande afinidade com os *affetti* mais serenos. A ária é muito melodiosa, com um plano harmônico e rítmico simples e claro. À exceção do solo de trompa da introdução, que volta no final, o singelo acompanhamento é feito pelas cordas apenas e a música é toda suave, com muitas marcações de *piano*, um belo exemplo de efeito obtido com a maior economia de recursos.

2. Ver a *Ópera Romântica Italiana*, desta coleção.

Logo após a estréia da *Zaira*, Winter retornou a Munique, onde a acolhida relativamente boa à ópera cômica *Der Frauenbund* (A Liga das Mulheres), de 1805, e a um *singspiel* de 1807, *Die beiden Blinden* (Os Dois Cegos), o encorajou a tentar a sorte em *Colmal*, ópera heróica com libreto de Michael von Colin, baseada em sugestões contidas nos poemas de Ossian. A luxuosa estréia dessa peça, que Winter considerava a sua partitura mais cuidada, foi no Hoftheater, em 15 de setembro de 1805. O total fracasso deixou-o tão desiludido que ele voltou a tentar a sorte fora de casa. Conseguiu ser aplaudido em Hamburgo por *Die Pantoffeln* (As Chinelas), um *singspiel* de 1811. O Scala encenou, em 1817, duas óperas com libreto de Felice Romani, *Maometto* e *I Due Valdomiri*. E em 1818, a *Etelinda*, na qual ele colaborou com Gaetano Rossi. Essas três são a prova do que um bom libreto pode fazer por um espetáculo lírico. O ótimo texto de Romani, adaptando uma tragédia famosa de Voltaire, garantiu 46 récitas a *Maometto*. Uma boa comédia, mas com situações menos fortes, fez os *Dois Valdomiros* terem apenas 23 apresentações. O drama semi-sério palavroso e arrastado de Rossi fez *Etelinda* sumir de cartaz antes da vigésima noite.

O *Maometto* de Winter, estreado em 28 de janeiro de 1817, nada tem a ver com o de Rossini, escrito quatro anos depois para o S. Carlo de Nápoles. Nem a personagem é a mes-

Peter von Winter.

Giuseppina Grassini no papel de *Zaira*, de Peter von Winter.

Elisabeth Billington, Giuseppina Grassini e Giuseppe Viganoni criaram a mãe (a deusa Ceres), a filha e Ascalfo, em *Ratto di Proserpina*, de Peter von Winter.

ma: nesta é o Maomé II, da Turquia, chamado "o Conquistador"; e na de Winter, o profeta, fundador do Islã. Numa época em que a incipiente campanha do *Risorgimento* fazia aumentar o anticlericalismo, pois não eram poucos os que identificavam no poder da Igreja um atraso para os ideais progressistas e unificadores, era grande a atração por *Le Fanatisme ou Mahomet le Prophète*, de 1741, em que Voltaire se insurgiu contra todo tipo de tirania, política ou religiosa. Romani segue muito fielmente o plano e o espírito da peça.

Não sabemos, no início da ópera, se Maomé é um profeta falso ou verdadeiro. Ele se instalou em Medina, e está tentando controlar Meca, onde o velho xeque Zópiro resiste com seus seguidores. Mas quem é o verdadeiro fanático? Os seguidores de Zópiro afirmam que Maomé é perverso e seus rituais são blasfemos. E o próprio xeque acusa o "impostor" de ter prendido e executado sua mulher e filho. Mas em Meca há uma jovem prisioneira, Palmira, que foi educada por Maomé, ama-o como a um pai, e espera ser resgatada por ele. Ela está apaixonada pelo jovem Seide, maometano fiel, que prefere ser capturado e mantido como refém, para não ter de separar-se dela. A questão está toda em saber se Zópiro é um fariseu ou o legítimo representante da fé tradicional; e se Maomé é o arauto de uma nova ordem, ou uma fraude, movida apenas por ambições e falta de escrúpulos.

Maomé manda Omar, seu mensageiro, oferecer a paz a Zópiro e negociar a libertação de Palmira; mas o xeque recusa. Quando Maomé se apresenta diante dos portões de Meca, é saudado pela população, à qual declara que, guiado pelo verdadeiro Deus, que dignou revelar-se a ele, veio salvar a cidade e trazer-lhe a paz. Mas as paixões humanas de Maomé dão a entender que talvez ele não seja a figura magnânima que aparenta ser. Também está apaixonado por Palmira e, ao ver a moça que vem a seu encontro, não consegue esconder o ciúme que sente de Seide, e a irritação por vê-lo ao lado dela. Suas ambições políticas ficam claras na cena em que Zópiro o recebe em audiência. Ele se refere à ruína dos impérios de Roma, Bizâncio, da Pérsia, da Índia e do Egito, dizendo que, sobre esses descombros, pretende edificar uma Arábia poderosa, unificada pela crença no Deus único.

Garante a Zópiro que sua mulher e filho estão vivos e, em troca de sua liberdade, pede a submissão de Meca. Mas o xeque refreia seus impulsos pessoais, e recusa-se a trair seus princípios como o responsável pelo seu povo. O conselho de Meca, porém, é menos firme: fica tentado a assinar a trégua e a entregar Palmira e Seide como prova de boa vontade. Mas Zópiro vem trazer uma carta com a advertência de que a oferta de trégua é apenas um estratagema para ganhar tempo. Maomé está esperando a chegada de seu exército e tomará Meca à força. O ato I termina com um tom de ameaça e desconfiança.

A verdadeira natureza do Maomé voltaireano vem à tona no ato II: ele convence Seide de que é seu dever matar Zópiro; e dobra o relutante oferecendo-lhe, como prêmio, a mão de Palmira – a quem também já propôs casamento. Depois de matar o xeque, Seide descobre, tarde demais, que cometeu parricídio, pois Palmira e ele são seus filhos. Tenta sublevar a multidão contra o falso profeta, mas Maomé o envenenou, e ele morre. Palmira, compreendendo finalmente quem é Maomé, recusa-se a se casar com ele e volta para o cativeiro. Maomé triunfa e se proclama o representante de Deus, enquanto o povo se prostra amedrontado a seus pés, acreditando estar sendo punido por conspirar contra a vontade divina.

Este libreto politicamente incorreto – de um amoralismo pragmático comparável ao de Busanello para a *Coroação de Popéia* e, se escrito hoje, atrairia a *fátua*, sentença de morte dos aiatolás. E termina de forma ainda mais radical do que a tragédia de Voltaire. Nela, Palmira se suicida com o punhal de Seide, e Maomé tem de enfrentar o remorso e o vazio da falsa vitória. Na edição do libreto, há um *pezzo d'insieme* final, que não chegou a ser musicado, no qual Maomé diz estar sendo "agitado por uma perturbação como nunca conheceu antes" e conclama todos a ir com ele ao templo "aplacar os Céus com nossas lágrimas". Foi a omissão do monólogo final de Voltaire, "no qual reside toda a moral da tragédia", o que chamou a atenção do crítico da *Gazzetta di Milano*, em 31 de janeiro de 1817.

Ele lamentou a "visão repugnante do triunfo das atrocidades mais abomináveis, num libreto totalmente inadequado para ser musicado", pois o objetivo da arte "é comover e não horrorizar". E, no entanto, reconhecia que "a música é tão bonita, original e impressionante" que se deve até "ser grato ao Signor Romani por ter escolhido assunto tão atroz, para que o Signor Winter o envolvesse com a roupagem poética de suas melodias fluentes e enérgicas".

O crítico da *Gazzetta di Milano* referia-se em especial ao trio "Dei che piangendo imploro", que o leitor encontrará no segundo volume da antologia Opera Rara, referente à década de 1810-1820. Ele se passa no ato II, no templo subterrâneo em que Zópiro foi rezar, observado por seus filhos. As duas vozes femininas que interpretam Palmira e Seide estão em cena, e o baixo nos bastidores, pois o xeque entrou em um recesso do altar a que só os sacerdotes têm acesso. Enquanto ele pede a Deus que proteja seus filhos, estes oram também para que a divindade dê a Seide a força necessária para eliminar Zópiro. Na seqüência desse número, Seide apunhalará o velho que, antes de morrer, lhe revelará ser seu pai.

A oração de Zópiro é introduzida pelos violoncelos divididos e comentada por retóricos acordes das cordas. O acompanhamento do trio tem um *obbligato* de harpa com intervenções da trompa. Para equilibrar as vozes dentro do palco e fora dele, Winter concentra a atenção do espectador nas cantoras mas, em cada pausa de suas frases em legato, intercala, vinda de longe, as palavras ditas pelo xeque. O efeito pendular desses dois planos sonoros que se alternam é muito convincente.

O saldo dessa nova temporada na Itália tinha sido positivo. Mas Winter já tinha passado dos sessenta anos, e estava perdendo o interesse pelo palco. Na volta para Munique, fez ainda encenar, em 1820, *Der Sänger und der Schneider* (O Cantor e o Alfaiate), seu último *singspiel*. Manteve-se ativo até o fim da vida, mas dedicou-se a escrever apenas música sacra, missas, salmos, hinos, motetos de um estilo grave e nobre.

Apesar da vertente lírica e serena de sua música, Winter era uma pessoa instável, de comportamento difícil, e Mozart, Spohr, Meyerbeer e Weber deixaram, em suas cartas, testemunhos de como era penoso o trato pessoal com ele. Mas compunha com facilidade e o ecletismo de seu estilo atesta a situação da Alemanha, na virada do século, como uma encruzilhada de influências, num momento em que ainda não se tinha definido uma escola nacional (o *Freischütz* e Weber é de 1821, o ano seguinte à sua última ópera). Elementos da *opera seria* e bufa italianas, da *tragédie lyrique* francesa e da reforma gluckiana convergem para suas partituras, fundindo-se às formas populares do *singspiel*. E Winter é, como vimos, um daqueles compositores que andam para a frente ou para trás, ao sabor das circunstâncias.

Mas seus dons melódicos lhe permitiam escrever longas árias *da capo* para uma *opera seria* como *La Grotta di Calipso*; e ter aprendido, dirigindo *opéras-comiques*, a técnica da declamação muito espontânea, dava naturalidade às árias em silabato de *Ogus*, por exemplo. Não foi um compositor que se limitasse a imitar os outros. Tinha a real capacidade de fundir, de modo muito pessoal, os ingredientes extraídos de diversas origens, em obras bem acolhidas, como *O Holocausto Interrompido*, mas também em peças como *A Tempestade*, *Marie von Montalban* e *Colmar*, que oscilaram entre o sucesso morno e o fracasso total. O que as unifica é o estilo melódico muito atraente de Winter, suas frases longas e langorosas, e um senso de sonoridade e de modulações interessantes que joga com os contrastes dinâmicos e a variedade na instrumentação. Nesse sentido, guardadas as devidas proporções, trata-se de um continuador de Mozart; e de um arauto da ópera romântica alemã.

MARTÍN Y SOLER

Quem conhece o *Don Giovanni*, deve lembrar-se da cena final, em que uma orquestrinha toca em cena, enquanto o protagonista espera pelo Convidado de Pedra. Ao ouvir a primeira melodia, Leporello a reconhece e exclama: "Bravo! Cosa Rara!" Isso – uma breve referência ao tema de "O quando un si bel giubilo", no finale de *Una Cosa Rara* – foi tudo o que restou, por muito tempo, da obra do valenciano Vicente Martín y Soler (1754-1806). Pelo menos até 1991, data em que o selo Astrée Auvidis lançou a gravação ao vivo dessa ópera, realizada em março daquele ano, no Gran Teatre del Liceu, de Barcelona, por Jordí Saval e Le Concert des Nations. Esta homenagem a um importante mestre setecentista catalão colocou ao alcance do público a principal ópera de um autor que, em seu tempo, teve fama de Viena a São Petersburgo.

Filho de Francisco Javier Martín, tenor na Iglesia Mayor de Valencia, o menino recebeu, ao ser batizado, o nome torrencial de Atanasio Ignácio Vicente Tadeo Francisco Pellegrín (Soler era o sobrenome de sua mãe). Recebeu do pai as primeiras noções de música e cantou no mesmo coro que ele. Foi Isabel Parreño, marquesa de Llano, mulher do embaixador austríaco em Viena, quem convenceu o jovem compositor a tentar a sorte em Viena. Ela o conhecera em Nápoles e se entusiasmara com o talento por ele demonstrado. Não se sabe muita coisa sobre seu início de carreira. Apenas que foi organista em Alicante e estreou como operista em Madri, em 1776, com *I Due Avari*, cuja partitura se perdeu.

Não foi má a recepção à zarzuela *La Madrileña o El Tutor Burlado*[1], do mesmo ano. Mas, dando-se logo conta de que eram muito pequenas as possibilidades de trabalho em seu país, Martín y Soler foi no ano seguinte para Nápoles, onde caiu nas boas graças do rei Ferdinando. Ficou famosa a sinfonia com canhões que escreveu para esse soberano, explorando o gosto dos napolitanos por fogos de artifício. Sua Majestade em pessoa fez questão de acionar os vinte canhões utilizados para marcar os pontos climáticos dessa obra grandiosa, que antecipa de muito a *1812* de Tchaikóvski.

Protegido pelo monarca, ele fez estrear, em 1776, uma *Ifigenia in Tauride*, de gosto visivelmente gluckiano, que lhe abriu as portas de todos os teatros italianos. Logo ficou conhecido como "Martini lo Spagnuolo", para não ser confundido com o padre Martini, famoso professor de Bolonha, nem com o "Martini Tedesco", como era chamado Martin Schwarzendorf, o autor da conhecida canção

1. De que há, no selo Bongiovanni, a gravação sob a regência de Miguel Harth-Bedoya, com Ernesto Palácio e Maria Ángeles Peters, dois dos intérpretes de *Uma Cosa Rara*.

Plaisir d'Amour. Nápoles, Turim, Lucca, Veneza, Parma e Florença ouviram com prazer suas produções sérias e bufas desse período:

1780 – *Ipermestra* e *Andromaca*;
1781 – *Astartea* (retomando o libreto de Metastasio);
1782 – *Partenope* (igualmente baseada em Metastasio), *L'Amor Geloso* e *In Amor ci Vuol Destrezza ossia L'Accorta Cameriera*;
1783 – *Vologeso* (reutilizando o antigo libreto de A. Zeno para *Lucio Vero*);
1784 – *Le Burle per Amore;*
1785 – *La Vedova Spiritosa.*

Em Viena, a marquesa de Llano usou de seu prestígio para convencer o poeta cesareo, Lorenzo da Ponte, a escrever para ele o libreto de *Il Burbero di Buon Cuore* (O Ranzinza de Bom Coração), baseado em *Le Bourru Bienfaisant*, uma das comédias da fase parisiense de Carlo Goldoni. Em suas *Memórias*, Da Ponte reconhece que o catalão tinha o dom "que muito poucos conseguem igualar, de escrever aquele tipo de doce melodia que vai direto ao coração". O imperador José II gostou muito do resultado, convidou Martín y Soler a trabalhar para a corte e encomendou-lhe uma nova ópera.

Da Ponte estava muito ocupado escrevendo *Gli Equivoci* para o inglês Stephen Storace – irmão da soprano Nancy Storace, criadora de Susanna nas *Bodas de Fígaro*. Mas tinha muito interesse por literatura espanhola e fascinou-o a idéia de adaptar *La Luna de la Sierra*, que ele acreditava ser de Calderón de la Barca – na realidade, trata-se de uma peça de Luis Vélez de Guevara, escrita em 1652. Preparou o libreto em um mês, Martín y Soler também terminou rapidamente a partitura, mas a estréia foi retardada pela má-vontade do superintendente dos Teatros Imperiais, conde Rosenberg Orsini, que se opunha à contratação de compositores não italianos. O próprio José II teve de intervir, ordenando que a ópera fosse encenada; e assim *Una Cosa Rara ossia Bellezza ed Onestà* subiu ao palco no Burgtheater em 17 de novembro de 1786.

A serrana Lilla vem pedir ajuda à rainha. Ama o pastor Lubino, mas o ambicioso Tita, seu irmão, quer que ela se case com Lisargo, o prefeito da aldeia. A rainha a confia à proteção de Corrado, seu escudeiro; mas o príncipe, que a viu, notou sua beleza e a deseja. Lubino vem procurar Lilla, e Tita confessa que a trancou em casa, pois ela queria contrariá-lo. O rapaz arromba a cabana de Tita para libertá-la mas, só encontrando o seu xale na borda da janela, compreende que ela fugiu. Lisargo, que assistiu à cena, traz seus homens e o prende.

Ghita, a noiva de Tita, não concorda com sua atitude em relação à irmã mas, ao encontrar Lilla na casa onde Corrado a escondeu, é acusada de cumplicidade nas pressões contra ela. A rainha consegue reconciliá-las e pede a Ghita que vá buscar Tita e Lisargo. Nesse meio tempo, o príncipe vem fazer a corte a Lilla, mas é interrompido por Lubino, que fugiu da cadeia, ainda algemado. Sem saber quais são as suas intenções, ele pede ao príncipe que o ajude contra o prefeito. Diante da rainha, Tita reconhece seu erro; a Lisargo nada mais resta senão retirar as cadeias de Lubino. Corrado é chamado a testemunhar que Lilla não traiu o namorado com o príncipe; e a rainha ordena que se faça o duplo casamento dos dois irmãos com suas namoradas.

Mas o príncipe está muito melancólico, porque não desistiu de Lilla; e esta reage muito ofendida, pois Ghita lhe diz que deveria fingir interesse por ele, apenas para ganhar presentes. Quando anoitece, as duas moças se preocupam, porque seus noivos, que saíram para fazer compras na feira, ainda não voltaram. No escuro, acolhem muito carinhosamente o príncipe e Corrado, e são surpreendidas em seus braços pelos dois rapazes, que se atrasaram no caminho. Garantem que foi um equívoco, mas Tita e Lubino ficam muito desconfiados.

Na hora do jantar, Tita interroga a noiva, mas Ghita responde com um bofetão. Lilla, mais serena, já os está apaziguando, quando ouve-se a voz do príncipe, lá fora, fazendo uma serenata para as duas. Os rapazes saem furiosos e só não atacam o grupo de seresteiros porque o príncipe se faz reconhecer. Uma vez mais, a doce Lilla consegue apaziguar Lubino; mas Tita fica furioso ao descobrir presentes que Ghita aceitou de Corrado, para tentar convencer Lilla a deixar-se cortejar pelo príncipe.

Tita e Lubino decidem ir, na manhã seguinte, pedir justiça à rainha, antes que ela saia para a sua caçada matinal.

Quando aparecem diante da soberana e explicam os vexames a que foram submetidos, o príncipe pede ao escudeiro que não o comprometa. Corrado assume a culpa sozinho, e a rainha o pune com o exílio, o que faz o príncipe se arrepender e defendê-lo. As moças vêm agradecer à rainha por ter protegido sua virtude, dançam para ela a seguidilha, e a rainha parte com seu cortejo para a caça, em meio à alegria geral.

Mesmo tendo desbastado consideravelmente as peripécias muito prolixas da peça de Vélez de Guevara, descartando todas as cenas que servem para documentar os costumes campestres, e atendo-se à dupla intriga amorosa, Da Ponte ainda escreveu um libreto em dois atos e 37 cenas, rico em episódios. Seguindo as convenções da ópera bufa, as personagens se dividem nitidamente em um grupo maléfico e mal-intencionado (o príncipe e Corrado); e um outro que representa os bons sentimentos. Neste segundo grupo, há a figura elevada e estereotipada da rainha; o casal puro e de sentimentos castos; e o casal mais popular, de *demi-caractère*, misturando sentimentos bons e levemente condenáveis. Mas o gênero impõe que a resolução dos conflitos se dê num clima de cordialidade, com o perdão generalizado e a união matrimonial para todas as personagens casadouras. Ainda que se situe num patamar literário e musical muito superior, e esteja imbuída de um amargor subterrâneo que *Una Cosa Rara* não tem, a intriga de *Le Nozze di Figaro* não deixa de estar ligada a essas convenções.

Martín y Soler usa recursos muito diferentes – recortes melódicos, tipo de acompanhamento, estilo de canto – para caracterizar musicalmente cada uma dessas personagens, positivas ou negativas, aristocráticas ou camponesas. Na orquestra então em uso na Áustria – basicamente a mesma que Mozart utiliza em suas óperas maduras –, reserva aos instrumentos de sopro papéis muito claros: as longas frases do oboé sublinham a dor das personagens; os arpejos da clarineta acompanham suas declarações de amor mais sinceras; a pureza do som da flauta se associa à candura de uma donzela ou recria a ambientação ingênua e inocente do campo; os metais são usados para efeitos decorativos, em especial as trompas nas diversas alusões à caça, esporte predileto da rainha. Não há nisso nada de estritamente novo – são recursos simbólicos que já encontramos no Barroco. Mas Martín y Soler insufla a esses velhos expedientes uma vida nova, fruto da assimilação, de modo muito pessoal, de velhas lições aprendidas em Nápoles e refinadas em contato com a rica vida musical vienense.

A abertura, em dó maior, traz os crescendos típicos de Mannheim e, repetindo um efeito comum em Gluck, desemboca no coro inicial. "Più bianca di giglio", a ária em que o príncipe louva a beleza de Lilla, é uma cavatina de linha melódica muito delicada, ornamentada pela clarineta. Em contraste, é pré-rossiniano o tom bufo do dueto em que Ghita acusa Tita de ser "Um briccone senza cuore": repetições bufas, crescendo, emissão ágil do texto. Digno de interesse é também o agitado dueto Ghita-Lilla, "Dirò che perfida, che falsa sei", transformado num trio solene com a entrada da rainha, um cânon a três vozes que é o ponto culminante do ato I.

Numa ópera de estilo napolitano, são inusitadas as inflexões melódicas cromáticas, de gosto mais afrancesado, em "Dolce mi parve un dì", o lamento de Lilla relembrando os tempos de felicidade no início do namoro. A cena final é fiel à técnica bufa: as personagens vão afluindo para o palco, as passagens se encadeiam e convergem para o octeto "Dei, che clemenza è questa", cujo último segmento contém o tema ("Oh, quanto un sì bel giubilo"), utilizado no *Don Giovanni*. Não chega a ser pensado de maneira tão sinfonicamente organizada quanto os finales mozartianos, mas há um rigor de construção que já aponta para a estrutura mais contínua da ópera do futuro.

A musicóloga Genoveva Gálvez, em suas pesquisas sobre as raízes catalãs do idioma de Martín y Soler, demonstrou a presença de um tema imitado do folclore valenciano no dueto Tita-Lubino com que o ato II se inicia. Um dos bons momentos da ópera é a ária da rainha, "Ai, perchè mai formar non lice", cujo primeiro tema é de grande beleza – embora a segunda seção, rápida, seja mais convencional. Uma vez mais o dueto "Villanelle che volgete", em que Lilla e Ghita pedem às camponesas notícias de seus noivos, amplia-se com a entrada de Corrado e do príncipe, e se transforma no sexteto "Dammi la cara mano" com a chegada dos dois rapazes. E a ária que mais cativou a platéia, por sua suave melodia em sol maior, é "Consola le penne mia vita", em que Lilla tranqüiliza Lubino sobre a sua fidelidade.

Seguindo o exemplo de Paisiello que, em 1782, já usara o bandolim na serenata de Almaviva para Rosina, Martín y Soler o emprega, contra um levíssimo fundo de cordas, no "Non farmi più languire", que o príncipe canta para Lilla. É a primeira aparição, numa ópera composta na Áustria, desse instrumento a que Mozart recorrerá na serenata do *Don Giovanni*. Elegante é também a forma como no dueto de amor "Pace, caro mio sposo", ora é Lilla quem começa a melodia e Lubino quem a termina, ora é o inverso o que acontece.

É muito complexo o finale da ópera, "Su, su, cacciatori", iniciado por Lisargo. O tema da abertura reaparece – o que não é muito comum nessa época (embora também Mozart o faça no *Don Giovanni*) –, o coro o repete, e ouve-se, em seguida, a fanfarra da coda da abertura, que encadeia nova repetição. Depois do *andante* em que a rainha pronuncia a sentença de exílio contra Corrado, Lilla abre uma nova seção, *allegretto*, e têm início as danças, executadas por Ghita. De ritmo muito marcado, elas são acompanhadas por vocalises que fazem uma imitação um tanto desajeitada do canto andaluz. Depois vem a seguidilha, que também não soa muito autêntica. O tema final, de despedida da rainha, também sai da abertura.

Da Ponte conta que o sucesso da ópera foi tão grande que as damas de Viena passaram a vestir-se "à moda serrana" das personagens de *Uma Coisa Rara*, e Martín y Soler passou a ser recebido nas melhores casas da capital tendo, por conta do prestígio angariado, até mesmo algumas aventuras galantes. No 31° volume de seu *Tagebuch* (Diário), escrito em francês como era elegante se fazer na época, o conde Johann Karl von Zizendorff, que costumava anotar as suas impressões sobre todas as estréias de ópera, conta que a marquesa de Llano forneceu os figurinos do espetáculo, que ela tinha escolhido pessoalmente, o que lhes garantiu a autenticidade espanhola. Dresden, Praga, Milão, Veneza, Barcelona e Madri viram a ópera de Martín y Soler. Em Paris, o Théâtre Feydeau a montou em 1791; e há notícias de uma reprise em 1812, traduzida para o francês como *Les Accordées du Village*. Escreve Jack Sage:

> É pouco provável que a ópera mais famosa de Martín y Soler volte a ter o sucesso que conheceu em toda a Europa até bem perto de 1830. Mas ela merece bem mais do que a notoriedade fugaz que ganhou por ter sido citada por Mozart.

Com o prestígio que *Uma Coisa Rara* lhe deu, grande expectativa cercava a ópera seguinte. E o sucesso, mesmo sem ser tão grande, se repetiu em *L'Arbore di Dianna*, levada no Burgtheater em 1º de outubro de 1787. Houve quem desejasse ver, na subversão do templo de Diana por Endymion, uma crítica de Da Ponte à dissolução dos conventos pelo imperador, ordenada naquele ano. Mas isso já é buscar chifre em cabeça de cavalo. Na verdade, o libretista estava simplesmente explorando um velho tema do Renascimento, bastante recorrente na poesia alegórica do Classicismo: a punição de Diana por ela ter optado por uma castidade que contraria as propensões mais naturais do ser humano.

O Amor, travestido como uma linda moça, seduz Doristo, personagem bufa que trabalha como guardião do templo de Diana, para que ele deixe Endiymion e Silvius entrarem no santuário vedado aos homens. O voto de pureza das ninfas consagradas à deusa da caça mostra-se extremamente frágil quando o atraente Silvius aproxima-se delas. E mesmo o da divindade não é muito mais resistente, quando o Amor, retomando a sua forma habitual, mostra-lhe Endymion adormecido, inteiramente nu. Diana capitula e o Amor a desvincula de sua promessa de manter uma vida de abnegação e caçadas sublimadoras, permitindo-lhe, numa cena final de significado simbólico, que ingresse no reino do amor.

No prefácio à edição da *Árvore de Diana*, lançada em 1972 pela Opera 61 Publishing House, Roy Jesson chama a atenção para a habilidade de Martín y Soler em diferenciar, com meios estritamente musicais, as diversas personagens. A mais bem trabalhadas delas, naturalmente, é Diana, que se protege inicialmente sob uma carapaça de frieza e indiferença ao amor e, depois, à medida que a paixão por Endymion toma conta dela, vai progressivamente derretendo e se humanizando. A cena do final do ato I, em que ela resiste ainda à tentação, mas já dando sinais evidentes de que está prestes a ceder, já foi várias vezes comparada à "Come scoglio" do *Così Fan Tutte*. E de resto, como aponta Jack Sage no *Viking Opera Guide*, provavelmente a primeira Diana foi La Ferraresi, a criadora de Fiordiligi – Adriana Ferraresi del Bene, amante de Da Ponte[2].

Una Cosa Rara foi encenada em São Petersburgo em 1788 e impressionou bem a imperatriz Catarina II. Aproveitando o fato de que terminara o contrato de Giuseppe Sarti, e ele estava deixando a Rússia, a soberana convidou Cimarosa e Martín y Soler para trabalhar em sua corte. O primeiro não se habituou ao clima russo e logo voltou para Nápoles. O espanhol tornou-se o compositor favorito de Catarina, a Grande, e ficou na Rússia até o fim da vida. Em *L'Opéra-comique en Russie au XVIIIe Siècle*, Aloys Moser descreveu como – mesmo sem ter uma musicalidade acentuada – a monarca escreveu libretos para Martín y Soler. Em especial o de *Górie-bogatýr Kossomietóvitch* (O Desastrado Cavaleiro Kossomietóvitch, 1789), que ela redigiu ajudada por A. V. Khrápovitski, e é uma sátira às bravatas de seu inimigo Gustavo III. O soberano da Suécia prometera tomar São Petersburgo em um só dia, e teve seus homens desbaratados pelas tropas russas. Vieram em seguida:

1790 – *Melomania ossia L'Amore per il Canto;*

1791 – *Il Castello d'Atlante* e *Fiedúl s Diétmi* (Fedúl e seus Filhos), também com libreto de Catarina, a Grande, e em colaboração com Pashkiévitch[3].

Em seu segundo ano na Rússia, Martín y Soler escreveu ao amigo Lorenzo, garantindo-lhe que faria bom negócio se aceitasse o cargo de *poeta cesareo* da tsarina. Mas Da Ponte, ocupado nessa época com *Così Fan Tutte*, e desencorajado talvez pelo árduo clima russo, preferiu ficar na Áustria. Terminado seu primeiro contrato com a corte russa, Martín aceitou, em 1794, o convite para visitar Londres, onde *Una Cosa Rara* era muito popular. Aceitou encomendas do King's Theatre e dos concertos organizados pelo empresário Salomon. Foi a ocasião para suas três últimas colaborações com Da Ponte. *La Scuola dei Maritati, L'Isola del Piacere* e *Le Nozze dei Contadini Spagnuoli* foram estreadas na capital inglesa durante 1795.

Depois, ele voltou para a Rússia, onde foi nomeado professor da Escola da Nobreza e, em 1798, estreou *La Festa del Villaggio ossia La Virtù Premiata*. Foi a última ópera que escreveu. Até o fim da vida, trabalhou como regente da orquestra da corte, inspetor da companhia italiana de ópera e professor de canto. Grandes cantores russos – E. S. Sandúnova, Vassíli Sháporov, Lukián Kamushóv, I. S. Vorobióv – foram seus alunos.

Após a morte de Catarina em 1796, seu filho, Paulo I, que a odiava, afastou todos os ocupantes de cargos de confiança da tsarina. Mas confirmou Martín y Soler em seus cargos. A crueldade desse tsar completamente insano o fez ser assassinado em 1801. Seu sucessor, Alexandre I, dava preferência à ópera francesa e Martín y Soler perdeu rapidamente o prestígio. Quando morreu, seu processo de esquecimento já tinha começado.

2. É possível que exista, em versão pirata, o registro da apresentação festiva de 1983 no Teatre Principal de Valência, a primeira vez que uma ópera de Martín y Soler foi cantada em sua cidade natal.

3. Ver *A Ópera na Rússia*, desta coleção.

RIGHINI

A voz excelente lhe garantiu um lugar no coro infantil da catedral de São Petrônio, em sua Bolonha natal. Mas seu obituário, publicado pelo *Allgemeine musikalische Zeitung*, relata que ele a forçou tanto que, na adolescência, adquiriu um timbre áspero e abafado de tenor. Ainda assim, Vincenzo Righini (1756/1812) continuou a carreira de cantor, fazendo pequenos papéis numa companhia itinerante. Não há a menor prova documental de que tenha estudado com o padre Martini. E é impossível que tenha sido aluno do *castrato* Antonio Bernacchi, pois este morreu no ano de seu nascimento. Mas formou-se como cantor na Escola Bolonhesa, que Bernacchi elevara ao apogeu.

Estreou como cantor em Parma (1775) e, em 1776, estava em Praga, onde começou a escrever árias adicionais para os cantores da companhia de Bustelli inserirem nas óperas programadas. Vendo que ele tinha jeito para a coisa, o empresário permitiu-lhe compor a música para *Il Convitato di Pietra*, estreada no final daquele mesmo ano. Sua versão da história de Don Juan agradou ao público, Haydn a montou em Esterháza, e ela foi levada em Viena, Brunswick e Hanôver. E lhe foi dada a oportunidade de compor *La Bottega Del Café* e *La Vedova Scaltra*, ambas de 1778 e com texto de Goldoni.

Em 1780, o imperador José II o convidou para dar aulas de canto à princesa Elisabete de Württemberg e para dirigir a Ópera Italiana de Viena. Mozart o conheceu e fez, a respeito dele, um de seus costumeiros comentários sardônicos: "Ele sabe compor de maneira encantadora e não é nem um pouco superficial; mas não passa de um ladrão monstruoso." Seja como for, os testemunhos da época sobre Vincenzo Righini são de que ele era um homem muito amável, direto e despretensioso, a quem de um modo geral as pessoas respeitavam. Em Viena, ele estreou *Armida* (1782), *L'Incontro Inaspettato* (1785) e *Il Demogorgone ovvero Il Filosofo Confuso* (1786).

Righini foi um professor de canto muito procurado, tanto por profissionais quanto por figurões da alta sociedade vienense. O compositor J. F. Reichardt elogiou muito o seu trabalho, e o musicólogo Gerber disse, de seus *Exercices pour se Perfectionner dans l'Art du Chant*, "são sem dúvida nenhuma os mais belos solfejos de que dispomos atualmente". Em 1787, Ignaz Von Beecke, diretor musical da família Wallerstein, o apresentou, em Viena, ao príncipe eleitor de Mainz; e em 1º de julho, ele foi nomeado *Kapellmeister* desse potentado, montando para ele, em Aschaffenburg, uma versão revista da *Armida*. Casou-se com o contralto Anna Maria Lehritter, irmã de Johann Friedrich Sterkel, o pianista da corte, e compôs para Mainz um *Antígono* (1788).

Para o eleitor de Trier, com o qual fez amizade, escreveu o oratório *Der Tod Jesu* (A Morte de Jesus), e *Alcide al Bivio* (1790), com o antigo texto da *azione teatrale* de Metastasio, mas inserindo nele um número maior de duetos, um trio e um quarteto. Dessa ópera, existe, no selo Bongiovanni, a gravação de Tito Gotti, feita na Rádio da Suíça Italiana (Serra, Browney, McKinney, El Hage). Righini foi também escolhido por Leopoldo II para compor a *Missa Solene* cantada em sua coroação em Frankfurt am Main (1790), peça muito elogiada por sua nobreza e profundidade de emoção. Em 1793, quando Felice Alessandri se aposentou, Frederico Guilherme II da Prússia o convidou a assumir o cargo de *Kapellmeister* de sua corte e diretor da Ópera Italiana de Berlim.

Sua primeira obra para o palco, ali, foi *Vasco da Gama* (1792), um *pasticcio* em que, além de música sua, inseriu peças de Paisiello, Nasolini, Jommelli e Sigismund Neukomm, o compositor austríaco que, entre 1816-1821, morou no Brasil. Com *Enea nel Lazio* e *Il Trionfo d'Arianna* – ambas de 1793, a segunda encomendada para o casamento do futuro rei Frederico Guilherme III – esforçou-se em melhorar os padrões da Ópera Italiana de Berlim. Reuniu um grupo de excelentes cantores, entre eles o grande baixo Ludwig Fischer, formado em Bolonha – a colaboração entre eles faz com que haja, em óperas dessa época, como *Atalante e Meleagro* (1797), notáveis árias para baixo – o que não era muito comum antes dos grandes papéis de Rossini para esse registro.

Righini era estimado em Berlim e, mesmo depois da morte de seu empregador, em 1797, foi confirmado em seu posto, produzindo *Tigrane* (1800), a dança-pantomima *Minerva belebet dies Statue des Dädalus* (Minerva Dá Vida à Estátua de Dédalo, 1802), e *La Selva Incantata* (1803), a que não pôde assistir porque, a essa altura, já se manifestavam os problemas de saúde de que morreria precocemente. Foi também em 1803 que criou sua obra mais importante: *Gerusalemme Liberata ossia Armida al Campo de' Franchi*, de que há um trecho no HYIO/OR.

Em 1806, Frederico Guilherme III sofreu fragorosa derrota contra Napoleão e, tendo empenhado fundos consideráveis na campanha, foi obrigado a cortar despesas em sua corte. Uma delas foi dispensar a companhia de ópera italiana, mantendo apenas a de *singspiele* alemães, que era mais barata. Righini não foi despedido mas, em seus últimos anos, ficou muito amargurado devido às intermináveis discussões com os compositores alemães. Foi nomeado *Kapellmeister* quando a situação se regularizou em 1810, e preparou o *Te Deum* com que foi comemorado o retorno do rei e da rainha a Berlim. Mas a morte de seu filho único, nesse mesmo ano, o abalou enormemente. Morreu aos 56 anos, em Bolonha, durante uma operação para a retirada de um cálculo nos rins.

Gerusalemme Liberata estreou na Ópera Real de Berlim em 17 de janeiro de 1803. O *poeta cesareo* Antonio di Filistri baseou seu libreto nos cantos finais do poema de Torquato Tasso. A ópera se inicia com a chegada das tropas egípcias, para oferecer reforço aos sarracenos, em sua luta contra os cruzados, e a aliança que a feiticeira Armida faz com elas. E termina com a derrota dos infiéis, a conversão de Armida ao cristianismo, e seu casamento com o cavaleiro Rinaldo. É um libreto desusadamente curto para uma *opera seria*, em apenas dois atos – formato reservado ao *intermezzo* e à ópera bufa. Ela era precedida por duas outras partituras de Righini: um balé e outra ópera, também em dois atos, intitulada *La Selva Incantata*, a respeito do jardim mágico em que Armida transformava em animais os homens que seduzia. Apresentados um depois do outro, as duas óperas e o balé deviam formar um programa bastante carregado.

Outra característica dessa *Jerusalém Libertada* é a opulência da montagem, bastante comum em Berlim, mas de um luxo desusado até mesmo nas produções italianas mais caras. O ato I abre-se com uma parada militar, com instruções de montagem que, no libreto, ocupam três páginas, descrevendo minuciosamente as diversas coortes que desfilam. E a isso corresponde, naturalmente, uma longa marcha militar orquestrada de forma muito ostentatória. Armida entra no palco, cercada de uma multidão de pajens e damas de companhia, em cima de uma carruagens puxada por unicórnios brancos. Em termos de montagem, essa *Jerusalém* iguala em luxo espetáculos famosos como *Il Pomo d'Oro* (1668) de Cesti, para o qual foi construído um teatro especial em Viena, ou a *Costanza e Fortezza* (1723) de Fux, pomposamente encenada na praça do Palácio de Hradšin, em Praga. E coloca-se como um elo entre as grandiosas montagens da Escola Veneziana, no início do Barroco, e os super-espetáculos do *grand opéra* parisiense, no apogeu do Romantismo.

No ato II, o assédio a Jerusalém era reconstituído no palco da Ópera Real. O tenor Raffaele Tombolini, que fazia Rinaldo, escalava as muralhas da cidade sagrada e duelava com os sarracenos entre as ameias, no alto do paredão. Uma das cenas mais empolgantes era a do duplo dueto que marcava o duelo de Tancredi com Argante, de um lado do palco, e de Rinaldo com Solimano, do outro. E a cena final, naturalmente, tinha mais danças e desfiles triunfais. A lista de personagens é imensa, mas há apenas quatro solistas; os demais são membros do coro que agem como figurantes. *Gerusalemme* é uma ópera para a qual confluem características da *opera seria* metastasiana, da *tragédie lyrique* e do *opéra-ballet* franceses. Mas o que predomina, em Righini, é a expressão intensa das emoções humanas, nos momentos privilegiados que são as grandes árias *da capo*, como manda o figurino mediterrâneo.

Exemplo disso é a ária "Un cenno mi chiedi?", do ato II, em que Armida manifesta o seu desespero ao descobrir que seus poderes mágicos a abandonaram, pois o amor a enfraqueceu. Ela tenta se suicidar, mas é impedida por Tancredi, que lhe fala do amor de Rinaldo por ela. O próprio Rinaldo chega, inesperadamente, declara que quer apenas ver terminados os sofrimentos que ela se impôs, e está disposto a defendê-la, pois seus desejos são para ele uma ordem. Armida, que estava numa espécie de transe até esse momento, recupera a razão e desabafa sentimentos havia muito reprimidos. A ária começa sem ritornello, num estilo declamatório quase de recitativo acompanhado, com uma série de frases entrecortadas:

Un cenno mi chiedi?
Che bramo lo vedi:
ferisci, m'uccidi,
la morte m'appresta...
Che dico? T'arresta,
ti scosta da me.

(Pedes um sinal? Vês o que desejo: fere, me mata, apressa a minha morte... Que digo? Pára, afasta-te de mim.)

Em "M'è cara la morte", inicia-se uma seção lírica de grande beleza melódica, baseada em sopros divididos. Embora escrita em tom maior, as modulações são tão sinuosas que criam uma sensação de ambivalência e de tonalidade indefinida, o que é enfatizado na penúltima repetição do segmento "che viene da te". Surge uma repentina modulação não preparada – traço típico do estilo de Righini – que traz consigo a sugestão de que está mais atraída por Rinaldo do que ela mesma ousa admitir.

M'è cara la morte,
bramosa ne sono.
Ma è pena quel dono
che viene da te.

(A morte é cara para mim, ela é o que eu desejo. Um dom que venha de ti só me traz dor.)

Um rompante de bravura conclui a ária a partir de "S'accende nell'ira".

S'accende, nell'ira
che m'arde, e m'accora,
tal fuoco che interno
mi strugge e divora,
che fiamma d'Averno
più ardente non è.

(Na fúria que incendeia o meu coração, acende-se um fogo que me destrói por dentro e devora; a chama do Inferno não é mais ardente do que ele.)

É desusado, para os hábitos da *opera seria*, a personagem repetir, na seção final, praticamente todos os versos da ária; e isso poderia ser dispersivo, pois o texto tem uma progressão dramática definida. Mas o efeito é de sugerir a histeria de Armida e descontrole progressivo. Righini é muito preciso na acentuação das palavras, obtendo realce muito convincente de seu sentido e das emoções que elas carregam. O contato com a música faz também com que Righini use a orquestra de modo não só brilhante mas, sobretudo, muito enérgico.

Não têm sentido as críticas feitas por musicólogos mediterrâneos de que Righini desfigurou o modelo italiano de *opera seria* ao inserir neles, desde *Enea nel Lazio*, grande número de coros e balés – esse recurso, tomado de empréstimo à *tragédie lyrique* francesa, na verdade confere a seus dramas maior liberdade em relação às fórmulas tradicionais. É

Maria Marchetti Fantozzi criou a Feiticeira Armida na *Jerusalém Libertada* de Vincenzo Righini.

verdade que os libretos de Filistri não eram da melhor qualidade poética, mas não havia como recusar textos escritos pelo poeta oficial que, além disso, era o intendente dos teatros reais, e um protegido da condessa de Lichtenau, amante do rei. Mas as óperas de Righini são um exemplo da boa fusão entre os cantábiles italianos e a densidade da escrita orquestral alemã.

Gerber não hesitava em qualificar de "sublime" a música da *Atalante*, ou o trio do *Tigrane*, acompanhado por trompa, fagote e violoncelo *obbligati*. E o autor anônimo de seu obituário, no *Allgemeine musikalische Zeitung*, reconhece que muitas de suas árias parecem música concertante, mas afirma que, entre elas, há "algumas das páginas mais esplêndidas escritas para a voz" naquela época. Ainda será necessário, porém, redescobrir e reavaliar em sua justa medida a obra de Righini, não só aquela para o palco, mas também as inúmeras canções – em que a forma estrófica convencional cede lugar às variações –, as cantatas e obras sacras.

NICOLINI

Um Mecenas, o duque Gian Girolamo Sforza Fogliani, custeou a mudança de Giuseppe Nicolini (1762-1842) para Nápoles. No Conservatorio San Onofrio, ele terminou os estudos iniciados com o pai, Omobono Nicolini, organista da catedral de Piacenza, onde tinha nascido; e com o cantor Filippo Macedoni. Domenico Antonio d'Alessandro, especialista na ópera napolitana dos séculos XVII-XVIII, informa que, segundo a tradição, Nicolini se especializou com Cimarosa entre 1774-1778; mas adverte que, se isso é verdade, as aulas devem ter sido particulares, pois o autor do *Casamento Secreto* nunca ensinou no conservatório.

Nicolini já estreara com sucesso os oratórios *Daniele nel Lago dei Leoni* (Nápoles, 1781) e *Giuditta* (Veneza, 1785), ao iniciar a carreira de operista, em Parma, com *La Famiglia Stravagante* (1793). Daí até 1824, compôs, no ritmo impiedoso imposto pelo mercado, cerca de cinqüenta títulos, dos quais 34 se perderam. A princípio comédias, dando prosseguimento ao estilo de Cimarosa e Paisiello em suas últimas criações: *L'Amor Mugnaio ossia I Molinari, Le Nozze Campestri, Il Trionfo del Bel Sesso, Le Nozze Inaspettate*. Depois, abrindo o leque, óperas sérias de tema mitológico e histórico, em que persistem características barrocas tardias: *La Clemenza di Tito, Quinto Fabio, I Manlii, L'Ira d'Achille*. E também os melodramas semi-sérios que estavam na moda: *Peribea e Telamone, Abenamet e Zoraida* ou *Abradat e Dircea*.

Como um dos últimos representantes da Escola Napolitana, imitava bem os grandes modelos mas, no dizer no Andréa Lanza, "ao fazê-lo, transformava-os em fórmulas estereotipadas". Entre 1810-1820, porém, teve bastante prestígio e, numa enquete junto ao público feita em Roma em 1807, seu *Traiano in Dacia*, escrito para o *castrato* Velluti, foi considerado superior a *Gli Orazii e i Curiazii*, de Cimarosa. Bonoldi, Pasta, Pisaroni e a jovem Angélica Catalani cantaram em suas óperas, nos primeiros anos do século XIX. Em 1816, quando a duquesa Maria Luísa passou para a prefeitura de Piacenza a administração do Teatro Nuovo, que passou a chamar-se Comunale, Nicolini foi nomeado maestro vitalício e, a partir daí, escreveu muito pouco para o teatro – mesmo porque estava sendo totalmente obscurecido por Rossini. Em 1819, foi nomeado *maestro di cappela* da catedral e, de 1831 em diante, dedicou-se apenas às obras sacras. No final da vida, empobrecido e esquecido, era obrigado a trabalhar para corais amadores. Em 1914, a prefeitura de Piacenza deu seu nome ao Liceo Musicale local.

O primeiro grande sucesso de Nicolini foi cantado no Scala no primeiro ano do século XIX – em 21 de janeiro de 1801 – mas pertence plenamente ao universo clássico do *Sette-*

cento. O libreto de Luigi Romanelli para *I Baccanali di Roma* passa-se na Antigüidade, as personagens são heróicas e estereotipadas, os sentimentos são elevados e nobres, ainda não estão presentes o intimismo e o gosto pela análise psicológica que caracterizará a virada para o Romantismo.

Fecennia foi seguidora de Baco mas, ao iniciar-se a ação, cansou-se dos excessos e dos sacrifícios sangrentos que acompanham as orgias secretas das bacantes. Entristece-se, portanto, ao saber que Ebuzio, o seu namorado, deseja ser iniciado nos rituais báquicos. E isso é muito perigoso porque – Fecennia não o sabe – o vilão Sempronio, inimigo do pai de Ebuzio, aproveitou os holocaustos cruentos, com vitimas humanas, feitos pelas bacantes, e o assassinou durante uma dessas cerimônias. E agora, Sempronio planeja fazer a mesma coisa com Eburzio, pois deseja Fecennia e, afastando o rival, poderá possuí-la durante uma das orgias. Mas a moça é ajudada por um amigo fiel, o cônsul Postumio. Ao cabo de várias peripécias, ele consegue salvar Eburzio, desmascarar Sempronio e promover a união dos dois jovens.

Muito rígido, esse melodrama tem personagens absolutamente estáticas, que não evoluem de forma alguma no decorrer da trama, limitando-se a reafirmar as mesmas atitudes ao longo de cenas repetitivas. Numa delas, no meio do ato I, Fecennia está passeando nas colinas perto de Roma, preocupada, pois não conseguiu convencer seu amado a desistir de se integrar ao culto de Baco. Sua amiga Marzia, acompanhada do namorado, o tribuno Cláudio, vem procurá-la. Nisso, aproxima-se deles Mínio, o Sumo-sacerdote báquico. Ao vê-lo, Fecennia faz uma expressão de horror, Marzia pergunta-lhe por que está tão perturbada, e isso deflagra a ária "Parmi sentir nell'anima... Io lego in quel sembiante", que o leitor encontrará em HYIO/OR.

Fecennia foi composta para Angelica Catalani que, em 1801, ainda não tinha se tornado a maior soprano de sua geração[1]. Mas a escrita da ária deixa perceber que, desde cedo, ela era capaz de enfrentar a ornamentação mais pirotécnica. Dizem que, no auge da carreira, Catalani não gostava de música ricamente orquestrada, pois achava que encobria os seus *abellimenti* e a forçava a cantar *a tempo*, impedindo-a de soltar-se nos floreios inteiramente livres que eram a sua especialidade. Considerava Mozart muito pesado e "feio", embora fosse muito aplaudida nas *Bodas de Fígaro* e na *Clemência de Tito*. "Parmi sentir nell'anima", porém, foi concebida em uma fase em que ainda não tinha poder suficiente para impor sua vontade. Trata-se do que, na época, chamava-se de *aria concertata*, com instrumentação muito elaborada, a típica peça de concerto de gosto barroquizante, em que a retórica é muito exaltada, mas a emoção é do tipo indeterminado, que não presta muita atenção ao sentido das palavras e preocupa-se apenas com o som opulento do *belcanto* abstrato.

Também *Trajano in Dacia* volta-se para o passado, pela escolha da temática – um episódio da história romana –, pela estruturação metastasiana do drama, com personagens rígidos e final feliz obrigatório; mas também pela liberdade em relação aos fatos reais assumida pelo libretista, Michelangelo Prunetti. No primeiro século da era cristã, a Dácia, às margens do Danúbio, declarou guerra a Roma. Foi derrotada por Domiciano que, em 88, assinou a paz com Decébalo, o rei dácio, e até lhe pagou um subsídio para que permanecessem aliados. Em 101, Decébalo ergueu-se contra Trajano, que o derrotou, mas foi tolerante, permitindo-lhe que ficasse no trono. Sua atitude foi diferente em 105, diante do terceiro ataque: invadiu a Dácia, transformou-a em colônia, e Decébalo, para não ser preso e levado para Roma, suicidou-se.

Prunetti trata esses períodos distintos com a habitual desenvoltura dos dramaturgos, mas é bem sucedido em retratar a forma como alianças desencontradas minam as estruturas políticas de um país e aceleram a queda dos governos. Decébalo e Colmira, a sua mulher, opõem-se a Roma. Mas Zomusco, o sogro do rei, aliou-se a Trajano, acreditando que isso beneficiará suas ambições pessoais. Essa aproximação é facilitada pelo noivado de Ormonda, filha mais nova de Zomusco, com Massimo, comandante do exército romano. Como sem-

1. A respeito dessa cantora, ver o capítulo sobre Pucitta, neste volume.

Teresa Bertinotti Radicati e Luigi Marchesi foram as estrelas de *I Baccanali di Roma*, de Nicolini.

Giovanni Battista Velluti, o último castrato para quem foram escritos grandes papéis – por Rossini e Meyerbeer – foi Decébalo no *Trajano in Dacia* de Nicolini.

pre acontece nos libretos de *opera seria*, Trajano é convertido no déspota esclarecido setecentista, cujo poder é absoluto, é claro, mas exercido de forma benevolente e sobretudo compassiva. Ele não é, porém, a única personagem a agir de forma virtuosamente heróica. Decébalo também recusa-se a fugir, quando Colmira vem tirá-lo do cativeiro, alegando que seria covarde fugir em vez de enfrentar cara a cara o inimigo. E isso acontece duas vezes durante o ato III, prova de como costumam ser repetitivos os libretos sérios.

Decébalo é derrotado e aprisionado junto com Colmira e o filho pequeno. Zomusco obtém de Trajano que liberte a rainha, mas a criança fica em seu poder. Nesse meio tempo, o velho mostrou suas duas caras, convencendo Massimo de que deve assassinar o imperador e subir ao trono. O comandante deixa-se tentar pela proposta, mas seu plano sai errado e ele se arrepende de ter pensado em trair seu soberano. Decébalo recusa todas as tentativas de Trajano de reconciliar-se, até o imperador ameaçar sacrificar seu filho aos deuses. O amor paternal vence finalmente a intolerância política e ele assina a paz com Roma (o seu suicídio infringiria a regra clássica). Quanto a Zomusco, cuja esperança de ganhar o trono dácio se esvazia, ele simplesmente some no final da peça.

Característica a vincular *Trajano in Dacia* a um passado já quase obsoleto é o fato de Decébalo ter sido dedicado a Giovanni Battista Velluti, o último dos grandes *castrati*. Ao lado dele, cantava a notável Maria Marcolini, a futura Isabella da *Italiana in Algeri* rossiniana. E Trajano era o grande tenor Nicola Tacchinardi, pai de Fanny Tacchinardi-Persiani, a primeira *Lucia di Lammermoor*. A estréia foi no Argentina de Roma, em 3 de fevereiro de 1807.

O quarteto "Gelida mano io sento" (em HYIO/OR) ilustra a grande preocupação dos autores de *opera seria* em que o libreto lhes ofereça situações fortes, para que possam expressar musicalmente a diversidade e a intensidade dos *affetti*, das paixões humanas. O quarteto, no fim do ato I, é uma dessas situações. Como o cativeiro não atenuou a intransigência de Decébado e ele não quer ouvir os argumentos de Trajano, seu sogro tenta enganá-lo: diz que Colmira compreendeu ser melhor transigir, e aceitou a aliança com Roma. Mas sua filha está ouvindo a conversa escondida nos bastidores e, surgindo diante do marido e de Trajano, desmente furiosa as palavras do pai.

O número escrito por Nicolini toma emprestada a estrutura do finale em seções múltiplas. Ele se inicia com uma seção lenta, no estilo do concertato de estupefação, na qual todos expressam sua reação. Nicolini explora os contrastes vocais, separando nitidamente os timbres agudos do casal dácio dos de tenor e baixo, o que reflete o alinhamento de Decébalo e Colmira contra Zomusco e Trajano. As cordas são bem usadas, não só para dar apoio às vozes e ligar suas frases, mas para sugerir as emoções das personagens – e nisso sente-se um avanço em relação ao decorativismo puro das *Bacanais de Roma*.

Segue-se uma extensa passagem na qual cada uma das personagens, no estilo seqüencial de *vaudeville*[2], canta uma estrofe em que define seu tipo de personalidade e os sentimentos que experimenta naquele dado momento. É especialmente importante o tema no violino que se ouve na intervenção de Zomusco, porque ele já foi usado no início do número e serve, portanto, para manter coesa e simétrica a estrutura da composição. Vem nova seção lenta muito tensa, "Il sangue nelle vene", antes da *stretta* "Oh Dio! che fier momento", pontuada por vigorosas figuras nas cordas. A divisão das vozes em dois pares persiste até o final do quarteto. Embora ainda seja visível o caráter "concertante" deste *pezzo d'insieme*, a generosidade melódica é convincente e sente-se, pela riqueza de efeitos da escrita, que Nicolini sabia explorar as grandes vozes que tinha à sua disposição.

Em 1831, quando *Il Conte di Lenosse* foi reprisada em Nápoles, um crítico a chamou de "uma dessas composições do maestro Nicolini,

2. Esta palavra usada aqui não traz nenhuma conotação de temática, e sim de forma: refere-se ao tipo de finale, herdado do *vaudeville*, em que cada personagem canta uma estrofe para dar seu ponto de vista sobre a conclusão da história; esta estrutura aparece tanto no *Don Giovanni* quanto no *Barbeiro de Sevilha*.

que traz à mente uma época anterior à da atual revolução musical, e não é mais conciliável com o estilo de canto de hoje em dia". Ainda vivo, ele tinha se transformado em objeto de museu e, ao contrário de outros artistas estudados neste volume, tem interesse menos pelo que nos traz de criador, do que pelos subsídios que fornece para que possamos compreender as linhas mestras do estilo de época. Nesse sentido, o diluidor, que se limita a aplicar corretamente a receita, é mais útil do que o inventor que está constantemente fugindo à regra. A avaliação de D'Alessandro confirma esse ponto de vista:

> Tradicionalista por natureza e avesso a seguir as correntes mais arrojadas de seu tempo, Nicolini fez poucos esforços para se atualizar em relação às novas tendências da composição operística, lideradas por Rossini. Contentava-se em permanecer um músico do final do século XVIII, antiquado, mas também sensível e equilibrado, com pleno domínio dos requisitos profissionais básicos.

MAYR

Nos anos que precederam a ascensão de Rossini, Giovanni Simone Mayr (1763-1845) era um dos compositores mais importantes em atividade na Itália. E um professor extremamente respeitado que, entre seus alunos, teve um músico como Gaetano Donizetti. Alemão de origem, italiano por adoção, Mayr reuniu, em sua música, o melhor de duas tradições, e era muito elogiado pela capacidade de fundir a espontaneidade melódica mediterrânea à harmonia elaborada e aos procedimentos mais complexos de orquestração de matriz germânica.

Nos *Cenni Autobiografici*, um fragmento hoje preservado na biblioteca do Istituto Musicale Gaetano Donizetti, de Bérgamo, o próprio Mayr conta ter nascido de família extremamente humilde, em Mendorf, a 20 km de Ingolstadt, na Baviera. Filho único de Josef Mayr, professor primário e organista na igrejinha local, Johann Simon teve as primeiras lições de música com o pai – "um professor que, embora com certa severidade, sabia como manter viva em mim a paixão pela música". As condições duras de seu período de formação ajudam a compreender as características do homem adulto: a simplicidade da vida que levava; a gratidão que sentia pela Igreja Católica, que o ajudara a expandir seus horizontes; e a preocupação constante que tinha em oferecer a jovens músicos talentosos e sem recursos, como ele próprio fora, oportunidades semelhantes às que lhe tinham sido dadas.

Mayr teve algumas aulas no mosteiro beneditino de Weltenburg e, em 1773, sua boa voz fez com que fosse aceito no coro do Colégio Jesuíta de Ingolstadt, com direito a freqüentar gratuitamente os cursos de gramática, lógica, retórica, física e, mais tarde, direito na faculdade local. Mas o amor pela música – "que não se tinha extingüido dentro de mim" – levou a melhor. Depois que, na adolescência, a boa voz se perdeu, Mayr dedicou-se com afinco ao cravo e aos instrumentos de corda.

Seu talento valeu-lhe a proteção do barão Thomas von Bassus, que o levou para seu castelo, em Sandersdorf, como professor de música de seus filhos. O barão apresentou-o a Adam Weishaupt, o criador da Ordem dos Iluminados – uma "academia" de tendências maçônicas – e Mayr freqüentou esse grupo banido pela Igreja Católica, servindo até mesmo de mensageiro para levar à região italiana da Valtellina os panfletos escritos por esses intelectuais. Como Mozart em sua loja maçônica vienense, também o jovem Mayr escreveu várias peças para as cerimônias dos Iluminados. E em suas viagens à Valtellina, teve contato com os músicos de localidades como Morbegno, Tirano e Bormio, em cujas igrejas teve o primeiro contato com o estilo italiano de compor (em 1999, ele foi relembrado com a execução de sua juvenil *Missa da Aparição* na basílica de Tirano).

Em 1786, von Bassus subvencionou a publicação em Regensburg de sua primeira obra, uma coleção de doze canções intitulada *Lieder beim Klavier zu singen* (Canções para Cantar ao Piano). E lhe pagou a viagem a Bérgamo, onde Simon desejava aperfeiçoar-se com Carlo Lenzi, *maestro di cappella* de Santa Maria Maggiore. Porém, Lenzi, já idoso, recusou-se a aceitá-lo como aluno, e Mayr prosseguiu até Veneza, ali se inscrevendo como aluno de Ferdinando Bertoni, *maestro di cappella* de São Marcos. Mas não deu muito certo. Talvez Bertoni superestimasse os conhecimentos do aluno; talvez, também bastante idoso, já não tivesse mais paciência para ministrar rigorosamente um curso elementar de harmonia. O fato é que dava a Mayr instruções que ele considerava difíceis de assimilar. Os conhecimentos que adquiriu, ele os devia ao esforço autodidata:

> Consegui aperfeiçoar os ensinamentos de Bertoni graças à leitura e ao estudo dos autores teóricos, e ao exame de exemplos dos mais diversos tipos de composição, que eu adquiria e copiava com entusiasmo inextinguível.

Uma coisa, porém, devia a esse mestre: a descoberta de Gluck (Bertoni admirava tanto o alemão que, em 1776, imitando as características de seu estilo, escreveu nova música para o libreto de Calzabigi sobre *Orfeo ed Eurídice*). Em sua biblioteca, Mayr possuía exemplares cuidadosamente anotados das partituras de *Orfeo, Alceste, Armide* e *Iphigénie en Tauride*, com as quais aprendeu a usar o coro de forma mais eficiente, a libertar-se gradualmente da estrutura *da capo*, dando às árias formatos mais variados, e a pensar as seqüências dramáticas como unidades dramáticas mais longas, graças à substituição do recitativo seco pelo acompanhado.

Morar em Veneza deu-lhe a possibilidade de freqüentar os teatros, ouvir novas óperas e oratórios, familiarizar-se com o que a vida musical de uma das cidades italianas de maior tradição artística tinha de melhor a lhe oferecer. Mayr aclimatou-se de tal maneira que abandonou a forma alemã de seu nome, sempre assinando suas partituras como Giovanni Simone. De início produziu música sacra – oratórios e cantatas – e tocou viola na orquestra do Teatro La Fenice. Foi essa a sala que, em 1794, quando ele já estava com trinta anos, aceitou a sua primeira ópera, *Saffo ossia I Riti di Apollo Leucadio*.

A recepção foi muito boa. Mas só dois anos depois Mayr voltou à cena, desta vez com *La Lodoïska*, traduzindo para o italiano o libreto da ópera de resgate que Claude-François Fillette Loreaux preparara, em 1791, para Cherubini. As aventuras do conde Floreski, que conta com a ajuda do chefe tártaro Titzikan para libertar sua noiva, Lodoïska, seqüestrada pelo vilão Durlinski e aprisionada num sinistro castelo na Polônia, tinham tudo para agradar ao público que compareceu ao La Fenice na temporada de Carnaval de 1796. A abertura da *Lodoïska* é, na opinião de Girolamo Calvi – o autor de sua primeira biografia, publicada em capítulos na *Gazzetta di Milano*, em 1846 – a página em que se delineiam claramente os traços de seu estilo maduro. Nela, já está presente a técnica do crescendo, que Mayr herda das pesquisas da orquestra experimental de Mannheim, e constituirá, mais tarde, uma viga mestra da escrita rossiniana.

É também a ópera em que Mayr começa a dar às personagens secundárias desenho tão cuidado quanto o das centrais, às vezes até destinando-lhes árias vigorosas, com reprise variada do texto. E a ensaiar o abandono das *exit arias* de estilo metastasiano, substituindo-as por um tipo de cavatina que passará a usar, com freqüência, para apresentar personagens

Da noite para o dia, o nome de Mayr estava feito. E partituras novas, comédias, óperas sérias e semi-sérias, começaram a jorrar de seus dedos. Era uma época em que tudo lhe sorria: logo após a estréia da *Lodoïska*, Simone casara-se com Angiola Venturali, a filha de um mercador veneziano. "Quem tivesse a possibilidade de contemplar a bela alma do Mayr enamorado", escreve Calvi, "perceberia o quanto era caloroso e vivo o seu amor por Angiola e, ao mesmo tempo, quanto era puro e santo." A exuberância da comédia *Um Pazzo ne Fa Cento* atesta a felicidade desses primeiros anos de casamento. Bem como a rapidez com que Simone produz títulos sempre bem recebidos: três em 1797 – *Telemaco nell'Isola di Calipso, L'Intrigo della Lettera, Il Segreto* – e nada menos do que seis no ano seguinte: *Avviso ai Maritati, Lauso e Lídia, Adriano in*

Síria, Che Originali!, Amor Ingegnoso e *L'Ubbidienza per Astuzia.*

Dentre elas, destaca-se a comédia *Che Originali!*. Foi uma de suas primeiras colaborações com Gaetano Rossi, seu principal libretista, que o considerava sua alma gêmea. Extraído da comédia francesa *La Musicomanie*, de Nicolas Médard Audinot, o texto conta a história de Don Febeo, que inferniza suas duas filhas, Aristea e Rosina, e também os seus empregados, com o amor imoderado pela música. Rosina refugia-se na hipocondria, e está sempre doente para escapar aos exaustivos exercícios musicais. Aristea finge gostar dos estudos mas, na realidade, se entusiasma é pela poesia de Metastasio. Quanto aos criados, Celestina, Biscroma e Carluccio, estes participam de má vontade dos exercícios, porque não têm alternativa.

O jovem Carolino vem pedir a mão de Aristea a seu pai. Mas como seus conhecimentos musicais são mínimos, Febeo o bota porta fora. Ao voltar da academia que freqüenta – onde redigiu um *pasticcio* em companhia de onze outros músicos – Febeo encontra à sua espera um rapaz (Carolino disfarçado), que pleiteia o cargo de seu secretário. Mas é incapaz de fazer o ditado musical a que o velho o submete, e é novamente expulso. Vem de Biscroma a idéia salvadora: com a cumplicidade de todos os moradores da casa, faz Carolino apresentar-se a Febeo como se fosse o famoso maestro Semiminima. Sem querer admitir que nunca ouviu falar de músico tão célebre, Febeo deixa-se impressionar pelos títulos de Semiminima, e concorda que ele se case com Aristea.

Combinando elementos do intermezzo com a sátira de costumes típica dos libretos de Goldoni para Galuppi, o texto de Rossi – em um só ato dividido em 23 cenas – satiriza as pretensões intelectuais e artísticas da pequena nobreza. Nada melhor do que o rondó "Misero me" (cena 14), composto por Don Febeo, para caracterizar a superficialidade de conhecimentos do musicomaníaco: a música nada tem a ver com os sentimentos expressos pelo texto. Isso é especialmente verdadeiro em relação à cabaletta "Deh! compianga i casi miei", cuja melodia saltitante desmente as palavras tristes do poema (nisso há, de resto, a crítica implícita à indefinição de tom que, vigorando no Barroco e prolongando-se Classicismo adentro, fazia os mesmos recursos musicais serem usados indistintamente para textos sérios ou bufos).

Mayr caracteriza com facilidade as suas personagens, com traços precisos e econômicos. É o caso de "Infelice, sventurata" (cena 11), uma das árias mais bem concebidas de toda a partitura, em que Rosina expressa a necessidade de ternura que se esconde por trás de seus chiliques de hipocondríaca. De mão de mestre é também o dueto de amor de Carolino e Aristea, "Dunque perchè non sono" (cena 12), cheio de metáforas de gosto metastasiano, de que participa Biscroma, nos compassos finais, fazendo irônicos comentários.

Extremamente virtuosístico é o dueto "Con pazienza sopportiamo" (cena 9), a lição de canto que Febeo dá à filha, ensinando a Aristea os diversos trinados e ornamentos que pode fazer sobre cada vogal. Carolino, cujas noções de música são nulas, não tem árias a cantar; mas ao tenor que o interpreta cabem, nos duetos e cenas de conjunto, passagens que vão se tornando cada vez mais elaboradas à medida que o contato com o musicomaníaco o faz familiarizar-se com os truques do canto. As árias destinadas aos dois criados são bem diferentes uma da outra. Celestina parece estar imitando os patrões em "Marito mi chiede" (cena 7), pesadamente virtuosística e com acompanhamento instrumental muito dramático, em tom de paródia da *opera seria*. Quanto a Biscroma, sua "Finchè mie belle" (cena 13) é de corte popular e nela, como de resto em outras passagens da ópera, Mayr imita habilmente o folclore veneziano.

O compositor mostra-se, além disso, muito à vontade na construção das cenas de conjunto, e a melhor delas é o quinteto "Il cor mi palpita" (cena 17), que começa de forma hesitante e, aos poucos, embarca num galope digno do melhor Paisiello ou do mais inspirado Rossini. Empolgante é também o encadeamento do finale "Ma signore, m'ascoltate" (cenas 22-23), com uma amplitude de pensamento sinfônico típica de um músico alemão familiarizado com as óperas de Mozart. Em mais de um momento, também, Mayr dá mostras de ser um grande orquestrador: o melhor exemplo é o colorido dado a "Chi dice mal d'amore", a bela ária de Aristea na cena 5, pela combinação, no acompanhamento, de violão, flauta, fagote, duas trompas, viola e pizzicato das cordas.

Ouvida pela primeira vez no Teatro San Benedetto, de Veneza, em 18 de outubro de 1798, *Che Originali!* foi um dos grandes sucessos internacionais de Mayr. Ouvida em Paris, em 1816, com Angelica Catalani no papel de Aristea, a farsa foi também aplaudida em Londres e em diversos teatros alemães. Na Itália, tinha sido reprisada várias vezes, até o final da década de 1810, rebatizada como *Il Fanatico per la Musica, Il Pazzo per la Musica* e *Il Trionfo della Musica*. Foi esta a peça escolhida pela prefeitura de Ingolstadt, em 1998, para homenagear seu filho mais ilustre. Editada por Anders Wiklund, a ópera foi encenada no teatro da cidade e no castelo de Sandersdorf, onde vivem até hoje os descendentes do barão von Bassus. Desse espetáculo foi feita a gravação existente no selo Guild, com um elenco de jovens cantores alemães sob a regência de Franz Hauk.

A felicidade conjugal de Mayr viu-se bruscamente interrompida, no final de 1798: Angiola morreu ao dar à luz uma filha, Elisabetta (Nina). Arrasado com a perda da jovem esposa, ele atirou-se freneticamente ao trabalho. Prova disso é que, em 1799, estreou *Adelaide di Guesclino, L'Accademia di Musica, Labino e Carlotta* e *L'Avaro*. No ano seguinte, *La Locandiera, Il Caretto del Venditore d'Aceto, L'Equivoco ossia Le Bizzarie dell'Amore,* e a séria *Gli Sciti*. Sobreviveram ainda, dessa época, dois números apenas de *L'Inconvenienze Teatrali*, baseada na mesma comédia de Sografi que, mais tarde, inspiraria a seu aluno Gaetano Donizetti uma de suas comédias mais engraçadas. Finalmente, 1801 assistiu a seu primeiro grande sucesso sério, graças à encomenda de um *dramma eroico* para a inauguração do Teatro Nuovo de Trieste.

Extraída de um dos episódios do *Orlando Furioso* de Ariosto, a história do cavaleiro Ariodante inspirou, em 1708, a *Ginevra, Principessa di Scozia* de Giacomo Antonio Perti. O libreto de Pietro Salvi foi retomado ou adptado por quatorze compositores antes de Mayr: as versões mais famosas são, em 1735, o *Ariodante* de Haendel[1] e, em 1799, o *Ariodant*, de Méhul. E depois de Mayr, ele ainda inspiraria três óperas intituladas *Ariodante*, da autoria de Giuseppe Mosca (Turim, 1802), Marcos Portugal (Lisboa, 1805) e Vincenzo Pucitta (Londres, 1812).

Em 1799, Giovanni Pindemonte usou essa história, já muito conhecida do público, como o tema de *Ginevra di Scozia*, peça de teatro encenada com muito sucesso em Veneza. Da peça de Pindemonte, Gaspare Ronzi extraiu o roteiro de um balé que, encenado em Milão naquele mesmo ano, atraiu a atenção de Gaetano Rossi. Quando Mayr o procurou, pedindo um libreto para Trieste, Rossi lhe sugeriu a adaptação da peça de Pindemonte. Juntamente com o *Annibale in Capua* encomendado a Antonio Salieri, *Ginevra di Scozia* inaugurou o Teatro Nuovo em 21 de abril de 1801. Para comemorar os 200 anos dessa sala, foi feita, em 2001, a gravação da ópera: Vidal, Barcellona, Siragusa, Piunti, Lazzara/Tiziano Severini (Opera Rara).

Ginevra foi prometida ao cavaleiro Ariodante. Mas atraiu também Polinesso, duque da Albânia; rejeitado, ele imagina um estratagema para mantê-la sob seu poder. Convence Dalinda, sua dama de companhia, a vestir as roupas da ama e prometer a ele um encontro amoroso, num momento em que a sua conversa possa ser ouvida por Ariodante. Este, acreditando na infidelidade da noiva, tenta cometer suicídio atirando-se no rio. E seu irmão, Lurcânio, acreditando que ele se afogou, acusa Ginevra de não ser casta e de ter provocado a morte do noivo.

A princesa é condenada à morte e está para ser executada, quando surge um cavaleiro desconhecido que, propondo-se a defendê-la, desafia Lurcânio para um duelo. Antes, porém, que cruzem armas, Dalinda entra na arena e, arrependida, confessa ter-se disfarçado com as vestes de Ginevra. É a vez de Polinesso enfrentar o defensor da honra da donzela, e é facilmente desarmado por seu oponente. Não só a honra de Ginevra é restabelecida, como bas-

1. Ver *A Ópera Barroca Italiana*, desta coleção.

ta o cavaleiro erguer a viseira de seu elmo para ela descobrir aquilo que já sabíamos: o homem que veio em sua ajuda é Ariodante, o seu amado.

Mayr tinha à sua disposição uma orquestra de 31 membros, alguns deles solistas de ótima qualidade, trazidos de Viena – Trieste era protetorado austríaco desde 1382; e isso se reflete desde a abertura, uma das mais elegantes de Mayr, com nítidos toques haydnianos. Ariodante foi criado pelo *castrato* Luigi Marchesi, que possuía grande extensão (do dó grave ao ré agudo). Segundo lord Mount-Edgecumbe, que o viu em Londres em 1788, nem sempre sua ornamentação era impecável, "mas ele era incomparável nas cenas de energia e paixão". Marchesi, muito vaidoso, sempre fazia questão de entradas triunfais em cena, montado num cavalo e usando elmos enfeitados com plumas. Na *Ginevra*, foi perfeitamente possível atender às suas exigências: ele é o último dos principais a entrar em cena – o que faz o público esperar por ele, e dá tempo aos retardatários de chegar ao teatro. E quando aparece, é numa carruagem de triunfo, voltando da vitória contra os irlandeses que ameaçavam invadir a Escócia.

Giovanni David, que criou Polinesso, tenor celebrado em Trieste e Florença, foi o professor de dois grandes cantores muito associados à carreira de Rossini em sua fase napolitana: Andrea Nozzari, e seu filho, também chamado Giovanni. O papel de Ginevra foi escrito para Teresa Bertinotti, casada com o compositor Felice Radicati, mulher de grande beleza física e vocal. Teresa Bertinotti-Radicati fez longa carreira local e internacional: em 1826, ela estreou a *Didone Abbandonata* de Mercadante em Ravenna. A escrita de suas árias exige – descontado o caráter malévolo da personagem – uma extensão e técnica de coloratura semelhantes às da Rainha da Noite, na *Flauta Mágica*.

Muito bem recebida na estréia, *Ginevra* foi levada meses depois ao Kärntnertortheater de Viena, onde alcançou 38 récitas. Inaugurou a temporada de Carnaval de 1802-1803 no Scala e foi ouvida em Lisboa, Estocolmo e Varsóvia. Sua última apresentação no século XIX foi no Teatro Carolina de Palermo, em 1831. Naturalmente sofreu, ao longo do tempo, os caprichos do *rifacimento*, com a supressão de árias ou a inserção de trechos novos escritos por Weigl ou Lavigna, autores estudados neste livro. Para a apresentação em Trieste, foi necessário fazer a edição crítica da partitura, que ficou a cargo de Marco Begheli. Esse trabalho, naturalmente, é limitado pelo material autêntico preservado; mas, textualmente, a *Ginevra* do álbum Opera Rara é tão próxima quanto o possível da ouvida em Trieste em 1801. Beghelli escreveu um extenso artigo explicando as etapas de seu trabalho – *Reconstructing the Lost Score* – que o leitor encontrará no referido álbum.

Mayr usa nesta ópera a técnica da *Introduzione*, um trecho bem amplo de música contínua, que se segue à abertura, e apresenta as personagens principais. Esse bloco bem integrado de narrativa musical vai até a cavatina "Quest'anima consola", que marca a entrada da personagem principal. Mas *Ginevra* ainda é uma obra de transição na medida em que, ao lado de procedimentos avançados como estes, ainda há a indecisão, em pontos fundamentais, quanto à escolha entre a solução "moderna" ou a "tradicional". A *opera seria* exigia que o ato I se encerrase com uma grande ária solista de uma das personagens centrais; na ópera pré-romântica, torna-se comum o concertato envolvendo coro e as personagens principais. O finale do ato I da *Ginevra*, "Sgombra il ciel", é uma solução de compromisso: em seu centro está a ária ternária "Di mia morte... Tu che vedi... Ma voi tutti", da personagem-título. As intervencões das demais personagens – sobretudo na última seção – são um esforço para dar feição de concertato ao que, na realidade, é em substância uma grande ária de legado barroco.

É desconcertante a decisão de Mayr, no ato II, quando Ariodante surge disfarçado, de ser tão parcimonioso no quinteto "Io la difendo", ali onde a situação lhe teria permitido escrever uma cena de conjunto elaboradíssimo (imagino o que ela teria rendido nas mãos de seu aluno Donizetti). Mayr prefere guardar os seus cartuchos para um número de construção mais convencional, mas que traz um apelo maior à sua sensiblidade: o dueto ternário "Per pietà!... Che palpiti atroci... Ah!, si vada...", entre Ariodante, que continua a esconder o rosto por trás da viseira do elmo, e Ginevra que ainda não o reconheceu.

Ópera de transição, sim, porque se esse longo dueto é de estrutura tradicional, Mayr tenta, em todo caso, costurar as três seções – muito nítidas – de forma a que elas formem um bloco contínuo. E o sucinto *tempo di mezzo* – na verdade uma fanfarra que interrompe Ariodante, quando ele está a um passo de revelar a sua identidade – faz com que o final do dueto seja não apenas uma coda de efeito, mas uma forma de tocar a ação adiante, pois é retardada a decisão do cavaleiro de dizer quem é.

O mesmo desejo de integrar as partes numa seqüência contínua observa-se no belo dueto "Vieni: collà t'attendo... Quanti mai... Ma verrai...", de Ariodante com Polinesso no ato I – que já foi apontado como o modelo para Rossini, no dueto do *Otello* em que Iago planta a semente da desconfiança na cabeça de seu superior. Em termos estruturais, a comparação se justifica; mas do ponto de vista psicológico, as situações são bem diferentes. Iago esconde seus sentimentos debaixo de uma capa hipócrita de respeito e preocupação. Ariodante, que acredita ter sido traído por Ginevra, sente-se chocado com a insolência de Polinesso, que se coloca diante dele como seu igual. Depois da seção *larghetto cantabile* "Quanti mai contrari affetti", em que ambos se avaliam de forma mais ou menos estática, a seção *allegro* "Ma verrai..." toca a ação adiante, pois Ariodante admite que, se Polinesso conseguir lhe provar que Ginevra é pecadora, poderá tê-la como esposa.

A jóia da partitura é a cena em que Ariodante, vendo Ginevra – na verdade Dalinda – baixando uma escada de corda de sua janela para que Polinesso entre em seu quarto, acredita em sua culpa (Shakespeare gostava tanto dessa cena de Ariosto que a incorporou a *Much Ado about Nothing*). A cena se inicia com um prelúdio que é mini-poema sinfônico descrevendo a serenidade da noite. Há um contraste acentuado entre o tom controlado do recitativo acompanhado de Ariodante no início da cena, e a agitação do recitativo que se segue ao ele ver Polinesso subindo a escada. Raiva, desejo de vingança e desespero suicida se sucedem, desembocando na ária de bravura "Ah!, per chi vivere degg'io", um rondó cuja forma iterativa coincide exatamente com os pensamentos obsessivos da personagem.

A seqüência prossegue, cada mais tensa, com o desespero de Lurcanio, "Ah!, misero fratello", ao ver Ariodante atirar-se no rio. E culmina na magistral ária de Polinesso, "Audaci! Io sol m'oppongo", outro *pezzo di bravura* em que o vilão mostra até que ponto pode chegar em sua hipocrisia. Primeiro ele se inquieta pois a segurança do rei pode estar em perigo; depois finge indignação ao "entender" o que realmente aconteceu (ao mesmo tempo que se alegra por ver o rival fora de seu caminho); em seguida, diz que vai ao palácio pedir justiça – e assim poderá vingar-se da mulher que o rejeitou. É Mayr de pleno domínio da progressão dramática. Essa é a grande contribuição do bávaro para a ópera italiana do *primo Ottocento*: a capacidade de criar e construir uma situação muito tensa ao longo de uma série de cenas.

Comparado a esse momento de grande teatro, o *finale primo* é, como já tínhamos dito antes, menos forte. Isso não impede, porém, que reconheçamos a beleza da seção central, "Tu che vedi, o Ciel clemente", uma *preghiera* de cantilena expressiva, com acompanhamento de cordas e violoncelo *obbligato*. Mesmo sem chegar a converter-se no concertato que a situação pediria, a vigorosa seção final, "Questo è troppo, averso Cielo", também com violoncelo obbligato, é um belo exemplo do belcanto de início de século. Há nele modelos em que Rossini haveria de se mirar.

O ato II é mais difuso do que o primeiro, pois tem mais intervenções solistas, e as árias para Dalinda e o Rei retardam um pouco a ação. Mas há belos momentos. Um deles é a cena em que Ariodante vai tomar conselho com os eremitas. O tema do lindo prelúdio que introduz a cena vai reaparecer no recitativo acompanhado do cavaleiro – um procedimento pouco comum para a época – que leva a uma das mais belas realizações da partitura: a cavatina "Ah!, che per me non v'è!", um lamento que extrai seu efeito do fato de, numa ópera em que o virtuosismo predomina, ser simples, despretensiosa e, por isso mesmo, profundamente comovente. Depois da intervenção coral dos eremitas, que funciona como *tempo di mezzo*, é extremamente nobre a seção *maestoso* "Se sapeste chi m'accende", em que Ariodante decide ir em socorro de Ginevra.

Na cena final, é muito bem construído o coro "Oh giorno di spavento", escrito para três grupos de vozes masculinas, que representam os nobres e o povo, os seguidores de Lurcanio e os de Ariodante. Há a reversão para a antiga técnica do recitativo na interrupção de Vafrino, na narrativa de Dalinda e na confissão de Polinesso. A estrutura contínua de finale só é retomada quando Ariodante se deixa reconhecer. O desenlace assume a forma de *vaudeville*, com cada personagem fazendo a sua entrada e todo o elenco cantando a peroração. É necessário chamar a atenção para o ritmo de *Scozzese* que surge no refrão entre cada estrofe. Ainda é um procedimento muito rudimentar; mas já se trata de uma tentativa de criar cor local mediante recursos musicais. E como esse tema foi ouvido na abertura, ele funciona como um mecanismo unificador, fechando o arco do começo e do fim da ópera.

Ginevra é uma das obras nas quais mais se percebe o cuidado e o caráter inovador da orquestração de Mayr. É muito precisa a sua escolha dos instrumentos *obbligato*: o corne inglês na ária "Se pietoso, Amor, tu sei", de Polinesso (ato I); o violino que duela com a coloratura de Ginevra no rondó "A goder la bella pace" (ato II); ou o violoncelo na ária de Ginevra que mencionamos. Percebe-se em embrião, aqui, toda uma técnica de escrita orquestral que, na *Medea in Corinto*, de 1813, terá chegado ao apogeu. Acrescente-se a observação de que a ária de Polinesso marca, ao que tudo indica, a primeira aparição do corne inglês na orquestra italiana de ópera. Ao traço irônico, no libreto, de fazer o vilão entrar em cena invocando a proteção do deus do amor, Mayr acrescenta o de fazê-lo acompanhar por um instrumento de som extremamente doce, que coincide com o tom de suas palavras, mas está em desacordo com a sua personalidade.

Outra demonstração da sensibilidade de Mayr para a escrita orquestral é a diferença entre as duas marchas. A do ato I, que acompanha a entrada de Ariodante, é convencionamente marcial, em estilo de banda, com predomínio de trompas e trompetes. A que anuncia o Rei é cortesã, de corte mais elegante, para cordas, madeiras e trompas, mas sem trompetes – e, nesse sentido, é de concepção mais original.

Complemento interessante à audição da ópera completa é, em HYIO, a presença de uma ária que ilustra a prática do *rifacimento*, de regra desde o século XVII até meados do XIX. A *Ginevra* de Mayr permite a David Parry ilustrar esse ramo não negligenciável da atividade de músico no Classicismo. Quando a ópera de Mayr foi encenada no Kärntnertortheater, de Viena, em 27 de outubro de 1801, o artista mobilizado para o *rifacimento* foi Joseph Franz Weigl (1740-1820). Em *A Ópera Alemã*, o leitor encontrará informações sobre esse violoncelista da orquestra do príncipe Paul Anton Esterházy, em Eisenstadt. Lugar de destaque lhe é reservado na história do drama lírico, por ele ter sido, com *Das Waisenhaus* (O Orfanato), de 1808, e principalmente *Die Schweizerfamilie* (A Família Suíça), de 1809, o criador do *singspiel* de tema doméstico, com personagens reais e situações prosaicas do dia-a-dia, uma das fontes principais para a futura ópera romântica alemã.

No setor que aqui nos interessa, o dos ajustes em óperas alheias, Weigl desenvolveu excepcional habilidade técnica para preparar números extras cujo estilo se coadunava bastante bem ao da peça original. Suas árias alternativas não são mais utilizadas, é claro, mas ele foi razoavelmente feliz nos acréscimos tanto sérios quanto cômicos que fez à *Clemência de Tito*, de Mozart, ao *Giulio Sabino* de Sarti, à *Teresa e Claudio* e aos *Ritos de Éfeso*, de Farinelli, ou à *Nina ossia La Pazza per Amore*, de Paisiello. Prova disso é o trio "Dopo il fremente nembo", para Polinesso, Ariodante e Ginevra, para a ópera de Mayr.

O número, de forma canônica, era cantado antes do coro final, para celebrar o perdão de Polinesso e a união de Ginevra com Ariodante. Neste último momento de recolhimento antes da explosão final de regozijo, as linhas melódicas são longas e estáveis, embora às vezes cadências bastante floridas interrompam seu desenvolvimento. É um momento climático de serenidade, em que as duas vozes femininas e a masculina têm de fundir-se com igual facilidade de emissão. Fica muito claro, sobretudo nos compassos finais, que o modelo para esse trio é "Soave sia il vento", do *Così*

Fan Tutte, ainda que sem o toque subjacente de ironia dado pelas intervenções de Don Alfonso.

Ainda em 1801, trabalhando velozmente, Mayr produziu *I Virtuosi, Argene* e *Le Due Giornate* – essa também traduzida, por Giuseppe Foppa, do libreto que Jean-Nicolas Bouilly escrevera, no ano anterior, para Cherubini. A produção decresceu, em 1802 – apenas *I Misteri Eleusini* e a comédia *I Castelli in Aria ossia Gli Amanti per Accidente* – porque a exaustão física e psíquica começava a ameaçá-lo. Era preciso algo que desse um rumo novo à sua vida. E isso aconteceu, providencialmente, em 1803. Morreu Carlo Lenzi, o organista que, anos antes, se recusara a tomá-lo como aluno. E o prestígio que Mayr adquirira no palco — seu *Ercole in Lidia* acabara de ser muito aplaudido – levou a prefeitura de Bérgamo a convidá-lo para assumir o posto de *maestro di cappella* em Santa Maria Maggiore.

Simone mudou-se para Bérgamo, e adaptou-se de tal forma à vida da cidade que, daí em diante, passou a aceitar encomendas apenas para Veneza, Milão ou outras cidades do norte da Itália, que não o obrigassem a ausentar-se de casa por muito tempo. Porque não queria mais sair de Bérgamo, onde levava uma vida muito simples, recusou grandes honrarias: a oferta de assumir a direção musical da corte de Napoleão; e o convite para ser o diretor artístico de teatros de ópera em Lisboa, Londres, Dresden e São Petersburgo. Em Bérgamo, tinha tudo de que precisava. Para começar, a felicidade doméstica pois, no final de 1803, casara-se com sua cunhada, Lucrezia, a irmã mais nova de Angiola. Não tiveram filhos, mas viveram muito harmoniosamente. Em seguida, a satisfação profissional, pois as funções na igreja motivavam realmente um homem fervorosamente devoto, que produziu para o culto uma vasta obra sacra. E finalmente a paixão pelo ensino, aliada, como já disse anteriormente, ao desejo de dar aos jovens talentosos e carentes as mesmas oportunidades que lhe tinham sido dadas no passado.

Em 1806, Mayr criou as Lezioni Caritatevoli di Musica, em que, além das regras fundamentais de música, transmitia a seus alunos noções de história, literatura e filosofia. Sabia fazer-se estimar por seus alunos. Donizetti tinha por ele verdadeira veneração: a extensa correspondência que trocaram demonstra o respeito com que acatava suas opiniões e a necessidade que sentia de fazê-lo participar de seus sucessos e revezes. Apesar da vida atarefada que levava em Bérgamo, a grande capacidade de trabalho de Simone Mayr permitiu-lhe continuar aceitando encomendas dos mais diversos teatros.

A 1803 pertence, além de *Gli Intrighi Amorosi* e *Alonso e Cora*, a comédia *Le Finte Rivali*, cantada no Scala em 20 de agosto – de que o leitor encontrará o dueto "Il pesciolin guizzando" no álbum da Opera Rara. Trata-se de um título menor dentro da obra de Mayr, e escolhido por isso mesmo – para caracterizar um aspecto, senão rotineiro, pelo menos conforme aos padrões de um tipo de peça leve que tinha de ser fornecido rapidamente, e em grande quantidade, a cada temporada. O libreto de Luigi para esse *melodramma giocoso* não difere de tantos outros que giram sempre em torno de situações parecidas, com um conteúdo amável de crítica social.

Neste caso, é o deslumbramento do burguês Ottavio com a aristocracia. Ele quer que suas filhas Fulvia e Ernestina casem-se com nobres, e traz o excêntrico barão Tricotazio para apresentá-lo como pretendente à mão de uma das duas, ignorando solenemente os namorados que elas já têm, Roberto e Lucilio. Ambos seriam genros ideais para qualquer sogro dotado de bom-senso, pois são bem-sucedidos comerciantes. Mas não possuem o sangue azul que Ottavio julga indispensável.

Como sempre, os dois jovens casais são ajudados pelo astucioso criado Trastullo a imaginar estratagemas para se ver livres do grotesco barão. Para começar, as duas "falsas rivais" fingem estar ambas tão apaixonadas por Tricotazio, que nenhuma delas tem coragem de se declarar a ele, para não incorrer no ódio mortal da outra. Num clímax muito semelhante ao da *Italiana in Algeri*, os dois namorados se apresentam, em casa de Ottavio, como um príncipe persa e seu chanceler. Ambos pedem a mão das moças em casamento. Maravilhado com a possibilidade de ter na família um potentado oriental, Ottavio consente no casamento e, só depois de consumada a união, dá-se conta da esparrela em que caiu.

O dueto a que me referi ocorre no início da peça, quando Lucilio se introduz na casa de Ottavio disfarçado de *maestro da ballo* e, ao som da dançante melodia que canta com Ernestina, ensaia com ela alguns passos desajeitados. O número é simples, delicado, e demonstra a habilidade de Mayr em equilibrar a brincadeira com o sentimento autêntico. Os anos seguintes assistiram à criação de:

1804 – *Amor Non Ha Ritegno ossia La Fedeltà delle Vedove* e *Zamori ossia L'Eroe dell'Indie*.

Desse mesmo ano é *Elisa*, cantada no S. Benedetto de Veneza em 5 de julho. Gaetano Rossi condensou, em um só ato, *Elisa ou Le Voyage aux Glaciers du Mont St. Bernard*, que Jacques-Antoine de Revéroni de Saint-Cyr escrevera em 1794 para Cherubini. Apesar da pobreza poética do texto e da ação muito exígua – o que demonstra a razão que teve Rossi em reduzi-la de dois para apenas um ato – essa ópera de Cherubini é historicamente importante, pois traz a primeira manifestação de algo que ganhará muita força no Romantismo: a ligação do homem como meio ambiente, o retrato rousseauísta dos costumes e das virtudes do homem do campo, a evocação da natureza como um grande espelho dos sentimentos humanos.

Da mesma forma que em Cherubini, a *Elisa* de Mayr ilustra a busca pré-romântica do sublime nas paisagens – a grandeza dos Alpes, a sua imponente beleza diante da qual o homem sente-se minúsculo – e o fascínio pelas forças selvagens da natureza, sobretudo quando desencadeadas numa tempestade que provoca imensa avalanche. O pintor Teorindo acredita ter sido traído por Elisa, sua namorada, que na realidade foi afastada dele pelo pai, um homem avarento e ambicioso. Depois que o velho morre, nada mais impediria a união dos dois; mas isso só acontece depois que Teorindo, que se refugiou no alto dos Alpes buscando consolo para seu sofrimento, escapa de uma virtual tentativa de suicídio. Desafiando o perigo, ele enfrenta uma tempestade, é soterrado pela avalanche, mas salvo pelas "almas virtuosas" que cuidam de um asilo no topo do Monte S. Bernardo (a proibição de que qualquer referência a coisas da religião fosse feita no palco levou a censura a cortar a menção a que essas *anime virtuose* são monges).

O álbum da Opera Rara traz a abertura de *Elisa*, permitindo que se tenha uma idéia da técnica de escrita orquestral de Mayr, na qual procedimentos trazidos da Alemanha se integram a recursos aprendidos na Itália. Como *Elisa* pertence ao gênero do *dramma sentimentale*, a abertura pertence a um universo tonal intermediário entre a comédia e a tragédia: tem acentos mais sérios e introspectivos do que a primeira, mas também é mais leve e desenvolta do que a segunda. A seção inicial preocupa-se em sugerir, com suas frases longas e andamento pausado, o espaço aberto da montanha, com trompas e trompetes respondendo aos demais sopros, de modo a sugerir os apelos dos pastores ecoando pelo vale. Mas o *allegro* traz um tom intimista, sentimental e bucólico, com madeiras buliçosas que sugerem as danças e cânticos da Savóia, onde a ópera se passa. É quase certo que Donizetti tinha em mente essa simpática obra de seu mestre ao escrever, cerca de quarenta anos depois, *Linda di Chamounix*.

Precioso panorama da música instrumental de Mayr é dado pelo disco *Ouvertures*, que Donato Renzetti gravou, em 1995, com a Orchestra Stabile di Bergamo, para o selo Warner Fonit. *Sisara, Un Pazzo ne Fa Cento, Il Segreto, I Virtuosi a Teatro, Ginevra di Scozia, Alonso e Cora, Adelásia e Aleramo, La Rosa Bianca e la Rosa Rossa* e *Medea in Corinto* são as óperas representadas. A estrutura binária (*grave* seguido de um *allegro* bitemático) do oratório *Sisara* propõe um modelo que reaparecerá com freqüência também nas óperas. O segundo tema do *allegro* foi tomado de empréstimo por Donizetti, em 1816, no seu *Concertino para Corne Inglês e Orquestra*. Pequenas células e muito brio rítmico marcam as aberturas de comédia – a seção central do *Segredo* constituindo praticamente um concertino para fagote e orquestra.

Mas a abertura de *I Virtuosi al Teatro* contém traços originais: é de proporções maiores; na primeira seção, *andantino*, há um belo cantábile para o clarinete; e a seção *allegro vivace* é bastante extensa, levando a peça a uma coda de grande impacto. Novidade para a época é a flauta em oitava que surge em *Alonso e Cora*, em que é acentuado o contraste entre a *cantabilità* e o *stile con brio*. A inserção de um recitativo para o violino constitui também um traço peculiar dessa abertura. Formação ainda mais rica, com uso brilhante do pícolo, e maior variedade temática – seis temas claramente reconhecíveis – tem a abertura de *Adelasio e Aleramo*, executada como peça de concerto em toda a Europa. E *La Rosa Bianca e la Rosa Rossa* é uma de suas páginas sinfonicamente articuladas; a trompa e o clarinete apresentam elementos temáticos continuamente retomados e reelaborados por diversos naipes.

A sinfonia de *Medea in Corinto* conclui o programa. Embora de estrutura simples, essa peça para grande orquestra é obra muito madura. O *moderato* inicial é introduzido por uma cantilena das trompas, violoncelo solo e madeiras. A agitada seção *allegro* tem forma de sonata, retoma o primeiro tema, modula-o com uma ponte muito dramática para toda a orquestra, e traz o clarinete e o fagote com um tema muito melodioso. A coda é construída sobre um crescendo solene.

A comédia *Di Locanda in Locanda e Sempre in Sala* e os melodramas heróicos *Eraldo ed Emma*, *La Rocca di Frauenstein* e *Gli Americani* são de 1804. Este é também o ano de *L'Amor Conjugale*, significativa por ter sido um dos três tratamentos contemporâneos do mesmo libreto: *Léonore ou L'Amour Conjugal*, escrito por Jean-Nicolas Bouilly, em 1799, para Pierre Gaveaux. A força dessa ópera de resgate a fez ser retomada em outubro de 1804 por Ferdinand Paer, em Dresden (ver, neste volume, o capítulo sobre esse compositor). A versão de Mayr estreou em 26 de julho de 1805, no Comunale de Pádua. Quatro meses depois, Viena assistiria à *Leonora* de Beethoven – hoje mais conhecida em sua forma definitiva, com o título de *Fidelio* (ver *A Ópera Alemã*, desta coleção).

Enquanto Beethoven, sem desdenhar a vertente humana e emocional, explorou as implicações políticas, fazendo de sua ópera um dos mais belos hinos à liberdade, à solidariedade e à dignidade humana, Mayr era mais limitado pela rigorosa censura de seu tempo e concentrou-se nos aspectos pessoais da trama: a devoção e a coragem de Zeliska, que se disfarça de homem e vai trabalhar como ajudante do carcereiro Peters, numa penitenciária polonesa, para descobrir se Amorveno, seu marido, ali está preso. Ele é um inimigo político de Moroski, o governador da fortaleza, e corre o risco de ser executado. Aqui também existe uma garota chamada Floreska, filha do carcereiro. Ela desdenha a corte de seu namoradinho, Arvelao, ao apaixonar-se pelo belo Fedele, o novo aprendiz de seu pai. Ao adaptar o texto de Bouilly, Gaetano Rossi deu-lhe a denominação de *farsa sentimentale*; mas esse pode ter sido um mero expediente para afastar os rigores da censura, pois de farsa *O Amor Conjugal* não tem nada. Ela se encaixa perfeitamente nos moldes do *dramma di sentimento*, designação mais apropriada que recebeu em representações posteriores.

HYIO/OR dá-nos a possibilidade de conhecer o monólogo de Zeliska "Si, ne profitterò... Rendi il consorte amato... Sì, vendetta!" – o equivalente, como o leitor já deve ter percebido, do "Abscheulicher... Komm Hoffnung" de Fidélio, na ópera de Beethoven. Qualquer comparação entre esses dois números tem de levar em conta que Beethoven trabalha dentro da tradição germânica do *singspiel* e a transcende, projetando a sua personagem no domínio elevado da ópera heróica; enquanto Mayr permanece dentro dos limites da tradição séria italiana, embora a enriqueça com recursos harmônicos e de orquestração vindos de fora. O que ele escreve é a ária italiana de *gran maniera*, sem dúvida alguma, mas que se mantém próxima de um lirismo de talhe mozartiano, sem chegar a ingressar numa dimensão épica.

A música, de grande flexibilidade, acomoda-se ao molde de um extenso recitativo acompanhado, de nobreza gluckiana, que serve de introdução a uma estrutura binária *larghetto cantabile–allegro*. Esses dois segmentos se desenvolvem não como partes meramente justapostas, mas saindo uma seção da outra de forma musical e psicológica muito convincentes. O recitativo é declamatório e retórico quando Zeliska volta-se contra o

empio Moroski, vile persecutor
d'una famiglia oppressa.
La tua barbarie infame,

le tue perfide trame
io deluder saprò...

(Ímpio Moroski, vil perseguidor de uma família oprimida, saberei desmontar a tua barbárie infame e as tuas pérfidas tramas.)

Mas ganha os doces contornos de um quase arioso, passando naturalmente para a seção *larghetto*, quando ela se dirige ao "ciel pietoso" numa oração, pedindo a Deus que a ajude a salvar o marido.

O *tempo di mezzo* é vigoroso e apaixonado quando ela se imagina enfrentando, de peito aberto, o golpe que se destinava ao marido; depois, hesitante quando ela exclama: "Ah, che non vale il piangere; è vano il mio dolor". Mas a dúvida dura pouco. Com a determinação das pessoas animadas por sentimentos muito autênticos, Zeliska lança-se numa seção final intensamente dramática, em que a coloratura não é mero enfeite, e sim a expressão de uma férrea vontade de ser bem-sucedida em sua empresa. O "Abscheulicher" de Beethoven é de transcendente genialidade; mas esta é uma grande ária, um dos pontos altos do melodrama italiano da transição clássico-romântica. E a interpretação de Eiddwen Harrhy faz dela uma das mais belas faixas da preciosa antologia regida por David Parry.

O ano de 1806 é também muito rico. Florença estreou *Palmira ossia Il Trionfo della Virtù e dell'Amore*. E as comédias *Il Piccolo Compositore di Musica*, *Nè l'un nè l'Altro* e *Belle Ciarli e Tristi Fatti* precederam uma das óperas mais fortes de Mayr e, sem dúvida, uma das que contêm mais achados prenunciadores de tendências do futuro. Foi também um dos grandes sucessos no início da carreira de Teresa Belloc, a futura grande intérprete de Rossini. Ela tinha estreado Zeliska, no *Amor Conjugal*, e foi também a criadora da heroína em *Adelásia e Aleramo*, encomendada pelo Scala para a temporada de Carnaval de 1807.

O libreto de Luigi Romanelli baseia-se num episódio da história medieval piemontesa e passa-se no século X. O *antefatto* nos explica que Adelásia, filha do imperador Ottone, apaixonou-se por Aleramo, filho de nobres germânicos mas que, órfão desde a infância, vive modestamente na Itália como um camponês. Contrariando a vontade do pai, que destinava sua mão a Rambaldo, o seu confidente, Adelásia fugiu do palácio e uniu-se a seu amado. Para escapar à perseguição das tropas imperiais, o casal achou melhor espalhar o rumor de que tinha morrido em um acidente. Dez anos se passaram, eles já têm dois filhos, e moram em bucólica felicidade na aldeia de Alba Pompéia.

Quando a ópera se inicia, Aleramo fica sabendo que Ottone, decidido a encontrar o túmulo da filha, está viajando por toda a Itália e aproxima-se de onde moram. Decide então fugir com a mulher e os filhos. Mas são retardados por uma furiosa tempestade e dão abrigo à imperatriz Teofania que, tendo-se perdido do marido durante uma caçada, vem pedir abrigo justamente em sua casa. Mãe e filha se reconhecem e Teofania convence Adelásia a vir com ela ao palácio pedir perdão ao pai. Aleramo ficará escondido no bosque: a mãe tem a certeza de que, ao rever a filha e conhecer os netos, Ottone o perdoará.

Nesse meio tempo, Rambaldo, que quer se vingar de ter sido preterido, conspira com Osmano, o chefe dos sarracenos, para derrubar o imperador. A um passo de aceitar o casamento da filha reencontrada, Ottone tem de enfrentar o ataque sarraceno e deixa-se convencer por Rambaldo que o invasor foi ajudado por Aleramo. Num encontro com o genro, aprisionado pelos homens de Rambaldo, o imperador oferece-se para poupar-lhe a vida, se ele renunciar a Adelásia. Aleramo recusa, é condenado à morte e seria executado se seu irmão Roberto não aparecesse, no último minuto, trazendo Osmano, que conseguiu capturar. Este revela os planos de Rambaldo, que foge. E o *lieto fine* se consuma com a bênção de Ottone ao casal de esposos.

Adelásia e Aleramo é importante pela mistura muito característica que oferece de elementos:

- *clássicos* – a distribuição vocal (duas sopranos para o casal de protagonistas, um vilão tenor, mezzo e baixo para o casal de pais); a intervenção providencial de uma personagem (Roberto) que, surgindo nos momentos finais, introduz a súbita reviravolta que permite o *lieto fine*; o formato *da capo* de algumas das árias: p. ex. "Eppur sovente io scordo", do ato I, em que Ottone pensa na

Teresa Belloc e Imperatrice Sessi na *Adelásia e Aleramo* de Simone Mayr.

filha que perdeu para "il scelerato Aleramo, un ribelle, un empio e un seduttore che solo la morte potrà sotrarre alla mia ira";

- e *pré-românticos* – os sentimentos desmedidos das personagens; o apelo a situações de cunho emotivo – a cumplicidade mãe/filha; o uso das crianças para amolecer o coração do avô; o conflito de Ottone entre o amor de pai e a firmeza de soberano, no monólogo "Fremo, piango, deliro" (II, 5); o passionalismo de uma cena como "Esser non può, che um padre" (III, 14), em que Adelásia rejeita o pai, pois ele condenou seu marido à morte –, numa chave de expressão que pouco tem a ver com a composta forma clássica de conceber tais *affetti*.

E, principalmente, já está presente em *Adelásia* um típico clichê romântico: a resposta da natureza aos sentimentos atormentados das personagens. A cena da tempestade (I, 6), "Dove salvarmi, o Dio, dal turbine che freme?", e o trio "A ch'io fra voi dubito di sognar" inscrevem-se entre as melhores páginas escritas por Mayr em toda a sua carreira. É esse número justamente o escolhido por David Parry para ilustrar a ópera, no álbum da Opera Rara. Uma sinfonia descritiva ilustra a ação assim narrada na rubrica:

> *Caccia. Si vede in gran distanza qualche fiera fuggitiva inseguita daí cacciatori. Temporale. Fuga in disordine così dalle belve, come dei cacciatori, che dispersi qua e là cercano di salvarsi. Teofania sola fuggendo. La Regina spaventata cerca un riparo dalle bestie feroci e dalla tempesta.*
>
> (Caçada. Vê-se à distância algùmas feras fugindo, seguidas pelos caçadores. Temporal. Fuga em desordem tanto das feras quanto dos caçadores que, dispersos por toda parte, tentam salvar-se. Teofania sozinha fugindo. A rainha assustada procura refugiar-se dos animais ferozes e da tempestade.)

Esta página instrumental é herdeira das cenas de evocação dos fenômenos naturais, comuns na ópera barroca francesa; e prenuncia, pelo estilo de construção, o uso de pantomima, e os efeitos imitativos da orquestração, outro momento famoso do melodrama sério romântico: *La Chasse Royale et Orage*, de *Les Troyens*, durante a qual a rainha Dido cede à sedução de Enéias, entregando-se a ele. Berlioz estava muito familiarizado com a ópera italiana – da qual não gostava –, mas não há prova alguma de que conhecesse *Adelásia*. Pode tratar-se de um daqueles casos em que dois criadores intuem, por caminhos diferentes, a mesma solução cênica. A caçada e a tempestade se seguem de forma muito eloqüente e, delas, nasce o fluxo de recitativo acompanhado de Teofânia, o tenso diálogo de seu encontro com a filha e o genro que imaginava mortos – "Stelle... colei!... quel volto... tu vivi?!... – e o abandono melódico de um *trio di sentimento* em que reconhecemos a marca de emotividade que o mestre deixará em Donizetti, seu melhor aluno.

Adelásia foi um dos grandes sucessos na carreira de Teresa Belloc – e também na de Imperatrice Sessi. Na temporada de estréia, a ópera foi cantada 54 vezes, um recorde para a época. Depois, as duas cantoras a levaram a Turim, Gênova, Nápoles e Roma. Em 1820 ainda há notícia de apresentação desse *melodramma serio* hoje injustamente esquecido.

Nos anos seguintes, prossegue a produção regular de pelo menos duas óperas ao ano, para os teatros de Bérgamo, Milão, Turim. Predominam as óperas bufas, com algumas incursões no domínio sério. A oscilação entre passado e futuro é, como sempre, uma característica típica do compositor:

1807 – *Nè l'un nè l'Altro; Belle Ciarle e Tristi Fatti*;
1808 – *I Cherusci; Il Vero Originale*;
1809 – *Il Matrimonio per Concorso* e a séria *Il Ritorno di Ulisse*, de um formato que guarda muitas ligações com a ópera barroca;
1810 – *Amore non Soffre Opposizione* e a séria *Raùl di Crequi*, de modelo mais moderno, tendendo ao pré-romântico;
1811 – *L'Amore Filiale*, típico *drame larmoyant* de estilo semi-sério, inspirado no teatro pré-romântico de Diderot e outros autores franceses; e *Il Sacrifizio d'Ifigenia*, de estilo nitidamente inspirado em Gluck, mas estática e oratorial, a revisão de uma *Ifigenia in Aulide* que sabemos ter sido composta por Mayr em 1806, mas cuja partitura original se perdeu;
1812 – a ópera séria *Tamerlano*.

O melodrama que estreou no Teatro S. Agostino de Gênova, em 21 de fevereiro de

1813, aproximou Mayr de um jornalista ainda pouco conhecido, em breve destinado a se transformar no maior libretista italiano da primeira fase do Romantismo. *La Rosa Bianca e la Rosa Rossa* é uma das manifestações precursoras, dentro do melodrama peninsular, do interesse pelos assuntos ingleses que, na plenitude romântica, vai render as óperas de Donizetti sobre as rainhas Tudor, ou todas as peças baseadas em romances de sir Walter Scott.

Durante a Guerra das Duas Rosas, o partido de York, liderado pelo rei Ricardo II e simbolizado pela rosa branca, está em ascensão; o de Lancaster, o da rosa vermelha, caiu em desgraça. A luta política serve de pano de fundo à história de Enrico, conde de Derbi, exilado depois que suas hostes foram dizimadas. Durante a sua ausência, o seu melhor amigo, Vanoldo, conde de Seimour, vira a casaca e adere ao partido da rosa branca. O mesmo faz Rodolfo, sire de Montimer, pai de Clotilde, de quem Enrico está noivo. Ao regressar à Inglaterra, Enrico descobre que, por ordem do rei, Clotilde foi obrigada a casar-se com Vanoldo – quem tem amigos assim... Enfrentando os riscos políticos, e até mesmo indo para a prisão por causa disso, Enrico vai lutar para recuperar a amada.

O libreto foi inicialmente encomendado a um certo Cesari, poetastro milanês, e este traduziu *La Rose Blanche et la Rose Rouge*, que Gilbert de Pixérécourt escrevera, em 1809, para Pierre Gaveaux[2]. Mayr considerou o resultado tão medíocre que, por sugestão de amigos, convidou o crítico teatral Giuseppe Felice Romani para revisá-lo. Levou-o para passar uns dias em sua casa, em Bérgamo, onde poderiam discutir detalhadamente o projeto – e esse foi o início de uma sólida amizade. Foi também um ponto de virada na vida do poeta que, desse momento em diante, dedicou-se quase integralmente à carreira teatral. *La Rosa Bianca* foi um dos grandes sucessos de Mayr, não só devido à feliz conjunção de texto e música, como também à excelência do elenco: Rosa Morandi e o *castrato* Angelo Testori faziam o par de namorados, Cláudio Bonoldi era Vanoldo, e Giuseppe Castelli, Rodolfo. A *Gazzetta di Genova* não poupou elogios à partitura e à boa qualidade do texto.

Este é, de fato, notável, se considerarmos que se trata da primeira experiência teatral de Romani, que tinha apenas 24 anos. Embora ele tenha trabalhado sobre o libreto de Cesari, refundiu-o inteiramente e dois terços do texto são criação sua – sobretudo os números de mais seguro efeito. Já identificamos, na *Rosa Branca*, uma série de características que serão predominantes no Romantismo, a começar pela valorização da Idade Média que, deixando de ser vista como a "idade das trevas", como a encarava o Classicismo, surge como uma época colorida e atraente, cheia de mistérios e encantos, com seus cavaleiros de armadura, suas flâmulas ao vento, seus torneios cerimoniais, sua arquitetura gótica. Curioso efeito o de uma ópera com música ainda fortemente ligada às tradições clássicas – e um protagonista masculino *castrato* –, aplicada a um libreto em que o Pré-romantismo se delineia claramente, e em que o amor já é mostrado como uma força irresistível, capaz de tudo levar de vencida.

O selo Fonit Cetra possui a antiga gravação ao vivo de Thomas Briccetti, feita no Teatro Stabile de Bérgamo, com Susanna Anselmi, Caterina Antonaci e Lucca Canonici. Além disso, HYIO/OR inclui o trio "Dov'è la destra? Infida", do ato I, no momento em que Enrico, de volta a casa, cobra de Clotilde a promessa de fidelidade que ela lhe fizera. Começando como um dueto, o número transforma-se num trio a partir do momento em que Vanoldo, sem ser visto, ouve a conversa dos dois e a comenta. Extremamente popular desde a primeira audição da ópera, esse trio é historicamente importante, pois nele já se delineia a forma ternária – movimento de introdução, seção lenta, *stretta* rápida – que Rossini adotará com tanta freqüência em suas cenas de conjunto.

A ópera mais conhecida de Mayr é fruto da primeira encomenda que recebeu de Nápoles, em 1813. O convite veio de Domenico Barbaja e, embora Nápoles fosse muito fora do raio de ação em que lhe agradava trabalhar,

2. O mesmo a quem Jean-Nicolas Bouilly destinou *Léonore ou L'Amour Conjugal* (1798), ponto de partida para o *Fidélio*, de Beethoven.

tratava-se de uma proposta irrecusável, pois esse empresário transformara o San Carlo num dos melhores teatros da Itália – até mesmo superior ao Scala –, dotado de uma fabulosa orquestra de noventa músicos, liderada por Giuseppe Festa. Suas luxuosas montagens contavam, a maior parte do tempo, com a cenografia de Antonio Nicolini, arquiteto oficial da corte. E o elenco que lhe ofereciam era uma constelação de celebridades: Isabella Colbran, Andrea Nozzari, Manuel García, Giovanni David...

Romani foi chamado para escrever o libreto cujo tema foi escolhido, naturalmente, devido ao sucesso da *Médée* de Cherubini na França. Desta vez, porém, em vez de retrabalhar o texto de um terceiro, Romani pôde construir um drama que é o resultado exclusivo de sua ampla cultura clássica e de seus gostos pessoais. A princípio, Mayr não levou em conta a recomendação de Barbaja de que a ópera deveria seguir o modelo parisiense, para responder ao gosto afrancesado da corte de Joachim Murat. Ludwig Schiedermair, o biógrafo do compositor, conta que, ao chegar a Nápoles, ele trazia em sua bagagem uma *opera seria* em que os números eram interligados por recitativo seco, e o papel de Giasone tinha sido previsto para um meio-soprano. A primeira exigência de Barbaja foi a de que os recitativos fossem *stromentati*, e a parte do protagonista fosse reescrita para o tenor Nozzari, pois a tradição francesa desaprovava o uso de *castrati* ou mezzos para papéis masculinos. Mayr aquiesceu aos pedidos de Barbaja e, antes mesmo de *Medea in Corinto* subir à cena, em 28 de novembro de 1813, o *Monitore delle Due Sicilie* já afirmava que se tratava de uma "composição magistral".

O sucesso foi ainda mais notável, devido aos problemas enfrentados na estréia. La Colbran estava indisposta, devido a um resfriado persistente, e só nas récitas subseqüentes conseguiu oferecer o desempenho vocal que se esperava dela. Mas o crítico do *Monitore* mostrou-se impressionado com sua presença cênica, "o modo como ela acompanha e anima o canto com uma conduta muito digna e gestos naturais e apropriados". Nozzari (Giasone), García (Egeo) e Luigia Pontiggia (Creusa) foram muito elogiados. A mulher de García, Gioacchina, cantava o pequeno papel de Ismene; e a filha de ambos, Maria, fazia um dos filhos assassinados pela feiticeira. Esta foi, portanto, a primeira vez que pisou no palco aquela que seria uma das grandes divas oitocentistas, Maria Malibran.

A continuidade de escrita, desusada para a época, a quantidade dos cantábiles e a sensação de que, com os recitativos acompanhados, praticamente não havia separação entre um número e outro, causou uma perplexidade que se reflete nos comentários do *Monitore* a esse "dramma alla maniera di Gluck":

> Aqueles a quem a natureza dotou com um ouvido bem construído esperam em vão sair do teatro cantarolando e repetindo esta ou aquela ária ou dueto; as passagens, as frases e suas variações são tão difíceis que a memória e o gosto mais refinado nunca chegam a captá-los com precisão suficiente.

Os cantores também, diz o autor anônimo do artigo, achavam difícil ter de passar por cima de um acompanhamento orquestral mais pesado do que de hábito, e ter de cantar, um atrás do outro, números muito elaborados, sem que longos trechos de recitativo seco lhes dessem tempo para respirar. Tanto assim que, lá pela terceira noite, as vozes já estavam "dando sinais de evidente debilidade". *Medeia em Corinto* é, portanto, um marco no processo de superação das praxes vocais e instrumentais que tinham marcado a era clássico-barroca, e uma porta aberta para o tipo de vocalidade que virá com o Romantismo (e não nos esqueçamos de que Donizetti, um dos principais responsáveis por esses novos rumos, foi aluno de Mayr).

Medéia em Corinto nunca foi uma daquelas óperas que acumulavam récitas em temporadas muito longas. Mas, em compensação, continuou sendo cantada regularmente em Nápoles até 1815, quando Murat caiu do poder; e foi reprisada outras cinco vezes entre 1815-1827. Àqueles que a viam temerosamente como um risco para as legítimas tradições italianas, a resposta veio com a reprise, em janeiro de 1814, da *Vestale* de Spontini – que pareceu ruidosa e exagerada em comparação com as texturas mais leves e a posição privilegiada das linhas de canto, na partitura de Mayr. O fato de o duque Di Noja, superintendente dos

Teatros Reais de Nápoles, ter tido a atitude sem precedentes de escrever a Simone Mayr uma carta extremamente elogiosa demonstra que ele tinha conseguido a proeza – rara na História da Ópera – de compor um melodrama que abria novos caminhos e, ao mesmo tempo, conquistava o coração do público.

O segundo libreto de Romani já prenuncia as suas grandes qualidades de dramaturgo: o texto é conciso, cheio de possibilidades cênicas, sem os enchimentos costumeiros para preencher a metrificação, nem rimas previsíveis. O diálogo musculoso, de efeito até se for simplesmente falado, tem a todo momento achados brilhantes:

Giasone: Fosti regina.
Regina più non sei; darmi volevi
il regno dei miei padri; io stesso, errante,
lunge dal sol natio,
che sperar posso? Che mi resta?
Medea: Io.

(Foste rainha, rainha não és mais; querias dar-me o reino de meus pais; eu próprio, errante, longe da terra natal, que posso esperar? O que me resta? // Eu.)

A força de "Antica notte, Tartaro profondo", a invocação às potências subterrâneas que, no ato II, Medéia faz ao decidir vingar-se do marido matando os filhos de ambos, é de molde a inspirar qualquer compositor:

(A feiticeira aproxima-se do altar e atiça o fogo; desenha um círculo com seu bastão mágico e, em seguida, pronuncia a seguinte invocação:)

Antica notte, Tartaro profondo,
Ecate spaventosa, ombre dolenti,
O Furie, voi che del perduto mondo
siete alle porte, armate di serpenti,
a me venite dagli Stigi chiostri
per questo fuoco, per i patti nostri...

(Um ruído subterrâneo anuncia a presença das sombras)
Già vi sento; si scuote la terra...
Già di Cerbero ascolto i latrati...
Odo il rombo de' vanni agitate...
Voi venite, ombre pallide, a me.

(Noite antiga, Tártaro profundo, Hécate assustadora, sombras sofredoras, ó Fúrias, vós que estais às portas do mundo perdido, armadas de serpentes, através deste fogo vinde a mim, dos claustros do Estige, atender a nossos pactos...// Já vos ouço; a terra treme... já ouço os latidos de Cérbero... ouço o farfalhar de asas agitadas... estais vindo até mim, pálidas sombras.)

E Mayr não deixou de se inspirar, pois esta – a cena mais forte da ópera – talvez seja a música mais poderosa que ele escreveu. A exploração do registro grave das cordas e sopros, o instável cromatismo no início da invocação, os contrastes súbitos nas cordas, para sugerir o tremor de terra ou o ruído das asas das divindades infernais, os metais em surdina que descrevem a aparição das sombras, emolduram a declamação de Medéia, com saltos descendentes de quase uma oitava e uso de notas graves de peito. No ato I, Medéia é a mulher que luta pelos seus direitos, angustiada, mas ainda cheia de esperança de reconquistar o marido. O ponto de ruptura é o finale do ato I, em que ela derruba o altar, no templo, tentando impedir o casamento de Jasão com Creusa. A sua grande ária, "Come!... sem riede... Sommi Dei... Sventurata Medea!" e o dueto "Cedi al destin, Medea", em que o marido a convence de que a separação é irrevogável, estão entre as páginas mais fortes da partitura.

Daí em diante, a feiticeira está possuída pelo mal e deseja apenas vingar-se. Não há o menor sinal de que se arrependa ou esteja em dúvida, quando manda para Creusa o vestido envenenado. O conflito surge quando se trata de matar os filhos; e a longa cena "Ah! Che tento?"... Miseri pargoletti... Quale orror mi circonda..." é propositalmente difusa, multifacetada, para corresponder aos "mille contrari affetti" que se agitam na alma da personagem. Mas Medéia não é apenas a mulher psicologicamente destroçada pela infidelidade e a humilhação, a ponto de optar por uma vingança que também a destrói. Não nos esqueçamos de que ele é a filha do rei da Cólquida, a representante de uma cultura asiática mais primitiva e selvagem do que a dos helenos, uma feiticeira, em contato com as forças misteriosas do desconhecido – o símbolo das trevas que cercam a frágil civilização dos gregos.

Essa civilização, quem melhor a encarna é Creusa, a filha de Creonte, rei de Corinto. É compreensível o pavor de que é tomada diante da figura sinistra de Medéia, contra a qual não sabe se defender. Se a música de Medeia é cromática e as melodias que a acompanham são escuras e ameaçadoras, as melodias de Creusa são graciosas e elegantes. Sua ária no início do ato II, "Caro albergo" é de grande beleza –

Giovanni Simone Mayr, bávaro naturalizado italiano, grande operista e o professor de Donizetti.

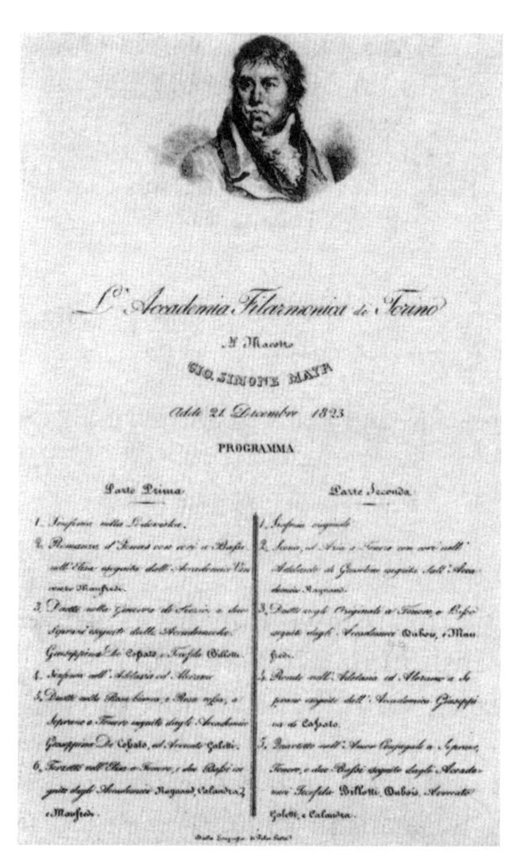

L'Accademia Filarmonica di Torino

Al Maestro

GIO. SIMONE MAYR

Addì 21 Dicembre 1823

PROGRAMMA

Parte Prima

Parte Seconda

Programa de um concerto em homenagem a Simone Mayr (Turim, 1823).

Teresa Belloc como a personagem-título da *Medea in Corinto* de Simone Mayr.

e dificuldade na coloratura para soprano e harpa. Na seção central, exibe aquela melancolia que nos acostumamos a associar a Donizetti. Não é por acaso que os dois atos começam com extensas cenas para Creusa e suas damas de companhia: elas dão a medida do comedimento e da sofisticação civilizadas, contra a qual virá chocar-se a barbárie de Medéia. É o fato de estar emoldurada por duas delicadas cenas cantadas por Creusa – "Caro albergo" e o dueto com Jasão – que dá ainda mais destaque à invocação das sombras infernais.

Para conseguir capturar o Velocino de Ouro, Jasão deixou-se enredar pela feiticeira e, por algum tempo, caiu sob a sedução de sua desmedida paixão. Agora, quer voltar à normalidade, ao equilíbrio representado por Creusa e o mundo civilizado. Dentro dele desencadeia-se, em sua forma mais violenta, o conflito entre o apolíneo e o dionisíaco – e abandonar Medéia é uma traição, sim, mas também uma forma de tentar recuperar a inocência perdida.

Egeo não é a personagem secundária, o apêndice supérfluo que, à primeira vista, pode parecer. Rei de Atenas, a cidade-Estado mais culta e desenvolvida da Grécia, esse homem frustrado em sua paixão por Creusa deseja também vingar-se, e isso o leva naturalmente a alinhar-se com Medéia e a sentir-se atraído por suas artes mágicas. Mas ele não perde a sua natureza ardente e generosa, e é por isso que Mayr escreve para ele melodias de estampa mozartiana, em especial "Avverse, inique stelle... I dolci contenti...", também marcada por estados de espírito muito flutuantes. É essa natureza generosa que o faz aliar-se a Medéia até constatar, no final, cheio de horror, que ela foi capaz do mais cruel excesso.

Um dos aspectos mais notáveis da partitura – resultado de Mayr ter concebido o drama *à la manière française* – é os números, em vez de se fecharem com uma cadência conclusiva, tenderem a se fundir um no outro. A marcha que, no ato I, anuncia o retorno de Jasão sai, naturalmente, do recitativo "Cede, Acasto, o Creusa". A primeira ária do tenor, "Fosti grandi allor che apristi", não possui uma cadência perfeita e leva diretamente ao recitativo seguinte. Não é incomum acordes modulatórios muito breves juntarem uma passagem à outra. Nesse sentido, o ato II é ainda mais interessante do que o I porque, a partir da ária "Amor per te penai", de Jasão, até o final, não há mais interrupções – o que é totalmente desusado nas partituras italianas das primeiras décadas do século XIX. *Medea in Corinto* é, portanto, um passo fundamental na modificação da unidade básica recitativo-ária, herdada do Barroco, rumo à estrutura musical ininterrupta do final do século XIX.

No ensaio de apresentação do álbum Opera Rara contendo esta ópera, o musicólogo inglês Jeremy Commons assim se refere às dificuldades que se apresentam ao executante moderno de Mayr:

> Como todos os compositores de seu tempo, ele usava muito poucas marcas de expressão e indicações de volume. Mudanças no andamento têm de ser escrupulosamente observadas: tanto as frases individuais quanto os movimentos mais amplos precisam de espaço para respirar. Ao lado das passagens veementes e apaixonadas, Medéia tem momentos delicados e *spianato*. A sua primeira cavatina, "Sommi Dei", é o melhor exemplo disso.
>
> Mayr esperava que os cantores ornamentassem a sua música – desde que essa ornamentação fosse dramática e emocionalmente adequada. Para isso, eram necessários cantores sensíveis, inteligentes e supremamente dotados, preparados, em cada etapa da ação, para *pensar* no sentido e expressão das palavras, *sentir* a forma como elas são musicadas, *ouvir* as texturas orquestrais do acompanhamento. Mayr sempre usava os sopros para obter efeitos emocionais muito bonitos – uma técnica que soube transmitir a Donizetti – e o cantor deve sempre procurar a fusão da voz com o som dos instrumentos, fazendo combinar timbres, coloridos, fraseados. A cantora que faz Creusa, por exemplo, precisa não só de uma técnica de coloratura impecável, mas também de limpidez e senso de expressão. Precisa saber também que Mayr foi o primeiro a introduzir a harpa na orquestra do teatro italiano, e deve prestar atenção ao uso freqüente da flauta, harpa e cordas agudas no acompanhamento.

O desenvolvimento recente das pesquisas sobre as técnicas clássico-barrocas permitiram que se formasse uma escola de canto capaz de interpretar muito fielmente papéis como o desta ópera. O soprano *drammatico d'agilità* que faz Medéia tem de ter voz opulenta, mas com a capacidade de fazer coloratura e produzir *mezza voce* e pianíssimos muito delicados, com projeção e articulação claras. Os tenores têm de saber utilizar a técnica setecentista do portamento muito sutil, que levava do registro médio às notas agudas *di testa* ou falsetadas.

A primeira execução moderna de *Medea in Corinto* ocorreu na Alemanha, em 1963: uma transmissão radiofônica da edição preparada por Heinrich Bauer, regida por Robert Heger. Britta Melander e Giorgio Merighi faziam Medéia e Jasão. Em dezembro de 1969, houve uma apresentação de concerto no Alice Tully Hall de Nova York, com Marisa Galvany no papel título (esse espetáculo circulou, em Lps, pelo selo Vanguard). Margreta Elkins no Festival de Wexford de 1974; e Leyla Gencer no San Carlo de Nápoles, em março de 1977 foram outras intérpretes da feiticeira. Em janeiro de 1993, David Parry fez pelo selo Opera Rara a gravação integral, de grande fidelidade textual, com a estupenda Medéia de Jane Eaglen, secundada por Bruce Ford (Jasão), Yvonne Kenny (Creusa) e Raúl Giménez (Egeo)[3].

Em 1814, ano da criação de *Attar ossia Il Seraglio d'Ormus* e *Le Due Duchesse ossia La Caccia dei Lupi*, Mayr escreve outra ópera para Nápoles. Desta vez é o Teatro dei Fiorentini que lhe encomenda um título novo, a ser estreado em 28 de janeiro. O libreto de Andréa Leone Tottola, que traz a menção "extraído de um assunto francês", baseia-se em *Hélène*, um *opéra-comique* com texto de J.-N. Bouilly – donde o fato de *Elena* assumir a forma de ópera semi-séria, o equivalente italiano do gênero francês em que diálogos falados se intercalam aos números cantados. A ação de *Elena* é basicamente séria: uma história de usurpação e de luta para recuperar o título perdido. Mas o lado dramático é atenuado pelos elementos sentimentais e intimistas. Há também a inclusão de uma personagem declaradamente cômica, o fazendeiro Carlo.

O papel foi composto para Carlo Casaccia, um dos baixos bufos napolitanos mais famosos do início do século XIX – e a personagem fala dialeto, enquanto todos os outros se expressam em toscano. A resenha do *Monitore delle Due Sicilie* falava mais do "nostro graziossimo Casaccello", e do fato de que seu filho, Antonino Casaccia, fazia o papel mudo de Adolfo, o menino de dez anos, do que do restante do elenco. A essa altura, de resto, o predomínio da ópera cômica integralmente cantada fazia o gênero híbrido napolitano parecer fora de moda, a ponto de o crítico do *Monitore* chamá-lo de "típico drama hermafrodita, meio cômico e meio sério, meio prosaico e meio poético, meio falado e meio cantado".

Costantino, filho do conde Rodolfo de Arles, foi acusado de ter assassinado o pai durante uma caçada. Deserdado por seu tio Romualdo, foi obrigado a fugir em companhia de sua esposa, a princesa Elena di Tarascon, e do filho de ambos, Adolfo. As circunstâncias da fuga fizeram com que eles se separassem e perdessem o contato um com o outro. Quando a ópera começa, Elena voltou a Arles disfarçada de homem, com o nome de Riccardo; Adolfo e "ele" arranjam emprego na fazenda de Carlo, um rico proprietário napolitano. A maior parte das peripécias tem a ver com as relações amorosas dos moradores da fazenda – à qual Costantino também chega, disfarçado, sem saber que a esposa ali se encontra, vestida de homem (convenções operísticas... é pegar ou largar!).

Bouilly se repete pois, em *Hélène*, encontramos situações reminiscentes de sua *Léonore*: Anna, uma das filhas de Carlo, que vinha sendo cortejada pelo camponês Urbino, se desinteressa dele ao apaixonar-se por Riccardo, sem se dar conta de que ele é uma mulher disfarçada de homem (e, nesse caso, reconstitui-se o triângulo Marcelina-Jaquino-Leonora, que conhecemos do *Fidélio* de Beethoven). É claro que, no final, descobre-se que Romualdo assassinou o irmão para apoderar-se de seus bens. Ajudado pelo primo Edmondo, que se envergonha dos crimes do pai, Costantino recupera seus títulos e reencontra a família. O *lieto fine*, misturado a elementos que já são pré-românticos, faz de *Elena* uma típica ópera de transição.

Sucesso muito grande em Nápoles, *Elena* não foi muito bem recebida em Milão, devido justamente às suas características meridionais. Baseado num tipo muito peculiar de *inside joke*

3. Um dos mais extensos ensaios sobre *Medea in Corinto* foi escrito por Philip Gossett em introdução à partitura, incluída pela editora Garland na coleção *Italian Opera 1810-1840*. Ali, Gossett faz o estudo detalhado das variantes da partitura, várias vezes revisada por Mayr para apresentações posteriores. Alguns dos números alternativos foram gravados por Parry e aparecem como anexos em seu álbum.

e de ingênua *furberia* (astúcia), o humor napolitano depende também das inflexões, do sotaque, do senso de ritmo dos atores dialetais. Traduzido em toscano e transformado em recitativo – como aconteceu no Scala em 1816 – o papel de Carlo perde inteiramente a graça. Ainda assim, o fato de *Elena* ter alcançado 26 récitas mostra o apreço que a sofisticada platéia milanesa tinha por Mayr. E o ato II, em que os elementos sentimentais predominam, foi várias vezes apresentado separado, como complemento a outras obras – prática que pode nos parecer muito estranha hoje, mas era muito comum na época. Para ter uma amostra de *Elena*, ouçam, em HYIO/OR, a ária "Son solo... i miei sospiri", que Cortantino canta no ato I.

Típica do século XVIII e início do XIX, em que as condições de trabalho forçavam os compositores a ser prolíficos, era a prática de retomar o mesmo libreto, vestindo-o com roupagens amplamente renovadas ou, às vezes, até inteiramente recompostas. É assim que, na *Artemísia* de 1801, produzida para Veneza, Cimarosa reescreve a *Artemísia Regina di Caria*, originalmente apresentada em Nápoles quatro anos antes. Em Donizetti, ainda encontraremos as duas versões muito diferentes da *Gabriella di Vergy*: a de 1826 e a de 1838. E mesmo Verdi fez de *Jérusalem* a versão francesa dos *Lombardi*; e tentou salvar a censurada *Stiffelio*, transformando-a no *Aroldo* (ver *A Ópera Romântica Italiana* desta coleção).

Mayr fez isso não só com *Eraldo e Emma*, convertendo-a em *Alfredo il Grande* – de que falaremos logo adiante –; mas também com a ópera que o San Carlo, ainda ressoando com os aplausos da *Medea*, lhe tinha encomendado para a temporada de 1815. Ao elenco fantástico do espetáculo anterior – Colbran, Nozzari, García, Benedetti – viria somar-se outro excelente tenor, Giuseppe Siboni. O Cavaliere Antonio Niccolini desenharia os cenários, secundado pelo signor Smiraglio, o mais famoso *machinista* italiano, criador de brilhantes efeitos especiais. O teatro passara por reformas recentes que o tinham ampliado, permitindo a instalação de máquinas muito mais modernas e eficientes. A ópera com que o teatro seria reaberto teria de ser concebida em grande escala. Com a ajuda do marquês Francesco Berio di Salsa que, em breve, seria o libretista do *Otello* de Rossini, Mayr decidiu preparar uma versão inteiramente nova de *Alonso e Cora*, baseada em uma novela de Marmontel intitulada *Les Incas*, que estreara onze anos antes no Scala.

Telasco, o herdeiro do rei Ataliba, foi preso pelas tropas espanholas que cercam Quito, a capital dos incas. Um eclipse do sol é interpretado pelo Sumo-sacerdote como um aviso dos deuses de que desastres maiores virão, a menos que Cora, a irmã do rei, torne-se uma vestal, consagrada ao culto do Sol. Cora está apaixonada por Alonzo – um espanhol que generosamente veio em ajuda de seu povo –, mas não vê como escapar desse destino. No momento em que os votos vão ser pronunciados, a cerimônia é interrompida por Alonzo e, antes que as sacerdotisas consigam esconder a noviça em seu santuário, um vulcão entra em erupção e as paredes do templo desabam.

Imaginando que Cora morreu no terremoto, Alonzo vem procurar seu corpo entre as ruínas, e a encontra viva. Tenta convencê-la a fugir com ele mas, sabendo que a pena para ambos será a morte, Cora resiste. Novos tremores de terra a enchem de pânico, e ela se deixa levar pelo namorado. Mas não chegam a ir muito longe, pois são vistos pelo Sumo-sacerdote e, antes que possam alcançar as florestas, são apanhados pelos guardas e levados presos. O inca Rolla, amigo e lugar-tenente de Alonzo, consegue libertá-lo. O espanhol assume o comando das forças incas, derrota o inimigo, resgata Telasco, e retorna vitorioso no momento exato em que Cora e Rolla vão ser queimados na fogueira, ela por ter quebrado seus votos, ele por ter deixado Alonzo escapar. Ataliba recusa-se a permitir a execução e, aos protestos do Sumo-sacerdote de que isso é uma blasfêmia, opõem-se os pedidos de clemência de todo o povo. Finalmente vencido, ele perdoa os culpados e celebra o casamento de Cora e Alonzo.

Na estréia, em 27 de março de 1815, *Cora* foi apreciada principalmente por causa do esplendor dos efeitos especiais de Smiraglio e o luxo dos cenários de Niccolini. O *Giornale del Vesuvio* do dia 6 dizia que o eclipse do sol não poderia ter sido melhor executado, e a erupção do vulcão mais surpreendentemente imitada – essa foi a opinião geral de um público habituado a erupções de verdade. Os cenários da corte inca e das ruínas do Templo do Sol eram verdadeiras obras-primas.

O jornal não deixava, porém, de fazer elogios à originalidade da música, em especial às "bizarras novidades da abertura, em que se espelham todas as paixões que há no drama", reconhecendo que, "embora muito ruidosa, ela está cheia de belas harmonias" – opinião em que reconhecemos a estranheza de um crítico italiano diante das ousadias de escrita e instrumentação de Mayr (não nos esqueçamos de que as sinfonias n°s 7 e 8 de Beethoven precedem *Cora* de apenas dois anos, e o professor de Donizetti estava muito em dia com as criações de seus patrícios, bem como com as novidades vindas da França). Stendhal que, de março de 1815 a julho do ano seguinte, viu La Colbran na *Cora*, na *Medea in Corinto*, na *Elisabetta Regina d'Inghilterra* de Rossini, e na *Gabriela di Vergi* de Carafa, afirma que, "em cada um desses papéis ela esteve magnífica, realizando com a sua voz verdadeiros milagres de virtuosismo". Esse foi o ponto culminante da carreira da futura mulher de Rossini, pois o próprio escritor francês informa que, no ano seguinte, "a sua voz já estava dando sinais de exaustão, era cada vez menos freqüente ela conseguir cantar afinado e, em breve, seria pura questão de sorte chegar ao fim de uma ária sem algum desastre".

Cora tem também importância histórica: foi a última ópera a ser criada na Itália durante o regime napoleônico. Em 26 de fevereiro, um mês e uma dia antes da estréia, Napoleão fugiu da ilha de Elba. Quando a ópera subiu à cena, o rei de Nápoles, Joachim Murat, tinha ido juntar-se ao Imperador na aventura dos Cem Dias, a breve tentativa de recuperar o poder que terminaria com a derrota final em Waterloo. A rainha compareceu ao San Carlo na récita de 2 de abril e, segundo *Il Giornale del Vesuvio*, foi alvo de "prolongadas e calorosas aclamações, testemunho de evoção e respeito". Tudo isso faz crer que a acolhida dada a *Cora* foi mais uma questão de euforia política e de entusiasmo com os altos padrões de montagem, do que com as qualidades musicais da partitura. *Cora* foi uma das óperas menos executadas de Mayr em seu tempo; mas houve pelo menos uma reprise em Palermo, no Carnaval de 1817-1818; e ela foi ouvida em Viena, em 1822, com música adicional composta por Weigl.

Além da abertura no disco de Renzetti, o leitor dispõe, no álbum Parry, do finale, que demonstra ser esta uma ópera com qualidades que justificariam o resgate discográfico integral. Esse finale, que assume a forma, muito comum na época, do *vaudeville*[4] de estilo francês, oferece uma novidade: é tratado como uma ária com variações, pois as personagens – Alonzo, Rolla, Ataliba e Cora – não se limitam a retomar a melodia da estrutura estrófica: cada uma delas a modifica com ornamentação mais e mais sofisticada, culminando na pirotecnia da soprano. O refrão também sofre variações: enunciado pelo Sumo-sacerdote e repetido pelo coro, tem a cada vez um texto diferente. As duas últimas entradas do *vaudeville* são *duettinos* para Cora e Alonzo, Rolla e Ataliba. O musicólogo Jeremy Commons informa também que, no palco, o finale se fechava com um mini-concertato, não conservado na partitura, aclamando Alonzo como "l'Eroe straniero, il nostro difensor".

O público do Teatro della Società de Bergamo que, em 26 de dezembro de 1819, aplaudiu *Alfredo il Grande, Re degli Anglo Sassoni* acreditava estar assistindo a um espetáculo novo. Não sabia que Mayr, inativo havia um ano – suas últimas óperas tinham sido a semi-séria *Mennone e Zemira* e a comédia *Amor Avvocato*, de 1817 – estava retrabalhando um de seus antigos títulos. O futuro empresário Bartolomeo Merelli refundira completamente o libreto de Gaetano Rossi para *Eraldo ed Emma*, cantada no Scala em janeiro de 1805. Mudara os nomes das personagens, transferira a ação para outro país, reescrevera integralmente o texto, mantendo apenas o arcabouço narrativo do drama de Rossi.

Pressionado pelo avanço dos invasores dinamarqueses, chefiados por Gutrumo, o rei

4. O *vaudeville* é o de conjunto de encerramento em que cada personagem vem ao proscênio e canta a sua estrofe; entre uma e outra, intercala-se um refrão cantado pelo coro.

saxão Alfredo, o Grande, abandona seu castelo em Wessex e vai esconder-se nas charnecas de Somerset. Assume o nome de Elfrido e lidera um grupo de soldados fiéis, que faz a guerra de guerrilha contra o inimigo, atacando-os a partir da floresta de Selwood. Até mesmo Alsvita, por quem Elfrido se apaixona – decalcada na figura histórica de Ealhswith, a mulher do rei Alfredo –, só saberá que ele é o rei no final da ópera. Seguindo em tudo o roteiro de Rossi, o libreto de Merelli faz Alsvita retribuir o amor de Elfrido; mas, no ato II, é forçada a aceitar o casamento com Gutrumo, que também a deseja, para salvar a vida de seu pai, Etelberto, o conde de Múrcia.

Quando está sendo levada para o altar, Alsvita recebe a notícia de que Elfrido morreu, e perde os sentidos. Nesse momento, Merelli mistura a narrativa de Rossi à lenda de que Alfredo disfarçara-se de trovador, para infiltrar-se nas hostes do inimigo, e descobrir quantos eles eram e que planos de ataque estavam preparando. Ouve-se o som da harpa, o trovador aparece e, embora o reconheçam, Alsvita e Etelberto não o traem. Gutrumo pede-lhe que cante, e ele entoa "Ov'è bella vergine?", na aparência uma romança sentimental mas, na realidade, um lamento pela pátria invadida, um apelo à coragem e à resistência, e um recado a Alsvita que fique tranqüila, pois seu salvador veio resgatá-la. Logo em seguida, as tropas do rei Alfredo invadem a cena, os dinamarqueses são derrotados e celebra-se alegremente o casamento – só que, desta vez, de Alsvita com o homem que, surpresa, descobre ser o seu suzerano.

No álbum da Opera Rara, o leitor encontrará justamente a cena da romança de Elfrido que, no dizer de Ludwig Schiedermair, "foi imediatamente reconhecida, pelo público da estréia, como uma obra-prima". Começando como um lamento em tom menor, a página evolui para um apelo à resistência em tom maior, pontuada pelas mensagens de conforto de Elfrido a Alsvita, que funcionam como extenso refrão. Apojaturas que intensificam a carga emocional, ou o pedal no baixo – no refrão – que dão um toque "trovadoresco" e arcaico à melodia são alguns dos recursos técnicos muito habilmente utilizados por Mayr. Mas, sobretudo, o que chama a atenção, neste trecho, é a orquestração, como sempre um ponto forte do compositor. Além da harpa, com que Elfrido se acompanha – tocada no fosso e "dublada" no palco pelo cantor – são usados seis solistas: violino, violoncelo, contrabaixo, clarinete, corne inglês e trompa. A forma como Mayr explora as variações de colorido, extraindo delas combinações extremamente expressivas de linhas melódicas, projeta-se nitidamente para o futuro, para a técnica romântica de escrita.

No *Annunzi Giudiziari* de Bérgamo, foi muito elogiada a criadora de Elfrido – a mezzo Rosa Mariani, o que liga essa ópera de transição à praxe clássico-barroca dos *trouser roles*. Muito bem recebida em Bérgamo, *Alfredo* alcançou 26 récitas no Scala (outubro-novembro de 1820), número bastante elevado para a época. Mas o crítico da *Gazzetta di Milano* considerou todo o ato I "completamente descartável", recriminou o que considerava "reminiscências de Generali e de Spontini", e teve palavras de aprovação apenas para alguns números – entre eles, a romança de Elfrido. A decepção de Mayr com a acolhida milanesa a uma ópera em que ele sabia ter colocado muito de seu talento pode ser responsável pela diminuição de sua atividade operística e a dedicação maior, em seus últimos anos, ao ensino e à música sacra.

Mas registremos um ponto importante. *Alfredo il Grande* foi cantada em Milão imediatamente antes de *Margherita d'Anjou*, a primeira ópera representada no Scala por um outro alemão que, na época, assinava-se Giacomo Meyerbeer. Pois bem, quatro anos mais tarde, em *Il Crociato in Egitto*, veremos Meyerbeer escrever um longo trio, "Giovineto cavalier", que tem um desenho melódico muito parecido com o da romança de Elfrido e – ainda mais significativo – utiliza o mesmo conjunto de seis solistas no acompanhamento.

Três óperas apenas, com intervalos maiores entre uma e outra, fazem parte dos últimos anos de atividade de Mayr como dramaturgo: *Le Danaïde* (1819), *Fedra* (1820) e *Demetrio* (1824). Dessas três, ocupemo-nos de *Fedra*, da qual também temos documentação parcial em *A Hundred Years of Italian Opera 1820-1830* (D. Parry/Opera Rara). Ela pertence a uma fase em que – no dizer de Schiedermair – Mayr estava muito insatisfeito com a tirania das *convenienze teatrali*, e as intrigas de bastidores que faziam de cada espetáculo uma imprevisível montanha russa. O libreto de Luigi Romanelli, baseado na *Phèdre* de Racine, foi escrito para o Scala, onde a ópera estreou, em 26 de dezembro de 1820, com ótimo elenco: o soprano Teresa Belloc, o tenor Nicola Tacchinardi[5], o baixo Pio Botticelli e, estreando no papel de Ippolito, uma das maiores cantoras da década de 1820, a soprano Adelaide Tosi. Ela foi o grande atrativo do espetáculo pois, referindo-se à sua primeira aparição no palco, a *Gazzetta di Milano* relata:

> La Tosi declamou seu recitativo com inteligência e expressão e cantou sua cavatina com graça e bom-gosto e, desse momento em diante, superou até mesmo as previsões mais otimistas que a tinham precedido.

Havia nisso, é claro, muito do lobby milanês a favor de sua jovem *concittadina*, a ponto de o excesso de entusiasmo da claque ter obscurecido o desempenho de La Belloc, a verdadeira estrela da noite; e de ter sido a causa de um daqueles incidentes típicos do melodrama peninsular no *primo Ottocento*. O regulamento dos teatros italianos, no início do século XIX, na tentativa de reduzir as interrupções do espetáculo devido ao excesso de aplausos, proibia o cantor de voltar à cena para agradecer as palmas após uma ária. Isso ficava reservado aos finais de ato (àquilo que o inglês chama de *curtain call*). Depois da ária que Ippolito canta na metade do ato II, o entusiasmo de uma parte dos espectadores foi tão grande, que um funcionário do teatro veio ao proscênio lembrar à platéia as regras da casa. A ovação não o deixou ser ouvido, ele optou por mandar baixar o pano e, na noite da estréia, a ópera não foi ouvida inteira. Portanto, a cena final, o grande momento do papel de Fedra (e de Teresa Belloc), que a crítica considerou o momento mais comovente de todo o drama, só foi ouvido na segunda récita. Aí, sim, Mayr recebeu, finalmente, a consagração do público, e *Fedra* ficou 36 noites em cartaz.

Ainda que o tema tipicamente raciniano da paixão fatal receba, no libreto, um tratamento que já é pré-romântico, Romanelli e Mayr demonstram-se clássicos na forma como atenuam certos aspectos da trama, fiéis ao princípio da *bienséance*. Fedra apaixona-se por Ippolito não porque tem um temperamento sensual, que a faz desejar o homem mais novo, mas porque está sendo vítima de uma vingança de Vênus contra a sua família. Ao fracassar a sua tentativa de seduzir Ippolito, não é ela quem o acusa a Teseu de ter tentado violentá-la, e sim a sua governanta Atide (a equivalente da Oenone raciniana).

Como na tragédia francesa, a morte de Ippolito é narrada por seu tutor, Teramene, até mesmo porque seria difícil representá-la no palco: acreditando na denúncia, Teseu expulsa o filho do palácio, e pede a Netuno que o vingue. O deus faz sair do mar um monstro que ataca a biga de Ippolito; os cavalos disparam, o rapaz fica preso nas rédeas e é arrastado até a morte. Mas a *bienséance* se manifesta também na cena da morte de Fedra. Ela se envenena arrependida, ao saber que causou a morte do homem que ama, canta a sua cena final, uma longa ária em seções múltiplas, entrecortada de recitativos, e sai de cena anunciando: "Vou, desesperada, buscar em outro sítio o fim de meus dias." É a seção *andantino* desse monólogo que o ouvinte encontrará no volume 3 da série Parry. "Se fiero, Ippolito, mi osti in vita" é a ilustração do princípio formulado por Mayr no texto autobiográfico já citado: "A Melodia é a Rainha da Música." Mas não se trata de melodia por ela mesma, e sim de uma linha vocal que é ornamentada, mas que está estritamente relacionada com o sentimento expresso pelas palavras. Aqui, não somente estamos longe daquela indeterminação de tom herdada do Barroco, como a construção melódica aponta decididamente para o emocionalismo romântico. Há toques surpreendentes, como as súbitas quedas do cantábile para o recitativo, quando Fedra repete as palavras "ombra romita". E a instrumentação é sombria: trompa e fagote dominam no ritornello introdutório; os violinos são eliminados, para reforçar o colorido escuro; e, no

5. Pai da soprano Fanny Tacchinardi-Persiani, criadora do papel título na *Lucia di Lammermmor*, esposa do compositor Giuseppe Persiani (ver *A Ópera Romântica Italiana*, nesta coleção).

decorrer do monólogo, o oboé, a trompa e o fagote fazem os comentários solistas contra o pano de fundo das cordas graves. A interpretação que Penélope Walker dá a esse trecho do monólogo faz desejar que uma gravação integral de *Fedra* venha um dia a ser feita.

Se o vocabulário melódico e harmônico de Simone Mayr permaneceu basicamente o da ópera clássica napolitana, é verdade que ele o enriqueceu com elementos bebidos em Mozart, Haydn e Beethoven, cuja obra conhecia bem. Mesmo quando são harmonicamente simples e, em certa medida, melodicamente quadradas, suas partituras são historicamente importantes, pois trabalham com efetivos orquestrais capazes de gerar grande intensidade dramática. Breves figuras temáticas, repetidas com um pedal alternado de tônica-dominante, e orquestração que se amplia gradualmente – a técnica hoje chamada de "crescendo rossiniano" – já ocorrem na música de Mayr e, por influência dele, na de alguns contemporâneos. Sua orquestração caracteriza-se pela independência da escrita para os sopros – traço herdado de Mannheim – e pela freqüência com que ele recorre aos solos *obbligati*. Essa instrumentação colorida, de matriz germânica, vai fornecer uma das principais bases para a formação da orquestra romântica italiana.

O legado mais importante de Mayr é a sua capacidade de construir longos segmentos dramáticos contínuos para uma ou mais personagens. A ponte entre diversas cenas é feita dando preferência ao recitativo acompanhado, incorporando intervenções corais e ampliando as passagens solistas, transformando-as em unidades mais longas em diversas seções. Isso representa uma mudança do foco operístico do número ou cena isolados para o grupo de cenas – ou seja, um passo importante rumo à concepção do ato inteiro como uma unidade, que virá na segunda metade do século XIX. Segmentos extensos dessa natureza estão presentes em várias de suas óperas, mas é na *Medea* e em *La Rosa Bianca* que encontramos seus melhores exemplos. Em 1856, Rossini observou, a respeito de Mayr: "O grande nome que possui, talvez ele o deva mais ao peso que deu aos elementos dramáticos do que à sua facilidade criativa."

FIORAVANTI

Com uma pontinha de preocupação pelo sucesso cada vez maior que ele estava fazendo fora da Itália, Cimarosa o chamou uma vez de *arguto peccerillo*. O "jovenzinho muito esperto" está hoje praticamente esquecido. Mas até a primeira metade do século XIX, suas comédias corriam os teatros da península, devido à sua capacidade de combinar, em doses exatas, ironia e emoção, alegria e sentimento.

O romano Valentino Fioravanti (1764-1837) foi estudar em Nápoles a partir de 1779. Mas foi no Teatro della Valle, de sua cidade natal, que apresentou a primeira comédia, *Le Avventure de Bertoldino ossia La Dama Contadina*, em 1784. Bem-sucedido, conseguiu novos contratos para outras cidades e, depois do primeiro grande sucesso, *Gli Inganni Fortunati*, de 1788, escrito para um teatro napolitano, vieram, em rápida sucessão:

1791 – *Il Fabbro Parigino ossia La Schiava Fortunata* e *Con i Matti lo Savio lo Perde ossia Le Pazzie a Vicenda*;

1792 – *La Famiglia Stravagante ossia Gli Amanti Comici;*

1793 – *L'Audacia Fortunata*;

1794 – *I Matrimoni per Magia* (de que existe, no selo Bongiovanni, a gravação ao vivo de Roberto Tigani, feita na Ópera de Sassari);

1795 – *L'Astuta in Amore ossia Il Furbo Malacorto* e *Liretta e Giannino*;

1797 – *Il Furbo contro il Furbo* e *L'Amore per Interesse*.

Fioravanti já era, portanto, um autor de renome consolidado ao estrear, no Teatro dei Fiorentini, em 1798, a sua ópera mais conhecida, *Le Cantatrici Villane*, de que existem dois registros discográficos:

- Cetra-Soria, 1952 – Mario Rossi/Alda Noni, Ester Orell, Fernanda Cadoni, Sesto Bruscantini, Agostino Lazzari – documentando a redescoberta da ópera, em 11.10.1951, no Teatro do Palácio Real de Caserta;
- Bongiovanni, 1992 – Roberto Tigani/Maria Ángeles Peters, Giovanna Manci, Floriana Sovilla, Marina Mauro, Ernesto Palacio, Giorgio Gatti, ao vivo na abadia de Casamari, em Frosinone.

Don Bucefalo Zibaldone, que o libreto descreve como *un maestro di cappella ignorante*, está em Casoria, perto de Nápoles, tentando encenar ali a sua ópera *Ezio*, baseada no libreto escrito em 1728, por Metastasio, para Nicola Porpora, e também musicado por Haendel, Hasse, Jommelli e Gluck. Está testando moradoras da cidade, que têm a ambição de ser grandes cantoras. Rosa é uma florentina que veio morar em Casoria; Ágata, uma nativa de Frascati que, ao enviuvar de um casoriano, herdou a sua taberna; Giannetta, uma camponesa de Romagnola, que vende no mercado as hortaliças cultivadas em seu quintal; e Nunziella, que vem de Subiaco e é a padeira da aldeia. Don Bucefalo, que está de olho em Rosa, encoraja-as e promete dar-lhes aulas, para que tenham condições de se apresentar nos teatros nepolitanos. Mas tem um rival: Don Marco, idoso morador de Casoria, a quem pediu emprestado o cravo, para poder ensaiar as moças. Embora sofra de gota, o velho muito vaidoso – *che vanta scienze e valore* – está também enamorado de Rosa.

A situação se complica quando surge Carlino. Marido de Rosa, ele teve de fugir de Casoria por ter matado um homem e, agora reaparece vestido de soldado, para se certificar de que sua mulher ainda lhe é fiel. Rosa está trancada em casa, tomando uma aula de canto com o enamorado Bucefalo. Enciumado, Don Marco vem bater à porta e o músico é obrigado a se esconder dentro de um barril de vinho vazio. Rosa resiste às propostas amorosas que o velho babão lhe faz e, quando a discussão entre eles está no auge, Carlino chega diante da porta e começa a gritar que, no quartel, lhe deram esse endereço para procurar alojamento. Don Marco tem de se esconder dentro de outro barril, e o ato se encerra num tremendo pandemônio.

No ato II, a preparação do *Ezio* de Don Bucefalo é perturbada pela rivalidade entre as cantoras. Don Marco, que usou o poder de seu dinheiro para tornar-se empresário e *primo cantore*, está indignado, pois ofereceu um contrato a Rosa e ela não responde a seus galanteios. Carlino, que desconfia do interesse de Bucefalo por sua mulher, surge de repente e desafia para o duelo o pobre maestro, que foge e escapa por pouco. A apresentação começa e Don Bucefalo, sacudindo a peruca cacheada e brandindo o bastão, sobe no pódio e começa a reger a abertura, cantarolando e falando à orquestra enquanto ela toca.

Don Marco entra em cena na pele de Ézio, o comandante do exército imperial, que acaba de derrotar Átila, o Huno. Mas a sua ária, de ornamentação muito difícil, é interpretada de forma tão incompetente que o público cai na gargalhada. Para salvar a situação, o maestro pula para o recitativo e ária de Fúlvia, a filha do patrício Mássimo, cantada por Rosa. Mas, confusa e inexperiente, ela erra metade do texto, se engana com o resto, e o resultado é um desastre. Como todo o resto do elenco, ela chama a personagem título de Zio (tio), em vez de Ézio. Ela erra, pára, recomeça mas, no final, é muito aplaudida.

A próxima personagem é Ágata como a irmã do imperador. Mas a sua estréia é perturbada pela irrupção de Carlino, que continua à procura do sedutor de sua mulher, e faz tamanha balbúrdia que acaba preso. Carlino revela a sua verdadeira identidade, Rosa abre-lhe os braços e diz que sempre lhe foi fiel. A tensão se dissipa e todos celebram o final feliz da história.

A música de Fioravanti para o libreto de Giuseppe Palomba ilustra tão bem as suas melhores qualidades como dramaturgo, e trabalha com tanta desenvoltura com a sátira ao mundo do *belcanto* que, logo depois da triunfal primeira noite em Nápoles, correu os principais teatros da Europa e foi cantada em traduções polonesa e russa. Francesco Florimo conta, em seu livro sobre as escolas musicais napolitanas, que Napoleão gostava muito da comédia, embora a atribuísse a Paisiello, cada vez que falava dela. Todos os elementos da escola napolitana combinam-se na linguagem de Fioravanti, com rara inventividade: o retrato espontâneo das personagens, com as quais ele brinca sem desrespeitá-las; os ritmos leves e flexíveis e, sobretudo, a inspiração melódica apoiada em texturas orquestrais brilhantes e transparentes.

Dentro de uma farsa muito engraçada, não faltam momentos líricos de grande beleza. Por exemplo, "Un cor mi predice", de Gianetta, em que modulações de melodias ascendentes interrompidas sugerem as dúvidas da camponesa diante da possibilidade de fazer carreira teatral. Indignação e amor próprio ferido transparecem em "Dov'è la fè giurata", de Carlino, que parece uma ária de melodrama mais sério. Há elementos virtuosísticos, mas não as sucessivas repetições comuns nesse tipo de monólogo. Ele passa por diversas transformações harmônicas. Começa com um *moderato* em si bemol maior mas, antes de se encerrar na mesma tonalidade; atravessa dois episódios em menor, para dar ênfase musical ao tom ameaçador das palavras.

Don Bucefalo é um espetáculo à parte. Obediente à tradição bufa napolitana, seu diálogo é escrito num dialeto que torna muito curiosos seus doutos comentários. Logo no início, ouvindo as camponesas a quem quer agradar, ele as elogia. Mas, enquanto o faz, não pára de comer – não nos esqueçamos de que é um músico mambembe e, portanto, sempre meio morto de fome – "e si alza col piatto in mano e il tovagliolo in spalla, mangiando sempre":

Oh che trillo, che passaggio!
Oh che merole de Maggio!
A 'ste buce co' li baffe
Manco Raffe[1] *pò arrevà. [...]*
Chesse buce so' tronate,
'ste presenzie so' portiente,
jate 'n coppa a 'sti Triate,
ca po tanno veramente
sentarrìte la Pratea
che gran sbattere ve fà.

([*Levanta-se com o prato na mão e o guardanapo no ombro, sempre comendo*]: Oh que trinado, que *passaggio*! Oh que canções primaveris! Estas vozes cantam tão bem que nem "Raffe" o conseguiria. Estas vozes são tão afinadas, estas presenças são tão portentosas que, se se apresentarem neste teatro, em pouco tempo, sem dúvida alguma, vocês ouvirão a platéia que lhes fará uma ovação.)

À sua maneira, ele é altaneiro e defende-se com sua música. A Carlino, que o desafia, ele responde: "Ca si auzo il mio canicchio, con i miei gesolreutte, te stordesco 'na città." (Pois se levantar a minha voz, com o meu dó-ré-mi ensurdeço uma cidade). Ele se tem em alta conta como músico, e deixa isso muito claro em seus comentários à orquestra durante a execução da abertura, cujos erros estão cuidadosamente anotados por Fioravanti na partitura:

Ttai ttai ttai llarà llarà llarà...
Acossi ca jammo buono,
Bravi, viva, dammo a chessa...
Doce, doce, senza pressa...
Ttai ttai ttai lara là larà!
Vì, ca vaje 'no tuono sotto.
N'abbordà 'sta violoncella.
Tu va chia' con 'sto fagotto
ca me pare 'na vitella.
Forte adesso! Jammo unite...
(corni stonanno)
Co' 'sti corni me stordite!
Acossì... tarai ta ta,
Oh che chiasso, che armonia,
oh che prattica, che estro,
'na chiù bella sinfonia
manco Glucco la sa fa'.
Dite alò, bravo Maestro,
ca la capa ho da vascià.

(Ta ta ta larari, assim vamos bem, bravos, viva, é isso aí... Doce, doce, sem pressa... Ai, você está indo um tom abaixo. Não se debruce em cima do violoncelo. Devagar com esse fagote, pois me parece uma vitela. Forte agora! Vamos juntos... [*as trompas desafinam*] Com essas trompas vocês me deixam tonto! Assim... tará tá tá . Oh que barulho, que harmonia, oh que habilidade, que inspiração, uma mais bela sinfonia nem Gluck sabe fazer. Diga "Alô, bravo Maestro, quero beijar a sua capa.")

O ensaio, em casa de Rosa, da *aria di tempesta* "Fra gli scogli e la procella" – que a princípio ela canta como "porcella" – é vivo e engraçado, intercalando-se a ele os comentários de Carlino que, escondido, fica indignado ao ver um homem em companhia de sua mulher. A cena culmina no sexteto "Apri la bocca e fa come fo' io", em que as amigas de Rosa fazem reparos ao resultados de sua aula, Carlino se irrita cada vez mais com o que vê, e Don Bucefalo fornece o apoio rítmico-harmônico imitando um contrabaixo com a boca.

Muito original é "Tutti nemici e rei" na qual, após os qüiproquós do final do ato I, Don Bucefalo explode e vê inimigos por toda parte. É uma *aria parlante* na qual a orquestra comenta o recitativo cômico fragmentado do baixo bufo, a maior parte do tempo apoiado na repetição da mesma nota. Todos os números, de resto, têm um toque interessante. É o caso do trio "Io dirò se nel gestire", do ato I, em que, antecipando os problemas da futura carreira de prima-dona, as três moças já imaginam as desculpas que darão para seus erros:

Se sbaglio nel cantare,
le scuse saprò fare al modo mio...
che il poeta la mia parte
il carattere sbagliò...
che ho la voce buona e bella
ma il Maestro di Capella
la sua musica scontrò...

(Se me engano ao cantar, saberei dar minhas desculpas... que o poeta se enganou no caráter de minha perso-

1. O "Raffe" de quem Don Bucefalo fala é o tenor alemão Anton von Raaf (1714-1797), de quem Metastásio dizia que ele tinha *una você d'angelo*. Raaf foi extremamente longevo, pois cantou até 1787. Em 1777, sua voz já soava envelhecida, e Mozart o considerava "o pior ator que já pisou num palco". Mas escreveu para Raaf o papel título de *Idomeneo*, pois ele o tinha apresentado ao empresário do teatro de Munique que lhe encomendou a ópera.

O casal Marianna e Luigi Barilli, criadores de Lauretta e Bellarosa em *I Virtuosi Ambulanti* de Valentino Fioravanti.

nagem... que tenho voz boa e bonita, mas a música do maestro desandou...)

Há aqui a divertida crítica aos maus hábitos dos cantores, que Fioravanti conhecia tão bem.

O quarteto "Voi da me cosa bramate?", do ato II, é um instante de boa observação psicológica. Rosa já não agüenta mais as cenas do militar recém-chegado e quer saber por que ele a pressiona; Carlino ainda tenta manter a pose elegante de capitão espanhol, mas fica cada vez mais ameaçador; Bucefalo quer aparentar uma coragem que não tem, e está morrendo de medo; e Ágata, querendo pôr água na fervura, ameaça mandar chamar os empregados de sua taberna e botá-los para correr. Tem razão Alessandra Doria ao dizer, no ensaio de introdução ao álbum da Bongiovanni:

> Toda a ópera não pára de nos espantar com a sua abundância de idéias sempre novas e cheias de vida, com a perfeita fusão entre impulso musical e caracterização das personagens, aos quais o próprio gênio de Rossini não ficou indiferente. Duzentos anos depois de composta, *Le Cantatrici Villane* conserva o sabor autêntico de uma peça que ilustra maravilhosamente bem o fenômeno da ópera napolitana, com sua inarredável fé na alegria de viver sustentada sem retórica alguma, sempre disposta à brincadeira e a um terno sorriso solar nos lábios.

Para a apresentação de 1952 em Caserta, a edição da partitura foi feita por Renato Parodi, e a do libreto, por Corrado Pavolini. O elenco que participou desse espetáculo é de primeira ordem – o Bucefalo de Sesto Bruscantini e a Rosa de Alda Noni são excepcionais. Mas a forma como a ópera é executada é muito inferior à do álbum Bongiovanni, em cujo folheto o maestro Roberto Tigani explica minuciosamente as lacunas encontradas na partitura disponível, todos os números que foi preciso restabelecer, e a procura de agulha em palheiro que representou cotejar quinze cópias manuscritas muito diferentes das *Cantoras Camponesas*, feitas de 1798 até meados de 1850. A pesquisa valeu a pena, pois o registro de Tigrani nos restitui a ópera em todo o seu frescor.

A fama européia das *Cantatrici Villane* fez as comédias de Fioravanti passarem a ser sistematicamente representadas em Lisboa. A boa acolhida dada em Portugal a *L'Avaro* e *L'Ambizione Punita*, de 1800, e *Il Villano in Angoscie*, do ano seguinte, escritas para teatros italianos, fizeram com que o Teatro São Carlos lhe encomendasse *Camilla ossia La Forza del Giuramento*. Os aplausos retumbantes a esse drama semi-sério, cantado no final de 1801, valeram-lhe o convite para dirigir o teatro; e como esse era um campo promissor, mais livre do que o sobrecarregado mercado napolitano, Fioravanti aceitou e ficou em Lisboa até 1806. Agradou muito à platéia com

1802 – *La Capricciosa Pentita, Amore e Destrezza ossia I Contratempi Superati dall'Arte* e *L'Amore Aguzza l'Ingegno*;
1803 – *L'Orgoglio Avilito*;
1805 – *La Dama Soldato*;
1806 – *Il Bello Piace a Tutti*.

Mas sentia falta de casa e não quis renovar o contrato. Passou, porém, em Paris e, no Théâtre Italien, estreou, em 26 de setembro, outra de suas óperas muito conhecidas. Roberto Tigani também gravou *I Virtuosi Ambulanti*, com Alessandro Calamai, Luigi Petroni e Patrizia Cigna, lançada pelo selo Bongiovanni. Como a *Prima Prova* de Gnecco, o *dramma giocoso* escrito por Giuseppe Luigi Balocchi trata das ambições e ciumeiras de uma pequena companhia itinerante de ópera. Vão de um lugar para o outro com tudo o que possuem – as partituras, os figurinos, os adereços –, em baús amontoados numa carroça puxada por um cavalo velho e esquálido. Ao chegarem a Montefiascone, são confundidos com um bando de ladrões, e iriam parar na cadeia se Bellarosa, o empresário, não se encontrasse com Uberto, um primo distante, do regimento de cavalaria estacionado ali perto. É ele quem os livra da prisão, e a ópera termina no momento em que eles estão se preparando para dar início ao espetáculo.

A cena mais interessante dessa pequena ópera é o trio "Con pazienza sopportiamo", em que Lauretta e Rosalinda, as duas cantoras da companhia, tentam superar uma à outra, e têm de ser apaziguadas pelos elogios que Bellarosa faz a uma e à outra. Nesse caso, ambas cantam muito bem e, conseqüentemente, o número é um verdadeiro duelo de virtuosismo. O que o torna muito interessante é o fato de ele documentar, com muita vivacidade e senso de humor, a típica arte setecentista do solfejo.

Em vez de ser um mero exercício vocal, o solfejo, para o qual havia uma cadeira especializada nos conservatórios de Nápoles, era construído como uma verdadeira pequena canção, em geral sem palavras, mas às vezes com um texto que lhe servia de apoio. Usado durante muito tempo, o *Metodo Pratico di Canto Italiano per Camera*, de Niccola Vaccai, contém solfejos sobre versos de Metastasio que são verdadeiras arietas plenamente pensadas em termos de formato melódico e desenvolvimento. Da mesma forma, as centenas de solfejos que Bellini escreveu, nas aulas que teve com Zingarelli, são melodias muito bem estruturadas, com apoio rítmico e harmônico do acompanhamento de piano. Nesta cena de ópera, em que os solfejos com que Rosalinda e Lauretta esquentam a voz são cuidadosamente trançados ao tecido orquestral, tem-se uma amostra preciosa do trabalho incansável que era necessário fazer nas salas de conservatório, antes de pisar nas pranchas do palco. É por isso que, apesar de todos os elogios com que Bellarosa tenta apaziguá-las, as duas dizem para si mesmas: "Sulle scene chi ha talento si vedrà." É no palco que se há de ver quem tem talento.

Fioravanti voltou para a Itália, aceitou o cargo de diretor do Teatro S. Carlo de Nápoles e, depois, de maestro da Cappella Giulia, no Vaticano. Apesar de ter de fornecer ao serviço litúrgico um número constante de partituras, não deixou de colaborar com o palco no mesmo ritmo de antes, ampliando a experiência bufa com um maior número de títulos inspirados no *drame larmoyant*, de origem francesa, gênero muito em voga nas primeiras décadas do século XIX. Os mais apreciados foram a trilogia baseada na história de *Adelaide e Comingio*, outra realização da maior importância no conjunto da produção de Fioravanti – até mesmo pelos elementos prenunciadores do Romantismo que contém –, que mereceria a documentação discográfica.

A trilogia baseia-se na peça *Les Amants Malheureux ou Le Comte de Comminges* (1765), que François de Baculard d'Arnaud adaptara do popularíssimo romance *Les Mémoires du Comte de Comminges* (1735), de Claudine Guérin, marquesa de Tencin. Ao sentimentalismo desabrido do original, Baculard acrescentara elementos góticos de origem inglesa, da predileção das platéias pré-românticas. Contam que a direção do teatro parisiense em que *Os Amantes Infelizes* estreou anunciava cordiais, para reanimar as espectadoras que desmaiassem na cena assustadora em que os pobres Adélaïde e Comminges desciam à cripta de um mosteiro trapista. Drama de temperos tão fortes não podia deixar de atrair os italianos. O napolitano Giacomantonio Gualzetti foi o primeiro a compor, em 1789, a trilogia *Gli Amori di Comingio; Adelaide Maritata*; e *Adelaide e Comingio Romiti*.

Como a história era muito familiar para o público, Fioravanti começou fora da ordem, com *Adelaide Maritata e Comingio Pittore* (1812), escrevendo depois o final, *Adelaide e Comingio Romiti ossia La Morte di Adelaide* (1817). A resposta da platéia foi tão boa que, no ano seguinte, o *antefatto* veio juntar-se à série: *Gli Amori di Adelaide e Comingio*. Como essas três óperas tinham o usual formato napolitano com a inserção de cenas cômicas em dialeto, Pacini, que atravessava uma fase ingrata, fez de *Adelaide e Comingio*, no Scala de Milão, em dezembro de 1817, um de seus primeiros grandes triunfos[2]. Rica em episódios e reviravoltas, a trilogia conta – sumariamente – a história de Adelaide que, embora ame o jovem Comingio, vê-se obrigada a casar-se com o conde de Benavides, mais velho do que ela. Mas sofre por ver-se separada do homem que ama, e seu marido, percebendo isso, enche-se de rancor e desejo de vingança. O conde desafia Comingio para um duelo, e é mortalmente ferido. Mas, antes de morrer, apunhala Adelaide. Agonizando, ela faz o namorado prometer que não há de se matar por causa dela. Impedido de se suicidar, Comingio entra para um mosteiro e faz-se eremita.

Elementos já tipicamente prenunciadores do Romantismo, como os dessa trilogia, aparecem aqui e ali na fase final da obra de Fioravanti. Nela comparecem temas também tratados por outros compositores: *Raoul Signor di Créqui* (a *Gabriella di Vergy* de Carafa e Donizetti), *La Foresta di Hermannstadt* (Coccia), *Adelson e Salvini* (Bellini).

2. Ver *A Ópera Romântica Italiana*, desta coleção.

1808 – *I Raggiri Ciarlataneschi*;
1809 – *La Bella Carbonara;*
1810 – *Semplicità ed Astuzia ossia La Serva e il Parruchiere;*
1811 – *Le Nozze per Puntiglio* e *Raoul Signore di Créqui*;
1812 – *La Foresta di Hermannstadt, Adelaide Maritata e Comingio Pittore*, além de *Nefte*, recaída na *opera seria* 2de estilo metastasiano;
1814 – *Adelaide e Comingio Romiti ossia La Morte d'Adelaide, L'Africano Generoso* e *Inganni ed Amori*;
1816 – *Adelson e Salvini*;
1817 – *La Contessa di Fersen ossia La Moglie di Due Mariti* e *Gli Amori di Adelaide e Commingio*;
1819 – *Paolina e Susetta*;
1823 – *La Donna di Genio Bizarro.*

Das óperas escritas por Fioravanti, 37 partituras se perderam, informa Andrea della Corte no levantamento que fez em *L'Opera Italiana del Settecento* (1923). O bem-humorado Fioravanti parecia estar fazendo a autocrítica de sua própria carreira ao intitular a última comédia que escreveu, em 1824, de *Ogni Eccesso è Vizioso.* Abandonou o palco porque, a essa altura, sua saúde começava a declinar. Nos primeiros dias de junho de 1837, sentindo-se muito fraco, decidiu ir para Nápoles, onde seria cuidado por seu filho Vincenzo, também compositor de peças bufas. No meio do caminho, foi obrigado pelo mal-estar a parar em Cápua onde, no dia 16, morreu de um enfarte.

GNECCO

Não se conhece muito a respeito da vida de Francesco Gnecco (1769-1810). Apenas que vinha de uma família de prósperos mercadores genoveses, e começou a estudar música relativamente tarde, depois de uma juventude de libertinagem, que certamente abreviou sua existência, pois ele morreu em Milão, com apenas 41 anos, após ter escrito 28 óperas. Não se pôde comprovar a versão de que teria sido aluno de Cimarosa. Andrea della Corte afirma que ele estudou com F. L. Mariani, *maestro di cappella* na catedral de Savona, onde ele próprio trabalhou. Praticou o gênero sério e o semi-sério – este com *Carolina e Filandro* (Roma, 1804), que obteve um certo sucesso. Mas seu nome passou à História da Ópera por causa de uma comédia cantada no S. Giovanni Crisostomo de Veneza, em 8 de julho de 1803.

Mais do que uma paródia inconseqüente, *La Prova dell'Opera "Gli Orazii e i Curiazii"* é uma das melhores reflexões sobre as entranhas do teatro lírico, numa época em que se gostava muito de fazer esse tipo de metateatro. É uma pequena jóia digna de ser colocada ao lado do *Empresário* de Mozart, do *Impresario in Angustie* de Cimarosa, das *Cantatrici Villane* de Fioravanti. O libreto original de Giulio Artusi era em um ato; mas a peça agradou tanto que Gnecco fez refundir o texto, ampliando-o para dois atos, escreveu números adicionais e transformou-a em *La Prova di un'Opera Seria*, que se manteve em cartaz por muito tempo: a última notícia que se tem dela é de 1853. Mas o techo disponível em HYIO/OR pertence à versão original.

Uma pequena companhia mambembe reúne-se para ensaiar *Os Horácios e os Curiácios*, mas nada dá certo. Criticone Tarmachi, o pretensioso *maestro al cemballo*, decidiu substituir a abertura de Cimarosa por uma outra, de sua própria autoria, mas todos ridicularizam a sua medíocre composição. O tenor recusa-se a ensaiar enquanto todos os membros do coro não tiverem chegado. A prima-dona Metilde Magretti recusa-se a vestir o costume que preparam para ela, pois o modelo não lhe agrada. E achando a ária de Cimarosa alta demais para a tessitura, anuncia que vai substituí-la pela sua "ária de baú", composta por um certo maestro G. (naturalmente uma brincadeira que Artusi faz com o próprio Gnecco). O ensaio termina num total desastre, pois estão todos mais interessados em ir jantar do que em cantar. Mas garantem ao pobre Fastidio Mazzoca, o empresário, e à platéia, que é sempre assim: nos ensaios, tudo vai mal mas, depois que a ópera começa a ser apresentada, vai ficando cada vez melhor. Num país como o nosso em que, freqüentemente, a récita de estréia é o ensaio geral, só Deus sabe como essas palavras podem ser verdadeiras.

O sexteto "Ed a un tal patto solo" ocorre na cena capital em que Metilde tem de ensaiar "Quelle pupille tenere", a ária de Curiácio – ou seja, tem de cantar a ária que pertenceria a

Giuditta Pasta e Luigi Lablache numa encenação de *La Prova di un'Opera Seria*, de Francesco Gnecco.

um *castrato*, se a companhia pudesse dispor desse tipo muito dispendioso de cantor. A interpretação de Sandra Dugdale, no álbum da Opera Rara, é um primor, pois ela se revela uma mestra na arte de cantar errado, de maneira afetada e com enorme mau-gosto, culminando numa cadência pessimamente executada e numa entrada equivocada que desencadeia o agitado *pezzo d'insieme* final – em que a música de Gnecco vem substituir as estropiadas citações de Cimarosa.

Metilde se atrapalha todo o tempo, troca a palavra "affetto" por "effetto", tem uma voz anasalada horrorosa, o que faz Criticone arrancar os cabelos – "La gran bestia! Oh Dio, che cane!" – e Fastidio já imaginar o fiasco: "Non sa nemmeno leggere! Sto fresco!" Enquanto isso, o tenor Petruccio Stendardo e a segunda soprano, Corilla Tracagnotti, jogam mais lenha na fogueira ao zombar da primadona, e Fischietto Stecchi, o copista, protesta cada vez que ela tenta jogar a culpa de seus erros em suas cópias mal-feitas. A cena converge para um sexteto vertiginoso, em crescendo, à maneira rossiniana. É Metilde quem tem a última palavra ao chamar o maestro de "Impertinente!", antes de se retirar ofendida. No libreto impresso, porém, há uma frase, não musicada por Gneccho, em que Fischietto dá a sua explicação para a má forma em que a prima-dona se encontra: "Vuol troppo far l'amore e poi così la va!", o que equivale a "Fica transando o tempo todo, e é nisso que dá!"

Para a versão em dois atos, Gnecco substituiu a ópera de Cimarosa por um título imaginário, *Ettore in Trabisonda*, no qual explora todos os excessos a que uma vedete de *opera seria* pode se entregar. Para dar um pouco de tensão ao finale do ato I, mostra um piquenique dos cantores no campo, interrompido por uma tempestade. As árias formais são ternárias, com *da capo*; as mais desenvoltas, binárias com introduções usando solista *obbligato*; os finales têm a usual forma multipartite; o silabato predomina na declamação.

Entre as outras óperas de Gnecco, destacam-se *Auretta e Massiello ossia Il Contrattempo* (Gênova, 1792) e *Il Nuovo Podestà ossia Le Nozze di Lauretta* (Bolonha, 1802).

A Geração de 1770-1790

Paer

Nas primeiras décadas do século XIX, Ferdinando Paer (1771-1839) era, ao lado de Simone Mayr, uma das figuras dominantes da ópera italiana. Hoje, é lembrado apenas por ter sido o autor de *Leonora ossia L'Amor Coniugale*, tradução do mesmo libreto de Jean-Nicolas Bouilly usado por Beethoven no *Fidelio*. A gravação feita em 1979 por Peter Maag, para o selo Decca, com um ótimo elenco – Ursula Koszut e Siegfried Jerusalem, Edita Gruberová e Wolfgang Brendel – permite o acesso a essa obra, cuja fama seria muito maior se não tivesse concorrente tão pesado. Permite imaginar também o quanto da obra de Paer é de boa qualidade e está a pedir um resgate discográfico que lhe dê o devido valor.

Paer fez seus estudos musicais em Parma, onde tinha nascido, com Francesco Fortunati e o violoncelista Gaspare Ghiretti. Ali iniciou a carreira, em 1791, fornecendo à corte a música de *Orphée et Eurydice*, peça de teatro entremeada de números musicais, da autoria de um certo Duplessis. Mas o resultado não foi mau, pois lhe valeu a encomenda, do S. Samuele de Veneza, de uma *Circe* para o Carnaval do ano seguinte. Nomeado, nessa época, *maestro di cappella* honorário da corte de Parma, produziu diversos títulos para os teatros de sua cidade, de Pádua, Florença e Nápoles. São óperas sérias com visíveis resquícios metastasianos, óperas bufas cujo modelo ele vai buscar nas comédias napolitanas e, sobretudo melodramas semi-sérios de ligações fortes com o *drame larmoyant* francês, estilo com o qual tem maior afinidade e que vai torná-lo muito conhecido na época:

1792 – *Le Astuzie Amorose ossia Il Tempo fa Justizia a Tutti*
1793 – *I Portenti del Magnetismo, Icilio e Virginia, Laodicea, I Pretendenti Burlati, L'Oro Fa Tutto*;
1794 – *L'Inganno in Trionfo, Il Nuovo Figaro* – com libreto de Da Ponte, contando de forma diferente a história de *Le Nozze* –, *I Molinari, Il Fornaro, L'Idomeneo, Ero e Leandro, Una in Bene e Una in Male*;
1795 – *La Rossana, Il Cinna, Anna, L'Intrigo Amoroso;*
1796 – *L'Orfana Riconosciuta, L'Amante Servitore;*
1797 – *Il Principe di Taranto, Il Fanatico in Berlina.*

A mais importante delas é *Griselda ossia La Virtù in Cimento*, composta para o Teatro de Parma em 1798, usando o mesmo libreto que Angelo Anelli preparara, cinco anos antes, para Piccinni. Naquela época de fragmentação política da Itália, Parma e Veneza estavam culturalmente distantes uma da outra e até mesmo pertenciam a "países" diferentes; isso explica por que, no final do século XVIII, ainda se lançava mão com tanta desenvoltura do bem alheio. De resto, não era a primeira vez que se levava ao palco lírico a história, tirada do *Decameron*, da mulher humilde que se casa com Gualtiero, rei da Tessália, e é maltratada por ele; mas sua nobreza e lealdade acabam reconquistando o marido. Apostolo Zeno tinha escrito, para Pollarolo, um libreto que o cardeal Ruspoli remanejou para Alessandro Scarlatti, e Carlo Goldoni revisou para Vivaldi. Esse texto já muito castigado serviu de base a Anelli, para Piccini. O que impedia então Paer de retomar a história, sobretudo se, ao fazê-lo, dava mostras de senso da dinâmica teatral, invenção melódica e muita imaginação no uso da orquestra?

Griselda foi a ópera que o tornou conhecido fora da Itália. Paer que, no início de 1797, fora nomeado substituto oficial dos *maestri di capella* da corte, Colla e Fortunati, foi convidado a assumir a direção do Kärntnertortheater, em Viena. Renunciando à possibilidade de fazer carreira na corte de Parma, Paer foi para a Áustria com sua mulher, a soprano Francesca Riccardi. Ali compôs o *dramma semiserio* que estudiosos como Julian Budden consideram uma de suas melhores obras: *Camilla ossia Il Sotteraneo*, encenada em 28 de fevereiro de 1799. Giuseppe Carpani traduziu um dos libretos do francês Benoît-Joseph Marsolier de Vivetières. Vejam como os fios se atam: Marsolier escreveu *Nina ou La Folle par Amour* para Nicolas Dalayrac; dela, Carpani e Giambattista Lorenzi extraíram o poema da *Nina* famosa de Paisiello. Estamos, portanto, em casa.

Camilla é uma interessante mistura de dois subgêneros que estavam na moda: a ópera de resgate[1], de que a *Leonora* é o modelo; e a história de aventuras envolvendo bandoleiros, proscritos, foras-da-lei[2]. Trata-se de um documento importante para compreender a transição do Classicismo para o Pré-romantismo. Camila foi raptada por bandidos, junto com seu filho pequeno, e jogada no porão de um sinistro castelo gótico de um lugar ermo e solitário. Ela será libertada pelo marido, que conta com a ajuda de um criado fiel, encarregado de fornecer o contraponto cômico. À intriga séria vem somar-se outra, de tom mais leve: o caso amoroso de um casalzinho rústico e jovem.

Um *melodramma eroico*, que Giovanni Gamerra extraiu da *Ilíada*, encerrou a carreira vienense de Paer. *Achille* foi cantada no Kärntnertor em 8 de junho de 1801 e, apesar de um final feliz totalmente inapropriado, foi muito admirada por Beethoven. Depois da estréia, ele cumprimentou o autor, dizendo-lhe que gostaria de ter escrito a marcha fúnebre em dó menor, que se ouve na cena em que o cadáver de Pátroclo é trazido para a tenda de seu amigo.

A intriga segue os passos principais do poema homérico. Aquiles retira-se em sua tenda e recusa-se a continuar lutando, porque Agamêmnon lhe tomou Briseida, a filha do rei Lirnesso, que ele capturou após derrotar seu pai. A pedido do herói, Pátroclo enverga sua armadura e capacete, e vai para o campo de batalha como se fosse ele; mas é morto por Heitor, o príncipe troiano. Cheio de dor e arrependimento, Aquiles decide voltar à luta; e a necessidade do *lieto fine* faz a ópera terminar com um coro em louvor de seu valor militar, que dará certamente a vitória aos gregos. Não há qualquer referência à morte de Heitor, e muito menos à do próprio Aquiles, atingido por uma flechada de Páris no calcanhar, seu único ponto fraco.

O tema, a estrutura, o final convencional são ainda os da *opera seria* barroca. Mas há, da parte de Gamerra e de Paer, a tentativa de modernizar esse molde vetusto. Ainda existem várias árias de estilo antiquado, mas o coro é usado extensamente, há seis duetos, dois trios e os finales de cada ato são muito elaborados. A abertura tem a forma de um mini-poema sinfônico, com as seções detalhadas mediante subtítulos: nascer do dia; o campo tranqüilo; as tropas de Aquiles iniciam a marcha; manobras militares e desfile dos soldados. Há também pretextos para *musica di scena* no estilo descritivo que era comum na ópera francesa:

1. Surgido em decorrência das atribulações da Revolução Francesa, em que foram muito comuns os casos de nobres salvos por parentes ou servidores que lhes tinham permanecido fiéis, o *opéra de sauvetage* teve manifestações ilustres no *Léon ou Le Château de Monténéro* de Dalayrac, no *Richard Coeur de Lion* de Grétry, na *Leonora* de Gaveaux/Beethoven/Paer, em *Les Deux Journées* e *Lodoïska* de Cherubini. Mas encontramos essa forma ainda no *Dalibor* de Smetana, por exemplo, que é de 1868.

2. É nobre a estirpe das óperas que têm charmosos bandoleiros como personagens centrais. Iniciando-se em 1793 com a precursora *La Caverne* de Le Sueur, a voga produz *Fra Diavolo* de Auber, *Zampa* de Hérold, *Il Pirata* de Bellini, *Il Bravo* de Mercadante e, só em Verdi, *Ernani, Il Corsaro, I Masnadieri* e *Il Trovatore*.

Francesca Riccardi, a mulher de Ferdinando Paer, estreou vários papéis em suas óperas.

Maria Marchesini cantou Massinissa na estréia da *Sofonisba* de Ferdinando Paer.

Diomiro Tramezzani e Maddalena Grassi fizeram Siface e o papel-título da *Sofonisba* na ópera de Paer.

o ataque ao palácio de Lirnesso, o seqüestro de Briseida e, como já dissemos, a marcha fúnebre para Pátroclo.

Em HYIO/OR, o leitor encontrará o dueto "Giusti Numi, ah sostenete" do ato II, em que Aquiles pede ao amigo que lute em seu lugar. Paer sabe que este é um momento climático e dá-lhe tratamento muito adequado. A ação se imobiliza e a música, um *maestoso* que convém ao tema heróico, sugere perfeitamente o choque entre a forma esperançosa como os dois heróis pedem a proteção divina e a consciência que o ouvinte, conhecendo a história, tem de que Pátroclo está correndo em direção à morte.

Entre a *Camilla* pré-romântica e a mitológica *Aquiles*, que se volta para o passado, Paer tinha escrito outras óperas cômicas ou semi-sérias: *Il Morto Vivo*, de 1799; e *La Testa Riscaldata, La Sonnambula* e *Poche ma Buone ossia Le Donne Cambiate*, as três de 1800. Entre 1801 e 1806, ele esteve em Praga, e foi *Kapellmeister* na Ópera de Dresden, produzindo, para essas duas cidades, obra copiosa:

1802 – *Ginevra degli Almieri* e *I Fuorusciti di Firenze*;
1803 – *Sargino ossia L'Allievo dell'Amore*;
1804 – *Leonora ossia L'Amore Coniugale*.

O libreto de Giuseppe Maria Foppa para *Sargino ou O Aluno do Amor* adapta um texto francês de J. M. Monvel, e é um exemplo acabado do *dramma eroico* que mistura elementos sérios, cômicos e sentimentais. Estreada no Hoftheater de Dresden em 26 de maio de 1803, a ópera passa-se em Flandres, durante o reinado de Felipe Augusto e, no final da ópera, há referência à Batalha de Bouvines, em que o exército francês derrotou as tropas aliadas do rei João da Inglaterra e do imperador Otto da Alemanha. A personagem título, Sargino, já está com vinte anos, mas ainda não conseguiu ser sequer o pajem de um cavaleiro. Não conseguiu aprender a ler e, para desespero de seu pai, de quem morre de medo, é terrivelmente inseguro.

Percebendo seu desamparo, a sua prima Sofia, que cavalga e usa a espada muito bem, encarrega-se de sua educação. À vontade em companhia dessa menina decidida que não o critica aos berros todo o tempo, Sargino aprende a ler, a montar, a manejar a espada... e a amar – embora a ópera já tenha passado da metade na hora em que ele ganha confiança suficiente em si mesmo, para confessar a Sofia que está loucamente apaixonado por ela. Na Batalha de Bouvines, dois cavaleiros desconhecidos aparecem: um deles salva a vida do rei; o outro realiza incríveis proezas militares. Ao retirar o capacete, revelam ser Sargino e Sofia; e Felipe Augusto, em sinal de gratidão, sagra o rapaz cavaleiro e promove a união dos dois.

Ao lado de momentos enérgicos que prenunciam a ópera heróica de Spontini – em especial os vigorosos coros de batalha, em dó menor e sol menor, no último ato – *Sargino* é a ópera em que melhor se percebe a influência de Mozart, que Paer ouvira em Viena. Isso é particularmente sensível nas cenas de amor – por exemplo a ária "Ah, Sofia, mio caro bene", em que a personagem-título se declara à sua amada – de recorte melódico muito delicado e grande sutileza de modulações. Como o *Richard Coeur de Lion*, de Grétry, ou *La Caccia di Enrico IV*, de Pucitta, de que falamos no capítulo sobre esse compositor, *Sargino* é uma daquelas óperas semi-sérias nas quais todos os segmentos da sociedade são representados, a cada um deles correspondendo um estilo de música diferente. Num extremo, há Felipe Augusto, que se expressa de modo nobre e solene; no oposto, um casalzinho camponês, Isella e Isidoro, cujas melodias são de corte popular. No centro, Sargino que, no início, desajeitado que é, evolui no universo bufo. Mas depois, transfigurado pelo amor de Sofia – que pertence à esfera elegante da ópera francesa de tema sentimental –, evolui para os acentos heróicos da ópera séria. É importante observar que Sofia foi escrita para Francesca Ricciardi, a mulher de Paer, o que explica o cuidado com que o papel foi construído.

Embora autores como David Brown apontem o nome de Giacomo Cinti, o mais provável é que tenha sido Giovanni Schmidt o autor da versão italiana de *Léonore ou L'Amour Conjugal*, em que o jacobino Jean-Nicolas Bouilly narrava um episódio real, ocorrido no distrito de Tours, onde era juiz. Uma mulher, disfarçando-se de homem, foi trabalhar numa prisão, para descobrir se ali estava trancafiado o marido, de que a polícia afirmava desconhecer o paradeiro. Bouilly desempenhara, nessa história, papel semelhante ao do Don Fernando de sua peça, punindo o diretor da prisão, que abusara de sua autoridade para fazer uma vingança pessoal.

Mas em 1797, ao escrever o libreto para Pierre Gaveaux, o dramaturgo francês preferiu situar a ação na Espanha do século XVII, para evitar problemas com as autoridades revolucionárias. A ópera do tenor e compositor Gaveaux, estreada em Paris em 19 de fevereiro de 1798, está hoje completamente esquecida. Mas causou muito impacto em sua época pois, além de Paer, inspirou também

- Simon Mayr – *L'Amor Coniugale,* com libreto de Gaetano Rossi, estreada em Pádua na temporada de Carnaval de 1805;
- e Beethoven – *Leonore oder Die eheliche Liebe*, primeira versão do *Fidelio*, com libreto de Joseph Sonnleithner, criada em Viena em 20 de novembro desse mesmo ano (sabe-se que Ludwig tinha, em sua biblioteca, a partitura de Gaveaux; mas hoje está totalmente desmentida a tese de que conhecia também a de Paer).

A *Leonora* de Paer mantém a ambientação espanhola e, de um modo geral, a ação de sua ópera é muito parecida com a do *Fidélio*. A diferença mais visível é o papel maior atribuído a Marcellina, como veremos adiante. Distinguem-nas formalmente, é claro, o fato de *Leonore/Fidelio* ser um *singspiel* (com diálogos falados interligando os números) e *Leonora* ser uma ópera com a estrutura de recitativos acompanhados ligando um número ao outro, e extensos finales multi-seccionais encerrando cada ato. Além disso, o Don Pizzarro alemão é um barítono; o de Paer, um tenor. E o papel de Rocco, em Paer, é muito reduzido: não lhe é dada nenhuma ária solo. Na *Leonora* não há coro, provavelmente porque o compositor não podia contar com esse tipo de efetivo no Kleines Kurfürstliches Theater de Dresden, onde a ópera foi estreada em 3 de outubro de 1804.

A abertura apresenta e repete um tema, relacionado com a devoção da personagem-título ao marido, que reaparecerá numa das passagens de recitativo, e no trio "Che l'eterna provvidenza", quando Leonora desce com Rocco ao calabouço em que Florestano está encerrado. Esse procedimento é digno de nota pois, a essa altura, 17 anos antes da abertura do *Freischütz*, que estabelecerá o modelo para as aberturas síntese temática da ação, ainda são relativamente raros os casos de introduções que citem deliberadamente temas a serem retomados no decorrer da peça.

Quem conhece bem o *Fidélio* desfruta da sensação estranha de ouvir, com música e opções estéticas inteiramente diferentes, situações muito conhecidas, a começar pela batida na porta, que interrompe o diálogo entre Giacchino e Marcellina, no início da ópera. Estão lá a ária furiosa de Don Pizzarro, "Quai pensieri, quai dubbi ho d'intorno", quando ele sabe que Don Fernando vem fazer uma supervisão em seu presídio, e a cena com Rocco, a que Leonora, escondida, presencia. Está lá o grande monólogo da protagonista, que começa com as mesmas palavras do "Abscheulicher" beethoveniano: "Esecrabil Pizzarro! Dove vai?" Em sua construção com recitativo, na seção *larghetto* "I tuoi gemiti, i tuoi gemiti dolenti", e no tumultuoso *allegro* "Fiero aquilon furente", já há o embrião da *scena* ternária romântica – falta-lhe apenas um *tempo di mezzo* separando o cantábile da cabaletta. A forma retórica como a personagem italiana se expressa é a mesma de sua equivalente alemã:

Ad onta dei perigli,
a fronte della morte,
verrò strapparti, o sposo,
all'empie tue ritorte.
Ti stringerò al mio seno
ed indivisi ognora
vedremo l'ultim'ora
senza mostrar timor.

(Desprezando os perigos, enfrentando a morte, virei arrebatar-te, ó esposo, aos teus grilhões infames. Hei de apertar-te ao peito e, para sempre inseparáveis, veremos a nossa última hora sem demonstrar temor.)

O ato II se inicia com uma introdução orquestral muito sombria, que leva ao monólogo de Florestano, em duas seções contrastantes: "Ciel, che profonda oscurità tiranna!... Dolce oggeto del mio amore..." Quando Leonora e Rocco entram no subterrâneo, carregando as pás e a lanterna, Beethoven usa o melodrama – texto falado com acompanhamento orquestral. Paer recorre a uma ágil flutuação entre o recitativo seco e o *stromentato*. Há coincidências muito curiosas, ilustrando uma vez mais o fato de certas situações, em determinadas épocas, sugerirem a artistas muito diferentes soluções parecidas. Uma introdução nas cordas graves precede o "Come fa freddo in questo sotterraneo" de Leonora, a que Rocco responde "Vedrai che lavorando ti riscalderai" – em Beethoven o procedimento é o mesmo. Compare-se também um dos pontos mais marcantes desse ato: depois do macabro *duettino* "Vedete, son lesto, all'opra son qua!", em que eles preparam a cova para o prisioneiro, a forma como a protagonista diz "O misera vittima! qualunque tu sia, salvarti pretendo da morte" lembra muito o "Wer du auch seist, dich will ich retten" beethoveniano.

A arietta "Deh, per pietade solo uma goccia d'acqua", de delicadeza belliniana, entrecortada por intervenções da soprano e do baixo, é em lá maior, como no *Fidelio* – outra curiosa coincidência. O quarteto "Scostati o sei morto!... Oh rabbia! Indegni io fremo...", quando Leonora – que já revelou sua verdadeira identidade – puxa a pistola e impede Pizzarro de atacar seu marido, bem como o toque de trombeta que anuncia a chegada de Don Fernando, seguem o mesmo plano do libreto de Sonnleithner. Mas é aqui que encontramos a diferença fundamental entre as duas óperas.

Tinha sido dito que, em Paer, é maior o destaque dado a Marcellina. Ela tem de fato ótimas oportunidades durante todo o drama, muito bem aproveitadas por Gruberová na gravação Maag. É ela quem dá início ao ato I, na ária "Fedele, mio diletto", em que fala dos sentimentos ternos pelo aprendiz, chamado Fedele, que acaba de ser contratado pelo pai. Em momento algum tem a cantar uma melodia como a de "Mir ist so wunderbar", que é uma das mais puras jóias da inspiração beethoveniana; mas é muito atraente, no estilo semi-sério de Paer, "Corre, corre da qualche astrologo", em que diz a Giacchino que, se por artes mágicas, ele conseguir transformar-se em Fedele, aí sim ela o amará. Mas é no final da ópera – depois do dueto "Ah, sei tu veramente", em que os esposos celebram o reencontro – que a sua personagem cresce, num episódio que está presente em Bouilly, mas não em Beethoven. Ouçamos o próprio maestro Peter Maag, no ensaio de apresentação de seu álbum:

> Uma situação dramática que só existe em Paer ocorre quando Leonora e Florestano são trancados por Pizzarro no calabouço, depois de Rocco ter tomado dela a pistola, e Marcellina vem resgatá-los. A escuridão e a proximidade do Fedele bem-amado encorajam Marcelina a beijá-lo e tentar obter dele – que falta de senso de oportunidade! – a garantia de suas intenções matrimonias. Pressionada pelos acontecimentos, Leonora cede e, num dueto sutilmente construído ["Volentieri, o mio carino... Ah, mia cara, il tempo vola"], devolve o beijo. E confessa um amor que é apenas uma forma de manipular os sentimentos de Marcellina, para conseguir se safar. Situação moralmente dúbia que Beethoven, imbuído dos mais altos princípios, o mesmo Beethoven que considerava imoral o *Don Giovanni* de Mozart, nunca teria incluído em sua obra. Mas ela faz a ação dar uma guinada que é extremamente eficiente.

A ópera de Paer termina dentro do subterrâneo. Não há a saída à luz do sol, nem o extático hino à liberdade no qual já ressoa, à distância, o movimento final da *Nona Sinfonia*. Os esposos ainda estão muito apreensivos – "Momento barbaro! funesto error! Venga la morte, non ho timor" – mas, chamado por Marcellina, Don Fernando desce ao calabouço e reconhece o amigo. Rocco faz o que pode para desculpar-se – "Io finsi, per salvarvi, cedere al suo furore" – e Marcellina não consegue esconder sua frustração: "Ahimè! che brutta burla! Fedele trasformato". Está armada a cena para um finale que é um epílogo:

- a punição de Pizzarro, decidida por Don Fernando, até mesmo depois que os esposos lhe fazem um pedido de clemência vinculado ao lieto fine obrigatório: "No, me'l vieta il mio dovere!", responde o implacável governador;
- a reconciliação de Giacchino, aceito de volta pela relutante Marcellina depois que Leonora lhe oferece a sua amizade... e um dote polpudo;
- e a lição final de lealdade e sacrifício, de tom muito convencional, dirigida ao público, proferida pelos esposos e retomada pela companhia inteira:

FLORESTANO – *Voi che al zelo di Leonora,*
saggie donne, or plauso fate,

imitarla ognor tentate
per goder felicità.
Tutti –*Imitarla ognor ecc.*
Leonora – *Di virtute il bel sentiero,*
aspro alquanto questo è vero,
ma se un poco non si pena,
non s'ottien felicità.
Tutti – *Ma se un poco, ecc.*
Quando prima suon di morte
eccheggiava qui d'intorno,
suon di gioia in sì bel giorno
s'osa ovunque ad echegiar.

(Vós, sábias mulheres, que aplaudis o zelo de Leonora, tentai imitá-la de agora em diante, para gozar a felicidade. // Embora bela, a trilha da virtude também é áspera, isso é verdade. Mas não se obtém a felicidade se não se sofre um pouco. // Antes eram sons de morte que ecoavam aqui em torno; agora, em dia tão belo, ouçam por toda parte ecoar sons de alegria.)

É claro que à *Leonora* faltam as páginas que conferem à ópera de Beethoven a sua universalidade: o quarteto quando Leonora aparece carregando as correntes; o coro dos prisioneiros revendo o sol no pátio; o momento em que Florestan é retirado de suas cadeias ("O Gott welch ein Augenblick") e o grandioso hino final à liberdade. A ópera do italiano tem Leonora em seu centro, e é bem provável que ele tenha criado o papel pensando em sua mulher, o soprano Francesca Riccardi-Paer, que cantou o papel no La Pergola de Florença em 1812. É nos momentos de intimidade entre os esposos que a ópera atinge seus acentos mais comoventes. *Leonora* teve o azar de ser deixada à sombra por outra obra de espessura criativa incalculavelmente maior. O mesmo destino aflige o *Convitato di Pietra* de Gazzaniga, ou a *Fidanzata di Lammermoor*, de Carafa, que seriam muito mais admiradas se as óperas de Mozart e Donizetti não existissem. Mas *Leonora* tem uma escrita vocal muito atraente, uma orquestração extremamente bem cuidada, e personagens e situações contruídas de forma clara, lógica e convincente. O ouvinte que fizer o difícil exercício de esquecer que conhece o *Fidélio*, há de encontrar nela muito o que apreciar.

Embora ainda residindo na Alemanha, Paer aceitou, em 1805, o contrato de composição de uma ópera para a inauguração do Teatro del Corso, em Bolonha. Para essa solenidade, realizada em 19 de maio, confiou a Domenico Rossetti a tarefa de lhe preparar um libreto. Como o tempo era curto, Rossetti reduziu e adaptou a *Sofonisba* de Zanetti, baseada na tragédia de Voltaire, e escrita anos antes para Jomelli. Sofonisba era a belíssima filha do general cartaginês Asdrúbal. Tinha sido noiva de Massinissa, rei da Numídia Ocidental; mas o pai a obrigou a romper esse compromisso, e a casar-se com Sifax, o rei da Numídia Oriental, com quem queria aliar-se. Influenciado pela mulher, Sifax afastou-se de Roma durante as Segundas Guerras Púnicas, enquanto Massinissa alinhava-se com os romanos. Favorecido pela vitória de Cipião o Africano, Massinissa tomou Cirta, a capital de Sifax, aprisionou o rival e entregou-o aos romanos, que o fizeram desfilar como cativo, em seu triunfo, e depois o executaram. Mas Massinissa voltou a apaixonar-se pela antiga namorada, e casou-se com ela.

Isso desagradou a Cipião, temeroso de que a cartaginesa pudesse fazer Massinissa também romper com Roma. Declarou, portanto, Sofonisba prisioneira, e exigiu que ela lhe fosse entregue como parte de seu butim. Ao perceber que nada poderia fazer para proteger a sua amada, o numídio disse-lhe que deveria morrer pelas próprias mãos, como convinha a uma filha de Asdrúbal. Sofonisba concordou e, em 203 a.C., com toda a compostura e serenidade, bebeu a taça envenenada que o marido lhe mandou. Esse episódio inspirou vários dramaturgos do período clássico-barroco: Corneille e Voltaire na França, Nathaniel Lee e James Thomson na Inglaterra são os mais importantes.

É claro que, na primeira década do século XIX, o *lieto fine* ainda era obrigatório e, após seguir a ação de forma bastante fiel à história, Rossetti faz a rainha descobrir que Osmida, a sua dama de companhia, substituíra o veneno por uma beberagem inofensiva. Massinissa, que se arrependera assim que lhe enviara a taça, regozija-se de vê-la ainda viva, e devolve-a a Sifax. Quanto a Cipião, ele é acometido de um daqueles costumeiros acessos de paternalismo e benevolência de que eram useiros e vezeiros os tiranos operísticos setecentistas. Reconhecendo a coragem de Sofonisba, liberta-a e ao marido, devolvendo-lhes o seu reino. Não é nem um pouco convincente, mas permite um finale jubiloso, compatível com a solenidade de inauguração de um novo teatro.

Sofonisba é historicamente importante porque nela já estão prefiguradas características que serão típicas do estilo sério rossiniano. Foi, aliás, em Bolonha, onde aplausos calorosos acolheram também, no mesmo ano, a comédia *Il Maniscalco*, que Rossini fez a sua estréia no palco, numa ópera de Paer. Ainda menino, representou o papel mudo de Adolfo, o filho da protagonista, em *Camila ou O Subterrâneo*. Além disso, façamos justiça a Rossetti: se o desenlace de seu drama é improvável e faz a ópera decair em seus momentos finais, até então ela vinha oferecendo uma série de momentos fortes, apaixonados, de grande intensidade teatral.

Um desses é o trio "Una soave calma", do final do ato I, gravado em HYIO/OR. Nesse momento do ato, acreditando que Siface morreu, Sofonisba aceita casar-se com Massinissa, pois essa será a forma de não ir para o cativeiro em Roma. Mas impõe uma condição: que o novo esposo rompa a aliança com Cipião e apóie Cartago em sua luta contra a dominação romana. Massinissa aceita e está declarando seu amor à rainha, quando Siface aparece, acusando-a de infidelidade, e surpreende os dois por ainda estar vivo.

Este é um dos primeiros exemplos de ato, na ópera clássica, que termina com um trio – ou um dueto – em vez do tradicional *finale concertato* para todo o elenco. Prenuncia, portanto, um procedimento que há de se tornar comum durante o Romantismo: exemplos disso são o trio "Oh! di qual sei vittima" da *Norma*; o dueto "Suoni la tromba", dos *Puritani*; o dueto "Sì, vendetta" do *Rigoletto*. À primeira vista, este número tem a habitual estrutura ternária: *larghetto* ("Una soave calma"); *tempo di mezzo* ("Perfidi, indegni"); *allegro* ("Oh che affano, oh che tormento"). Mas cada um desses movimentos subdivide-se em seções menores, como nos finales multi-seccionais pensados de forma sinfônica, que encontramos muito em Mozart e, às vezes, em Cimarosa.

O *tempo di mezzo*, em especial, se fragmenta em minimovimentos muito cambiantes. Tem-se a impressão, às palavras "Mi serbaro in vita i Dei", ditas por Siface, que a *stretta* está para começar com o vigoroso "O qual bárbaro cimento. Questo è giorno di terrore". Em vez disso, o número recomeça com um *adagio* inesperado, "Caro sposo, io t'amo ancora". Só depois disso, com as duras palavras de Siface que não acredita no "fedele io morirò" da esposa, é que o trio chega ao fim com "O che affano".

Sofonisba foi escrita numa época em que eram cada vez mais raros os *castrati* disponíveis, e o papéis agudos e pirotécnicos antes confiados a eles estavam começando a ser escritos para mulher. Era o caso de Maria Marchesini (Massinissa) que, na estréia, contracenava com Maddalena Grassi (Sofonisba) e Diomiro Tramezzani (Siface). Aproveitando a semelhança de registro das duas cantoras, Paer as faz cantar em terças, principalmente no início do número, usando o tenor para formar forte contraste com as duas vozes femininas – dramaticamente muito convincente, pois Siface se sente distanciado pela suposta traição da mulher.

A essa altura, a música de Paer tinha um grande admirador: o imperador Napoleão Bonaparte, que se encantara com *Achille*. Napoleão convenceu-o a acompanhá-lo na campanha polonesa, tocando para ele em Posen (a atual Poznan) e Varsóvia. Depois, levou-o para Paris como seu *maître de chapelle*. Paer nunca mais deixaria a capital francesa. Ali estreou, no Théâtre des Tuileries, *Numa Pompilio* (1808), *Diana e Endimione ossia Il Ritardo* (1809), *La Didone* (1810) com libreto de Metastasio, e *I Baccanti* (1813). Mas não deixaria de continuar fornecendo melodramas a teatros de seu país.

L'Agnese foi encomendada por um grupo de ricos amadores de Parma, cujos nomes não são conhecidos. Mas a primeira apresentação ocorreu no teatro particular da Villa Douglas-Scotti, no subúrbio de Ponte d'Attaro. O libreto foi escrito por Luigi Buonavoglia, a partir da peça homônima de Filippo Casari, encenada na cidade aquele mesmo ano. O drama de Casari, por sua vez, adaptava uma novela gótica muito popular na época, *Father and Daughter* (1801), de Amelia Opie, cujo final muito sombrio fora amenizado para conformar-se às regras do *dramma semiserio*. Sabe-se que *L'Agnese* foi reprisada no Teatro S. Catterina, pelos diletantes da Società Filo-Musico-Drammatica, em abril de 1811. Mas a

Ferdinando Paer.

Felice Pellegrini no papel de Uberto, o pai enlouquecido, em *L'Agnese* de Ferdinando Paer.

primeira apresentação profissional só ocorreu no ano seguinte, no Teatro dei Fiorentini de Nápoles. Nessa ocasião, o libreto fora revisado por Giuseppe Giannetti com o título de *Agnese di Fitzhenry*; o recitativo fora substituído por diálogo falado; e o papel cômico de Don Pasquale fora traduzido para o dialeto napolitano.

O romance reflete uma moda da sociedade londrina, no século XVIII: visitar o hospício de Bedlam. Na chamada "Era da Sensibilidade", o objetivo desse passeio macabro era testar as emoções pessoais, analisar de que forma as pessoas reagiam à visão do sofrimento alheio – atitude muito suspeita, pois tinha a ver apenas com a curiosidade mórbida em saber a extensão do horror provocado pelo contato com os pobres insanos, e não com a preocupação em trazer-lhes apoio ou alívio. Foi isso o que incomodou Stendhal ao assistir a *L'Agnese*, a primeira ópera a levar o espectador para dentro de um asilo de lunáticos e a fazer o retrato quase clínico do comportamento de um louco. Na *Vie de Rossini*, ele protesta:

> *L'Agnese* deve a sua reputação européia apenas ao truque fácil e deplorável de copiar as ações, palavras e gestos dos loucos... A mente do ouvinte, horrorizada pela sombria luta do pai que a deserção da filha levou à loucura, torna-se presa fácil das sugestões musicais. [...] Mas a inegável popularidade da ópera não consegue abalar a minha convicção de que está profundamente errado, para a arte, tratar de assuntos apenas horripilantes. [...] Eu, pessoalmente, sinto *nada* haver que redima a condição soturna e digna de pena do pai da heroína em *L'Agnese*, ópera que sempre me deixou a mais desagradável das lembranças.

É uma reação compreensível mas exagerada, pois não leva em conta a originalidade de *L'Agnese* enquanto documento de interesse social, com posições avançadas a respeito da situação de uma moça seduzida e abandonada. Ópera que reflete um tipo de sensibilidade muito característica da fase pré-romântica, e na qual já identificamos a atração romântica pelo gótico, o misterioso, o horripilante, *L'Agnese* é, portanto, uma novidade para a ópera de seu tempo, na medida em que se propõe a discutir questões muito sérias. É verdade, porém, que atenuando consideravelmente essa discussão ao escolher o formato semi-sério, que torna o melodrama acessível a um público maior. E isso é feito com a introdução da figura cômica de Don Pasquale, o diretor do asilo, que funciona como uma válvula de segurança para reduzir o desconforto causado pela visão do infortúnio dos loucos.

Agnese, filha do conde Uberto, apaixonou-se por Ernesto e fugiu com ele. Ao iniciar-se a ação, ela está de volta: foi abandonada pelo sedutor e traz consigo Laura, a filha que teve. Descobre então que a dor de vê-la fugir enlouqueceu o pai. Uberto está no hospício e, dominado pela idéia fixa de que a filha está morta, cobre as paredes de sua cela com desenhos de túmulos. Don Girolamo, o seu médico, acredita que a visão da filha poderá restaurar-lhe a sanidade, e tenta simular as condições de vida que Uberto tinha quando era feliz ao lado dela.

Adormece-o com um sonífero, manda barbeá-lo, aparar-lhe os cabelos, vesti-lo com suas antigas roupas, e pede que todos se comportem como se nada tivesse acontecido. Como um bom louco de ópera, ao ouvir Agnese tocando e cantando, Uberto recupera a razão. Nesse ponto, reage como a Nina de Paisiello, a Dinorah de Meyerbeer, a Linda di Chamounix de Donizetti, a Jane Glover de Bizet. Nesse meio tempo, é bom que se o diga – *lieto fine oblige!* – Ernesto se arrependeu, voltou à procura de Agnese, pediu-lhe perdão e propôs-lhe casamento. Não existe gravação integral dessa ópera de inegável ressonância história, pois prenuncia vários aspectos do melodrama romântico – a começar pelo interesse pela literatura britânica. Mas em HYIO/OR há um extenso exemplo: todo o finale do ato II, notável pela complexidade das seções múltiplas com que se articula.

O finale se inicia com o encontro de Uberto e o covarde Don Pasquale, que se amedronta com a possibilidade de o paciente ter um surto e atacá-lo. Em seguida, o conde, que continua a repetir o refrão "Agnese mia spirò fra queste braccia", já ouvido várias vezes no decorrer da ópera, ouve o som da harpa de sua filha. Fica estarrecido com aquela música e a sua reação, bem como a de todos os presentes àquilo que se passa com ele, é o pretexto para um septeto clássico típico, "O ciel, che palpito!", em que todas as personagens externam suas emoções contrastantes. A ária "Se la smarrita agnella", cantada por Agnese, é uma cantilena de gosto melódico bem italianado. Passagens de transição de andamento muito mutável, de acordo com o temperamento das personagens que intervêm, levam a "Ah, figlia! Ah, padre!", o dueto de reencontro de temperatura emocional muito elevada. Ernesto reconcilia-se com o sogro, que o perdoa, e está tudo pronto para a *stretta* "Dissipate sono le nubi", que faz bem estar o que bem acaba. Na confluência do *opéra-comique* de estilo sentimental, da ópera bufa napolitana e da ópera cômica clássica de estampa mozartiana, *L'Agnese* constitui um dos exemplos mais curiosos da fase de transição para o Romantismo.

Protegido pelo imperador, Paer fez prestigiosa carreira em Paris. Napoleão lhe encomendou a marcha nupcial para seu casamento com Maria Luísa da Áustria, e designou-o professor de canto da imperatriz. Concedeu-lhe uma pensão anual de 12.000 francos, e nomeou-o diretor do Opéra-Comique e do Théâtre Italien, após a demissão de Spontini. Depois de Waterloo, ele perdeu a pensão e outros benefícios. Mas o que ganhava dando aulas de canto à alta sociedade lhe permitiu continuar na França e manter posição influente.

Além disso, era um cortesão que assimilava com facilidade as mudanças políticas pois, em 1815, quando novo monarca foi coroado, foi ele quem preparou a *Cantate pour la Fête du Sacre de S. M. le Roi de France Charles X*. Mas sobretudo como professor era muito respeitado. Quando chegou à França, o jovem Ferenc Liszt foi recusado, sob a alegação de ser estrangeiro, no Conservatório de Paris... cujo diretor era o italiano Luigi Cherubini. Ferdinand Paer foi o professor de composição que ele procurou.

Nos primeiros anos da década de 1820, manteve o cargo de professor de canto no Conservatório e de diretor do Théâtre Italien. Em 1824, ao ser convidado a trabalhar nesse teatro, Rossini aceitou com a condição de que Paer permanecesse em seu posto – e ele, cavalheirescamente, pôs seu cargo à disposição das autoridades. Seu pedido de demissão foi recusado e os dois músicos dividiram a direção até 1827. Mas era uma situação penosa: Paer montava intrigas contra Rossini, fazia todo o possível para evitar que as óperas do rival fossem montadas e, quando não podia evitá-lo, assegurava-se de que as obras do colega subissem ao palco mutiladas e em montagens paupérrimas. Isso desagradava aos admiradores de Rossini e, em 1820, o advogado Théodore Massé e o poeta André Deschamps o atacaram em um panfleto anônimo intitulado *De MM. Paer et Rossini*. As autoridades, finalmente, o demitiram, em 1827. Defenestrado, ele se defendeu na carta-aberta *M. Paër, ex-directeur du Théâtre Italien, à MM. Les Dilettants*.

Como prêmio de consolação, Paer recebeu a Légion d'Honneur; em 1830 foi eleito para a Académie des Beaux-Arts como o sucessor de Charles-Simon Catel e, em 1832, Luís Felipe o nomeou seu *maître de chapelle*. Esse, aliás, foi o título de seu último grande sucesso, encenado no Théâtre Feydeau, em 29 de março de 1821. Havia, no selo Concert Hall, uma gravação de *Le Maître de Chapelle ou Le Souper Imprévu*, feita na década de 1960. O libreto desse *opéra-comique* é de Sophie Gay, e ambienta-se em 1790, numa aldeia dos arredores de Milão.

Gertrude, é a jovem cozinheira francesa do maestro Barnabé. Além de exigir que ela faça um jantar caprichado para Benedetto, seu sobrinho, com quem a moça não simpatiza, lhe diz que ela terá de cantar em *Cleópatra*, a nova ópera que ele está compondo. Quando Benedetto chega, ouvem-se trombetas e o som de canhões próximos. Os dois empalidecem quando Gertrudes vem dizer que as tropas francesas ocuparam a aldeia e chegou a hora de mostrarem a sua coragem. Os dois estão dispostos a se enfiar no porão para se defender, quando Gertrude confessa que lhes pregou uma peça. Aliviado, Benedetto começa a se vangloriar, descrevendo tudo o que teria feito, caso a chance lhe tivesse sido dada. Barnabé, ao contrário, está contente por ter escapado ao perigo e poder continuar seu trabalho; e a sua sinceridade agrada a Gertrudes.

O maestro lhe pede que termine a refeição, e manda o sobrinho à casa do vigário, para lhe pedir uma garrafa de vinho de sua adega. Aproveitando que o deixaram sozinho, Barnabé começa a ensaiar trechos de *Cleópatra*. Esse é o momento mais interessante da ópera: com a voz ele imita o fagote e a flauta; caricatura os cantores; esboça alguns passos de dança e imagina o grande sucesso que a sua ópera há de fazer. Pede a Gertrude que venha ensaiar *Cleópatra* junto com ele. Ela não quer, alega não saber cantar direito em italiano e, para contrariá-lo, pronuncia mal as palavras. Mas ele insiste, a jovem se esforça, canta muito bem e, entusiasmado, Barnabé confessa que gosta dela. Enternecida, Gertrude admite que retribui seus sentimentos, e a ópera termina com um dueto de amor.

Está clara a ligação com o *intermezzo* barroco: a divisão em duas partes, o pequeno número de personagens, as cenas curtas de estilo predominantemente vivo, até mesmo o envolvimento patrão-empregada, que remete ao eterno modelo que é a *Serva Padrona* de Pergolesi. Além disso, as seqüências de paródia inserem *O Mestre de Capela* na linhagem das óperas que refletem sobre a técnica de concepção do teatro cantado e caricaturam amavelmente alguns de seus mais renitentes clichês. Esta é a última ópera importante de Paer. Ele participou, em companhia de outros compositores, de obras coletivas (*pasticcio*), comuns naquela época:

1814 – *L'Oriflamme*, para o Opéra de Paris, com Méhul, Berton e Kreutzer;
1814 – *Lo Sprezzatore Schernito*, para o La Pergola de Florença, com Pacini, Paganini, Guglielmi, Sampieri, Generali, Portogallo e Farinelli;
1821 – *Blanche de Provence ou La Cour des Fées*, para o Opéra de Paris, com Berton, Boïeldieu, Cherubini e Kreutzer;
1831 – *La Marquise de Brinvilliers*, para o Théâtre de l'Opéra-Comique, com Auber, Batton, Berton, Blangini, Boïeldieu, Carafa, Cherubini e Hérold.

Nos últimos anos da carreira, Paer compôs ainda, visando ora o Théâtre Italien ora salas de sua pátria, outras óperas que, de acordo com o gênero, são mais modernas ou mais tradicionalistas. Mas são partituras de um estilo repetitivo, em que já não existe mais a chama do passado:

1812 – *Un Pazzo ne Fa Cento* (La Pergola de Florença);
1813 – *Poche ma Buone ossia La Moglie Ravveduta* (Della Valle de Roma);
1814 – *L'Oro non Compra Amore* (Quattro Signori de Pavia);
1815 – *L'Eroismo in Amore* (Scala de Milão);
1816 – *La Primavera Felice* (Théâtre Italien)
1834 – *Un Caprice de Femme* (Théâtre de l'Opéra-Comique).

Olinde et Sophronie, de tema sério, baseada em um episódio da *Gerusalemme Liberata* de Torquato Tasso, destinava-se ao Opéra de Paris, e era uma tentativa de Paer de se atualizar, compondo no estilo grandioso que se popularizara em Paris; mas ficou inacabada. Biógrafos contemporâneos afirmaram que seu comportamento desregrado lhe abreviou os anos de vida. No *Viking Opera Guide*, David Brown sustenta que quatorze de suas óperas se perderam.

"Um péssimo caráter, mas um compositor de talento genuíno", diziam de Paer no final de sua vida. Havia motivos para que seus colegas franceses não gostassem dele. Paer foi um dos últimos na linhagem dos músicos italianos importados, pelas cortes européias de Londres a São Petersburgo, para serem *maestri di cappella*, e isso atraía a inveja e a inimizade nos músicos nativos. O próprio Paer tinha consciência de pertencer a uma raça em extinção, e defendia ciosamente as suas prerrogativas, até mesmo – e principalmente – contra um compatriota cuja superioridade de gênio reconhecia, e tudo fez para sabotar. A obra de Paer, como a de Simon Mayr, combina o dom inato da melodia italianada, de belos contornos, com a maior continuidade estrutural que deve à reforma gluckiana – sobretudo no domínio da ópera séria –, e a variedade rítmica, a riqueza de orquestração, o hábito de pensar as cenas sinfonicamente, aprendidas. A diferença é que Mayr traz os aportes externos de sua pátria e, em sua obra, essa fusão se manifesta desde o início da carreira. Em Paer, ela é gradual: há um processo cada vez maior de refinamento da escrita.

Já se quis dizer que isso coincide com suas viagens para o exterior, após 1797. Mas na abertura da ópera veneziana *L'Intrigo Amoroso*, que é de 1795, já se sente que ele tem o pleno domínio da orquestra. O que ganhou, em Viena, foi o maior contato com a música de Mozart, com quem compartilha o gosto pelos contornos melódicos delicados e a variedade rítmica, embora sem possuir a mesma profundidade de visão ou concentração poética. Sua sensibilidade o deixava particularmente à vontade no domínio híbrido do gênero semi-sério, o equivalente italiano do *opéra-comique* francês, com predomínio do elemento sentimental, atenuado pela presença de ingredientes bufos moderados. Árias de cantábile muito desenvolvido convivem, nesse tipo de ópera, com cançonetas de tom bem mais leve, e o coro desempenha nelas papel muito importante. Essa variedade o predispõe também à aplicação, no domínio semi-sério, das lições aprendidas com Gluck, o que o faz encadear os números obtendo com eles amplos segmentos de maior continuidade.

A parte mais durável do legado de Ferdinand Paer são os números mais leves de suas óperas, em que exibe bom-humor, charme melódico, habilidade na instrumentação e no entrelaçamento das vozes. São essas qualidades que garantiram a sobrevivências de óperas como *Leonora* ou *Le Maître de Chapelle*, e fariam valer a pena o resgate de *Griselda, Camila, Sargino* ou *Agnese*.

Os Irmãos Mosca

Embora tenham feito estudos comuns – ambos foram alunos de Fenarolli no Conservatório de S. Maria de Loreto –, e desenvolvido carreiras próximas, os irmãos Mosca nunca trabalharam juntos, como aconteceria mais tarde com os Ricci. Esses dois compositores napolitanos tiveram prestígio local e pouco durável, ensombrecido, como o de tantos outros músicos contemporâneos, pelo de Rossini.

Giuseppe (1772-1839) iniciou a carreira no Tordinona, de Roma, em 1791, com a semi-séria *Silvia e Nardone*. Durante os doze anos seguintes, escreveu 42 óperas para teatros de Roma, Nápoles e Veneza. Aceitou, em 1803, o cargo de *maestro al cembalo* no Théâtre Italien de Paris, onde compôs música adicional, quando necessário, para as obras ali apresentadas, mas não produziu títulos novos (as duas peças que Francesco Florimo lhe atribui são, na realidade, de seu irmão Luigi). Desentendeu-se com Spontini, quando este assumiu a direção do Italien em 1810, e voltou para a Itália. Até então, suas obras mais significativas tinham sido:

1797 – *Il Folletto*;
1798 – *Chi si Contenta Gode ossia Le Nozze in Fieva*;
1799 – *Ifigenia in Aulide*, aplicando fórmulas gluckianas à revisão do antigo libreto barroco de Apostolo Zeno;
1801 – *Il Sedicente Filosofo*;
1802 – *Ginevra di Scozia ossia L'Ariodante*, usando, em Turim, o mesmo libreto de Gaetano Rossi musicado, no ano anterior, por Simone Mayr, para Trieste.

I Pretendenti – também conhecida como *Pretendenti Delusi* – foi uma encomenda do Scala, em 1811, depois que ele voltou de Paris. No ano seguinte, depois da estréia de *La Pietra del Paragone*, Mosca reivindicou o papel de verdadeiro inventor do crescendo, acusando Rossini de ter plagiado passagens dos *Pretendentes Desiludidos* – e esquecendo-se, é claro, de que essa técnica, desenvolvida no campo instrumental pela orquestra-laboratório de Mannheim, tinha sido trazida da Alemanha por Simone Mayr. Em sua biografia de Rossini, publicada em Tivoli, em 1927, G. Radicciotti demonstrou que é na *Lodoïska* de Mayr que o crescendo aparece pela primeira vez na Itália.

Essa preocupação em não se deixar sobrepujar pelo prestígio crescente de Rossini se explicava: afinal de contas, *La Pietra del Pargone* estava deixando à sombra *Le Bestie in Uomini*, que Mosca estreara no Scala um mês e meio antes, em 17 de agosto de 1812. A edição do libreto desse *dramma giocoso* não traz o nome do autor. Mas sabemos que se trata de Angelo Anelli, professor de Direito em Milão e Pavia, autor de vários libretos cômicos ágeis e bem construídos. Aqui, Anelli usa de forma satírica uma idéia extraída do *Orlando Furioso* de Ariosto: a maga

Alcina cansou-se de transformar homens em animais e, agora, quer transformar animais em homens – ou seja, quer expurgar dos homens a sua bestialidade e burrice, fazendo-os transformarem-se em verdadeiros seres humanos.

Três patifes rematados chegam na mesma ocasião à ilha encantada de Alcina: o garçom Marforio, o barbeiro Pasquino, e o soldado Riccardo, que desertou de seu regimento. Ao saber que poderão receber grandes favores da feiticeira, se lhe agradarem, os três decidem pôr em prática as suas ambições mais secretas. Marforio apresenta-se como um filósofo cínico e desabusado, que só vê vícios à sua volta. Pasquino posa de literato, falando de forma extremamente pedante – o que permite a Anelli zombar das sociedades de intelectuais contemporâneas, como a pretensiosa Accademia della Crusca, que existia em Milão. E Riccardo tenta seduzir Alcina, convencido de ser um homem irresistível, que tem todas as mulheres a seus pés.

Quanto mais eles se comportam de maneira ridícula, e agem de forma intolerante um em relação aos outros, mais os aspectos "bestiais" de sua personalidade transparecem. Desta vez, até mesmo os poderes mágicos de Alcina parecem incapazes de romper a carapaça de asnidade dessas três figuras; e ela tem de apelar para a ajuda do oráculo de Demogorgon. Esse grande espírito do mundo subterrâneo lhe diz o óbvio: "É uma besta quem faz aquilo de que não entende. Se quer ser um homem, que volte a seu estado e ocupação originais." Tendo encontrado a resposta, Alcina faz a sua ilha encantada desaparecer. Os três acordam na pracinha de sua cidade, devolvidos à sua profissão de garçom, barbeiro e soldado.

Le Bestie in Uomini tinha tudo para agradar ao público: um libreto engraçado e bem articulado; música que, se não é originalíssima, é viva e tem bom acabamento; e ótimo elenco: Maria Marcolini, bonita e de boa voz, ideal para o papel de Alcina; o apreciado tenor Cláudio Bonoldi; o baixo bufo Antonio Parlamagni, de que os milaneses gostavam muito; e o baixo Filippo Galli que, em breve, ficaria famosos como o criador de Henrique VIII na *Anna Bolena* de Donizetti. Mas a comédia de Mosca é o exemplo de como fatores externos podem derrubar um espetáculo.

O ato I foi muito bem recebido e parecia que a comédia ia triunfar. Mas o Scala tinha o hábito, naquela época, de apresentar dois balés interpolados ao melodrama, um sério após o ato I, e outro cômico no final. O balé sério daquela noite, *Omiri e Clearco*, de Alessandro Fabbris, era longo, médiocre, tedioso e foi muito vaiado. Quando a ópera recomeçou, o público estava cansado, muita gente caía de sono e as palmas foram tépidas. Foi o que bastou para que o crítico do *Corriere Milanese* caísse de pau no pobre Mosca, acusando-o de escrever números agradáveis – a abertura, um dueto, um trio, uma romança – graças à pena alheia. Ele o acusava de ter tomado de empréstimo temas de Pergolesi, Cimarosa e Generali, enxertando-os em sua obra. E terminava, impiedoso:

> Se essa pescaria nos lagos alheios aumenta o prazer do público, eu, por mim, a considero honesta e permissível, e nem vou criar caso com o Signor Mosca por isso, mesmo porque ele recebeu aplausos unânimes durante todo o ato I. Mas o espectador que eu vi bocejando a meu lado, quando a ópera estava para acabar, proferiu o julgamento final sobre a obra; e, na verdade, esse meu vizinho foi a única pessoa que vi bocejar porque, quando o pano baixou, todo mundo já estava dormindo a sono solto.

Outro jornal, o *Corriere delle Dame*, publicou um diálogo imaginário entre Mosca e Fabbris, que demolia ainda mais a pobre comédia. Nele, Fabbris dizia:

> Apesar da opinião do *Corriere Milanese*, o meu balé melhor executado e mais aplaudido na segunda noite e, a cada récita, é mais aprovado pelo público, enquanto os seus animais, a cada dia, ficam mais bestiais.

Sabe-se lá de que cabala era vítima o pobre Mosca, movida talvez por partidários de Rossini que, antecipando a estréia iminente da *Pietra del Paragone*, já queriam, por antecipação, evitar que outro título lhe fizesse sombra. Essas injustiças eram o pão de cada dia da ópera italiana naqueles dias – haja vista a forma como a talentosa *Tazia* de Balducci foi esfacelada na estréia (ver *A Ópera Romântica Italiana*, desta coleção). Injustiça que se torna ainda mais flagrante quando se pode ter acesso a um trecho de *Le Bestie in Uomini* e se constata como a música é gratificante. Ouçam a cena "Che vedo?... Ohimè!... Mentre guardo, o Dio!, me

Girolama Dardanelli, a Drusilla dos *Sposi in Cimento* de Luigi Mosca, na reprise de 1805.

Elisabetta Gafforini e Nicola Bassi, os criadores de Isabella e Taddeo na *Italiana na Argélia* de Luigi Mosca.

stessa...", de que Diana Montague faz irrepreensível leitura em HYIO/OR.

Ela se encontra no ato II, no momento de crise em que Alcina se dá conta de que seus poderes são incapazes de desencantar "esses asnos que se fazem passar por homens cultos". O coro de magos a aconselha a consultar o oráculo mas, antes, ela pede o espelho mágico, em que se pode ver os próprios erros e, mirando-se dele, constata constrangida que seus poderes foram enfraquecidos pela atração que sente por Riccardo, o bonito granadeiro. O tratamento musical de Mosca é tão inesperado quanto o libreto de Anelli. Sem se esquecer de que Alcina é uma típica personagem de *opera seria*, ele inicia a cena com um prelúdio para uma virtuosística trompa *obbligato*, que nada tem a ver com a linguagem da ópera bufa.

É um uso de linguagem elevada que prossegue na primeira seção, lenta, da ária, em que a trompa dialoga com a solista. Mas se interrompe subitamente quando Alcina vira-se para a platéia:

Asinacci... voi ridete?...
Ho um capriccio... e che volete?
Ogni donna è capricciosa,
questa è cosa che si sa.

(Seus asninhos... vocês estão rindo?... Tenho um capricho, sim... e o que é que vocês querem? Toda mulher é cheia de caprichos, isso é coisa que todo mundo sabe.)

E a ária se encerra com uma seção rápida cheia de vivacidade.

Em 1817, Giuseppe Mosca aceitou a direção musical do Teatro Carolino de Palermo; mas pediu demissão após a Revolução de 1820. Trabalhou ainda um pouco em Milão, depois instalou-se em Messina (1827), até o fim da vida, como diretor da ópera local. Mas, a essa altura, não compunha mais. Nessa fase final de sua carreira, destaquemos:

1812 – *I Tre Mariti; Il Finto Stanislao Rè di Polonia* (com o libreto de G. Rossi em que Felice Romani se basearia, mais tarde, para o *Giorno di Regno* de Verdi), *Gli Amori e l'Arme* e *La Gazzetta ossia Il Matrimonio per Concorso* (tema usado também por Rossini);
1813 – *La Diligenza a Joigni ossia Il collaterale*;
1817 – *La Gioventù di Enrico V*, com libreto de Felice Romani;
1818 – *Attila ossia Il Trionfo del Rè dei Franchi* (já transformada em um objeto de museu muito antes de surgir a versão verdiana);
1826 – *L'Abate de L'Épée*.

O estilo de Giuseppe Mosca, assim como o de outros contemporâneos seus, tem elementos em comum com o de Rossini: torneados melódicos, melodias para a orquestra que tem origem vocal, técnica de construção de seqüências com estrutura em seções múltiplas. Mas, como diz Marvin Tartak no verbete sobre ele no *Grove*, "o estudo da música de ambos não permite decidir quem influenciou quem". Na verdade, ambos recebem da tradição todo um legado que desenvolvem de forma assemelhada. A diferença entre um e outro está naquilo que J.-F. Fétis disse a respeito de Mosca: "Ele não tinha gênio nenhum. Mas era dotado de uma estupenda facilidade para compor."

A música do irmão Luigi (1775-1824) é bem mais consistente. Seus biógrafos U. Prota-Giurleo e L. Paduano demonstraram como o caçula tinha um instinto teatral mais aguçado e sabia adaptar suas melodias a situações dramáticas específicas, ao contrário do irmão, que herdara do Barroco a tendência à indeterminação de tom e, para temas sérios ou cômicos, usava recursos parecidos.

Luigi foi, por muito tempo, *maestro al cembalo* no Teatro S. Carlo de Nápoles e, em 1802, por interferência de seu amigo Paisiello, foi nomeado *vice-maestro* da corte, cargo que manteve após a restauração Bourbon. Na primeira década do século XIX, era considerado um dos melhores professores de canto de Nápoles e, quando Zingarelli foi nomeado diretor do Conservatório, chamou-o para ocupar o cargo de *primo maestro di canto*. Luigi Mosca já tinha estreado no palco, em 1797, com *L'Impresario Burlato* – mais uma daquelas farsas sobre as venturas e desventuras de uma companhia teatral – quando escreveu a peça anunciada pelo Teatro Nuovo como "la prima opera dell'800".

O libreto de Saverio Zini para *Gli Sposi in Cimento* conforma-se à regra clássica da comédia napolitana de que as personagens elevadas falam toscano, e as cômicas se expressam em formas muito burlescas de dialeto. Don Papirio recebeu recentemente o título de barão de Monteruvido. Ele mora no campo com Chiaretta, sua sobrinha, e Lesbina, uma órfã que a família acolheu pequenina e há muito tempo faz parte da casa. Papirio planejava casar-se com Lesbina e Chiaretta estava noiva de Celindo, um vizinho. Mas o projeto de um duplo casamento veio esbarrar na chegada de uma mulher misteriosa, que se apresentou como a condessa de Terrapina e pediu abrigo ao barão Don Papirio, que não soube recusá-lo a uma colega de nobreza. Quando a ópera começa, há um mês que a condessa está hospedada na casa, Papirio e Celindo apaixonaram-se por ela, Chiaretta e Lesbina estão muito aborrecidas por se verem preteridas.

Uma reviravolta na ação é dada pelo aparecimento do aventureiro Don Bartilotto – papel escrito para Carlo Casaccia, um dos mais famosos baixos bufos napolitanos. Forçado pelas circunstâncias a apresentar-se como médico, ele se encontra com a "condessa" e reconhece nela Drusilla, a sua mulher, de quem se separou por acreditar que ela fosse infiel. Bartilotto e Drusilla são o "casal em dificuldades" de que fala o título da comédia, porque ela convence o marido de que nunca o traiu, mas isso os coloca numa situação muito difícil, pois Papirio e Celindo ouvem metade da conversa e, ao descobrir que a "condessa" tem um marido ou um amante, ficam furiosos e juram matá-lo, caso se encontrem com ele.

Bartilotto fica entre a cruz e a caldeirinha; e como é o covarde típico da comédia napolitana, faz tudo o que pode para esconder a sua verdadeira identidade, à espera de que Drusilla e ele possam escapar. Uma série de complicações levam ao momento em que o *imbroglio* se resolve – e essa cena capital o leitor tem gravada em HYIO/OR. O sexteto "Se non avete in seno" ocorre quando o casal está tentando fugir. Na porta principal, dá de cara com Papirio; correm para as laterais e são bloqueados, numa por Celindo, noutra por Chiaretta e Lesbina. Só lhes resta cair de joelhos e, gaguejando, hesitando, confessar toda a verdade.

Esse trecho confirma a opinião de Prota-Giurleo e Paduano sobre a capacidade que tinha Luigi Mosca de conduzir com habilidade as situações dramáticas, traduzindo musicalmente as sutilezas de comportamento, as hesitações, as mudanças de rumo das personagens – tudo isso se acomodando muito naturalmente no molde ternário de cena que Rossini haveria de privilegiar na década seguinte. Um recitativo acompanhado fluente leva à introdução, em que cinco das personagens (Chiaretta não participa neste estágio) entram sucessivamente, enquanto a música vai se adaptando à expressão de seus sentimentos discordantes.

A segunda seção, "In si fatal momento", dá início ao sexteto propriamente dito, em que todas as vozes se unem até um trecho em que a de Drusilla alça-se sobre as demais, num registro bem agudo, enquanto as outras marcam o tempo e lhe dão o suporte harmônico. O *tempo di mezzo*, "Orsù, mi dica ella", move-se flexivelmente do recitativo acompanhado inicial para formas mais melodiosas de arioso, retomando material já usado nas intervenções de Drusilla e Bartilotto, que tentam sem sucesso evitar revelar quem são. No final dessa passagem de transição, são finalmente obrigados a confessar, e o sentimento que nutrem um pelo outro transparece na delicadeza mozartiana do tema em que está envolta a sua frase: "Siamo marito e moglie. Eccovel' detto già!" A terceira seção é pura comédia clássica, a típica *stretta di confusione* em grande escala, em que as personagens entram uma após as outras, mas com intervalos irregulares, o que frisa o significado do verso "O che colpo inaspettato!" Nele já temos a forma típica dos grandes concertatos "de estupefação", que encontrarão seu mestre incontestável no Rossini do *Barbiere*, da *Cenerentola*.

Os caminhos desses dois compositores, aliás, haveriam de se cruzar – com desvantagem, naturalmente, para Mosca. Todas as suas óperas foram escritas para Nápoles, à exceção da mais importante delas, encomendada pelo Scala, onde estreou em 16 de agosto de 1808. Pois trata-se de *L'Italiana in Algeri*, o mesmo tema escolhido por Rossini em 1813. O programa da primeira apresentação não trazia o nome do libretista, mas é o mesmo texto de Angelo Anelli, baseado em situações comuns nas comédias de resgate do teatro greco-romano. Não há necessidade de resumir a ação aqui, pois o leitor encontrará a sinopse no capítulo sobre o autor da *Italiana* mais conhecida.

A gravação completa dessa ópera foi feita por Andrea Molino, com Cristina Sogmeister, Cristiano Cremonini e Stefano Rinaldi Miliani (Bongiovanni, 2002). Além disso, em HYIO/OR, o leitor dispõe da gravação do dueto "Ai capricci della sorte", do ato I, cantado por Isabella e Taddeo, seu *cavaliere servente*, quando sabem que serão entregues a Mustafá, o bey de Argel. Taddeo teme acabar como eunuco do serralho; mas a Italiana confia em seu poder de sedução e já pensa em como poderá assumir o controle da situação. O dueto começa como uma briga, pois Isabella está cansada de um "geloso impertinente", que lhe faz cenas porque sente ciúmes de Lindoro, e o recrimina por ser covarde e preocupar-se apenas com a própria pele. Mas as duas personagens acabam se reconciliando – "sempre uniti, senza sospetti e liti" – pois sabem que precisarão estar juntos ao enfrentar as dificuldades.

É inegável a semelhança dessa música com a de Rossini, pelo simples fato de que os procedimentos estilísticos de que ambos lançam mão são a propriedade comum dos operistas da época – sobretudo se levarmos em conta que a *Italiana na Argélia* pertence ao período inicial da carreira rossiniana. Nela, o último grande clássico italiano ainda está sintetizando o legado da tradição, antes de lançar-se a uma fase em que a inventividade melódica, o uso virtuosístico das técnicas de galope e crescendo, a riqueza da instrumentação conferiria à sua música um brilho que os outros não conseguiriam igualar. A grandeza de Rossini – assim como a de Verdi – deixou à sombra muitos contemporâneos. Mas esforços como o de Andrea Molino fazem justiça a um mestre menor, cujo conhecimento traz subsídios preciosos ao entendimento dessa fase de transição clássico-romântica.

GENERALI

O verdadeiro nome de Pietro Generali (1773-1832) era Mercandetti. Mas o pai trocou o sobrenome da família ao fugir para Roma, depois de ter ido à bancarrota em Masserano, perto de Vercelli, onde o filho mais velho nascera. Em Roma, Pietro iniciou os estudos musicais com Giovanni Masi e, em seguida, por sugestão de seu mestre, passou quatro meses aperfeiçoando-se no Conservatório de S. Pietro a Majella, em Nápoles. Os ensinamentos ali recebidos permitiram-lhe graduar-se na Congregazione di S. Cecília, em Roma. As primeiras oportunidades que teve foram no campo da música sacra, e já era o autor de uma volumosa coleção de cantatas, missas salmos e motetos quando, em 1800, estreou no palco.

O primeiro sucesso veio pouco depois, com *Pamela Nubile*, cantada no S. Benedetto de Veneza em 12 de abril de 1804. A fonte de inspiração é a mesma *Pamela or Virtue Rewarded* (1740), da qual falamos no capítulo sobre Piccinni. Lida avidamente em toda a Europa, a novela de Samuel Richardson foi a mola propulsora, como já foi dito, para o *drame bourgeois* de Denis Diderot. A meio caminho entre a comédia e a tragédia, e trabalhando com personagens de classe média. Nunca é demais relembrar que essa é uma das fontes mais importantes para a formação da ópera semi-séria do Classicismo[1].

No capítulo sobre Piccinni, já vimos que a novela de Richardson foi transformada numa peça de teatro por Carlo Goldoni: *Pamela ossia La Virtù Premiata*, encenada em Veneza em 1750. Vimos também que Goldoni não permitiu a seu Lord Bonfil contrair núpcias que a platéia aristocrática não aprovaria. No final de seu drama semi-sério, quando Bonfil hesita em pedir a mão da plebéia, intervém um *coup de théâtre* que deixa todos estarrecidos, a começar pela própria Pamela: Anderson, o pai, revela que é o conde Auspingh, da nobreza escocesa, e tem vivido escondido por muitos anos, para fugir da perseguição das autoridades, às quais ofendeu. Goldoni atenuou muito também o caráter de seu aristocrata. Ele é autoritário e grosseiro, mas não seqüestra Pamela e tenta violentá-la, como faz Mr. B. No máximo, sugere a ela que se torne sua amante – mas não a força quando ela recusa[2].

1. No extremo oposto, Richardson inspirou também o niilismo moral e a irreverência iconoclasta dos autores libertinos que, na chamada fase de "Crise da Sensibilidade", no final do século XVIII, viraram pelo avesso o modelo richardsoniano. O caso mais notável é o de Donatien Alphonse François, o marquês de Sade, autor de *Justine ou Les Malheurs de la Vertu*, que oferece uma versão "perversa" da história de *Pamela*, e de *Juliette ou Le Vice Recompense*, em que se mostra que o crime compensa, e que todas as formas de crime compensam de todas as maneiras.

2. O lorde inglês de Goldoni está a léguas de distância de um conterrâneo seu também inspirado em Richardson: o aristocrata da *Fanny Hill*, de John Cleland, que não hesita em estuprar a personagem-título quando ela se recusa a entregar-se – e, com esse gesto de violência, a faz apaixonar-se por ele. Cito esse exemplo para

O comportamento condenável da personagem inglesa é transferido para uma figura que Goldoni inventou: Ernold, sobrinho da irmã de Bonfil, Miledi (sic) Daure (no texto de Richardson ela se chama Danvers). Mas esse Ernold é um bobo, que acaba de voltar de uma viagem pelo país e está convencido de que é irresistível. Trata-se, portanto, de uma personagem cômica, que não deve ser levada muito a sério. Ao comprimir a peça de Goldoni às dimensões de um libreto viável, Gaetano Rossi permaneceu muito fiel às intenções do dramaturgo veneziano. Mas chamou *Pamela Nubile*, sabe-se lá por quê, de farsa, o que é uma forma muito inadequada de caracterizar um texto teatral sob todos os aspectos pertencente ao domínio da comédia sentimental.

Em HYIO/OR, o leitor encontrará a ária "Sorgerà la nuova aurora", do final da ópera, logo depois que Bonfil fica sabendo que Pamela é nobre. Mas ela ainda ignora a sua verdadeira identidade e, achando que está deixando a mansão de Bonfil para retornar à modesta casa de seu pai, despede-se de Isacco, o velho secretário do lorde e seu constante aliado, e de Ernold que, a essa altura, já se arrependeu de sua má conduta e tornou-se seu amigo. Numa primeira seção, "Sempre di voi mi sovverò", garante aos dois que não os esquecerá. Num breve *tempo di mezzo*, pede-lhes que digam ao patrão que ela o levará sempre no coração. Em seguida, na melancólica seção final, falando mais para si mesma do que para seus interlocutores, lamenta que o Amor seja cruel com ela e não tenha pena de seus sentimentos.

Apesar do aplauso com que foi acolhida e do favor de que desfrutou durante tempo considerável, não se espere maturidade, sofisticação ou alto grau de elaboração nesta que é apenas a quarta ópera de Generali. Trata-se de um melodrama dos mais tradicionais, em que a orquestra é usada como mero apoio rítmico e harmônico das vozes, sem maior independência. No máximo permite-lhe retomar, às vezes, a melodia enquanto a voz declama sobre ela. E, conforme à tradição barroca, usa com freqüência instrumentos solistas *obbligati* – nesta ária, por exemplo, o fagote – tratando-os como se fossem vozes. A harmonia de Generali é básica, sua instrumentação perfunctória, mas ele é o melodista nato, à típica maneira mediterrânea; e isso se sente no lindo tema do *ritornello* para o fagote que introduz a ária.

Dois meses antes que *La Cambiale di Matrimonio* de Rossini estreasse no Teatro S. Moisè, o mesmo elenco tinha cantado, em 16 de setembro de 1810, um dos mais retumbantes sucessos encenados por aquele pequeno teatro veneziano – e um marco na história da ópera clássica italiana. Curioso, entretanto, é observar que *Adelina* não era a *opera d'obbligo*, a estréia principal daquela temporada. Essa era *Amore ed Interesse ossia L'Infermo ad Arte*, do napolitano Raffaele Orgitano. A ópera de Generali era apenas uma carta que o empresário mantinha na manga para o caso de alguma coisa não dar certo. E foi necessário jogá-la logo pois, no dia 15, *Amor e Interesse* foi um total fiasco. Na noite seguinte *Adelina* foi montada às pressas, e a casa veio abaixo com o entusiasmo do publico.

O *Quotidiano Veneto* relatou que todos os números foram muito aplaudidos, mas o preferido foi o trio "Giusto cielo! Correte, andate!", escolhido por David Parry para o álbum da Opera Rara. A ópera manteve-se tanto tempo em cartaz que, em fevereiro, foi necessário substituir Rosa Morandi, a criadora do papel-título, por Marianna Borroni. A ópera mais famosa de Generali ainda estava sendo cantada em Palermo na temporada de 1836-1837 e, nesse meio tempo, viajara de Londres e Paris até São Petersburgo e Odessa.

Adelina é uma das mais típicas representantes do *melodramma sentimentale* clássico, herdeiro da *comédie larmoyante* francesa – e, nesse sentido, faz companhia à *Nina* de Paisiello, à *Elisa* de Mayr, a *L'Agnese* de Paer, marcos desse gênero característico do *tardo Settecento*. Passa-se às margens do lago de Zurique – ambientação por si só muito pitoresca – e contém todos os ingredientes comuns a esse tipo de peça da "Era da Sensibilidade". O proprietário de terras Varner tem duas filhas, Adelina e Carlotta. A mais velha conheceu, antes da ópera se iniciar, um jovem estrangeiro,

mostrar como a mesma obra pode ser o ponto de partida para obras de arte inteiramente divergentes.

Elisabetta Potenza, a criadora do papel-título na *Pamela Nubile* de Pietro Generali.

Erneville, por quem se apaixonou. Os dois ficaram noivos secretamente mas, antes que Adelina pudesse apresentar ao pai o rapaz, que queria pedir sua mão em casamento, ele recebeu a comunicação de que tinha de juntar-se a seu regimento.

Incapaz de enfrentar as lágrimas de Adelina, Erneville foi embora sem se despedir, deixando a pobre coitada com a impressão de ter sido abandonada – e o que é pior, logo depois de ter descoberto que estava grávida. Cheia de vergonha, ela fugiu de casa. Quando a ação se inicia, está de volta, trazendo consigo a filha recém-nascida. Procura Simone, seu velho mestre-escola, homem patusco e bonachão que fornece à trama séria o indispensável elemento cômico. Além de ter por Adelina a compaixão que atenua o lado trágico da intriga, Simone fala de modo incrivelmente pedante, temperando cada frase com um latinório macarrônico que devia arrancar gargalhadas da platéia.

Simone vai falar com Varner, mas este renega a perdida que trouxe a desonra a seu nome. O velho professor apenas consegue impedi-lo de amaldiçoar a filha. Nesse meio tempo, Erneville, cujos deveres militares o levaram até à América, volta à procura da noiva, e fica horrorizado ao se dar conta da desventura que causou. Cai aos pés da amada, faz-se perdoar, reconcilia-se com ela – mas a união dos dois pecadores enfurece Varner mais ainda. É Simone quem salva a situação: dizendo tê-la encontrado perdida no bosque, leva a menininha e mostra-a a Varner. Só depois que este se enternece com a beleza e fragilidade da criança, revela que ela é sua neta. O turrão ainda tenta resistir, mas as súplicas de Adelina, Erneville e Simone o vencem, e o melodrama termina com o perdão e a alegria geral.

Situações que, para um espectador do século XXI, parecem datadas e ingênuas, eram perfeitamente verossímeis – e moralmente arrojadas – para o público de 1810. Além disso, como observou o crítico do *Quotidiano Veneto*, a platéia veneziana exigia *um buon libro*: "não lhe bastam idéias alinhavadas de qualquer jeito, que não fazem sentido ou desafiam a credulidade". Ele elogiava Gaetano Rossi por sua

> farsa sensível e interessante, em que ele manipula com grande inteligência as emoções de uma jovem sem cautela; de um pai amoroso, sim, mas severo e zeloso de sua honra; de um amante leal, um velho professor cheio de compaixão e uma irmã ingênua. Tudo se encontra no lugar onde devia estar: os *pezzi concertati* estão todos muito bem situados. Vamos repeti-lo: esta farsa é, sob todos os pontos de vista, digna do gosto delicado dos venezianos.

O trio gravado por Parry ocorre no momento em que Varner fica sabendo o que aconteceu à filha. Para amansá-lo, Simone começou a conversa falando-lhe de uma moça que deu um mau passo e – sem lhe revelar de quem se trata – mostra-lhe uma carta em que ela confessa sua falta. Varner é um homem de bons sentimentos e, embora isso contrarie seus princípios morais, sente pena da moça. Mas a intransigência leva a melhor quando ele descobre que é de Adelina que Simone lhe está narrando as desventuras. Quer matar a filha e, retido por Simone, não aceita de forma alguma perdoá-la.

O trio tem a forma ternária costumeira: introdução ("Giusto cielo! Correte), seção lenta ("Ah! L'avesse almen colpito!", *tempo di mezzo* e seção rápida ("Si, la morte: mi lasciate"). A seção lenta é notável pelo uso, na parte do soprano, de frases longas que terminam em elaboradas apojaturas. O crescendo do final é também forte e bem construído. A comparação deste trecho com o de *Pamela Nubile* demonstra que a instrumentação de Generali continua fiel à tradição italiana, mas se refinou: a escolha dos diversos timbres solistas é muito cuidadosa e sublinha de modo eficiente a expressão dos sentimentos.

Generali é também um dos autores a quem se atribuiu a invenção do crescendo. Mas não só Mayr o precedeu na introdução dessa técnica, como ele não a utiliza de forma tão sistemática quanto Rossini. Para nossos ouvidos modernos, isso pode parece estranho, mas é decerto devido a esse cuidado maior com a orquestração que, a essa altura da carreira, Generali era considerado *un compositore tedesco*, ou seja, um músico que sofria influência germânica. Na verdade, sempre foi assim: bastava a escrita orquestral ser um pouquinho mais sofisticada para se invocar o "sacrilégio" *ultramontano* (na época de Verdi, o anátema era ser chamado de "wagneriano").

Pamela e *Adelina* não são casos isolados. Dentre as 54 óperas que Generali produziu, algumas agradaram muito ao público e circularam pelas principais salas italianas:

1808 – *Le Lagrime d'una Vedova*, comédia de G. Foppa para o S. Moisè de Veneza;

1812 – *Attila*, sua primeira ópera de tema sério, que se manteve ocasionalmente em cartaz até ser suplantada pela de Verdi;

1816 – *I Baccanali di Roma*, em que G. Rossi retomava, para o La Fenice de Veneza, um tema já tratado por Pavesi e Niccolini (ver o capítulo sobre este último).

Na primavera de 1817, sentindo que o prestígio crescente de Rossini restringia cada vez mais o espaço para outros compositores, Generali aceitou o convite para dirigir o Teatro Santa Cruz de Barcelona. Mas até lá não conseguiu encenar muitos de seus melodramas, pois o que o público espanhol desejava era ouvir as partituras do autor do *Barbiere*. Em 1819, foi tentar a sorte em Paris, onde conseguiu que antigas obras suas fossem levadas no Théâtre Italien. Mas propostas de peças novas que fez a essa sala e ao Théâtre Feydeau não foram aceitas e, em 1821, ele voltou para Nápoles. Compunha muito pouco e, para sustentar-se, dava aulas (teve Luigi Ricci entre os seus alunos).

Sua atividade como operista tinha virtualmente terminado quando aceitou a direção do Teatro Carolino de Palermo. Mas, em conseqüência dos excessos cometidos durante uma juventude muito licenciosa, sua saúde era instável (em 1824, chegou a circular a notícia de que tinha morrido). Donizetti o substituiu na primavera de 1825. reassumiu o cargo na temporada seguinte mas, em maio de 1826, a polícia descobriu que era filiado a uma loja maçônica e, apesar de todos os seus esforços para defender-se, em setembro foi expulso do Reino das Duas Sicílias. Voltou para o norte da Itália e passou o resto da vida como *maestro di cappella* da catedral de Novara, ensinando e compondo quase só exclusivamente música sacra. Ainda estreou, em 1828, uma *Francesca da Rimini*, julgada muito severamente pelo crítico Tommaso Locatelli, da *Gazzetta di Venezia*: "Predomina nela um certo descuido, um certo estilo trivial, como se o maestro estivesse trabalhando *per otium*." Opinião compartilhada por Andrea Lanza que, em seu verbete do *Grove* sobre o compositor, assim o descreve:

> A despeito de suas boas qualidades melódicas e rítmicas, falta substância real às suas obras e elas raramente fogem a uma certa padronização estilística, em parte devido à sua preguiça e ao modo superficial como compunha, o que freqüentemente o levava a dar os retoques finais em suas óperas durante os ensaios.

GARCÍA

Com sua voz belíssima, ele dominou o palco na Itália, França e Inglaterra, durante dezesses anos. Foi um dos grandes professores de seu tempo, tendo formado celebridades como Henriette Méric-Lalande, Adolphe Nourrit e Stefania Favelli. Mas o tenor Manuel García (1775-1832) foi também compositor prolífico, autor de quarenta óperas.

García não era o nome do sevilhano Manuel del Popolo Vicente Rodríguez; era o sobrenome de seu padrasto, pois ele nunca conheceu o verdadeiro pai. Começou a cantar no coro da catedral, em cuja escola de música foi aluno de Antonio Riba. Em 1798 escreveu a sua primeira *tonadilla*, uma versão espanhola do *intermezzo*, geralmente de tema satírico, entremeando cantos e danças. Em 1802, *El Seductor Arrependido* tornou-se o primeiro exemplo de opereta ibérica. E o maior sucesso que obteve com libretos em sua própria língua foi *El Poeta Calculista*, de 1805, apresentada também fora da Espanha. A ária "Yo que soy contrabandista" foi, durante muito tempo, um número comum nos recitais de tenor. Em HYIO/OR, o leitor encontrará uma amostra de seu trabalho como operista: *Il Califfo di Bagdad*, estreada no Teatro del Fondo de Nápoles em 30 de setembro de 1813.

A carreira européia do cantor iniciou em Paris (1808-1811). Depois, em Nápoles, ele criou Norfolk na *Elisabetta Regina d'Inghilterra* (1815) e, em Roma, Rossini escreveu para ele o papel de Almaviva no *Barbiere di Siviglia* (1816), ópera que levou a Paris, Londres e Nova York. Entre 1816 e 1824, cantou tanto no Théâtre Italien de Paris, onde encenou algumas de suas óperas, quanto no King's Theatre de Londres. Nessa fase, ficou famoso no *Otello* de Rossini, e no *Don Giovanni* de Mozart, que cantava transposto para tenor.

Foi o patriarca de uma ilustre família de cantores. De sua mulher, a dançarina de bolero Manuela Morales, teve uma filha que cantava com o nome de Josefa Ruiz-García. E da viúva Maria Joaquina Sitches, também cantora, com quem viveu em bigamia, teve quatro filhos:

- Manuel Patricio, o barítono Manuel García, autor de estudos fundamentais, a *Mémoire sur la Voix Humaine* e o *Traité Complet de l'Art du Chant*, ambos de 1840; entre seus alunos estavam Jenny Lind, Ermínia Frezzolini, Mathilde Marchesi, Charles Bataille e Charles Santley;
- Michelle Ferdinando.
- Pauline, meio-soprano que se casou com o crítico e empresário Louis Viardot e fez carreira com o nome de Pauline Viardot; foi professora de Désirée Artôt e, em sua longa vida, chegou a cantar a *Raposódia para Contralto* de Brahms, e foi amiga tanto de Lorenzo da Ponte quanto do romancista americano Henry James;

O mezzo Maria Malibran, filha do tenor e compositor Manuel García, morta precocemente de uma queda de cavalo. Rossini a considerava a maior cantora de seu tempo.

- María Felicia, meio-soprano que se casou com o banqueiro Malibran – de quem se separou quando ele foi à falência, em 1827 – e fez carreira com o nome de Maria Malibran; foi uma das prima-donas mais aclamadas do século XIX e morreu precocemente, de uma queda de cavalo, em 1863, pouco depois de ter-se casado com o violinista Charles Bériot.

A família García formou a primeira companhia a visitar Nova York, a convite de Lorenzo da Ponte, na época professor de literatura italiana na Universidade de Columbia. Ali, cantaram um *Barbiere* com o pai (Almaviva), Maria (Rosina), Manuel (Fígaro) e a mãe, María Joaquina (Berta). Dos Estados Unidos, foram para o México, onde Manuel García compôs novas óperas em espanhol e, segundo se conta, tendo perdido o baú com as partituras, reconstituiu de memória a música do *Barbiere* e do *Otello* de Rossini, e a sua versão para tenor do *Don Giovanni*. A turnê mexicana terminou mal: a companhia foi atacada na estrada por *bandoleros*, que levaram mil onças de ouro, o resultado de toda a viagem pelas Américas. Desiludido, García voltou para Paris, onde ainda apareceu algumas vezes no Théâtre Italien; mas dedicou seus últimos anos de vida ao ensino de canto.

Ao adaptar *Il Califfo di Bagdad* do libreto de Claude Godard d'Aucour de Saint-Just para Boïeldieu (1800), Andrea Leone Tottola manteve a estrutura de *opéra-comique*, com diálogos falados intercalados aos números cantados. O próprio García criou o papel do califa Isauun, que quer descobrir se as mulheres o amam por ele mesmo, ou por seu poder e riqueza. Faz a corte a uma moça pobre, Zetulbe, cantada por Isabella Colbran, a futura senhora Rossini. Lemede, a mãe da moça, desconfia que ele é o perigoso bandido Il Bondocanì. Mas Zetulbe confia em sua honestidade e retribui seu amor. É recompensada quando o califa revela sua verdadeira identidade e a pede em casamento.

Estreada no Del Fondo, a ópera foi reprisada no San Carlo em 1815. E na estréia parisiense de 1815, foi a primeira grande chance de Laure Cinti-Damoreau, que haveria de ser grande intérprete de Auber e do Rossini da fase francesa. A última apresentação do *Califa* foi em 1825, na excursão pelo México. O dueto "Ogni piacere è grato" pertence ao finale do ato I, quando Isauun traz presentes a Zetulbe e sua mãe, e oferece-lhes um banquete. Ao sentarem-se à mesa, o califa convida a namorada a juntar-se a ele numa canção louvando o amor, de grande simplicidade e leveza, com um ritmo dançante. É um momento de pausa lírica e de reflexão, dentro do movimentado finale, antes que apareça um Juiz criando uma situação embaraçosa: ele reclama a devolução de um cofre de jóias pertencente ao califa, que viu desconhecidos carregando para dentro da casa.

LAVIGNA

Se o nome de Vincenzo Lavigna (1776-1836) ainda é lembrado, é porque ele foi professor de Verdi, em Milão, quando este viu-se recusada a admissão no conservatório. Sua obra foi preservada também graças à dedicação de G. de Napoli, natural como ele de Altamura, perto de Bari, autor de *La Triade Melodrammatica Altamurana* (1931), no qual analisa a obra dos três operistas nascidos em sua cidade: Tritto, Lavigna e Mercadante. Aluno de Fenarolli e Valente no Conservatório de S. Maria de Loreto, em Nápoles, Lavigna mudou-se em 1802 para Milão, onde se candidatou a *maestro al cembalo* do Scala. Manteve esse cargo até 1832, data em que as suas condições de saúde o forçaram a afastar-se do teatro. Mas manteve até a morte a posição de *maestro di solfeggio* do Conservatório de Milão, para a qual fora nomeado em 1823.

No ano da chegada a Milão, a ajuda de Paisiello lhe permitira estrear *La Muta per Amore ossia Il Medico per Forza*. De suas dez óperas, a mais significativa é *Hoango*, estreada em 26 de dezembro de 1806, no Teatro Imperiale de Turim. Três anos depois, Luigi Romanelli fez extensa revisão no libreto original de Gian-Domenico Boggio, Lavigna acrescentou novos números à partitura, e a ópera foi reapresentada no Scala com o título de *Orcamo*. A amostra que o leitor encontrará em HYIO/OR pertence à versão original, de Turim. A ação passa-se na China. Boggio toma visivelmente como modelo as fantasias orientais de Carlo Gozzi, o dramaturgo veneziano rival de Goldoni, autor da *Turandot* que haveria de inspirar Busoni e Puccini.

Ao morrer, o imperador Ham-ti deixou o trono para seu filho, Tong-ai, ainda criança. Logo em seguida, os tártaros declararam guerra à China e, durante o conflito, Ho-ang – o Hoango do título –, capitão da guarda imperial, tomou o poder e ordenou a Nireno, um de seus cúmplices, que matasse Tong-ai. Mas, como sempre acontece, Nireno não teve coragem de matar a criança e, levando-a para a Tartária, entregou-a a um nobre, que educou o menino como seu próprio filho, dando-lhe o nome de Julda.

Quando a ópera começa, Julda está com vinte anos, ignora a sua verdadeira identidade, tornou-se um dos membros da corte do rei da Tartária e está apaixonado por sua filha, a princesa Elgira. Ela retribui a esse amor, mas esbarra em um obstáculo: sua mão foi prometida a Tsao, filho de Hoango, que deseja essa união como forma de promover a paz entre chineses e tártaros. Julda está muito angustiado, pois o pai de Elgira o escolheu para acompanhar a filha na viagem à corte chinesa, onde ela será apresentada ao noivo. Mas Tsao também está muito infeliz, pois ama Ventinga, a filha de Ham-ti – irmã, portanto, de Tong-ai, que todos acreditam morto, e única sobrevivente conhecida da antiga família real.

Durante o finale do ato I, quando as bodas de Elgira e Tsao estão para serem anuncia-

Rosa Pinotti foi a primeira Elgira em *Hoango* de Vincenzo Lavigna.

das, Julda perde a cabeça, proclama publicamente que esse casamento não pode se realizar, pois ele ama a noiva, e é levado para a prisão. Elgira suplica a Hoango que não o castigue, e este concorda, desde que Julda assista à cerimônia do casamento. Resignado a perder Elgira, o rapaz diz que tem um presente a lhe dar, uma jóia que carrega consigo desde a infância. Todos se assombram ao ver que ele tem em sua posse a pedra preciosa que faltava na coroa imperial. Nireno, nesse momento, confessa ter poupado a vida do pequeno Tong-ai. Vendo-se diante do herdeiro legítimo do trono, as tropas juram fidelidade a ele e Hoango é levado para a prisão. Tong-ai casa-se com Elgira, assim solidificando a paz entre chineses e tártaros; e Tsao pode unir-se a Ventinga, que se regozija por ter reencontrado o irmão.

David Parry escolheu o dueto "Come potrò resistere?", do ato II, num momento em que os namorados acreditam que ainda terão de se separar. Nele, Lavigna afirma-se como um típico representante da tradição mediterrânea, que dá toda importância à linha vocal, relegando a orquestra ao mero papel de apoio rítmico e de fornecedora de algumas frases de transição para ligar uma melodia à outra. É só no *tempo di mezzo* que, por um breve instante, os instrumentos se encarregam de repetir a melodia, enquanto as vozes declamam algumas frases tendo-a como suporte. A primeira seção, "Come potrò resistere lunge da te, mio bene?", é um *andante* muito lírico. A segunda, a *preghiera* "Cessate alfine, oh Dei, di tanta crudeltà", um *allegro vivo* em que as vozes, nas primeiras frases, respondem uma à outra vigorosamente. Lavigna tem bom senso do efeito dramático. Os acordes inesperados do ritornello com que o dueto se abre criam no ouvinte a expectativa para a melodia de cantábile muito generoso em que se baseia a primeira seção.

O interesse de *Hoango*, no contexto deste volume, é mostrar como, na primeira década do século XIX, ainda se mantêm vivas, no domínio sério italiano, formas de libreto e de composição que remontam ao melodrama metastasiano. Este é o único dueto da ópera. Todo o resto é constituído de recitativos e árias *da capo* que convergem para os dois finales, construídos de forma mais variada. Três anos depois, o estilo antiquado da ópera era tão flagrante que, ao prepará-la para a apresentação ao público mais progressista de Milão, Lavigna sentiu-se na necessidade de revisá-la a ponto de transformá-la numa ópera virtualmente nova.

Compôs quatro coros, três duetos – um dos quais substituiu "Come potrò resistere?" –, e quatro árias novas, três das quais com acompanhamento do coro. Para disfarçar o fato de que estava reestreando uma obra antiga, mudou o nome de Hoango para Orcamo – o novo título da ópera – e o de Ventinga para Bassene. Mudou também o finale, que ficou com um aspecto ainda maior de *lieto fine* barroco. Para conformar-se aos ideais monárquicos do momento, fez Julda perdoar magnanimamente o usurpador. Em vez de ir para a prisão, Orcamo fica no palco e une sua voz ao canto final de regozijo.

Outro traço liga *Hoango/Orcamo* às praxes barrocas. Na versão de Turim, Julda fora escrito para o *castrato* Angelo Testori; em Milão, ele foi interpretado por Velluti, o último grande representante desse tipo de cantor. A parte de Elgira, composta para Rosa Pinotti, foi retomada por uma soprano que, em dezembro de 1808, estreara no Scala, no *Coriolano* de Nicolini. Em 1822, a espanhola Isabella Colbran haveria de se tornar a primeira Signora Rossini.

Em 1871, numa carta a Francesco Florimo, Verdi assim descreveu o seu professor:

> Ele era um ótimo contrapontista, um tantinho pedante, e a única música que importava para ele era a de Paisiello. Nos três anos que passei com ele, não fiz outra coisa senão escrever cânons e fugas, fugas e cânons em todos os tipos de molho. Era um homem muito culto e eu desejaria que todos os professores fossem como ele.

A cena final do *Falstaff* prova que Lavigna não era mau professor.

PUCITTA

O fato de ter-se aventurado em terreno já trilhado por compositores de maior renome e, com isso, angariar para si mesmo um certo prestígio, garante um lugar na história a nomes menores como o do romano Vincenzo Pucitta (1778-1861). Stendhal zombou dele chamando-o de o "compositor domado" por Angelica Catalani, pois foi para essa volátil prima-dona que Pucitta compôs muitos de seus papéis. Ele a conheceu como a grande estrela do King's Theatre de Londres, de que foi diretor musical entre 1809-1814.

Aluno do Conservatorio della Pietà dei Turchini, em Nápoles, Pucitta estreou como operista em 1799, no teatro de Senigallia, com uma peça de que não se guardou sequer o nome. Daí até 1806, apresentou comédias e farsas em Milão e Veneza: a mais interessante delas é *La Burla Fortunata ossia I Due Prigionieri* (1804), baseada numa peça muito popular de B. J. Marsolier, *Adolphe et Clara*. A partir de 1806, inicia-se a fase itinerante em sua carreira: primeiro Lisboa, onde produz *Andromaca* para o Teatro São Carlos, e depois Amsterdã, antes de Londres. Ali produziu a ópera que chamou a atenção de La Catalani: *La Caccia di Enrico IV*, com libreto de Serafino Buonaiutti, estreada no King's Theater em 1809.

Durante uma caçada nas vizinhanças de Fontainebleau, o rei Henrique IV fica sabendo que um de seus cortesãos, o marquês de Conchiny, raptou uma camponesa chamada Ágata. Magnânimo, ele procura o local onde a moça está escondida, liberta-a, exila o marquês, e devolve-a a Riccardo, o seu namorado. *A Caçada de Henrique IV* é uma das óperas do período em que encontramos a preocupação pré-romântica em representar toda a escala social, do rei e seu séqüito ao mais humilde camponês. O lado popular é particularmente rico: nele estão o fazendeiro Michele, pai de Riccardo, e de Marietta e Giannetta. Aparecem também Luca, o guarda-caça do rei, e Marco, o moleiro no moinho que pertence a Michele, personagem rústica que fala em dialeto. Baseando-se no exemplo do *Richard Coeur de Lion* de Grétry, Pucitta dá atenção especial à caracterização musical dos diversos níveis sociais a que pertencem as personagens dessa ópera *eroicomica*.

Esse é o caso do dueto "Un palpito mi sento al caro ben vicino", que o leitor encontrará em HYIO/OR. Localizado no ato I, é cantado por Marietta e Giannetta, a quem o pai recriminou por serem cabeças-de-vento que só pensam em namoro. Não se pode fazer a Pucitta a acusação em que incorrem tantos autores da fase clássico-barroca – Rossini entre eles – de que usavam os mesmos procedimentos indiscriminadamente, para situações sérias ou cômicas. Os padrões do desenho vocal, o tipo de instrumentação, a transparência de um número de leveza efervescente não deixam dúvidas quanto à natureza adolescente, popular e descomplicada – portanto do domínio bufo – das personagens que o cantam. Não que Pucita esteja sendo inovador; mas ele trabalha com segurança obedecendo a regras que conhece bem.

A música de Pucitta agradou muito a Angelica Catalani, que programou três vezes *La Caccia* entre 1812-1814, e estabeleceu com o compositor intensa colaboração. Seu elaborado vocalismo passou a ser a principal fonte de inspiração de Pucitta que, para ela, adaptou *Adolfo e Chiara*, e compôs várias árias para os recitais em que a acompanhava regendo a orquestra. Eram apresentações extremamente bem-remuneradas: uma vez, Catalani – de quem Stendhal dizia que ela tinha "une voix prodigieusement belle" – ganhou 200 guinéus para cantar *Rule Britannia* numa cerimônia pública. Foi a essa super-estrela que Pucitta dedicou o papel de Giulia, em *La Vestale*, estreada no King's Theatre de Londres em 3 de maio de 1810.

Quando se pensa em *La Vestale*, o primeiro nome que vem à mente é o de Gasparo Spontini. Depois, talvez, Mercadante e, com um pouco de sorte, Pacini. Mas não ocorre mais a ninguém – fora uns raros eruditos – que a *Vestal* de Puccitta teve seus anos de glória, a ponto de, tendo excursionado pelos principais teatros italianos, chegar a Buenos Aires, onde foi cantada em 1828. Não se sabe quem traduziu para o italiano o libreto de Jean-Nicolas Bouilly, escrito em 1807 para Spontini (ver *A Ópera na França*, desta coleção). Alguns autores afirmaram, erroneamente, que se tratava de Luigi Romanelli, que redigira para Pucitta os textos de *Il Puntiglio* (Scala, 1802) e *Andromaca* (Lisboa, 1806). A confusão vem do fato de que é Romanelli o autor do poema da *Vestal* de Pacini, muito posterior, de 1823. Mas a comparação dos dois dramas demonstra que eles são muito diferentes e, portanto, Romanelli não remanejou para Pacini um trabalho de treze anos antes.

A ação segue à risca a de Bouilly/Spontini: a sacerdotisa Giulia está apaixonada pelo general Licinio, que acaba de ser homenageado com um triunfo – um cortejo cerimonial – devido à sua vitória sobre os gauleses. Distraída em colóquio amoroso com Licinio, ela deixa apagar-se o fogo votivo da deusa e, por isso, é condenada a ser enterrada viva. No último minuto, Vesta a perdoa fazendo cair do céu um raio que reacende a pira, e os amantes são abençoados pelo Sumo-sacerdote. A ópera de Pucitta termina com uma cena de grandes proporções: a festa no Circo de Flora, em honra a Vênus Ericínia, durante a qual Giulia casa-se com Licinio.

La Vestale foi acolhida "with the most universal approbation and appaluse", diz o autor da resenha no *The Examiner*, alguns dias depois da estréia. Além de Catalani, que retornava à companhia londrina, após uma ausência de dois anos, "in excellent voice", foi muito louvado o tenor Diomiro Tramezzani, para quem Pucitta escrevera uma parte especialmente brilhante. Lord Mount Edgcumbe, espectador privilegiado, pois era um rico amante de ópera que podia permitir-se viajar por toda a Europa assistindo aos mais diversos espetáculos, garante: "Tramezzani era um dos tenores mais agradáveis que me lembro ter ouvido". Basta dizer que o *Examiner* o comparou a John Braham, o primeiro grande tenor inglês, criador de Huon de Bordeaux no *Oberon* de Weber. Mas é muito curiosa a observação que o crítico anonimo faz à técnica de representação italiana daqueles tempos, em contraste com os hábitos e o gosto dos ingleses:

> Sua figura é máscula, a forma de agir muito digna, e a voz possui uma mistura de suavidade e força que se encontra raramente hoje em dia. [...] Sua concepção geral da personagem é justa e tenderá a melhorar quando ele aprender a refrear a violência na atuação, que prevalece entre os cantores estrangeiros. Ele também parece ter a tendência a cair num erro comum à maioria dos cantores: o de achar que têm de rir para agradar à platéia. É verdade que ele não chega, como a Catalani, a rir abertamente, cada vez que fala de morte e de tortura; mas não perde a oportunidade de sorrir cada vez que as menciona. Esperemos que ele logo remedie esse desnecessário defeito.

Embora escrita para La Catalani, a versão de Puccita tornou-se um veículo para o estrelato de Tramezzani, que a levou a Brescia e Bolonha; e também de Pietro Bolognesi, que fez tanto sucesso com ela no Teatro Re de Milão, em julho de 1816, que transformou a *aria di sortita* de Licinio em sua "ária de baú": há notícias de que ele a interpolou no *Quinto Fabio*, quando cantou essa *opera seria* de Niccolini. É justamente esse número com coro, na cena 6 do ato I, que David Parry escolheu

Stendhal zombava de Pucitta, chamando-o de "le compositeur dompté" da grande soprano Angelica Catalani, mostrada nestra ilustração.

A signora Collini, a Marietta de *La Caccia di Enrico IV* de Pucita.

para ilustrar a obra de Pucitta em HYIO/OR. Vale a pena reproduzir a rubrica do libreto, para que o leitor possa imaginar como era suntuosa a montagem, numa linha cenográfica que já prenuncia os luxuosos efeitos do *grand-opéra*:

> O Fórum Romano: à esquerda, o pórtico e o santuário das vestais, com uma colunata que estabelece a comunicação com o Templo de Vesta; do mesmo lado, oposto ao pórtico, o palácio de Numa, e parte do bosque sagrado que o cerca. O Monte Palatino e as margens do Tibre em perspectiva: diante da porta do templo, uma escadaria coberta com um tapete púrpura, e uma cadeira curul. Da direita vem a procissão triunfal de Licinio, liderada por Cinna; as vestais saem do templo; as duas últimas trazem o altar com o fogo sagrado, e Manlio e Marzia as seguem trazendo o paládio, que colocam sobre um pequeno pilar, por trás do altar. O Áugure acompanha o cortejo. Giulia é a última a sair e vem sentar-se na cadeira curul.

Introduzida pelo coral dos romanos ("Viva di Roma l'eroe guerriero") e das vestais ("L'eroe che al mondo la pace ha dato"), a ária "Guidò Marte i nostri passi" tem tudo para agradar aos tenores: exige ao mesmo tempo um timbre robusto e com *metallo*, e elegância de legato; e principalmente a capacidade de fazer ornamentação muito virtuosística. Pode-se argumentar que o desenho melódico nada tem de muito especial e a harmonia é apenas básica; mas, em sua extroversão, ela tem um dinamismo rítmico que prende a atenção. Não estamos diante de um gênio, e sim de um músico competente que sabe tornar a rotina atraente. A cena já tem a estrutura ternária que Rossini incorpora a seu códice:

- introdução ("Guidò Marte i nostri passi") a princípio retórica e de estilo declamatório, depois tendendo para um cantábile mais flexível;
- breve seção central meditativa ("Dolce pátria, a te ritorno"), mas ainda com discreta ornamentação;
- e seção final rápida com coro ("Meço a combattere verrete ognora") que, na segunda estrofe, é ricamente ornamentada, já antecipando as cabalettas do Romantismo pleno.

Pucitta dá também demonstração de senso de teatro na forma como constrói a marcha no início da cena, primeiro *moderato* e *piano*, depois acelerando-se e ganhando gradualmente volume, dando assim a impressão de que o cortejo vem realmente de longe, e se aproxima aos poucos.

Pucitta acompanhou Catalani nas turnês que ela fez por todo o Reino Unido. Depois, viajou com ela pela Holanda, Bélgica e Alemanha. Ao ser nomeada diretora do Théâtre Italien de Paris, em 1814, Catalani o designou compositor residente. Mas o público francês não gostou de sua música e, em 1817, para conseguir que sua *La Principessa in Campagna ossia Il Marchese nell'Imbarazzo* atraísse público, foi preciso anunciá-la sem dizer de quem era. Mesmo assim, a ópera fracassou. A essa altura, Pucitta entrara em atritos constantes com o marido da cantora, o diplomata capitão Paul de Valabrègue, de quem ficou famosa a frase: "Pour réussir un opéra, il me suffit ma femme et quatre ou cinq poupées" (Para ter uma ópera de sucesso, bastam-me a minha mulher e quatro ou cinco bonequinhas) – a forma desdenhosa como ele se referia ao restante do elenco. Ou ao "escrevinhador de notas", como chamava os compositores que trabalhavam para ela.

Nesse mesmo ano, o "écribouilleur de notes" poria fim à longa associação com Catalani que, em 1818, também se afastaria do Italien. Em Londres, Pucitta tivera uma aluna talentosa, a soprano Elisabeth Ferron. Em 1819, assinou com ela um contrato de exclusividade de quatro anos, e excursionaram pela Áustria e Alemanha, cantando o mesmo repertório concebido para sua antiga parceira. Em abril de 1820, Ferron foi aplaudidíssima fazendo *La Principessa in Campagna* no Scala; mas o público não gostou nem um pouco da ópera, de estilo já obsoleto. Diante disso, La Ferron pagou 12.000 francos ao compositor para livrar-se do contrato que assinara com ele. Dois fiascos seguidos, nas temporadas de Carnaval de Roma e Milão, desiludiram Pucitta e fizeram-no abandonar definitivamente o palco. Seus últimos anos de vida foram dedicados à importante pesquisa do ciclo mariano no cancioneiro popular italiano. Em 1843, publicou *Le Mille Melodie Consacrate a Maria Imaccolata* e, em 1850, *Il Mese di Maria: Cantici Popolari su Tutti i Principali Fatti della Vita della Santa Vergine*.

Pavesi

O único motivo para ainda se mencionar o nome de Stefano Pavesi (1779-1850) nos modernos manuais de História da Ópera, é seu *Ser Marcantonio* ter sido um dos modelos para o *Don Pasquale* de Donizetti. Injustiça com uma das figuras de personalidade mais individualizada na fase que fica entre os grandes mestres do *Settecento* – Cimarosa, Paisiello, Piccinni – e o advento da revolução rossiniana. E que teve sua hora de prestígio, pois *Ser Marcantonio*, além de emplacar 54 récitas no Scala em 1810, ano da estréia, circulou pelos principais teatros da Itália. Original e vivo do ponto de vista da invenção melódica, Pavesi tinha um domínio muito seguro da orquestração, adquirido em contato com Gazzaniga, que formara seu estilo familiarizando-o com uma série de técnicas de procedências européias diferentes.

Nascido na aldeia de Casaletto Vaprio, perto de Crema, Stefano fez seus primeiros estudos em Nápoles, com Piccinni. Ingressou no Conservatório de S. Onofrio pouco antes de ele ser integrado ao de S. Maria di Loreto, e foi aluno de Fenarolli. Mas seus ideais progressistas o fizeram aderir à Repubblica Partenopea e, em conseqüência disso, foi expulso da escola e deportado para Marselha. Dali, seguiu para Dijon, onde se alistou no regimento italiano do exército napoleônico. Foi colocado na banda do regimento e participou da campanha da Itália. Abandonou o exército quando este passou por Crema, e continuou seus estudos com Gazzaniga que, nessa época, era o *maestro di cappella* da catedral.

Pavesi era um homem afável, famoso pela sua simpatia e senso de humor. O mestre afeiçoou-se a ele, levou-o para Veneza como seu assistente e, ali, em 1803, promoveu a estréia de sua primeiras óperas, *Un Avvertimento ai Gelosi*, *L'Amante Anonimo, I Castelli in Aria* e *La Forza dei Simpatici ovvero Lo Stratagema per Amore*, compostas rapidamente uma depois da outra (ou provavelmente já parcialmente escritas em período anterior). Após essa primeira leva de comédias, já em 1804 Pavesi fazia a sua primeira experiência séria, uma *Andromaca*. Nos vinte anos seguintes, haveriam de se seguir cerca de setenta outros títulos, entre sérios e cômicos. É uma lista respeitável, e típica das primeiras décadas do *Ottocento*. Ao lado de títulos que apontam para um gosto bem moderno, há recaídas no tradicionalismo como *Nitteti* (1811), usando o libreto escrito por Metastasio, em 1756, para Nicola Conforti. Além da bem-sucedida ópera bufa *Ser Marcantonio*, já mencionada – cujo libreto era de Angelo Anelli, livremente inspirado no *Epicoene* do elizabetano Ben Jonson – foram muito bem recebidas:

La Festa della Rosa, de 1808;

La Donna Bianca d'Avenello, tradução do libreto de Eugène Scribe para *La Dame Blanche* de Boïeldieu, a partir de novelas de sir Walter Scott – cantada no Scala em 1830;

e *Fenella ovvero La Muta di Portici*, que Gaetano Rossi adaptou, em 1831, do libreto de Scribe para *La Muette di Portici*, de Auber.

Numa época em que a música francesa ainda não tinha conquistado muitos adeptos na Itália, mas os dramaturgos já reconheciam as qualidades da *pièce bien faite* praticada naquele país, era comum a apropriação de textos traduzidos, revisados, transpostos (outra coisa não será, mais tarde, o *Elixir do Amor* de Romani/ Donizzetti). Inversamente, libretistas de Rossini lançaram mão de assuntos previamente tratados por Pavesi, e isso contribuiu para deixá-lo à sombra. O tema de *Il Trionfo della Beltà ovvero Corradino Cuor di Ferro* (1809) é o mesmo de *Matilde di Shabran* (1821). O libreto de Giovanni Schmidt para *Odoardo e Cristina* (1810) serviu de base a *Edoardo e Cristina* (1819). *Tancredi* (1812) precedeu em apenas um ano a versão rossiniana. E *Agatina ovvero La Virtù Premiata* (1814) conta a história da gata borralheira, que ficaria muito mais célebre com o título de *La Cenerentola* (1817).

Exatamente a mesma coisa aconteceu a *Elisabetta Regina di Inghilterra*, representada em HYIO/OR. Não se tem certeza quanto à autoria do libreto da *Elisabetta* de Pavesi, estreada no Teatro Regio de Turim em 26 de dezembro de 1809. Modernamente, tende-se a acreditar que se trata de uma versão anterior do texto de Giovanni Federico Schmidt usado por Rossini em 1815. A comparação dos dois, porém, revela diferenças significativas. Ambos baseiam-se na peça homônima de Carlo Federici, extraída de um romance inglês de sucesso, *The Recess* (1785), de Sophie Lee. Mas o de Pavesi é de estilo mais antiquado: o coro intervém uma única vez, no final do ato II; há duetos e cenas de conjunto, mas o que predomina são números solistas concebidos como *arie di sortita* conformes à tradição barroca, pois situam-se nos momentos em que as personagens vão sair de cena. O tratamento ainda é bastante conservador; mas já existe, nessa ópera, um elemento que aponta para o futuro: o fascínio que, no Romantismo, as ilhas britânicas, a literatura inglesa e a dinastia Tudor exercerão sobre músicos e platéia.

Elisabetta descobriu que seu favorito, Enrico conde de Leicester, casou-se secretamente com Metilde, filha fictícia de sua prima Maria Stuarda – que ela mandou executar – com o amante desta, Bothwell. No ato II, a rainha, furiosa, manda chamar Enrico e mostra-lhe o documento que forçou Metilde a assinar, renunciando ao casamento. Leicester a enfrenta, rasgando o papel e jurando que prefere desistir de todo o universo a perder sua mulher. Segue-se o dueto "Minacci! Ah, parti, indegno", em que eles resistem um ao outro – um número curto, incisivo, em um só movimento, como se fosse a parte introdutória de um dueto mais elaborado, que as personagens desistissem de cantar, pois ele termina abruptamente. Quando parece estar se preparando a seção lenta, intervém bruscamente uma cadência que põe fim à peça. Pavesi demonstra um senso muito preciso de declamação, de pronta reação às nuances expressivas das palavras, escrevendo música que se casa naturalmente a elas.

Em HYIO/OR, o leitor encontrará outro interessante exemplo da arte pavesiana: o trio "Come Paride alle Grazie", pertencente a *Agatina ossia La Virtù Premiata*, que subiu à cena no Scala em 10 de abril de 1814 – *dramma semiserio* baseado, como já mencionamos, numa versão modificada da *Cendrillon* de Charles Perrault. Jacopo Ferretti, autor do libreto musicado por Rossini, conhecia certamente o texto usado por Pavesi, e fez dele uma revisão apressada, que já foi chamada de "plágio descarado". Nas notas que acompanham a gravação de David Parry, as pesquisas muito interessantes sobre a autoria do texto de *Agatina* são reconstituídas por Jeremy Commons.

A edição de 1814 do libreto o atribuía a "F.F.". Por muito tempo, afirmou-se que esta era uma das primeiras obras de Felice Romani e, devido a um erro tipográfico, "F.R." fora impresso como "F.F.". Essa era a opinião de Pompeo Cambiasi, sobrinho de Emilia Branca, a mulher de Romani, em *Rappresentazioni Date nei Reali Teatri di Milano 1778-1872*, publicado em 1872. Luigi Lianovosani encampou essa atribuição no *Saggio Bibliografico Relativo ai Melodrammi di Felice Romani* (s/d). E a própria Emilia, que só se casou com Romani em 1844, não hesitou em reivindicar *Agatina* para o marido na biografia *Felice Ro-*

Stefano Pavesi, o autor da *Agatina* em que haveria de se inspirar a *Cenerentola* rossiniana.

Lourença Correa e Adelaide Malanotte estrearam *Elisabetta d'Inghilterra* de Pavesi.

mani e i Più Riputati Maestri del Suo Tempo (1882)[1]. Somente em 1980, num artigo publicado no *Bollettino del Centro di Studi Rossiniani*, Marco Mauceri demonstrou ser o libreto de Francesco Fiorini, tenor que cantava no Scala, e era amante da soprano portuguesa Lourença Correa, criadora de Leicester na *Elisabetta*, e de Clorinda, uma das irmãs de Agatina, a gata borralheira de Pavesi.

Fiorini introduziu na história de Perrault a figura de Dandini, o criado do príncipe, ligado às tradições cômicas que remontavam a Goldoni, Molière e, mais longe ainda, à *Commedia dell'Arte*. Surge o tutor Alidoro, uma versão iluminista da fada madrinha. Mas há um elemento mágico que substitui as chinelinhas: uma rosa que impede as irmãs de reconhecerem Agatina, quando ela a está usando para enfeitar o vestido, no baile oferecido pelo príncipe. Exemplo da escrita cômica altamente profissional e eficiente do período pré-rossiniano é o trio escolhido por Parry, no ato I, quando Dandini, com as vestes do príncipe Ramiro, vem visitar Clorinda e Tisbe, as filhas do falido barão de Montefiascone.

Trata-se do usual número ternário, mas com algumas surpresas formais. A comparação de si mesmo com o príncipe troiano Páris, feita por Dandini, desencadeia uma introdução caricaturalmente pomposa. Há ecos da mesma em "Come un'ape ne' giorni d'aprile", da *Cenerentola*; e não é improvável que Donizetti se lembrasse dela quando compôs o "Come Paride vezzoso", de Belcore, no *Elisir*. As transições entre as entradas de cada personagem são feitas de forma muito habilidosa. Ao serem atingidas as palavras "Ei mi guarda, mi sorride", tem-se a impressão de ter chegado à seção lenta mas, após algumas frases de abertura, a música dá uma guinada súbita para uma endiabrada seção em silabato na qual, a partir de "Una segretezza", as duas irmãs vêm falar ao suposto príncipe, uma tentando indispô-lo contra a outra. Tecnicamente, trata-se de um *tempo di mezzo*, mas muito mais extenso e elaborado do que seria de se esperar. A seção final, "O che giorno di contento", é esfuziante e sua velocidade põe à prova a seguranças dos cantores na enunciação das palavras; mas os intérpretes têm amplas possibilidades de interação cômica, como o demonstram Geoffrey Dolton, Marilyn Hill Smith e Andrea Bolton no álbum da Opera Rara, onde parecem divertir-se muito ao cantar esta cena.

Gazzaniga morreu em 1818, e Pavesi foi nomeado para sucedê-lo na catedral de Crema, ficando nesse cargo até o fim da vida. De 1826 até 1830, passava seis meses do ano em Viena, como diretor do Hofoper, substituindo Salieri. De 1831 em diante, decerto percebendo que estava sendo deixado para trás pela nova geração de operistas, em que Donizetti e Bellini já despontavam, não escreveu mais óperas. Dedicou-se à música litúrgica e editou um trabalho feito a quatro mãos com seu mestre: *Salmi, Cantici ed Inni Cristiani del Conte L. Tadini Posti in Musica Popolare dai Maestri G. Gazzaniga e S. Pavesi.*

1. Também o sempre bem informado Patrick Smith incorre nesse erro em *The Tenth Muse*, publicado em 1970, antes portanto da pesquisa de Mauceri.

CORDELLA

Autores de considerável prestígio em seu tempo podem estar hoje totalmente esquecidos. Tal foi o destino do napolitano Giacomo Cordella (1783-1847), cujas comédias eram muito apreciadas nas primeiras décadas do século XIX. Conservador em seus gostos e formas de expressão, Cordella é um dos representantes do Classicismo Tardio, num momento em que a revolução romântica já está em processo de eclosão. E isso explica ele ter sido negligenciado, apesar da popularidade de que desfrutou por curto período.

Filho de Girolamo Cordella, organista e compositor de música sacra em atividade em Nápoles nas décadas de 1770-1780, Giacomo iniciou os estudos com Fedele Fenaroli (contraponto) e Paisiello (composição). Aos 18 anos, compôs a cantata *La Vittoria dell'Arca contro Gericò*, que agradou a Paisiello. E este, como fazia com seus alunos mais promissores, transferiu para ele uma encomenda recebida do S. Moisè, de Veneza, para a temporada de Carnaval. A farsa *Il Ciarlatano* estreou em 26 de dezembro de 1804. *Il Ciarlatano* imita tão diligentemente o estilo de seu mestre que, bem recebida, foi levada em Milão, Turim e Parma, e abriu-lhe as portas a novos compromissos – a maioria deles em Nápoles, onde *Uma Folia* (1813) fez enorme sucesso; mas também em outras cidades:

– *Il Contracambio* para o Teatro Valle (1818) e *Lo Sposo di Província* para o Argentina (1821), ambos em Roma;

– *Alcibiade* para o La Fenice, de Veneza (1824);

– e *Gli Avventurieri* para o Teatro della Canobbiana, de Milão (1825).

Paralelamente, Cordella trabalhava como músico de igreja. Numa *notizia biografica* redigida na época da estréia dos *Aventureiros*, dizia ser "o autor de missas, vésperas, motetos e de um *Te Deum* para dois coros". Era um homem muito bem casado, afeiçoadíssimo à esposa e aos dois filhos. Por essa a razão – como já acontecera com Mayr – recusou convites para dirigir o Teatro de la Santa Cruz, de Barcelona, ou para trabalhar como *Kapellmeister* na corte de Cristiano VIII da Dinamarca – que o ouviu em Nápoles, conseguiu convencê-lo a acompanhá-lo até Roma, mas não a seguir viagem até Copenhague. Em dezembro de 1824, após a morte de Luigi Mosca, Cordella o sucedeu como *secondo maestro* da corte e da Capela Palatina de Nápoles e inspetor de canto. Três anos depois, tornou-se professor de solfejo no Real Colégio Napolitano de Música. De 1832 até sua morte, foi o diretor musical dos Reais Teatros Napolitanos, cargo que, em determinadas épocas, compartilhou com Pietro Raimondi e Giuseppe Lillo.

Em *La Scuola Musicale di Napoli ed i suoi Conservatorii* (1882), Francesco Florimo considerou-o muito bom organista, um excepcional acompanhador de cantores e autor de cantatas e duetos de câmara apreciáveis. Mas até mesmo em seu tempo Cordella era considerado conservador. Em seu obituário, no *Poliorama Pittoresco*, F. Trinchera escreveu:

> Estudioso devotado daquela melodia flexível e pura que, por boas razões, fez a fama da música italiana, [Cordella] detestava os ruídos excessivos das batalhas musicais modernas, nas quais via a ruína e a corrupção da arte.

Isso é particularmente verdade em relação à sua ópera mais interessante, *Lo Sposo di Provincia*. Quando ela estreou, em 29 de setembro de 1821, no Argentina de Roma, as *Notizie del Giorno* lhe creditaram ter "solucionado o mais difícil dos problemas da arte, ao combinar os brilhantes efeitos do gosto musical moderno com as antigas regras da mais severa composição". E em novembro, ao noticiar a apresentação dessa ópera em Roma, o *Giornale del Regno delle Due Sicilie* elogiou a música exatamente nos mesmos termos: "Ela possui todo o brilho e movimento da escola moderna, sem perder a severidade do antigo estilo." Portanto, ao lado de Zingarelli ou de Luigi e Giuseppe Mosca, este é um compositor que, entrando pelo século adentro, mantém vivas tradições que vêm de Cimarosa e Paisiello, e traços ainda mais antigos, provenientes do Barroco Tardio.

Giovanni Schmidt adaptou, com muitas liberdades, a intriga da comédia *Monsieur de Pourceaugnac*, de Molière. Sempronio dilapidou de tal forma a herança de sua sobrinha Lauretta, de quem é o tutor, que só vê uma saída: casá-la com Panfilio, um velho rico e excêntrico do interior – o *Noivo de Província* do título. Não conta, porém, com a determinação da moça, já enamorada de um oficial, Ernesto. Ambos contam, é claro, com astuciosos aliados, indispensáveis na comédia clássica: Martina, a criada de Lauretta; e Adolfo, o melhor amigo de Ernesto, um rapaz brincalhão, sempre pronto a inventar brincadeiras de mau-gosto, que exponham Panfilio ao ridículo. O esquema narrativo, como vê o leitor, é muito próximo ao do *Barbiere di Siviglia*; quanto à música, ela tem mais a ver com Paisiello do que com Rossini.

Os quatro conspiradores acusam Panfilio de ter rejeitado Martina para casar-se com Lauretta; depois, de ter desertado do exército; e o fazem enfrentar um Juiz – Adolfo em disfarce, é claro – que, em vez de ajudá-lo, transforma sua vida em um pesadelo. Convencem também Sempronio de que Panfilio é um ladrão e quer apenas apoderar-se de seus bens. No final, o desventurado noivo fica muito feliz quando Ernesto se propõe a resolver seus problemas, pedindo a mão de Lauretta, para que ele fique livre do compromisso e volte para a reconfortante província. E Sempronio, agradecido, consente que a sobrinha se case com o prestativo oficial. Triunfo da juventude e do amor sobre a cobiça e a burrice: que pode haver de mais clássico?

As *Notizie del Giorno* deram conta da efusiva recepção do público romano, embora lamentassem que o Argentina fosse demasiado grande, "privando o público das belezas de detalhe que adornam a composição musical". E ressaltaram a superioridade do ato I sobre o II, afirmando estarem no primeiro as páginas mais satisfatórias – o trio, o sexteto e o finale —, embora tivessem também palavras de apreço para o dueto do segundo. O trio "O soave mia speranza" é justamente o trecho que ilustra a obra de Cordella em HYIO/OR. Ernesto e Lauretta se encontram e estão declarando o amor um pelo outro, mas são interrompidos por Martina, que os adverte do risco de serem surpreendidos por Sempronio. Os jovens lamentam "o tormento dos amantes que, a todo momento, devem refrear seus sentimentos", enquanto Martina treme de medo porque "lo Zio non è distante".

Esta página confirma o que foi dito a respeito das opções tradicionalistas de Cordella. Começa como um duettino de andamento moderado, e a intervenção de Martina funciona como um *tempo di mezzo* que leva a estrutura ternária a uma conclusão rápida, "O ciel, che pena è questa!" Interessante é observar que, na primeira seção, ao fazer o tenor cantar no extremo mais agudo de sua voz, e situar a soprano na região mais grave da sua, Cordella faz ambas evoluírem numa mesma área, o que cria uma sensação intimista muito interessante de identidade de emoções.

Meyerbeer na Itália

A história conhece o alemão Jakob Liebmann Beer (1791-1864) com o nome artístico de Meyerbeer, que ele formou juntando os sobrenomês da mãe e do pai. É muito grande a importância que tem como o codificador de um subgênero que exerceu influência em todos os quadrantes: o *grand-opéra* de formas suntuosas, que praticou no Theâtre de l'Opéra de Paris, a partir da estréia de *Robert le Diable* (21.11.1831), escrita em colaboração com o libretista Eugène Scribe. Esse período de apogeu na produção de Jacques Meyerbeer, pertencente à fase romântica, está descrito no volume *A Ópera na França*, desta coleção. A este volume cabe, porém, o estudo da formação do operista Giacomo Meyerbeer, e do sucesso fenomenal que fez na Itália.

Jakob Herz Beer enriqueceu fornecendo armas ao governo da Prússia e explorando refinarias de açúcar em Berlim e na Gorizia, norte da Itália. Amelia, a sua mulher, filha do banqueiro Liebmann Meyer Wulf, tinha sido condecorada com a Ordem de Luísa por seu trabalho de socorro aos feridos, na guerra de 1813-1815. O salão dos Beer era um dos pontos de encontro da elite cultural berlinense, freqüentado pelo cientista Alexander von Humboldt ou o futuro Frederico Guilherme IV. Foi o príncipe herdeiro quem sugeriu Franz Lauskas, professor de piano da casa real, para dar aulas ao pequeno Jakob que, aos onze anos, fez sua primeira aparição em público como pianista.

Os primeiros professores de Meyerbeer foram Carl Zelter – com quem Mendelssohn estudava – e B. A. Weber, que o fez compor sua primeira partitura para o palco, o balé *Der Fischer und das Milchmädchen* (O Pescador e a Vendedora de Leite), encenado em março de 1810. No mês seguinte, o tutor de Jakob, Aron Wolfssohn, e seu irmão mais velho, Heinrich, o levaram para Darmstadt, onde o inscreveram no curso do abade Georg Joseph Vogler. Nas aulas do mais respeitado teórico de música da Alemanha, Jakob foi colega de Carl Maria von Weber e J. B. Gänsbacher, e de dois representantes da escola de Mannheim, Gottfried Weber e Alexander Dusch. Com eles, fundou o jornalzinho *Harmonischer Verein* no qual, usando pseudônimos, faziam resenhas favoráveis das obras uns dos outros (Jakob usava os pseudônimos Julius Billig e Philodikaios).

Enquanto estudava com Vogler, ele compôs dois *singspiele* entre 1810-1811: *Abu Hassan* – o mesmo tema explorado por Weber – e *Der Admiral oder Der verlorene Prozess* (O Almirante ou O Processo Perdido); ambos ficaram inéditos. Graças ao prestígio de seu professor, *Jephtas Gelübde* (O Voto de Jeftá) foi encenada no Hoftheater de Munique em 1812; mas sua forma estática, de oratório, não agradou ao público. A cômica *Wirth und Gast*

(Anfitrião e Hóspede) também foi um fiasco em Stuttgart, em 1813; e não obteve boa acolhida nem mesmo quando revista para Viena, no ano seguinte, com o título de *Die beyden Kalifen* (Os Dois Califas).

Vogler o tinha indicado para um emprego na corte de Munique, pois achava que isso lhe daria experiência. Jakob Meyerbeer era admiradíssimo como pianista, comparado a Ignaz Moschelles como virtuose. Mas o que queria realmente era vencer como operista. Após *Das Brandenburger Tor* (O Portão de Brandenburgo), de 1814, ser recusada por todos os teatros aos quais a ofereceu, ele decidiu-se a aceitar o conselho de Salieri, com quem tivera aulas em Viena: ir aperfeiçoar-se na Itália, a pátria do melodrama.

Depois de uma excursão por Paris, em que não se concretizou a idéia de assinar com o Théâtre Feydeau o contrato de um *opéra-comique*, Meyerbeer passou por Londres – onde conviveu com grandes pianistas, J. B. Cramer, Kalbrenner, Ivan Muller, Ferdinand Ries – e chegou a Gênova no início de 1815. Em março, já compôs a cantata cênica *Gli Amori di Teodolinda*, dedicada a um casal de amigos, o soprano Helene Harlas e o clarinetista Heinrich Joseph Baermann, com quem se encontrou na Itália. A próspera situação financeira da família lhe permitia não depender de contratos e cachês – e a imprensa da época não deixava de se referir, com surpresa, a um "mestre da ciência musical, que trabalhava por amor à arte e não por amor ao dinheiro". Além disso, Meyerbeer podia escolher seus libretistas, a quem pagava do próprio bolso; e isso lhe dava o direito de ser muito mais exigente do que se tivesse aceito textos impostos pelo teatro.

A interferência pessoal de Meyerbeer é o que explica a qualidade do poema de sua primeira ópera italiana, *Romilda e Costanza*, escrita pelo prolífico Gaetano Rossi que, normalmente, tendia a ser muito palavroso e a aplicar fórmulas mecânicas à enorme quantidade de libretos que produzia. Esse *melodramma semiserio* trata com muita liberdade episódios históricos ocorridos na Idade Média. Arrigo, príncipe da Provença, deixa o seu trono, em testamento, ao filho mais velho, Teobaldo, muito popular, pois acaba de retornar de uma campanha militar vitoriosa na Bretanha. Retello, o mais novo, recebe o título de conde de Antibes, Mônaco e Nice, mas ambiciona o título de seu irmão e pensa em usurpá-lo.

O testamento traz uma cláusula leonina: para subir ao trono, Teobaldo tem de renunciar ao noivado com Costanza, filha de Lotario, conde de Cisteron e chanceler da Provença. Deverá pedir a mão de Romilda, filha do duque da Bretanha, como a forma de reconciliar e unificar os dois territórios. Durante a campanha militar, Teobaldo apaixonou-se por Romilda e, quando ele voltou para casa, a moça o acompanhou, disfarçada de pajem, sob o nome de Adélio. O que poderia parecer a realização de todos os desejos de Teobaldo, porém, transforma-se numa situação complicada. Lotario recusa-se a aceitar a ofensa à sua filha. E Retello, aproveitando a situação, propõe que o irmão se case com Costanza, pois ele pedirá a mão de Romilda – o que lhe facilitará, mais tarde, as pretensões ao trono. Teobaldo é obrigado a confessar que já se casou secretamente com Romilda. Insuflados por Retello, os nobres acusam-no de traição e o aprisionam no castelo de Senanges.

Retello pretende que seu aliado Albertone, castelão de Senanges, mate o irmão no cativeiro. Mas Costanza ainda ama Teobaldo e, aliando-se a "Adélio" e a Pierrotto, um camponês que é irmão adotivo do príncipe, tenta libertá-lo. A curta aliança se rompe assim que Costanza descobre a verdadeira identidade da rival, e Teobaldo volta para o cárcere. O final tem todas as características de um *lieto fine* clássico-barroco. Ugo, o escudeiro de Teobaldo, chega com a cavalaria para resgatá-lo; Pierotto subleva os camponeses fiéis a seu senhor; Restello, covarde e hipócrita, põe a culpa em Albertone, que já teria matado seu irmão. Mas Teobaldo aparece dizendo que, arrependido, o castelão o ajudou a fugir, em vez de trucidá-lo. Com a magnanimidade de um soberano de *opera seria*, perdoa o irmão. Une-se à mulher que ama; e Costanza, declarando que, de hoje em diante, aprenderá a dominar os seus *affetti*, abraça Romilda e declara-se sua amiga.

Levando em conta as dificuldades que cercaram a estréia, é assombroso que *Romilda e Costanza* tenha feito sucesso. Nervoso como era, Meyerbeer caiu doente dias antes da *prima assoluta*. Ignorando o conselho do médico de que fosse para uma cura de águas em Recoaro, adiou a estréia de 9 para 19 de julho de 1817, e conseguiu que a ópera subisse à cena. A direção do Teatro Nuovo de Pádua, que encomendara a partitura, estava tendo problemas com Caterina Lipparini, a intérprete de Costanza, pois a polícia a acusava de comportamento indecoroso em público: ela tinha sido surpreendida pelos empregados do teatro, em seu camarim, fazendo amor com o namorado, um certo conde Giacomo Negri. Além disso, a criadora de Romilda, Benedetta Rosmunda Pisaroni, excelente soprano mas mulher excepcionalmente feia, metera na cabeça que o bem apessoado alemão de 26 anos deveria casar-se com ela. Diante da recusa de Meyerbeer, montou uma cabala com seus colegas de elenco e, na primeira noite, todos eles cantavam como se estivessem exaustos. As percussões e metais entravam errado, perturbando as árias mais importantes. O público, a princípio, se esbaldou; depois, percebeu a sabotagem, começou a protestar, e isso só aumentou a algazarra. Só depois Meyerbeer percebeu que La Pisaroni, cuja influência dentro do teatro era muito grande, ameaçara de demissão os músicos e cantores que não aderissem à sua vingança.

Miraculosamente, a ópera não fracassou e, nas récitas seguintes, todos cantaram e tocaram bem – inclusive a prima-dona desprezada –, garantindo a Meyerbeer aplausos entusiásticos. Afinal de contas, o alemão tinha sido aluno, em Berlim, do abade Vogler. E os paduanos se orgulhavam desse famosíssimo professor ter estudado com o padre Francesco Valotti, *maestro di cappella* da catedral de Pádua. Não era, portanto, o jovem Giacomo representante de uma linhagem iniciada ali mesmo, naquela cidade?

HYIO/OR traz uma amostra dessa ópera: o trio "Che barbaro tormento", do ato I, em que "Adelio", feliz por rever Teobaldo, quase se trai aos olhos da desconfiada Costanza. Senso da melodia fácil de memorizar, com amplo espaço aberto ao virtuosismo canoro; e gosto tipicamente germânico da exploração de combinações timbrísticas, mas de um modo claro, delicado, que não sobrepuja as vozes, são características que já estão presentes desde esse primeiro trabalho. O jovem compositor, encantado com a descoberta do estilo italiano de cantábile, escreve a melodia pela melodia, sem se preocupar muito com o significado das palavras ou sua carga emocional. E há algo de auto-complacente na forma como, tendo desenvolvido uma frase bonita, o autor a repete, até mesmo sem necessidade, só para fazê-la ser novamente degustada pelos ouvintes – e isso acontece até mesmo com o *ritornello* de encerramento do número, que é repetido também. Não resta dúvida, porém, que é música agradável de ouvir.

O venerável Metastasio era o autor do libreto musicado um ano e meio depois. *Semiramide Riconosciuta* tinha sido escrita em 1729 para Leonardo Vinci. Não se sabe quem reviu o texto para Meyerbeer. Não procede a informação, constante do *New Grove*, de que esse trabalho foi feito por Gaetano Rossi – confusão proveniente do fato de que Rossi escreveu o libreto da *Semiramide* de Rossini, mas baseando-se na tragédia de Voltaire, e não num drama do *poeta cesareo* barroco. Com seus recitativos drasticamente desbastados e muitas das árias trocadas por duetos ou cenas de conjunto, a ópera perde também aquele padrão característico de interações e permutações das personagens, que faz os libretos metastasianos parecerem movimentos das peças num tabuleiro de xadrez.

Após a morte de seu marido, Nino, rei da Assíria, a rainha Semiramide sobe ao trono disfarçada de homem, fazendo-se passar por seu filho, que tem o mesmo nome do pai. Vários pretendentes reúnem-se no palácio, pedindo a mão de Tamiri, herdeira do trono da Báctria, região que se encontra sob dominação assíria. Entre eles estão os egípcios Sibari e Mirteo – este último, na realidade o irmão de Semiramide, separado dela desde a infância; e o indiano Scitalce, que adotou o nome de Idreno para reaproximar-se de Semiramide, que conhecera em outros tempos.

Essa é uma história muito complicada. Scitalce fora namorado da rainha assíria, no passado, quando ela morava no Egito. Mas Sibari também a desejava. Rejeitado por ela, acusou-a de ser sua amante e de lhe ter sido infiel ao entregar-se ao indiano. Enlouquecido de ciúmes, Scitalce a apunhalara e atirara dentro do Nilo. Mas Semiramide sobreviveu e fugiu para a Assíria, onde conheceu Nino e tornou-se sua esposa. Reconhecemos, neste breve resumo, a complexidade típica dos enredos metastasianos. Não há necessidade de entrar em maiores detalhes. Basta dizer que, no final, Sibari confessa seus delitos e é perdoado; Semiramide é "reconhecida", pode reassumir seu papel de mulher e unir-se a Scitalce; e Mirteo reencontra a irmã e ganha dela a mão de Tamiri.

O papel título foi escrito para Carolina Bassi, que estreara aos 17 anos na companhia de seus pais, os *Giovinetti Napolitani*. Estivera fora do palco entre 1807-1812, por ter-se casado com o nobre Pietro Manna, de Cremona. Meyerbeer sempre foi seu amigo fiel, protegeu muito seu filho, o compositor Ruggero Manna, e correspondeu-se com ela a vida inteira. Sabia o quanto devia a ela pelo sucesso da *Semiramide*, cantada em 3 de fevereiro de 1819, no Teatro Régio de Turim, na presença da família real.

"Più non si tardi... Il piacer, la gioia scenda" é a ária incluída no álbum já mencionado da Opera Rara. É cantada pouco antes de Tamiri anunciar o nome do pretendente que escolheu. Grande tensão cerca este número, pois todos acreditam que Scitalce será o preferido, e o público sabe que o pérfido Sibari envenenou o cálice com o qual o príncipe indiano brindará, caso seja ele o apontado. É uma cintilante ária com variações, de melodia extrovertida e orquestração bem trabalhada. Chama a atenção, no *ritornello* introdutório, a presença da harpa, instrumento que Mayr introduzira, pouco tempo antes, na orquestra de ópera italiana. Esse gosto da experimentação com instrumentos novos é, de resto, típico de Meyerbeer que, na fase francesa de sua carreira, recorre ao clarone ou ao saxofone, recentemente inventados, e ainda considerados instrumentos "de banda".

A ária tem outros pontos de interesse: a ríspida figura nos sopros que surge no final do *ritornello* e das duas primeiras estrofes; a forma desusada como o coro intervém, no meio do solo, antes de se iniciar formalmente o refrão; o picante ritmo sincopado da segunda variação; as figurações feitas, na terceira variação, pela harpa, que também tem a última palavra na coda. Como bom músico de treinamento italiano, Meyerbeer também faz o joguinho de *musical chairs* com os números de seus melodramas. O trio "Alma grande, oh Dio! ti frena" já viera da *Romilda* para a *Semiramide*. O trio para Semiramide, Idreno e Ircano, outro dos pretendentes, migrou para a ópera seguinte. E a grande ária de Tamiri no ato II, "D'un genio che m'accende", foi parar em *Il Crociato in Egitto*. Quando essa última ópera, a mais importante da fase italiana, foi produzida em Trieste em 1824, com Carolina Bassi no papel de Armando, o dueto original de encerramento foi trocado por "Il piacer, la gioia scenda", a ária da *Semiramide* que, desde 1819, continuava fazendo sucesso todas as vezes que sua criadora a inseria num espetáculo, como a sua "ária de baú"[1].

Três meses depois da *Semiramide*, Meyerbeer obtinha, no San Benedetto de Veneza, um triunfo ainda maior com *Emma di Resburgo*. O libreto de Gaetano Rossi baseia-se no mesmo texto de J.-N. Bouilly escrito para Méhul (1803) e reaproveitado por Mayr (1814). Mas se Tottola tinha mantido, em sua versão italiana, a ambientação provençal do texto francês, Rossi a transferiu para a Escócia e acrescentou episódios que tornaram a ópera inacreditavelmente arrevezada – mas muito útil, do ponto de vista do estudo, como um saco de gatos com todos os clichês característicos do Pré-romantismo, e que se estenderão pelo *Ottocento* adentro.

Roggero, conde de Lanerk, foi assassinado. Duncalmo di Cumino, que ambiciona o trono do condado, acusa Edemondo, filho e herdeiro do morto. Condenado pela justiça, Edemondo é obrigado a fugir, em companhia de sua mulher, Emma di Resburgo, e do filho pequeno, Elvino. Quando Duncalmo morre, seu filho Norcesto, de alma tão negra quanto a

1. Dá-se esse nome àquelas árias que, na opinião dos cantores, tinham tudo para explorar as melhores qualidades de sua voz; costumavam levá-las consigo aonde quer que fossem – "no baú" –, exigindo que fossem inseridas nas óperas que iriam cantar, havendo ou não razão para isso.

dele, sobe ao poder em Lanerk. Pouco antes do início da ópera, um menino foi abandonado na porta do castelo de Olfredo, nobre de bom coração. A criança traz no pescoço um saquinho de couro contendo uma carta. É acolhida por Olfredo mas como, durante dois anos e meio, não passa pela cabeça de ninguém ler a tal carta, não se descobre que aquele é Elvino, que os pais não tinham condições de sustentar.

Ninguém desconfia, tampouco, que o trovador Egildo, que ronda o castelo e, todas as vezes que pode, cobre o menino de mimos e beijos, é Emma, a mãe dele, disfarçada de homem. O pai do garoto também aparece nas redondezas, disfarçado de pastor. Ninguém o reconhece, exceto Egildo/Emma que, na fuga, perdeu-se dele. Tudo parece muito complicado até agora? Pois saibam que Meyerbeer não facilita nem um pouco as coisas, já que escala duas mulheres para cantar esses papéis: um soprano que é uma mulher disfarçada de homem; e um contralto que é uma mulher fazendo papel de homem!

Norcesto comparece, de surpresa, a uma festa que os vassalos de Olfredo lhe estão oferecendo, e Elvino é encarregado de entregar uma guirlanda ao ilustre visitante. Norcesto percebe – enfim alguém acabou percebendo! – a semelhança do menino com o pai, e confirma suas suspeitas ao ler a carta guardada no saquinho que ele ainda traz no pescoço. Tenta agarrá-lo mas, ao impedi-lo, o trovador revela a sua verdadeira identidade. Mais uma série de peripécias mirabolantes se segue, até Norcesto confessar que Ruggero foi assassinado pelo finado Duncalmo, seu pai. *Lieto fine*! Restabelecido no trono, Edemondo perdoa magnanimamente Norcesto, em sinal de alegria pela sua reunião com Emma e o filho.

O mais curioso é que essa salgalhada resulta num libreto extremamente ágil, teatralmente bem construído, um dos mais funcionais escritos por Rossi – o que pode explicar a boa acolhida do público veneziano em 16 de junho de 1819. *Emma di Resburgo* estreou na mesma temporada de *Edoardo e Cristina*, uma colagem que Rossini, sem tempo de escrever algo novo, montara com pedaços de partituras anteriores[2]. Embora *Emma* fosse descaradamente decalcada em sua música – e talvez por causa disso mesmo –, Rossini simpatizou muito com o envolvente alemão. Foi esse o início de uma amizade que, em breve, abriria para Giacomo as portas de Paris.

A crítica fez, como de hábito, numerosas restrições às técnicas estrangeiras de Meyerbeer: "usar a trompa para fazer o eco do oboé... apresentar vários temas que não correspondem exatamente ao sentido das palavras... passar rapidamente de uma melodia para a outra, sem uma progressão de idéias... tender para a afetação mais do que para a delicadeza no desenho melódico..." Mas o que consagrava ou derrubava uma ópera era a reação do público; e esta foi unânime, tanto que *Emma di Resburgo* foi cantada nas principais cidades italianas e alemãs, em Viena e até mesmo em Varsóvia.

O trecho disponível no álbum Opera Rara é um dos que agradaram à crítica do *Nuovo Osservatore Veneziano* e da *Gazzetta di Milano*: o sexteto em cânon "Di gioia, di pace", com que se comenta a intervenção de Emma, no fim do ato I, dando-se a conhecer e arrebatando o filho dos braços de Norcesto. O crítico da *Gazzetta* estranhou que número tão longo e elaborado se aplicasse às palavras "um lampejo fugaz de esperança, que surgiu e desapareceu". Mas reconheceu que a melodia é delicada, a orquestração sóbria, e a linha vocal florida mas de bom-gosto. Nela já reconhecemos a preferência de Meyerbeer pelos andamentos pausados, típicos de sua fase parisiense.

Cada nova ópera mostra-o ganhando confiança e desenvoltura. Independente de qualquer avaliação crítica que se formule a respeito da obra desse homem, é indispensável creditar-lhe a capacidade camaleônica de assimilar as características estilísticas da música do país em que estava trabalhando. Assim como, mais tarde, saberia servir ao público parisiense pratos temperados *à la sauce française*, é excepcional a facilidade como aprendeu a compor "em italiano". Não é de se espantar que o mais prestigioso teatro da Itália, o Scala de Milão, abrisse as portas para *Margherita d'Anjou* em 14 de novembro de 1820.

2. Ver o capítulo sobre Rossini.

A edição do libreto não traz o nome do autor; mas sabemos que ele é de Felice Romani, que se baseou na *Marguerite d'Anjou* de Gilbert de Pixérécourt. Não era o primeiro contato entre os dois homens. Na biografia do marido, *Felice Romani ed i più Riputati Maestri del suo Tempo* (1882), Emilia Branca conta como Romani conheceu o jovem Liebmann Beer durante uma viagem à Alemanha. Simpatizaram um com o outro e fizeram uma viagem juntos, Jakob servindo de intérprete para o novo amigo, e este lhe ensinando os segredos da versificação em italiano. Jakob hospedou Felice em sua casa, em Berlim, e lhe ofereceu uma recepção, na qual ele foi apresentado ao abade Vogler e a um colega de estudos do anfitrião chamado Carl Maria von Weber. Reencontrando-se em 1820, voltaram a estudar juntos literatura italiana, e Romani não se fez de rogado quando Meyerbeer lhe pediu um libreto.

Margherita d'Anjou é a mulher de Henrique IV da Inglaterra – na realidade, quando a ópera começa, já é a sua viúva. Mas nada tem da figura férrea da "loba de França", que passou para a história. É uma mulher jovem, bonita e frágil, que se asilou na França depois que seu marido foi morto por Riccardo, duque de Glocester. Em seu país, é defendida pelo duque de Lavarenne, que se apaixonou por ela. Ambos vão para a Inglaterra, pensando em reclamar o trono de volta para Margherita. Mas desembarcam na Escócia, onde seus homens são derrotados por mercenários a soldo de Riccardo. O chefe desses escoceses, Carlo Belmonte, é um ex-general da Casa de Lancaster, que caiu em desgraça e foi banido pela rainha. Ao reconhecê-la, Belmonte reafirma seu juramento de lealdade e dispõe-se a defendê-la.

Mas a história não é tão simples assim. Ao se apaixonar por Margherita, Lavarenne abandonou sua esposa, Isaura, e esta, disfarçada de rapazinho, com o nome de Eugenio, segue-os até a Escócia onde, sem que ninguém a reconheça, emprega-se como pajem da rainha destronada. E como se trata de um *melodramma semi-serio*, há também Michele Gamautte, um médico francês, amigo de Isaura, que lhe faz companhia, e acaba se envolvendo nas coisas da guerra mais do que gostaria – a ele incumbem as intervenções cômicas. Basta dizer que, no final, Margherita, ajudada por Belmonte, recupera o trono; e Lavarenne, caindo em si, reconcilia-se com a esposa.

Emilia Branca fala dos *strepitosi applausi* na noite de 14 de novembro de 1820. E isso apesar de um grupo antigermânico estar decidido a sabotar o êxito de Meyerbeer – grupo esse que foi se calando ao longo do espetáculo. Mais tarde, seu líder confessou ao crítico da *Gazzetta di Milano* que a claque parou de vaiar assim que passou a prestar atenção na música. A conclusão foi a de que "nem sempre música alemã é sinônimo de barulho". Confira-se isso, no álbum Opera Rara, ouvindo o trio "Pensa e guarda. Amico, all'erta!", do ato I. Belmonte escondeu Margherita, seu filho Edoardo, e Gamautte numa cabana de camponeses. Glocester vem procurá-los ali. Escondendo a mulher e a criança em outro cômodo, Belmonte e o médico recebem Glocester cortezmente e tentam colocá-lo numa falsa pista.

Escrito para três baixos, o que é inteiramente desusado, esse trio é um número bastante longo, já prenunciando as cenas de conjunto multisseccionais que serão a especialidade de Meyerbeer em Paris, e de que o dueto Raoul-Valentine, dos *Huguenotes*, é um modelo muitas vezes seguido. O ritmo sincopado da introdução em cânon leva ao monólogo de Gamautte, "Praticate o tutte l'arti" – uma daquelas enumerações bufas em silabato, que não passa de uma conversa fiada interminável para ganhar tempo e permitir a Belmonte pensar numa saída. O refrão "Ecco la cara fiasca" é de ritmo contagiante. Mas Glocester não cai no engodo e exige ver a mulher e a criança, que Gamautte afirma serem dele. O trio tem boa unidade formal, pois retorna à mesma melodia *staccato* do cânon inicial – e fica em aberto pois, numa passagem não-gravada no álbum, Margherita vê-se forçada a aparecer diante de seu inimigo. Glocester a reconhece mas, no exato momento em que quer atacá-la, Lavarenne chega com seus soldados, desarma-o e o aprisiona, abrindo assim caminho para o final feliz.

Firmemente estabelecido no mundo musical italiano, do qual conquistara o respeito,

Meyerbeer teve uma vez mais o amigo Romani como libretista da ópera seguinte, *L'Esule di Granata*, cantada no Scala em 12 de março, já bem no fim da temporada de 1822. Antes dela, porém, há o mistério de *L'Almanzore*, um *melodramma serio* de G. Rossi que ele teria escrito para a temporada de Carnaval de 1820-21 no Argentina, de Roma. Não há provas de que, como já se disse, essa partitura tenha sido dada a Carolina Bassi, que a perdeu. O fato de a personagem principal do *Exilado de Granada* também chamar-se Almanzor é, na opinião de Jeremy Commons, o indício de que uma é apenas a revisão da outra. E se o libreto foi publicado sem o nome do autor, talvez seja porque Romani não queria melindrar Rossi, de quem reescrevera o libreto.

O enredo é inteiramente fictício, mas toma como ponto de partida a rivalidade real entre os Abencerrage e os Zegrides, as duas famílias politicamente dominantes em Granada, a cidade espanhola edificada pelos invasores árabes. Suleimano, líder dos Abencerrage, foi derrubado do trono por Boabdil, dos Zegrides. Este massacrou toda a família do deposto, exceto uma de suas filhas, chamada Azema. Boabdil reinou dez anos e, ao morrer, foi sucedido por seu filho Almanzor que, decidido a pôr fim às divisões internas do reino, pediu Azema em casamento. Com isso desagradou aos Zegrides, e viu-se na estranha posição de ser um rei Zegride que recebe apoio da facção Abencerrage, oposta à sua tribo.

Nisso, Suleimano volta a Granada. Ouviu dizer que sua filha vai casar-se com o herdeiro do inimigo e, para impedir essa união, aparece em *vestimento negletto*, isto é, disfarçado de mendigo. E assim torna-se um joguete nas mãos de seus adversários pois, desejosos de se vingar de um príncipe que acreditam tê-los traído, os Zegrides, mesmo sem saber quem é esse estranho, o contratam para assassiná-lo, porque visivelmente ele odeia Almanzor. A guarda Abencerrage impede o atentado e Suleimano é condenado à morte. Reconhecendo o pai, Azema intercede por ele. Almanzor não só o perdoa como, renunciando à felicidade pessoal, entrega a filha ao velho. Comovido com a generosidade do príncipe, e dandose conta do amor verdadeiro que une os dois jovens, Suleimano abençoa a sua união.

Emilia Branca garante que o texto era de seu marido e, na verdade as situações dramáticas fortes e a versificação musculosa, tensa, traem a mão instintivamente segura de Romani. Branca conta que "os dois amigos tiveram de lutar contra os mexericos e a inveja, vencendo a ambos valorosamente". Na sua opinião, "espíritos inconformados com o triunfo do compositor alemão" desejavam ver a ópera fracassar. A cobertura da *Gazzetta di Milano* de 15 de março confirma a versão de Branca de que o primeiro ato foi recebido com muita frieza mas, a partir do dueto cantado no ato II por Benedetta Pisaroni (Almanzor) e Luigi Lablache (Suleimano), o público começou a reagir bem. A crítica achou muito longa a abertura e considerou "de pouco efeito" o trio e o finale do ato I, porque eles eram "demasiado eruditos" – leia-se com um grau de elaboração desusado. Mas teceu elogios, no ato II, à ária com coro e à *preghiera* de Azema, cantada por Adelaide Tosi; e ao dueto de Almanzor com Suleimano.

É exatamente esse dueto, "Sì mel credi; allor che pensi...", que o leitor encontrará em HYIO/OR. Desde o início, Almanzor sabe quem é o mendigo que se aproxima dele, pois Azema, dividida entre o amor e o dever filial, avisou que o rei deposto voltara a Granada. Ambos, porém, de início, agem como se não soubesse quem é o outro, simulando, na tentativa de pegar o adversário desprevenido. Meyerbeer desenvolve essa cena como o típico dueto ternário rossiniano: introdução viva, seção lenta ("Il trono avito io non pretendo), *tempo di mezzo*, em que fracassa a tentativa de assassinato, e seção rápida ("Trema i tuoi complici"). Todos os maneirismos rossinianos estão presentes; e, no entanto, há algo, nessa música, que não é de Rossini – ou, como diz Jeremy Commons, "é um dueto que vai ficando cada vez melhor à medida que se desenvolve".

O diálogo da introdução é extremamente bem marcado, cheio de astúcia, avanços e recuos. Meyerbeer sabia como era marcante a mordente melodia ascendente-descendente de "Cosi piangendo vo' dire al rè, e il rè clemente risponderà" pois, 27 anos depois, foi buscá-la nessa antiga partitura, para inseri-la em "Ô toi qui m'abandonnes", a seção *allegretto* de "Comme un éclair", cantada por Fidès em *Le Prophète*. A vertiginosa seção final, de padrões rítmicos irregulares, é ainda mais atraente, exigindo dos intérpretes muita velocidade e emissão muito precisa – Patrícia Spence e Alastair Miles, os cantores de David Parry, conseguem esse efeito. Dá para entender por que esse dueto *pien di fuoco* arrancou da cadeira os espectadores milaneses, a princípio um pouco apáticos.

A última ópera italiana de Meyerbeer, *Il Crociato in Egitto*, é a única de que existe a gravação integral – além da versão pirata de G. Masini (selo Voce, 1979), há dois álbuns da Opera Rara: o de R. Brydon, lançado em Lps no final da década de 60, e o mais moderno, de David Parry, surgido em 1991. Gaetano Rossi é o autor desse *melodramma eroico* estreado no La Fenice de Veneza em 7 de março de 1823. Recorrendo uma vez mais a uma interpretação absolutamente livre dos episódios históricos, Rossi narra as aventuras de Armando, o cruzado de Rodes. Tendo sobrevivido à VI Cruzada, Armando assume identidade egípcia, e casa-se secretamente com Palmide, a filha do paxá Aladino, de quem se tornou o confidente.

Armando é desmascarado quando o seu tio Adriano e a ex-noiva Felicia, que o acreditava morto, chegam ao Egito, em missão de paz vinda de Rodes. A princípio, Felícia fica muito irritada e pensa em vingar-se, denunciando-o ao paxá. Mas, ao conhecer Mirva, o filho de cinco anos que Armando teve com Palmide – um neto de que Aladino não tem conhecimento –, enternece-se e decide renunciar a ele. O paxá, porém, descobrindo finalmente que sua filha tem um bastardo, manda prender Armando e seus parentes. Palmide leva Mirva consigo e atira-se aos pés do pai. Situação clássica da ópera setecentista: ao ver o neto varão, Aladino sente o coração amolecer. Manda chamar os prisioneiros, e já está a um passo do *lieto fine* quando descobre que, por influência do marido, Palmide converteu-se ao cristianismo e batizou Mirva. Furioso, quer prendê-los de novo. Nesse exato momento, o palácio é atacado pelas forças rebeldes de Osmino, seu vizir, que conspira para derrubá-lo. Armando e Adriano enfrentam Osmino e o desarmam. Como prova de gratidão, aí sim, Aladino os perdoa e deixa que Palmide parta com o marido para Rodes.

O Cruzado no Egito tem importância histórica. Foi o último papel escrito para Giovanni Battista Velutti, o famoso *castrato* – e assim encerra, na Itália, a linhagem das óperas concebidas para esse tipo muito peculiar de cantor. Ao compor a parte do protagonista, Meyerbeer seguiu cuidadosamente o modelo do Arsace, em *Aureliano in Palmira*, que Rossini dedicara a esse artista ainda apreciadíssimo. De resto, em toda a partitura, é tão fiel ao Códice Rossini que, a um ouvinte desavisado, que a escute sem saber de quem é, pode parecer que esta seja uma das óperas sérias do autor do *Barbiere*.

Mas há também elementos que anunciam o estilo parisiense do futuro. A orquestra tem proporções muito maiores do que a de qualquer título sério rossiniano; e o gosto de Meyerbeer pelas combinações instrumentais insólitas se refinou. A introdução pede seis trompetes no palco e mais dois no fosso. A confrontação entre egípcios e cristãos, no final do ato I, exige duas bandas adicionais: uma de instrumentos de metal para os ocidentais, a outra de instrumentos agudos, piccolo, oboé, clarinete alto e serpentina, para os muçulmanos.

O sucesso foi imenso. Presente ao espetáculo, o poeta Heinrich Heine relembraria, mais tarde: "Nunca vi tanto frenesi, no público, quanto durante a estréia do *Crociato*. Eu sabia que Meyerbeer, ali, estava se firmando como um compositor de estatura internacional." A boa acolhida se repetiu no King's Theatre, de Londres, em 23 de julho de 1825. Diante disso, Rossini, o velho amigo, lisonjeado com a precisão com que Meyerbeer aplicava as suas receitas, convidou-o a ir para Paris, onde, em 25 de setembro, encenou o *Crociato* no Théâtre Italien.

Desse momento em diante, Paris seria o seu quartel-general. Mas, coisa curiosa, o criador do modelo de ópera romântica parisiense por excelência nunca se instalou definitivamente na capital francesa. Morava em hotéis ou alugava apartamentos temporários quando ali estava. Depois da nomeação, em 1842, para o cargo de *Generalmusikdirektor* em Berlim, tornaram-se muito espaçadas as suas estadas em Paris. Viajava constantemente para supervisionar montagens de suas óperas, assistir à estréia de títulos novos, ou conhecer novos cantores, que pudesse contratar para o Opéra. E passava longos períodos em estações de águas em Ems, Baden-Baden, Ischl, pois tanto ele quanto a mulher, sua prima Minna Mosson, tinham muitos problemas de saúde (os dois filhos que tiveram, Eugénie e Albert, eram frágeis e morreram na infância). Isso explica por que, entre 1831-1864, Meyerbeer tenha escrito apenas quatro *grands-opéras*, além de um *singspiel* e dois *opéras-comiques* (cinco outros projetos ficaram inacabados ou nem sequer chegaram a ser iniciados).

Em Paris, Jakob/Giacomo somou, ao amálgama muito próprio de harmonia alemã e cantábile italiano, um uso muito desenvolto do estilo francês de declamação. Encontrou em Eugène Scribe um libretista tão prolífico e elegante quanto Romani. E o charme pessoal que pusera a seus pés as platéias italianas conquistou também o público parisiense. Pode-se acusar Meyerbeer de tudo, menos de não saber onde pisava. Ele só partiu ao assalto do Opéra depois de ter certeza de que sabia agradar ao gosto francês. Encomendou ao dramaturgo Thomas Sauvage a adaptação francesa de *Marguerite d'Anjou*, cuja partitura "afrancesou" com a ajuda do regente Pierre Crémont – ela obteve 36 récitas no Théâtre de l'Odéon, a partir de 11 de março de 1826.

Planejando oferecer *Le Croisé em Egypte* ao Opéra, tinha escrito para ela uma nova abertura, números adicionais e um balé. Os entendimentos nesse sentido com o visconde de La Rochefoucauld, diretor da sala, já iam avançados. Mas a apresentação da *Muette de Portici*, de Auber, e do *Guillaume Tell*, de Rossini, entre 1828-1829, fizeram-no perceber para que lado o vento estava soprando. Se queria pertencer ao primeiro time dos compositores parisienses, não lhe bastava revisar antigas partituras. Nesse momento, decidiu transformar em *grand-opéra* umo projeto de *opéra-comique* de tema fantástico, que Scribe lhe oferecera em 1827. Quando *Robert le Diable* tornou-se, em 21 de novembro de 1831, um dos maiores triunfos da história do Opéra, o musicólogo belga Joseph Fétis aclamou seu autor como "o chefe da escola alemã atual". Com essa ópera, Jacques Meyerbeer ingressava no Romantismo pleno.

Rossini

para Elba Fernandes (1938-1999),
que adorava Rossini.

Napoleão morreu;
mas um novo conquistador já tomou conta do mundo;
e de Moscou a Nápoles, de Londres a Viena, de Paris a Calcutá,
o seu nome está constantemente em todas as bocas.

Stendhal
(Prefácio à *Vie de Rossini* – setembro de 1823)

Ele se aposentou, rico e famoso, em 1829, aos 37 anos. E só morreu muitos anos depois – num dia mal escolhido para um italiano supersticioso como ele: 13 de novembro de 1868 – sem nada mais ter escrito para o palco. Destino estranho para quem parecia capaz de tudo: "Dêem-me uma lista de lavanderia e eu a porei em música", dizia Gioachino Rossini (1792-1868). O autor da suprema obra-prima que é *O Barbeiro de Sevilha*, escrita em apenas treze dias, compôs 39 óperas no período curtíssimo de dezessete anos. Mais do que isso, durante anos reinou sobre a cena lírica italiana, e criou padrões novos de composição, que se tornaram a regra para a estruturação do drama musical. Todos os seus contemporâneos, de Michele Carafa a Giuseppe Verdi, sofreram de alguma forma a sua influência, em algum ponto da carreira; e alguns, como Giovanni Pacini, admitiram que o copiavam porque não havia modelo melhor a seguir.

E, no entanto, do músico prolífico que foi, só chegaram ao início do século XX cinco ou seis óperas, assim mesmo seriamente distorcidas: coloratura não-funcional, meramente decorativa, acrescentada às suas linhas melódicas; retoques arbitrários na instrumentação e na linha vocal; "cacos" nem sempre de bom-gosto acrescentados aos recitativos; e, principalmente, a perda da técnica de canto de sua época, substituída por uma interpretação pesada e inautêntica, que passara pelos filtros deformantes do Romantismo e de Verismo.

Só no final da década de 1960 a Fondazione Rossini di Pesaro e a editora Ricordi começaram a publicar a *Edizione Critica delle Opere di Gioachino Rossini*[1], feita pelos musicólogos Alberto Zedda e Philip Gossett. Nos últimos trinta anos, cantores, regentes e músicos dedicaram-se à tarefa de resgatar as técnicas do belcanto, de restituir às partituras a sua pureza original, de redescobrir títulos fundamentais, há muito esquecidos, sobretudo no domínio da ópera séria – a que mais sofreu com o ostracismo, pois Rossini passou à nossa época como um grande compositor de óperas bufas e, sem o estudo detido de seus dramas musicais, não é possível compreender a passagem da *opera seria* clássico-barroca para o melodrama da plenitude romântica.

Em anos recentes, os estudiosos vêm tentando, além disso, ir além da visão distorcida que se tinha do homem, retratado como o *bon-vivant* indolente, comilão e sempre cheio de ditos espirituosos – o que ele realmente era. Quase toda a documentação de que se dispôs, durante muito tempo, datava do período posterior a seu afastamento do palco. Há textos

1. O nome do compositor é, modernamente, grafado com dois cc mas, em seu registro, Gioachino está escrito com um só c, e essa foi a forma como ele mesmo sempre assinou o seu nome.

brilhantes mas nem sempre confiáveis, como a *Vie de Rossini* (1823) de Stendhal, ou fascinantes mas às vezes imprecisos, como as conversas do compositor com seus visitantes, recolhidas por seu secretário Edmond Michotte e publicadas em 1860. Mas no caso dele não se pode, como no de Donizetti, Bellini e, principalmente Verdi, reconstituir a gênese das obras e a relação com os libretistas através da correspondência. Rossini não tinha o hábito de trocar cartas com seus poetas, e as poucas que escreveu não foram mantidas. São muito poucos os documentos que permitem ter uma idéia clara de seus ideais estéticos, de seus objetivos artísticos – só a análise da música que deixou permite que se deduza o que pensava e sentia esse último grande expoente do Classicismo, cuja obra constitui também o elo de ligação com o Romantismo.

Giuseppe Antonio Rossini, ocupante do posto cerimonial de *trombetta publica* em Pesaro, na região do Adriático, era original de Lugo. Vindo para a cidade em 1790, hospedou-se na casa dos Guidarini, gente nascida em Urbino. Os Guidarini tinham três filhas (uma delas exercia a profissão de prostituta num bordel local). A mais velha, Anna, de 19 anos, muito bonita, logo tornou-se sua amante. Quando engravidou, eles se casaram, em 26 de setembro de 1791; e em 29 de fevereiro do ano seguinte, nasceu Gioachino Antonio. Anna tinha uma bela voz de soprano. Rossini dizia, a respeito da mãe, que adorava: "Ela não sabia uma única nota de música, mas tinha uma memória prodigiosa e, por isso, aprendia facilmente os papéis que lhe eram destinados."

Na infância, Gioachino era freqüentemente deixado em casa dos Guidarini, pois os pais viajavam, apresentando-se nos teatrinhos de ópera da região, Giuseppe tocando na orquestra, Anna cantando pequenos papéis. Em 1802, a família mudou-se para Lugo e, ali, além das lições de trompa que recebia do pai, o menino teve as primeiras noções de canto e composição com o padre Giuseppe Malerbi – entre os papéis desse ecleástico, foram encontradas as primeiras tentativas de composição de Gioachino. Em 1804, uma enfermidade na garganta obrigou Anna a renunciar à carreira de cantora, e a família mudou-se para Bolonha. O imenso talento musical do menino fez com que, em 1806, com apenas quatorze anos, substituísse o pai como membro da Accademia Filarmonica, a orquestra daquela cidade.

Sabe-se que, nessa fase, ele cantou o papel do menino Adolfo na *Camila* de Paer; atuou como *maestro al cembalo* nos teatros bolonheses; e compôs música sacra, aberturas e as seis *Sonatte a Quattro*, apresentadas em casa de seu patrocinador, o comerciante Agostino Triossi, de Ravenna. O padre Angelo Tesei o preparou para entrar no Liceo Musicale, onde ele estudou canto, violoncelo, piano, e freqüentou as aulas de contraponto do padre Stanislao Mattei. "Ele me considerava a desonra da escola", confidenciou Gioachino, anos mais tarde, a Michotte. Mattei não via com bons olhos o interesse do "Tedeschino" pela música alemã. Rossini devorava as partituras de Haydn e, principalmente, as de seu adorado Mozart, "a admiração da minha juventude, o desespero da minha maturidade, o consolo da minha velhice"; um fascínio que transparece em cada compasso do mais mozartiano dos compositores italianos.

Rossini compôs pouco durante esses anos de estudo: algumas peças instrumentais ou sacras, e a cantata *Il Pianto d'Armonia sulla Morte d'Orfeo*, vencedora de um prêmio no Liceo, onde foi executada em 11 de agosto de 1808. Mas, antes mesmo de terminar os estudos, o rapazinho já tinha composto, quase sem o perceber, a sua primeira ópera.

De *Demetrio e Polibio* a *Il Signor Bruschino*

O *Demetrio* de Metastasio foi escrito em 1731 para Antonio Caldara. Baseado em situações extraídas do *Don Sanche d'Aragon*, de Corneille, trata de rivalidades dinásticas, traições e os costumeiros travestimentos. Siveno foi criado por Políbio, rei da Pártia, sem saber de suas origens nobres; e, ao crescer, apaixonou-se por Lisinga, a filha de seu protetor. Demétrio, rei da Síria, seu verdadeiro pai, que há muito tempo se acreditava ter morrido, chega à Partia procurando por ele, e entra em choque com Políbio. Após uma série de conflitos, as verdadeiras identidades se restabelecem, os governantes se reconciliam, e a união de seus filhos solidifica a aliança entre eles.

Por volta de 1809, com o título de *Demetrio e Polibio*, o libreto metastasiano foi revisado e reescrito por Vicenzina Viganò-Mombelli. Sobrinha do famoso coreógrafo Salvatore Viganò, ela era uma mulher culta, esposa do tenor Domenico Mombelli que, em 1805, em companhia de suas filhas, Ester e Marianna, e do baixo Lodovico Olivieri, tinha formado uma pequena companhia de ópera, e estava se apresentando em Bolonha. Gioachino se encantou com as duas (para Ester, que era soprano, escreveria em 1811 a cantata *La Morte di Didone*). Nas *Plaudereien mit Rossini* (Conversas com Rossini), que o compositor Ferdinand Hiller escreveu em 1856[2], está registrada a versão – fantasiosa, talvez – de Gioachino para explicar a amizade que o ligou a Mombelli:

> A família Mombelli representava, em um dos teatros de Bolonha, uma operazinha do maestro Portogallo[3], que fazia grande sucesso. Eu tinha treze anos e, desde aquela época, era um caloroso admirador do belo sexo. Uma das minhas amigas ou, como deverei dizer, protetoras, desejava possuir uma cópia de uma das árias mais aplaudidas daquela ópera. Eu a pedi ao copista, mas ele me expulsou. Fui falar com Mombelli, mas ele também se recusou a dá-la. "Pois eu mesmo o farei", disse-lhe, "vou assistir mais uma vez à ópera, esta noite, e a reconstituirei de memória". "Veremos", respondeu o tenor. Aquela mesma noite voltei a ouvir a ópera com toda a atenção e, voltando para casa, escrevi a redução da ária para canto e piano. No dia seguinte, mostrei o trabalho a Mombelli. Ele não queria acreditar e exclamou que tinha sido traído pelo copista. "Se não acredita", eu lhe disse, "espere mais um ou dois dias, até eu ter escutado essa ópera mais uma vezes e, aí, sob os seus olhos, escreverei a partitura inteira para orquestra." Tanta confiança em mim mesmo venceu sua desconfiança, e ficamos amigos.

Mombelli não era bobo e se deu conta de que, nas mãos, tinha ouro puro. Mas encomendar uma ópera a esse adolescente seria muito caro. Em vez disso, explorando a sua ingenuidade e inexperiência, pediu-lhe que musicasse alguns números do libreto de sua mulher. "Iam me entregando as palavras", contou Rossini a Hiller, "ora de um dueto, ora de uma ária, e me davam duas piastras por cada número, o que estimulava muito a minha criatividade. Assim, sem me dar conta, acabei compondo a minha primeira ópera."

O autor não assistiu à estréia de seu primeiro trabalho cênico, que foi levado no Teatro della Valle de Roma em 18 de maio de 1812, provavelmente com a inserção de peças escritas pelo próprio Mombelli. *Demetrio e Polibio* foi cantada em outras cidades italianas de província e, em 1820, devido à enorme fama de seu autor, chegou a ser apresentada em Viena, Dresden e Munique. Depois, sumiu do mapa até 25 de junho de 1979, quando foi revivida no Teatro dei Differenti de Barga, cidadezinha perto de Lucca. O selo Dynamic tem a gravação ao vivo da apresentação do Festival de Martina Franca, em forma de concerto, em 1992 (Weidinger, Mingardo, González/Carraro).

Uma partitura escrita aos pedaços não poderia ter movimento dramático coerente, embora o finale do ato I seja bastante vigoroso. Na abertura e na maioria dos números, há o decalque cuidadoso de modelos da época, mas ainda não se sente nada de muito pessoal. O dueto "Questo cor ti giura amore", do ato I, porém, já faz ouvir, em sua melodia idílica, cantada em terças por Siveno e Lisinga, o típico estilo rossiniano – e o compositor sabia disso, pois a reutilizou em outras obras. Na *Vie de Rossini* (1824), Stendhal disse desse dueto: "É impossível sugerir a mística doçura do amor com maior delicadeza ou mais comovente tristeza". Também o quarteto "Donami ormai Siveno", que tem uma primeira seção muito viva e o gracioso *andante* "Padre, qual gioia prova", iniciado pela soprano, foi muito elogiado pelo autor do *Vermelho e o Negro*:

> Não hesito em afirmar que esse quarteto está entre as invenções mais magistrais de Rossini. Nada conheço do mesmo gênero que o supere. Se Rossini nada mais tivesse composto além desse quarteto, ainda assim Mozart e Cimarosa teriam de reconhecê-lo como um artista que era seu igual.

Stendhal assistiu a uma representação da primeira ópera de Rossini em 1814 e referiu-se a ela com grande entusiasmo:

2. Recolhidas, mais tarde, no livro *Aus dem Tonleben unserer Zeit* (Sobre a Vida Musical de Nosso Tempo), publicado em Leipzig entre 1868-1871.

3. Trata-se do português Marcos Portugal, que viveu na Itália e ali fez carreira; mais tarde, veio para o Brasil, onde foi o maestro da Capela Real.

Ficamos *transfigurados* – não há outra palavra para descrevê-lo. Cada número era um verdadeiro banquete, um milagre do mais puro canto, da mais encantadora melodia. Havia momentos em que parecia termos sido carregados por um espírito para as ensombreadas alamedas de um parque encantado – devia ser Windsor –, em que cada nova paisagem parecia mais bela do que as que tínhamos visto antes, até chegarmos à conclusão, refletindo sobre tudo o que nos maravilhara, que nos tinham conferido a suprema recompensa da beleza pela contemplação de vinte objetos diferentes.

Em 1810, a companhia do marquês Cavalli, que trabalhava no Teatro S. Moisè de Veneza, tinha encomendado a um compositor alemão a música para *La Cambiale di Matrionio*. Essa farsa em um ato fora adaptada, por Gaetano Rossi, da comédia homônima de Carlo Federici (1790), e do libreto *Matrimonio per Lettere di Cambio*, que Giuseppe Checcherini escrevera, em 1807, para Carlo Coccia. Quando o compositor alemão rompeu o contrato com o teatro, a soprano Rosa Morandi, que deveria criar o papel de Fanny, lembrou-se de Gioachino, o filho adolescente de um trompetista amigo de seu marido, o compositor e regente Giovanni Morandi. Chamado em Bolonha, onde tinha acabado de sair do Liceo, Rossini seguiu para Veneza e, em poucos dias, preparou a partitura de sua primeira comédia. Durante os ensaios, alguns dos cantores reclamaram que a música era difícil de cantar e a orquestração muito pesada – acusação que o músico ouviria muitas vezes pela vida a fora.

O próprio Rossini contou a Hiller que, aquela noite, voltou para o hotel e chorou desconsoladamente. Depois fez alguns ajustes na partitura que a tornaram aceitável. *La Cambiale* estreou em 3 de novembro de 1810, juntamente com outra farsa, *Non Precipitare i Giudizi ossia La Vera Gratitudine*, de Giuseppe Farinelli. Na mesma temporada estrearam *L'Inferno ad Arte*, de Orgitano, *Il Prigioniero*, de Calegari, e a *Adelina*, de Generali. Em outras récitas, a *Cambiale* foi acoplada a essa última comediazinha.

A acolhida à *Cambiale* foi apenas razoável; ainda assim, ela conseguiu alcançar doze récitas. A última apresentação registrada no século XIX foi a de Viena, em 1837, com o título de *Der Bräutigam aus Canada* (O Noivo do Canadá). Revivida pelo Teatro La Fenice de Veneza em 1910, ano do centenário de sua estréia, teve redescobertas importantes em Nova York – 44th Street Theater, em novembro de 1937 – e em Londres: Sadler's Wells Theatre, em 1954. Há as seguintes gravações dessa ópera:

Ricordi, 1960 – Scotto, Panerai, Capecchi, Monti, Petri, Fioroni/Renato Fasano;
Claves, 1990 – Rossi, Baiano, Comencini, Praticó, De Simone, Facini/Marcello Viotti.
Fonit Cetra, 1991 – Jeun, Laurenza, Canonici, Frontali, Dara/Donato Renzetti.
Em vídeo, existe a montagem do Festival de Schwetzingen de 1989: Del Carlo, Kuebler, Rinaldi, Hall/Luigi Gelmetti.

O mercador Tobia Mill recebe um pedido curioso de Slook, comerciante canadense com quem faz negócios: como ele não consegue encontrar uma esposa apropriada no Canadá, quer encomendar uma mediante uma promissória, prometendo casar-se com quem a apresentar a ele. Encorajado pela idéia de que o rico comerciante não exige dote, Mill resolve oferecer-lhe Fanny, a sua própria filha, sem levar em conta que ela está apaixonada pelo jovem Edoardo Milfort. Decidido a inspecionar a "mercadoria" pessoalmente, Slook vai a Londres conhecer a noiva. É um homem ingênuo, mas sincero e de coração nobre. Fica encantado com a beleza da noiva que lhe arranjaram, mas assusta-se quando Edoardo e Fanny ameaçam arrancar-lhe os olhos e mandá-los de volta para o Canadá. Depois que confessam estar apaixonados um pelo outro, Slook desiste do negócio e, como Edoardo é pobre, decide nomeá-lo seu herdeiro, para dissipar as objeções de Mill ao casamento.

A abertura da *Cambiale* é o reaproveitamente de uma peça bastante alegre, em mi bemol maior, que Rossini escrevera nos tempos de estudante. O *duettino* "Non c'è il vecchio sussurone", que a empregada Clarina canta com Norton, o caixa da loja de Mill, dá à farsa um início animado. Os namorados cantam um delicado dueto de amor, "Tornami a dir che m'ami". A entrada de Slook é orquestrada com muito apuro e tanto a sua cavatina "Grazie grazie" – com idéias que reaparecerão na entrada do Poeta em *Il Turco in Italia* –, quanto o dueto "Darei per si bel fondo", que canta com Fanny, têm melodia muito envolvente. Um toque de elegância é trazido pela chegada de Edoardo no trio "Quell'amabile visino"; e o dueto "Dite presto", em que as frases *staccato* de Tobia contrastam com o calmo *legato* de Slook, explora todos os truques dos duetos bufos para dois baixos.

Menos inventivo, mas de ótima escrita para um rapaz de dezoito anos, é o segundo dueto dos dois, "Porterò cosi il cappello", quando Mill, ofendido porque Slook parece querer roer a corda, resolve desafiá-lo para um duelo. A ária mais feliz da ópera é "Vorrei spiegarvi", de Fanny, cuja viva, mas graciosa introdução *allegro agitato* é seguida por uma melodia muito delicada, e uma seção conclusiva ágil que, seis anos depois, reapareceria no dueto "Dunque io son", de Rosina e Fígaro, no *Barbeiro de Sevilha*. Claudio Sartori escreve, no ensaio que acompanha a gravação de Renato Fasano:

> A primeira farsa que Rossini viu subir à cena não é a tentativa hesitante de um jovem inexperiente, mas o produto precocemente maduro de uma arte bem definida, em que a ópera bufa encontra um equilíbrio musical novo que imprime uma nova vitalidade ao gênero já muito surrado da farsa, e impõe dignidade artesanal lá onde reinavam os efeitos fáceis, apoiando-se solidamente numa rítmica contagiante, de musicalidade toda própria e que, no futuro, será característica do autor do repertório lírico mais alegre, mais descomprometido, mais endiabrado.

Voltando a Bolonha, Rossini assumiu o cargo de maestro repetidor da Accademia dei Concordi, com a qual fez a apresentação das *Estações* de Haydn. No verão de 1811, foi contratado pelo Teatro del Corso para trabalhar como *maestro al cembalo*, regendo *Ser Marcantonio*, de Stefano Pavesi, e *L'Oro Non Compra Amore*, do lisboeta Marcos Portugal – que naquele mesmo ano viria para o Brasil. Mas não dava muita atenção à música alheia, pois o público protestou contra a forma displicente como conduziu a *Ginevra di Scozia* de Mayr.

Coube-lhe também musicar um libreto que Stendhal considerava "de ruindade insuperável": *L'Equivoco Stravagante*, de Gaetano Gasparri, descrito por H. Weinstock como "um florentino que não passava de um ladrão de libretos dos mais medíocres". Cheio de obscenidades e segundos sentidos, o texto conta a história de Ermanno, que é pobre e está apaixonado por Ernestina, filha de um próspero fazendeiro. Para afastar Buralicchio, um homem muito rico que quer candidatar-se à sua mão, Ermanno o convence de que Ernestina é um eunuco que desertou do exército e, para não ser preso, disfarçou-se de mulher. Ernestina é denunciada aos soldados, que a prendem; mas Ermanno a liberta e a moça se dá finalmente conta de que o ama.

A estréia, no Teatro del Corso, em 26 de outubro de 1811, foi muito aplaudida, e o público gostou da criadora de Ernestina, a principiante Maria Marcolini, a quem o compositor tampouco era indiferente. Dois dias depois, o *Redattore del Reno* admitia que a música tinha agradado e uma ária e um quinteto tinham sido bisados. Mas perguntava:

> Como pode um pobre maestro de música superpor melodias que encantem e seduzam a uma poesia que só apresenta idéias dúbias? Que o libreto seja decididamente ruim o demonstra a sadia decisão da polícia, que proibiu a continuação das récitas. Só permitiu, por respeito ao Músico compositor, que se façam três representações, depois de o libreto ter sido corrigido e recorrigido. E apesar das muitas mutilações feitas, ainda subsistiram algumas expressões que se pode tolerar lendo, mas que não se pode tolerar cantando.

Adaptada a outro libreto, a música foi ouvida em Trieste em 1825. Vito Frazzi a reeditou, mas ainda com cortes, para a encenação em Siena, em setembro de 1965. Em seguida, foi encenada no Festival de Wexford de 1968. Duas gravações permitem conhecer *O Equívoco Extravagante*:

GAO, 1974 – Margherita Guglielmi, Rolando Panerai, Sesto Bruscantini/Bruno Rigacci.

Naxos, 2001 – Petkova, Di Felice, M. Vinco, Schmunck, Minarelli, Santamaria/Alberto Zedda.

A Rigacci traz a versão Frazzi; a de Zedda, completa, contém a edição crítica que ele fez, em 2000, para a *Deutsche Rossini Gesellschaft*, e foi gravada ao vivo, em julho do ano seguinte, durante o Festival de Bad Wildbad.

Mesmo desestimulado por libreto tão ruim, Rossini encontrou inspiração para fazer de "Se per te lieta ritorno", a ária heróica cantada por Ernestina como soldado, uma página muito feliz, protótipo da posterior "Pensa alla patria" de Isabella, na *Italiana in Algeri*. As árias de Ermanno são convincentes; as de Buralicchio, mais banais. O melhor número da ópera é o quinteto do ato II, que o autor da resenha bolonhesa dizia ter sido bisado: reciclado do quarteto de *Demetrio e Polibio*, ele reapareceria – à melhor moda barroca, ainda vigente nos primeiros anos do século XIX – em *La Pietra del Paragone*.

O mesmo acontece, aliás, com a abertura. A redução para piano publicada pela Ricordi em 1851 trazia, como introdução, a peça que, hoje, conhecemos como a abertura do *Barbeiro de Sevilha*. Sabemos que, antes de chegar ao *Barbeiro*, em 1816, ela já tinha passeado por *Aureliano in Palmira* (1813) e *Elisabetta Regina d'Inghilterra* (1815). Mas não há como saber se essa música, hoje popularíssima, foi composta para *O Equívoco Extravagante*, ou se essa comédia foi precedida por uma outra peça transferida depois para outra ópera.

Para consolar Rossini do fracasso de *L'Equivoco* e de sua proibição pela polícia, veio o convite para voltar a Veneza e oferecer ao S. Moisè uma nova farsa. O experimentado Giuseppe Maria Foppa tinha adaptado *L'Inganno Felice* de um libreto homônimo que Giuseppe Palomba escrevera, em 1798, para Paisiello. Chamada de farsa por ter apenas um ato, trata-se na verdade de uma compacta ópera semi-séria, de estilo àquela altura já velhusco, pois lembra as peças produzidas no auge da Era da Sensibilidade setecentista, com toda a sua carga de maniqueísmo e peso dado às cenas "tocantes".

Não tendo conseguido seduzir a virtuosa Isabella, esposa do duque Bertrando, o primeiro-ministro Ormondo convenceu seu marido de que ela era culpada de adultério. Bertrando repudiou-a e Ormondo entregou-a a seu assecla, Batone, que a abandonou em um barco em pleno oceano. Trazida à praia, ela foi salva por Tarabotto, líder dos mineiros de ferro, com quem passou a viver. Considerando-a morta, o duque casou-se de novo, mas enviuvou logo depois.

No início da ópera, ao saber que o duque vem inspecionar as minas, Isabella decide reconquistá-lo, e o generoso Tarabotto concorda em ajudá-la. Ao ser apresentado a "Nisa", a sobrinha de Tarabotto, Bertrando, que nunca conseguiu se esquecer Isabella, espanta-se com a semelhança entre as duas. Ormondo, desconfiado, ordena a Batone que seqüestre e mate a mulher. Mas quando este se aproxima, à noite, da casa de Tarabotto, é preso pelos mineiros. Vestindo as ricas roupagens que usava quando o mineiro a salvou, dez anos antes, Isabella se dá a conhecer, denuncia os crimes de Ormondo e reconcilia-se com o marido.

Aplaudida entusiasticamente na noite da estréia, em 8 de janeiro de 1812, em que foi cantada junto com *Amor Muto*, de Giuseppe Farinelli, *l'Inganno Felice* continuou em cartaz até o final da temporada, acompanhada de *I Tre Mariti*, de Luigi Mosca. *Il Quotidiano Veneto* conta que, na última noite, retratos de Teresa Giorgi-Belloc, a criadora de Isabella, estavam sendo vendidos no teatro. E os fãs da cantora soltaram "colombe, canarini e faraone selvatiche" (pombos, canários e galinhas-de-Angola) do alto dos camarotes, para comemorar seu enorme sucesso nesse papel. Publicada em 1819 pela Breitkopf und Härtel, de Leipzig, *O Engano Feliz* correu mundo, chegando a Nova York em 1833. Foi revivida no Teatro delle Arti, de Roma, em seguida no Festival de Wexford (1970) e no Festival Rossini de Pesaro (1980). Existem dela três boas gravações:

Claves, 1992 – De Carolis, Felle, Zennaro, Previati, Serraiocco/Marcello Viotti.
Erato, 1997 – Massis, Giménez, Gilfry, Spagnoli, Regazzo/Marc Minkowski.
Bongiovanni, 1998 – Palacio, Gatti, Rigacci, Casali, Ripesi/Fabio Maestri.

O tom sério da ação é anunciado pela melancólica introdução da abertura, com hábeis diálogos entre cordas e madeiras. Mas, logo em seguida, surge o primeiro exemplo do crescendo orquestral que a ópera rossiniana haveria de celebrizar. O segundo tema dessa peça também sai de uma *Abertura em ré maior*, de 1808, dos tempos de estudante.

A Isabella, a personagem central, cabem os números mais atraentes, a cavatina "Perchè dal tuo seno" e a comovente ária "Al più dolce e caro affetto". Para essa ária, destinada a Giorgi-Belloc, Rossini escreveu duas cabalettas. A primeira, diabolicamente difícil –

reaproveitada no *Tancredi* em 1813 – agradou menos ao público do que a segunda, de tom melancólico (que Minkowski prefere, em sua gravação com Annick Massis). Essa segunda cabaletta também encontrou seu caminho para uma outra ópera, o *Mosè in Egitto*, de 1818.

Mas todas as personagens têm boas oportunidades, até mesmo o vilão Batone em "Una voce m'ha colpito", cuja cabaletta, "Freme intorno la tempesta", tem uma daquelas figuras rítmicas de acompanhamento que arrancam o espectador da cadeira, e de que Rossini, desde cedo, possuía o segredo. O refinamento dessa ária se explica certamente por ela ter sido escrita para o notável baixo Filippo Galli. E o dueto que Batone canta com Tarabotto, "Va taluno mormorando", demonstra a mão leve que o compositor jovem tinha para a música efervescente, em especial no velocíssimo silabato da seção final.

A ária de Bertrando, "Qual tenero diletto", com *obbligato* de flauta, é de um estilo sentimental um tanto neutro, talvez por seu recorte formal antiquado. Muito mais convincente é a participação do tenor no trio "Quel sembiante, quello sguardo", a música mais bem escrita de toda a ópera – embora aqui também seja de Isabella o papel mais importante. É notável a capacidade de Rossini de captar a atmosfera noturna no início do finale, "Tacita notte amica", antes de desencadear ritmos cada vez mais rápidos, até a *stretta*, alegre e de orquestração muito colorida.

"Non ebbe infanzia artistica e fu subito lui", escreveu Guido Pannain, referindo-se aos primeiros passos de Rossini como operista. De fato, parece ter nascido pronto o músico que, aos 20 anos, e em sua quarta ópera, realiza comédia tão bem acabada. No *Engano Feliz*, já estão presentes traços característicos da linguagem madura: o crescendo, a facilidade para combinar sério e cômico, a arte da introdução cativante às árias. Rossini não inventa procedimentos novos, mas amplia e aperfeiçoa todas as técnicas herdadas da tradição. Particularmente sedutores, nesta operazinha que não dura mais de oitenta minutos, são a concisão, o equilíbrio com que bufo e sentimental se dão as mãos, e o inequívoco perfume germânico, mozartiano, da ornamentação.

Dramma com cori – nome alternativo que se dava ao oratório – foi a designação escolhida para *Ciro in Babilonia ossia La Caduta di Baldassare*, para que ela pudesse ser encenada no Teatro Comunale de Ferrara durante a Quaresma. Nessa época, dramas seculares estavam proibidos, mas os teatros driblavam a vigilância clerical encenando *opere serie* apresentadas como *azioni sacre*, num estilo estático e solene. Para quem, mais tarde, acusaria de preguiça o compositor que, retirado em sua propriedade de Passy, renunciou à composição de óperas, lembremos que *L'Inganno Felice* estreou em 8 de janeiro de 1812, e *Ciro* em 14 de março, restando portanto muito pouco tempo para que o pomposo libreto do conde Francesco Aventi fosse musicado. Anos mais tarde, Rossini contou a Ferdinand Hiller que *Ciro in Babilonia* tinha sido um fracasso:

> Quando voltei a Bolonha, depois de sua infeliz estréia, encontrei um convite para ir a um almoço. Fui à confeitaria e encomendei um barco feito de marzipan, com o nome *Ciro* escrito na proa. O mastro estava quebrado, as velas em frangalhos e ele estava emborcado, naufragando num mar de creme. Rindo às gargalhadas, o meu grupo de amigos devorou o barco naufragado até o último pedaço.

A ópera, porém, não chegou a ser um total fracasso. Há notícias de apresentações em teatros italianos e no exterior até 1823. O selo Hunt tem a gravação de Carlo Rizzi, feita, curiosamente, durante o "Festival dell'Opera Giocosa" de 1988, no Teatro Chiabrera de Savona (Dessi, Calvi, Palacio, Ferraris, Antonucci, Cossutta, Serraioco).

Aventi baseou-se em informações extraídas da *Cyropaedia* de Xenofonte, da *História* de Heródoto, e do capítulo 5 do Livro de Daniel, no *Velho Testamento*. Belshazar, rei da Babilônia, deseja Amira, mulher do rei persa Ciro, a quem aprisionou depois de derrotar seu marido numa batalha. Tentando resgatá-la, Ciro também é preso. Durante o festim dado por Belshazar, uma mão misteriosa escreve na muralha da sala do trono as palavras "Mene, Tekel, Upharsin". O profeta Daniel interpreta essas palavras como o sinal da ira de Deus, e os astrólogos do reino aconselham a Belshazar sacrificar Ciro, Amira e o filho de ambos. Antes, porém, que a sentença de morte possa ser executada, chega a notícia de que os persas derrotaram as forças babilônias. Coroado rei da Babilônia, Ciro é aclamado pelo povo, contente por ver-se livre do tirano.

Trata-se, na segunda década do século XIX, de um libreto de corte metastasiano, com os mesmos *affetti* cruzados, *lieto fine* obrigatório e a manutenção do hábito barroco de destinar a figura do herói a uma voz feminina: Ciro foi escrito para a contralto Marietta Marcolini. Como Ferrara não conhecia *L'Inganno Felice*, Rossini não viu problema algum em reutilizar sua abertura no *Ciro*. O coro celebratório com que a ópera se abre é de estilo festivo e bastante profano. A cavatina "Ed a Ciro opresso e vinto", para o baixo – Zambri, conselheiro de Baldassare, feito por Giovanni Layner –, também tem andamento rápido e cabaletta muito florida, sem muito a ver com o estilo oratorial de uma ópera de Quaresma. O dueto "T'arrendi", em que Amira resiste às tentativas de sedução de Baldassare, é muito vivo. E a primeira ária de Ciro, "Ahi!, come il mio dolore, come calmar potrò", tem um estilo patético muito convincente. Mais fraco é o tom das árias escritas para Daniel e Arbace, o capitão do exército babilônio. Mas as intervenções corais são competentes. A ária lenta de Baldassare, "Qual crudel, qual trista sorte", sofre do defeito de ser muito longa, e precedida por recitativo seco tedioso.

As duas melhores árias da ópera pertencem a Amira: "Vorrei veder lo sposo" que, seis anos mais tarde, reapareceria em *Mosè in Egitto*; e "Deh, per me non v'affligete", em que a voz compete – e, segundo Charles Osborne, é deixada em segundo plano – com um elaborado *obbligato* de violino. No *finale secondo*, reencontramos Rossini em seu elemento, embora o material que utiliza venha de *Demetrio e Polibio*. A história mais interessante, contada por Rossini a Hiller, é a da ária "Chi disprezza gli infelici", cantada por Argene, a confidente de Amira:

> Anna Savinelli, a *seconda donna* de Ferrara, era de uma feiúra que desafia a descrição, e tinha uma voz verdadeiramente indecente. Depois de testá-la cuidadosamente, descobri que ela tinha uma única nota, um si bemol central, que não soava mal. Escrevi, portanto, uma ária em que ela tinha de cantar, o tempo todo, apenas essa nota. Entreguei toda a melodia à orquestra e, como a peça foi apreciada e aplaudida, a minha cantora de uma nota só ficou encantada com seu triunfo.

"Chi disprezza" pertence, portanto, ao gênero barroco da *aria di sorbetto*, aquele número absolutamente sem importância, cantado por um intérprete secundaríssimo, para dar tempo ao público de ir lá fora tomar sorvete. Ela é a prova de que *Ciro* é uma obra desigual, sem a capacidade, no terreno sério, de dominar a estrutura e o ritmo dramático, de que Rossini já dera provas no domínio cômico. Mas em suas melhores páginas, tem momentos bastante poderosos.

Antes mesmo de *Ciro* estrear, a imprensa veneziana já tinha anunciado que "il giovanne maestro Rossini" concordara em escrever nova farsa para a temporada de primavera do S. Moisè. Foppa, com quem ele tinha colaborado tão bem no *Engano Feliz*, foi novamente convocado e escolheu traduzir e adaptar o libreto de *L'Échelle de Soie*, que François-Antoine-Eugène de Planard escrevera em 1808 para Pierre Gaveaux. Não é exata a acusação, feita a Foppa pelo crítico do *Giornale dell'Adriatico*, de ter imitado o libreto de Bertati para o *Matrimonio Segreto* de Cimarosa. O que existe é uma situação muito comum na literatura dramática do Classicismo: tanto Planard quanto Bertati tinham partido de uma fonte comum, *Sophie ou Le Mariage Caché*, que Mme Riccoboni preparara em 1768 para o compositor Joseph Kohaut. A origem das óperas de Cimarosa e de Rossini, portanto, é a mesma: a comédia inglesa *The Clandestine Marriage*, sugerida a Colman e Garrick pela famosa série de quadros de William Hogarth intitulada *The Marriage à la Mode*. Nas duas histórias, há de fato, uma semelhança básica, criada pelo casamento secreto; mas outros aspectos estão ligados a uma tradição cômica francesa típica: a escada de seda que facilita os encontros noturnos; e a profusão de personagens escondidas em lugares diferentes, no estilo do final do *Mariage de Figaro*.

Contra o desejo de Dormont, o seu tutor, mas ajudada por uma tia, Giulia casou-se secretamente com Dorvil, e este vem, toda noite, visitá-la, usando uma escada de seda que ela lhe atira da varanda de seu quarto. Ao saber que Dormont pretende casá-la com o vaidoso Blansac, amigo de Dorvil, Giulia decide fazer esse rapaz interessar-se por sua prima

Lucilla e, para isso, sem lhe explicar o motivo, pede a ajuda do criado Germano. Este imagina que Giulia está interessado nele, mas o equívoco logo se esclarece. Blansac chega em companhia de Dorvil, que encontrou diante da casa, saindo, é claro, do quarto da mulher.

Germano ouve Giulia falando de um encontro noturno, imagina que é a Blansac que ela está se referindo, e o congratula pela sua boa sorte. Blansac fica encantado com a possibilidade de um encontro com Giulia. Enquanto isso, Germano vai falar com Lucilla, e ambos decidem esconder-se no quarto de Giulia, para ver como são as coisas do amor. À meia noite, eles já estão em seu esconderijo, quando Dorvil chega. Mas ele se esconde ao ver Blansac aparecer. Por sua vez, este também tem de se esconder pois Dormont, que ouviu barulho no jardim, saiu para verificar, encontrou a escada, e subiu por ela para descobrir o que estava acontecendo. Depois que Dormont faz cada um sair de onde está enfurnado, só resta a Giulia confessar que é casada com Dorvil. Blansac galantemente aceita casar-se com Lucilla e, diante do fato consumado, Dorvil abençoa a dupla união.

Não tem cabimento a lenda que se espalhou de que esta pequena jóia da comédia italiana fez sucesso apenas moderado, ao estrear, em 9 de maio de 1812, no S. Moisè, juntamente com o balé *I Minatori*, coreografado por D'Auchy, balé e com um dos atos do *Ser Marcantonio*, de Pavesi. A origem dessa fama de insucesso é um artigo do *Giornale Dipartimentale dell'Adriatico*, escrito em 12 de maio, depois de *A Escada de Seda* ter sido reapresentada junto com *L'Inganno Felice*. O autor da matéria dizia não haver nela um só número que igualasse os da farsa anterior. Mas reconhecia:

> Há nela coisas bastante boas, em especial as árias de [Maria] Cantarelli e [Raffaele] Monelli [os criadores de Giulia e Dorvil], e as *strette* dos concertatos, sempre impregnados daquela mágica que, de repente, subjuga a atenção e compele os espectadores a aplaudir; e, mais do que qual quer outra coisa, o delicioso finale, que supera qualquer outra parte desse belo trabalho. Ainda que ele diminua um pouco a velocidade do progresso desse fecundíssimo gênio, podemos esperar dele as mais belas coisas para a escola italiana.

Uma vez criada a fama do fracasso, é difícil dissipá-la. Surgiu até um documento – cuja falsidade hoje está mais do que comprovada – que tentava encontrar para isso uma explicação. Numa carta dirigida a Antonio Cera, empresário do S. Moisè, Gioachino teria reclamado por lhe ter sido imposto "um libreto horrível", acrescentando: "Já que você queria que a minha ópera fosse um fiasco, te paguei com juros escrevendo uma partitura medíocre." A carta, de que nunca foi possível encontrar o original, é uma tolice. O libreto de Foppa, sem ser uma obra-prima, é cenicamente viável; a música de Rossini é absolutamente deliciosa; e *La Scala* não foi um total fracasso: agüentou em cartaz durante algumas semanas, foi reapresentada em outras cidades e, entre 1823-1825, ouvida em Barcelona e Lisboa.

O seu azar é ter ficado à sombra do sucesso muito maior de *La Pietra del Paragone*, em setembro do mesmo ano. O próprio Stendhal ouviu o galo cantar e não sabe onde. Ao falar mal da *Scala* na *Vie de Rossini*, diz que, para reagir contra "um empresário insolente", Gioachino a encheu de "todas as extravagâncias e coisas estranhas que nunca faltaram em sua cabeça". Mas troca alhos por bugalhos, pois a abertura que descreve pertence não é a da *Escada de Seda*, e sim a do *Signor Bruschino*, de janeiro de 1813. Revivida com muito sucesso em Florença, em 1952, *La Scala di Seta* foi montada em 1954 pelo Piccolo Teatro dell'Opera Comica de Roma que, no ano seguinte, levou-a ao Sadler's Wells de Londres. Daí em diante, tornou-se bastante popular. As gravações existentes são a prova viva de como era infundada a fama de fiasco:

Ricordi-Fonit Cetra, 1988 – Serra, Bartoli, Matteuzzi, Di Credico, Coviello,
De Carolis/Gabriele Ferro (do Festival de Pesaro, disponível também em vídeo);
Claves, 1992 – Ringholz, Provvisionato, Vargas, De Carolis, Corbelli, Massa/ Marcello Viotti.

Em *The Bel Canto Operas* (1996), Charles Osborne cita "um crítico que descreveu a buliçosa abertura, com suas brilhantes cores orquestrais e deliciosa escrita para as madeiras, dizendo que ela se parece com um cachorrinho muito colorido perseguindo a própria cauda". Esta foi a primeira das aberturas de Rossini a se tornar muito popular como peça independente de concerto. Na *Scala* há apenas quatro árias: predominam as cenas de conjunto que fazem as personagens interagir, desde a *introduzione*: o dueto "Va, sciocco, non seccarmi", para Giulia e Germano, que se transforma num trio, "Ma prima un affaro", com a chegada de Lucilla. A ária de Dorvil, "Vedrò qual sommo incanto", com uma primeira seção muito sensual e uma vigorosa cabaletta, é uma das peças prediletas do tenor de *bel canto*. Herdeiro dos concertatos psicológicos mozartianos, em que diversas personagens expressam sentimentos diferentes de espanto, ciúme, aborrecimento e constrangimento, o quarteto "Si che unito a cara sposa" aponta, com sua energia e intensidade rítmica, para certas cenas de conjunto de Verdi. O crescendo que intervém em sua conclusão *allegro* é Rossini da mais pura água.

Como no caso do Batone de *L'Inganno Felice*, o fato de dispor do excelente baixo Nicola Tacci para interpretar o papel de Germano fez Rossini tratar com carinho a figura desse criado. Ele está presente nas principais cenas de conjunto – o dueto com Giulia, o quarteto, o finale – e canta a *gran scena* "Amore dolcemente", de extensão e complexidade desusadas para uma personagem que deveria ser secundária. Ela começa com uma melodia esplêndida e um uso de coloratura que exige do cantor uma extensão de duas oitavas; mas se encerra com traços caricatos de comicidade desabrida, apoiados pelo uso muito expressivo do fagote e da trompa.

O tema cintilante de "Sento talor nell'anima" de Lucilla vai reaparecer em um coro do *Turco in Italia*. Stendhal usou a expressão "candeur virginale" para falar da bela ária ternária "Il mio ben sospiro e chiamo", cantada por Giulia, em que é muito delicada a escrita para o corne inglês. Os momentos de reflexão lírica do papel da protagonista – o mais bem trabalhado da partitura — não retardam, porém, a ação muito ágil da comédia, que converge para um finale extremamente elaborado. Hoje que *La Scala di Seta* é muito mais conhecida, sabe-se que, nela, Rossini já tinha chegado ao perfeito domínio de uma forma de clássica elegância, com perfeito equilíbrio das partes, que durante muito tempo se associou à sua obra seguinte.

Em 18 de maio de 1812, nove dias depois da estréia de *La Scala di Seta*, Roma tinha aplaudido seu *Demetrio e Polibio*. A notícia desse sucesso encorajou a direção do Scala a aceitar a sugestão de Marietta Marcolini, a criadora de *Ciro*, de que lhe fosse encomendada uma ópera. Contou muito também a recomendação de Filipo Galli, o primeiro Bastone, cantor adorado em Milão. Foi oferecido a Rossini um animado texto original de Luigi Romanelli, um dos libretistas residentes do teatro milanês. Em torno da história do misógino conde Asdrubale, e das candidatas à sua mão, Romanelli traça uma tapeçaria de poetas absurdos, jornalistas venais e aproveitadores de todo tipo. A balada "Ombretta sdegnosa del Mississipi", cantada pelo poeta Pacuvio, tornou-se tão popular, que se esqueceu quem era seu autor. Em 1895, em seu romance *Piccolo Mondo Antico*, o realista Antonio Fogazzaro afirmou que se tratava de uma *filastrocca* (canção folclórica) de origem lombarda.

A *pietra del Paragone* é a pedra-de-toque que testa a autenticidade do ouro e da prata. Romanelli usa essa imagem para o teste com o que o rico conde Asdrubale põe à prova a sinceridade dos sentimentos da jovem viúva marquesa Clarice, da baronesa Aspásia e de lady Fulvia, candidatas à sua mão. Ele se disfarça de turco e, alegando que o conde lhe deve uma fortuna, diz que veio se apossar de seus bens: "sequestrara... sigillara...", exclama em italiano macarrônico[4]. Os falsos amigos – Aspásia, Fulvia, Macróbio, Pacuvio – o abandonam; mas Clarice e Giocondo, que são fiéis, alinham-se em sua defesa. Quando o criado Fabrizio chega com a notícia de que a dívida já foi paga, todos ficam muito confusos.

Ao perceber que foram vítimas de um estratagema, Aspásia e Fulvia, furiosas, exigem que Macróbio e Pacuvio desafiem Asdrubale e Giocondo para um duelo, o que nenhum dos dois parece muito animado a fazer. Uma reviravolta é introduzida pela aparição do soldado Lucindo, irmão de Clarice. Ele ficou sabendo que a moça está infeliz, porque ama um ho-

4. Romanelli se inspira em uma peça de Goldoni, *La Famiglia dell'Antiquario* (1749), em dialeto vêneto, na qual Brighella, explicando a Arlecchino "come far a finzer de esser armeno", lhe dá a receita: "basta terminar le parole in *ira*, in *ara*, e el ve crede un armeno italianà". A brincadeira fez tanto sucesso que, segundo conta Stendhal, em toda a Lombardia a ópera ficou conhecida como *Il Sigillara*.

mem que não lhe dá atenção, e veio buscá-la para levá-la de volta à casa de seus pais. Essa é a "pedra-de-toque": ao perceber que corre o risco de perder Clarice, o conde dá-se conta de que a ama e confessa o que sente por ela. Nesse momento Lucindo se revela: é a própria Clarice disfarçada. A ópera termina com a feliz união dos dois. Aspásia e Fulvia, precursoras das irmãs invejosas de Cenerentola, terão de ir cantar em outra freguesia.

La Pietra del Paragone estreou no Scala, em 26 de setembro de 1812, tendo Marietta Marcolini como Clarice e Filippo Galli no papel de Adrubale. Foi um sucesso extraordinário e a ópera alcançou 53 récitas durante a temporada, consagrando Rossini como o compositor mais importante da Itália. O próprio Romanelli conta, com muito espanto, que "na última das 53 récitas, foram bisados (coisa nunca antes acontecida), por insistente exigência universal, sete dos números!" *A Pedra-de-Toque* foi encenada em várias capitais européias, até 1821, quando Viena a ouviu com o título de *Die Weiberproben* (O Teste para as Mulheres). A redescoberta foi em 29 de maio de 1952, no XV Maggio Musicale Fiorentino, inteiramente dedicado à obra de Rossini. Em 1955, houve a estréia americana no Hartford College of Music. Dentre as apresentações das décadas de 1950-1960, ficou muito famosa a de Hamburgo, em 1962, montada por Günther Rennert, com o título de *Die Liebesprobe* (O Teste Amoroso). A bem cuidada produção do Piccola Scala (1982) foi revivida em Módena em 1992, e dela é uma das gravações existentes:

Vanguard Classics, 1972 – Elgar, Wolff, Bonazzi, Carreras, Reardon, Murcel, Foldi, Díaz/Neil Jenkins.

Nuova Era, 1992 – Trovarelli, Nocentini, Muller-Molinari, Barbacini, Scaltriti, Rumetz, Di Matteo/Claudio Desderi.

Bongiovanni, 1993 – Carraro, Gutiérrez, Mingardo, Matteuzzi, Camastra, Spagnoli, Zarrelli, Fardilha/Bruno Asprea.

Em vídeo, existe a montagem de 1984 do Piccola Scala: Dessi, Hamari, Díaz, Desderi/Bellughi.

O libreto de Romanelli é muito prolixo e o ato I tem alguns trechos arrastados; mas há também passagens muito bem-sucedidas: a *introduzione*, cantada pelos convidados do conde Asdrubale, com algumas exceções um bando de sanguessugas que querem apenas desfrutar de sua riqueza; o coro dos jardineiros; o fluente trio "Su queste piante incisi"; e o *finale primo*, que Stendhal considerava "o mais perfeito jamais escrito por Rossini" (embora tenhamos chamado a atenção para a forma como a memória trai o escritor francês no que se refere às lembranças dessa fase). No engraçado sexteto inserido nesse finale, o "Turco" tenta seqüestrar os bens do conde repetindo, com bom efeito bufo, "sigillara... sigillara..." A *turquerie* burlesca sempre foi do agrado de Rossini e é curioso que Galli, o primeiro Asdrubale, tenha sido também o protagonista de *L'Italiana in Algeri, Il Turco in Italia*, e tenha feito um papel otomano sério em *Maometto II*.

No dueto "Conte mio", com romântico acompanhamento de trompa, os sentimentos ainda não confessados de Asdrubale por Clarice já ficam muito claros. A cavatina "Quel dirmi oh Dio! non t'amo", cantada por Clarice enquanto o conde, sem ser visto, faz para ela o eco, é de efeito cativante; e sua cabaletta antecipa a famosa "Di tanti palpiti", do *Tancredi*. A ária cômica "Ombretta sdegnosa" é de melodiosidade muito fluente; e na narrativa caricatural de Macróbio, "Chi è colei che avanza", construída sobre temas orquestrais, Rossini explora diversos truques da linguagem bufa.

A cena de conjunto *allegro giusto* com que o ato II se inicia é de um efeito irresistível, bem como o coro *alla caccia* que se segue. Na *Pietra del Paragone* aparece uma daquelas cenas de tempestade que são marca registrada da dramaturgia rossiniana, e o compositor deve ter gostado muito de seu resultado, pois transferiu-a para duas outras óperas. Quando ela amaina, a atmosfera pacífica que se instala é realçada pelo solo de clarinete que acompanha "Quell'alme pupille", a ária *andante* de Giocondo. O quinteto "Spera se vuoi" é um tanto longo e de tom indefinido, mas a ária de Fulvia que vem logo em seguida, "Pubblico fu l'oltraggio", é muito brilhante. O trio "Prima fra voi coll'armi", de construção muito feliz, reaparecerá quatro anos depois em *La Gazzetta*, escrita para o Teatro dei Fiorentini de Nápoles. A ária binária de Clarice "Se per voi le care io torno" leva ao enérgico finale, dentro do qual se destaca "Ah! se destarti in seno", de Asdrubale, com uma dignidade e profundidade de sentimento que transcende os limites cômicos. Nas comédias mais maduras – *Barbiere, Cenerentola*, principalmente – a caracterização musical há de se tornar mais segura e econômica. Mas na riqueza de invenção da *Pietra*, a promessa do grande compositor já começou visivelmente a se cumprir.

Agora, Rossini era tão famoso, que poderia se dar ao luxo de escolher para que teatro queria compor. Seu prestígio era tamanho, que as autoridades, para lhe dar condições de dedicar-se inteiramente à composição, o isentaram do serviço militar, que seria obrigado a prestar ao completar 21 anos. "Ganhou com isso o alistamento", diria ele mais tarde a seu biógrafo, Aléxis-Jacob Azevedo, "pois eu teria sido um soldado lamentável," O que ele escolheu foi aceitar duas encomendas do S. Moisè, o modesto teatro veneziano com o qual tinha ligações sentimentais, pois ali vira subir ao palco *La Cambiale di Matrimonio* – isso fora dois anos antes e, desde então, ele tinha escrito cinco outras óperas!

O crítico do *Giornale Dipartimentale dell'Adriatico*, como sempre de pé atrás com Rossini, pôs em dúvida a qualidade de uma música que o maestro compusera em apenas onze dias, pois mesmo os compositores mais maduros não conseguem fazer isso "com a rapidez do raio". Para esse julgamento contribuiu a indiferença com que, em 24 de novembro de 1812, o público recebeu *L'Occasione Fa il Ladro ossia Il Cambio della Valiggia*[5]. Trata-se de uma *burletta per musica*, escrita por Luigi Prividali, que retoma os tradicionais expedientes do travestimento e do teste amoroso, comuns nas comédias de Marivaux. Foi cantada na primeira récita com *L'Avvertimento ai Gelosi*, de Pavesi e, nas subseqüentes, com *Le Lagrime di una Vedova*, de Pietro Generali.

5. O título alternativo não aparece na edição do libreto para a primeira apresentação; foi acrescentado por mão anônima no momento em que a partitura foi editada pela Ricordi.

Devido à reação morna da platéia, teve apenas cinco récitas. Entre 1822-1834, a fama internacional de Rossini a fez ser reprisada em Barcelona, Lisboa, São Petersburgo e Viena, mas sem nunca chegar a tornar-se muito popular, embora seja bastante bem construída e tenha personagens claramente caracterizados. Entre as remontagens ocasionais, as mais importantes foram as de 1892 (Pesaro) e 1992 (Macerata, Paris, Colônia e Schwetzingen), nos centenários de nascimento do compositor. Estas são as gravações disponíveis:

Arkadia, 1963 – Fusco, Bottazzo, Tajo, Gonzáles/Luigi Colonna.

Ricordi, 1987 – Serra, Gimenez, Raftery, Desderi/Salvatore Accardo (disponível também em vídeo).

Claves, 1991 – Bayo, Zennaro, De Carolis, Previati/Marcello Viotti.

Em vídeo, além da versão de Pesaro, há também a do Festival de Schwetzingen de 1992: Kale, Patterson, Gamil/Gelmetti.

Durante uma tempestade, dois cavalheiros se encontram na taverna onde se refugiaram. Don Parmenione está procurando uma moça fugida, encarregado de levá-la de volta para a família. O conde Alberto está indo ao encontro de Berenice, que lhe foi prometida em casamento. Ao sair, o criado de Alberto troca acidentalmente as malas. Parmenione abre a mala de Alberto e, junto com seu passaporte, encontra o retrato de uma moça, que acredita ser a noiva (na verdade, é a irmã do conde, que o está mandando de presente para Berenice). Encantado com a beleza da jovem, Parmenione decide fazer-se passar por Alberto e casar-se com ela.

Apresenta-se em casa de Don Eugenio, tio e tutor de Berenice; mas esta, desejosa de testar os verdadeiros sentimentos de seu pretendente, diz a ele ser a criada, e pede a uma amiga, Ernestina, hospedada em sua casa, que assuma sua identidade. Nesse meio tempo, Alberto chega e, enquanto os dois se disputam, afirmando ser o verdadeiro conde, o rapaz apaixona-se pela falsa criada; e Parmenione cai de amores pela "patroa", embora não haja semelhança nenhuma entre ela e a mulher do retrato. Uma série de episódios cômicos e sentimentais leva à revelação das verdadeiras identidades; ao casamento de Alberto e Berenice; e – é claro – à descoberta de que Ernestina, por quem Parmenione se apaixonou, é exatamente a moça que ele estava encarregado de encontrar.

O leitor reconhecerá a seção *allegro* descrevendo a tempestade, que surge, no breve prelúdio, após a introdução *andante*. Depois de ter iniciado a carreira na *Pietra del Paragone*, ela passeia por uns tempos por aqui, antes de ir parar no ato II do *Barbeiro de Sevilha*. Bom-humor, facilidade melódica e orquestração inventiva marcam de uma ponta à outra essa partitura injustamente negligenciada. A cavatina de Alberto, "Il tuo rigore insano", desenvolve-se num contagioso trio de brinde com Parmenione e seu criado Martino. O lado cômico da figura de Parmenione é caracterizada em "Che sorte, che accidente", na qual ele exulta pela possibilidade que lhe é dada de tentar o golpe do baú. A cavatina de Berenice, "Vicino è il momento", é um belo exemplo de exuberante *canto fiorito*.

Os dois casais de namorados se expressam com uma linguagem musical nitidamente diferenciada, o nobre (Alberto-Berenice) com linhas simples, expansivas, de um sentimentalismo assumido; o de *mezzo carattere* (Parmenione-Ernestina) com traços mais enérgicos e divertidos, com amplo uso de silabato. O número central da partitura é o *finale primo* "Che strana sorpresa", em que as identidades das várias personagens são questionadas, encerrando-se com a vertiginosa *stretta* "Di tanto equivoco".

O flexível *andante* de "D'ogni più sacro impegno", a ária de Alberto no ato II, converge para a viva cabaletta "Amor da voi non chiede", seguida do engraçado dueto em que Berenice põe à prova os sentimentos do pouco escrupuloso Parmenione. O criado Martino, escrito para o bom baixo bufo Luigi Spada, tem direito à saltitante "Il mio padrone", em que faz de Parmenione um retrato franco e sem papas na língua. Um dos grandes momentos da partitura – como é comum em Rossini quando se trata da figura feminina central – é a *scena* de Berenice que, iniciando com o *maestoso* "Voi la sposa pretendete", evolui para a comovente cantilena *andante* de "Deh, non tradirmi, amore", e se resolve no *allegro* brilhante da cabaletta "Io non soffro quest'oltraggio".

"Quello che fui ritorno", um trio *allegro* para Parmenione, Ernestina e Eusébio, contrasta com a concentração sentimental do dueto "O quanto son grate le pene in amore", em que o par central celebra seu afeto. E está tudo pronto para o esfuziante finale que culmina, num lampejo de metalinguagem, com a frase de Eusébio que, falando diretamente ao público, o tranqüiliza quanto ao *lieto fine*: "Un doppio matrimonio la burletta finirà." E os aspectos mais dúbios do comportamento de Don Parmenione são desculpados – afinal estamos no amável terreno da *burletta* – quando todos se reúnem para dizer:

E se a caso l'occasione
l'uom fa ladro diventar,
c'è talvolta uma raggione
che lo può legittimar.

(E se, por acaso, a ocasião faz o homem tornar-se ladrão, às vezes há uma razão que o possa legitimar).

E essa razão é o amor.

Quando *A Ocasião Faz o Ladrão* foi estreada, Rossini já estava trabalhando a todo vapor no compromisso seguinte: *Il Signor Bruschino ossia Il Figlio Per Azzardo*, mais uma colaboração com Giuseppe Foppa. A intriga dessa *farsa giocosa* fora extraída de uma peça francesa, *Le Fils par Hasard ou Ruse et Folie*, de Alisan de Chazet e E.-T. Maurice Ourry, encenada no Théâtre de l'Impératrice, de Paris em setembro de 1809. Desta vez, Gioachino trabalhou ainda mais depressa do que da precedente, pois não via a hora de se dedicar ao compromisso seguinte: recebera do prestigioso La Fenice o convite para escrever uma *opera seria*. Mas hoje se sabe que são pura fantasia as lendas que cercam a gênese do *Signor Bruschino*.

Em 1864, ao publicar sua biografia de Rossini, A.-J. Azevedo afirmou que Antonio Cera, o empresário do S. Moisè, reagiu com desagrado à decisão de Rossini de aceitar a encomenda do La Fenice, em vez de continuar trabalhando com ele. Por isso lhe teria imposto "um libreto execrável, que escandalizaria o mais tolerante dos espectadores". E Rossini, para se vingar – conta Osborne na obra citada – teria

deliberadamente enchido a partitura com todo tipo de extravagância absurda, escrevendo música raivosa para cenas ternas, melodias suaves para rompantes de fúria, notas extremamente agudas para o baixo, graves impossíveis para a soprano, e inserindo uma marcha fúnebre no que deveria ser uma farsa. O efeito incomum de fazer os segundos violinos baterem com o arco nas canoplas de lata das estantes, durante a abertura, também foi citado como prova da determinação de Rossini em sabotar sua própria ópera.

Antonio Zanolini, um dos primeiros biógrafos de Rossini, que teve contato pessoal com o compositor, encampa essa história de Azevedo. Mas não deve ter tido contato pessoal com a partitura pois, se o tivesse feito, não lhe teria certamente dado crédito. Foppa estava longe de ser um poetastro incompetente. Havia anos que se dividia entre as atividades de oficial de justiça no Tribunal Militar e dramaturgo; e suas colaborações anteriores com Rossini tinham sido bem-sucedidas. O texto do *Signor Bruschino* não é uma obra-prima poética, mas resume com habilidade uma longa comédia em cinco atos, conservando dela os mecanismos dramáticos essenciais. O elenco da criação era muito bem escolhido; mas *Il Signor Bruschino* foi um fracasso ao estrear, em 27 de janeiro de 1813. Cantada junto com a *Matilde* de Carlo Coccia, teve apenas uma récita e, no dia seguinte, foi retirada de cartaz (isso, sim, pode ter sido uma represália de Cera). Só em junho de 1844 foi revivida no Teatro della Canobbiana; mas mesmo nessa ocasião os jornais milaneses foram desfavoráveis. Daí até 1859, essa *farsa giocosa* foi montada em Madri, Berlim e Bruxelas. As brincadeiras de Rossini tinham tudo para agradar a um músico como Jacques Offenbach. Em 1857, ele encenou a farsa nas Bouffes Parisiennes. Mas o compositor recusou-se a ir assistir ao ensaio geral, dizendo: "Deixei que fizesses o que querias, mas não tenho intenção nenhuma de tornar-me teu cúmplice."

A redescoberta, no século XX, ocorreu no Metropolitan de Nova York onde, por mais estranho que isso possa parecer, *O Senhor Bruschino* foi encenada como *lever de rideau* para a *Elektra*, de Richard Strauss, em 9 de dezembro de 1932. Não se pode imaginar dobradinha mais disparatada! O regente era Tullio Serafin, e no elenco havia Giuseppe de Lucca e Ezio Pinza. Houve remontagens ocasionais desde a década de 1960; uma importante reprise no Festival de Pesaro de 1988, documentada em disco e vídeo; e espetáculos comemorativos, em Macerata e Paris, durante 1992, ano do bicentenário. Eis as gravações disponíveis do *Signor Bruschino*:

Turnabout, 1962 – Capecchi, Ribetti, Maugeri, Rossi, Pontiggia, Tarozzi, Carbi, Vinco/ Luigi Gerelli.

Ricordi, 1988 – Rinaldi, Dara, Devia, Gonzáles, Antoniozzi/Donato Renzetti (também existente em vídeo).

Claves, 1989 – De Carolis, Praticò, Orciani, Canonici, Spagnoli/Marcello Viotti.

DG, 1990 – Desderi, Ramey, Battle, Lopardo, Pertusi/Ion Marin.

Bongiovanni, 1992 – Palacio, Rigacci, Gatti, Lucarini, Macedonio, Tosi/Fabio Maestri.

Além da versão de Pesaro, há também em vídeo a do Festival de Schwetzingen de 1989: Corbelli, Rinaldi, Pelli/Gelmetti.

Florville ama Sofia; mas Gaudenzio Strappappupole, o tutor da moça, a prometeu ao filho de um certo Bruschino, que só conhece por carta. Ao saber que o filho de Bruschino está detido na taverna até conseguir pagar a sua conta, Florville decide fazer-se passar por ele, para poder casar-se com Sofia. Mas o sr. Bruschino aparece e, ao se recusar a reconhecer o rapaz como seu filho, os dois jovens dão um jeito de fazer crer que ele está renegando o próprio filho e, além disso, rompendo o contrato nupcial. O sr. Bruschino chega a chamar a polícia, mas esta é incapaz de solucionar o mistério. O velho só começa a entender o que está acontecendo quando aparece Filiberto, o dono da taverna. Ao descobrir que Florville é filho do pior inimigo de Gaudenzio, Bruschino vinga-se dele aceitando o impostor como se fosse seu filho, e convencendo o tutor a abençoar sua união com Sofia. Gaudenzio fica furioso ao ver surgir o filho verdadeiro, libertado após o pagamento da dívida; mas já é tarde demais e ele tem de aceitar o inevitável.

A idéia de fazer os violinistas baterem com o arco na estante ("sul coperchio di latta degli arganti"[6], pede a partitura) torna famosa

6. "no revestimento de metal dos castiçais"; a palavra *argant* vem do nome de Jacques Argant, inventor do equipamento com que se protegiam as velas usadas para iluminar as estantes dos músicos.

a alegre abertura do *Signor Bruschino*. O tema principal dessa peça vem de uma *Abertura em ré maior* que Rossini escrevera em 1807. A ária em sol maior de Florville, "Deh, tu m'assisti, Amore", é um gracioso *andantino* com uma cadência que leva o tenor a um estratosférico dó agudo (tendo-a escrito para Tommaso Berti, que possuía agudos fáceis, Rossini previu um lá alternativo para quem não possui tal extensão). Do *Demetrio e Polibio* vem o delicado dueto de Florville com Sofia, "Quant'è dolce a un'alma amante". Deliberadamente extravagante do ponto de vista rítmico é "Io danari vi darò", o dueto bufo de Florville com Filiberto, o taverneiro, que foi criado por Nicola Tacci.

Tendo nas mãos um Gaudenzio do porte de Nicola de Grecis, Rossini dotou-o com a cavatina "Nel teatro del gran mondo", que oferece ótimas oportunidades a um baixo cômico; e usou de toda a criatividade no trio "Per un figlio già pentito", em que Florville pede perdão a seu "pai", enquanto Gaudenzio recrimina Bruschino (estreado pelo famoso Luigi Raffanelli) por não dar ouvidos a seus sentimentos paternais. Esse trio propõe um jogo, surpreendente para a época em que foi escrito, de linhas dinâmicas vocais e instrumentais entrecruzadas, que dão uma propulsão rítmica mecânica e, por isso mesmo muito engraçada, à troca meio disparatada de frases das personagens. Engraçado é também o cacoete de Bruschino, que exclama "Uh! che caldo", todas as vezes que se encontra numa situação difícil. Cacoete tem também o delegado que, depois de fazer suas observações, parece desistir de convencer seus interlocutores e acrescenta "Oh, niente!"

O *obbligato* de corne inglês dá um tom especialmente plangente à *scena* de Sofia, "Ah, donate il caro sposo". A referência de Azevedo às "notas extremamente agudas para o baixo" refere-se certamente ao sol agudo, de barítono, que Bruschino tem de emitir em sua ária "Ho la testa" – e que Raffanelli alcançava sem dificuldade. O que não podemos esquecer é que, nos séculos XVIII-XIX, os papéis eram escritos levando em conta as qualidades vocais específicas de cantores determinados, de tal modo que a partitura constitui, muitas vezes, a radiografia fiel da voz para a qual foi destinada.

O dueto "È un bel nodo", para Gaudenzio e Sofia, é bastante banal. O finale tampouco está entre os mais criativos de Rossini, mas dentro dele há um episódio curioso: os dezesseis compassos de paródia de marcha fúnebre para o pobre Bruschino Jr., que só entra em cena para descobrir que levou a pior; e a forma burlesca como ele se desculpa com o pai: "Padre mio, mio, mio, son pentito ...tito ...tito". Ouvindo hoje *Il Signor Bruschino*, é difícil entender por que uma obra tão cheia de verve pôde ser um fiasco na estréia. Mas se nos lembrarmos que o mesmo aconteceu à *Norma* e à *Traviata*...

De *Tancredi* a *Sigismondo*

Não procede a informação – que se encontra até mesmo em fontes sérias como os *Annals of Opera*, de Alfred Loewenberg, ou o verbete sobre Rossini na edição de 1954 do *Grove* – de que a *Gerusalemme Liberata* é uma das fontes do libreto de Gaetano Rossi para *Tancredi*. Charles Osborne demonstra que a personagem do poema épico de Torquato Tasso é Tancredo di Lecce, que participou do cerco de Jerusalém e morreu em 1112. A ópera de Rossini inspira-se no *Tancrède* de Voltaire, cujo protagonista é o normando Tancrède de Hauteville – e a ação, sem qualquer semelhança com os episódios narrados por Tasso, passa-se na Sicília em 1005. O texto já estava pronto quando Rossini assinou o contrato com o La Fenice e, como de hábito, foi muito curto o tempo de que dispôs para escrever a música, antes da estréia, em 6 de fevereiro de 1813.

Estréia essa prejudicada pela indisposição de Adelaide Malanotte-Montresor (Tancredi) e de Elisabetta Manfredini-Guarmani (Amenaide), o que provocou a interrupção do espetáculo no meio do ato II. Mesmo assim, o que pudera ouvir das duas fez um crítico elogiar "as melodiosas canções, a animada ação da Malanotte, a dulcíssima voz da Manfredini e a ardente e ágil coloratura a que ela ousa se lançar". Só no dia 12 a platéia veneziana pôde ouvir integralmente o *Tancredi*, e com bastante agrado, pois ela foi repetida quinze vezes durante a temporada.

Em março, Malanotte e o tenor Pietro Todràn, que fizera Argirio, levaram *Tancredi* para o Teatro Comunale de Ferrara. Nessa ocasião, o libreto foi revisto por Luigi Lechi, amante da Malanotte, membro de importante família aristocrática de Brescia, e intelectual respeitado, amigo pessoal do poeta Ugo Foscolo. Muito versado em literatura francesa, foi ele quem sugeriu aproximar mais o libreto e a tragédia de Voltaire, escrevendo um final alternativo em que o herói morre dos ferimentos em batalha. Mas a platéia, habituada desde os tempos do Barroco ao *lieto fine* tradicional da *opera seria*, não gostou do final trágico. Na apresentação de dezembro, no Teatro Rè de Milão, as revisões de Ferrara foram mantidas; mas o final veneziano foi restaurado. No ensaio de apresentação da gravação feita em 1996 por Roberto Abbado, o musicólogo Philip Gossett, encarregado da revisão do libreto, enumera as modificações feitas na versão de Ferrara:

No ato I, foi eliminado o dueto para Amenaide e Tancredi (nº 5); em seu lugar, foi inserido o dueto que originalmente estava no ato II (nº 14). No início do ato II, foram feitas duas mudanças: o recitativo e ária nº 8 foi eliminado, enquanto a cavatina "No, che morir non è" (nº 10), de Amenaide, foi substituída por outra, "Ah se pur morir degg'io", provavelmente a pedido de Francesca Riccardi Paer[7], intérprete de Amenaide em Ferrara.

Considerado perdido, o manuscrito do finale de Ferrara foi redescoberto, em 1974, em uma coleção particular. Nas gravações existentes do *Tancredi*:

Fonit Cetra, 1983 – Horne, Cuberli, Palacio, Zaccaria/Ralph Weikert.
Naxos, 1995 – Podles, Jo, Olsen, Spagnoli/Alberto Zedda.
RCA, 1996 – Kasarova, Vargas, Mei, Peeters/Roberto Abbado.
Weikert e Zedda usam o *lieto fine* veneziano; e R. Abbado grava ambos (em seu álbum há, em anexo, duas cavatinas alternativas, para Amenaide e Tancredi).
Existem, em vídeo:
Festival de Aix-en-Provence, 1981 – Horne, Ricciarelli, Gonzáles/Weikert.
Liceo de Barcelona, 1989 – Horne, Palácio, Llons/Lewis.
Festival de Schwetzingen, 1992 – De Nissa, Bajo, Gimenez/Gelmetti.

As versões de Weikert e Lewis mantêm o *lieto fine*; a de Gianluigi Gelmetti, já exibida no Brasil pela TV a cabo, traz os dois finais – o que é uma solução muito interessante, pois permite ao espectador compará-los.

Embora popular durante bastante tempo, *Tancredi* desapareceu de cartaz, por volta da metade do século XIX, devido à perda gradual das técnicas de *belcanto*. Mas a cabaletta "Di tanti palpiti", entusiasticamente celebrada por Stendhal como "a ária que desfrutou de popularidade mais universal do que qualquer outra no mundo", permaneceu no repertório dos recitais de canto. Tullio Serafin regeu a redescoberta do *Tancredi* em 1952, no Maggio Musicale Fiorentino, com Giulietta Simionato e Teresa Stich-Randall. Nas décadas de 1970-1980, este foi um dos principais papéis de Marilyn Horne, que o cantou em Roma, Aix-en-Provence, Veneza, Barcelona, e em várias cidades americanas.

Os habitantes de Siracusa, na Sicília, ameaçados pelo ataque dos sarracenos liderados por Solamir, celebram a aliança que seu governador, Argirio, fez com Orbazzano, inimigo hereditário de sua família. Argirio prometeu a Orbazzano a mão de sua filha Amenaide, mas ela pede ao pai que adie o noivado, pois está apaixonada por Tancredi – cuja família foi exilada de Siracusa quando ele era garoto – e que ela conheceu na corte de Bizâncio. Mas o pai a pressiona para que aceite Orbazzano, e diz que todos os inimigos de Siracusa – inclusive Tancredi – serão condenados à morte pelo Senado. Ao encontrar-se com o cavaleiro, que veio à cidade em companhia de seu escudeiro Roggiero, Amenaide lhe pede que fuja, para proteger sua vida, enquanto ele lhe pede, em vão, que diga se o ama. Orbazzano aparece trazendo uma carta de amor que – ele acredita – Amenaide escreveu a Solamir (em Bizâncio, de fato, o sarraceno lhe fez a corte, mas ela o rejeitou). Acusando-a de traição, Argirio a deserda; Tancredi a rejeita, convencido de que ela ama outro; e a moça é presa.

Apesar das tentativas de Isaura, a confidente de Amenaide, de demovê-lo dessa decisão, Argirio cede às pressões de Orbazzano para que condene a filha à morta. Quando eles

7. Essa soprano era a mulher do compositor Ferdinando Paer.

vão buscá-la para ser executada, um cavaleiro desconhecido surge e desafia Orbazzano para um duelo, em defesa de Amenaide. Ele é Tancredi e sai vitorioso; mas recusa-se a acreditar no juramento de felicidade da moça. Ela não pode contar que a carta de amor era endereçada a ele, pois isso revelaria sua identidade e poria a sua vida em perigo. Tancredi parte e está perambulando perto do acampamento, onde Amenaide vem procurá-lo, com o pai e as forças siracusanas. Tancredi, morto de ciúme, a acusa de ter vindo em busca de Solamir. Os sarracenos oferecem a paz a Argirio, se sua filha consentir em desposar seu chefe. Furioso, Tancredi desafia-os à luta. Em combate, fere Solamir que, antes de morrer, assegura-lhe que sua namorada é inocente. Eles podem, finalmente, celebrar sua felicidade.

No final alternativo, os siracusanos descobrem quem é Tancredi e lhe pedem que os lidere na luta contra os sarracenos. Embora comovido pelos pedidos de Amenaide, ele vai para o combate em que é vitorioso; mas volta mortalmente ferido, invocando o nome da mulher amada. É Argirio quem lhe diz, tarde demais, que era dirigida a ele a carta de sua filha encontrada por Orbazzano. Ele abençoa os dois e Tancredi morre nos braços de Amenaide.

"O que mais chama a atenção na música do *Tancredi*", escreveu Stendhal, "é a sua candura virginal. Tudo é simples e puro. Não há excesso: é o gênio em sua mais total ingenuidade." E isso é verdade: obra de um homem que ainda não completara 25 anos, ela faz a envelhecida forma da *opera seria* trilhar caminhos novos, virgens, de renovação radical. A seu esplêndido dom melódico e inventividade no uso da palheta orquestral, Rossini unia a capacidade de criar seqüências que abriam espaço à expressão lírica dos *affetti*, mas não deixavam a ação estagnar; pelo contrário, faziam com que avançasse de modo enérgico e apaixonado.

No *Tancredi*, Rossini retoma a abertura da *Pietra del Paragone*, prova cabal de que, em seu tempo, ainda imperava a despreocupação, típica do Barroco, com a relação específica música/situação dramática. Bastava a peça ser bem escrita, funcionar bem para despertar o interesse do público e – o mais importante –, estreada em Milão em setembro, ser ainda desconhecida dos venezianos.

A linha do tenor é bastante ornamentada no dueto "Se amistà verace e pura", de Argirio com Orbazzano. O mesmo acontece com a cavatina "Com'è dolce all'alma mia", para Amenaide, de estilo *fiorito* muito elaborado. A *scena* de apresentação de Tancredi é escrita com muito cuidado: introdução orquestral bem trabalhada, recitativo acompanhado de singular gravidade antes da cavatina "Tu che accendi questo", arrematada pela cabaletta "Di tanti palpiti", de melodia cativante e cadências muito flexíveis. Ouçamos Charles Osborne:

> Aparentemente, Rossini compôs a cabaletta na véspera da estréia, pois Malanotte-Montresor não estava muito satisfeita com a cavatina. Ela era chamada de a "ária do arroz", pois Rossini dizia que não lhe tomara mais tempo para compor do que se leva cozinhando o arroz (história que se deve, provavelmente, aceitar com um grão de arroz[8]). Ela se tornou uma das canções favoritas dos venezianos e era constantemente assobiada na rua. Anos depois, aborrecido com a persistente popularidade dessa melodia de Rossini, que realmente gruda no ouvido, Wagner haveria de parodiá-la na Canção dos Alfaiates, no ato III dos *Mestres Cantores*.

Depois da virtuosística "Pensa che sei mia figlia", de Argirio, vem o primeiro dueto de amor, "L'aura che intorno spiri", em que Rossini sabe encontrar o equilíbrio exato entre os fogos de artifício vocais e a terna expressão dos sentimentos. Após uma introdução *allegro*, há uma seção lírica em que as vozes combinam-se em terças e sextas, depois uma entusiasmada cabaletta. O coro "Amori scendete" e uma marcha levam ao *finale primo*, para sexteto e coro, que se inicia com as denúncias de Orbazzano. O *andante* "Ciel, che feci!" introduz o concertato "Di terrore ho ingombro il core", em que frases *legato* superpõem-se a um nervoso *staccato*, e a uma seção central, em que à confrontação une-se a reflexão das personagens, perplexas com o que acontece. A *stretta* "Quale infausto orrendo giorno" é musicalmente excitante; o único problema é que, preocupado apenas com a beleza sonora abstrata, Rossini escreve melodias exu-

8. Brincadeira do autor com a expressão "take a claim with a grain of salt", isto é, com uma certa dose de desconfiança.

berantes que, sem dificuldade alguma, poderiam ser transferidas para uma comédia.

A *scena* "Ah! segnar invano io tento", que Argirio canta depois de ser forçado a ordenar a prisão da própria filha, é ainda mais ricamente ornamentada do que a sua ária do ato I. Já "Tu che i miseri conforti", de Isaura, é bastante banal e sem grande individualidade – o tipo de número que Phillip Gossett e Patrícia Brauner, no texto do *New Penguin Opera Guide* sobre o *Tancredi*, classificam como uma *aria di sorbetto*. Há algo de inequivocamente gluckiano no solo de corne inglês da introdução orquestral à cena da prisão. É de grande dignidade o tom da ária *andante giusto* "Ah! che il morir non è", em que Amenaide se expressa de modo muito comovente. Vibração interna muito sincera que Rossini sabe captar também no dueto "Ah! se de' mali miei", cantado por Argirio e Tancredi.

"Giusto Dio, che umile adoro", de Amenaide, traz uma das melodias mais bonitas da partitura, e um ótimo exemplo de como a *scena* pode integrar reflexão e ação dramática. A *preghiera* da personagem é seguida por um *tempo di mezzo*, com andamento e tonalidade contrastantes, em que o coro traz a notícia de que, ao derrotar Orbazzano no duelo, Tancredi a inocentou. A cabaletta "Ah! d'amor in tal momento" retorna à tonalidade inicial e a moça expressa o seu júbilo primeiro de forma lírica e, depois, com alegria exuberante, *in stile fiorito*. O coro jubiloso "Plaudite o popoli" é interrompido pelo tom mais reflexivo da entrada da personagem título, "Dolce è di gloria". As vozes de soprano e contralto trançam-se admiravelmente em "Lasciami, non t'ascolto", o dueto em que o cavaleiro recusa-se a ouvir as explicações que sua amada lhe quer dar. Este é, na década de 1810, um dos mais belos exemplos de como o *belcanto* pode conciliar as exigências do virtuosismo canoro com as possibilidades dramáticas e expressivas. Quanto à arietta "Torni alfin ridente", de Roggiero, ela tem as mesmas finalidades derivativas da ária de Isaura.

A cavatina "Ah! che scordar non so", cantada por Tancredi enquanto perambula nas imediações do acampamento sarraceno, no sopé do Monte Etna, está carregada de angústia. É interrompida pelo coro dos cavaleiros sicilianos "Regna il terror nella città". Nem a visão de Amenaide, que veio procurá-lo – "Tu qui, perfida? E vai di Solamiro al campo?", pergunta a torturada personagem –, acalma as suas suspeitas. Ele se dispõe a lutar porque, no fundo, quer morrer: "Si, con voi pugnerò, con voi la patria salverò col mio sangue". E, falando diretamente a Amenaide, despede-se dela na cabaletta "Perchè turbar la calma di questo cor?", que extrai sua força da simplicidade. É vibrante a seção final "Al campo a trionfar!".

O finale é bastante rápido. Triunfante, Tancredi chega anunciando o que só ele, àquela altura, não queria perceber: "Solamiro, da me trafitto, all'ultimo respir svelò la tua bella innocenza". E a reconciliação é celebrada no concertato final "Fra quai soavi palpiti". A música da versão alternativa de Ferrara, embora bem escrita, não está no mesmo nível de realização – excetuando-se o coral "Muore il prode" que, no ano seguinte, Rossini transferiria para *Aureliano in Palmira*.

Com seu habitual estilo hiperbólico, Stendhal dizia que, "para o teatro lírico italiano, *Tancredi* teve o efeito de um relâmpago num céu azul e claro". De fato é, nos anos finais de existência da *opera seria* – tal como o Barroco Tardio a concebera e o Classicismo a desenvolvera –, um claro aceno àquilo que o drama lírico viria a ser no período romântico.

Enquanto supervisionava a montagem do *Tancredi* em Ferrara e compunha para ele o final alternativo, Rossini já estava trabalhando na próxima encomenda para o San Benedetto. Em meados de abril, estava em Veneza, escrevendo nova música para *L'Italiana in Algeri*, o libreto que Angelo Anelli preparara em Milão, em 1808, para Luigi Mosca. A história baseava-se na lenda de Roxelane, a bela escrava ocidental por quem, no século XVI, Suleimã, o Magnífico, teria se apaixonado. Mas na época em que trabalhou no texto para Mosca, Anelli provavelmente soube também do ocorrido a Antonietta Suini, jovem aristocrata milanesa raptada por piratas argelinos que, em 1805, tomaram de assalto o navio em que ela viajava. Após passar uns tempos num harém de Argel, ela tinha sido resgatada e trazida de volta à Itália num navio veneziano.

A comparação da ópera de Mosca com a de Rossini mostra que o jovem músico participou da revisão. Foram eliminados a *aria di sortita* de Taddeo e um dueto para Isabella e Lindoro, o que reforça o fato de, devido às circunstâncias em que se encontram, os amantes nunca poderem dispor de um real momento de privacidade (isso acontecerá também com a Rosina e o Almaviva do *Barbiere*). Foram acrescentadas a ária de Isabella no ato II e as passagens mais extravagantes de "Nella testa ho un campanello", o *finale primo*, e do quinteto "Sento un fremito". O tempo disponível era muito curto: ao correspondente do *Allgemeine musikalische Zeitung*, de Leipzig, Rossini contou que escrevera a partitura em dezoito dias. Para isso, contou com um colaborador anônimo, autor dos recitativos secos e das árias "Le femmine d'Italia", de Haly, e "Oh come il cor di giubilo", de Lindoro. A partir daí, estabeleceram-se as seguintes variantes:

- a ária de Lindoro foi substituída por "Concedi, amor pietoso", escrita pelo próprio Rossini, para a estréia milanesa, no Teatro Rè, em abril de 1814 (a cabaletta, nessa scena, foi reaproveitada de "Dolce d'amor parole", do Tan*credi);*
- a cavatina "Cimentando i venti e l'onde" foi escrita para Marcolini, em Vicenza, no verão de 1813, substituindo "Crude sorte!";
- para evitar problemas com a censura dos Bourbon, "Pensa alla patria" foi substituída por "Sulla stil' de viaggiatori" quando a ópera chegou ao Teatro dei Fiorentini, de Nápoles, em 1815;
- e na versão original, a introdução de "Per lui che adoro" era com solo de violoncelo, substituído pela flauta em Milão. Esses quatro números alternativos existem em anexo na gravação de Scimone (ver discografia).

Sempre orgulhoso da facilidade com que trabalhava, Rossini enfeitou um pouco a história ao ser entrevistado pelo jornalista alemão. Essa informação foi retificada pelo *Giornale Dipartimentale dell'Adriatico*: na verdade, ele precisara de longos 27 dias para terminar essa comédia, "que há de encontrar seu lugar entre as melhores criações do gênio e da arte". O público concordou com a opinião do crítico e, em 22 de maio de 1813, aplaudiu delirantemente Marietta Marcolini (Isabella), Serafino Gentili (Lindoro), Paolo Rosich (Taddeo) e Filippo Galli (Mustafá). "Eu achava que, ao ouvir a minha ópera, os venezianos diriam que eu sou doido", declarou Rossini, "mas eles demonstraram que são ainda mais doidos do que eu". Stendhal entendeu perfeitamente as razões desse entusiasmo:

> Quando escreveu *L'Italiana in Algeri,* Rossini estava no auge da juventude e de gênio, não tinha medo de se repetir, não tentava fazer música forte, vivia na amável cidade de Veneza, a mais alegre da Itália e talvez do mundo inteiro, certamente a menos pedante. O resultado desse caráter dos venezianos está no fato de que desejam, antes de mais nada, cantos agradáveis, leves mais do que apaixonados. *L'Italiana in Algeri* lhes serviu às mil maravilhas, nunca um povo teve um espetáculo mais de acordo com o seu caráter. De todas as óperas possíveis, nenhuma outra poderia agradar mais aos venezianos.

Marcolini adoeceu depois da estréia e a segunda récita teve de ser adiada para 29 de maio. A reação do público, que o boca-a-boca deixara ainda mais curioso, foi entusiástica. Desse momento em diante, a ópera foi aplaudida em toda a Itália. Em 1816, *L'Italiana* foi a primeira ópera de Rossini a ser cantada em Munique, em alemão. No ano seguinte, era ouvida em Londres. O Teatro São João do Rio de Janeiro a encenou em novembro de 1821. Ficou em cartaz até a metade do século XIX, depois desapareceu por uns tempos. Mas foi revivida no Metropolitan, em 1919, por Gabriella Besanzoni e Adamo Didur (regência de Gennaro Papi); e em Turim, em 1925, com Conchita Supervía, regida por Vittorio Gui – provocando o entusiasmo de Richard Strauss, que assistiu a esse espetáculo. Bruna Castagna, Gianna Pederzini, Susanne Danco, Giulietta Simionato, Teresa Berganza, Marilyn Horne foram as grandes responsáveis pelo interesse despertado modernamente por essa ópera, de que há as seguintes gravações:

EMI, 1954 – Simionato, Valletti, Petri, Cortis, Campi, Sciutti/Carlo Maria Giulini.

Decca, 1963 – Berganza, Alva, Corena, Panerai, Montarsolo, Tavolaccini/ Silvio Varviso.

Acanta, 1978 – Valentini-Terrani, Bennelli, Bruscantini, Dara, Mariotti, Palacios-Rossi/Gary Bertini.

Jean-Pierre Ponnelle dirigiu e desenhou os cenários desta encenação da *Italiana in Algeri*, de Rossini, no Scala de Milão, em 1973.

Esboço de Francesco Bagnara para os cenários da estréia da *Italiana in Algeri*, de Rossini, em Veneza.

Fonit Cetra, 1979 – Valentini-Terrani, Araiza, Ganzarolli, Dara, Corbelli, Bima/Gabriele Ferro.

Erato, 1980 – Horne, Palacio, Ramey, Trimarchi, Zaccaria, Battle/Cláudio Scimone.

DG, 1987 – Baltsa, Lopardo, Raimondi, Dara, Corbelli, Pace/Cláudio Abbado.

Teldec, 1997 – Desderi, Ramey, Battle, Lopardo, Pertusi/Jesús López-Cobos.

Em vídeo, há as seguintes montagens disponíveis:

Filme feito pela RAI de Milão em 1957 – Berganza, Petri, Misciano, Bruscantini/ Nino Sanzogno;

Parc Borély de Marselha, 1986 – Dupuy, Trimarchi (cópia pirata);

Metropolitan de Nova York, 1986 – Horne, Montarsolo, Ahlstead, Monk, Malas/ James Levine;

Festival de Schwetzingen, 1987 – Soffel, Von Kanen, Gambil/ R. Weikert.

Muito ágil e cheio de figuras caricaturais, mas abrindo espaço, ao mesmo tempo, para que cada personagem se defina claramente, o libreto de Anelli já era bom na versão de Mosca, e ficou ainda melhor depois de revisto para Rossini. Elvira, a mulher de Mustafá, bey de Argel, lamenta-se à sua confidente Zulma que o marido não mais a ama; e Zulma, secundada pelo coro dos eunucos, a exorta a aceitar o destino comum a todas as mulheres. Mustafá aparece muito mal-humorado, dando seis dias a Haly, capitão de seu exército, para lhe arranjar uma mulher italiana. Enquanto isso, Lindoro, italiano aprisionado por piratas argelinos, sente saudades da namorada que deixou em sua pátria. Mas Mustafá vem lhe dizer que terá de se casar com Elvira pois, assim, ele próprio poderá verse livre dela e arranjar uma nova mulher.

Um navio estrangeiro foi afundado na costa e seus passageiros aprisionados. Entre eles está uma italiana, Isabella, acompanhada de Taddeo, homem mais velho, com pretensões a candidato à sua mão. Embora preferisse outro papel, Taddeo acaba aceitando passar por tio de Isabella. Nesse meio tempo, Lindoro aceita a proposta de deixá-lo voltar para a Itália se ele se casar com Elvira. Ao saber da chegada dos europeus, Mustafá reúne sua corte para receber Isabella, cuja beleza o encanta. Ameaça mandar empalar Taddeo, quando este força a entrada na sala do trono. Mas, depois, aceita o "tio" da italiana. Isabella reconhece Lindoro, quando este vem com Elvira e Zulma se despedir; e a estupefação de todos é expressa num concertato cheio de onomatopéias, no decorrer do qual Isabella compra o namorado para ser seu escravo.

Haly aconselha Elvira a ser paciente e esperar que Mustafá seja feito de bobo por Isabella, que planeja fugir com Lindoro. O bey nomeia Taddeo seu "kaimakan"; este tenta recusar, mas desiste diante da fúria do árabe. Isabella concorda em receber Mustafá, mas deixa Lindoro, Taddeo e Elvira escondidos, assistindo à cena. O bey percebe que caiu numa esparrela quando a italiana convida Elvira a tomar café com eles. Mas fica lisonjeado quando Lindoro lhe diz que Isabella o ama e quer lhe dar o título honorífico de "Papatacci". A italiana embebedou os eunucos e arrebanha a ajuda de seus compatriotas que também estão no cativeiro, exortando-os a pensar na pátria distante.

Uma cerimônia burlesca é realizada: vestido de peruca e toga, Mustafá tem de proferir o juramento de que será cego e surdo a tudo o que der na cabeça de Isabella fazer. Ela o faz comer e beber e, aproveitando que está distraído, foge para o navio. Percebendo que é Lindoro que ela ama, Taddeo tenta avisar o bey mas este, fiel a seu juramento de Papatacci, nada faz. Taddeo foge também; Elvira, Zulma e Haly dizem a Mustafá que ele foi enganado; o bey pede perdão a Elvira e jura que nunca mais quer saber de mulheres italianas. O concertato final proclama: não se pode impedir as mulheres de fazer as coisas do jeito que bem entendem.

A brilhante abertura, que Rossini não usou em outra ópera, nunca deixou de ser uma peça favorita de concerto, mesmo durante os anos em que a ópera andou esquecida. É muito delicada e elegante, contém a típica escrita sensual de Rossini para as madeiras e o crescendo que, a essa altura, já se tornara inevitável. A *introduzione*, "Serenate il mesto ciglio", opõe o sofrimento de Elvira à tirania de Mustafá, retratada de modo cômico, com coloratura rebuscada, mas em tom de paródia. Um solo de trompa reminiscente do sentimentalismo do *opéra-comique* francês introduz "Languir per uma bella", a cavatina *andantino* de Lindoro, que fala das saudades que sente de Isabella; mas é esperançoso o tom da cabaletta "Contento quest'alma". Um dos números mais bem-sucedidos da partitura é o efervescente dueto "Se inclinassi a prender moglie", em que Mustafá tenta convencê-lo a tirar Elvira de cima de suas costas.

A *scena* de aparição de Isabella – "Cruda sorte... Già so per pratica" – mostra na plenitude a capacidade de caracterização das personagens mediante recursos estritamente musicais: a mistura de melodia lânguida que retrata a vertente terna e carinhosa da personalidade da moça, e a coloratura vertiginosa que aponta para seu lado forte e determinado. Essa duplicidade há de marcar toda a escrita de seu papel, a começar pelo dueto "Ai capricci della sorte", em que ela discute com Taddeo e resiste a seus avanços. Quanto a Taddeo, ele é a personagem bufa típica, que se expressa com silabato e tem pretensões sentimentais desproporcionais para a sua figura desgraciosa. Após a pomposa ária "Già d'insolito ardore", de Mustafá, que se equilibra na corda bamba da elegância virtuosística e dos traços bufos mais assumidos, inicia-se o *finale primo*. Esta é uma das criações mais brilhantes do Rossini cômico, cujo sucesso instantâneo justifica a conclusão a que o compositor chegou de que os venezianos eram ainda mais doidos do que ele.

O coro dos eunucos – alguns deles, estranhamente, com voz de baixo, comenta Osborne – saúda o bey em "Viva, viva il flagel delle donne". Ao ver a figura do potentado árabe, Isabella mal contém o riso e, no dueto "Oh! che muso, che figura!", enquanto ela reflete

Del mio colpo or son sicura,
sta a veder quel ch'io so far,

Mustafá não esconde seu encantamento:

Oh! che pezzo da sultano!
Bella taglia! Viso strano!
Ah! m'incanta, m'innamora,
M'innamo...
ma convien dissimular.

(Tenho certeza do meu golpe. Ele vai ver o que sei fazer.//Ó, que bom bocado para um sultão. Belo corpo! Rosto exótico! Ela me encanta, me apaixona, me apaixo... mas convém dissimular.)

Após o episódio bufo da aparição de Taddeo, a chegada de Lindoro introduz na cena um toque genuíno de enlevo amoroso. Vem em seguida o momento mais original da partitura – e um dos mais originais em toda a comédia clássica italiana: o septeto "Confusi e stupidi". Neste *allegro vivace*, que retoma a metáfora barroca do cérebro confuso comparado à nau agitada pelas ondas, cada um expressa com onomatopéias a sua perplexidade:

Va sossopra il mio cervello:
sbalordito in tanti imbrogli,
qual vascel fra l'onde e i scogli,
io sto presto a naufragar.
ELVIRA, ZULMA, ISABELLA – *Nella testa ho un campanello*
che suonando fa din, din...
LINDORO, HALY – *Nella testa ho un gran martello,*
mi percuote e fa tac, tac...
TADDEO – *Sono come uma cornacchia*
che spennata fa crac crac...
MUSTAFÁ – *Come scoppio di cannone*
la mia testa fa bum bum...

(O meu cérebro está confuso, tão atrapalhado com tantos embrulhos que, como uma embarcação entre as ondas e os rochedos, estou prestes a naufragar.//Tenho um sino na cabeça que, ao tocar, faz din din...//Tenho na cabeça um grande martelo que, ao bater, faz tac tac...//Sou como um corvo depenado que faz cra cra...//Como um estrondo de canhão, a minha cabeça faz bum bum...)

É notável a capacidade de Rossini de fazer dessa incrível cacofonia um conjunto musical perfeitamente harmonioso e, ao mesmo tempo, um dos finais de ato mais hilariantes de toda a história da comédia.

É pena não haver, no ato II, nenhum outro trecho que se iguale a este em termos de efeito cômico e complexidade de realização musical. Mas "Ah come il cor di giubilo", de Lindoro, é muito atraente: a ária tem a forma de uma vibrante cabaletta *alegro*, com apaixonada introdução do oboé *obbligato*. É muito engraçada também, sobretudo nas mãos de um bom comediante como Paolo Rosich, para a qual foi escrita, a ária bufa "Ho un gran peso sulla testa", em que Taddeo tenta, a princípio, recusar o título de "kaimakan" e, depois, chega à conclusão de que é melhor não atiçar a raiva do bey. É curioso o efeito da cavatina "Per lui che adoro", pois Isabella sabe que seus três admiradores a estão escutando, e joga maliciosamente com o fato de cada um deles acreditar ser o alvo das sensuais linhas melódicas de seu *andantino grazioso*.

É Rossini cômico de muito boa safra a cena em que Mustafá espirra para dar a entender aos outros que devem se retirar e deixá-lo a sós com Isabella, mas Taddeo e Lindoro se fazem de desentendidos:

Ch'ei starnuti finchè che scoppia,
non mi muovo via di quà.

(Ele pode espirrar até estourar, mas eu não saio daqui.)

É muito bom também o trio em que é oferecido a Mustafá o título de Papatacci:

Mustafá – *Papatacci! Che mai sento!*
La ringrazio, son contento.
Ma di grazia – papatacci –
che vuol poi significar?
Lindoro – *A collor che mai non sano*
disgustarsi col bel sesso
in Italia vien concesso
questo titol singolar.

(Papatacci! O que estão me dizendo? Agradeço, fico contente. Mas, por favor, papatacci, o que significa?//Na Itália, esse título singular é concedido àqueles que nunca se cansam do belo sexo.)

Até mesmo "Le femmine d'Italia", de mão alheia, não destoa desse conjunto. E há uma nota precoce de propaganda *risorgimentale* no inflamado rondó de Isabella:

Pensa alla patria
e intrepido il tuo dover adempi.
Vedi per tutta Italia
rinascere gli esempi
d'ardire e di valor.

(Pensa na pátria e, intrépido, cumpre o teu dever. Vê renascerem, em toda a Itália, os exemplos de ousadia e de valor.)

Depois disso, o finale é vivo, fluente, mas não do mesmo nível de originalidade ou força de persuasão do que o precedeu. A primeira das comédias rossinianas de grandes proporções, a *Italiana* é também uma das mais bem humoradas e uma ópera em que a sua personalidade como criador afirma-se plenamente.

O contrato seguinte veio de Milão, para a abertura da temporada de Carnaval de 1813-1814. Por muito tempo atribuiu-se a Felice Romani o libreto de *Aureliano in Palmira*, adaptado de um texto anterior de Gaetano Sertor, escrito em 1789 para Pasquale Anfossi – essa é inclusive a informação constante do *New Penguin Opera Guide*. Mas hoje sabe-se que o poema é de um literato menor, Gian Francesco Romanelli (no frontispício do libreto impresso ele é identificado apenas com as iniciais G.F.R.). A ópera baseia-se livremente num episódio histórico: a derrota de Zenóbia, rainha de Palmira, no deserto sírio, em 272 a.C., pelo imperador romano Lúcio Domício Aureliano. Na ópera, surge também Arsace, príncipe da Pérsia, apaixonado por Zenóbia.

O papel de Arsace – o único, no repertório rossiniano, destinado à voz de *castrato* – foi escrito para Giovanni Battista Velluti que, no ano anterior, fizera retumbante sucesso em Viena. Stendhal atribui ao excesso de ornamentações improvisadas com que Velluti sobrecarregou as suas árias a decisão de Rossini de passar a escrever rigorosamente a coloratura que desejava; mas não há nada que corrobore essa versão. Na verdade, em óperas anteriores ao *Aureliano* já surgiam sinais dessa preocupação que, daqui em diante, vai tornar-se sistemática.

Velluti, nascido em 1781, ainda estava cantando em Londres, em 1826, aos 45 anos, uma idade bastante avançada para os possuidores de timbre delicado e, em geral, de vida curta. Se pensarmos na quantidade de personagens masculinos jovens, amantes e guerreiros, que Rossini escreveu para a voz de contralto – Demetrio, Ciro, Tancredi, Sigismondo, Ottone, Edoardo, Malcolm, Falliero, Calbo e até mesmo o Arsace da *Semiramide*, em 1823 – não seria incorreto imaginar que teria utilizado mais a voz dos *grandi evirati*, se tivesse nascido mais cedo.

A platéia do Scala recebeu *Aureliano*, em 26 de dezembro de 1813, sem nenhum entusiasmo; e o *Corriere Milanese* a declarou "tediosa". De fato, após as inovações do *Tancredi* e, principalmente, da *Italiana in Algeri*, o estilo conservador dessa ópera deve ter parecido sem graça. Numa carta ao duque Francesco Sforza Cesarini, empresário do Teatro Argentina de Roma, o tenor Giovanni David comentou, dias depois, que o ato II tinha sido "vaiado mortal-

A mezzo Marietta Marcolini (Isabel), o grande baixo Filippo Galli (Mustafá) e o tenor Serafino Gentili (Lindoro) cantaram na estréia da *Italiana in Algeri*, de Rossini, no Teatro San Benedetto de Veneza, em 22 de maio de 1813.

mente". Ainda assim, a generosidade do *belcanto* permitiu à ópera agüentar catorze récitas naquela temporada, ser encenada em Vicenza e Veneza, e viajar para Barcelona, Lisboa, Londres, e até mesmo Corfu e Buenos Aires, em 1829. No século XX, *Aureliano* foi revivida no Teatro Carlo Felice de Gênova, em 11 de setembro de 1990 (desse espetáculo existe a documentação em vídeo: Barbacini, Serra, Molinari/Zani); e no Teatro del Giglio de Lucca, no ano seguinte; desse é uma das duas gravações existentes:

Nuova Era, 1991 – Di Cesare, Mazzola, D'Intino, Cilento, Poggi, Orecchia/ Giacomo Zani.
Bongiovanni, 1996 – George, Korovina, Manzotti, Canis, Ordaneua, Alnicoli/Francesco Corti.

A grandeza exótica de um reino oriental forma o pano de fundo para um triângulo amoroso de estilo metastasiano. Zenóbia ama Arsace e é desejada por Aureliano, que os aprisionou a ambos. O romano tenta forçá-la mas, dando-se conta de sua coragem e fidelidade ao amante, ele tem a atitude típica do déspota esclarecido de *opera seria*: liberta magnanimamente os dois, em troca de uma declaração de lealdade a Roma. A abertura, como já dissemos, é a que hoje todos conhecem, pertencente ao *Barbeiro de Sevilha*. E a serenata "Ecco ridente in cielo", que Almaviva canta no início dessa ópera, também teve origem no primeiro coro de *Aureliano*, "Sposa del grande Osiride".

O dueto de amor de Arsace e Zenóbia, "Se tu m'ami, o mia regina", é delicadamente decorativo, mas sem muita profundidade. Há um toque mozartiano na "Cara patria" de Adriano, lembrando o modelo óbvio que é a *Clemenza di Tito*. Em seu dueto com Arsace, os timbres de tenor e sopranista são muito habilmente combinados. Zenóbia tem uma cena muito viva no ato I – "Là pugnai... Non piangete, o sventurati" – e o trio "Serena i bei raí", com que se inicia o finale, tem a marca da descontraída escrita juvenil de Rossini. No ato II, há alguns números apreciáveis:

- o segundo dueto de Arsace e Zenóbia, "Se liberta t'è cara";
- um coro para pastores com um comentário muito refinado para violino obbligato;
- a grande ária de Arsace, "Perchè mai le luci aprimmo", que é certamente o número mais bem trabalhado de toda a partitura (em sua introdução, reaparece música já ouvida na abertura);
- o rondó de Arsace, "Non lasciarmi in tal momento", com coloratura muito elaborada, cujos primeiros oito compassos haveriam de reaparecer no "Una voce poco fa" de Rosina, no *Barbiere*;
- e a scena final de Aureliano, "Più non vedrà quel perfido".

Apesar da frieza com que *Aureliano* foi recebido pelo público milanês, poucos meses depois a direção do Scala procurou Rossini, oferecendo-lhe um *dramma buffo* de um promissor poeta iniciante, que estava destinado a transformar-se no mais notável libretista italiano das primeiras décadas do século XIX. Em *Il Turco in Italia*, Felice Romani tinha adaptado o antigo libreto homônimo de Caterino Mazzolà para a ópera mais bem-sucedida de Franz Joseph Seydelmann, estreada em Dresden em 1788 – poema musicado também por Franz Xaver Süssmayr, o aluno de Mozart (Praga, 1794). Alguns versos são novos, em outros pontos o texto de Mazzolà é mantido sem retoques. O libreto de Romani foi muito elogiado devido à figura "pirandelliana" do poeta Prosdocimo, que faz da trama o assunto da ópera que pretende compor. Mas foi criticada, na época, a "imoralidade" de Fiorilla, a mulher de Geronio, que o engana com o jovem Narciso e, depois, trai a ambos quando cai de amores pelo exótico visitante estrangeiro. Mesmo não sendo estritamente original, é um texto em que já identificamos algumas das grandes qualidades futuras do dramaturgo.

Porém, não seria ainda dessa vez que Rossini conseguiria agradar os milaneses pois, achando que, com *O Turco na Itália*, ele estava dando seqüência à *Italiana in Algeri*, o público que compareceu à estréia, na noite de 14 de agosto de 1814, já foi disposto a vaiá-lo por estar se repetindo. Dias depois, o *Corriere Milanese* contava que, nas galerias, havia alguém gritando "Potpourri! Potpourri!", dando a entender que o compositor se limitara a fazer uma colagem de óperas precedentes. É de Stendhal o comentário:

> Certamente não foi por sua alegria que os milaneses deram acolhida tão fria à nova obra-prima de Rossini. O orgulho nacional fora ferido. Afirmavam que Rossini plagiara a si próprio. Uma tal liberdade poderia ser tomada em pequenos teatros de província mas, para o Scala, o primeiro teatro do mundo, os dignos milaneses repetiam, com ênfase, que era preciso se dar o trabalho de fazer algo de novo.

É também o autor da *Vie de Rossini* quem conta um incidente engraçado, ocorrido durante uma das récitas da ópera. Naqueles dias, "todo mundo falava de um pobre esposo [a quem Stendhal chama de duque***], que estava muito longe de aceitar com filosofia as desgraças de seu estado, cujas circunstâncias acabara de descobrir". Sabendo disso, Luigi Pacini – o pai do compositor –, que interpretava Geronio, cantou a cavatina em que se lamenta de ter sido traído por Fiorilla, imitando os gestos muito conhecidos dessa personagem, a começar pelo jeito afetado de ter sempre à mão o lenço, para enxugar os olhos e mostrar aos outros o seu desespero. Acontece que, no momento em que Pacini estava cantando, o duque*** entrou no camarote de um de seus amigos. Ouçam Stendhal:

> É preciso saber o quanto as grandes cidades italianas são pequenas, no que se relaciona à crônica escandalosa e às aventuras amorosas, para poder entender as risadas convulsivas que sacudiram um público esperto e maledicente, ao ver o marido desgraçado no camarote, e Pacini no palco, com os olhos fixos nele enquanto cantava a sua cavatina, copiando todos os seus gestos e exagerando-os de forma grotesca. A orquestra esquecia-se de acompanhar, a polícia esquecia-se de pôr cobro ao escândalo. Felizmente, alguém com mais juízo entrou no camarote e conseguiu, não sem algum esforço, tirar dali o desoladíssimo duque.

Para evitar que se repetisse a idéia equivocada de que o *Turco* era uma continuação requentada da *Italiana*, Rossini apresentou a ópera em Vicenza (1816) com o título de *Il Tutore Deluso*; e em Roma (1819), como *La Capricciosa Corretta*. Mas ela chegou a Londres (1821) e Nova York (1826) com seu próprio nome. Maria Callas foi a responsável pela redescoberta, interpretando Fiorilla no Teatro Eliseo, de Roma, em 1950, sob a regência de Gianandrea Gavazzeni. Esse foi o elenco que, quatro anos depois, fez em estúdio a mais antiga gravação disponível dessa ópera:

EMI, 1954 – Rossi-Lemeni, Callas, Calabrese, Stabile, Gedda, Gardino/Gianandrea Gavazzeni.
Europa Musica, 1958 – Bruscantini, Sciutti, Calabrese, Colombo, Lazzari, Mattioli/ Nino Sanzogno.
CBS/Sony, 1981 – Ramey, Caballé, Dara, Nucci, Palacio, Berbié/Riccardo Chailly.
Phillips, 1991 – Alaimo, Jô, Fissore, Corbelli, Giménez, Mentzer/Neville Marriner.
Decca, 1997 – Pertusi, Bartolli, Corbelli, De Candia, Vargas, Polverelli/ Riccardo Chailly.
Existe, em vídeo, uma montagem de 1978, na New York City Opera: Sills, Gramm, Titus, Price/Julius Rudel.

O poeta Prosdócimo está à procura de inspiração para seu novo *dramma giocoso* e vai a um acampamento de ciganos, onde a ex-escrava Zaida sente saudades do turco Selim, seu ex-noivo. Também Geronio vem ao acampamento à procura de quem lhe diga como fazer Fiorilla, sua mulher, perder o interesse pelos outros homens; mas foge espavorido quando as ciganas lhe dizem que ele nasceu sob a constelação do bode. Prosdócimo fica sabendo das intrigas feitas contra Zaida, que convenceram Selim a condená-la à morte por infidelidade; e como Albazar, o confidente de Selim, salvou sua vida, pois a considerava inocente. O poeta lhe diz que um potentado turco está para fazer uma visita à Itália, para observar os costumes europeus; talvez possa servir de mediador entre ela e Selim.

O barco do estrangeiro aporta e, dele, desce Selim, encantado com as belezas da Itália e, principalmente, das mulheres italianas, a começar por Fiorilla. Esta fica encantada com as atenções do turco, o que desespera tanto Geronio quanto seu amante Narciso. Selim aceita a proposta de Fiorilla de fugirem juntos mas, quando a sua embarcação está sendo preparada, Zaida aparece, se faz reconhecer e Selim reconcilia-se com ela. O *finalone* do ato I contrapõe as duas rivais e as reações das demais personagens envolvidas na intriga.

Selim tenta comprar Fiorilla de Geronio e os dois têm uma engraçada confrontação bufa. Fiorilla e Zaida exigem de Selim que escolha entre as duas e o turco não sabe se decidir; mas depois declara-se à italiana. Prosdocimo vem avisar a Geronio e Narciso que Selim pretende raptar Fiorilla, à noite, durante o baile de máscaras. Fica decidido que Zaida e Narciso irão disfarçados com roupas iguais às de Fiorilla e do turco. De fato, no baile, Albazar forma o par com a ex-mulher, e Narciso fica com sua amante. Quem não está satisfeito é Geronio, que vem exigir a devolução de sua esposa, seja ela quem for.

Ao pobre Geronio, à beira de perder o juízo, Albazar garante que é Zaida a mulher que Selim está levando de volta para a Turquia. E Prosdocimo sugere que ele repudie Fiorilla, para que a esposa leviana sinta o que está perdendo. De fato, ao saber que Geronio quer separar-se dela, Fiorilla cai em si e resigna-se tristemente a voltar para a casa de seus pais. Mas no finale II, durante a despedida dos turcos que vão embora da Itália, o casal se reconcilia, Geronio perdoa Narciso por ter traído sua amizade, e Prosdócimo – que conseguiu o material para seu novo *dramma buffo* – vem dizer à platéia que espera tê-la divertido com essa história.

Il Turco é uma ópera irregular e textualmente complicada (a edição mais fiel é a de Margaret Bent, usada por Chailly em suas duas gravações). Nem toda a partitura é de Rossini: o recitativo seco; "Vado in traccia di uma zingara" (Geronio, ato I), "Ah sarebbe troppo dolce" (Albazar, II) e o *finale secondo*, de "Son la vite sul campo appassita" até o fim da ópera, são de outra mão – não se sabe exatamente quem, mas Philip Gossett propõe o nome de Vincenzo Lavigna, *maestro al cembalo* no Scala. Não é esse o único caso em que Rossini foi ajudado nas óperas que tinha de preparar sempre muito rapidamente. Mas, ao contrário do que acontece com outros títulos, as passagens inseridas são dramaticamente indispensáveis, Rossini não as substituiu por números de sua própria autoria e, portanto, elas passaram a fazer parte integrante do drama.

Muito polêmica foi a questão – hoje resolvida – da chamada "partitura francesa". Em 1820, Ferdinand Paer, diretor do Théâtre Italiem, pediu a Rossini que preparasse uma redução do *Turco* em um ato. Numa carta a Paer, que só foi encontrada em 1928, Rossini respondia ter feito essa redução, que se encontrava em mãos de um certo signor Andreotti, em Paris – e ela de fato existiu, pois há notícia de o compositor tê-la regido, em 1830, no teatro privado do marquês Sampieri. Não se sabe por que, Paer decidiu, depois, apresentar a ópera na versão em dois atos e, como não dispunha da partitura original, recheou a redução com trechos de outras óperas de Rossini e até mesmo com uma ária de Valentino Fioravanti. Publicada por Janet & Cotelle, essa "monstruosidade francesa" (Gossett) andou circulando por algum tempo.

Mesmo irregular, *Il Turco* tem, como sempre, grandes momentos de inspiração rossiniana. O trio "Un marito scimunito", em que o poeta planeja sua comédia a partir dos aborrecimentos do marido e do amante de Fiorilla, desenvolve-se a partir de um tema de quatro compassos, em semicolcheias, na orquestra – no qual houve quem identificasse a semelhança com o final da *Júpiter*, de Mozart. Esse tema persiste, pontuando as ágeis intervenções das três vozes masculinas. E o motivo que serve de base ao crescendo com que esse trio se encerra é a versão modificada do tema principal da abertura. E é delicioso o quarteto "Siete Turchi", quando o marido e o amante interrompem o encontro de Fiorilla com Selim.

Quanto ao dueto dos esposos, "Per piacere alla signora", baseado num tema tomado de empréstimo a *Il Signor Bruschino*, seu efeito cômico repousa sobre o tom ambivalente. Começa de modo desabridamente bufo, quando Geronio, furioso, ameaça: "In casa mia non vo' Turchi nè Italiani... o mi scappa qualche cosa dalle mani". Diante da possibilidade de levar uns tabefes, Fiorilla contra-ataca *fingendo dolore*, e o dueto entra numa fase central *andante*, que é uma paródia de ópera séria, pois a mulher faz-se de ofendida e começa a chorar. As lágrimas da esposa amolecem o coração de Geronio, que tenta amansá-la. Pede perdão; ela responde: "Mi lasciate!" Corre atrás dela, chamando-a, carinhosamente de "Fioriletta" e, depois, "Fiorillina". Na cabaletta conclusiva – "Per punirvi aver vogl'io mille amanti ognor d'intorno" – retorna o tom bem-humorado do início. E são muito divertidos os apartes que marido e mulher endereçam à platéia: "Con marito di tal fatta, ecco qui come si fa", diz Fiorilla, assumindo abertamente as lágrimas como estratagema; "Ah! lo dico: nacque matta, e più matta morirà", comenta o desconsolado Geronio.

No *finale primo*, destacam-se a romança "Perchè mai se son tradito", em que Narciso pede ao deus do Amor que faça Fiorilla voltar para ele, e a arieta "Chi servir non brama Amor", de Fiorilla, perdida em seus devaneios românticos. A respeito da confrontação entre Zaida e Fiorilla, a partir de "Vada via: si guardi bene di cercar l'amante mio", o próprio Rossini escreveu: "Nem o vento soprando em rajadas, nem o mar durante a tempestade, podem criar tumulto semelhante ao de duas mulheres rivais no amor." Iniciando-se da convencional forma ruidosa, o concertato vai até um ponto em que há uma súbita pausa, e os solistas, *sotto voce e legato*, cantam sem acompanhamento a frase "Quando sono rivali in amor". Em seguida, vem a habilidosa combinação de contrastes dinâmicos, *pp x ff*, conduzindo ao crescendo que vai arrastando tudo em seu impacto rítmico.

A página mais brilhante da partitura é o soberbo dueto bufo "D'un bello uso di Turchia", verdadeiro duelo para dois baixos, em que o oriental e o ocidental comparam suas maneiras de agir em relação às mulheres e, por pouco, não saem para as vias de fato. Na seção conclusiva desse dueto há um dos esfuziantes exemplos do uso que Rossini sabe fazer do crescendo, com impecável senso de *timing*[9].

Mas o ato II é menos satisfatório do que o I, devido à quantidade maior de recitativo seco e à menor inspiração de "Tu seconda il mio disegno" (Narciso), "Credete alle femmine" (Fiorilla-Selim) e "Ah sarebbe troppo dolce" (Albazar) – esta última não composta por Rossini. Antes do *finale secondo*, que não está entre as melhores produções rossinianas, destaca-se o quinteto "Oh, guardate che accidente", no baile de máscaras, musicalmente ousado e de grande complexidade dramática. Há uma passagem de efeito cômico mas, ao mesmo tempo, muito humano, quando Geronio, inteiramente perdido, sem saber ao certo qual das duas mulheres é a sua, permanece na linha inferior da escrita, exprimindo a sua perplexidade com uma única nota. Vem em seguida uma seção *allegro*, de forma canônica, "Questo vecchio maledetto", de realização contrapontística impecável.

9. A respeito desse trecho, ver o capítulo de introdução ao Classicismo, na parte referente à comédia.

Na carta que escreveu à mãe, após a estréia de *Sigismondo*, no Teatro La Fenice, em 26 de dezembro de 1814, Rossini fez o desenho de um frasco (*fiasco*), como a forma de admitir que a ópera tinha sido um fracasso. Levando em conta o enorme prestígio a essa altura granjeado pelo autor, a reação do público foi polida. Mas Azevedo, em sua biografia de Rossini, afirma que, "regendo a *prima*, o próprio autor foi tomado pelo tédio e, mais tarde, admitiu que nunca tinha sofrido tanto numa estréia quanto na do *Sigismondo*". A Hiller, anos depois, Rossini confidenciou:

> Uma noite, fiquei comovido com a atitude dos venezianos. Foi na *Sigismondo*, uma ópera que os aborreceu mortalmente. Eu percebia que eles gostariam de demonstrar o quanto estavam entediados, mas se contiveram, ficaram calados, deixaram a música passar sem criar distúrbios. Essa gentileza me deixou muito grato.

Ela é a prova da estima que o compositor conquistara junto ao público do La Fenice, pois as platéias não costumavam ser condescendentes assim quando a ópera – até mesmo aquelas destinadas a, no futuro, serem muito famosas – por algum motivo lhes desagradasse. Não nos esqueçamos de que foi no Fenice que a *Traviata*, em sua primeira noite, foi vaiada. Já Giuseppe Foppa, o autor do texto, não foi poupado. A crítica dizia, dias depois, que seu libreto era "o filho infeliz de um escritor que, agora, nos apresenta a centésima prova de sua incompetência... uma massa confusa de palavras indigestas, que ele quer fazer passar por poesia."

Há visível semelhança entre o libreto de *Sigismondo* e o de *L'Inganno Felice*, que o próprio Foppa tinha cozinhado, anos antes, de uma ópera mais antiga de Palomba-Paisiello. Não tendo conseguido seduzir a virtuosa Aldimira, mulher do rei Sigismondo da Polônia, o primeiro-ministro Ladislao a acusa de infidelidade e o rei a condena à morte. Mas ela é protegida por Zenovito, que passa a apresentá-la como sua filha Egelinda. Nesse meio tempo, Ulderico, o rei da Boêmia, pai de Aldimira, declarou guerra à Polônia, para vingar-se. Ao ver Egelinda, Ulderico não consegue – por mais estranho que isso possa parecer – decidir se ela é ou não sua filha. A descoberta de uma carta em que Ladislao faz ameaças a Aldimira revela toda a verdade. Ele deveria ser condenado à pena capital, mas a magnanimidade de tirano de *opera seria* comuta o castigo em prisão perpétua, para que sua morte não empane o *lieto fine*.

Radiccioti, em sua biografia, faz um comentário engraçado sobre a música de *Sigismondo*:

> Nos ensaios, os professores da orquestra aplaudiram muito a música dessa ópera, e declararam a uma só voz que ela era a melhor obra composta por Rossini. Mas esse julgamento não tranqüilizou nem um pouco o autor, porque tinha a consciência de não ter feito um bom trabalho, e também porque, a respeito da opinião dos professores de orquestra, pensava exatamente como um outro célebre maestro, Nicolò Isouard, o qual, depois do ensaio de uma de suas óperas, que deveria ser apresentada no Théâtre de l'Opéra-Comique de Paris, voltou para casa consternado, declarando que tinha de recompor três números, porque a orquestra tinha gostado deles.

Poucos números desta ópera menor se destacam: entre eles está a ária "Sognava contenti", de Anagilda. O tema de "In segreto a che ci chiama", o coro de abertura do ato II, reaparece no "Pianíssimo, pianíssimo" do *Barbeiro de Sevilha*; e o crescendo da "Ária da Calúnia", dessa ópera, vem de "Perchè obbedir disdegni", o dueto de Aldimira e Ladislao no ato I do *Sigismondo*. Da reprise moderna, feita no Teatro Comunale de Chiabrera em 1992, existe a gravação ao vivo no selo Bongiovanni: Ganassi, Ragatsu, Lazaretti, Zannini, Prestia/ Richard Bonynge. Da remontagem desse espetáculo na Ópera de Rovigo circula, em vídeo, no Brasil, uma cópia pirata. Ao assistir à retomada na Ópera de Savonna, Julian Budden escreveu, na revista inglesa *Opera*: "É boa de ouvir uma vez mas, definitivamente, não é para ficar no repertório." Em 1850, ao ser anunciada a edição completa de sua obra, Rossini escreveu a Ricordi protestando:

> Estou muito irritado, pois isso trará todas as minhas óperas diante dos olhos do público. Os mesmos números serão encontrados várias vezes, pois considerei ter o direito de remover dos meus fiascos as peças que me pareciam melhores, e resgatá-las do naufrágio colocando-as em outras obras. Os fiascos pareciam estar completamente mortos mas, agora, com isso, vocês os estão ressuscitando.

A argumentação de Rossini estaria justificada se apenas os trechos bons de óperas fracas fossem salvos do incêndio. Mas já vimos que trechos de obras bem-sucedidas, como as aberturas da *Pietra del Paragone* e do *Barbiere*, tiveram a mesma sorte. Nisso, porém, não o podemos recriminar, pois reciclar a própria música era um hábito que, de Haendel, passando por Gluck, vai chegar a Bellini e Donizetti.

De *Elisabetta Regina d'Inghilterra* a *Otello*

Sigismondo demonstrara a Rossini – surpreendentemente bem-sucedido para quem tinha apenas 23 anos – que estava na hora de sair à procura de experiências novas, antes de começar a marcar passo. Essa possibilidade veio na primavera de 1815. O influente empresário Domenico Barbaja tinha sido nomeado "Appalpatore[10] de' Regi Teatri Napoletani". Foi ele quem ofereceu a Rossini um vantajoso contrato: assumir, por 15.000 francos anuais, a direção musical dos teatros San Carlo e Del Fondo, que ele administrava em Nápoles, podendo trabalhar para outras cidades, desde que cumprisse a cláusula de fornecer duas óperas por ano às salas napolitanas. Barbaja até lhe ofereceu hospedagem em sua casa até que ele encontrasse alojamento próprio; "Se eu tivesse pedido, ele me teria entregue a sua cozinha", disse Rossini a Hiller. A cozinha, não; mas Barbaja perderia para Gioachino a sua amante: a bela cantora espanhola Isabella Colbran que, em 1822, haveria de se tornar a primeira Signora Rossini.

Os oito anos que se seguem serão determinantes para a carreira de Rossini e para o futuro da ópera italiana. Dos vinte títulos que produzirá nos oito anos seguintes, cinco serão para outras cidades – quatro das quais para Roma, entre elas o *Barbeiro de Sevilha*. Mas Nápoles será a sua base, e é nesta fase que ele há de criar as suas *opere serie* mais maduras.

10. O *appalpatore* – literalmente um "contratador" – tinha como função recrutar, no país e no exterior, o elenco estável para o teatro; na verdade, o cargo equivalia ao de um moderno diretor de teatro.

Vale registrar, porém, o bairrismo sulista do crítico do *Giornale delle Due Sicilie* que, fingindo ignorar o prestígio, a essa altura de âmbito nacional, do novo contratado, escrevia, em 25 de setembro de 1825, com mal disfarçado desprezo:

> De toda parte chegam os maestros de capela, cantores, bailarinos, artistas de todo tipo. Em poucos dias chegaram o Sig. Viganò, renomado compositor de balés, o Sig. Rubini, destinado a cantar no Teatro dei Fiorentini, e um certo maestro de capela, chamado Sig. Rossini, de quem se diz estar vindo para apresentar aqui uma tal de *Elisabetta Regina d'Inghilterra*, no San Carlo, o mesmo teatro que ainda ressoa com as melodias da *Medea* e da *Cora* do egrégio Sig. Mayr.

Não era das melhores a impressão que os freqüentadores dos grandes teatros do norte tinham do público napolitano. Em *Rome, Naples et Florence* (1817), Stendhal diz: "Em Nápoles, exige-se apenas que os cantores tenham boa voz (eles são africanos demais para apreciar a expressão refinada dos sentimentos)." E o correspondente do *Allgemeine musikalische Zeitung* dizia, em novembro de 1810: "Os napolitanos não têm gosto muito refinado em matéria de música. Raramente se comovem com o canto expressivo. Já os urros e gorjeios arrancam deles os mais efusivos aplausos." Mas Rossini ficou muito contente com o que encontrou, a julgar pelo que disse a Hiller, muitos anos depois: "Que orquestra boa era era a do San Carlo naquela época, e que bom regente aquele Festa", o assistente com quem trabalhou.

Característica do início do século XIX, na Itália, é a atração dos compositores, libretistas e público pelas coisas inglesas – as paisagens, os costumes, as personagens e episódios históricos –, sobretudo num momento em que crescia o poderio da Grã-Bretanha, bem próxima, em 1815, de infligir a Napoleão a derrota final na Batalha de Waterloo. Por isso Giovanni Federico Schmidt, um poeta toscano que trabalhava para o San Carlo, escolheu, como tema do primeiro libreto para o novo diretor artístico, uma adaptação de *Elisabetta Regina d'Inghilterra*, peça de Carlo Federici, que o Teatro del Fondo encenara no ano anterior. Federici baseara-se numa versão muito livre da vida da soberana inglesa, contada por Sophia Lee no folhetim *The Recess or A Tale of Other Times*, publicado entre 1783-1785. Herbert Weinstock afirma, em sua biografia de Rossini, que uma das fontes usadas por Schmidt foi *Kenilworth*, de sir Walter Scott. De fato há semelhanças superficiais entre as duas histórias. Mas o romance do escocês só foi publicado seis anos depois da estréia da ópera de Rossini. Esse texto de Scott serviria, mais tarde, de fonte a uma ópera, sim, mas de Donizetti: *Elisabetta al Castello di Kenilworth* – donde a confusão feita por Weinstock.

Elisabetta foi o primeiro papel escrito para La Colbran, uma das responsáveis pelo entusiasmo com que a ópera foi recebida, em 4 de outubro de 1815, acompanhada do balé *Gli Amori di Adone*, de Duport. Ao lado de Isabella havia, no elenco, três ótimos tenores: Andrea Nozzari (Leicester), Manuel García (Norfolk) e Gaetano Chizzola (Guglielmo) – o que dá à partitura a característica curiosa de não ter papéis para vozes masculinas graves. A imprensa napolitana deu muito destaque ao fato de o espetáculo comemorar o dia onomástico do príncipe herdeiro, mas torceu o nariz à música, da qual não disse uma só palavra. Mas o sucesso foi documentado pela *Gazzetta di Messina*:

> O Sig. Rossini superou a boa impressão que se tinha de seu talento, porque agradou mesmo depois da *Medea* e da *Cora*; apesar da grande e justificada reputação de Mayr; apesar das malévolas profecias dos jornalistas de Nápoles, a sua música nos causou extremo prazer e o público o chamou para cobri-lo de aplausos. Uma grande atriz e cantora do mérito da Signora Colbran só podia mesmo ter brilhado num papel tão difícil e cansativo, ainda que fosse pouco o tempo de que dispunha para entrar em cena.

Montada com sucesso irregular até 1841 – em Viena (1818), por exemplo, ela foi um fracasso – *Elisabetta* reapareceu em 1953, transmitida pela RAI em homenagem à coroação da rainha Elizabeth II. Mas só voltou à cena no Festival de Camden, em 1968. Depois disso, houve apresentações importantes em Palermo (1971) com Leyla Gencer; Aix-en-Provence (1975) com Montserrat Caballé; Turim (1985) com Lella Cuberli; e Nápoles (1991) com Anna Caterina Antonacci. Em discos, estas são as gravações disponíveis:

Myto, 1970 – Gencer, Grilli, Geszty, Bottazzo/ Nino Sanzogno.

A soprano Isabella Colbran, aqui retratada por Schmidt, foi a primeira mulher de Rossini e a grande intérprete de suas óperas da fase napolitana.

Philips, 1975 – Caballé, Carreras, Masterson, Bennelli/Gianfranco Masini.

Opera Rara, 2001 – Larmore, Ford, Cullagh, Siragusa, Custer, Lee/Giuliano Carella.

Em vídeo, existe a montagem de 1985 no Teatro Reggio de Turim: Cuberli, Dessi, Blake, Savastano, Cicogni/Gabriele Ferro. A versão Sanzogno é de som precário, mas documenta um belo desempenho de Leyla Gencer. A da Opera Rara – com Jennifer Larmore fora de forma e uma sofrível atuação de Antonio Siragusa como Norfolk – não supera a clássica gravação Masini, no auge da dupla Caballé-Carreras.

No palácio real, a rainha Elizabeth I alegra-se com a perspectiva de rever seu favorito, o conde de Leicester, a quem vai homenagear pela vitória que ele obteve contra os rebeldes escoceses. Mas Leicester fica chocado ao descobrir que, entre os reféns escoceses, está Matilde, com quem ele se casou secretamente, e Henry, o irmão dela. Dividido entre o amor por Matilde e a fidelidade à rainha, Leicester confia-se a seu amigo, o duque de Norfolk; mas este, por ciúmes, denuncia a Elizabeth que o favorito a está traindo. A rainha anuncia à corte que escolheu Leicester como seu consorte: quando este hesita, manda prendê-lo por traição.

Elizabeth propõe perdoar Leicester, Matilde e seu irmão, se eles aceitarem a dissolução do casamento. Matilde concorda, para salvar o marido, mas este responde que eles preferem morrer. Enojada com a traição de Norfolk, a rainha o exila; e o duque, jogando com a popularidade de Leicester, incita o povo a rebelar-se. Mas o conde não aceita o plano de Norfolk, pois isso significaria ser desleal para com o trono. Elizabeth vai à Torre de Londres – onde, escondidos, Norfolk, Matilde e Henry assistem a seu encontro com o prisioneiro – e oferece a Leicester a possibilidade de fugir; mas este recusa, pois não quer se desonrar. Acusado pela soberana de ser o culpado por tudo aquilo, Norfolk tenta matá-la, mas é impedido por Henry e Matilde, e levado preso. Comovida pela retidão de caráter dos três prisioneiros, a rainha os perdoa, autoriza o casamento oficial do conde com sua amada, e declara que renuncia ao amor para dedicar-se apenas aos negócios de Estado.

Dispondo de uma orquestra muito bem aparelhada e necessitando explorar as possibilidades acústicas de uma sala muito maior, Rossini reorquestrou a abertura do *Aureliano in Palmira* que, no ano seguinte, terminaria seu percurso, aportando definitivamente no *Barbiere*. Esta é a primeira ópera na qual ele faz uso sistemático do recitativo acompanhado, o que lhe dá coesão e continuidade muito maior. *Elisabetta* oferece música muito melodiosa e dramaticamente eficiente. A *scena* de apresentação da personagem título compõe-se da cavatina "Quant'è grato all'alma mia" e da cabaletta "Questo cor ben lo comprende", outro dos temas viajantes do teatro rossiniano: começou a carreira no rondó "Più non vedrà quel perfido", de Arsace, no *Aureliano in Palmira*; e a encerrará na seção "Io sono docile" da ária "Una voce poco fa", cantada por Rosina no *Barbiere*.

Os coros do ato I, escritos de modo a explorar os ótimos efetivos do San Carlo, são muito vivos. O dueto "Incauta, che festi?" (Leicester-Matilde) tem uma energia prenunciadora do jovem Verdi, tom compartilhado também pelo dueto "Perchè mai, destin crudele?" (Elizabeth-Norfolk), precedido por um dos exemplos mais eloqüentes de recitativo acompanhado escritos por Rossini. A lânguida melodia da ária de Matilde, "Sento un'interna voce", poderia ter sido assinada por Bellini. Mas a cabaletta é inequivocamente rossiniana em sua propulsão rítmica. No *finale primo*, destaca-se o admirável quarteto "Se mi serbasti il soglio", em que a virtuosística linha central, para Elisabetta, trai a mão apaixonada do jovem músico, encantado com os atrativos vocais – e outros – de sua nova namorada. Este finale, em que se repete o contagiante crescendo do final da abertura, é um dos concertatos mais intensamente dramáticos dessa fase madura de Rossini.

Na opinião de mais de um comentarista, aliás, Bellini pode ter-se inspirado, para seu famoso "Mira, o Norma", na seção *andante*, "Non bastan quelle lagrime", do comovente dueto "Pensa che sol per poco", cantado por Elizabeth e Matilde no início do ato II – um número que se transforma no belo trio "L'avverso mio destino", com a aparição de Leicester. A ária "Deh! troncate i ceppe suoi", de Norfolk, é de interesse consideravelmente menor do que o arrebatador coro "Qui soffermiamo il pie", em que os soldados unem a voz à do povo, para lamentar a sorte ingrata do conde, a quem todos estimam e respeitam. Nesse trecho, a combinação do coro com as intervenções do tenor solista já aponta para a grande cena de Assur na *Semiramide*.

O prelúdio orquestral à cena da prisão vem de *Ciro in Babilonia*, mas "Della cieca fortuna... Sposa amata", de Leicester, em que a flauta e o corne inglês *obbligati* desempenham papel importante, é inteiramente nova e, do ponto de vista dramático, uma das páginas mais convincentes da ópera. Há o inevitável duelo para dois tenores, um de tessitura alta e estilo florido (Norfolk), o outro mais heróico e de extensão quase baritonal (Leicester), no vivo dueto "Deh scusa i trasporti". A ópera se encerra com a ária da personagem título, "Bell'alme generose", cuja cabaletta, "Fuggi amor da questo seno", é generosamente ornamentada.

Primeira ópera, como dissemos, a abrir mão inteiramente do recitativo seco, *Elisabetta* é também a primeira em que Rossini escreve detalhadamente a coloratura que permite aos cantores fazer – uma tendência que vinha gradualmente se firmando em sua escrita – e não apenas em reação aos exageros de Velluti no *Aureliano*, como já se quis dizer. Isso faz da *Elisabetta* uma obra chave no conjunto da obra rossiniana, peça que retém a riqueza melódica dos títulos precedentes, mas introduz um vigor dramático de maior espessura.

Em 1815, uma grande epidemia de cólera assolava todo o sul da Itália, e Gioachino achou de bom alvitre sair de Nápoles. Um mês depois da estréia de *Elisabetta*, estava em Roma para supervisionar a produção, no Teatro della Valle, da versão revista de *Il Turco in Italia*. Ao mesmo tempo, trabalhava em *Torvaldo e Dorliska*, de Cesare Sterbini. Com algumas modificações, essa ópera de resgate tem a mesma história da *Lodoïska* (1791), de Cherubini, extraída de um dos episódios do romance *Les Amours du Chevalier de Faublas*, publicado no ano anterior por Jean-Baptiste Louvet de Couvray. Mas o libreto de Sterbini é bastante diferente, na forma, do de Claude-François Fillette-Loraux para Cherubini (em 1796, o texto francês servira também a Simone Mayr).

Funcionário público e poeta amador, Sterbini era um homem culto, muito familiarizado com literatura francesa e alemã. Em 1813, escrevera para um certo Migliorucci o texto de uma cantata intitulada *Paolo e Virginia*, baseada no romance de Bernardin de Saint-Pierre. Mas este era seu primeiro libreto e foi dura a reação da crítica a ele. Para G. Radiciotti trata-se de "mais um desses abortos, de quantidade infelizmente exorbitante, que na época infestavam o teatro italiano". E Francis Toye chamou-o de "melodrama lamentavelmente desajeitado". De fato, a intriga tem elementos telenovelescos, mas o poema é bem construído e possui, do ponto de vista de texto, as qualidades básicas que Sterbini exibirá, pouco tempo depois, no *Barbeiro de Sevilha*.

Em 26 de dezembro de 1815, *Torvaldo e Dorliska* não foi um fracasso tão grande quanto *Sigismondo* – a soprano Geltrude Righetti-Giorgio, que em breve criaria Rosina, contou que, desta vez, o frasco desenhado na carta à mãe era menorzinho. Mas o crítico das *Notizie del Giorno* disse que Rossini não correspondera às esperanças nele depositadas, em parte devido a "um libreto desanimadoramente desinteressante, que não conseguiu despertar Homero de seu sono". A respeito dessa estréia, Stendhal conta uma de suas habituais anedotas, que ilustra as condições da orquestra, muito diferentes das de Nápoles. O barbeiro chamado para escanhoar Rossini despediu-se dele, ao terminar o serviço, dizendo: "Até mais tarde." E diante do espanto do compositor: "É que eu sou o primeiro clarinetista da orquestra." A um amigo parisiense, Rossini disse, 35 anos depois, que *Torvaldo* tinha feito um "sucesso razoável". Mas devia estar se referindo à recepção melhor que ela teve em Veneza e em cidades do exterior. A ópera foi revivida na Kammeroper de Viena, em 1987, e na Ópera de Savona, em 1989. Existe uma gravação:

Arkadia, 1992 – Palacio, Pediconi, Antonucci, Buda, Giliento, Marani/ Massimo de Bernart.

Apaixonado por Dorliska, a mulher do cavaleiro Torvaldo, o cruel duque de Ordow embosca o casal e fere o marido, deixando-o como morto. Dorliska consegue fugir e se esconde num castelo das vizinhanças – mas não sabe que é justamente a Ordow que ele pertence. Seu perseguidor ameaça matá-la, se ela continuar se recusando a entregar-se. Torvaldo, que sobreviveu, entra disfarçado no castelo para tentar libertá-la. Mas, ao vê-lo, Dorliska o reconhece, com sua reação denuncia-o sem querer, e o cavaleiro é preso. A virtuosa mulher resiste às tentativas de sedução, até mesmo quando Ordow promete executar Torvaldo. O guardião do castelo, Giorgio, que não suporta mais a crueldade do duque, amotina os aldeões e, com a cumplicidade dos servos, entra no castelo. Vendo-se em perigo, Ordow desce ao calabouço e tenta apunhalar Torvaldo. Este o desarma, o vilão é preso, e o casal celebra seu reencontro.

No *Torvaldo*, para o qual escreveu uma abertura nova, Rossini reverte ao uso do recitativo seco, convivendo com o acompanhado. Há árias bem escritas para Dorliska e o duque, e a cena de introdução de Giorgio – que oferece o contraponto cômico dentro da ópera séria – tem a costumeira habilidade do compositor para lidar com os ingredientes bufos. O finale do ato I é musicalmente convincente.

O melhor número da ópera é a ária "Ah! qual voci d'intorni ribombi", de *stile fiorito*, cantada no ato II pelo duque, mais uma criação de Filippo Galli. Rossini sabia reconhecer a sua qualidade pois, um ano depois, a reaproveitou num dueto do *Otello*. Dorliska é visivelmente melhor caracterizada do que o marido, principalmente no ato II. Os amantes cantam um duettino muito delicado, "Quest'ultimo addio", que tem a marca da melhor inspiração melódica rossiniana.

Em 26 de dezembro de 1815, dia da estréia de *Torvaldo e Dorliska*, Rossini assinou um contrato com o duque Francesco Sforza Cesarini, diretor do Teatro Argentina, sala rival do Della Valle. Foi escolhido porque o Argentina passava por séria crise financeira e, à beira da falência, o duque Sforza precisava de um músico de prestígio que o levantasse. Mas não chegaria a ver o triunfo estrondoso da próxima ópera de Don Gioachino, porque morreu subitamente, quando ela estava sendo ensaiada.

Rossini não tinha a menor idéia do que seria a ópera que teria de escrever, programada para a temporada de Carnaval, que se abria aquela noite mesma. O contrato estipulava apenas que ele comporia a segunda comédia da temporada "com o libreto que lhe será fornecido pelo empresário, seja ele novo ou velho." Sforza tampouco sabia o que fazer, pois o libreto que lhe fora proposto por Jacopo Ferretti – o futuro autor da *Cenerentola* –, girando em torno do triângulo amoroso entre um militar, a dona de uma taberna e um advogado, não o entusiasmava nem um pouco, pois parecia uma *Locandiera* requentada.

O contrato exigia de Rossini "fornecer a partitura em meados de janeiro, adaptá-la às vozes dos cantores disponíveis, e fazer, se for o caso, todas as mudanças necessárias à boa execução da música, de modo a convir às capacidades e exigências dos cantores". Estaria, além disso, obrigado a "dirigir a ópera, segundo o costume, e assistir pessoalmente a todos os ensaios vocais e orquestrais, tantas vezes quantas for necessário, no teatro ou em outra parte, de acordo com às determinações do diretor". Rossini comprometia-se ainda a "assistir às três primeiras récitas, a serem dadas consecutivamente, e a dirigir a execução desde o fortepiano". Em troca, Rossini receberia 400 escudos romanos[11], a serem pagos imediatamente após a terceira récita, "além de alojamento, durante a vigência deste contrato, na mesma casa destinada ao Signor Luigi Zamboni (o barítono da companhia, de quem ele era amigo). Este é um contrato que dá uma idéia clara das condições de trabalho dos compositores nas primeiras décadas do *Ottocento*.

Stendhal conta que Sforza, naquele momento, tinha problemas sérios com a censura, que vetava um libreto atrás do outro. Uma tarde, depois de uma exaustiva entrevista com o governador de Roma, ele teria perguntado: "Posso encenar uma nova ópera com o tema do *Barbiere di Siviglia*?" E como o governador, já cansado, não opusesse objeção, ele se

11. Em seu livro, publicado em 1994, Charles Osborne estima em £500 o valor desse cachê; Sérgio Casoy avaliou que isso deveria ficar em torno de R$2.000 (valores de 2002), provavelmente menos do que a criadora de Rosina recebeu.

apressou a encomendar a Cesare Sterbini a adaptação do texto que Giuseppe Petrosellini escrevera, em 1782, para a comédia de Paisiello estreada em São Petersburgo[12]. Havia a vantagem de se tratar de um assunto conhecido e estimado pelo público; mas também o risco de os admiradores de Paisiello – cujo *Barbeiro* ainda era popular – se ofenderem com a audácia de um músico jovem em querer ombrear-se com ele. Por isso mesmo, Rossini escreveu uma carta respeitosa a Paisiello, então com 75 anos, e este lhe respondeu não ter objeções a que ele voltasse a tratar o mesmo tema, como era costume na época.

Ainda assim, para evitar comparações, Rossini e Sterbini decidiram mudar o nome de sua ópera, como é explicado no prefácio ao libreto:

> A comédia de Beaumarchais intitulada *Il Barbiere di Siviglia ossia L'Inutile Precauzione* é apresentada em Roma com o título de *Almaviva ossia L'Inutile Precauzione*, para que o público se convença plenamente dos sentimentos de respeito e veneração que o autor da música dessa peça nutre em relação ao célebre Paisiello, que já tratou esse tema sob o seu título original. Convidado a realizar essa difícil tarefa, o maestro Gioachino Rossini, desejoso de evitar a acusação de estar grosseiramente competindo com o imortal compositor que o precedeu, exigiu expressamente que *Il Barbiere di Siviglia* recebesse versificação inteiramente nova, e também que fossem adicionadas novas situações relacionadas com o gosto teatral moderno, pois muita coisa mudou desde o tempo em que o renomado Paisiello escreveu a sua obra.
>
> Outras diferenças entre a peça presente e a comédia franceas acima mencionada refere-se à inclusão do coro, para estarmos de acordo com o uso moderno, mas também porque ele é indispensável para o efeito musical dentro de um teatro grande. Informa-se isso antecipadamente ao distinto público, para que ele também desculpe o autor da presente peça: a menos que, obrigado por circunstâncias imperiosas, ele nunca teria se aventurado a introduzir a menor das mudanças na obra francesa, já consagrada pelo aplauso em todos os teatros da Europa.

Inútil precaução! O elenco da estréia, em 20 de fevereiro de 1816, era de primeira. O papel de Fígaro tinha sido escrito para Luigi Zamboni. Na preparação de um programa sobre o *Barbeiro* que fez em 2002, para a Rádio Cultura de São Paulo, o pesquisador Sérgio Casoy comenta:

> Zamboni era classificado como baixo, mas tinha tessitura mais clara e aguda. Ao adaptar o papel especificamente para esse cantor, do qual estivera muito próximo durante toda a gênese do *Barbeiro*, Rossini estava provavelmente, sem o saber, inventando a moderna voz de barítono.

Geltrude Righetti-Giorgi interpretava Rosina e era cortejada pelo Almaviva do grande tenor espanhol Manuel García. O Bartolo de Bartolomeo Botticelli, o Basílio de Zenobio Vitarelli e a Berta de Elisabetta Loyselet completavam a distribuição. Mas admiradores de Paisiello tinham vindo dispostos a vaiar o competidor. E o público habitual de ópera bufa, freqüentador do Teatro della Valle, não tinha gostado de ter de trocar de sala, vindo ao Argentina, onde normalmente era encenadas óperas sérias, e estava também disposto a vaiar. Em seu programa, Casoy fez o cuidadoso levantamento dos desastres ocorridos naquela noite conturbada. O próprio Rossini descreveu, mais tarde, a tempestade de assobios e gargalhadas que o acolheram, assim que ele se dirigiu para o fortepiano – àquela altura já não se usava mais o cravo –, de onde iria reger a orquestra:

> Eu estava usando um terno de estilo espanhol, cor de avelã, com botões de ouro, que me caía às mil maravilhas, e meu alfaiate tinha ssegurado ser do melhor gosto. Eu o achava gracioso mas, desafortunadamente, o público do Argentina não era do mesmo parecer, e minha entrada na orquestra excitou a unânime hilaridade de meus juízes. Choviam zombarias de todas as partes sobre a minha roupa; era natural que o público julgasse estúpido e ignorante o proprietário de uma roupa que lhe desagradava tanto. E foi sob essa encarniçada prevenção que a sinfonia começou.

Aquela era uma noite malfadada, cheia de incidentes que o próprio Rossini, com seu bom-humor famoso, não teria sido capaz de inventar. A serenata "Ecco ridente in cielo" ainda não existia; só seria composta dois dias depois. Em seu lugar, García cantou uma canção espanhola de que tinha feito, ele mesmo, o arranjo; e se acompanhava ao violão... cujas cordas se quebraram durante o número. O público caiu na gargalhada, o violoncelista não entendeu os gestos desesperados de Rossini para que ele substituísse um violão com um arpejo em pizzicato, e a serenata foi uma pequena catástrofe. Quando Zamboni entrou em cena carregando outro violão, as risadas fo-

12. No capítulo sobre Paisiello, o leitor encontra informações sobre sua ópera, a comédia de Beaumarchais e as demais versões existentes do *Barbeiro de Sevilha*.

ram tão altas que quase ninguém ouviu o "Largo al factótum".

Nem Righetti-Giorgi, muito querida do público romano, escapou pois, após o "Se il mio nome" de Almaviva, todos esperavam dela uma cavatina, como era de praxe. Como a primeira ária de Rosina só vem na cena 2, ela também foi alvo das vaias. Para demonstrar aos cantores a sua solidariedade, Rossini passou a aplaudi-los de pé, após cada número. Foi o que bastou para que um gaiato gritasse: "Vejam! O casaco de avelã está zombando de nós!", aumentando a hostilidade geral. A bruxa estava solta: Vitarelli tropeçou num alçapão aberto no palco, teve uma queda feia, e cantou a Ária da Calunia com um lenço no nariz que sangrava, sob os assobios do público que não tinha entendido tratar-se de um acidente.

Durante a *stretta* do finale I, "Questa avventura, come diavolo mai finirà?", outro gaiato gritou, da galeria: "Ecco i funerali di Cesarini!" Nem depois de morto o duque Francesco Sforza era poupado, pois o que aquele espectador queria dizer é que o fiasco do *Barbeiro* era a última pá de cal em sua cova. Não faltou nem o tradicional gato, animal tão comum nos bastidores de teatro. O bichano entrou em cena e ficou plantado no meio do palco, até levar um pontapé de Bartolomeo Botticelli, que o mandou para a coxia. Isso só serviu para atiçá-lo: o animal voltou, correndo entre os cantores e se metendo debaixo das saias de Righetti-Giorgi, o que só serviu para aumentar o caos geral.

Assim que a ópera terminou, Rossini foi para casa, e devia estar exausto pois, quando os cantores o procuraram para consolá-lo, já o encontraram dormindo. Na noite seguinte, ele tratou prudentemente de ficar doente e não ir ao teatro. Ele mesmo conta:

> Eu já estava dormindo, quando fui acordado por um barulho infernal debaixo de minha janela, acompanhado pela luz brilhante das tochas. Assim que acordei, vi que elas estavam vindo em minha direção. Ainda meio dormindo e lembrando-me da cena da noite precedente, pensei que eles estavam vindo para tocar fogo no prédio, e fui me esconder no estábulo, no fundo do pátio. Daí a alguns momentos, ouvi García me chamando aos gritos: "Sai daí, vem ouvir esses gritos de Bravo, bravissimo Fígaro! É um sucesso sem precedentes. A rua está cheia de gente. E eles querem ver você." Com o coração partido por causa do meu terno novo de que eles tinham zombado, respondi: "Danem-se todos e seus bravos e todo o resto. Não vou lá fora." Não sei como o pobre García contou à multidão que eu me recusava a ir falar com ela. Só sei que alguém o acertou com uma laranja e, durante vários dias, ele ficou com o olho preto. Enquanto isso, a gritaria na rua aumentava mais e mais.

Em sua segunda récita, *Almaviva* tinha sido um sucesso, tanto assim que, seis meses depois, em Bolonha, já foi apresentada com o mesmo título da ópera de Paisiello, que ostenta até hoje. Sucesso em todos os lugares onde foi apresentada – basta dizer que o Rio de Janeiro a ouviu no Teatro São João em julho de 1821 –, o *Barbeiro* nunca saiu de cartaz. Em Paris, a crítica torceu o nariz à estréia de 1818 na Salle Louvois, comparando-a desfavoravelmente à obra de Paisiello – que não era encenada na França havia muito tempo. Os detratores pediram que a obra precursora fosse encenada no Théâtre Italien, e seu diretor, Ferdinando Paer, que não perdia uma ocasião de sabotar a carreira de seu rival, apressou-se em montar a partitura de Paisiello. O resultado foi que o público a achou superada e tediosa, e fez triunfar a obra de Rossini. A variedade de registros disponíveis atesta a popularidade eterna do *Barbeiro* e os grandes nomes que foram seus intérpretes:

Standing Room Only, 1919 – Sabatano, De Lucia, Novelli, Schottler, Di Tommaso/S. Sassano (é a antiga gravação Phonotype, de valor histórico, mas muito cortada).

EMI, 1929 – Capsir, Borgioli, Stracciari, Bettoni, Baccaloni/Lorenzo Molajoli (também nos selos Arkadia e Grammofono 2000).

Enterprise, 1943 – Sayão, Martini, Brownlee, Pinza, Baccaloni/Frank St Leger.

Cetra, 1950 – Simionato, Infantino, Taddei, Cassinelli, Badioli/Fernando Previtali.

EMI, 1952 – De los Angeles, Monti, Bechi, Rossi-Lemeni, Luise/Tullio Serafin (também Testament).

Decca/London, 1956 – Simionato, Misciano, Bastianini, Siepi, Corena/Alberto Erede.

EMI, 1957 – Callas, Alva, Gobbi, Zaccaria, Ollendorff/Alceo Galliera.

RCA, 1958 – Peters, Valletti, Merrill, Corena, Tozzi/Erich Leinsdorf.

DG, 1960 – D'Angelo, Monti, Capecchi, Cava, Tadeo/Bruno Bartoletti.

Electrorecord, 1960 – Ianculescu, Teodorian, Herlea, Loghin, Gabor/ Mihai Brediceanu.
EMI, 1962 – De los Angeles, Alva, Bruscantini, Cava, Wallace/ Vittorio Gui.
Decca/London, 1964 – Berganza, Bennelli, Ausensi, Ghiaurov, Corena/ Silvio Varviso.
Myto, 1966 – Grist, Wunderlich, Wächter, Czerwenka, Kunz/Karl Böhm.
G.O.P., 1968 – Casoni, Kraus, Cappuccilli, Washington, Campi/Nino Sanzogno.
DG, 1968 – Casula, Alva, Stecchi, Washington, Mariotti/Arturo Basile.
DG, 1971 – Berganza, Alva, Prey, Montarsolo, Dara/Claudio Abbado.
EMI, 1975 – Sills, Gedda, Milnes, Raimondi, Capecchi/James Levine.
Sony, 1982 – Horne, Barbacini, Nucci, Ramey, Dara/Riccardo Chailly.
DG, 1981 – Ewing, Cosotti, Rawnsley, Desderi, Furlanetto/Sylvain Cambreling.
Frequenz, 1982 –
Philips, 1983 – Baltsa, Araiza, Allen, Lloyd, Trimarchi/Neville Marriner.
Nuova Era, 1987 – Serra, Blake, Pola, Montarsolo, Dara/Bruno Campanella.
Decca/London, 1988 – Bartoli, Matteuzzi, Nucci, Burchuladze, Fissore/Giuseppe Patanè.
DG, 1991 – Battle, Blake, Nucci, Furlanetto, Dara/Reinhardt Weikert.
DG, 1992 – Battle, Lopardo, Domingo, Gallo, Raimondi/Abbado.
Teldec, 1992 – Larmore, Giménez, Hagegård, Ramey, Corbelli/Jesús López-Cobos.
Naxos, 1992 – Ganassi, Vargas, Servile, De Grandis, Romero/Will Humbug.
Chandos, 1992 – Jones, Ford, Opie, Rose, Shore/Gabriele Bellini.
EMI, 1993 – Mentzer, Hadley, Hampson, Praticò, Ramey/Gianluigi Gelmetti
Estas são algumas das opções em vídeo:
Filme de 1946 – Gobbi, Tagliavini, Corradi, Neri/Morelli (abreviado).
Filme da RAI de Milão de 1954 – Panerai, Pastori, Monti/Giulini.
Filme de 1965 – Gobbi, Tagliavini, Tajo/ Morelli (abreviado).
Filme da RAI de Roma, da década de 1960 – Gobbi, Monti, Simionato, Neri/Ferrara (com cortes).
Filme da RAI de Turim de 1968 – Bruscantini, Cossotto, Alva/Sanzogno.
Filme de 1972 – Prey, Berganza, Alva, Dara/ Abbado (a montagem de Jean-Pierre Ponnelle).
New York City Opera, 1976 – Titus, Sills, Price, Ramey/Caldwell.
Festival de Macerata, 1980 – Nucci, Horne, Palacio, Siepi/Rescigno.
NHK de Tóquio, 1981 – Nucci, Valentini-Terrani, Araiza, Furlanetto/Abbado
Festival de Glyndebourne, 1982 – Rawnsley, Ewing, Cosotti, Desderi/Cambreling (lançada comercialmente no Brasil pela Globofilmes).
Municipal do Rio de Janeiro, 1983 – Portela, Muller, Baldin, Barnosa/Davi Machado.
Filme de 1986 – Nucci, Franci, Matteuzzi, Mariotti/Ferro (abreviado).
Festival de Schwetzingen de 1988 – G. Quilico, Bartoli, Kuebler, Feller/Ferro.
Metropolitan de Nova York, 1988 – Nucci, Battle, Blake, Furlanetto, Dara/Weikert.
Municipal de Santiago, 1989 – Póla, Pace, Blake, Montarsolo/Valdés.
Régio de Turim, 1992 – Póla, Pierotti, Blake, Dara/Campanella.
Ópera de Roma, 1992 – Polla, Ganassi, Vargas, Antoniozzi, Alaimo/Bellugi.
Ópera de Amsterdã, 1992 – Malis, Larmore, Croft, Capecchi, Alaimo/Zedda.
Arena de Verona, 1997 – Nucci, Gasdia, Vargas, Raimondi/Scimone.

Mesmo para um autor veloz como Rossini, o *Barbeiro* foi escrito em tempo excepcionalmente curto. Sterbini entregou o ato I de seu libreto – um dos melhores que Rossini teve a musicar – em 25 de janeiro; e o ato II quatro dias depois. Gioachino afirmava ter escrito a música em treze dias e, de fato, o ato I foi entregue ao copista em 6 de fevereiro, duas semanas antes da estréia (muitos anos depois, quando contaram isso ao velocíssimo Donizetti, ele comentou: "É, eu sei. Rossini era muito preguiçoso!"). É claro que, dispondo de tão pouco tempo, Rossini teve de recorrer a uma quantidade liberal de auto-empréstimos:

- o caso mais famoso é o da abertura: já nos referimos, anteriormente, ao fato de ela ter

Luigi Lablace (Fígaro) e Adelina Patti (Rosina) no *Barbiere di Siviglia*, de Rossini.

sido escrita em 1813, para Aureliano in *Palmira,* e ter sido usada, em 1815, com ligeiros retoques de orquestração, na Elisabetta *Regina d'Inghilterra,* antes de chegar ao *Barbeiro;*

- o coro de abertura, "Piano, pianíssimo", vem do ato II de Sigismondo;
- a ária de Almaviva, "Ecco ridente in cielo", reutiliza os seis primeiros compassos de "Sposa del grande Osiride", o coro dos sacerdotes no Aureliano;
- a segunda parte da "Una voce poco fa", de Rosina, a seção "Io sono docile", começou como o rondó de Arsace, "Non lasciarmi in tal ponto", do *Aureliano,* e foi também usada como a cabaletta da ária *di sortita* da personagem-título, na Elisabetta;
- a Ária da Calúnia, de Bartolo, é uma montagem: a primeira parte estava num dueto de Aureliano e Zenóbia, no *Aureliano*; o crescendo vem do dueto de Ladislao e Aldimira, no ato I de *Sigismondo;*
- o dueto "Dunque io son", de Rosina e Fígaro, tem uma melodia – "Ah, tu solo Amor tu sei" – cantada pelo soprano, já ouvida em "Vorrei spiegarvi il giubilo", a ária de Fanny na *Cambiale di Matrimonio*, de 1810;
- em "Un dottor della mia sorte", de Bartolo, a frase "I confetti alla ragazza, il ricamo sul tamburo", usa um comentário orquestral que pertencia a um dos duetos de Il Signor Bruschino, de 1813;
- no trio do ato II, "Ah, qual colpo", a intervenção de Rosina, que começa com as palavras "Dolce nodo avventurato", usa uma melodia escrita em 1814 para a cantata *Egle ed Irene*;
- a música da tempestade, no ato II, foi composta em 1812 para *La Pietra del Paragone*, e reutilizada no mesmo ano em *L'Occasione fa il Ladro.*

A lista dos reaproveitamentos – muitos deles transpostos de óperas sérias para o domínio cômico – confirma a permanência, em Rossini, de uma característica que remonta ao Barroco: a indeterminação de tom, que permitia aos autores recorrer a basicamente os mesmos procedimentos técnicos e expressivos para todo tipo de assunto. Só com a primeira geração romântica veremos começar a definir-se o que é o tom sério e o que é o tom cômico. Mas não se trata apenas de auto-citações. Não devemos descartar tampouco a discreta apropriação do bem alheio:

- "Zitti, zitti, piano, piano", no ato II, repete, com andamento mais rápido, os compassos de abertura de "Schon eilet froh der Ackersman zur Arbeit auf das Feld", a primeira ária de Simon no oratório *As Estações*, de Haydn;
- para "Mi par d'esser con la testa", no finale do ato II, Rossini transpõe a melodia de "De son front, que la honte accable", o último episódio do ato II de *La Vestale* (é um ponto para Gioachino a forma como, mexendo no andamento e nas indicações de dinâmica, ele converte a solene frase de Gasparo Spontini num buliçoso motivo de concertato cômico);
- e, ao que tudo indica, o tema da ária de Berta, no ato II, vem de uma canção folclórica russa.

Há dois casos de inserção a considerar:

- em Florença, um baixo considerou demasiado difícil a seção em silabato "Signorina un'altra volta", da ária de Bartolo – ela realmente o é – e, para ele, Pietro Romani compôs "Manca un foglio" que, por muito tempo, foi usada em encenações do *Barbeiro* (essa é, felizmente, uma prática que já caiu em desuso há muito tempo);
- para a lição de canto, Rossini tinha escrito "Contro un cor che accende amore", mas na partitura fez a concessão "Rosina canta qui un'aria ad libitum", o que autorizou os caprichos mais arbitrários. Gustave Kobbé faz, em seu livro[13], a lista das escolhas extravagantes das grandes cantoras, e conta ter visto uma vez, em Nova York, Adelina Patti interromper a ação com um verdadeiro recital paralelo, que incluía a valsa *Il Bacio*, de Arditi, o bolero de Hélène em *Les Vêpres Siciliennes*, a "Dança da Sombra" da *Dinorah* de Meyerbeer e a canção "Home Sweet Home", de Henry Bishop. Essa liberdade, hoje superada, durou muito tempo: no vídeo do New York City Opera acima cita-

13. Página 243 da edição brasileira (ver Bibliografia).

do, Beverly Sills faz, nesse trecho, a ária de concerto "Ah, vous dirai-je, Maman", de Mozart.

Acompanhado pelos músicos que Fiorello reuniu, o conde Almaviva canta – para a linda moça que ele viu, um dia, no palácio do Prado, e que mora ali, naquela casa fechada a sete chaves – a graciosa cavatina em dó maior "Ecco ridente in cielo", que Rossini acrescentou à partitura após a estréia de 20 de fevereiro. Seu *allegro* conclusivo já demonstra que o tenor precisará de grande flexibilidade vocal para enfrentar o papel. No concertato "Mille grazie, mio signore", o crescendo não é apenas um maneirismo estilístico, mas uma necessidade dramática, produzida pelo desejo dos músicos de demonstrar exagerada gratidão pelo pagamento recebido do nobre e, com isso, produzindo uma balbúrdia que arrisca acordar toda a casa de Bartolo – o que justifica os protestos do desarvorado Almaviva:

Maledetti, andate via!
Ah, canaglia, via di qua!
Tutto quanto il vicinato
questo chiasso sveglierà.

(Malditos, vão embora! Ah, canalha, fora daqui! Essa barulheira vai acordar toda a vizinhança.)

Anunciado por sua voz fora de cena[14], Fígaro faz sua aparição com "Largo al factotum", de irresistível energia. Nessa favorita dos barítonos, que leva a voz a um brilhante sol maior, há também um uso dramaticamente justificado do crescendo, na seção "Tutti mi chiedo, tutti mi vogliono", em que ele descreve como corre, feito barata tonta, para atender um aqui, outro ali, la donnetta, il Cavaliere, todos os clientes que tem pela cidade toda. O reencontro com o antigo patrão e a narrativa do que Almaviva está fazendo ali são numa longa seção em recitativo, escrita – devido às condições de urgência da composição – provavelmente por um dos auxiliares a quem Rossini pedia ajuda, nessas situações. Ele poderia ter escrito um dueto para a seção "Or te lo spiego: al Prado vidi un fior di bellezza"; se não o fez, talvez tenha sido por não querer diluir o efeito da primeira vez, logo adiante, em que as vozes do tenor e do barítono se juntam.

Depois da encantadora "Se il mio nome", em que Almaviva diz chamar-se Lindoro, e da tentativa de Rosina de lhe responder, frustrada pela janela que alguém fecha bruscamente – um efeito teatralmente muito válido, que o público da estréia não entendeu –, a primeira cena se encerra com o dueto "All'idea di tal metallo". Dessa página, Charles Osborne diz que "as idéias melódicas vêm em tal profusão que praticamente tropeçam umas nas outras". É de fato um número de uma riqueza extrema de recursos, com forma ternária:

- a seção em que Fígaro propõe a Almaviva disfarçar-se de soldado, com o refrão "Che invenzione prelibata!";
- o trecho em que ele explica ao conde como localizar a sua loja ("Numero quindici a mano manca"), uma descrição saborosíssima de um salão de barbeiro do século XVIII;
- e a exuberante stretta em que um fala de amor e o outro de dinheiro, ou seja, do que acende, na alma de um e de outro, um "ardore insolito".

Rosina se apresenta, finalmente, na segunda cena, com sua célebre cavatina binária: o lânguido andante "Una voce poco fa", seguido da coloratura brilhante de "Io sono docile", correspondendo à duplicidade de personalidade que a própria menina descreve: ela é dócil, respeitosa, obediente, amorosa... mas se a tocam, transforma-se numa víbora. Este é um dos grandes retratos de caráter do teatro rossiniano e, nele, a forma da ária não é apenas um molde pré-existente, um item do códice, mas uma maneira extremamente apropriada de fazer o desenvolvimento musical corresponder ao sentido das palavras. O papel de Rosina foi escrito para a voz de Righetti-Giorgi, que correspondia ao que hoje chamamos de *mezzo* coloratura. À medida que essa técnica, muito típica do *tardo Settecento* e do *primo Ottocento*, foi se perdendo, os sopranos coloratura se apropriaram dele, e foi necessário transpô-lo para cima e fazer diversas adaptações na linha vocal. Com Simionato, em 1950, temos em disco a primeira das *mezzos* notáveis que

14. Será necessário esperar pelo Puccini da *Tosca*, para ver esse procedimento, muito comum no domínio francês, repetir-se na ópera italiana.

restituíram ao papel a tessitura original – Berganza, Horne, Valentini-Terrani – embora ainda se encontrem, em gravações recentes, sopranos como Kathleen Battle cantando Rosina.

A Fígaro, que aparece, ela se queixa da vida que leva, trancada entre quatro paredes. Mas a conversa não vai longe, porque o rabugento Bartolo, que tinha saído de casa na primeira cena, volta reclamando de Fígaro, que transformou toda a família num hospital, ministrando-lhes ópio, sangria e rapé (e do estado estropiado em que os criados se encontram serão tirados efeitos cômicos, a ópera inteira). Rosina mostra as garras provocando o tutor, que lhe pergunta pelo barbeiro, ao lhe responder: "Eu o vi, sim, falei com ele, ele me agrada, é simpático..." e, para si mesma, entre-dentes: "Crepa di rabbia, vecchio maledetto".

Basílio, o professor de canto de Rosina, a quem Bartolo pede que providencie os documentos para seu casamento com Rosina, tem um santo remédio para afastar de seu caminho o conde Almaviva: uma boa calúnia. Na peça de Beaumarchais, o monólogo de Basílio já não tem muita finalidade dramática pois, como na ópera, Bartolo lhe responde que não pode perder tempo, e pensará em outra coisa. Mas Beaumarchais é mestre nesse tipo de *tirade*, tão apropriada para uma ária que tanto Petrosellini, para Paisiello, quanto Sterbini a aproveitaram. A Ária da Calúnia, com sua descrição do "ventinho", da "brisa leve" que vai aumentando, é um prato cheio para Rossini, pois ele pode explorar os efeitos de sonoridade – "va scorrendo, va ronzando" – e, principalmente o crescendo que culmina no "colpo di cannone". É uma ária exemplar, do ponto de vista da descrição musical de uma idéia – o efeito danoso, gradual e irreprimível de uma mentira bem plantada (todos nós sabemos como isso é verdade) – e das possibilidades que oferece a um bom baixo profundo. Dêem uma olhada na discografia: não é à toa que Rossi-Lemeni, Siepi, Tozzi, Ghiaurov, Raimondi cantaram esse papel secundário.

A cena que leva ao dueto Rosina-Fígaro é de construção primorosa, muito bem decalcada em Beaumarchais, retendo o mesmo *jeu d'esprit*, a brincadeira do barbeiro ao fazer para a garota a descrição dela mesma como a moça pela qual Lindoro está apaixonado, culminando no ponto em que ele soletra: R...o...Ro... s...i...si... n...a...na, e os dois proclamam alegremente o que ela já sabe: "Rosina!" Depois disso, vem outro dueto de enorme inventividade, daqueles que conquistam para toda a vida o ouvinte, desde a primeira vez que o ouve. São duas as seções: primeiro a exultante "Dunque io son... tu no m'inganni", em que Fígaro lhe anuncia que em breve Lindoro virá vê-la, e lhe sugere que mande a ele "um sinal de seu afeto". Depois, quando ele descobre que a carta já estava pronta, o formidável "Fortunati affetti miei", com a constatação de Fígaro ("Donne, donne, eterni dei") de que, em matéria de astúcia, o homem ainda tem muito a aprender com a mulher.

O *Barbeiro de Sevilha* é uma ópera em que os segmentos, devido à hábil construção da peça de que saiu, se engatam com agilidade. A carta que Rosina escreveu para Lindoro e entregou a Fígaro, é a responsável pelo episódio seguinte, em que o vigilante Bartolo se dá conta de detalhes imperceptíveis: a menina está com o dedo sujo de tinta; havia seis folhas de papel na escrivaninha, agora são só cinco; e a pena foi afiada. Um grande baixo bufo – um Baccaloni, um Corena, um Dara – tira o melhor partido das reações enfurecidas do tutor, à medida que as desculpas esfarrapadas da pupila se amontoam. E elas culminam no falsete com que o velho imita a voz de Rosina, quando ela diz que usou-a para "desenhar uma flor no bastidor".

Já dissemos que "Un dottor della mia sorte" é tão difícil, que o baixo da apresentação florentina, nove meses depois da estréia romana, recusou-se a cantá-la. Realmente é preciso possuir uma agilidade de emissão impecável para enfrentar o silabato rapidíssimo da segunda seção, "Signorina, un'altra volta", em que Bartolo promete trancá-la no quarto todas as vezes que sair de casa. É divertido o comentário de Charles Osborne sobre esse trecho:

> Hoje em dia, nenhum baixo digno do nome admite que acha difícil demais esse quebra-língua rossiniano, embora muitos deles a façam soar tão dura de cantar quanto realmente é.

Deus sabe que ele tem razão. E vale a pena citar também o comentário de Philip Gossett, no ensaio de introdução ao álbum de Neville Marriner:

> A segunda parte da ária não é apenas uma cabaletta, como seria de se esperar, mas um movimento de sonata completo, com exposição em duas tonalidades diferentes, e plena recapitulação na tônica, seguida pela inesperada e maravilhosa reaparição do tema principal da primeira seção, *andante maestoso*. Não há nenhuma outra ária de Rossini que empregue a forma de sonata. Seu uso desse procedimento num contexto em que, aparentemente, ele está deslocado, enfatiza especificamente o caráter pedante de Don Bartolo.

No longo finale I, os episódios se encadeiam à maneira mozartiana, com relações tonais e harmônicas unificando a passagem de um segmento para o outro que, dessa forma, são subordinados, em um amplo plano geral, e não apenas justapostos. Almaviva aparece disfarçado de soldado bêbado, e zomba de Bartolo estropiando o seu nome – dottor Balordo, dottor Bertoldo, dottor Barbaro – e namorando Rosina descaradamente por trás de suas costas. A coisa vai esquentando com o trio "Cento smanie io sento adosso", e pega fogo quando o velho percebe que sua pupila e o militar trocaram um bilhete. A chegada de Basílio só serve para tornar as coisas mais confusas. Figaro entra correndo ("Alto là, signori miei!"), avisando que a barulheira é tão grande que dá para ouvir da rua. E, de fato, batem na porta: é a guarda que vem apurar o que está acontecendo, e seu comandante quase fica zonzo com o destrambelhado falatório do sexteto canônico "Questa bestia di soldato". É hilariante ouvi-lo dizer "Ho inteso" quando, na realidade, não entendeu coisa nenhuma. Dá voz de prisão ao soldado, este chama-o de lado, mostra-lhe a sua identidade e o oficial, desmanchando-se em salamalaques, manda seus soldados se retirarem.

É a vez de ninguém entender nada (e de Fígaro e o conde se deliciarem com o estupor dos outros). É a vez de um dos mais notáveis "concertatos de estupefação" da comédia rossiniana, aquele momento em que "freddo ed immobile come una statua", cada personagem manifesta o espanto diante do que acabou de se passar, tendo como contraponto os irônicos comentários de Almaviva e do barbeiro. O tom inicialmente estático da música vai se convertendo num crescendo, à medida que progride a confusão mental das personagens, e se transforma num crescendo lento, cuidadosamente minutado, que explode no "Mi par d'essere com la testa in un'orrida fucina", em que a metáfora da "forja horrenda" se traduz, musicalmente, em sons que evocam o "pesantissimo martello". Versos e música unem-se, num impulso rítmico impressionante, nas palavras finais do ato:

> *E il cervello,*
> *poverello,*
> *già stordito,*
> *sbalordito,*
> *non ragiona, si confonde,*
> *si riduce ad impazzar.*
>
> (E o cérebro, coitado, zonzo e estupefato, não raciocina mais, se confunde, reduz-se a ficar maluco.)

Mais uma vez, este é um momento em que a estrutura convencional – o padrão de finale I bipolar, com um *largo* de caráter contemplativo e uma *stretta* rápida de encerramento – é usada de forma a corresponder exatamente àquilo que está acontecendo.

No ato II, Bartolo ainda não se recuperou das atribulações da manhã, e Almaviva lhe cai de novo em cima, dessa vez disfarçado como Don Alonzo, discípulo de Don Basílio. No dueto "Pace e gioia sai com voi", diverte-se em infernizá-lo com suas intermináveis saudações cantadas com o tom anasalado típico da melíflua "voz de padre". Bartolo tem razão ao exclamar, exasperado: "Ma che barbara giornata!" O falso Alonzo diz-lhe que veio substituir Basílio, seriamente doente, e para convencer o desconfiado Bartolo, diz-lhe saber do bilhete que Rosina mandou ao conde Almaviva e lhe garante que, se puder falar com ela, a convencerá de que o conde tem outra amante e está apenas brincando com ela.

Segue-se a lição de canto, com a ária "Contro un cor" que, como dissemos, costumava ser substituída por outros números de acordo com a vontade da cantora. Nada melhor do que o comentário de Philip Gossett:

> As características básicas do *Barbiere di Siviglia* estão brilhantemente sintetizadas na cena da lição, tão freqüentemente sacrificada, no passado, no altar da vaidade das prima-donnas. Rosina, aqui, finge cantar uma ária muito formal, que vem de uma ópera chamada *L'Inutile Precauzione*, o título alternativo da ópera de Rossini. Por

meio dela, Rosina e Lindoro podem se comunicar livremente, apesar da presença sonolenta de Bartolo. É quase como se o relacionamento de Rosina e Lindoro com as personagens da *Inútil Precaução* fossem paralelo ao relacionamento de Rossini com as personagens do *Barbeiro de Sevilha*. Do mesmo modo que as personagens utilizam uma forma de ária padrão para esconder e, ao mesmo tempo, expressar os seus sentimentos, Rossini também, por meio do uso metafórico de sua linguagem, desenvolve um significado musical e dramático subjacente à superfície da ópera, e o comenta com graça e carinho. Esse maravilhoso jogo de espelhos e imagens, estejamos nós conscientes dele ou não, é fundamental para a nossa compreensão dessa obra-prima e ajuda, em parte, a explicar o lugar muito especial que ela ocupa na História da Ópera.

À ária de Rosina, segue-se uma vinheta divertida: achando sem graça aquela canção moderna – na verdade, complexa demais para seu entendimento –, Bartolo decide demonstrar como eram as canções de seu tempo, "quando cantava Caffariello"[15]. Mas na desinteressante arietta "Quando mi sei vicina", ele troca o nome de Giannina pelo de Rosina, para fazer a corte à sua entediada pupila. Uma vez mais, Philip Gossett, a respeito dessa música deliberadamente velhusca:

> Eis Rossini vingando-se dos estudos formais que fez sob a tutela do padre Martini, em Bolonha. O gesto é semelhante ao da anotação que fez na margem de seu manuscrito do *Otello*, no ponto em que, no clímax de um cena de conjunto, ouve-se uma série de acordes maiores consecutivos: "Essas cinco quintas paralelas são coisa de idiotas pedantes!"

Os desajeitados passos de minueto que Bartolo ensaia são surpreendidos por Fígaro que, pelas suas costas, macaqueia os seus gestos. Ele força Bartolo a fazer a barba àquela hora, para dar um tempo ao conde e a Rosina de trocar recados (para afastar o velho da sala, nem que seja por um momento, Fígaro não hesita em derrubar um monte de louça no chão, fora de cena). Tudo parece andar bem, quando acontece o que se poderia prever: Don Basílio, a quem não disseram que ele está seriamente doente, vem dar sua aula de canto a Rosina, e tem de ser convencido por todos que está pálido, desfeito e precisado de ir urgente para a cama. O argumento mais convincente lhe é passado subrepticiamente pelo conde, e ele, mesmo sem entender o que se passa, concorda: "Una borsa... andate a letto... ma che tutti sian d'accordo, non mi faccio più pregar". Conduzido num diálogo muito ágil, o quinteto se encerra com o "Buona sera, mio signore", cuja suavidade melódica contrasta com a urgência com que querem ver o embrulhão pelas costas ("presto andate via di qua"). Fígaro começa finalmente a fazer a barba de Bartolo, Almaviva combina com Rosina que virá buscá-la à meia-noite, mas o velho, levantando-se da cadeira e aproximando-se dos namorados, ouve Almaviva falando de disfarce, e bota-o furioso porta afora, no trio "La testa vi gira".

É comum cortar a aria de Berta, "Il vecchiotto cerca moglie" e sua eliminação, efetivamente, não prejudica a seqüência da ação. Mas são muito interessantes as observações da mulher envelhecida, mas com os desejos intactos, a respeito desse "male universale" que é o amor, e de sua situação de "vecchietta disperata, da tutti disprezzata". A empregada é, na ópera de Rossini, uma personagem secundária. Na segunda peça da trilogia de Beaumarchais, seu papel cresce. No *Mariage* – e nas *Nozze* mozartianas, onde se chama Marzellina – descobrimos que ela teve, de um caso com Bartolo, um filho bastardo: ninguém menos do que o próprio Fígaro.

Ouvindo de Don Basílio que o impostor Don Alonso era o conde em pessoa, Bartolo acha que tem de agir rápido. Entrega-lhe a chave do portão, e manda-o chamar o tabelião, para fazer aquela noite mesmo o seu casamento com Rosina. À menina, mostra o bilhete que ela mandou a Lindoro, e Don Alonso lhe disse ter encontrado nas mãos do conde Almaviva. Como Rosina não sabe que se trata da mesma pessoa, acredita que Lindoro está tentando seduzi-la para entregá-la a seu patrão, um aristocrata libertino. "Quanto è crudel la sorte mia!", exclama. A tempestade que se segue espelha os sentimentos torturados dentro do coração de Rosina e, nesse sentido, já é um ingrediente nitidamente pré-romântico, pois uma das características básicas da arte oitocentista será a forma como a natureza serve de caixa de ressonância para as emoções humanas.

Passada a chuva, Fígaro e o Conde chegam ensopados. Ao ver o rapaz, Rosina o expulsa de

15. Ele se refere a Caffarelli, pseudônimo de Gaetano Maiorano (1710-1783), famoso *castrato* do Barroco Tardio.

Salvatore Baccaloni (Bartolo), Benvenuto Franci (Fígaro), Fiodor Shaliápin (Basílio), Toti dal Monte (Rosina) e Tito Schipa (Almaviva) numa montagem histórica do *Barbeiro de Sevilha* no Scala de Milão, em 22 de abril de 1923.

sua presença ("Indietro, anima scellerata") mas, quando ela confessa que, apesar de toda a sua crueldade, ainda ama Lindoro, é a vez de o rapaz proclamar, triunfante: "Mirami, mio tesoro! Almaviva son io, non son Lindoro." O trio "O qual colpo inaspettato", expressando a alegria dos amantes reconciliados, tem uma construção muito original. Fígaro, a princípio, participa comentando "Son rimasti senza fiato". Depois, sentindo que é hora de fugir, transforma-se num eco instrumental dos amantes, ao repetir pedaços de suas frases: "Nodo... presto andiamo!... paghi... vi sbrigate!" mas, absortos em sua felicidade, eles nem se dão conta do que o barbeiro lhes diz.

Finalmente, ele os interrompe, porque viu duas pessoas se aproximando da casa, com uma lanterna. No endiabrado "Zitti, zitti, piano, piano", eles dizem estar na hora de fugir o quanto antes. Mas a escada sumiu e não há mais como sair pela varanda. Ouçamos o que diz Philip Gossett a respeito desse trio:

> Há casos em que Rossini recorre a técnicas musicais padrão para fazer um comentário irônico à ação. É o caso do trio perto do final do ato II. [...] Quando finalmente Rosina e o conde se convencem de que há gente tentando impedi-los de escapar, em vez de fugir avançam para o proscênio e cantam, para a platéia, a estrofe "Zitti, zitti". Na seção final de uma ária ou de uma cena de conjunto, Rossini sempre usa uma certa quantidade de repetição. A estrutura da cabaletta conclusiva arquetípica contém um tema que deve ser repetido (depois de breve transição), normalmente com o acréscimo de ornamentos vocais. Da mesma forma, a frase cadencial rossiniana é quase sempre tocada mais de uma vez. Nesse texto, porém, as repetições negam o texto – em que se fala da necessidade urgente de ir embora – e a situação dramática. É como se Fígaro, Rosina e o conde tivessem ficado prisioneiros de sua música. Têm de esperar pacientemente que a música se desenvolva de acordo com as suas necessidades internas. E, enquanto isso, a escada desaparece de debaixo dos seus pés.

O jeito é esperar quem está chegando: Basílio e um outro homem. Mas cai a sopa no mel. Esse outro homem é o tabelião que, ali mesmo, é intimado a celebrar o casamento do conde Almaviva com a "sobrinha" de Fígaro. A boca de Basílio é tampada com a escolha que o conde lhe oferece entre um anel ou um tiro na cabeça. Nem é preciso dizer o que ele prefere (e Almaviva não é ingrato pois, no *Mariage/Nozze*, veremos que ele levou o professor de canto para seu palácio, depois de casado com Rosina). Quando Bartolo chega com os soldados, seu queixo cai de novo, pois o homem que conhecia como Lindoro revela ser o conde Almaviva.

Removida para a *Cenerentola*, como veremos mais adiante, a *gran scena* de Almaviva tem uma densidade de ópera séria. Precedida do recitativo acompanhado "T'accheta, invan d'adopri", em que ele recomenda ao velho não espernear – "dei tuoi rigori insani giunse l'ultimo istante" – ela se compõe da ária "Cessa di più resistere" e da cabaletta "E tu, infelice vittima", pesadamente ornamentada e, de um modo geral, fora do alcance de muitos tenores que fazem o papel (embora haja quem a cante – por exemplo Francisco Araiza –, na versão Neville Marriner, de 1982).

Aos protestos de Bartolo, que se sente traído por seu cúmplice, Basílio responde com uma frase lapidar, que o retrata: "Quel signor Conte certe ragioni ha in tasca, certi argomenti a cui non si risponde." O próprio cuidado do velho em tirar a escada da varanda não passou de uma "inútil precaução". O que não tem remédio, remediado está. Bartolo dá, a contragosto, a benção aos noivos (mas, como vingança é um prato que se come frio, veremos, no *Mariage/Nozze*, como ele tentará vingar-se de Fígaro... só para ver o feitiço virar-se contra o feiticeiro). Está tudo pronto para o Finaletto II, em forma de *vaudeville*, em que Fígaro, Rosina e Almaviva vêm cantar a moral da história, enquanto os outros a resumem no dístico

Amor e fede eterna
si vega in voi regnar.

Em 1898, numa carta ao crítico francês Camille Bellaigue, Verdi disse: "O *Barbeiro*, com a sua abundância de idéias musicais, a sua verve cômica, a verossimilhança de sua declamação, é a mais bela ópera bufa que existe." Verdi sabia o que estava dizendo.

Rossini já estava no leito de morte quando recebeu a carta de um certo Costantino dall'Argine, contando-lhe que tinha remusicado o libreto de Sterbini, e pedindo-lhe a autorização para dedicá-lo a ele. Lembrando-se talvez do que sofrera nas mãos dos fãs de Paisiello, Don Gioachino aceitou a dedicatória e ainda desejou boa sorte a Dall'Argine.

Uma grande demonstração de generosidade. Ou talvez a sua última brincadeira: esse gesto cavalheiresco concedeu a Dall'Argine o presente da imortalidade. A carta que Rossini lhe mandou é o único motivo para que ele ainda seja lembrado.

Ao voltar de Roma, após a estréia do *Barbiere*, Rossini descobriu que, no dia 13 de fevereiro de 1816, o San Carlo fora destruído por um incêndio. O rei Ferdinando, restaurado no trono pouco antes, ordenara ao arquiteto e cenógrafo Antonio Nicolini que reconstruísse a sala em tempo recorde – e isso aconteceu em menos de um ano de trabalho, "o que uniu o povo ao rei mais do que o teria feito qualquer lei" (Stendhal). Nesse meio tempo, porém, a temporada tinha sido transferida para o Teatro dei Fiorentini. Havia também um compromisso a atender com pouquíssimo tempo de prazo: uma cantata para o casamento de Carolina, filha do rei de Nápoles, com o duque de Berry, segundo filho do futuro Carlos X da França. Gioachino não hesitou; os onze números de *Le Nozze di Teti e Peleo*, cantada no Teatro del Fondo em 24 de abril de 1816, são uma colagem de pedaços do *Barbiere* e de outras óperas. Depois, ao mesmo tempo que supervisionava uma apresentação do *Tancredi* em Nápoles, começou a trabalhar na comédia que se comprometera a escrever para o Fiorentini.

Mas era também a época do envolvimento pleno com La Colbran, sete anos mais velha do que ele, que abandonara Barbaja para cair em seus braços – e até Rossini tinha limites. *La Gazzetta* estreou com um atraso de várias semanas, em 26 de setembro de 1816. Não causou nenhuma impressão maior, foi retirada de cartaz após algumas récitas e nunca mais foi reprisada em vida do compositor. Revivida numa transmissão radiofônica da RAI em 1960, de que existe o registro, ela foi encenada na Ópera de Câmara de Viena em 1976. Há duas gravações ao vivo:

Fonit-Cetra, 1960 – Galli, Tuccari, Casoni, Lazzari, Borriello, Tajo/Bruno Caracciolo.
Bongiovanni, 1987 – Morigi, Ariostini, Federici, Barbacini, Leverian/Fabio Luisi.

Andréa Leone Tottola fez, a pedido de Rossini, a revisão de um libreto que Giuseppe Palomba escrevera para uma ópera de Niccolò Jommelli encenada em Ludwigsburg, em 1766. Palomba baseara-se em *Il Matrimonio per Concorso*, uma comédia de Carlo Goldoni apresentada em Veneza três anos antes. A peça se passa em uma hospedaria de Paris, onde está o ridículo *nouveau-riche* Don Pomponio, que colocou um anúncio no jornal, pedindo um bom candidato para a mão de sua filha Lisetta – sem se dar conta de que ela já está apaixonada por Filippo, o dono da pousada. Ali está também o rico Anselmo, que anda correndo o mundo em busca de uma esposa. Ele fica conhecendo Doralice, filha de Don Anselmo, que decidiu casá-la com um certo Monsù Traversen. Há as costumeiras trocas de identidade, brigas de namorado, ameaças de duelo e uma mascarada turca com a qual os jovens ridicularizam Don Pomponio (esse número é adaptado do *Turco in Italia*). No final, Traversen renuncia à mão de Doralice e os pais dão a bênção à união dos dois casais.

Nem sempre era desvantajoso o sistema de passar para uma ópera material da outra: a bela abertura escrita para esta comédia talvez tivesse ficado esquecida, se Rossini não a tivesse reaproveitado, quatro meses depois, na *Cenerentola*. Música do *Turco*, da *Pietra del Paragone*, do *Torvaldo e Dorliska* – e até mesmo o texto dos números saqueados nessas comédias anteriores – reaparecem na *Gazzetta* que, seguindo a tradição bufa napolitana, mistura diálogos em toscano e em dialeto. Mas as peças aproveitadas são reorquestradas, de forma a se adaptarem ao novo uso que lhes é dado. No conjunto, essa obra de circunstância demonstra ter sido habilmente costurada por um dramaturgo de mão cômica a essa altura tão segura que, mesmo com ingredientes velhos, sabe fazer saladas novas. E tudo se perdoa quando se pensa que, enquanto cozinhava às pressas esse trabalho menor, ele estava também trabalhando em um dos grandes títulos de seu repertório.

No ensaio de apresentação da gravação López-Cobos do *Otello*, Philip Gossett comenta:

Se as personagens principais se chamassem Enrico, Zenobia e Ricciardo, poucos espectadores imaginariam que os dois primeiros atos tinham qualquer relação com a tragédia de Shakespeare. Teriam reconhecido, ao contrário, e com toda razão, certas situações típicas da ópera italiana da época: um casamento secreto entre um valoroso militar e uma mulher mais jovem; um pai que se opõe a esse casamento, pois escolheu outro esposo para a sua filha; uma confidente com gosto para intrigas; um duelo entre os rivais, a maldição do pai; e todo um arsenal de fórmulas melodramáticas familiares. É só no ato III, com a cena entre Desdêmona e Emília, a confrontação e a tragédia final, que a origem literária torna-se aparente. E, no entanto, esse libreto, apesar de uma lógica capenga que nem mesmo toda a boa-vontade do mundo pode ignorar, é incontestavelmente *funcional* e, às vezes, até feliz.

No capítulo introdutório deste volume, mencionamos a reação irritada de Stendhal e lord Byron ao libreto do *Otello*. E, no entanto, Francisco Maria Berio, marquês de Salsa, dava a Shakespeare o mesmo tratamento de seus contemporâneos, useiros e vezeiros em amenizar as "asperezas" do bardo inglês e modificar com desenvoltura as peripécias de suas tragédias. Basta lembrar que Jean-François Ducis, o primeiro adaptador de Shakespeare para o francês, publicou, na virada do século XVIII para o XIX, um *Roméo et Juliette* com final feliz; um *Othello* em que o protagonista deixa de ser mouro (não era apenas o público italiano que reagiria mal a uma cara tisnada) e reconcilia-se com Desdêmona no último ato; e um *Hamlet* em que Ofélia transforma-se na filha do rei Cláudio, e o príncipe da Dinamarca, depois de ter vingado a morte do pai, casa-se com a prima.

Mesmo quando Alexandre Dumas e Paul Meurice resolveram, em 1847, corrigir os abusos de Ducis, encenaram um *Hamlet* com muitos cortes, em que a personagem também sobrevivia. Foi essa a versão preferida por Barbier e Carré, quando escreveram o libreto do *Hamlet* (1868) de Ambroise Thomas. Antes disso, em 1822, Felice Romani tinha escrito para Mercadante um *Amleto* que é um modelo de adaptação fantasiosa e infiel de um grande texto (ver *A Ópera Romântica Italiana*, desta coleção). Não há, portanto, por que cobrar de Berio, em 1816, um respeito pela obra shakespeareana que só será inaugurado na ópera peninsular, em 1847, pelo *Macbeth* de Verdi – escrito pelo pobre Francesco Maria Piave, de quem já se falou tão mal.

O San Carlo não tendo ficado pronto a tempo, a ópera subiu à cena, em 4 de dezembro de 1814, no Teatro del Fondo. E foi aplaudidíssima, graças à música, mas também a um excelente elenco, em que La Colbran estava cercada pelos três grandes tenores da companhia, Andrea Nozzari (Otello), Giuseppe Ciccimarra (Iago) e Giovanni David (Rodrigo). O *Giornale delle Due Sicilie*, na matéria de 11 de dezembro, não teve mãos a medir:

> Vamos aplaudir o nosso ilustríssimo senhor marquês Berio, o qual, tratando o *Otello*, assunto tristíssimo do trágico inglês, deu-nos felizmente um drama com o qual o egrégio Sig. Rossini pôde fazer-nos saborear toda a verdadeira beleza da música italiana, uma declamação ágil e natural, o patético animado e veemente do recitativo acompanhado e um cantábile tocante e cheio de melodia, mediante os quais realizam-se aqueles instantes que constituem o prodígio da arte, e com os quais a música dá às afirmações da alma uma expressão mais apaixonada e mais sensível da natureza em seus aspectos mais profundos. O maior elogio que podemos fazer a essa última produção do Sig. Rossini, porém, consiste em ele ter sabido unir toda a pompa do canto italiano à força trágica que o assunto exigia.

O sucesso do *Otello* se repetiu em toda a Italia e no exterior, e a ópera ficou em cartaz até a segunda metade do século XIX, só entrando em declínio após a estréia, em 1887, da penúltima ópera de Verdi, muito mais fiel à tragédia inglesa. A redescoberta foi em 1954, no Town Hall de Nova York, com a apresentação em forma de concerto da American Opera Society. No St. Pancras Hall de Londres, em 1961, a ópera foi encenada. O pintor surrealista italiano Giorgio De Chirico desenhou os belíssimos cenários do espetáculo de 1964, na Opera de Roma, com Agostino Lazzari e Virginia Zeani, regida por Fernando Previtali e documentada em discos pirata. Foram marcantes as reprises no Festival de Wexford de 1967, e a do Festival de Pesaro, em 1988, com June Anderson, Chris Merritt e Rockwell Blake, da qual existe o vídeo. As gravações disponíveis são:

GOP, 1964 – Lazzari, Zeani, Handt, Baratti, Reynolds, Ventriglia/Fernando Previtali.
Philips, 1979 – Carreras, Von Stade, Pastine, Fisichella, Condò, Ramey, Lewis, Leoz/ Jesús López-Cobos.
Opera Rara, 2001 – Ford, Futral, D'Arcangelo, Matteuzzi, Lopera, Shkosa, Davies, Natoli/David Parry.

Curiosidade é a versão de Martina Franca (Dynamic, 2002), com Irine Ratiani e Patrícia

Ciofi, contendo a versão com o papel-título transposto para voz de *mezzo*, de modo a que a Malibran pudesse interpretá-lo. Nesse álbum há também os desenlaces alternativos, o trágico e o com *lieto fine*.

Iago e Rodrigo planejam, invejosamente, a queda de Otello, que voltou vitorioso a Veneza. Elmiro, o pai de Desdêmona, interceptou uma carta da filha ao mouro e acredita que ela era endereçada a Rodrigo, com quem ele pretende desposá-la. Quando a moça descobre que é a Rodrigo, e não a Otello, que querem uni-la, fica dividida entre o amor e a lealdade filial. O general vem dizer a Elmiro que sua filha lhe jurou fidelidade. Mas Iago mostra a carta a Otello que, sem saber para quem ela tinha sido escrita, enche-se de ciúmes e desafia Rodrigo para um duelo. Elmiro amaldiçoa a sua filha.

Otello foi exilado pelo Senado. Ouvindo um gondoleito que passa, sob a sua janela, cantando versos de Dante, Desdêmona reza, entristecida, pedindo o retorno do homem que ama. Ele volta, sim, quando ela está adormecida e, apesar de seus protestos de inocência quando desperta e o vê armado, ele a apunhala. O Doge, Elmiro e Rodrigo aparecem. Ao tentar matar Rodrigo, Iago foi ferido e, antes de morrer, confessou sua trama. O Senado perdoou Otello, Rodrigo renunciou à mão de Desdêmona e Elmiro estava vindo anunciar que aceitara abençoar a união dos dois. Louco de dor, Otello se apunhala.

Rossini começa a abertura como a do *Turco in Italia* e, em seguida, insere trechos retirados da de *Sigismondo*. A Hiller, ele contaria mais tarde:

> Eu a compus preso num quarto, contra a minha vontade, por um empresário careca e enlouquecido, que me trancou lá dentro só com um prato de macarrão e a promessa de que não me deixaria sair até que eu tivesse escrito a última nota dela.

Depois do coro "Viva Otello, viva il prode", em que a população de Veneza louva o general vitorioso, ele aparece ao som de uma marcha animada e elaboradamente ornamentada. Aqui se encontra a única *scena* do protagonista: a robusta cavatina "Ah, si, per voi già sento", seguida do *andantino* "Premio maggior di questa", em que Otello pensa em seu amor por Desdêmona, e encerrando-se com a cabaletta "Amor, dirada il nembo", que exige do cantor muita flexibilidade de coloratura.

O dueto "No, non temer" (Iago-Rodrigo) é de feição rotineira; mas há uma bem dosada mistura de ternura e malícia no dueto "Vorrei che il tu pensiero", no qual Desdêmona confia à sua dama de companhia os sentimentos por Otello. O recitativo dramático que o precede demonstra a maturidade atingida por Rossini na técnica do diálogo. São muito originais as harmonias com que ele se inicia e a forma como Rossini aumenta progressivamente a tensão, fazendo-a decrescer ao aproximar-se a cadência. A cabaletta "Quanto son fieri i palpiti" – com material melódico extraído do *Aureliano in Palmira* – une as vozes de uma forma que visa não à extroversão virtuosística, mas à expressão profunda do sentimento. Este era um dos modelos que Bellini devia ter em mente ao escrever o dueto para Norma e Adalgisa.

O *finale primo*, iniciado por Elmiro – a única personagem masculina que não é tenor – destaca-se pela precisão com que capta os estados de ânimo cambiantes em cada seção, e chama atenção pelo belo trio central "Ti parli d'amore" (Rodrigo-Desdêmona-Elmiro), de caráter lírico, em que reaparece música do *Equivoco Stravagante*. Com a entrada de Otello, que vem impedir a realização das núpcias, forma-se o quinteto "Incerta l'anima", dramático, de abruptos ritmos pontuados e breves frases marcantes – em especial "la dolce speme fuggì dal cor", de Rodrigo e Desdêmona, cantada sobre acordes sustentados das demais vozes. Depois, a música se acelera e o ato termina com grande impacto.

O extremo superior da tessitura é solicitado pela coloratura vibrante de "A come mai non senti pietà dei miei tormenti", em que Rodrigo reage à notícia de que Desdêmona já é secretamente casada com Otello. O mi bemol^3 e o dó^5 que o tenor tem de emitir testemunham as proezas de que era capaz Giovanni Davide, criador do papel. A introdução, declamada sobre um acompanhamento orquestral sincopado, e a cabaletta, com bruscas mudanças de andamento, são muito eficientes.

O ouvinte familiarizado com o *Duetto Buffo di Due Gatti* deve ficar desconcertado ao reconhecer, nesta ária, a seção final dessa brincadeira de fim de vida. Mas, neste caso, a culpa não é de Rossini: por mais que a idéia de escrever uma peça para ser cantada por dois gatos pudesse ter passado pela cabeça de Don Gioachino, esse dueto, na verdade, não é de sua autoria. Num estudo publicado em 1975, no *Bolletino del Centro Rossiniano di Studi*, de Pesaro, o musicólogo inglês Edward Crafts demonstrou que esse *Duetto Buffo* foi montado por um certo G. Berthold usando trechos desta ária, do dueto Iago-Rodrigo, do ato I, e a melodia de uma *Katte-Cavatine* de autor dinamarquês.

Apesar da troca do lenço por uma carta de amor, o dueto "Non m'inganno", em que Iago a mostra a Otello, despertando seus ciúmes irracionais, é muito eficiente. É notável a habilidade com que Rossini explora as possibilidades de dois tenores de natureza diferente, um mais heróico, outro mais brilhante, e como ele consegue adaptar às circunstâncias a música da cabaletta "L'ira d'avverso fato", extraída do *Torvaldo e Dorliska*. Segundo Charles Osborne, "ao escrever, 35 anos depois, o dueto 'Si, vendetta, tremenda vendetta', no final do ato II do *Rigoletto*, Verdi deve ter tido em mente o feroz impulso rítmico desta cabaletta". Mas o confronto entre tenores é ainda mais intenso em "Ah vieni", em que Otello e Rodrigo duelam com dós agudos, antes mesmo de terçar armas. E o dueto transforma-se no longo trio "Ahimè, fermate... Più barbaro tormento", tornado ainda mais vivo e empolgante pela chegada de Desdêmona.

O tenso recitativo de Emilia, "Desdemona! Che veggo?", dá início ao *finale secondo*, no qual Rossini reservou à Colbran um de seus melhores momentos, a dramática "Confusa, oppressa... Che smania! Oimè, che affano!", entrecortada por intervenções de Emília. A chegada do coro, anunciando que Otello está a salvo, dá início à *stretta* animada por contagioso crescendo, que a entrada de Elmiro, furioso – "Del mio tradito onore come non hai rossor?" – torna ainda mais excitante.

Não são poucas, como vimos, as passagens de alta qualidade nos dois primeiros atos. Mas é evidente uma certa descontinuidade estilística entre eles e o ato III, no qual se concentra a melhor música do *Otello*. Como a *Luisa Miller* de Verdi, que se inicia ainda como uma ópera da fase de formação mas, perto do fim, passa por brusca mudanças sintáticas e já evidencia a linguagem característica do período intermediário, da trilogia romântica, também o *Otello* apresenta característica semelhante. Situado num momento em que as concepções dramáticas rossinianas estão passando por transformações radicais, em virtude das condições novas que lhe são oferecidas em Nápoles, essa ópera também oferece, do segundo para o terceiro ato, um salto qualitativo considerável.

Depois de uma introdução orquestral carregada de maus pressentimentos, o ato abre-se com um elétrico diálogo em recitativo acompanhado, para Emília e Desdêmona, pontuado por uma figura muito agitada das cordas, ouvida no prelúdio. As tentativas da confidente de acalmar a protagonista são interrompidas pela voz de um gondoleiro, que entra pela janela. Foi o próprio Rossini quem sugeriu a Berio di Salsa colocar na boca desse barqueiro as palavras famosas escritas por Dante – "Nessun maggior dolore che ricordarsi del tempo felice nella miséria" – no momento em que, na *Divina Comédia*, ele evoca o episódio dos amores infelizes de Paolo e Francesca. A Ignaz Moscheles, Rossini contou, anos depois:

> Fui eu quem quis introduzir versos dantescos no meu *Otello*, por mais que o marquês Berio me dissesse que gondoleiros não cantam versos de Dante... no máximo cantariam versos de Tasso. Disse-lhe que o sabia melhor do que ele, pois estive mais vezes em Veneza. Mas naquela cena eu realmente precisava de versos dantescos.

A sensação da ameaça que pende sobre a ação é acentuada pelos comentários dos sopros e os tremolos das cordas, que acompanham essa *canzone*. As tristes palavras do gondoleiro têm para Desdêmona um valor premonitório – "Come infino al core giungon quei dolci accenti" – e lhe trazem à lembrança a figura de Isaura. Emília nos informa que Isaura, escrava vinda da África, foi "a amiga que cresceu aqui ao lado dela e aqui morreu". É o pretexto para que, tomando da harpa, Desdêmona cante a comovente "Assisa a pie d'un salice", com acompanhamento muito discreto das cordas e madeiras. A linha vocal desenvolve-se, do estilo silábico, quase popular, da primeira estrofe, para uma escrita mais ornamentada, visando a sugerir a angústia que, aos poucos, toma conta dela. Como no *Otello* de Verdi, a orquestra sugere o ruído do vento. A última estrofe retorna à simplicidade do início, mas a canção é interrompida pela ansiedade de Desdêmona: "il pianto prosseguir non mi fa", acentuada por um motivo desolador no clarinete. Sozinha, acompanhada só pelos sopros, ela entoa a maravilhosa *preghiera* "Deh, calma, o Ciel, nel sonno", com que se encerra a primeira parte do ato.

O ritornello orquestral que precede a entrada de Otello é de tremenda tensão. Seu recitativo acompanhado, "Eccomi giunto inosservato", é magistral, especialmente na seção em que ele contempla a mulher adormecida e se extasia com sua beleza, hesitando entre o amor e o desejo de vingança. Diante da força desse recitativo, é um tanto convencional a coloratura, no início do dueto "Non arrestare il colpo", em que a citação do motivo da "calúnia", do *Barbiere*, não é das mais felizes. Mas é impressionante a conclusão desse número: as vozes se respondem a intervalos cada vez mais próximos, depois unem-se num longo acorde de sétima diminuída e, após um silêncio, a orquestra pinta, com cores fortes, a tempestade dos sentimentos de Otello que, descontrolado, apunhala a mulher que ama. O encerramento do ato, a chegada dos outros, a seqüência de revelações, o suicídio de Otello, se atropela num efeito de rapidez deliberada muito eficiente.

Esqueçamos que, no outro extremo do século, um *Otello* maior ainda será composto. Espanta ouvir um musicólogo como Osborne dizer que "é quase impossível ouvir, hoje, (a ópera de Rossini) sem ter na memória a obra incontestavelmente maior de Verdi". Sinceramente, uma coisa nada tem a ver com a outra – de outra forma não poderíamos apreciar nem o *Falstaff* de Salieri, nem *As Alegres Comadres de Windsor*, de Nicolai, nem o *Sir John in Love* de Vaughan Williams – cada uma delas obras gratificantes por razões diferentes. O que é preciso salientar é que *Otello* marca um ponto fundamental na carreira de Rossini. Atingindo um patamar novo de maturidade, ele está se preparando para produzir as obras-primas dos anos 1817-1829, de grande importância como fundamento para o Romantismo. Não se deve tampouco esquecer que, por ser uma das primeiras óperas do século XIX a aceitar o fim trágico, *Otello* é um precursor da dramaturgia mais explicitamente cruel de Donizetti e Bellini. Se há, portanto, um divisor de águas entre o mundo da ópera setecentista e o do período romântico, é no ato III do *Otello* que ele se encontra.

De *La Cenerentola* a *Mosè in Egitto*

Ao sair de Roma, após a estréia do *Barbiere*, Rossini prometera voltar no outono e preparar a *opera d'obligo* da temporada de Carnaval, a se inaugurar no dia 26 de dezembro de 1816. Mas, como o *Otello* só estreou em Nápoles em 4 de dezembro, ele chegou a Roma na metade do mês. E encontrou Pietro Cartoni, o empresário do Teatro della Valle, arrancando os cabelos. Quem nos explica a razão, em suas *Memórias*, é Jacopo Ferretti, o libretista com quem Rossini haveria de trabalhar. Cartoni encomendara a Gaetano Rossi uma *Ninnetta alla Corte*, baseada "numa das comédias mais amorais do teatro francês, numa época em que ele começava a criar, para si mesmo, a fama de ser uma ignóbil escola de libertinagem". É claro que a censura papal fez tantos cortes, que o libreto ficou sem pé nem cabeça.

Ferretti foi acionado, e conta ter-se reunido com Rossini, em casa de Cartoni, duas noites antes do Natal. Os três passaram a noite bebendo chá e discutindo assuntos para a nova ópera. Rossini, morto de cansaço, já tinha se deitado no canapé do escritório, quando Ferretti, cotucando-o, perguntou: "O que você acha da história da Cinderela?" Gioachino lhe perguntou: "Quando é que você me entrega o libreto?" Ferretti respondeu: "Amanhã de manhã, se eu conseguir ficar acordado a noite inteira." O compositor concordou: "Então está bem." Virou para o canto e ferrou no sono. Nas *Memórias*, Ferretti diz:

> No dia de Natal, Rossini tinha a introdução; no dia de Santo Estevão [26 de dezembro], a cavatina de Don

Magnífico; no dia de São João [27], o dueto para tenor e soprano. Resumindo, escrevi os versos em 22 dias, e Rossini, a música em 24.

Se Ferretti conseguiu redigir em tão pouco tempo o libreto da *Cenerentola*, foi porque o decalcou no da *Agatina o La Virtù Premiata*, que Francesco Fiorini tinha escrito, três anos antes, para Stefano Pavesi (ver o capítulo sobre esse compositor). Fiorini, por sua vez, baseara-se numa ópera famosa em toda a Europa, mas nunca encenada na Itália: a *Cendrillon* de Nicolas Isouard, com texto de Charles-Guillaume-Étienne, adaptada da história recolhida por Charles Perrault em *Les Contes de ma Mère l'Oye* (Os Contos da Mamãe Gansa), de 1697[16]. O libreto de Étienne tinha feito tanto sucesso que fora musicado de novo, em 1810, pelo alemão Daniel Steibelt, para a Ópera Imperial de São Petersburgo, da qual era o diretor.

Na versão iluminista de Fiorini-Ferretti, não há fada madrinha, nem carruagem feita de abóbora e puxada por ratinhos. A fada é substituída pelo sentencioso Alidoro, o tutor do príncipe Ramiro: é ele quem, sabendo que Angiolina é o par ideal para seu pupilo, a paramenta para que possa ir ao baile. Além disso, eles incorporam um clichê típico da comédia clássica, muito freqüente em Marivaux, por exemplo: a troca de identidades. Ramiro troca de roupa com seu criado, Dandini, para poder observar mais de perto o comportamento de Tisbe e Clorinda, as duas filhas de Don Magnífico que lhe estão oferecendo como noivas. E é graças a esse estratagema que sente na carne a arrogância e a futilidade dessas duas megeras; e se apaixona pela doçura e beleza de Angiolina, a meia-irmã tratada como empregadinha. No prefácio do libreto, Ferretti se justifica:

Se Cenerentola não aparece em companhia de um mago que realiza milagres fantásticos, ou de um gato falante, e não perde o sapatinho no baile (mas, em vez disso, é presenteada com um bracelete), isso não deve ser considerado um crime de lesa-majestade, e sim mais uma exigência ditada pelas condições de encenação no Teatro Valle, e um sinal de respeito para com o refinamento de gosto do público romano, que não tolera nada em cena que pudesse fazer parte de uma dessas histórias da carochinha que a gente ouve sentado ao pé da lareira.

Quem não gostou desse desrespeito ao texto de Perrault foi o crítico do *Journal des Débats*, quando a ópera foi cantada em Paris, em junho de 1822. Censurou o libretista por ter sido infiel ao livro e, em tom de brincadeira, disse que se poderia perdoá-lo num só caso: o de a cantora ter braço bonito e pé feio. Righetti Giorgi, a prima-donna, tomou essa observação como uma ofensa pessoal, e respondeu furiosa, em suas *Memórias*:

Esses miseráveis embaralham as cartas para poder obter, junto de seus leitores, um proveito imerecido! Nos teatros de Roma, não se permite que as pessoas se movimentem como o fazem nos teatros da França. Achou-se que, se de alguma forma o uso da chinela poderia ofender a decência[17], podia-se muito bem, ainda mais que se tratava de uma *opera per musica*, substituí-la por um bracelete. E não venha o senhor Jornalista de Paris dizer que isso foi decidido por causa de meu pé, porque não me conhece e, se me conhecesse, diria que eu teria todo o interesse em adotar a chinelinha, em vez de contentar-me com o uso do bracelete.

Sendo muito escasso o tempo, Rossini precisou de ajuda. Já dissemos que era comum ele ser assistido no recitativo seco, que não achava graça em escrever (embora o fizesse com extrema habilidade, quando necessário). Mas, neste caso, a ária de Alidoro, "Vasto teatro è il mondo", no fim do ato I, o coro "Ah, questa bella incognita" e a ária de Clorinda, "Sventurata! Me credea", ambos no ato II, são de Luca Agolini, músico romano, autor principalmente de música sacra[18]. Ainda assim, é surpreendente que ele tenha composto, em tão curto prazo, uma ópera em que, à exceção dessas duas árias para personagens secundárias, e de dois empréstimos apenas – a abertura, que

16. No original, o conto intitula-se *Cendrillon ou La Petite Pantoufle de Vair*: Cinderela ou a Chinelinha de "Vair" (do latim *varius*, nome que se dá a um pêlo macio, branco malhado de preto, usado para fazer calçados). A semelhança de som entre *vair* e *verre* (vidro) fez com que, em edições posteriores, Cinderela passasse a calçar um sapatinho de vidro – e é essa a forma que ele tem, por exemplo, no famoso desenho animado de Walt Disney.

17. De fato, naquela época, e ainda mais na sede do papado, mostrar um tornozelo em cena seria considerado de extrema ousadia.

18. Em 1821, durante os ensaios para uma apresentação no Teatro Apollo, de Roma, Rossini escreveu para Alidoro uma ária nova, "Là nel ciel dell'arcano profondo";

vem de *La Gazzetta*; e o rondó "Non più mesta", aproveitado do "Cessa di più resistere", do *Barbeiro* – há uma maioria de material novo e extremamente original.

Don Magnífico e Dandini foram cantados, na noite de 25 de janeiro de 1817, pelos mesmos Andrea Verni e Giuseppe de Begnis que os tinham criado na *Agatina*, de Pavesi. Geltrude Righetti-Giorgi e Giacomo Guglielmi faziam a Borralheira e o Príncipe. A reação da platéia, muito ruidosa e às vezes até hostil, não deixou Rossini nem um pouco satisfeito. Ferretti conta, em suas *Memórias*:

> Naquela primeira noite tempestuosíssima, só escaparam do naufrágio o *largo* e a *stretta* do quinteto, o rondó final e o sublime *largo* do sexteto. O resto passou despercebido e, às vezes, recebeu até alguns assobios. Mas Rossini, que não tinha se esquecido da queda efêmera do *Barbeiro*, e estava consciente da magia que espalhara a mancheias pela *Cenerentola* afora, disse gravemente a mim, que estava aturdido e entristecido com aquele fiasco: 'Bobo! Antes do Carnaval terminar, todos estarão apaixonados por ela. Não passará um ano e será cantada *dal Libeo alla Dora*[19]. E dentro de dois anos, agradará à França e deixará a Inglaterra maravilhada. Os empresários e, principalmente, as primas-donnas brigarão por causa dela.

Isso de fato aconteceu. Basta dizer que *La Cenerentola* foi ouvida no Teatro São João do Rio de Janeiro em fevereiro de 1821. Ao lado do *Barbeiro*, sempre foi a ópera mais popular de Rossini e nunca saiu do repertório. No século XX, grandes intérpretes do papel-título foram Fanny Anitua, Conchita Superviá, Gianna Pederzini, Fedora Barbieri, Lucia Valentini-Terrani, Tereza Berganza, Frederica von Stade, Cecilia Bartoli, Jennifer Larmore. Estas são as gravações disponíveis:

Cetra, 1949 – Simionato, Valletti, Meletti, Dalamangas/Mario Rossi.

EMI, 1953 – Gabarian, Wallace, Bruscantini, Oncina, Alan, Noni, Cadoni/Vittorio Gui.

Decca, 1963 – Simionato, Montarsolo, Bruscantini, Bennelli, Foiani, Carral, Truccato Pace/Oliviero de Fabritis.

Memories e Opera d'Oro, 1971 – Berganza, Montarsolo, Capecchi, Alva, Trama, Guglielmi, Zannini/Claudio Abbado (no Maggio Musicale Fiorentino).

DG, 1971 – Berganza, Montarsolo, Alva, Trama, Guglielmi, Zannini/Abbado (no Festival de Edimburgo).

Gala, 1976 – Valentini-Terrani, Montarsolo, Dara, Alva, Desderi, Guglielmi, Zannini/ Abbado[20].

Acanta, 1978 – Casoni, Benelli, Bruscantini, Mariotti/Piero Bellugi.

Sony, 1980 – Valentini-Terrani, Dara, Trimarchi, Araiza, Corbelli, Ravaglia, Schmiege/Gabriele Ferro.

Philips, 1987 – Baltsa, Raimondi, Alaimo, Araiza, Del Carlo, Palmer, Malone/Neville Marriner.

Decca, 1992 – Bartoli, Dara, Corbelli, Matteuzzi, Pertusi, Costa, Banditelli/ Riccardo Chailly.

Teldec, 1994 – Larmore, Corbelli, Quilico, Giménez, Miles, Scarabelli, Polverelli/ Carlo Rizzi.

Fondazione Cassa di Risparmio di Pesaro, 2000 – Ganassi, Florez, Ulivieri, di Candià, Praticò, Morozôva, Prina/Rizzi.

Em vídeo:

Filme da RAI de Milão de 1955 – Ribacchi, Oncina, Montarsolo, Pedani/ Gavazzeni.

Festival de Spoletto de 1978 – Pecchioli, Garrison, Chiappi, Skram/ Cambreling.

New York City Opera, 1980 – Marsee, Blake, Titus, Rolandi/Salesky.

Filme do Scala de Milão, 1981 – von Stade, Araiza, Plishka, Montarsolo, Desderi/ Abbado (montagem de Jean-Pierre Ponnelle).

Festival de Glyndebourne de 1983 – Kuhlmann, Dale, Desderi, Rinaldi/ Renzetti (lançada comercialmente no Brasil pela Globofilmes).

Festival de Salzburgo de 1988 – Murray, Araiza, Berry, Quilico/Chailly.

Grand Opera de Houston, 1995 – Bartoli, Dara, Giménez, Corbelli/ Campanella.

Opéra de Paris, 1996 – Larmore, Blake, Chausson, Corbelli/Benini.

Gabriele Ferro a insere, no lugar de "Vasto teatro", em sua gravação de 1980.

19. Expressão equivalente ao nosso "de Seca a Meca".

20. Em agosto desse mesmo ano, Valentini-Terrani, Alva, Dara e Domenico Trimarchi participaram de uma memorável apresentação da *Cenerentola* no Municipal de São Paulo, sob a regência de Franco Mannino.

Teatro São Pedro, 1998 – Provvisionato, Portari, Cowan, Previati, Ariostini/John Neschling

A versão regida por John Neschling documenta a montagem de Píer Francesco Maestrini para a reabertura do Teatro São Pedro, de São Paulo, que tinha sido submetido a extensa restauração. Essa filmagem foi exibida pela TV Cultura de São Paulo e existem cópias em mãos de colecionadores.

Como *La Gazzetta* não tinha sido encenada em Roma, Rossini tomou de empréstimo sua efervescente abertura – e fez uso de sua seção crescendo no finale I da ópera. O tom da obra é dado, na *Introduzione*, pela mistura da tagarelice de Clorinda e Tisbe com a melancolia do "Una volta c'era un re", de Cenerentola, de tom quase folclórico – logo interrompido pela chegada de Alidoro disfarçado de mendigo. A situação é típica do conto de fadas: as irmãs más o expulsam – "Accatone! Via di qua" –, mas a boazinha, às escondidas, já que não tem dinheiro, lhe dá uma xícara de café e um pedaço de pão. São proféticas as palavras do tutor: "Talvez o céu te dê a recompensa antes de anoitecer." A cena se encerra com o buliçoso quarteto "Cenerentola vien qua...", em que as enjoadas irmãs atormentam a Borralheira e Alidoro comenta: "Mas a ruína delas já se aproxima, e quero me divertir muito com isso."

A entrada de Don Magnífico, a cavatina em estilo silabato "Miei rampolli femminini", em que ele narra o sonho absurdo sobre um burro que saiu voando por cima do campanário, e no qual vê um indício de que uma de suas filhas vai casar-se com o rei, situa-o como um dos velhos pomposos e tolos do teatro de Rossini, na mesma linha de Bartolo. Em compensação, o dueto "Un soave non so che", em que Cenerentola e Ramiro expressam o deslumbramentocom o amor à primeira vista, está cheio de ternura – também interrompida pelas importunas solicitações das duas irmãs fora de cena.

É exagerada a ornamentação da cavatina "Come un'ape ne' giorni d'aprile", com que Dandini faz a sua aparição, travestido de príncipe, de forma a parodiar o formalismo das classes aristocráticas, que o criado não sabe imitar com espontaneidade. Alidoro vem com um catálogo no qual está registrado que o barão de Monte Fiascone tem três filhas. Don Magnífico – que acaba de tratar muito mal Angiolina, chamando-a de "servaccia ignorantissima... che non è buona a nulla" – diz que a mais velha morreu[21]. E quando Cenerentola quer protestar, a adverte: "Se você respirar, eu a estrangulo aqui mesmo." O quinteto "Nel volto estatico" começa solene, mas converge para uma *stretta* brilhante, quando todos saem com Dandini para ir ao baile. Sozinho com a desconsolada Cenerentola, Dandini a prepara para ir ao baile, entoando a sentenciosa "Vasto teatro è il mondo", a que já nos referimos antes.

Na cena 2, passada no palácio, Dandini nomeia Don Magnífico chefe dos mordomos. No início do extenso finale I, as duas irmãs ficam furiosas quando o falso príncipe lhes anuncia a notícia: já que não pode casar-se com as duas, a que ele não escolher terá de desposar seu valete – que as duas rejeitam horrorizadas, pois ele tem "un'anima plebea... una aria dozzinale". A chegada de Cenerentola ao baile ("Sprezzo ch'ei don che versa Fortuna capricciosa") impulsiona o finale, que termina no vigoroso "Mi par d'essere sognando", sobre o crescendo da abertura.

No início do ato II, Don Magnífico comemora, na adega do palácio, a sua nomeação para mordomo do palácio, provando os vinhos do príncipe e cantando a longa ária bufa "Sai qualunque delle figlie". Dandini mostra interesse pela misteriosa criatura que apareceu no baile, mas ela lhe diz que seus sentimentos verdadeiros são pelo valete. Ramiro declara-se a Cenerentola, mas ela, dando-lhe um dos braceletes do par que está usando, lhe responde que só aceitará desposá-lo depois que ele tiver descoberto sua verdadeira identidade. Ramiro promete a si mesmo que conseguirá decifrar o enigma, cassa o mandato de príncipe de Dandini, manda que ele expulse do palácio "esse bando de tolos" e, na apaixonada "Si, ritrovarla io giuro", que se encerra com a

21. Na versão de Fioroni-Ferretti, a supressão da madrasta – que na *Cendrillon* de Perrault força o marido a tratar a filha mais velha como empregada, para defender os direitos das mais novas – deixa inexplicados os motivos de Don Magnífico para desprezar a primogênita.

seção "Noi voleremo, domanderemo", cheia de fogo, decide-se a sair em busca da desconhecida. Numa cena muito engraçada, Dandini revela a Don Magnífico não ser realmente o príncipe. O dueto "Un segreto d'importanza" explora todas as possibilidades da escrita para dois baixos bufos. O barão e suas duas filhas saem indignados do palácio.

Chegam em casa mal-humorados e encontram Cenerentola no fogão, cantando uma vez mais a tristonha "Una volta c'era un re". Ópera de Rossini não está completa se não tiver uma tempestade, e a da *Cenerentola* é uma das mais interessantes: ela facilita os planos de Alidoro de fazer a carruagem do príncipe, em sua busca da mulher misteriosa, quebrar exatamente diante da casa do barão. Todos se surpreendem ao ver quem é o verdadeiro príncipe, e Ramiro também se espanta – e se alegra – ao encontrar o par do bracelete no braço de Cenerentola. "Questo à un nodo avvilupato" é um dos melhores "concertatos de estupefação" rossinianos, jogando com a aliteração do /r/ e partindo de um andamento pausado até um galope irresistível.

Clorinda tenta afastar a meia-irmã, insultando-a: "donna sciocca, alma di fango". O pai também manda de volta para a cozinha a sua "serva indegna". Mas Ramiro ergue-se, furioso, em defesa da mulher amada contra essas "alme vile", que ele ameaça com sua cólera, humilhando-as com a lembrança de que, pouco antes, elas o tinham rejeitado por sua "anima plebea". A cena termina com o jubiloso concertato "Dove son! Che incanto è questo?" Na sala do trono, finalmente, assistimos à cena em que Angiolina, já casada com Ramiro, perdoa o pai e as duas irmãs, e celebra a sua felicidade no rondó "Nacqui all'affanno e al pianto", coroado pelas vertiginosas variações "Non più mesta", prova de fogo para as melhores *mezzos* coloratura. Esse é o "Cessa di più resistere" cantado, menos de um ano antes, por Manuel García, na estréia do *Barbiere*. É um auto-empréstimo curioso pois, em geral, Rossini reutilizava apenas peças de óperas mal-sucedidas ou que tivessem sido ouvidas bem longe do lugar onde estava. Mas o rondó casa tão bem aqui que – mesmo ainda sendo, às vezes, inserido em apresentações do *Barbeiro* por tenores em condições de cantá-lo – é ao final da *Cenerentola* que ficou indelevelmente associado.

Embora Magnífico e Dandini sejam figuras bufas bem típicas, esta é uma comédia bem diferente das anteriormente escritas por Rossini e, por isso, Ferretti chamou-a de *dramma giocoso*. Angiolina e Ramiro são descendentes diretos da *Buona Figliuola* de Piccinni, e a Borralheira, desde o "Una volta" inicial e o delicioso dueto com Ramiro, caracteriza-se como uma daquelas heroínas patéticas e sentimentais da década de 1760, descendentes da *Pamela* de Richardson. Até mesmo no concertato do finale I, seu "Questo è proprio uno strapazzo" se destaca, pela nobreza de tom, contra as interjeições bufas dos que a cercam. A mesma coisa acontece com o contraste entre o gracioso "Nel volto estatico" e a *stretta* em silabato que começa a partir de "Se tu più mormori solo una sillaba". Na cena do baile, Cenerentola está tão transformada, não só física mas também musicalmente, que se expressa no estilo aristocrático das personagens de ópera séria – ou, como diz Philip Gossett, "parece que estamos ouvindo *Elisabetta Regina d'Inghilterra*". E a atitude de rainha, que se espelha na maestria com que emite a mais elaborada coloratura, resplandece no rondó final.

La Cenerentola é, portanto, um passo decidido rumo ao mundo da ópera semi-séria pré-romântica em que habitará a peça seguinte, *La Gazza Ladra*. Talvez ela seja, dentro da produção de Rossini, a de estilo mais misto, a que vai buscar inspiração nas fontes mais variadas e, por isso mesmo, oferece grande riqueza e força de expressão.

Menos de três semanas depois da estréia da *Cenerentola*, Rossini seguiu para Milão, onde o esperava uma encomenda do Scala – que ele tinha todo interesse em aceitar, na tentativa de dissipar a impressão negativa deixada por *Aureliano in Palmira* e *Il Turco in Itália*, mal recebidos nesse teatro. Meses antes, os Teatros Reais de Milão tinham aberto um concurso para libretos novos, ganho pelo poeta e filólogo Giovanni Gherardini, com um texto intitulado *Avviso ai Giudici*. Ele se baseava numa peça que, em 1815, fora muito bem recebida no Théâtre de la Porte Saint Martin, em Paris: *La Pie Voleuse ou La Servante de Palai-*

seau (A Pega Ladra ou A Criada de Palaiseau), de Jean-Marie-Théodore Baudouin d'Aubigny e Louis-Charles Caigniez.

Exemplo típico do *mélodrame à grand spectacle*, precursor do teatro romântico, que fazia sucesso nos novos teatros abertos nos boulevards, *A Pega Ladra* tomava como ponto de partida, segundo seus autores, um fato real: a história de uma empregadinha de Palaiseau que, no século XVIII, tinha sido condenada à morte por um furto que não cometera. Só depois de sua execução descobriu-se que as jóias tinham sido apanhadas por uma pega, ave que tem o costume de roubar coisas e levá-las para seu ninho. Para lhe pedir perdão pelo erro judiciário, dizem que a prefeitura de Palaiseau instituiu um fundo para a celebração anual de uma missa solene em sua memória, que passou a chamar-se *la messe de la pie*.

Avviso ai Giudici foi oferecido a Ferdinano Paer, que o recusou. Rossini, pelo contrário, ficou encantado. Numa carta à sua mãe, de 19 de março de 1817, chamou-o de "un soggetto belissimo". *La Gazza Ladra* tem todos os ingredientes da ópera semi-séria, com elementos trágicos misturados aos cômicos, e uma história que acaba bem. Stendhal conta que uma certa parcela da intelectualidade milanesa, pouco disposta a aceitar o prestígio ganjeado por Rossini em Nápoles, foi ao teatro, em 31 de maio de 1817, decidido a vaiá-lo:

> Rossini não o ignorava e tinha muito medo. Mas o sucesso foi tão grande, a obra suscitou um tal entusiasmo que, a todo momento, o público ficava de pé para cobrir Rossini de aclamações. Mais tarde, no café da Accademia, esse homem amável contou que, independentemente do sucesso, estava morto de cansaço por causa de todas as mesuras que tivera de fazer ao público que, interrompendo continuamente o espetáculo, gritava: Bravo, maestro! Bravo, Rossini!

O aplauso da estréia repetiu-se em Munique, meses depois, quando a ópera foi cantada com o título de *Die diebische Elster*. Em breve, ela tinha sido ouvida de Amsterdã a São Petersburgo. Na Inglaterra, foi montada pelo Covent Garden em 1830, numa adaptação de sir Henry Bishop intitulada *Ninetta or The Maid of Palaiseau*. Aos Estados Unidos, chegou em francês: Filadélfia (1827) e Nova York (1830). A redescoberta ficou a cargo da English National Opera (1978), em inglês, com o título de *The Thieving Magpie*. Logo em seguida, foi feita a gravação da edição crítica de Alberto Zedda. Apresentações no Festival Rossini de Pesaro, e na Opera North, de Leeds (1992), uma vez mais em inglês, ajudaram a despertar o interesse contemporâneo por essa obra. Gravações disponíveis:

Fonit-Cetra, 1979 – Pizzo, Muller, Condò, Bottazzo, Signor, Romero, Rinaldi/ Alberto Zedda.
Sony, 1989 – Ricciarelli, Manca di Nissa, D'Intino, Matteuzzi, Coviello, Furlanetto, Ramey/Gianluigi Gelmetti.
Em vídeo:
Festival de Pesaro, 1981 – Ricciarelli, Ramey/ Gelmetti.
Staatsoper de Colônia, 1984 – Cotrubas, Ellis, Kuebler, Rinaldi/Bartoletti.
Festival de Pesaro, 1989 – Ricciarelli, Matteuzzi, Ramey, Furlanetto/ Gelmetti.

Iniciada com um rufar de tambores destinado a chamar a atenção dos espectadores, a abertura mostra-se extremamente graciosa e se encerra num daqueles inevitáveis crescendos rossinianos – música muito agradável, que logo fez carreira solo como peça de concerto. Basta lembrar, para confirmar sua popularidade, que Stanley Kubrick a usou, em 1971, como uma das peças clássicas com que monta a trilha sonora de seu filme *Laranja Mecânica*.

O fazendeiro Fabrizio Vingradito prepara uma festa para recepcionar Giannetto, seu filho, que está voltando do exército. Conta a Lucia, sua mulher, que Giannetto pretende casar-se com a empregada, Ninetta, pela qual está apaixonado; e isso desagrada à dona da casa, que considera a moça preguiçosa e negligente, pois deixou sumir um garfo de prata. Fabrizio lhe pede que seja mais paciente com a garota ("Rispetta in lei le sue sventure"), pois ela é órfã de mãe, o seu pai, "quel bravo e onesto Fernando Villabella", anda desaparecido e, por causa disso, ela é obrigada a trabalhar como doméstica.

A natureza inocente e sem malícia de Ninetta revela-se de imediato em sua *aria di sortita*, a cavatina "Di piacer mi balza", seguida de uma cabaletta muito simples, "Tutto sorridere", em que ela se alegra com a perspectiva de rever o namorado e, quem sabe, reencontrar o pai. Depois de uma cena em que Pippo, um jovem camponês, faz com que o velho judeu Isacco, usurário e vendedor de quinquilharia, se retire do pátio da fazenda, Giannetto chega e é alegremente acolhido por todos. Mas ele só pensa em correr à procura de Ninetta, celebrando seu amor por ela na atraente "Vieni fra queste braccia", seguida da ornamentada cabaletta com coro "Ma quel piacer che adesso". Lucia não gosta nada da idéia do marido de chamar a garota para a mesa, colocando-a entre ele e Giannetto. Durante a refeição, Pippo faz seu exuberante brinde "Tocchiamo, beviamo", com um *ritornello* de sabor campestre. Depois, Giannetto lembra-se do "Vecchio zio" que sofre de gota, e todos decidem ir visitá-lo.

Sozinha em casa, Ninetta vê entrar no pátio um homem de aspecto alquebrado. Reconhece nele o pai, que lhe conta ter sido condenado à morte, no exército, devido a uma discussão com um oficial, e ter desertado para salvar a própria vida. O dueto "Come frenare il pianto" faz com que Fernando e Ninetta se aparentem a Miller e Luisa – é uma página impregnada daquela pudica ternura que encontraremos nas grandes cenas pai-filha da *Luisa Miller*, do *Rigoletto*, do *Simon Boccanegra*. Percebendo a aproximação de Gottardo, o prefeito da cidade, Ninetta pede a seu pai que finja estar adormecido a um canto do pátio. A cavatina "Il mio piano è preparato" parece, a princípio, situar o prefeito como uma figura bufa. Mas esse homem lúbrico, que deseja seduzir Ninetta, logo vai mostrar seu lado negro. As tentativas de Gottardo de aproximar-se da moça são interrompidas por Giorgio, o seu secretário, que lhe traz uma carta.

Enquanto o prefeito procura os óculos, Ninetta aconselha o pai a fugir. Este, sem um tostão, lhe dá uma colher de prata; pede-lhe que a venda e esconda o dinheiro conseguido no tronco de um castanheiro. Não achando os óculos, o prefeito pede a Ninetta que leia a carta para ele. Percebendo que ali se fala da deserção de seu pai, ela lê mudando a descrição[22]. É nesse momento, enquanto o prefeito confronta os dados da carta com o aspecto do mendigo, que a pega, tendo fugido de sua gaiola, vem voando e, sem que a vejam, rouba uma colher de prata da mesa. Toda a seqüência das cenas 8 e 9 é dramaticamente tensa e cheia de maus presságios.

Volta o velho Isacco, cantando a cavatina "Stringhi e ferri da calzette", na qual parecemos ouvir um antepassado de Trabucco na *Forza del Destino*. Ninetta lhe mostra a colher e ele concorda em comprá-la. Quando Pippo, que acabou de prender a pega de novo em sua gaiola, lhe pergunta o que queria do usurário, ela responde que anda precisada de dinheiro. A família volta, em companhia de Gottardo, que quer ver Giannetto. Lucia fica furiosa ao perceber que, depois de um garfo, agora sumiu uma faca; e o prefeito, contra a vontade de Fabrizio, começa imediatamente uma investigação. Quando Giannetto pergunta quem pode ter roubado a colher, a pega, de sua gaiola, responde: "Ninetta". Com o orgulho ferido por ter sido rejeitado, Gottardo vê nisso a possibilidade de se desforrar. Pressiona a moça, ela começa a chorar, vai pegar o lenço e, de seu bolso, cai o dinheiro. Tentando defendê-la, Pippo diz, desastradamente, que a soma lhe foi dada por Isacco. O agiota confirma que comprou dela uma colher de prata com as iniciais FV. Todos se espantam, mas Ninetta não tem como se defender: não pode dizer que as iniciais são de Fernando Villabella, e não de Fabrizio Vingradito. Triunfante, o prefeito a prende. O finale I, que culmina com o grito de desespero de Giannetto – "Ninetta! Ninetta! Tu dunque sei rea?" –, leva o ato I a um desenlace excitante.

No pátio da prisão, onde o carcereiro Antonio lhe permitiu tomar um pouco de ar puro, Ninetta preocupa-se com o pai, que espera pelo dinheiro. Pede a Antonio que chame Pippo, pois quer que ele venda a sua cruz de ouro. Gianneto vem vê-la e, no dueto "Forse un dì conoscere", pede-lhe que conte a verdade. Ninetta não lhe revela seu segredo, mas jura que é inocente. O prefeito está chegando; Gian-

22. Partindo do fato documentado de que Púshkin assistiu à *Gazza Ladra* em 1820, Charles Osborne formula a hipótese de que ele pode ter-se inspirado nessa cena para a seqüência do *Boris Godunóv* (1831) em que Gríshka Otrépiev lê a sua própria descrição no documento do policial, mas modifica-a para fazê-lo crer que o homem procurado é Varlaam; essa cena aparece na ópera de Mússorgski.

netto vai embora mas, antes, promete à namorada fazer o possível para salvá-la. Na inflamada ária "Si per voi, pupille amate", Gottardo vem dizer que a porá em liberade, mesmo sendo culpada, se ela ceder a seus desejos. Diante da recusa, o prefeito expressa todo o ódio por ela na brilhante cabaletta "Udrai la sentenza", com a intervenção do coro dos camponeses, vindo avisar que o tribunal vai se reunir – nele ressoa o crescendo da abertura. Chega Pippo, Ninetta lhe confia o crucifixo, pede-lhe que esconda três moedas no tronco do castanheiro e entregue um anel a Giannetto. É toda especial a mão de Rossini para a combinação das vozes de soprano e contralto. O dueto "Deh pensa che domani", e em especial a sua seção andantino em 12/16 "E ben, per mia memoria", na qual se ouve música já tocada na abertura, é uma das páginas mais bonitas da ópera.

Em casa, Lucia é tomada de dúvidas e de remorsos por ter deixado que prendessem Ninetta. Fernando vem procurar a filha, fica aturdido ao saber que ela está presa e, na grande scena "Accusata di furto... Ah, lungi il timore", decide-se a salvá-la, mesmo que isso lhe custe a liberdade. A ária "A questo seno", em que Lucia pede aos céus a ajuda para Ninetta, vem num momento dramaticamente desajeitado, pois interrompe o fluxo da ação num ponto em que a rapidez de desenvolvimento é desejável; mas sua bela melodia faz lamentar quando é cortada. E ela é importante na medida em que redime a personagem dos sentimentos negativos que tivera antes, em relação à sua empregadinha, tornando verossímil a sua atitude final de aceitá-la como nora.

É muito poderoso o coro "Tremate o popoli", com que se abre a cena do tribunal; mas de estilo convencional o concertato "Ah, qual colpo!", com que os assistentes reagem à sentença de morte; e as *fioriture* de "Aspettate, sospendete" atenuam um pouco a urgência do pedido de clemência feito por Giannetto. A temperatura dramática se eleva com a chegada de Fernando, e a seção conclusiva "Un padre, una figlia, tra ceppi, alla scure" é muito forte.

Um forasteiro, o soldado Ernesto, chega a Palaiseau ("Che razza di villaggio!"); e a Pippo, que encontra sentado num banco da pracinha, pergunta como encontrar a casa do prefeito. Está lhe trazendo a notícia de que o rei agraciou Fernando. Pippo escondeu as moedas no tronco do castanheiro e, agora, junto com Antonio, está contando o dinheiro que lhe resta. A pega chega voando e rouba uma de suas moedas. Ninetta está sendo conduzida ao cadafalso quando Pippo e Antonio, que subiram à torre do campanário, onde está o ninho da pega, ali encontram não só a moeda mas também os talheres de prata de Lucia. Tocam os sinos para alertar a população e a ópera termina alegremente, com a celebração da inocência de Ninetta, de seu casamento com Giannetto, e da libertação de Fernando. Só o prefeito fica num canto, amargurado e arrependido.

Belos momentos são, durante o finale II, a marcha fúnebre que emoldura a *preghiera* de Ninetta "Deh, tu reggi", e o festivo "Ecco cessato il vento", que coloca o ponto final na ópera. Sem perceber que estava diante de uma atitude inovadora – a de conferir a personagens comuns a mesma dignidade, na ópera séria tinham as figuras aristocráticas –, o correspondente do *Allgemeine Musikalische Zeitung*, de Leipzig, criticou Rossini por ter escrito, para a empregadinha, uma marcha fúnebre tão nobre quanto a da *Eroica*, de Beethoven:

> O sr. Rossini parece não ter percebido, em alguns momentos, que a cena se desenrolava numa pequena aldeia, pois a música tinha um tal caráter de solenidade épica que pareciam estar presentes César e Trajano.

O que esse crítico não tinha condições de ver era que, embora desinteressado de política, Gioachino, aos 25 anos, tinha consciência das transformações por que passava a sociedade européia pós-Revolução Francesa. A forma como, na *Gazza Ladra*, rompe os limites e as hierarquias entre os gêneros constitui passo importante no processo que, mais tarde, permitirá a Donizetti, Bellini e ao jovem Verdi renunciar definitivamente às antigas convenções. Partindo, portanto, da fórmula clássica da ópera semi-séria, tal como ela surge com Piccini, a *Gazza Ladra* vai além, estendendo uma ponte para o futuro, o que faz dela um exemplo característico do melodrama pré-romântico.

Terminadas as apresentações da *Gazza Ladra* em Milão, era a hora de voltar a Nápoles, onde o San Carlo fora reconstruído com um cuidado que Stendhal não deixa de registrar:

> Toda a cidade está entusiasmada. Gostei tanto da sala que me encantei ainda mais com a música e os bailados. Está pintado de ouro e prata, e os camarotes são de um azul-celeste escuro. Os adornos do tabique que serve de parapeito aos camarotes são em relevo, o que produz uma sensação de magnificência. São tochas douradas formando feixes, entremeados com grandes flores de lis. De vez em quando, essa decoração que, como eu disse, é riquíssima, é cortada por baixos-relevos de prata; contei, segundo creio, trinta e seis.

Gioachino era esperado para a apresentação, em agosto, de uma ópera nova. Segundo o biógrafo G. Radicciotti foi o próprio Barbaja quem incumbiu Giovanni Schmid, o libretista da *Elisabetta*, de extrair uma *opera seria* da *Gerusalemme Liberata* de Torquato Tasso, pois desejava um espetáculo luxuoso para a reabertura da sala, correspondendo ao clima geral de reconciliação em que se vivia, após o retorno dos Bourbon a Nápoles. Ele precisava de uma peça que lhe permitisse explorar plenamente os recursos cenográficos, o coro, a orquestra e o corpo de baile do teatro mais bem equipado da Itália. O próprio Radicciotti acha estranho que Rossini, "sempre estraneo ai soggetti fantastici" – e a prova disso, para ele, era a eliminação dos elementos fabulosos na *Cenerentola* –, tivesse se interessado por um tema envolvendo mágica. A esse propósito, cita uma carta de Gioachino, em abril de 1853, ao conde Carlo Dona, que lhe pedira a opinião sobre um libreto de assunto fantástico:

> Sou sempre muito amigo da natureza e da espontaneidade das situações. Se devesse dar um conselho, seria o de se manter dentro dos limites do natural, em vez de penetrar no mundo das extravagâncias e das coisas diabólicas, das quais dizem que se cansaram muito os filósofos modernos, até que conseguissem livrar delas a humanidade demasiado crédula.

Esta carta situa Rossini na sólida linhagem dos compositores italianos que sempre deram preferência a uma visão realista do mundo – e o primeiro deles é Cláudio Monteverdi que, numa carta famosa de 1616, a seu libretista Alessandro Striggio, recusou o texto de uma *favola marina*, alegando só saber tratar personagens humanas e reais[23]. Neste caso, porém, a explicação está na necessidade de encontrar uma moldura temática que se prestasse ao espetáculo de grande porte, com coros, danças e efeitos de cena, condizentes com a pompa da ocasião. O *Giornale delle Due Sicilie*, cujo redator musical nunca perdia a chance de alfinetar o compositor, fazia a provocação:

> O signor Rossini, que chegou entre nós há poucos dias, aplica-se neste momento a escrever *Armida*, o mais novo drama do signor Schmidt. Que mais belo argumento para excitar a inspiração do claríssimo autor da música da *Elisabetta*? Esse mesmo argumento foi musicado por Gluck na França, e por Jommelli no régio palco do San Carlo. Jommelli teve a fortuna de vestir, com suas dulcíssimas frases musicais, os versos do signor D. Francesco Saverio di Rogatis, juiz da Suprema Corte de Justiça, e foi o primeiro a ter feito Anacreonte falar a dulcíssima linguagem *del bel paese là dove il sì suona*[24].

O autor do artigo cita apenas a *Armida Abbandonata* (1770) de Jommelli e a *Armide* (1777) de Gluck – dois passos importantes no processo de reforma, na transição do Barroco para o Clássico. Mas, na realidade, são muito mais numerosos os predecessores de Rossini. O *Oxford Dictionary of Opera* registra, antes de sua *Armida*, 75 versões da mesma história, extraída da *Gerusalemme Liberata* de Torquato Tasso. As mais conhecidas foram as compostas por Lully, Pallavicino, Haendel, Vivaldi, Traetta, Jomelli, Cimarosa, Gluck, Cherubini e Zingarelli. E depois da *Armida* rossiniana, oito outros autores retornaram ao tema, sendo o tcheco Antonín Dvorák o mais recente deles.

A julgar pelo prefácio que escreveu para o libreto, Schmidt não estava muito entusiasmado com o trabalho. Como bom respeitador dos clássicos, menciona a "dificuldade em ater-se às regras da arte dramática e de seguir a prescrição da unidade de lugar", num assunto de caráter "meraviglioso", no qual "un amore nell'ebrietà del contento" arriscava de ser o único sustentáculo para a ação. Objeções que só poderiam estimular Rossini, numa fase em que ele estava decidido a superar os velhos esquemas. É perfeitamente compreensível o desconforto de Schmidt, atrelado a antigos hábitos, quando ele reclama do

23. Ver *A Ópera Barroca Italiana* desta coleção.

24. Citação de um verso de Dante.

sistema teatral de hoje em dia, o qual, ao exigir uma complicação dos assim chamados *pezzi concertati*, obriga o poeta a escrever um número escassíssimo de recitativos, para não entediar os espectadores.

Acusação direta ao compositor que, não só fazia dos concertatos a viga mestra de sua dramaturgia, como também musicou apenas uma parte pequena dos recitativos de Schmidt. O libretista lamenta também ter tido de "abreviar mais do que o normal o ato II, para abrir espaço ao balé, que forma um dos principais ornamentos do drama". Apesar de todas essas reticências, e decerto também porque teve Rossini em seu calcanhar, exigindo dele modificações e adaptações àquilo que pretendia, Schmidt conseguiu lhe fornecer um texto bastante funcional. Porém, foi morna a acolhida à estréia, em 11 de novembro de 1817, do espetáculo de que participaram Isabella Colbran (Armida), Andrea Nozzari (Rinaldo) e Giuseppe Ciccimarra (Goffredo). Os balés eram coreografados por Pietro Hus, professor da Regia Scuola Generale di Ballo. No fim do ato II, a coreografia do *pas de sept* foi feita pelo famoso coreógrafo Armando Vestris, e ele era dançado pelos melhores bailarinos italianos da época. Radicciotti descreve a encenação luxuosa:

> O palco representava o palácio e os jardins encantados de Armida, havia a aparição e a desaparição de demônios, fúrias e espectros, carruagens puxadas por dragões cruzavam o céu, assistia-se a danças de ninfas e querubins, e as personagens eram arrebatadas pelos céus ou desciam dele em nuvens artificiais.

É um retorno à ambientação medieval do *Tancredi*, mas sem as características idílicas dessa obra de juventude. Na *Armida*, já existem a atração pelo exótico e o sobrenatural, bem como paixões humanas exacerbadas que são claros prenúncios do Romantismo. Esta é provavelmente a razão pela qual *Armida* foi recebida com frieza nos palcos italianos. O crítico do *Giornale delle Due Sicilie* escreveu, em 3 de dezembro de 1817:

> Apanhado em meio à luta inquieta da harmonia contra a melodia, Rossi e o poeta deveriam opor-se, com toda coragem, a essa revolucção humilhante e destruidora, que só encontra partidários entre os de engenho medíocre; e no entanto, mal conhecendo a si próprio, escolheu assentar os alicerces de sua glória na corrupção do século, preferindo o espírito que combina e calcula ao fogo sagrado de que é animado quem cria e aperfeiçoa. [...] Ao lado das graças, da suavidade melódica e da expressão verdadeira, natural, tocante e cheia de alma, de movimento, de vida, que forma o caráter dos grandes compositores da Itália, há acordes mostrando que o autor, nascido na pátria de Cimarosa e de Paisiello, faz o que pode para reprimir os impulsos da índole nativa, fazendo comparecer adornos de gosto bárbaro, seja porque está sendo seduzido pelo redemoinho da moda, seja porque se empanturrou com a leitura dos clássicos estrangeiros.

Quantas vezes os criadores terão de esbarrar na incapacidade dos críticos de compreender o que há de novo no que lhes é oferecido. Pois não foi apenas em Nápoles a reação desfavorável. Também o crítico do *Nuovo Osservatore Veneto* escreveu, quando a ópera chegou, no ano seguinte, ao Teatro San Benedetto de Veneza:

> À música da *Armida* falta facilidade; é a filha dos prolongados estudos de um homem intolerante que se julga no direito de ousar tudo. [...] Dizem-me que essa música é de execução muito sem jeito. E eu respondo que é por isso que deve ser censurada.

Em Viena, é claro, *Armida* foi bem acolhida, ao ser cantada em alemão, em 1821. Houve algumas reprises esparsas no exterior, mas seu valor global nunca foi inteiramente reconhecido. A última montagem de que se tem notícia, no século XIX, é a da Ópera de Budapeste em 1838. Depois, foi preciso esperar pela redescoberta, que se deve a Maria Callas, em 1952, no Maggio Musicale Fiorentino, num espetáculo montado por Alberto Savinio e regido por Tullio Serafin, de que há a documentação pirata. Mas mesmo nessa época não faltou, na crítica, quem a rejeitasse, acusando-a de "barroquismo vocal". Produções posteriores – Veneza (1970) e Festival de Bregrenz de 1973, com Cristina Deutekom; Aix-en-Provence (1988) com June Anderson; Festival de Pesaro (1993) com Renée Fleming – reacenderam sobre a ópera o foco de atenção que merece. Para conhecê-la, existem as seguintes versões:

Melodram, 1952 – Callas, Albanese, Fillipeschi, Raimondi/Tullio Serafin.

Mondo Musica, 1970 – Deutekom, Bottazzo, Giménez, Garaventa, Maddalena/Carlo Franci.

Koch, 1990 – Gasdía, Merritt, Ford, Matteuzzi, Furlanetto/Claudio Scimone.

Sony, 1993 – Fleming, Kunde, Francis, Kaasch, Fowler, Gennaro, D'Arcangelo/ Daniele Gatti.

A feiticeira Armida, princesa de Damasco, vai ao acampamento dos cruzados franceses pedir ajuda contra um usurpador mas, na realidade, o que quer é enfraquecê-los. O cavaleiro Gernando provoca Rinaldo em relação a quem vai suceder seu líder, Dudone, que morreu. Os dois duelam, Gernando é morto e Armida, que ama Rinaldo, o leva consigo para colocá-lo em segurança. Numa carruagem alada puxada por um dragão, ela o leva para sua ilha encantada, onde o espírito Astarotte e um coro de demônios estão proclamando os seus poderes mágicos e as intenções diabólicas da feiticeira. Ela declara seus sentimentos por Rinaldo e suas ninfas e espíritos cantam e dançam exaltando o poder do amor.

Os cavaleiros Carlo e Ubaldo, que o duque Goffredo di Bouillon mandou com a mensagem de que Rinaldo foi perdoado e pode voltar ao acampamento, chegam ao jardim de Armida e um coro de ninfas tenta em vão seduzi-los. A princípio Rinaldo hesita em atender a seu chamado mas, finalmente, decide segui-los. Desolada, dividida entre o amor por Rinaldo e o desejo de vingança, Armida ordena a seus demônios que destruam a ilha e, em meio às chamas, desaparece no céu em sua carruagem alada.

O crítico inglês Frances Toye descreveu *Armida* como "uma longa cena de amor, cujo único mérito está em ter inspirado [a Rossini] três esplêndidos duetos, contendo a música mais voluptuosa que compôs em toda a sua vida" – e os sentimentos que o ligavam, a essa altura, à Colbran, criadora do papel título, são certamente responsáveis pelo lirismo intenso desses números. Não é apenas em sua estrutura que *Armida* difere da média das óperas rossinianas, até mesmo na fase experimentalista de Nápoles. Tem apenas um papel feminino e seis partes para tenor, três dos quais com exigências extremas de extensão e agilidade, dentro da mais característica arte italiana do *belcanto* – o que, a despeito de uma densidade maior na orquestração, desmente a acusação feita a seu autor de escrever música demasiado "tedesca".

A abertura, mais relacionada com a atmosfera da ação do que na maioria das óperas rossinianas, é constituída de uma nobre marcha *maestoso*, com sinuosas figuras nas madeiras, alternando-se com uma entusiástica seção *vivace*. Depois do coro de abertura dos paladinos, "Lieto, ridente si mostra il dì", a aparição de Goffredo se faz com a cavatina heróica "Ah, no, sai questo di tregua il giorno", cuja cabaletta, "Sì, guerrieri", de agudos resplandescentes, estabelece o estado de espírito combativo dos guerreiros – cuja fervorosa coesão Armida não tardará a pôr em risco. Mas não antes que Eustazio faça sua entrada ao som de uma figura muito marcante, na orquestra, que será reutilizada quatro meses depois no *Mosè in Egitto*. É ele quem anuncia a Goffredo a "donna real, piangente" que lhe vem pedir ajuda.

A *aria di sortita* que se seria de esperar não vem. Em seu lugar, está a intensa narrativa "Signor, tanto il tuo nome", em recitativo acompanhado:

Fra tanti
che qui ti fan corona, eccelsi eroi,
la desolata Armida
dieci eletti campioni a te richiede. [...]
Se avvien ch'io mi mostri di Damasco
con tai prodi alle mura,
duce, la mia fortuna è appien sicura.

(Entre tantos excelsos heróis que te servem de coroa, a desolada Armida pede que escolhas dez campeões. Se acontecer de eu me mostrar com tais cavaleiros diante dos muros de Damasco, general, a minha sorte estará segura.)

E com isso desencadeia o dramático quarteto "Sventurata or che mi resta?", de extraordinária bravura vocal. A seção central desse quarteto, o *andante* introduzido pelo "Or che farò?" de Goffredo, constrói-se sobre o tema de "Caro mio ben", canção muito popular durante todo o século XVIII, atribuída a Giuseppe Giordani.

A "Non soffrirò l'offesa", de Gernando, falta decerto um tom mais pessoal, compensado, contudo, pelo brilho da coloratura, que deve ter posto à prova toda a habilidade de Claudio Bonoldi, o criador dessa personagem e também de Ubaldo. Mas o menor grau de inspiração é cedo esquecido pela incandescência vocal de "Amor, possente nome", o primeiro dueto de Armida com Rinaldo, cuja seção lírica, "Vacilla a quegli accenti", é de grande sensualidade melódica. A melodia saltitante de "Cara per te quest'anima" leva o número a uma coda exuberante. Sobre essa página, Stendhal escreveu: "Rossini deu-nos centenas de retratos das alegrias do amor; mas este não se parece com coisa alguma que tenhamos sonhado antes." E o ímpeto lírico suscitado por esse dueto prossegue no extenso finale do ato I, cuja *stretta*, "Un astro di sangue dall'etra s'affaccia", é de uma energia mais fácil de equacionar com o Romantismo pleno do que com o final do Classicismo. A construção com um grande número solista emoldurado por dois duetos lembra a do ato I da *Elisabetta Regina d'Inghilterra*.

É impressionante a escrita coral na primeira cena do ato II, que se passa numa "orrida selva". Surgindo do subterrâneo, o coro de demônios canta o "Alla voce di Armida possente", intercalado às intervenções de Astarotte, "Sovr'umano potere". É de Osborne o comentário: "A escrita rossiniana, nesse início de ato II, com incomum preponderância da seção de metais, antecipa o mundo sobrenatural romântico do Vale dos Lobos, no *Freischütz* de Weber." Com ela contrasta a ternura do segundo dueto de Armida e Rinaldo, "Dove son io?", com delicada introdução do violoncelo.

Para celebrar o amor proclamado pelo casal em "A quest'alma tal portento", seção final do dueto, as ninfas e os amores cercam-nos e executam danças – o único balé existente nas óperas italianas de Rossini –, ao longo das quais oferecem guirlandas de flores a Rinaldo. Todo o restante do ato é ocupado pela extensa "D'Amore al dolce impero", em três seções pontuadas por refrões do coro, que exigem da intérprete de Armida extremos de pirotecnia vocal. E a dança retoma, enquanto o coro põe fim ao ato com "Tutto spira d'Armida all'aspetto".

Os cavaleiros Ubaldo e Carlo, vindo ao jardim encantado em busca de Rinaldo, cantam "Come l'aurette placide", dueto para tenores cujo *andante* de serenidade pastoral é seguido por um *allegro* nervosoo quando eles se dão conta dos perigos daquele lugar aparentemente idílico. O coro "Qui tutto è calma", cantado pelos espectros, que assumiram a forma de ninfas, separa a primeira e a segunda partes da cena entre Ubaldo e Carlo, que se escondem entre os arbustos para assistir a novo encontro de Rinaldo com a feiticeira. O dueto "Soave catene!", *andante grazioso* com um bem escrito *obbligato* de violino, parece ser o modelo no qual, mais adiante, há de mirar-se o Verdi dos *Lombardi alla Prima Crociata*.

Ainda inebriado de paixão, Rinaldo percebe o luzir das armas de seus companheiros, e se reconhece ao ver a própria imagem refletida no escudo de um de seus companheiros. Rompe-se o sortilégio e ele quer retornar ao acampamento. O trio em dó maior "In quale aspetto imbelle", que se forma quando ele aceita ir embora com Ubaldo e Carlo, é de tom muito excitante, exigindo do tenor que faz Rinaldo proezas de coloratura que põem à prova a flexibilidade e a extensão do tenor. Dos três, de resto, pede-se que atinjam um dó agudo em uníssono, no final do número.

O finale se inicia na cena 7ª, com a nervosa declamação de Armida – "Dov'è?... dove si cela?... eppur poc'anzi qui lo lasciai..." – consciente de que está próximo o momento de sua derrota. Desenvolve-se ao longo de linhas enérgicas, com a última confrontação dos amantes:

Armida – *Ed è pur vero?... e abbandonarmi vuoi?*
Rinaldo – *Vuole il destino...*
Gloria m'invita al campo dell'onore...;

(Então é verdade?... queres abandonar-me?//Assim o quer o destino... A glória me convida ao campo de honra.)

E culmina na longa cena final para a personagem título, "Se al mio crudel", com uma fascinante seção intermediária *andante*, "Lasciarmi, ohimè!, così potè l'ingrato?", em que a feiticeira, dilacerada entre os fantasmas do Amor e da Vingança, relembra os momentos de êxtase que viveu nos braços do amante, mas acaba afirmando, na enérgica coda:

Se al mio poter, voi Furie,
sorde non siete ancor,
ad inseguir traetemi
un empio, un tradiror.

(Fúrias, se ainda não estais surdas a meu poder, trazei-me em seguida o ímpio, o traidor.)

Cercada por seus demônios, que trazem a carruagem puxada por dragões, Armida, descontrolada de fúria, ordena que seu jardim mágico, agora inútil, seja destruído, e desaparece em meio a um turbilhão de chamas e fumaça.

Armida domina toda a ópera, dramática e musicalmente. Rinaldo só tem momentos de expressão autônoma no *finale primo*, quando desafia Gernando, e no finale do ato III, ao readquirir o senso de honra e de dever e decidir afastar-se da feiticeira. A maior parte do tempo, ele é um reflexo – inclusive musical – da protagonista, à qual incumbem os grandes números solistas. Chama a atenção, em *Armida*, a expressão, mediante típicos recursos de belcanto, da volúpia, do hedonismo, da sensualidade beirando o doentio que impregna os domínios da maga. Diz Bruno Cagli, em *Le Catene di Armida e gli Inganni di Rossini* (introdução ao álbum de Claudio Scimone):

> É nessa posição central ocupada por Armida, e nessa forma de concentrar as personagens numa órbita única e obrigatória, que se revela, musicalmente, o verdadeiro nó do drama, essa sedução da mulher-maga que coloca, como o quer o assunto da ópera, todos os homens a seu serviço, e os mantém sob seu domínio graças a vínculos voluptuosos mas também enganadores. Não devemos nos espantar se a ópera nos cega ou nos fulmina; ou ainda se, para obter esse resultado, Rossini recorre não apenas à vocalidade, mas também a uma série exuberante de achados harmônicos e instrumentais, bem como a revoluções formais – começando com a Sinfonia de formato inteiramente desusado – que surpreenderam e desorientaram o público da época.

Desagradou-o principalmente o trecho final, após o trio dos tenores – aquele em que Armida percebe finalmente ter sido abandonada – pela ousadia de sua forma fragmentada. Ela se constrói como um grande bloco musical em que há uma série encadeada de intervenções da solista, interrompida de vez em quando pelas falas de Rinaldo e dos outros paladinos. No auge dessa cena, a escrita descosida e nervosa demonstra o quanto a acusação de "barroquismo" é inexata, pois estamos muito longe da abstração belcantística que imperou durante a fase setecentista. Será necessário esperar por *Maometto II* para encontrar, na produção de Rossini, outra conclusão tão veemente e insólita. No *Maometto*, ela é a conseqüência da queda de uma cidade e de um povo; na *Armida*, a da quebra de um sortilégio, a do fim daquele encantamento a que, em tantas óperas anteriores, Rossini recorrera para seduzir seu público.

Pode parecer contraditório que Rossini, tendo tantas vezes resolvido seus dramas mediante o que Cagli chama de "a flamejante utopia do belcanto" (*Elisabetta, Cenerentola, Donna del Lago, Bianca e Faliero*), termine esta ópera, belcantística por excelência, de maneira tão descarnada. Mas a contradição é apenas aparente, e é Cagli quem o demonstra ao dizer:

> Em ambos os casos, os finales desmentem as premissas, dissolvem as ficções teatrais num redobramento de ficção que acaba sendo a negação ao quadrado da ilusão: um magistral exercício de suprema ironia e distanciamento. Como tantas outras óperas de Rossini, *Armida* também evita ter, nos bastidores, um final consolador. Termina, ou melhor, se perde no fundo do palco, ou de um abismo qualquer que seria um erro tentarmos explorar. Basta saber que ele existe e, para evitá-lo, convém deixar-se envolver pelas cadeias, suaves e douradas, da música que precede.

Até mesmo para os ágeis padrões rossinianos, foi excepcional a velocidade de produção da ópera seguinte. *Armida* foi cantada em Nápoles em 11 de novembro. E em 27 de dezembro de 1817, *Adelaide de Borgogna* subiu ao palco do Teatro Argentina. O preço a pagar pela velocidade foi o príncipe Chigi-Albani, que assistiu à estréia, ter anotado, em seu *Diário*: "Tudo saiu errado". De fato, duas semanas depois, a ópera – que Stendhal descreveu em apenas uma palavra: "fracasso" – já tinha saído de cartaz. O biógrafo G. Radicciotti não tem mãos a medir: para ele, é "a pior das *opere serie* de Rossini, um dos melodramas mais aborrecidos e mal-amarrados que se conhece". A "pesquisa histórica" de que Schmid se orgulhava tanto, é uma piada: a fortaleza de Canossa não fica perto do Lago de Garda; e a entrada de Oto na Itália e seu casamento com Adelaide datam de 951, e não de 947. Os jornais não perdoaram. Disse o *Nuovo Osservatore Veneto*, no último dia de 1817:

> *Adelaide di Borgogna*, poesia de Schmidt, nasceu e morreu na mesma noite, no Teatro Argentina. Essa partitura original de Rossini naufragou, para grande vergonha dos tambores, da *gran cassa* e das inúmeras marchas. Ape-

sar de seu empenho e conhecida habilidade, os cantores não conseguiram sustentar a reputação do célebre maestro, cujo gênio parecia estar adormecido.

E as *Notizie del Giorno* não deixaram por menos, em 9 de janeiro de 1818:

> Se uma grande reputação bastasse para salvar uma produção (mesmo quando ela não satisfaz ao público), o Sig. Rossini não teria com que se preocupar. Infelizmente, não basta; razão pela qual ele não recolheu os louros que tantas vezes lhe cingiram a fronte em outras ocasiões, nesta ilustre cidade. [...] De vez em quando, no decorrer do drama, seu gênio desperta com alguma bela novidade, mas é muito pouco para que se reconheça nele o autor da *Italiana in Algeri* e da *Cenerentola*.

Retomada, em forma de concerto, no Queen Elizabeth Hall de Londres, em 1979, *Adelaide di Borgogna* foi reencenada no festival de Valle d'Itria, em 1984; e nessa ocasião foi feita a gravação ao vivo existente: a de Alberto Zedda, do selo Fonit-Cetra (1984), com Devia, Dupuy, Bertolo, Caforio, Tandura, Farruggia, Fallisi.

O libreto de Giovanni Schmidt recicla, sem muita imaginação e com bastante liberdade no tratamento dos episódios, a venerável *Adelaide* que Antonio Salvi escrevera para Pietro Torri nos idos de 1722 – e Giacomo Rossi adaptara para o *Lotario* de Haendel em 1729. A marca do estilo metastasiano fica na profusão de recitativo seco e na estrutura dos números musicais, curtos para os padrões rossinianos da época. Berengario envenenou Lotario, o primeiro rei da Itália, e usurpou o trono. Para consolidar sua autoridade, quer que Adelaide, a viúva do rei, se case com seu filho Adalberto. Mas Ottone, imperador da Alemanha, invade a Itália, derrota Berengario e é ele quem se casa com Adelaide.

Rossini não deu muita atenção à *Adelaide*. Reutilizou a abertura da *Cambiale di Matrimonio*, com alterações mínimas de orquestração, e incumbiu Michele Carafa de compor alguns dos números. É curioso ver o papel de Ottone ser escrito, em 1817, para a contralto Elisabetta Pinotti, que tinha a seu lado Elisabetta Alfredini-Guarmani como Adelaide. Para elas foi concebido o atraente dueto "Mi dai corona e vita", embora ele não seja tão forte quanto o dramático "Della tua patria ai voti", que Adelaide canta com Adalberto. No ato II, mais animado do que o I, há duas boas árias – ""Cingi la benda candida", de Adelaide, e a cavatina "Soffri la tua avventura", de Ottone –, um esplêndido quarteto, "O ciel che vedo", e o rondó final, com coloratura muito difícil, escrito não para Adelaide, mas para Ottone, vitorioso na guerra e no amor. Mas as páginas mais interessantes dessa ópera menor são os coros, em especial o de abertura, "Misera patria oppressa", e o triunfante "Serti intrecciar le vergini", do ato II.

Andrea Leone Tottola, que já colaborara com Rossini, em 1816, na *Gazzetta*, foi o escolhido para escrever o texto de *Mosè in Egitto*. Por estar programada para a Quaresma, a ópera seguinte teria de ser apresentada como uma *azione tragico-sacra*. Tottola recorreu a *L'Osiride*, do padre Francesco Ringhieri, encenada em Pádua em 1760. Nessa peça, a história da escrava israelita Élcia, secretamente casada com o príncipe herdeiro Osiride, nada tem que a diferencie dos demais melodramas da época que exploravam o conflito entre amor e dever. E a música que Rossini os faz cantar é a mesma das suas *opere serie* seculares. Mas o episódio da saída dos judeus do Egito, tirada do Livro de Êxodo, oferece ao dramaturgo o grande *coup de théâtre*: o momento em que, fugindo com seu povo do exército do Faraó, "Moisés estendeu a mão sobre o mar; e o Senhor mandou um forte vento do leste que fez o mar recuar e, durante toda aquela noite, o mar se transformou em terra seca, e as águas ficaram divididas" (Gênesis, 14:21).

Embora dispondo, como sempre, de pouquíssimo tempo, Rossini restringiu muito, dessa vez, os empréstimos feitos a outras óperas. E pediu a Michele Carafa que escrevesse para ele apenas uma ária, "A rispettarmi", cantada pelo Faraó. O público do San Carlo aplaudiu muito a ópera, em 5 de março de 1818, embora não perdoasse a má realização da cena final, em que o mar se abre. Stendhal conta:

> Os contra-regras do San Carlo, desesperadamente empenhados em encontrar uma solução para um problema insolúvel, acabaram produzindo uma obra-prima de absurdo. Visto do fosso, o "mar" ergueu-se no ar alguns metros acima das "margens" que o retinham; mas quem

estava nos camarotes e podia ter a visão de cima para baixo das "ondas furiosas", também podia ter, de cima para baixo, a visão dos pobres coitados encarregados de empurrar as águas ao som da voz de Moisés! Em Paris, não haveria nada de mais óbvio; mas em Nápoles, onde os cenários são freqüentemente magníficos, a alma, aberta a esse gênero de beleza, recusa-se a engolir absurdos tão grosseiros, e é muito sensível ao ridículo. A cena foi saudada por uma gargalhada e a alegria geral foi franca e aberta, a ponto de não se conseguir vaiar. Quase não se ouviu o fim do espetáculo.

Nápoles não foi o único lugar onde não deu certo essa cena, realmente difícil de encenar, sobretudo para os recursos existentes no século XIX. Em 1827, quando a ópera estreou em Paris, um crítico francês observou com ironia:

Em 16 de abril, no Opéra, o Mar Vermelho, que já tinha deixado passar os Israelitas, não queria, por nada desse mundo, engolir os Egípcios. Mas não se preocupem, pois já tomaram precauções para que, da próxima vez, o Mar Vermelho ensaie melhor o seu papel.

Para evitar que esse incidente se repetisse, Rossini reviu o ato III para a temporada de Quaresma de 1819. Eliminou também uma ária de Amaltea no ato II, provavelmente porque a intérprete – Maria Manzi, que tinha feito Amenofi na estréia (Frederike Funck, a criadora do papel, não estava mais disponível) – não era capaz de cantá-la bem. No libreto dessa segunda apresentação, vem a nota: "A poesia e a música do ato III foram recompostas para explorar melhor os cenários, que se espera serem de imaginação mais feliz e mais bem-sucedidos." Pode-se especular, pelo libreto impresso em 1818, como seria a música do ato III original; mas nada foi preservado de sua partitura. Uma vez mais é Stendhal a testemunha privilegiada, pois ele estava presente na noite de 7 de março:

Todos se preparavam para reviver o divertimento do ano anterior, as mesmas brincadeiras, a mesma vontade de cair na gargalhada. E o riso já começava a se espalhar pela platéia, quando ouviram Moisés começar uma ária nova "Dal tuo stellato soglio". Era uma *preghiera* que o povo judeu inteiro repetia em coro, depois de Moisés. Surpresa com aquela novidade, a platéia escutou, os risos cessaram... é impossível imaginar a trovoada que ribombou na sala; parecia que ela estava vindo abaixo. Os espectadores dos camarotes, todos de pé e inclinando-se para fora, para aplaudir, gritavam a plenos pulmões: "Bello! Bello!" Nunca vi entusiasmo semelhante, tamanho sucesso, ainda mais se pensarmos que as pessoas estavam dispostas a rir, a zombar.

Tinha nascido uma das páginas mais famosas do repertório operístico.

A carreira doméstica e internacional de *Moisés no Egito* se iniciou logo após a estréia. Na Inglaterra, onde os assuntos religiosos eram proibidos no palco, a apresentação foi em forma de concerto, em 30 de janeiro de 1822, como um oratório. O King's Theatre a encenou meses mais tarde, mas teve de adaptar a ela uma intriga secular, dando-lhe o título de *Pietro l'Eremita*. Para Paris, quando se instalou na França, Rossini reescreveu a ópera, acomodando-a ao gosto francês, e intitulou-a *Moïse et Pharaon ou Le Passage de la Mer Rouge* – falaremos dela mais adiante. *Mosè in Egitto* foi cantada no Théâtre Italien – Balzac a menciona em seu conto *Massimilla Doni* –, enquanto *Moïse* era apresentada no Opéra. Na Itália, continuou a ser cantada, até o fim do século, ora na versão italiana, ora na francesa retraduzida para o italiano, ora numa combinação das duas. A gravação de Cláudio Scimone, feita em 1981 para o selo Philips (Anderson, Gal, Browne, Fisichella, Palacio, Lewis, Nimsgern, Raimondi), traz a partitura original, com as revisões feitas pelo compositor para a reprise de 1819. É nela que se baseia a descrição a seguir.

Os lamentos dos egípcios, afligidos pela praga da escuridão, fazem o Faraó concordar em que os escravos judeus deixem o seu país. Em resposta à oração de Moisés, a luz retorna. Mas o príncipe Osíris, que não deseja a partida de Élcia, a escrava judia com quem se casou secretamente, convence o pai a revogar a permissão; e Moisés faz vir uma nova praga: a da chuva de granizo. O Faraó dá nova permissão e anuncia que, após a partida dos escravos, celebrará o casamento do filho com a princesa da Armênia. Osiride e Élcia se escondem; mas são descobertos por Arão, o irmão de Moisés, e pela rainha Amaltéia, que sempre protegeu os israelitas durante os anos de escravidão.

A permissão do Faraó é novamente revogada, e Moisés o ameaça com o mais terrível dos castigos: a morte dos primogênitos egípcios. Em vão Amaltéia tenta avisar ao marido que o filho de ambos se casou com uma judia. O Faraó manda Moisés e Élcia serem trazidos à sua presença. A moça revela ter-se casado com o príncipe, e oferece a própria vida em troca da de Moisés e da liberdade para seu povo. Osíris ergue a espada para matar Moisés, mas cai fulminado por um raio vindo do céu. No ato III, o povo judeu, perseguido pelo exército egípcio, chegou às margens do Mar Vermelho e reza ao Senhor pedindo ajuda. As águas se dividem, os israelitas atravessam para a outra margem, os soldados os perseguem e são engolidos pelas ondas do mar.

Não há abertura. Alguns acordes de dó maior bastam para levar à *introduzione*, "Ah! chi ne aiuta? Oh ciel", o coral *andante maestoso* em que o povo, com intervenções solistas do Faraó, de Amaltea e de Osíris, expressa seu medo diante da escuridão que se abateu sobre todo o país. Essa angústia é expressa mediante uma sinuosa figura orquestral em dó menor, que traz consigo modulações para as claves harmonicamente relacionadas com esse centro tonal.

Mosè in Egitto não tem recitativo seco. Durante a cena "Mano ultrice d'un Dio, tarde connosco l'immenso tuo poter..." – em recitativo acompanhado muito flexível, já prenunciando o da *Semiramide* – surge Moisés, acompanhado de Arão, e consegue arrancar do soberano a promessa de que seu povo pode partir (Amaltéia fica muito feliz, mas Osíris exclama: "Oh tormento"). A invocação "Eterno! Immenso incomprensibil Dio", comentada de forma muito nobre pelos instrumentos de sopro graves, termina com o grito de espanto do coro, "Ah! qual portento è questo? Oh luce desiata!", quando Moisés faz um gesto com seu bastão, e a luz retorna. Quando Deus atende ao pedido, o dó menor transforma-se em um radiante dó maior – um tipo de progressão que vai se repetir no final da ópera, para simbolizar a salvação do povo judeu.

Uma das mais belas páginas de conjunto rossinianas é o quinteto "Celeste man placata!", um *andante* em fá maior. Seu acompanhamento com viola, violoncelo, harpa, trompa e sopros graves é um exemplo da forma refinada como o compositor sabe trabalhar com a orquestra reduzida a proporções camerísticas. Ele se encerra com a enérgica *stretta* "Voci di giubilo d'intorno eccheggino", iniciada por Amaltéia.

É longa a cena em recitativo "E avete, avverse stelle, piu fulmini per me?... Tutto mi è noto...", na qual Osíris pede ao sumo-sacerdote Mambre que espalhe o descontentamento na população, dizendo-lhe o que perderá com a saída dos escravos. Élcia vem despedir-se do marido: a cena é muito tocante e se encerra com o gracioso dueto "Ah! se puoi cosi lasciarmi", de linhas muito puras e construção típica da ópera semi-séria clássica de tema sentimental. Esse dueto contrasta com a agitação da seqüência seguinte, pois o palácio foi cercado pela população, que exige a revogação da ordem de liberdade para os judeus. Apesar dos esforços da rainha, o Faraó decide-se, na ornamentada ária "Cade dal ciglio il velo", em duas partes, voltar atrás em sua decisão. Essa ária foi escrita em 1822, a pedido do compositor francês Ferdinand Hérold, assistente de Rossini no Théâtre Italien, quando ele estava preparando *Mosè in Egitto* para ser apresentado, em italiano, nesse teatro parisiense. Até então, estava em seu lugar "A rispettarmi apprenda", de Michele Carafa, composição de muito boa qualidade, que continuou a ser inserida na ópera mesmo depois de Rossini já ter providenciado uma página de sua autoria (no álbum da Philips, Scimone e Gossett optam por "Cade dal ciglio").

Depois disso, inicia-se o *finale primo*, que oferece um traço original: ser constituído de duas partes, com uma espécie de *tempo di mezzo* que constitui uma pausa, um *intermezzo* lírico, depois do qual a tensão é retomada com toda a dramaticade. A primeira parte do finale, "A l'etra, al ciel, lieto Israel, inalzi i cantici", é exultante: os judeus celebram alegremente a notícia de que vão poder partir em busca da terra prometida, cantando à grandeza de seu Deus. Um parêntesis é formado pelo dueto "Tutto mi ride intorno", em que Élcia, em meio a todo esse regozijo, confia à sua amiga Amenosi o sentimento angustioso de ter de ir embora abandonando o seu amado. E o finale recomeça, em tom totalmente oposto, a partir do momento em que Osíris vem comunicar a Moisés a decisão de seu pai de revogar a ordem. Os protestos dos judeus, a ameaça de Moisés de fazer vir novas pragas, a ordem de Osíris de que os soldados o matem criam enorme tensão. A violência só não explode porque o Faraó aparece no último minuto, impondo a ordem. Mas desencadeia-se a primeira parte do concertato, "All'idea di tanto eccesso, geme il cor dolente". Ela culmina no instante em que, incapaz de demover o Faraó, "Moisés agita o seu bastão: há uma trovoada e cai, impetuosa, uma chuva de granizo e fogo". A reação apavorada dos egípcios, expressa na segunda parte do concertato, "Rimorsi barbari, deh, mi lasciate", leva o ato I de *Mosè* a um dos desenlaces mais impressionantes em todo o teatro rossiniano.

O Faraó não entende, no início do ato II, por que seu filho reage com tanto desespero à notícia de que a mão da princesa da Armênia lhe foi destinada (a aliança de uma princesa armênia com um príncipe egípcio, na mais remota Antigüidade, diz muito sobre as noções de geografia dos europeus na virada dos séculos XVIII-XIX). O dueto "Parlar, spiegar non posso" é de melodia envolvente, mas – importado da *Gazza Ladra*, onde era um dueto entre Ninetta e Giannetto – não se pode dizer que seja musicalmente adequada para a situação dramática em que é reutilizada. O mesmo se pode dizer da ária de Amaltéia, "La pace mia smarrita", pois ela também foi reciclada de *Ciro in Babilônia* (aqui, o próprio Rossini, dando-se conta de que o resultado era insatisfatório, eliminou-a de apresentações subseqüentes; mas Scimone a retém, em sua gravação, para efeito de documentação).

Vêm aqui os dois trechos mais bem realizados do ato II. Tendo raptado Élcia, que levou para uma "tenebrosa caverna", Osíris lhe explica, no dueto "Quale assalto, qual cimento", a situação difícil em que o deixou a decisão do pai. Propõe que se escondam e vivam a vida simples dos bosques. São interrompidos pela rainha que, alertada por Arão, veio procurá-los. No quarteto "Mi manca la voce... Fiera guerra mi sento nel seno", os amantes recusam-se a se separar e o príncipe chega a falar em renunciar ao trono.

É de grande impacto teatral a cena em que o Faraó chama Moisés para lhe comunicar que não pode libertar os "perigliosi Ebrei", pois isso provocaria a invasão do Egito pelos medianitas e os filisteus. "Debole pretesto, nuovo inganno!" exclama o líder judeu, e ameaça com um novo flagelo: "Il real prence com tutti i primogeniti saranno fulminati dal cielo." Não é de Rossini a belicosa ária "Tu di ceppi m'aggravi la mano". Escrita por um ajudante anônimo, devido ao pouco tempo disponível para terminar a ópera, não tem o mesmo nível do resto da partitura e, felizmente, é bem curta.

Segue-se uma longa seqüência em recitativo (n. 20 e 22), interrompida pelo coro (n. 21), "Se a mitigar tue cure", cuja música vem da *Adelaide di Borgogna*. Moisés é preso, o Faraó reúne a nobreza, anuncia que Osíris dividirá o poder com ele, e incita o filho a decretar a morte do israelita. Élcia revela a sua situação de esposa secreta do príncipe e, na terna ária "Porgi la destra amata", intercede pelo seu povo. Numa fase em que estava muito mais voltado para os problemas formais das cenas de conjunto, esta é, dentro da ópera, a ária mais trabalhada, recebendo de Rossini um tratamento que a faz integrar-se estreitamente à trama. Osíris não dá ouvidos à súplica da esposa e ordena que Moisés seja executado. A soberba cabaletta "Tormenti, affanni e smanie" traduz os sentimentos consternados das personagens quando um raio cai do céu e fulmina o herdeiro do trono, encerrando o ato II de forma muito dramática.

A *preghiera* "Dal tuo stellato soglio" ocupa o centro do breve ato III. Os judeus chegaram às margens do Eritreo, o Mar Vermelho, não sabem como fazer para atravessá-lo e, numa límpida melodia em sol menor, acompanhada apenas pela harpa e os sopros, Moisés, Arão e Élcia pedem a ajuda do Senhor. Philip Gossett assim descreve esta passagem que, por trás de sua nobre simplicidade, é extremamente elaborada:

> Cada uma das três estrofes leva a uma cadência em si sustenido maior (a relativa maior de sol), e a resposta do coro, implorando piedade, faz a melodia retornar à tônica menor. Só depois da terceira estrofe o coro modula para sol maior. A transformação do tema para maior, no final, agora com toda a orquestra, e a *banda sul palco* para dar-lhe apoio, tem uma beleza e um poder que transcende qualquer descrição técnica que se possa fazer dessa passagem.

O desespero do povo, ao ouvir o fragor dos carros de guerra egípcios, suscita a exclamação indignada do líder: "Oh sconoscenti! Osate temer che vi abbandoni quel Dio che a vostro prò tanti portenti oprò finor?"[25]. Ele "toca o mar com seu bastão e as águas se dividem deixando uma estrada no meio". Os judeus atravessam para a outra margem. Breve diálogo do Faraó com o sacerdote Mambre precede a coda. Um poslúdio orquestral, descrevendo o momento em que "gli Egizi entrano tra i flutti ove rimangono sommersi", encerra, de forma sem precedentes para o teatro lírico italiano, essa ópera forte e original.

No ensaio de apresentação da excelente gravação Scimone, Philip Gossett pergunta:

> Já que a maioria dos especialistas em Rossini concorda que as melhores páginas de *Mosè* foram preservadas em *Moïse et Pharaon*, praticamente sem mudanças, por que então se preocupar com *Mosè in Egitto*? A resposta para essa pergunta deve começar com uma verdade simples: há casos, na História da Ópera, em que as obras existem em versões múltiplas, com igual direito à nossa atenção. É bobagem considerar uma versão "melhor" do que a outra, e bobagem ainda maior perseguir um fugitivo "ideal", ao tentar conciliar as suas qualidades individuais. Com que base podemos escolher entre as versões italiana e francesa do *Orfeo ed Eurídice* de Gluck? Ou entre as duas versões do *Macbeth* de Verdi? Ou entre o *Fidelio*, de Beethoven, e a *Leonora*, que o precedeu? Em cada um desses casos, a versão final tem música soberba, é claro, mas qualidades importantes da versão original perderam-se na revisão. Isso é particularmente verdade no caso de *Mosè in Egitto*. [...] Já que não podemos ter uma só verdade, contentemo-nos com as duas. *Mosè in Egitto*, em si mesma, é uma ópera de grande valor. No que tem de melhor, contém algumas das melhores páginas de Rossini. Sem o conhecimento dela, não poderíamos entender o seu crescimento como compositor e dramaturgo em Nápoles. A clareza de suas linhas e a força de sua construção têm um apelo muito mais direto e comovente do que o de *Moïse et Pharaon*. Mais justificativa do que isso não é necessário. A ópera fala por si mesma.

De *Adina* a *La Donna del Lago*

Em junho de 1818, uma nova casa de ópera foi aberta em Pesaro, hoje batizada com o nome de seu filho mais ilustre, e sede de um festival responsável pela exumação de algumas de suas partituras esquecidas. Rossini voltou à cidade natal, para supervisionar uma versão da *La Gazza Ladra* adaptada às condições dos cantores locais que participariam da inauguração. Durante as récitas, caiu doente com uma gravíssima infecção de garganta e, em 7 de julho, o *Giornale delle Due Sicilie* chegou a noticiar a sua morte. Mas ele se recuperou, e foi pedir colo à mãe, em Bolonha. Na casa dos pais, dispôs-se de má vontade a atender à encomenda de uma farsa em um ato, feita por Diogo Inácio de Pina Manique, chefe da polícia de Lisboa e superintendente dos teatros reais portugueses. Não estava nem um pouco interessado no projeto, tanto que, além de fazer a habitual cozinha, extraindo números daqui e dali – principalmente do fracassado *Sigismondo* –, recusou-se a escrever uma abertura, alegando que ela não constava dos termos do contrato.

Por motivos que se desconhece, *Adina o Il Califfo di Bagdad* só foi estreada, no São Carlos de Lisboa, em 22 de junho de 1826, juntamente com o ato II da *Semiramide* e um balé, que nada tinha a ver com as duas outras óperas. Parece que foi cantada uma única vez e só revivida em 1963, na Ópera de Siena. O selo Rugginenti tem o registro de uma apresentação em forma de concerto, durante a Kirchenmusikverein de Bratislava, em 1991: Dinu-Palade, Voldrich, Fraschetto, Dale, Hajek/Aldo Tarchetti. No ano seguinte, *Adina* foi cantada em Roma, no bicentenário do nascimento de Rossini.

A simplicidade da história é inversamente proporcional à complexidade das fontes do libreto. O marquês Gherardo Bevilacqua-Aldobrandini baseou-se em *Il Califfo e La Schiava*, que Felice Romani tinha escrito, naquele mesmo ano, para Francesco Basili, compositor hoje esquecido. Mas utilizou situações e idéias extraídas de *Il Califfo di Bagdad*, de Manuel García. O texto dessa ópera, de Andréa Leone Tottola, baseava-se, por sua vez, em outro libreto: *Le Calife de Bagdad*, que Claude Godard d'Aucour de Saint Just preparara, em 1800, para Boïeldieu. Essas complicadas origens demonstram o quanto, nas primeiras décadas do século XIX, mantinha-se a boa moda clássico-barroca da apropriação desenvolta do bem alheio. *Adina*, de resto, não difere muito de *turqueries* como *La Rencontre Imprévue*, de Gluck, ou *O Rapto do Serralho*, de Mozart,

25. Ingratos! Vocês ousam temer que o Deus que, em seu benefício, operou tantos portentos, os abandone agora?

um gênero muito popular no *Settecento* e que ainda terá manifestações tardias como *O Barbeiro de Bagdá* (1858), de Peter Cornelius, ou *Mârouf Savetier du Caire* (1914), de Henri Rabaud.

Acompanhado por seu criado Mustafá, Selimo chega a Bagdá, à procura de sua namorada Adina, e descobre que ela foi raptada pelo califa e este, apaixonado pela moça, pediu sua mão em casamento. Os dois convencem a escrava a fugir, mas são apanhados e o califa condena Selimo à morte. Ao ouvir a sentença, Adina desmaia. Quando vai ajudá-la, o califa descobre que ela usa, no pescoço, o medalhão que ele mesmo deu à sua filha, desaparecida quando era criança. Pai e filha se reencontram e o califa abençoa o casamento de Adina com o rapaz que ela ama.

Francis Toye escreveu, em seu *Rossini*, que essa "ópera totalmente sem valor não deveria ter sido escrita nem representada". Dizia isso de uma partitura que nunca tinha visto nem ouvido e que, por mais irregular que seja, não está isenta de qualidades. Em *Adina*, predomina o tom terno e sentimental, numa linha reminiscente do *opéra-comique*, gênero em que se enraíza parcialmente. Dentre as peças originais, a cavatina da personagem, "Fragolette fortunate", é encantadora, e o dueto "Se non m'odi, o mio tesoro", capta perfeitamente a ambigüidade das emoções das personagens: Adina não ama o califa, mas sente-se ligada a ele por sentimentos muito fortes, que não sabe explicar – amor filial, como nos revelará o fim da história.

"D'intorno al seraglio", cantada pelo califa, tem uma seção intermediária *larghetto* particularmente melodiosa. Do *Sigismondo* vem "Giusto cielo", de Selimo, a que os comentários do corne inglês *obbligato* dão um tom particularmente cálido e sensual. A influência mozartiana sente-se na elegância de linha do coro "Apri i begli occhi al dì", cantado *sotto voce*. Interessante é a construção de "Nel lasciarti, o caro albergo", que começa como uma cavatina para Adina, prossegue como um dueto entre ela e Selim, e conclui como um quarteto. Quanto à dessinteressante *aria di sorbetto* cantada por Ali, o guardião do harém, é bem provável que seja a inserção de uma peça escrita por outro compositor.

Ricciardetto, poema herói-cômico publicado em 1725 por Niccolò Forteguerri, forneceu o tema de *Ricciardo e Zoraide* ao marquês Berio di Salsa, que dela eliminou todos os episódios cômicos e intensificou os sérios, fazendo-os encaminharem-se para a beira da catástrofe; mas garantindo, antes do desenlace, o *lieto fine* a que o público estava habituado. Atrasada por uma queda que Isabella Colbran sofrera, a estréia ocorreu no San Carlo, em 3 de dezembro de 1818, com recepção bastante entusiasmada ao desempenho de Colbran, Nozzari, David, Cicimarra e Rosmunda Pisaroni. O crítico do *Giornale delle Due Sicilie* conta:

> Essa música está sendo aplaudida todas as noites. Acontece com ela aquilo que costuma ocorrer quando examinamos as telas dos grandes pintores: elas nos encantam cada vez mais, porque a cada vez descobrimos nelas belezas novas. Mas terá *Riccardo e Zoraide*, em outras partes, o mesmo feliz sucesso que colheu neste régio palco? Para responder a essa pergunta, é preciso levar em conta que Rossini escreveu para os melhores cantores, capazes de uma execução perfeitíssima; mas mesmo quando os atores não forem do mesmo valor dos que temos no nosso maior teatro, uma música como essa, viva, animada, suavíssima, garantirá no mínimo três quartos do sucesso de qualquer espetáculo.

Apresentada em vários países, *Ricciardo e Zoraide* teve recepção razoável. Para Viena, em 1822, Rossini preparou uma versão em um ato com final diferente. A última montagem do século XIX foi a do Scala, em 1846. Depois disso, *Ricciardo* sumiu de cartaz até a remontagem de 1990, no Festival de Pesaro. A gravação disponível é a da Opera Rara (1995), com W. Mateuzzi, N. Miricioiu, B. Ford, D. Jones, A. Miles/David Parry.

A ação passa-se em Dongola, a antiga capital da Núbia, no Nilo Superior. O rei núbio Agorante derrotou o chefe árabe Ircano, capturou sua filha Zoraide, e está disposto a repudiar Zomira, a sua mulher, para casar-se com ela. Mas Zoraide está apaixonada pelo cruzado italiano Ricciardo, que vem ao palácio de Agorante disfarçado de africano, tentando resgatá-la. O rei núbio propõe um duelo entre um cruzado e um africano, e cria-se uma situação insólita, pois ele escolhe Ricciardo para lutar contra um cavaleiro cristão que, na realidade, é Ircano sob disfarce. Nessa luta, Ircano é ferido. Nesse meio tempo, Ricciardo e Zoraide caem na armadilha que lhes é preparada por Zomira; quando tentam fugir, acreditando estar sendo ajudados por ela, são presos e condenados à morte. Para salvar a vida do pai, Zoraide concorda em casar-se com Agorante. Nesse momento, porém, Ernesto, amigo de Ricciardo, chega com as tropas cristãs e derrota os núbios. Ricciardo perdoa Agorante e Zomira, poupa as suas vidas, e Ircano abençoa a sua união com a filha.

O compositor francês Ferdinand Hérold, que ouviu a ópera em Florença em 1821, escreveu em seu diário que ela "oferece três duetos encantadores, um delicioso quarteto e coros muito enérgicos e melodiosos". Essa é a característica mais marcante de *Ricciardo e Zoraide*: o predomínio das cenas de conjunto, que exploram sutilmente a interação psicológica das personagens. Cada uma das personagens principais tem apenas uma ária no decorrer de todo o drama. É muito poderoso o dueto do casal de personagens-título no ato II, e esplêndido o trio do III em que Agorante é contraposto aos ciúmes da desprezada Zomira e à forma relutante como Zoraide reage à sua corte. Mas de fato o melhor número é o quarteto "Contro cento e cento prodi", de forma ternária – embora pareça um tanto desconcertante, em sua seção inicial, a reutilização do tema de "All'idea di quel metallo", o dueto de Fígaro com Almaviva no ato I do *Barbiere*.

Há um traço original na abertura: após uma introdução *largo* de apenas onze compassos, o pano se abre e uma marcha é executada por um banda no palco – é a primeira vez que Rossini usa esse recurso. Depois de uma seção *andante*, a marcha é repetida e, nos compassos finais, a música se encadeia com o coro inicial, obtendo-se com isso efeito teatral muito eficiente. *Ricciardo* é basicamente irregular e sofre da qualidade pobre do libreto; mas possui qualidades que não devem ser descuradas.

Além de preparar uma redução da *Armida* em dois atos, que foi cantada em janeiro de 1819, Rossini preparou, para 7 de março, o novo final do *Mosè* para 7 de março. Teve, nessa época, duas encomendas: as cantatas *Omaggio Umiliato a Sua Maestà* (20 de fevereiro), para comemorar a recuperação de Ferdinando I, que tivera a febre terçã; e *Cantata da Eseguirsi la Sera del Dì 9 Maggio 1819*, em homenagem ao imperador Francisco I, da Áustria, que fazia uma visita oficial a Nápoles. Nesse meio tempo, trabalhava em *Ermione* que – isso não nos deve causar estranheza – foi recebida com estranheza pelo público do San Carlo, em 27 de março de 1819, três meses apenas depois de *Ricciardo e Zoraide*. Stendhal liquida a ópera em poucas palavras: "*Ermione*, em 1819, teve sucesso parcial; poucos foram os trechos aplaudidos. Era uma experiência: Rossini estava tentando *le genre français*" – ou seja, a *tragédie lyrique*, que se prestava ao tratamento de um tema tirado do teatro francês do século XVII. O *Giornale delle Due Sicilie* simplesmente ignorou o espetáculo. Meses depois, de Milão, Peter Lichtenthal escreveu breve nota para o *Allgemeine musikalische Zeitung*, de Leipzig: "A nova ópera de Rossini, *Ermione*, representada no Teatro San Carlo, foi um fracasso completo. Tentaram manter em segredo esse *fiascone*; tanto assim que a notícia demorou muito a chegar a Milão.

Não sabemos se realmente Rossini pronunciou a frase que lhe foi atribuída, muitos anos depois, pelos irmãos Escudier: "Esta é uma ópera que compus para a posteridade." Mas evidentemente *Ermione* – na qual "tutto è recitativo e declamato", como ele a descreveu a Hiller – parte de uma concepção dramática que seus contemporâneos ainda não estavam em condições de absorver integralmente. Rossini parecia saber disso, pois nunca tentou remontá-la, nem no San Carlo, nem no Théâtre Italien. Em Londres, como veremos mais adiante, chegou a pensar em reutilizá-la no projeto do *Ugo Rè d'Italia*, que nunca chegou a compor.

Após a estréia, com Colbran no papel título, Rosmunda Pisaroni como Andrômaca, e os tenores Nozzari (Pirro), David (Oreste) e Ciccimarra (Pilade), a ópera ficou esquecida até 31 de agosto de 1977, data em que foi executada na Chiesa dell'Annunziata, de Siena, em versão de concerto. Esse foi o mesmo formato da audição de Pádua, em 1986, ano em que surgiu a primeira gravação comercial. A primeira encenação moderna foi em 22 de agosto do ano seguinte, no Festival de Pesaro, com Montserrat Caballé (existente em vídeo e disco), que a repetiu no San Carlo em Madri durante 1988. Os espetáculos em Roma, Londres e San Francisco levaram à importante montagem de 1995, no Festival de Glyndebourne, já exibida no Brasil pela TV a cabo. São as seguintes as gravações disponíveis:

Erato, 1986 – Gasdia, Zimmermann, Palácio, Merritt, Matteuzzi, Alaimo/Claudio Scimone.
Legato, 1987 – Caballé, Horne, Merritt, Blake, Surian/Gustav Kuhn.
E em vídeo:
Festival de Pesaro, 1987 – Caballé, Horne, Merritt, Blake/Kuhn.
Festival de Glyndebourne, 1995 – Antonacci, Montague, Ford, López-Yanes/Davis.
Teatro de la Zarzuela de Madri, 1998 – Caballé, Zimmermann, Merritt/Zedda.

Embora se baseasse em fatos narrados na *Ilíada*, nas *Troianas* e na *Andrômaca* de Eurípedes, o dramaturgo barroco Jean Racine assume um ponto de vista diferente em sua tragédia *Andromaque*, estreada em 1667. A ação passa-se no Épiro, para onde a viúva de Heitor foi levada como parte do butim do rei Pirro – a quem ela odeia, pois é filho de Aquiles, o matador de seu marido. Pirro, porém, apaixona-se por ela e rejeita Hermione, a quem tinha prometido casamento. Diante de sua recusa, ameaça entregar Astyanax, o pequeno herdeiro do trono troiano, à delegação grega chefiada por Orestes, que veio ao Épiro reclamá-lo. Diante disso, Andrômaca concorda em casar-se com Pirro em troca da salvação de seu filho; mas pensa em matar-se logo após a cerimônia.

Orestes, porém, está apaixonado por Hermione e, acreditando conseguir com isso a sua mão, concorda em servir de instrumento da sua vingança contra o homem que a abandonou. Mas ela logo se arrepende de uma morte que exigiu num momento de furor e, quando Orestes apunhala Pirro, ela mesma o entrega às Erínias, para que o castiguem. Em seguida, no auge do desespero, suicida-se sobre a pira funerária do homem que amava.

Andréa Leone Tottola seguiu a peça de Racine bem de perto, deslocando porém o foco do drama de Andrômaca – o conflito entre a fidelidade à memória do marido e os sentimentos perturbadores que o amor de Pirro suscita nela – para o de Ermione: o fogo do ciúme e da humilhação que a consome, levando-a a uma vingança da qual, depois, se arrepende. Há também uma outra diferença: na ópera, Ermione não se mata. Apenas "cade svenuta" no final da obra, dilacerada pela dor da tragédia que provocou. O teatro italiano ainda não se habituara às soluções demasiado extremas, e ainda predominava a concepção metastasiana de que, mesmo ao cabo das intrigas mais violentas e inverossímeis, a tragédia deveria se encerrar com um retorno à ordem.

Essa concessão aos hábitos tradicionais, porém, não impede que *Ermione* – a igual distância da *Elisabetta*, de 1815, e da *Zelmira*, de 1822 – seja uma das óperas rossinianas de maior ousadia nas formas musicais, e em especial no que se referia à renúncia do número fechado em troca dos grandes blocos dramático-musicais. Uma originalidade que já se manifesta na abertura, cuja costumeira forma bitemática *andante/allegro* é interrompida por um coro, nos bastidores, "Troja! qual fosti un di", lamentando a destruição da cidade pelos gregos.

Essa fusão da abertura com o tradicional coro introdutório pede relações tonais e morfológicas novas, tanto que, a cena em que Andrômaca vai visitar Astyanax, adormecido em meio aos cativos que se lamentam, retoma idéias já utilizadas por Rossini na cena das trevas do *Mosè in Egitto*. A cavatina *andantino* "Mia delizia un solo istante", que ela canta para o filho, embalando-o no colo, sai da pena do compositor capaz de escrever melodias que derretem o coração. O dueto *allegro* "Non proseguir" (Ermione-Pirro), de fazer o espectador sentar-se na ponta da cadeira, tem extensão incomum para a época. E a cena da chegada de Orestes, "Reggia aborrita", é de estilo desusado, pois a sua cavatina "Che sorda al mesto pianto" transforma-se num dueto, a partir do momento em que nela intervém o amigo Pilades, que o acompanha – mas é a Orestes, criado por Giovanni David, que são reservadas as notas mais estratosféricas, tanto no *andante* quanto na cabaletta "E il credere fallace".

À ária ternária de Pirro, "Balena in man del figlio", intercalam-se intervenções do coro e das demais personagens. Essas rupturas nos números solistas não são apenas um recurso para efetuar a transição entre uma seção e outra da *scena*; e muito menos um pano de fundo decorativo. Elas são parte integrante da estrutura da ação e contribuem para fazê-la avançar. E a promoção de partes normalmente acessórias a elementos essenciais da ação faz, por sua vez, que a escrita dos números solistas se enriqueça, tornando-se mais flexível e variada. Não é – como já houve quem o afirmasse – para contornar as deficiências vocais da Colbran que Rossini escreve, para ela, ornamentações comparativamente discretas. Não há um único caso de coloratura gratuita no finale, que procede inexoravelmente, e é dominado pela figura imponente de Ermione, desde o início de "Amarti?", o seu dueto com Orestes. Tem razão Charles Osborne ao considerar pré-verdiana a energia do *andante* "Sperar poss'io", cuja conclusão tem um tom nitidamente marcial.

O ato II compreende quatro números apenas. É soberbo o dueto "Ombra del caro sposo", de Andrômaca e Pirro, preparação para a grande *scena* "Di che vedesti piangere", de Ermione, em seções múltiplas, abrangendo uma gama muito extensa de emoções conflitantes – amor, desejo de morrer, ciúme, furor –, que as flutuações da música se esmeram em retratar. Dividida em segmentos por recitativos e a intervenção do cortejo nupcial, essa longa ária funciona como um drama em miniatura, uma verdadeira síntese de toda ação, de que é o ponto focal. Poderia parecer difícil manter a tensão, após tal cena. Mas Rossini conserva muito elevado o clima dramático: depois do breve dueto "A così triste immagine", de Fenício com Pilade, é de novo Ermione quem, com o recitativo "Che feci? dove son?", desencadeia o poderoso finale, cujo ponto culminante é o *allegro vivace* "Ah! ti rinvenni".

A ousadia de *Ermione* fez com que ela demorasse muito a ser compreendida. O próprio Stendhal disse que, nela, "Rossini tentou imitar o estilo de Gluck", mas só o que conseguiu foi "retratar um bando de personagens mau-humoradas". Descontada a tolice da segunda parte da frase, a primeira também está incorreta, pois não há em *Ermione* desejo algum de decalcar moldes gluckianos, e sim de levar adiante as características da própria linguagem rossiniana. Foi preciso esperar por Philip Gossett para que *Ermione* fosse proclamada "uma das melhores produções da ópera italiana no século XIX". Assistindo ao espetáculo de Glyndebourne, entende-se que essa era, realmente, "uma ópera composta para a posteridade", coisa de que, em 1934, Francis Toye ainda não tinha condições de dar-se conta, ao chamá-la de "apenas uma versão equivocada da *Andromaque* de Racine".

Levando em conta o excesso de compromissos da época, Rossini negociou com a direção do San Benedetto, de Veneza, onde chegou em 9 de abril de 1819, a produção, não de uma ópera estritamente nova, mas de um melodrama que reaproveitasse trechos de obras pré-existentes, desde que elas nunca tivessem sido ouvidas naquele teatro. Portanto, dezenove dos 26 números de *Edoardo e Cristina*, estreado em 24 de abril de 1819, foram reciclados de óperas anteriores: nove de *Adelaide di Borgogna*, três de *Ricciardo e Zoraide*, e sete da *Ermione*. Se a ópera anterior tinha sido uma decepção para o compositor, a reação entusiasmada dos venezianos a esse *pasticcio* o compensou. Radiciotti conta que o espetáculo, iniciado às 8h da noite, terminou às 2h da manhã, pois todos os números foram bisados. Rossini foi chamado ao palco várias vezes, no meio dos atos e depois deles. Relatando a estréia, a *Gazzetta* falou num "triunfo sem precedentes na história de nosso palco lírico" – o que é irônico, por tratar-se de uma colagem feita às pressas, que acrescenta pouco ao conjunto da obra. Lord Byron estava em Veneza, nessa época, e escreveu a seu amigo John Hobhouse:

> Houve ultimamente, no San Benedetto, uma esplêndida ópera de Rossini, que veio pessoalmente tocar o cravo. As pessoas o seguiram por toda parte, cortaram cachos de seu cabelo para guardar como lembrança, escreveram sonetos para ele, o músico foi aclamado, festejado, imortalizado, muito mais do que os dois imperadores juntos.

Byron referia-se ao rei Carlos da Suécia e ao príncipe James da Escócia, personagens da história. Stendhal não perde a chance de acrescentar mais um florão ao anedotário rossiniano, a respeito desse expediente de colagem, que o compositor e o empresário tinham combinado manter em segredo. Vale a pena transcrevê-lo. Diz ele que, numa das récitas após a estréia,

> a ópera começa, é aplaudida com grandes transportes de entusiasmo, mas, infelizmente, aparece na platéia um comerciante napolitano, que cantarola o tema de todos os números antes mesmo dos cantores. Espanto dos vizinhos. Perguntam-lhe onde ouviu a nova música. "O que estão dando a vocês", respondeu, "é *Ricciardo e Zoraide*, é *Ermione*, que já ouvimos em Nápoles seis meses atrás. Só não entendo porque mudaram o título. Da mais bela frase do dueto de *Ricciardo*, 'Ah, nati inver noi siamo', Rossini fez a cavatina da ópera nova para vocês, mas não modificou nem mesmo as palavras..." No intervalo, e durante o balé, a notícia fatal se espalhou pelos corredores, onde os maiores melômanos da cidade estavam justificando, com os mais doutos argumentos, a sua admiração. Em Milão, a vaidade municipal os teria feito ficar furiosos; em Veneza, caíram na risada. [...] Mas o empresário, furioso, ameaçado com a ruína, pôs-se à caça de Rossini. "O que foi que eu prometi?", pergunta o compositor, com o máximo de sangue frio. "Oferecer uma música que fosse aplaudida. Ela obteve sucesso e é o quanto basta. Aliás, se tivesses um mínimo de bom-senso, terias percebido, pelas margens dos cadernos, que o tempo fez ficarem amareladas, que eu te estava mandando de Nápoles música velha. Para um empresário que deveria ser um espertalhão e meio, não passas de um tolo." Da parte de qualquer outro, essa resposta teria merecido uma punhalada, mas o empresário gostava de música. Encantado com o que ouvia, perdoou as fraquezas do amor a um homem de gênio[26].

Até o libreto é reaproveitado. Giovanni Schmidt tinha escrito *Odoardo e Cristina*, em 1810, para Stefano Pavesi. A. L. Tottola e Gherardo Bevilacqua-Aldobrandini remanejaram o texto, para que Rossini pudesse encaixar nele as peças que queria reaproveitar de outras óperas. A capa do libreto impresso para a estréia traz as iniciais dos três autores: *Dramma per musica in due atti di T. S. B.*

O rei Carlos, da Suécia, quer casar sua filha Cristina com o príncipe Giacomo, da Escócia; mas descobre que ela se casou secretamente e tem um filho com Edoardo, oficial de seu exército. Furioso, condena à morte a filha, seu marido e o filho de ambos. Apaixonado pela moça, Giacomo mostra-se pronto a desposá-la, mesmo ela tendo um filho com outro homem. Mas Cristina recusa, dizendo preferir morrer ao lado de Edoardo e do filho de ambos. Nesse meio tempo, a Suécia é atacada pelas forças russas, Edoardo lidera o contra-ataque, rechaça o inimigo e retorna vitorioso. O rei, agradecido, o perdoa e aceita seu casamento com a filha.

Apenas os coros, bem escritos, um dueto para o casal de amantes, e uma animada "cena de batalha e escaramuça" são música nova. Na partitura há até uma ária para baixo, "Questa man la toglie a morte", que foi tomada de empréstimo à ópera original de Pavesi-Schmidt. Durante a temporada, *Edoardo e Cristina* foi encenada 25 vezes e, no ano seguinte, foi remontada no La Fenice. Até 1840, houve apresentações por toda parte, inclusive em Nova York, em novembro de 1834. A gravação existente é a de Francesco Corti (Acosta, Dumitru, Gorny, Gómez), feita na República Tcheca, em 1997, com I Solisti di Praga (selo Bongiovanni).

Já dissemos, a respeito da *Elisabetta Regina d'Inghilterra*, que uma das características da ópera italiana, na primeira metade do século XIX, é a atração que libretistas, compositores e público sentem pelas coisas inglesas: fontes literárias, mas também as paisagens, costumes e personagens históricas (basta lembrar que estas inspirariam a Donizetti a belíssima trilogia das rainhas Tudor). Ao lado de Shakespeare e Lord Byron, o romancista escocês sir Walter Scott foi um dos autores britânicos que mais contribuíram, com suas obras, para a temática operística do *Ottocento*. Nele basearam-se *Ivanhoe* e *Il Talismano*, de Pacini; *La Prigione di Edimburgo*, de Luigi Ricci; *Lucia di Lammermoor* e *Elisabetta al Castello di Kenilworth*, de Donizetti. Fora da Itália, Scott foi o ponto de partida para o *Ivanhoe* do inglês sir Arthur Sullivan; *O Templário e a Judia*, de Heinrich Marschner; o *Rob Roy*, de Friedrich von Flotow e outras, de autores hoje menos conhecidos. Mas Rossini foi o primeiro a ir buscar a matéria-prima para um melodrama nos escritos de Scott. Ao estrear, no San Carlo, em 24 de setembro de 1819, *La Donna del Lago* deu início à fértil voga dos assuntos ingleses no teatro lírico peninsular.

Saindo de Veneza no final de abril, correu para Nápoles, onde chegou em junho. Em setembro, a partitura, desta vez realmente nova,

26. Stendhal atribui o expediente da colagem ao fato de Rossini não desejar perder tempo com a composição, pois estaria tendo um caso amoroso em Nápoles; mas essa parece ser uma explicação fantasiosa.

já estava pronta. Na época, Scott ainda não tinha sido traduzido para o italiano. Durante a viagem, Rossini leu a tradução francesa do longo poema narrativo *The Lady of the Lake*, que lhe fora emprestada por Désiré-Alexandre Batton, jovem compositor francês que estava aperfeiçoando seus estudos em Veneza. Percebeu de imediato a ligação que as paisagens e situações evocadas por Scott tinham com a poesia de Ossian que, nessa época fazia furor em toda a Europa (na Itália, a tradução de Melchiorre Cesarotti, publicada em 1762, tornara-se um best-seller). Sugeriu, portanto, *La Donna del Lago* como tema a Andrea Leone Tottola. Este, experimentado na técnica de condensar obras literárias às proporções de um texto viável para a conversão em espetáculo musical, soube dramatizar com eficiência o poema de Scott.

Ellen Douglas, mora às margens do Loch Katrine e é cortejada pelo rei James V – disfarçado sob o pseudônimo de Hubert –, mas acaba casando-se com um caçador das Highlands, Malcolm Graeme, por quem está realmente apaixonada. É eficiente a moldura que Tottola forneceu à inspiração de Rossini, inflamada pelas paisagens agrestes e nevoentas, o relato das lutas entre os clãs, a idéia pitoresca do som rude da gaita de fole ecoando através dos vales – uma série de elementos que deveriam atrair o público, seduzido pelos poemas de Ossian. Principalmente porque o resultado era "uma ópera épica, mais do que dramática, em que a música tinha realmente um colorido ossiânico, uma certa energia selvagem muito picante" (Stendhal). No entanto, a estréia de *La Donna del Lago* foi recebida com indiferença. O único número apreciado foi o rondó final, escrito para Colbran. O crítico do *Giornale delle Due Sicilie* registra:

> Fiquei, ontem à noite, tão absorto com a beleza dos cenários, com a magnificência dos vestuários, com a multidão cada vez maior de soldados armados até os dentes, de cantores e executantes de todo tipo, que saí do teatro sem poder dizer muita coisa da composição musical, nem da sua execução. A não ser que, quando o pano já estava quase para se abaixar, poucas notas emitidas pela egrégia Signora Colbran despertaram em mim a sensação adormecida do que estava ouvindo, vindo advertir-me que tinha errado em não prestar atenção a toda uma música que talvez ainda me obrigue a admitir que ela é uma das mais belas filhas do fecundo compositor de Pesaro.

O que o crítico descreve foi o que, aparentemente, aconteceu a todo mundo. Na segunda récita, o público começou a gostar da música. A fama da *Dama do Lago* foi aos poucos se espalhando e, em breve, ela já tinha sido ouvida de Barcelona a São Petersburgo. Ao ouvi-la em Roma, em fevereiro de 1823, Leopardi escreveu a seu irmão Carlo:

> *Abbiamo in Argentina* La Donna del Lago, *la qual musica eseguita da voci sorprendenti è una cosa stupenda, e potrei piangere ancor io, se il dono delle lagrime non mi fosse stato sospeso.*
>
> (Temos, no [Teatro] Argentina, *A Dama do Lago*, cuja música, executada por vozes surpreendentes, é uma coisa estupenda; eu seria capaz de chorar ainda, se o dom das lágrimas já não me tivesse sido tomado.)

A última apresentação da *Dama do Lago*, durante o século XIX, foi em 1860. Depois, a ópera foi revivida no Teatro La Pergola, de Florença em 9 de maio de 1958. Muito jovem ainda, Kiri Te Kanawa fez o papel de Elena no Festival de Camden de 1969. Frederica von Stade e Marilyn Horne obtiveram enorme sucesso, como Elena e Malcolm, em Houston (1981) e no Covent Garden de Londres (1985). Um dos marcos da discografia rossiniana é a bela gravação de Maurizio Pollini (Ricciarelli, Valdenassi, Valentini-Terrani, Gonzáles, Ramey, Raffanti, Di Credico, D'Uva), feita para o selo Sony, em 1983. No bicentenário do nascimento de Rossini, em 1992, ficou famosa a montagem regida no Scala por Riccardo Muti (Anderson, Dupuy, Blake, Merritt, Surian). Em 2002, o vídeo dessa montagem foi lançado no Brasil, na coleção DVD-Ópera, da editora NBO, vendida em bancas de jornal.

Durante o século XVI, o rei escocês James V (Giacomo) está tentando reprimir os rebeldes do clã montanhês das Highlands, chefiados por Roderick of Dhu (Rodrigo), que conta com o apoio de Douglas of Angus, ex-partidário da monarquia, com a qual rompeu. Cruzando o Loch Katrine em um bote, Elena, a filha de Douglas, encontra-se com um desconhecido – o rei, que diz estar perdido, e se apresenta com o pseudônimo de Uberto – e o leva até a sua casa, na ilha que fica no meio do lago. Ali, o rei fica sabendo que ela é a filha de Douglas, seu ex-seguidor, e que este decidiu consolidar sua aliança com Rodrigo "il terror del Norte", oferecendo-lhe a mão da filha. Atraído por ela, "Uberto" tenta cortejá-la, mas a moça deixa claro que ama um outro. E pede a Albina, uma de suas amigas, que guie o forasteiro até a outra margem. Malcolm, próximo à casa de Elena, fala de seu amor por ela, quando Serano, seu amigo, vem informar que as tropas de Rodrigo estão se reunindo no vale. Escondido, Malcom ouve o diálogo de Elena com seu pai: ela se opõe a seus planos de casá-la com Rodrigo. Depois que Douglas, irritado, se afasta, os dois jovens declaram-se seu amor.

A cena muda para uma vasta planície, onde os guerreiros de Rodrigo estão reunidos. O comandante afirma, ao mesmo tempo, a confiança na vitória e seus sentimentos por Elena. Esta é trazida pelo pai até seu pretendente. Mas, apesar da tentativa de Douglas de atribuir seu silêncio ao excesso de pudor, Rodrigo percebe a falta de entusiasmo de Elena. Malcolm vem colocar sua espada a serviço da causa rebelde; mas sua reação, ao ouvir falar do noivado de Elena com Rodrigo, faz o comandante suspeitar de seu interesse pela moça. A chegada de Serano interrompe esse momento tenso: ele vem avisar que as tropas inimigas estão se aproximando, e o ato se encerra com o canto dos bardos, conclamando os guerreiros à luta.

Disfarçado de pastor, no meio de um bosque, Uberto fala dos sentimentos que se acenderam em seu peito por Elena. E não retém mais suas emoções quando ela surge, fugindo dos combates e procurando refúgio na caverna perto da qual ele se encontra. Mas Elena afirma não poder retribuir, porque ama um outro. Ele lhe oferece, então, um penhor de seu amor constante: um anel que afirma ter ganho do rei da Escócia por salvar-lhe a vida. Se, algum dia, ela ou sua família estiverem em perigo, bastará mostrar esse anel ao rei Giacomo, e ele a protegerá. Tendo se aproximado, Rodrigo ouve escondido a conversa dos dois; ao exigir que Uberto se identifique, e ele dizer que é partidário do rei, desafia-o para um duelo. Elena não consegue impedi-los de lutar.

A cena transfere-se para uma caverna, onde Malcom encontra Albina lamentando os sofrimentos por que todos passaram. Ele está à procura de Elena e traz a notícia de que Rodrigo está lutando com um guerreiro desconhecido. Serano aparece, contando que Douglas resolveu entregar-se ao rei, trocando a própria vida pela paz de seu povo. Guerreiros rebeldes vêm dizer que as tropas do rei os desbarataram, e Rodrigo foi morto. Enquanto isso, Elena foi ao castelo de Stirling tentar salvar o pai. Sente saudades do castelo, onde passou a infância, quando Douglas era aliado de Giacomo. Ouve a voz de Uberto, lamentando seu amor sem esperança por ela e, ao vê-lo entrando na sala, pede-lhe que a leve até o rei. Uberto lhe responde que ela o verá dentro de pouco tempo.

Abre a porta que dá para a sala do trono e, quando toda a corte o saúda com uma reverência, Elena descobre que o desconhecido a quem inspirou paixão é o próprio rei Giacomo. Fiel à sua promessa, ele perdoa Douglas. Morto de ciúmes, ainda pensa em vingar-se quando Malcolm é trazido à sua presença. O bom-senso e a magnanimidade, porém, levam a melhor, e ele aceita a união de Elena com o homem que ama. Perdoa Malcolm e, juntando sua mão à de Elena, proclama: "Siate felici: il ciel vi arrida".

Não há abertura, apenas dezesseis compassos de introdução orquestral para criar a atmosfera nevoenta das Terras Altas, antes que o pano se abra revelando o pitoresco cenário do Loch Katrine, com o vale e as montanhas ao fundo. Um coro misto de pastores canta "Del dì la messaggiera", melodia de tom muito leve, saudando a aurora, ecoada pela voz dos caçadores à distância. "O mattutini albori", a *aria di sortita* de Elena, é uma típica *aubade* – canção inspirada pelo nascer do sol –, um *andantino* encantador em que ela fala da "dolce imagine del caro mio tesor", o rapaz por quem está apaixonada. O "Scendi nel piccol legno", com o desconhecido que se apresenta como Uberto, é um *andantino moderato*, que retoma a graciosa melodia de sua canção inicial, para falar do dever da hospitalidade. Ele é arrematado pelo vigoroso coro, "Uberto! Ah!, dove t'ascondi...Chi a ravvisarlo primier sarà...", dos companheiros do monarca, anunciado pelas trompas de caça.

Na casa de Elena, às tentativas de Uberto de cortejá-la ("Il tuo bel core deh, a me conceda"), a moça responde com firmeza ("Hai tu obbliato che ospite sei?") e, no dueto "Cielo! In qual estasi", ambos falam do mesmo tipo de sentimento que experimentam, mas por pessoas diferentes. Na *scena* "Mura felice... Elena, o tu che chiamo... O quante lagrime", Malcom – papel escrito para a meio-soprano Rosmunda Pisaroni – fala de seu amor por Elena. A cavatina *andantino* é uma declaração de amor cuja delicadeza parece antecipar o estilo melódico belliniano. E a cabaletta, um *allegro* muito florido, com a propulsão do típico crescendo rossiniano.

A resistência de Elena aos planos do pai de casá-la com Rodrigo sucita a irritada "Ad obbedirmi apprende chi audace mi disprezza", cuja cabaletta, muito brilhante, "Taci, lo voglio, e basti!", a torna um número predileto do repertório de baixo *di bravura*. Segue-se o terno dueto dos namorados, "Vivere io non potrò", com um tipo de entrelaçamento das vozes da soprano e da mezzo que prenuncia a forma como Bellini fará essa mesma combinação de timbres casar-se, no mais célebre dueto da *Norma*. Na cena seguinte, Rodrigo se apresenta numa elaborada ária ternária:

- introdução: "Eccomi a voi, miei prodi", em que afirma a certeza de triunfar, apoiado por homens tão corajosos;
- *andantino* em que seus pensamentos voltam-se para Elena: "Ma dov"è colei, che accende dolce fiamma nel mio seno?";
- e cabaletta construída sobre um irresistível crescendo: "Se a miei voti amor arride".

O coro "Vieni o Stella, che lucida e bella" saúda Elena, trazida pelo pai até seu pretendente, que percebe a sua falta de entusiasmo com o casamento (trio "D'opposti affetti"). Malcolm vem colocar a espada a serviço da causa rebelde ("La mia spada... a te presento). No quinteto com coro "Crudele sospetto che m'agiti il petto", típico concertato psicológico de estampa mozartiana, todos comentam a situação tortuosa criada pelas expectativas amorosas contrariadas das personagens.

O *finale primo* é majestoso. Conclamados por Rodrigo, os bardos, no coro "Già un raggio forier di immenso splendor", encorajam os guerreiros à luta. Esse haveria de se tornar um dos hinos favoritos dos patriotas que, naquela primeira metade do século XIX, estavam lutando pelo *Risorgimento* (ressurreição), o movimento de emancipação e unificação da Itália. A cena de conjunto "D'illustre vittoria annunzio fedel... Amici, guerrieri, marciamo, struggiamo..." leva o ato I a um encerramento muito vibrante.

Alguns autores consideram o ato II da *Dama do Lago* menos satisfatório do que o primeiro, descrevendo-o como "um concerto encenado"; e, de fato, há menos ousadia e variedade formal nessa segunda parte, constituída de uma série de números mais estáticos. Mas isso se deve, sobretudo, ao libreto que, nesta fase de resolução da ação, é mais rígido. O nível de inspiração musical não decai. A cavatina "O fiamma soave", em que Uberto fala dos sentimentos que se acenderam em seu peito por Elena, une o fluxo lírico mais espontâneo à agilidade da coloratura. A mesma flexibilidade marca o dueto com Elena "Alla ragion, ah rieda", em que Uberto não retém mais a declaração de amor: "Perchè tacermi, ingrata, allor che mi rendesti preda di tua beltà?".

Solução original é a de transformar a cabaletta do dueto no trio "Qual pena in me già desta", quando Rodrigo, que ouvia escondido, intervém. Para Giovanni David e Andrea Nozzari, criadores desses papéis, Rossini escreveu um verdadeiro duelo de agilidade, que leva o intérprete do rei a um ré agudo. O desafio para o duelo, "Pria mi vedrai morir", tem a tensão aumentada pelo aparecimento dos guerreiros do clã rebelde. Elena tenta impedi-los – "Io son la misera che morte attendo" –, mas eles não a ouvem, dominados pelo furor. "Vendetta accendimi di rabbia il petto", proclama Uberto; "Vieni al cimento, io non ti temo", responde Rodrigo; e o crescendo torna a confrontação ainda mais implacável.

Embora melodicamente atraente, a majestosa ária de Malcolm, "Ah, si pera: ormai la morte", na cena seguinte, é redundante do ponto de vista dramático. Mas a cabaletta, "Fato crudele e rio", faz essa seqüência terminar de forma trepidante. Na cena final, é bonito o efeito de "Aurora! Sorgerai avversa ognor per me?", em que Uberto, fora de cena, lamenta o amor sem esperança por Elena, com a mesma melodia da *aubade* que ela entoou no início da ópera. O grande número de encerramento, o rondó "Tanti affetti", e sua pirotécnica cabaletta "Fra il padre e fra l'amante", que agradou tanto à platéia no dia da morna estréia no San Carlo, é uma solução absolutamente convencional. Requenta o procedimento da *Cenerentola*, de 1817, por exemplo. Mas esse veículo para o estrelismo de La Colbran é desculpável, num amante apaixonado. E a página é Rossini da melhor safra, belo ponto final para uma partitura muito melodiosa, de inocente encanto romântico.

La Donna del Lago é uma ópera de transição, em que características pré-românticas – entre elas o fascínio pelos temas britânicos – juntam-se a outras que a vinculam ao passado: a escrita de papel masculino para voz de *mezzo* ou a exigência do final feliz obrigatório. Musicalmente, é um dos pontos altos do teatro rossiniano. Além disso, é de grande importância histórica pois, na forma como o compositor recria a atmosfera selvagem dos Highlands escoceses, já existe a antecipação do que fará com a paisagem alpina da Suíça, na grande precursora do Romantismo que é a sua última ópera, *Guillaume Tell*, escrita para o Théâtre de l'Opéra de Paris.

Muito interessante é a capacidade rossiniana de, sem utilizar temas folclóricos escoceses, ou sequer escrever melodias originais que os decalquem, lançar mãos de ritmos ou recursos de instrumentação – as seis trompas fora de cena na introdução; as harpas dos bardos na cena dos cânticos guerreiros do fim do ato I – que criam cor local e dão tom muito peculiar às cenas de conjunto. É grande, a essa altura, o domínio das formas musicais mais expandidas. Na *Dama do Lago*, há árias proeminentes, mas os números de conjunto são mais longos e em maior quantidade; o recitativo acompanhado, muito dramático, une um número ao outro, assegurando maior continuidade ao ato; e o coro comparece com papel muito importante de participante da ação, e não apenas de comentarista externo a ela.

Comparadas à complexidade e originalidade da *Donna del Lago*, parecem rudimentares as formas utilizadas no *Tancredi*, de 1813. Apenas seis anos se passaram e os passos dados por Rossini foram gigantescos. Essa complexidade é muito bem ilustrada pela introdução da ópera: a seqüência de coro, ária de Elena, dueto com o desconhecido, e coro final, retirando idéias melódicas da cena de abertura, é de grande variedade. Da mesma forma, são de muito efeito os ricos coloridos instrumentais extraídos dos trompetes e da banda em cena que acompanham o canto marcial dos guerreiros, no *finale primo*. E o hino dos bardos, "Già un raggio forier", tem acompanhamento muito original – harpas, violas, um contrabaixo, e violoncelos em *pizzicato* –, que visa a sugerir o clima das antigas canções épicas. Na coda desse finale, Rossini junta contrapontisticamente essas melodias, usando toda a orquestra, três coros separados, solistas, banda, trompetes, harpa, num efeito grandioso.

Ao longo de toda a partitura, o contraponto é usado de forma desusada para os padrões de escrita da ópera clássica italiana, em que esse procedimento não era muito comum. No dueto com Uberto, durante a introdução, Elena canta em contraponto imitativo. E no retorno do motivo da cabaletta, no longo dueto do ato I, as vozes também imitam o tema, passando-o de uma para a outra. A facilidade melódica é um dos aspectos mais marcantes de *La Donna del Lago*. O lado lírico, terno, está presente no *duettino* de amor de Elena e Malcolm, "Vivere io non potrò", cujo intimismo é realçado por uma orquestra em que apenas as cordas, clarinetes e fagotes intervêm. Efeitos harmônicos sutis mostram o cuidado que Rossini tem com a expressão das menores nuances emocionais.

A mesma orquestração camerística é usada quando Rodrigo, normalmente uma personagem rude e violenta, mostra seu lado mais introspectivo. Ao pensar em Elena, em "Ma dov'è colei che accende", ele tem acentos de grande suavidade e delicadeza. Em compensação, não nos devemos esquecer de que Rossini é o último representante do *belcanto* herdado da tradição barroca, antes que o canto ornamentado romântico entre numa dimensão nova de expressão dos sentimentos. Na *Donna del Lago*, encontramos os fogos de artifício vocais das duas árias de Malcolm e principalmente do rondó final de Elena – números concebidos para vozes femininas *di agilità* – que nos oferecem exemplos do *belcanto* em suas formas mais opulentas.

De *Bianca e Faliero* a *Semiramide*

Enquanto escrevia *La Donna del Lago*, Rossini já tinha assinado contrato com o Scala para a abertura da temporada de Carnaval de 1819. Nessa cidade, no início de novembro, encontrou-se com Stendhal e com Meyerbeer. E foi apresentado a Felice Romani, três anos apenas mais velho do que ele, já reconhecido como um dos bons libretistas daquela época. Foi Romani quem lhe sugeriu basear-se em *Blanche et Montcassin ou Les Vénitiens*, peça de Antoine-Vincent Arnault, encenada em 1798. Estavam na moda histórias sobre perseguições dos tribunais venezianos a pretensos traidores: é de 1813 *The Bravo: a Venetian Story*, do americano James Fenimore Cooper, que Mercadante vai transformar em ópera em 1839[27]; e em 1819, Alessandro Manzoni está terminando *Il Conte di Carmagnola*, cujo tema é aparentado ao da peça de Arnault.

Bianca e Falliero ossia Il Consiglio dei Tre subiu à cena em 26 de dezembro de 1819. O excelente elenco – Violante Camporesi e Carolina Bassi como o casal título, além do tenor Claudio Bonoldi (Contareno) e do baixo Giuseppe Fioravanti (Capellio) – juntaram-se os cenários de Alessandro Sanquirico, para os quais Stendhal não regateou elogios:

> O cenário que representa a sala do conselho era de uma verdade perfeita. Fiquei todo arrepiado diante da magnificência dessa sala imensa e sombria, atapetada de veludo violeta e iluminada apenas por algumas raras velas, colocadas em candelabros de ouro; tinha realmente a impressão de estar diante do despotismo onipotente e inexorável.

A música, porém, ele qualifica – não sem razão – de "uma reminiscência atrás da outra", que "não foi aplaudida e quase chegou a ser vaiada"; à exceção de um único trecho que ele considerou original, o *largo* no finale do ato I. Mas é interessante também a opinião de quem fez a resenha para a *Gazzetta di Milano*:

> Na minha opinião, deve-se censurar essa música devido a três defeitos principais: o primeiro consiste na penúria de pensamentos imaginosos e de melodias originais, das quais costumam ser tão ricas as composições de Rossini; o segundo está na barulheira excessiva do canto, que exclui a verdadeira expressão do *affetto*; o terceiro se reconhece na repetição demasiada de frases musicais e na freqüente aplicação ao gênero sério de motivos que têm um caráter bufo. Eis os principais motivos pelos quais, a meu ver, a nova ópera foi acolhida friamente por um público que se dispunha a aplaudi-la com entusiasmo, e que esperava ver o célebre compositor limpar-se da mancha de reproduzir, em todas as suas partituras, aqueles mesmos pensamentos com que tinha, anteriormente, obtido bons resultados.

É significativa, em particular, a referência à utilização – comum durante a maior parte do Barroco-Classicismo – dos mesmos procedimentos para melodramas tanto sérios quanto bufos, sinal de que, em 1819, para uma platéia culta e em dia com os acontecimentos como era a milanesa, a indeterminação de tom parecia cada vez mais fora de moda. E disso não deixaria de dar-se conta um artista perceptivo como Rossini. Seja como for, excelência de elenco e de montagem garantiram a *Bianca e Falliero* 39 récitas naquela temporada – o maior número obtido por Rossini com uma estréia no Scala. Além do habitual circuito doméstico, a ópera foi ouvida, no exterior, em Lisboa, Viena e Barcelona.

Desapareceu, após a apresentação de Cagliari, na Sardenha, em 1846, para ser revivida por Donato Renzetti, no Auditorium Pedrotti, de Pesaro, em 23 de agosto de 1986, no quadro do festival. É excelente o elenco dessa reprise, documentada ao vivo pelo selo Ricordi e existente também em vídeo: Ricciarelli, Horne, Orciani, Merritt, Gavazzi, Surian. Em 2001, o selo Opera Rara lançou a gravação David Parry (Cullagh, Larmore, Banks, D'Arcangelo, Colecchia, Bailey).

Bianca ama o general Falliero, e fica desesperada quando o pai, o senador Contareno, comunica-lhe a decisão de casá-la com Capellio, seu colega no Senado veneziano, como forma de pôr fim a uma querela política entre ambos. Ela tenta recusar, mas aceita quando o pai ameaça deserdá-la e pôr fim à brilhante carreira militar de Falliero. Recusa, inclusive, a proposta do namorado de que fuja com ele. Para vigiar o que acontece na casa de Contareno, Falliero sobe em um muro da vizinha embaixada espanhola e vê quando Capellio chega para a assinatura do contrato nupcial. Mas, surpreendido pela guarda da embaixada, é preso e não fica sabendo que Bian-

27. Ver *A Ópera Romântica Italiana*, desta coleção.

ca recusou Capellio e este saiu furioso da casa de Contareno.

Acusado de espionagem, Falliero é julgado pelo doge Loredano e dois juízes: Contareno e Capellio. Acreditando que Bianca lhe foi infiel, o general não se defende. Está pronto a assinar uma confissão de culpa, quando surge uma mulher velada – Bianca em disfarce – que se oferece como testemunha. Quando conta toda a verdade, Capellio recusa-se a condenar Falliero. O caso é levado ao Senado, que absolve o general. Capellio retira o pedido da mão de Bianca e intercede pelos namorados, forçando Contareno a aceitar sua união.

Romani trocou o final trágico da peça de Arnault por um *lieto fine* de estilo antiquado. Mas a reviravolta é permitida pelo senso de justiça de Capellio, e não por um *coup de théatre* tirado da manga do colete, o que a torna muito verossímil. As quatro personagens possuem traços que permitem um retrato musical diversificado. A moldura externa é conservadora: abertura tradicional, de um tipo que Rossini já não praticava mais em suas óperas napolitanas; onze números em larga escala, com cinco árias interligadas por recitativo seco (o acompanhado é reservado apenas para os momentos climáticos). A distribuição vocal também lembra as praxes barrocas: soprano-contralto para o casal de namorados; tenor para a figura pouco simpática do pai; e barítono coloratura para o pretendente rejeitado. Há os empréstimos costumeiros, mas boa parte da música é original. Philip Gosset demonstra, mediante o estudo dos manuscritos, que o compositor foi particularmente cuidadoso com os detalhes dessa partitura.

A seção inicial da abertura, *allegro vivace*, é nova. O restante é uma colagem do *andante* já usado em *Ricciardo e Zoraide* e *Edoardo e Cristina*; de uma melodia tirada do ato I de *La Donna del Lago*; e do crescendo de encerramento da abertura de *Edoardo e Cristina*. Os dois protagonistas são apresentados em *scene* de caráter bem distinto. "Se per l'Adria il ferro io strinsi... Il ciel custode", de Falliero, é enérgica, de tom viril, e sua cabaletta oferece à mezzo exigências assustadoras de agilidade – na medida para o virtuosismo de uma cantora como Marilyn Horne. Já "Della rosa il bel vermiglio... Oh serto beato" é de extrema delicadeza, com contornos sensuais – ideal para a feminilidade e elegância de uma intérprete como Katia Ricciarelli. A *scena* de Cantareno, cuja fúria explode na vibrante cabaletta "Il piacer di mia ventura", é muito marcante. Nele já temos a sensação de ouvir os acentos implacáveis de uma personagem como Enrico, o irmão da Lucia di Lammermoor. A seqüência de dueto, trio, quarteto, concertato com coro, um transformando-se naturalmente no outro, faz do *finale primo* uma página articulada, de escrita bem mais moderna do que o tom tradicional do que a precedeu.

É ao mesmo tempo gracioso e brilhante o dueto de amor "Sappi che un dio crudel", do ato II, em que o cantábile e a *stretta* são tematicamente relacionados. Ele contrasta com a eletricidade da dramática cena de confrontação entre pai e filha "Va, crudel, vedrai l'effetto". Aqui, os extremos agudos do registro de tenor são solicitados com resultados esplendidamente ameaçadores. É muito bonita a cena da prisão, em que cabe a Falliero a comovente "Alma, ben mio, si pura", seguida da cabaletta "Ma più che onore e vita", em que os sentimentos amorosos se afirmam de modo muito envolvente.

A jóia dessa ópera pouco conhecida é sem dúvida o quarteto "Cielo, il mio labbro ispira", na cena do julgamento. Pacini dizia que esse quarteto sozinho valia mais que toda a partitura de *Il Falegname di Livonia*, a ópera que ele próprio estreara no Scala, naquela mesma temporada de 1819. E para Stendhal, essa página – e em especial o clarinete *obbligato* no acompanhamento – estava "entre as mais nobres concepções inspiradas a qualquer maestro do mundo inteiro". Comparado a ele, o final é convencional e sem originalidade, pois a *scena* "Teco io resto... Oh padre oh Eroe benefico" nada mais é do que o rondó da *Donna del Lago* reciclado.

Um ano inteiro separa *Bianca e Faliero* de *Maometto II*, estreada no San Carlo em 3 de dezembro de 1820. Várias circunstâncias externas à vontade de Rossini condicionariam essa demora. A partitura seguinte, *Matilde di Shabran*, seria escrita em poucas semanas, é bem verdade. Mas esse repouso forçado já é um sinal de que o ritmo vertiginoso de trabalho começava a pesar a Rossini. Em breve ele entraria no ritmo de uma ópera por ano, até o *Guillaume Tell*, de 1829, que marcaria sua prematura aposentadoria.

Bianca e Faliero tinha sido a 30ª ópera de um compositor de 28 anos. Pouco depois de sua estréia, ele voltou a Nápoles para supervisionar a estréia local de *Fernando Cortez* (1808), que Napoleão encomendara a Gasparo Spontini para celebrar sua campanha na Espanha. Essa precursora do *grand-opéra* foi ouvida com certa indiferença pelo público do San Carlo, em 4 de fevereiro de 1820. Nesse meio tempo, Rossini recebera, da Arciconfraternità di San Luigi, a encomenda de uma solene *Messa di Gloria*, para a Festa delle Devozioni della Vergine Addolorata. Essa obra grandiosa foi cantada em 24 de março, na igreja de São Ferdinando, precedida de duas peças profanas que, hoje, imaginamos mal encaixadas com o resto: as aberturas da *Gazza Ladra* e de uma ópera de Mayr. Como se isso não bastasse, Rossini cuidava da encomenda e instalação, em seu túmulo, de uma estátua do pai de Isabella Colbran, que morrera em abril.

Só em maio começou a trabalhar em seu próximo drama. Uma das figuras mais ilustres da vida intelectual napolitana, Cesare della Valle, duque de Ventignano, escreveu o libreto de *Maometto II*, reduzindo um drama em versos de sua própria autoria, estreado no início daquele mesmo ano. Intitulava-se *Anna Erizo* e, por sua vez, era uma adaptação livre de *Mahomet ou Le Fanatisme* (1742), de Voltaire. Della Valle tinha fama de ter o *mal occhio* e, verdade ou não, consta que Rossini, superstíciosíssimo, compôs a ópera com o índice e o mínimo da mão esquerda estendidos, para fazer o *segno di corna* – o sinal dos chifres do diabo –, forma infalível de se proteger do olho gordo.

O libretista decerto trazia mesmo azar pois, em julho, um grupo de militares ligados ao movimento dos carbonários, e de clérigos com idéias liberais, liderou uma revolta contra Ferdinando I, ameaçando-o com uma revolta, caso não lhes outorgasse uma constituição. Ferdinando a princípio concordou mas, em poucas semanas, a Áustria tinha ameaçado intervir. Em outubro, duas fragatas britânicas vieram fundear na Baía de Nápoles. Em novembro, os soberanos da Áustria, Prússia e Rússia chamaram Ferdinando para uma conferência em Laibach (a atual Ljubljana). O resultado foi a entrada do exército austríaco, em março de 1821, para restaurar o poder absoluto dos Bourbon.

Os distúrbios civis comprometeram o funcionamento dos teatros napolitanos, a maioria deles fechou as portas e, nesse período de perturbação, Rossini foi convocado pela *Guarda Nazionale* – dá para imaginá-lo de uniforme? –, na qual serviu, por algum tempo, provavelmente como maestro da banda. Numa carta de 28 de novembro de 1820, Filippo Galli, escolhido para criar o papel título de *Maometto II*, escrevia a um amigo: "Pelo que eu ouvi dizer, parece que é uma obra-prima, mas acho que Rossini ainda não a terminou." E, no entanto, cinco dias depois, lá estava ela no palco do San Carlo, com Galli ladeado pela Colbran, Nozzari e Ciccimarra.

Como já tinha feito antes com outro libretista aristocrata, o marquês Berio di Salsa, o crítico do *Giornale delle Due Sicilie* pôs nas nuvens o poema de Della Valle, que chamou de "herdeiro das artes conjuntas de Alfieri e de Metastasio". E continuava:

> A impressão que se tem é a de que essa poesia animou Rossini a afastar-se dos caminhos antes percorridos, e que o tenha impelido à simplicidade e à pureza de estilo de nossos maiores compositores, de tal modo que, se continuar a seguir essa estrada nova, *Maometto II* assinalará, na história de suas óperas, um segundo período ainda mais glorioso do que o primeiro, no qual poderá superar, ainda mais do que emular aqueles Grandes, que tiveram entre nós o seu berço, ou entre nós se formaram na arte divina[28], que ensina a reunir todos os prestígios da melodia, da harmonia e do ritmo musical, e a oferecer aos ouvidos sons capazes de comover até mesmo os corações mais insensíveis.

O autor dessa resenha estava se dando conta das mudanças fundamentais por que passava a escrita rossiniana, é verdade. Mas é interessante notar que a busca do refinamento de construção, de uma linguagem menos banal e estereotipada, com soluções novas e originais, dava-lhe a impressão de que o compositor estava não apontando para o futuro, mas voltando à "simplicidade perdida" do Classicismo.

28. Referência evidente a Simone Mayr, de origem alemã, mas naturalizado italiano e muito apreciado em Nápoles.

Talvez por isso mesmo, *Maometto II* não causou grande impressão ao público napolitano. Em versão revista, foi melhor recebida no La Fenice, no início da temporada de Carnaval. No ano seguinte, teve quinze récitas em Milão. Veremos, mais adiante, como essa ópera foi adaptada para Paris com o título de *Le Siège de Corinthe*. Gravada por Cláudio Scimone, para o selo Philips, em 1983 (Anderson, Zimmermann, Palácio, Ramey), *Maometto II* foi revivida no Festival de Pesaro, em 19 de agosto de 1985, e numa bela montagem da Ópera de San Francisco, em 1988.

O pano de fundo para a ação é um fato real, a guerra de Veneza contra o Império Otomano que culminou, em 1470, na vitória turca em Negroponte – hoje Eubéia, a maior das ilhas gregas no mar Egeu. Paolo Erisso, governador de Negroponte, reúne o conselho: Maomé II, o Conquistador, invadiu Constantinopla e avança sobre a sua ilha. O general Condulmiero aconselha a rendição, mas o jovem general Calbo defende a resistência. Erisso propõe a Anna, sua filha, que ela se case com Calbo, o que teria um efeito animador para o estado de espírito da população. Mas a moça não esconde estar apaixonada por um rapaz chamado Uberto, que ficou conhecendo em Corinto, durante a ausência do pai. E fica muito chocada quando este lhe diz que o verdadeiro Uberto, soldado muito valoroso, estava em Veneza naquela época: o homem que ela conheceu é um impostor.

São interrompidos pelo som de tiros e Anna corre para a igreja, onde as mulheres lhe contam que um traidor abriu as portas da cidade para o inimigo. Erisso não concorda com o pedido da filha de lutar ao lado dos homens, mas dá-lhe uma adaga para se matar, caso seja capturada. Ao amanhecer, os turcos aparecem, passando a cidade a ferro e fogo, e percebe-se que Maomé conhece bem a cidade, pois visitou-a, tempos antes, como espião. Quando vê Erisso, que foi aprisionado, Maomé lhe pergunta se foi, no passado, governador de Corinto, e se tem uma filha. Paolo e Calbo recusam sua proposta de lhes poupar a vida se eles lhe entregarem a chave da cidadela, e o sultão manda torturá-los. Anna vem da igreja, fica chocada em reconhecer em Maomé o homem que se apresentara como Uberto, e ameaça matar-se se ele não perdoar Erisso e Calbo, a quem apresenta como seu irmão. Maomé concorda, prometendo a ela uma vida de grande luxo se se entregar a ele. Calbo fica comovido com sua tentativa de salvá-los; mas o pai reage envergonhado.

Anna é levada para a tenda do sultão, mas reage às suas tentativas de seduzi-la. Quando ele ordena novo ataque à cidadela, pede-lhe uma garantia de segurança, pois teme ficar sozinha em seu acampamento. E recebe a maior prova de seu amor: Maomé lhe entrega o selo imperial, sinal de sua autoridade. Anna vai à cripta da igreja, onde Erisso e Calbo estão escondidos. O pai a recrimina por sua traição, mas ela lhe entrega o selo de Maomé e, para demonstrar fidelidade, pede que a case com Calbo ali mesmo, diante do túmulo de sua mãe. O coro de mulheres vem anunciar que a luta recomeçou e os turcos a estão procurando para vingar-se, pois sabem que ela enganou o sultão. Quando a encontram, a coragem com que ela os enfrenta os desarma. Maomé vem lhe exigir a devolução do selo e ela confessa tê-lo entregue ao pai e a Calbo, a quem, agora, descreve como seu marido. Em seguida, apunhala-se com a adaga que Paolo lhe dera, e cai agonizante sobre o túmulo de sua mãe.

A ópera que os napolitanos ouviram sem grande interesse, em dezembro de 1822, está entre as mais atraentes de Rossini, graças à riqueza de sua orquestração e à solidez da estrutura dramática. Não há abertura, apenas uma breve fanfarra introdutória que leva ao solene coro dos patrícios e guerreiros venezianos, e à cena muito vibrante que se passa no Conselho. É muito graciosa a cavatina "Ah! che invan su questo ciglio", em que Anna lamenta os perigos corridos por seu pai. O centro do ato I é ocupado por um *terzettone* para Anna, Paolo e Calbo – papel escrito para a mezzo Adelaide Comelli. Inicia-se após "Ohimè, qual fulmine", em que Anna reage à descoberta de que se apaixonou por um impostor, e é um número muito longo, intercalado à chegada do coro de mulheres e à recusa de Erisso de que a filha lute junto com os homens ("Figlia, mi lascia"). E não tem um final formal, pois funde-se com a entrada do coro de soldados turcos, prometendo a carnificina ("Dal ferro, dal foco").

A cavatina de Maomé, "Sorgete e in si bel giorno", ainda mantém um certo equilíbrio entre a dignidade de posto da personagem e o estilo florido da escrita; mas a cabaletta se entrega a um tal torvelinho de coloratura, que nos encontramos de novo em pleno domínio do *belcanto* como pura abstração canora. No *finale primo*, recitativo acompanhado de grande precisão leva ao trio "Giusto ciel, che strazio è questo!" As palavras do sultão, "Guardie, olà!", chamando seus homens e ordenando que Paolo e Calbo sejam torturados, desencadeia o intenso *concertato* em que Anna intercede pelos dois e, se não fosse pela dramaticidade das palavras, pareceria ter um tom muito alegre. Numa das óperas mais longas de Rossini, a integração das parte faz com que o ato I de *Maometto II* tenha apenas cinco números separados.

O coro "È follia sul fior degli anni", em que as moças muçulmanas dizem à indignada Anna que ela deve aproveitar as bênçãos do amor, é de orquestração levíssima e linhas melódicas delicadas. O dueto "Anna, tu piangi", em que Maomé faz nova tentativa de conquistá-la, oferece o sereno *larghetto* "Lieta innocente un giorno", da moça. Um traço original é a ária do sultão, "All'invito generoso", ser truncada, no momento em que ele se prepara para iniciar a cabaletta, pela entrada do coro de soldados otomanos. Mais convencional é a ária de Calbo, "Non temer"; mas o virtuosismo de sua cabaletta "E d'un trono alla speranza" vem na medida para as qualidades vocais de uma grande intérprete rossiniana como Horne ou Bartoli.

Depois do trio "In questi estremi istanti", que ela canta com o pai e o – agora – marido, cabe a Anna uma bem escrita *preghiera*, "Nume cui'l sole", a que respondem as vozes das mulheres, de longe, rezando na igreja, com um belo efeito de perspectivas sonoras. A entrada das mulheres venezianas, alertando Anna: "Sventurata, fuggir sol ti resta", desencadeia o *finale secondo*, que assume a forma de uma extensa ária para a protagonista, cuja segunda seção, "Madre a te", não é a usual cabaletta cheia de raiva, exaltação ou alegria, e sim a recolhida invocação da alma de sua mãe, pedindo-lhe coragem. A ríspida troca de frases entre Anna e Maomé, e a reação horrorizada de todos a seu gesto suicida, levam a ópera a um final brusco e dramaticamente impressionante.

Embora orquestre de forma extremamente rica, Rossini reserva, a cada número de *Maometto*, apenas os instrumentos de que necessita, o que resulta em uma variedade grande de efeitos de colorido, com a palheta reduzida. O uso de referências temáticas cruzadas também dá muita força a determinados números. Na *introduzione*, um amplo *concertato* é emoldurado pelas intervenções corais dos guerreiros venezianos que, de início ternário e de movimento um tanto hesitante, retorna num incisivo 4/4, que dá à passagem coesão musical e dramática. Apenas as árias de Maomé e de Calbo, previstas para explorar as virtudes canoras de seus intérpretes, têm cabaletta. As demais têm construção livre, ora em um só movimento (a cavatina de Ana) ora multiseccional (seu monólogo final). Sob certos aspectos, esta é a ópera mais ambiciosa de Rossini, na qual são evitadas algumas das regras que ele mesmo codificara, nas décadas anteriores. É a partitura em que ele levou mais longe as suas ousadias, a ponto de, diante da reação fria da platéia napolitana, ter recuado, na *Semiramide*, para posições bem mais típicas do Classicismo do que do Romantismo nascente. Esta é uma ópera chave para entender a evolução do melodrama peninsular nas primeiras décadas do século XIX e, no dizer de Philip Gossett, ela "dá uma idéia muito clara do rumo que Rossini poderia ter seguido se, poucos anos depois, não tivesse renunciado à carreira de operista".

Ao mesmo tempo que supervisionava a estréia napolitana de *Maometto II*, Rossini já trabalhava no próximo contrato – o último que realizaria para Roma. Escrevera a música para o ato I, mas não estava contente com o trabalho de adaptação que Tottola fazia de *Mathilde*, drama semi-sério de Jacques-Marie Boutet de Monvel, encenado em 1799. Ao chegar a Roma, procurou Jacopo Ferretti, com quem trabalhara na *Cenerentola*, e mostrou-lhe o que já estava pronto. Numa carta de 1829 a um amigo, Ferretti conta:

> O Maestro percebeu que o argumento não seria aprovado pela censura; viu que a parte do baixo cômico tinha sido encaixada à força e pecava por excessiva trivialidade; achou que os versos não lhe excitavam a fantasia; julgou, em suma, no conjunto, que com aquele libreto a compa-

nhia contratada para aquela temporada não conseguiria fazer boa figura.

Ferretti fez a habitual cozinha de elementos disparatados, misturando

- trechos do libreto de Tottola sobre a peça de Monvel;
- situações extraídas da *Euphrosine (1790)*, de Joseph Méhul, com libreto de François-Benoît Hoffmann;
- sugestões de um antigo trabalho seu nunca utilizado: *Corradino il Terribile*, no qual cruzara episódios retirados de dois libretos anteriores: *Il Corradino* (1808), de Antonio Sografi, para Francesco Morlacchi; e *Il Trionfo della Bella* (1809), de Gaetano Rossi, para Stefano Pavesi.

Não bastasse a mixórdia e o fato de ser um dos libretos mais longos e retorcidos da fase italiana de Rossini, ainda havia um outro complicador: Jacopo Jacovacci, o empresário do Teatro Apollo, já tinha anunciado que Rossini estava compondo uma ópera intitulada *Mathilde*. Ferretti explica:

Não queria dar armas aos inimigos da empresa: e eles eram muitos, astuciosos, ricos, poderosos. Ora, como o fato não era histórico, e a bela feiticeira que, na antiga comédia, seduzia Coração de Ferro chamava-se Isabella Shabran, tomei a liberdade de mudar o nome e dei a meu melodrama o título de *Mathilde di Shabran*. Quem não sabia dessa historiazinha secreta, ficou com a impressão de que eu tinha sido contratado antes de se publicar o programa. Na realidade, eu o fui muitas semanas depois, e não por Jacovacci, mas por Rossini.

Como sempre, o tempo era curtíssimo. Além de reutilizar páginas inteiras de óperas ainda apresentadas em Roma (*Riccardo e Zoraide, Ermione, Edoardo e Cristina*), Rossini pediu a ajuda de um jovem compositor que lhe foi apresentado pelo libretista. No final do ano anterior, Ferretti escrevera o libreto da *Gioventù di Enrico V*, de Giovanni Pacini, estreada com muito sucesso no Teatro della Valle. Pois foi Pacini o encarregado de escrever três dos números da nova ópera; e sentiu-se muito honrado de poder colaborar com o mais célebre operista de seu tempo. Segundo Ferretti, "as notas de Pacini não tiveram menor fortuna do que as de Rossini; prova disso é que não suspeitou de nada quem não estava a par dessa história".

Giovanni Bollo, regente do Teatro Apollo, onde a ópera estreou em 24 de fevereiro de 1821, morreu de um ataque de apoplexia durante os ensaios. Foi preciso encontrar um substituto de última hora, e *Matilde di Shabran ossia Bellezza e Cuor di Ferro* foi regida por um amigo do compositor, o célebre violinista Niccolò Paganini. A sua presença no pódio deu, obviamente, um colorido todo especial à execução, entusiasticamente aplaudida pelos admiradores de Rossini. E como o primeiro trompista também tinha caído doente, Paganini executou, à viola, o *obbligato* que acompanha a ária de Don Raimondo.

Mas a aprovação não foi unânime. O público achou o libreto pesado, cheio de episódios acessórios redundantes, "afastando-se decididamente dos limites de uma duração tolerável, e cedendo a expressões demasiado vulgares" (*Notizie del Giorno*, 1º-3-1821). Os aplausos misturaram-se às vaias dos detratores de Ferreti e Rossini. E a crônica jornalística romana registrou as brigas de rua, que se seguiram ao espetáculo, opondo os membros mais esquentados das duas facções. Entre os descontentes, estava o próprio Jacovacci que, alegando não ser original a partitura executada – além disso, com páginas que não eram da mão de Rossini –, recusou-se a pagar o cachê combinado.

Rossini retirou a partitura, apresentou queixa ao governo romano e, como a corda sempre parte do lado mais fraco, este deu razão ao compositor, célebre em toda a Itália. O cachê foi pago, *Matilde di Shabran* ficou em cartaz até o fim da temporada e, em seguida, fez o périplo comum aos demais títulos rossinianos. A última apresentação de que se tem notícia, no século XIX, é bem recuada: a de Florença, em 1892. Depois, seria necessário esperar até 27 de março de 1974, para a ópera ser revivida no Teatro Margherita de Gênova. A gravação existente no selo Bongiovanni documenta uma apresentação de 1998, com I Virtuosi di Praga regidos por Francesco Corti (Amou, Grabmeier-Müller, Bernal, Leoni, Colin).

Na Espanha medieval, o tirano Corradino odeia as mulheres, vive recluso em seu castelo, e ameaça com a morte quem vier perturbá-lo – triste sorte que cabe ao poeta Isidoro que, sem querer, vem bater à sua porta: o mal-humorado castelão manda prendê-lo. Matilde, jovem alegre e astuciosa, propõe-se, com a ajuda de Aliprando, o médico do castelo, a domar a fera. Tem uma rival na pessoa da orgulhosa condessa de Arcos, mas é ela quem consegue conquistar o coração do recalcitrante Corradino. Nesse meio tempo, Don Raimondo, inimigo de Corradino, vem à procura de seu filho, príncipe Edoardo, que o tirano aprisionou.

Quando Corradino sai do castelo para lutar contra o inimigo, a condessa aproveita a sua ausência e liberta Edoardo. Em seguida, induz o rapaz a escrever uma carta de agradecimento a Matilde, e a faz chegar às mãos de Corradino. Acreditando-se traído, o tirano tem uma crise de cólera e ordena a Isidoro que atire Matilde do alto de um rochedo, no mar. Este não tem coragem de matá-la e a abandona no bosque. Ao saber disso, Corradino se arrepende e, temendo pela vida de Matilde, vai procurá-la. Ela o perdoa e a ópera termina com a união dos dois.

Pré-romântica pela sua ambientação espanhola medieval, *Matilde di Shabran* o é também pela larga escala com que o tema semi-sério é tratado, com intrigas acessórias, nove personagens e uma amplitude de proporções que anuncia a *Semiramide* e, mais adiante, o *Guillaume Tell*. Sobretudo nas cenas de conjunto, Rossini faz conviver muito habilmente os estilos antagônicos da ópera bufa, séria ou semi-séria de teor sentimental. Não estão ausentes, tampouco, elementos comuns às óperas anteriores: a mulher injustamente acusada de infidelidade e condenada à morte, de que escapa porque o executor designado não tem coragem de cumprir a ordem; a protagonista feminina de caráter forte – o que faz Matilde aparentar-se à Clarice da *Pietra del Paragone* ou à Isabella da *Italiana in Algeri*.

A abertura é a de *Edoardo e Cristina*, com modificações de detalhe. Um coro e parte de um dueto de *Ricciardo e Zoraide* também são reutilizados. Depois de "Zitti, nessun qui v'è", o coro *allegretto* de introdução, vem um dos números mais curiosos da ópera: o irônico retrato de Corradino, feito por Ginardo, o guardião da torre. Em suas palavras – "Ele odeia o sexo feminino. Sejam belas ou feias, se forem mulheres, ele odeia todas" – há a visível paródia às avessas da "ária do catálogo", de Leporello, no *Don Giovanni* de Mozart. Ao poeta Isidoro é confiada uma *aria di sorbetto*, "Intanto Erminia", com uma introdução *allegro moderato* razoavelmente banal, e uma seção *vivace* autoplagiada do "Largo al factótum" do *Barbiere*.

Uma das boas passagens da ópera é o longo quarteto "Alma rea", para tenor (Corradino), com escrita muito ornamentada, e três baixos (Aliprando-Isidoro-Ginardo). "Piange il mio ciglio", de Edoardo – criado pela meio-soprano Annetta Parlamagni – é de estilo rotineiro. "Di capricci, di smorfiette", cantado por Matilde e Aliprando, esquenta aos poucos: depois de um início um tantinho arrastado, ganha movimento com um *allegro* conclusivo muito vivo: "Ah, di veder già parmi". A página mais gratificante da ópera é o longo quarteto "Questa è la Dea", em que um buliçoso *allegro maestoso* enquadra as linhas sinuosas de um *andante* de grande lirismo. No finale do ato I, iniciado por Matilde, "Ah capisco", destaca-se o seu dueto de amor com Corradino, interrompido pela marcha que anuncia a chegada de Raimondo. É tipicamente rossiniano o extrovertido *allegro* do concertato final.

Embora sem traços mais individuais, a ária de Raimondo, "Ah perchè, perchè la morte", no início do ato II, e o trio "Deh, serena il mesto ciglio" têm senso de dignidade e funcionam bem dramaticamente. É muito bem escrito o sexteto "E palese in tradimento", um *maestoso* no decorrer do qual exige-se do tenor que faz Corradino que atinja mais de uma vez o dó agudo – o papel foi escrito para Giuseppe Fusconi, que possuía essa nota muito fácil. Matilde e Edoardo, soprano e *mezzo*, cantam o dueto "Non, Matilde, non morrai", no qual se reafirma a facilidade com que Rossini escreve para essa combinação de timbres femininos. Vem do *Ricciardo e Zoraide* a cavatina "T'arrendi al mesto pianto", de Corradino, à qual é acrescentada uma cabaletta nova, breve mas eficiente. E a ópera termina com a ária virtuosística de Matilde, "Ami alfin", concebida de forma a explorar os melhores recursos da voz de Caterina Lipparini. É sumário o julgamento de Stendhal: "Libreto execrável, mas música bonita – esse foi o veredicto geral."

A temporada napolitana de Carnaval de 1821-1822 assinala o final do contrato de Rossini com Barbaja. Mas este tinha novos planos para o compositor: um festival de obras suas em Viena, onde assumira também o cargo de empresário do Kärntnertortheater. A despedida foi marcada com três iniciativas emblemáticas:

- contribuir para a difusão de Haydn na Itália, regendo a Criação no concerto de 10 de abril de 1821;
- compor uma cantata cênica comemorativa com o título significativo de La Riconoscenza, encenada em 27 de dezembro de 1821;
- e escrever uma ópera nova que, testada no San Carlo, seria depois levada à capital austríaca.

Isso dá a *Zelmira* uma característica própria: seu autor sabia que esta seria uma ópera "internacional", que teria de ser capaz de agradar não só ao público doméstico, mas também a um gosto europeu mais amplo. E é por isso que ela tem um estilo menos revolucionário do que certas peças que a precederam, mas é particularmente harmoniosa e comunicativa. Andrea Leone Tottola preparou o libreto, baseando-se na *Zelmire* de Dormont de Belloy – pseudônimo de Pierre-Laurent Buyrette –, encenada em Paris em 1762. A acolhida, em 16 de fevereiro de 1822, foi muito boa. Em 6 de março, uma semana depois do aniversário de 30 anos de Rossini, a família real compareceu à última récita, para o bota-fora festivo da imbatível trinca Colbran-Nozzari-David que, no dia seguinte, iniciou com Rossini e Barbaja a viagem para a Áustria. Mas foi feita uma escala em Castenaso, perto de Bolonha, onde Isabella Colbran tinha uma casa de campo. E ali, em 16 de março, Gioachino casou-se finalmente com a prima-dona, sete anos mais velha do que ele.

Em 27 de março, Rossini assistiu à estréia vienense do *Freischütz*, regida pelo próprio Weber. Sucesso muito grande, mas não tanto quanto o da *Zelmira* que, em 13 de abril, deu início ao festival, que haveria de se estender até o fim de julho. Segundo o *Allgemeine musikalische Zeitung*, "foi encenada em meio à maior expectativa, num teatro em que os espectadores se amontoavam como arenques em um barril" – o equivalente oitocentista de nosso "sardinhas em lata". O correspondente do jornal de Leipzig comentava:

> Ao magro roteiro a ele oferecido pelo aborrecido libretista, Rossini deu vida com uma música que, além das virtudes que ganharam para ele a celebridade, revela também o cuidado em polir o que, às vezes, faltava em algumas de suas óperas precedentes. Parece que, ao escrevê-la, ele teve em mente que era germânico o seu público.

Enciumado, Weber escreveu, nos jornais, uma série de artigos anônimos em defesa da música alemã e de sua necessidade de ter uma linguagem própria, independente do decalque de moldes estrangeiros – como o rossiniano. No século XIX, *Zelmira* foi representada até 1835 (Nova Orleans). Depois, só retornou em 10 de abril de 1965, no San Carlo de Nápoles, com Virginia Zeani, mas com sucesso apenas de estima. Mais bem-sucedidas foram as encenações regidas por Claudio Scimone, o grande defensor da partitura, no La Fenice de Veneza (1988) e na Ópera de Roma (1989). É com ele a gravação existente: Gasdia, Fink, Matteuzzi, Merritt, Garcia (Erato, 1989).

Zelmira, a filha de Polidoro, o velho rei da ilha de Lesbos, é casada com Ilo, o príncipe de Tróia. Na ausência de Ilo, Lesbos é invadida por Azor, governador de Mitilene. Fingindo aceitar a dominação de Azor, Zelmira lhe diz que Polidoro morreu no incêndio do templo, que ele mandou destruir. Mas, na realidade, ela escondeu o pai no mausoléu da família real. O comandante Antenore, que aspira ao trono de Mitilene, mandou seu cúmplice Leucippo assassinar Azor, e acusa Zelmira pelo crime. Ao reencontrar Ilo, que retornou de viagem, Zelmira vê-se cercada de outras pessoas, e não tem condições de contar ao marido o que realmente aconteceu – o que dá condições a Antenore de convencê-lo de que a esposa matou Polidoro e, agora, está planejando matá-lo também, para reinar sozinha em Lesbos.

O sumo-sacerdote coroa Antenore rei. Ilo procura por seu filho e, sem saber que Zelmira o confiou à proteção de sua amiga Emma, acredita na traição da mulher e é vencido pela tristeza. Aproveitando o seu desarvoramento, Leucippo tenta apunhalá-lo, mas é desarmado por

Zelmira. Leucippo, porém, vira o jogo acusando-a de ter tentado assassinar o marido, e ela é presa. Os dois vilões, porém, a libertam, pois desconfiam que Polidoro ainda está vivo e querem forçá-la a dizer onde o escondeu. Nesse meio tempo, Ilo descobriu onde está o sogro, e este lhe contou como Zelmira se sacrificou para salvar a família. Ilo lidera o levante contra Antenore, mas Leucippo conseguiu que Zelmira lhe dissesse onde está o pai, e o velho é capturado. Está a ponto de ser morto quando Ilo chega com seus homens e os dois vilões são aprisionados. Zelmira devolve o trono a seu pai.

A audição do álbum Scimone torna estranha a afirmação de Charles Osborne de que "*Zelmira* não pode ser chamada de uma das maiores óperas de Rossini". Apesar do deliberado retorno a moldes clássicos, para atender às expectativas de seu público estrangeiro, esta é uma das partituras mais bem cuidadas do compositor, justificando a frase famosa de Stendhal que, ao comparar *Zelmira* à *Clemência de Tito*, disse:

> A diferença é que, se Mozart tivesse vivido mais tempo, teria se tornado completamente italiano; e Rossini, se tivesse composto mais tempo, teria, no final de sua carreira, se tornado mais alemão do que o próprio Beethoven.

Zelmira tem inclusive traços originais, como a ausência de abertura: há apenas alguns compassos de comentário orquestral, antes que o pano se erga, e o coro, dialogando nervosamente com Leucippo, demonstre sua perplexidade com a notícia do assassinato de Azor. Era tão desusado, que o compositor Giuseppe Carpani, correspondente da revista *Biblioteca Italiana*, de Milão, não percebeu a originalidade dessa entrada no assunto sem preâmbulos, e assim justificou a ausência:

> Peçam-me que lhes diga quais foram os trechos mais aplaudidos. Respondo-lhes logo. Foram todos, à exceção da abertura, porque essa não existe. O espetáculo já era bastante longo e o compositor não julgou necessário alongá-la com esse costumeiro *hors-d'oeuvre*.

São muito interessantes as lágrimas de crocodilo de Antenore em sua ária "Che vidi, amici!", pontuada por doloridas intervenções da clarineta solo – pois sabemos que, na realidade, ele está simulando sentimentos que realmente não tem. Já a feroz cabaletta "Sorte! Secondami", em que revela a ambição de subir ao trono, mostra-o sendo extremamente sincero. A cavatina "Ah! già trascorso il dì", de Polidoro, é de grande dignidade, assim como o solene recitativo acompanhado que dá a toda a ópera bastante fluência e continuidade.

"Ma m'illude il desio?", trio cantado por Polidoro, Zelmira e Emma, tem contornos melódicos muito modernos, a ponto de Osborne dizer que ele faria boa figura no *Freischütz* de Weber. Em compensação, é do mais puro estilo belcantístico napolitano a *scena* de Ilo, "Terra amica... Cara! deh attendemi", em que ele volta triunfante da guerra, e cuja cabaletta explora amplamente as possibilidades do fácil registro agudo de Giovanni Davide. É incomum, na ópera rossiniana, a preocupação em adequar a música à situação dramática, que se encontra no dueto "A che quei tronchi accenti?", em que a coloratura é empregada como uma forma de expressar a ansiedade dos esposos ameaçados. O discurso musical se acelera e se interrompe bruscamente, várias vezes, para sugerir as dúvidas de Ilo quanto à virtude da esposa, e a situação angustiante de Zelmira, sem ter como defender-se das suspeitas que pesam sobre ela, a menos que revele o que mais precisa esconder: a informação de que seu pai está vivo.

A ária de Antenore, "Mentre qual fiera ingorda", é de estilo mais tradicional, mas suas exigências vocais são impressionantes, especialmente na cabaletta "Ah! dopo tanti palpiti". Em meio à violência e aos sentimentos descontrolados, que trazem em si o anúncio claro da intensidade passional romântica, surge a doçura mozartiana do belíssimo dueto "Perchè mi guardi", para Zelmira e Emma, cuja melodia em fá menor é entoada apenas pela harpa e o corne inglês, uma combinação de coloridos particularmente delicada. É difícil levar a sério, do ponto de vista da verossimilhança dramática, a culpa pela tentativa de assassinar Ilo, que Leucippo joga sobre sua mulher. Mas essa situação frágil é resgatada pela música muito forte e a construção irrepreensível do quinteto "La surpresa, lo stupore", um dos típicos "concertatos de perplexidade" rossinianos.

Em Viena, Rossini acrescentou, para a contralto Fanny Eckerlin, que cantou o papel de Emma, a ária "Ciel pietoso, ciel clemente", cujo texto é de Giuseppe Carpani, na época poeta da corte austríaca. Trata-se de uma das páginas mais elegantes da ópera, pela pureza de sua linha melódica, a originalidade do acompanhamento com solo de harpa e a flexibilidade do diálogo da solista com o coro. O interesse musical não decai, durante o ato II. É nele que está o momento mais bem realizado da ópera, a cena em que Ilo reencontra Polidoro, na qual "In estasi di gioia" traduz a alegria do velho em reencontrar o genro, e o alívio do príncipe troiano ao ter certeza de que era falsa a acusação, contra a sua mulher, de ter assassinado o pai. O recitativo acompanhado do encontro de Zelmira com o pai é uma dos momentos mais notáveis na arte lírica do Classicismo. A melodia nas cordas que o introduz, grave e patética, os timbres claros dos dois pícolos e dos oboés dão a impressão de que Rossini tinha em mente, ao escrevê-la, a cena da prisão do *Fidelio*. A respeito dele, diz Claudio Scimone:

> Estamos diante de uma grande página da História da Música, que conclui uma época e anuncia a seguinte, pois esse trecho é um modelo de expressão clássica e o último dos grandes recitativos acompanhados de tipo barroco.

O sombrio quinteto "Ne' lacci miei cadesti", entre os dois conspiradores e suas vítimas, é muito inspirado. No longo recitativo com que a ação se encerra, a harpa e o corne inglês recapitulam o tema do dueto Emma-Zelmira. E a ópera é fechada pelo rondó "Stelle! e fia ver?... Deh, circondatemi" que, se não é estritamente original, é da mão de um mestre experimentado, que sabe dosar bem seus efeitos. Esse hino à virtude, ao heroísmo feminino e à força do amor conjugal, que triunfa de todas as adversidades, ganha um sabor especial se pensarmos que ele foi uma espécie de presente de casamento de Gioachino a Isabella.

É muito comovente a descrição da visita que Gioachino fez a Beethoven durante sua estada em Viena. Edmond Michotte registrou, quarenta anos depois, o relato que ele fez a Wagner[29]:

> Eu já tinha ouvido, com muita admiração, em Milão, alguns quartetos de Beethoven. Conhecia também algumas de suas obras para piano. Em Viena, ouvi pela primeira vez a execução de uma de suas sinfonias, a *Eroica*. Essa música me comoveu tanto que imediatamente me propus a ir conhecer aquele grande gênio; queria vê-lo, ainda que uma vez só. Falei de minhas pretensões a Salieri que, eu sabia, tinha boas relações com Beethoven. [...] Ele teve a impressão de que, para me satisfazer, o melhor era dirigir-me ao poeta italiano Carpani, *persona grata* a Beethoven[30], e cuja intervenção ele estimava decisiva. Carpani insistiu tanto que o maestro acabou concordando em me receber. Devo confessar que, ao subir as escadas que levavam aos alojamentos modestos em que o grande homem vivia, eu mal continha a minha emoção. Quando a porta se abriu, entramos em uma espécie de covil sujo e em assustadora desordem. Lembro-me, principalmente, que o teto, logo abaixo do telhado, tinha largas gretas por onde a chuva devia entrar em jorros.
>
> Os retratos que conhecemos de Beethoven dão uma boa idéia do conjunto de sua fisionomia, mas o que nenhum cinzel jamais pôde expressar é a tristeza indefinível presente em todos os seus traços, enquanto debaixo de suas espessas sobrancelhas brilhavam, como no fundo de uma caverna, olhos que, embora pequenos, pareciam traspassar-me. A sua voz era suave e até um pouco velada.
>
> Quando entramos, não prestou atenção nenhuma em nós. Durante alguns minutos, continuou absorto com as folhas de papel de música impressas que estava corrigindo. Depois, ergueu a cabeça e me disse bruscamente, num italiano bastante compreensível: "Ah, Rossini, você é o compositor do *Barbeiro de Sevilha*? Meus parabéns, é uma ópera cômica excelente. Eu a leio com muito prazer e ela sempre me encanta. Será executada enquanto a ópera italiana existir. Nunca tente fazer outra coisa além de ópera bufa."
>
> Carpani, que me acompanhava, usando naturalmente um lápis e escrevendo em alemão, pois essa era a única forma de entabular conversação com Beethoven, fez-lhe perguntas, cujas respostas depois me traduziu palavra por palavra: "Mas o maestro Rossini compôs também muitas óperas sérias, de que lhe enviei a partitura pedindo-lhe que as examinasse." – "E eu realmente as examinei", respondeu Beethoven, "mas, o que quer que lhe diga? A ópera séria não é o forte dos italianos. Para escrever um drama de verdade, falta-lhes ciência musical... e como poderiam adquirir uma coisa dessas na Itália?" [...] Eu lhe disse o quanto admirava o seu gênio, e que agradecia a oportunidade que me dera de vir lhe manifestar isso pessoalmente. Beethoven me respondeu com um suspiro profundo e uma única palavra: "Oh! *Un infelice*!"
>
> Depois de uma pausa, me perguntou alguns detalhes sobre os teatros italianos... quais eram os cantores que estavam na moda... se lá se representavam com freqüência as óperas de Mozart... e se eu estava satisfeito com a companhia de ópera italiana de Viena. Em seguida, desejando-me uma boa noite e êxito para a *Zelmira*, levantou-se, acompanhou-me até a porta, e repetiu: "Principalmente, escreva muitos *Barbeiros*."

29. Reproduzido por Frédéric Vitoux em *Rossini* (1989).

30. Que tinha musicado alguns de seus poemas.

Além de seu bom-humor proverbial, Rossini já era, àquela altura, um compositor de prestígio tão consagrado, que não se ofendeu com as palavras francas – e preconceituosas – de Beethoven. Pelo contrário, percebendo as condições difíceis em que ele vivia, tentou, mediante uma subscrição, levantar fundos, em Viena, para ajudá-lo; mas não foi bem-sucedido.

Zelmira, Cenerentola, Matilde di Shabran, Elisabetta Regina d'Inghilterra, La Gazza Ladra e uma versão em um ato de *Ricciardo e Zoraide* foram as óperas apresentadas em Viena entre abril e julho de 1822. Depois do *Ricciardo*, contam que a multidão cercou a casa onde a companhia tido sido convidada a ceiar. Os cantores tiveram de vir até a varanda e improvisar um concerto de árias de suas óperas. Às duas horas da manhã, os donos da casa chamaram a polícia para dispersar os admiradores, que não queriam se retirar.

Rossini não pretendia mais voltar a Nápoles. A Hérold, que o visitara nessa cidade, já tinha falado de seu interesse em excursionar pela Inglaterra. Da capital austríaca, escrevera a Giovanni Battista Benelli, empresário em Londres, consultando-o sobre o interesse de levá-lo a essa cidade, para compor uma nova ópera e supervisionar a apresentação de outras, mais antigas. Antes disso, porém, voltou a Bolonha, para visitar a família e encontrar-se com Gaetano Rossi, com quem discutiria a redação do libreto para seu próximo contrato, assinado em 13 de agosto: uma ópera nova, para a temporada de Carnaval de 1823. O poeta se envaidecia pelas relações de amizade que tinha com Gioachino e, num texto publicado postumamente, em 1896, orgulhava-se de ter balizado a sua carreira:

> Rossini nasceu e começou com palavras de Rossi, numa farsa para o San Moisè [*La Cambiale di Matrimonio*], que teve três números afortunadíssimos. Ascendeu à glória com o *Tancredi*, também de Rossi. E imortalizou-se com a *Semiramide*, do mesmo Rossi. O Grande Maestro sempre trouxe honras e vantagens ao pai das palavras que musicou.

Poeta e compositor foram juntos para a casa de Isabella, em Castelnaso, e ali decidiram que a ópera se basearia na *Sémiramis* (1748), de Voltaire – assim como o *Tancredi* também saíra de uma tragédia desse filósofo e dramaturgo francês. Não procede, portanto, a lenda – propagada pelo próprio Rossini – de que *Semiramide* foi escrita em apenas 33 dias. Ele era veloz para escrever, sim, mas uma carta que Rossi escreveu a Meyerbeer, em 10 de outubro de 1822, informa que, na véspera, Gioachino tinha começado a compor a música.

Houve uma interrupção, é verdade. Metternich, o primeiro-ministro austríaco, procurara Rossini em Bolonha, convidando-o para ir a Verona, em novembro, compor cantatas para celebrar o congresso internacional que ali se realizaria. Metternich chamou-o de "o Deus da Harmonia", e disse que nada seria mais necessário, durante o congresso, do que a harmonia. Não havia pessoa mais desinteressada das causas políticas do que Rossini. Mas um convite do todo-poderoso Metternich não podia ser recusado. Além disso, a vida mundana e o bom dinheiro que ganharia o atraíam muito. No início de novembro, o casal rumou para Verona, onde Gioachino conheceu pessoalmente René de Chateaubriand, o escritor francês; foi apresentado ao imperador Francisco I, ao tsar Alexandre I, ao rei Jorge IV, ao duque de Wellington; e, costurando um pedaço aqui outro ali de suas óperas, montou as cantatas *La Santa Alleanza* e *Il Vero Omaggio*, com textos que Gaetano Rossi escrevinhara às pressas em Castenaso.

Em dezembro, Gioachino e Isabella foram para Veneza. O La Fenice lhe oferecera a fábula de 5.000 francos para compor a ópera nova e supervisionar a montagem, na abertura da temporada – 26 de dezembro de 1822 –, de uma versão levemente revista do *Maometto II*. Espetáculo não de todo bem recebido, pois La Colbran não estava em sua melhor forma, e cantou mal. Já tinha, porém, se recuperado, em 3 de fevereiro do ano seguinte, pois a *prima assoluta* da *Semiramide* – com a qual Rossini se despediu dos palcos italianos – foi bastante aplaudida, e o entusiasmo de público cresceu de récita em récita. O elenco era de primeira: Rosa Mariani (Arsace), John Sinclair (Idreno) e Filippo Galli (Assur) faziam companhia à signora Rossini. Assistindo à estréia, Stendhal comentou: "A glória desse homem só é limitada pelas fronteiras da civilização; e ele ainda não tem 32 anos."

É pura fantasia a versão de alguns biógrafos de que Rossini teria deixado a Itália, após a *Semiramide*, despeitado com a indiferença da platéia na estréia. A documentação de imprensa é bem clara a esse respeito. Em 6 de fevereiro de 1823, o crítico da *Gazzetta Privilegiata di Venezia* escreveu:

> Sobre o mérito dessa nova produção do Maestro Rossini o juízo do público pareceu incerto na primeira noite: embora o ato II fosse rumorosamente aplaudido, não faltou quem afirmasse que o primeiro era muito inferior a ele. Na quarta-feira, dia 4, as sortes combinaram-se de forma mais venturosa: e se esse ato I não chegou a superar o entusiasmo que o segundo provocara, faltou pouco para que o igualasse. Quisemos esperar até a terceira récita, realizada ontem. Podemos agora anunciar que a *Semiramide* reuniu, de uma ponta à outra, todos os sufrágios dos numerosos ouvintes, os quais, de comum acordo, confessam que essa é uma nova pérola encastoada no rico cetro do célebre maestro, cujo, valor, se não excede o de tantos outros músicos que admiramos, não é de forma alguma inferior ao deles.

A respeito dessa resenha, há duas observações a serem feitas. Hoje em dia, nenhum elenco enfrentaria uma ópera temível como a *Semiramide* durante três noites seguidas (e isso continuou sem interrupção até a quinta-feira, 6 de fevereiro). E é pena que as condições da imprensa contemporânea não permitam ao crítico esperar até a terceira récita antes de escrever uma matéria que pode correr o risco de fazer um julgamento precipitado do espetáculo. *Tempus regit actum.*

A popularidade da *Semiramide* se manteve até quase o final do século XIX. Em 27 de novembro de 1880, foi ela a ópera escolhida para a inauguração do Teatro Costanzi, de Roma. E o Metropolitan de Nova York a apresentou em 1893, com Melba e Scalchi. Em 1922, na primeira edição, póstuma, de seu *Complete Book of the Opera*, Gustave Kobbé lamentava:

> *Semiramide* parece definitivamente afastada do repertório. E, no entanto, se aparecessem simultaneamente, no firmamento lírico, uma soprano e um contralto à altura dos papéis de Semirâmide e Arsace, a ópera poderia ser retomada com êxito, como foi por Patti[31] e Scalchi. Esta última, que estava no apogeu ao estrear nos Estados Unidos, foi um dos grandes contraltos de todos os tempos. Quero crer que todos aqueles que, como eu, tiveram o privilégio de assistir à retomada novaiorquina de *Semiramide*, ainda consideram que a interpretação do dueto "Giorno d'orrore", por Patti e Scalchi, terá sido o mais requintado exemplo de *belcanto* que jamais ouviram.

31. A memória parece ter traído Kobbé, que não se lembrou de ter visto a australiana Nellie Melba no papel título.

Morto aos 61 anos, num acidente de navegação, em julho de 1918, Kobbé ainda poderia estar vivo quando a sua previsão começou a ser desmentida. Após ser cantada, em Rostock (1932), numa tradução alemã, *Semiramide* foi regida por Tullio Serafin no Maggio Musicale Fiorentino de 1940, com Gatti e Stignani. A referência está lá, na edição brasileira do Kobbé (Jorge Zahar, 1991); mas uma nota acrescenta que também Sutherland, Simionato, Caballé e Horne foram responsáveis pela renascença dessa ópera. Gabriele Santini regeu o espetáculo do Scala, em 17 de dezembro de 1962, com Joan Sutherland e Giulietta Simionato. Acompanhada por Marilyn Horne, Sutherland a apresentou em várias casas de ópera, como o demonstra a lista das gravações disponíveis:

Decca, 1966 – Sutherland, Horne, Serge, Rouleau/Richard Bonynge.
Arkadia, 1969 – Sutherland, Horne, Myers, Grant/Bonynge.
Opera d'Oro, 1970 – Sutherland, Sinclair, Garaventa, Petri/Bonynge.
Bella Voce, 1971 – Sutherland, Horne, Malas/ Bonynge.
HRE, 1980 – Caballé, Araiza, Ramey/López-Cobos (do Festival de Aix-en-Provence, existente também em vídeo).
DG, 1993 – Studer, Larmore, Lopardo, Ramey/ Ion Marin.
Fonit-Cetra, 1995 – Tamar, Scalchi, Kunde, Pertusi/Alberto Zedda.
Nightingale, 2002 – Gruberová, Di Nissa, Flórez, D'Arcangelo/Marcello Panni.

Além do vídeo de Aix, existem dois outros: o da apresentação da ópera no Teatro Municipal de São Paulo, em 1980 (Negri, Dupuy, Mettre, Pappas, Gebelin/Cordella); e o do Metropolitan de Nova York, em 1990 (Anderson, Horne, Olsen, Ramey/Conlon).

A multidão se reúne no templo de Baal, pois espera que a rainha Semirâmide designe o sucessor de seu marido, o rei Nino, assassinado quinze anos antes. Lá estão Idreno, o príncipe da Índia, e o príncipe Assur, ex-amante da rainha e seu cúmplice na morte de Nino. Ambos aspiram ao trono e à mão da princesa Azema, por quem estão apaixonados. Mas Semirâmide está à espera do retorno do jovem comandante Arsace, a quem ama, e é de modo relutante que, pressionada, ela se dispõe a revelar o nome do escolhido. Mas é interrompida por trovões, raios e um vento misterioso, que extingue o fogo do altar e assusta a todos.

Arsace chega a Babilônia, cheio da esperança de poder casar-se com Azema, de quem também é um dos pretendentes. Procura o sacerdote Oroe, a quem traz objetos que pertenceram a Nino e uma carta que revela a verdade sobre a sua morte. Para afastar Arsace, Assur lhe diz que a mão de Azema foi prometido ao príncipe Ninia, e este, desaparecido há muitos anos, precisa ser encontrado ou dado por morto, para que ela se livre do compromisso. Mas o comandante não teme os obstáculos a seu amor.

Semirâmide marca um encontro com Arsace nos jardins suspensos e, quando este tenta lhe falar de seu amor por Azema, a rainha imagina que é dela mesma que ele fala. Reunindo o seu povo, a rainha exige dele um voto de lealdade para com o sucessor e, em seguida, revela que escolheu Arsace para rei e consorte. Nisso, aparece o espectro de Nino, que exige de Arsace vingança contra seus assassinos.

Assur tenta forçar Semirâmide a nomeá-lo rei e ela o ameaça com a revelação do crime que cometeram juntos. Oroe conta a Arsace que ele é o filho desaparecido de Nino, e sua mãe, a rainha Semirâmide, conspirou com Assur para livrar-se do marido. Arsace procura Semirâmide, mostra-lhe o documento acusador e ela se oferece como a vítima para o sacrifício expiatório. Embora se compadeça dela, Arsace tem de obedecer ao pedido do pai, e desce com ela à cripta onde Nino está enterrado. Assur, contra quem Oroe sublevou a multidão, também vai ao subterrâneo, disposto a matar Arsace. Na escuridão, quando Oroe, que também os seguiu, ordena ao comandante que golpeie Assur, Semirâmide se interpõe, é apunhalada, e morre nos braços do filho. Assur é preso, e Oroe impede o horrorizado Arsace de se suicidar. Atendendo ao pedido do povo, o príncipe aceita o trono.

A abertura, baseada em temas da própria ópera, é uma peça imponente que fez carreira como peça isolada de concerto. O recitativo acompanhado de Oroe leva ao coro "Belo si celebri", durante o qual os emissários indianos colocam aos pés da divindade "incensi e offerte varie". Idreno e Assur expõem suas pretensões ao sacerdote no trio "Là dal Gange a te primiero". Os ritmos vivos do coro "Di plausi clamor giulivo... Ah, ti vediam ancor" anunciam o cortejo, já de gosto prenunciador do *grand-opéra*, em que "guardas reais, sátrapas, príncipes, capitães precedem Semirâmide, a qual comparece com Azema e Mitrane [o capitão da guarda real], acompanhada por princesas, damas de companhia e escravas, com ricos donativos a serem oferecidos a Baal".

Semirâmide se apresenta, não numa estática *aria di sortita*, como pediria a tradição, mas no dinâmico quarteto "Di tanti regi e popoli", que faz a ação avançar, até o momento em que forças misteriosas extinguem o fogo do altar, suscitando da personagem-título jorros de agitada coloratura. É curioso notar a semelhança melódica entre a *stretta* "Ah già il sacro fuoco è spento" e um dos concertatos do *Elisir d'Amore*, de 1823 – reminiscência? homenagem de Donizetti a seu ilustre predecessor? que importância isso tem, senão a de caracterizar um aspecto marcante da ópera italiana, tal como era praticada no *primo Ottocento*? E a longuíssima *introduzione* se encerra com uma tensa passagem em recitativo acompanhado, na qual a rainha, pressionada, de formas diferentes, a escolher o sucessor, deseja que Arsace retorne logo.

Elaborada introdução orquestral precede o recitativo "Eccomi alfine in Babilonia", em que Idreno reflete sobre as razões que o trouxeram da distante Índia até ali. A cavatina *andantino* "Ah, quel giorno ognor rammento" tem uma alegre cabaletta, "Oh, come da quel dì", que contrastará com o enérgico dueto "Bella imago degli Dei", em que Assur e ele contrapõem seus motivos para desejar Azema: Idreno porque a ama como mulher; Assur porque, como ele próprio proclama, "só um semideus da Assíria pode aspirar a ela" (antes, em seu orgulho imenso, ele já tinha afirmado ter "o sangue do deus Baal"). Esse longo dueto encerra a primeira parte do ato.

A transição para a Cena dos Jardins Suspensos se faz com a passagem em que Azema, num saguão do palácio, sonha com

Arsace, seu "amato bene", mas é procurada por Idreno, que vem lhe perguntar: "Parla una volta, dì: sperar poss'io il tuo cuore, la tua destra?", para ouvir da princesa apenas respostas evasivas. Esse joguinho de xadrez de expectativas amorosas contrariadas ecoa, num momento em que o Romantismo já se aproxima a passos largos, traços que remontam aos veneráveis libretos barrocos. Esta cena é classicamente metastasiana na construção reticente de seu diálogo e na elegância da cavatina "Ah dov'è, dov'è il cimento" e da cabaletta "E se ancor libero è il tuo bel core", na qual vemos Rossini explorando todas as potencialidades do notável tenor escocês John Sinclair, o criador de Idreno.

Nos Jardins Suspensos, o delicado coro feminino "Serena i vaghi raí", das damas de companhia da rainha, precede a página mais famosa da ópera, a cavatina "Bel raggio lusinghier", cuja pureza de linha melódica fez dela uma das peças favoritas dos sopranos em recitais. Curioso é observar que essa página tem todas as características formais de uma *aria di sortita*. Está, porém, desligada de seu lugar, digamos, "oficial". É como se só agora, passada a agitação da primeira cena, Semirâmide tivesse tempo de se mostrar mais intimamente aos espectadores. O dueto *andantino* com Arsace, "Serbami ognor si fido", tem uma encantadora seção conclusiva, "Alle più care immagini", com um crescendo a que se incorpora um tema ouvido na abertura.

Semiramide assinala o enterro definitivo do recitativo seco na ópera séria italiana. A maestria com que Rossini utiliza as formas do *stromentato* na cena 12 – o diálogo em que, para testar Assur, Oroe lhe pergunta se se lembra da noite em que Nino foi morto – não só lhe dá muito dinamismo como assegura fluência na passagem da Cena dos Jardins Suspensos para a da Sala do Trono, com que o ato I se encerra. O coro inicia o *finale primo* com a saudação à rainha, "Ergi ormai la fronte altera... E dal ciel placati, o Numi", em que se ouve o tema *andantino* da abertura. Ao pedido de um juramento de lealdade formulado pela rainha, responde o quinteto com coro "Giuro ai numi, a te, regina". O núcleo central do finale vem com o concertato "Qual mesto gemito", iniciado por Semirâmide, e retomado por. Verdi, ao escrever o "Miserere" do *Trovatore*, deve ter-se lembrado de seu solene *ostinato*. A tensão cresce ainda mais quando "un colpo fortissimo e cupo" vem do túmulo, e surge a sombra de Nino. "Ove m'ascondo?", pergunta Semirâmide, aterrorizada. E o próprio Assur exclama: "Guardar non l'oso!". Nada melhor do que o crescendo rossianiano para a eletrizante *stretta* "Ah sconvolta nell'ordine eterno".

Verdi, que admirava Rossini a ponto de ter querido homenageá-lo, após sua morte, com o frustrado projeto de uma missa coletiva, que reunisse os nomes mais importantes da música italiana, encontrou, provavelmente, na primeira cena do ato II, notável ponto de partida para o dueto do *Macbeth*. O encontro da rainha com seu ex-amante começa com diálogos em recitativo acompanhado – a partir de "Assur, i cenni miei fur sacri, irrevocabili" –, nos quais já se pressente o embrião da *parola scenica*, formulada na maturidade verdiana. O amplo dueto ternário que se segue é um exemplo perfeito da maestria adquirida pelo compositor, a essa altura, nessas cenas de confrontação psicológica. A seção "Se la vita ancor t'è cara", em períodos paralelos, que um canta e o outro repete com pequenas variações, leva à parte central – "Quella ricordati notte di morte" – em que Assur se compraz, sadicamente, em relembrar à arrependida Semirâmide os atos cruéis que há quinze anos a atormentam. O amor por Arsace, porém, a fortalece e, dominando medo e remorso, ela recupera o controle na triunfante seção final, "La forza primiera", em que promete:

Regina e guerriera
punir ti saprò.
L'istante s'affretta
felice, bramato:
tu trema, spietato,
cader ti vedrò;

Enquanto Assur, desafiando-a responde:

Regina e guerriera
temerti non so.
Si compia, s'affretti
l'acerbo mio fatto:
ma pria vendicato
al meno cadrò.

(Rainha e guerreira, saberei te punir. Apressa-se o instante feliz, desejado: treme, homem sem piedade, pois te verei cair.//És rainha e guerrira, mas não te temo. Que o meu amargo destino se apresse em cumprir-se: cairei mas, antes, pelo menos serei vingado.)

Semiramide é a única ópera de Rossini em que há quatro duetos de confrontação com esse mesmo plano ternário: o de Assur com Arsace; o de Semirâmide com Assur; e os dois que ela canta com Arsace. Nessa partitura de equilíbrio clássico, o compositor parece não precisar mais se preocupar em experimentar com formatos diferentes, como antes. Mas a opção por um modelo estabilizado não exclui a mudança caleidoscópica de detalhes internos de melodia, ritmo e orquestração. E nas seções cantábile desses quatro números, estão algumas das melodias mais sedutoras de toda a obra.

O coro dos magos, "In questo augusto soggiorno arcano", abre a cena, no santuário, em que Oroe revela a Arsace a sua verdadeira identidade e mostra-lhe a carta em que Nino escreve a Fradate, um amigo:

Io muoio, avvelenato.
Salva da egual periglio
Ninia, mio dolce figlio,
ch'ei mi vendichi un giorno.
Assur fu il traditore.
La mia perfida sposa...

(Estou morrendo envenenado. Salva de semelhante perigo Ninia, o meu doce filho. Que ele me vingue um dia. Assur foi o traidor. A minha pérfida esposa...)

O horror suscitado por essa carta se manifesta na ária "In si bárbara sciagura", em que angústia e determinação heróica misturam-se em partes iguais. O concertato "Al gran cimento t'affretta ardito" dá um final de efeito a esse momento de virada na ação.

A cena 5, em que Idreno, indo à procura de Azema, ouve-a dizer a Mitrane: "Era Arsace il mio ben, l'idolo mio", é periférica à ação. De resto, toda a linha narrativa paralela que se refere ao amor não correspondido do príncipe indiano permanece como um complemento apenas justaposto à história, e o libreto não permite a Idreno ser mais do que uma figurinha arquetípica de namorado frustrado, sem maior densidade. Por mais bem escrita que seja, a sua *scena* "La speranza più soave... Si, sperar voglio contento" não se alça ao nível do resto da partitura. Certamente não ao da confrontação mãe e filho, na cena 7.

O recitativo com que é conduzida a cena do reconhecimento é exemplar, ríspido, intenso. O comentário orquestral define cada uma das etapas do diálogo. Ele deságua num grande dueto ternário, "Ebben, a te ferisci", em que Semirâmide, oferecendo o peito à arma do filho, pede-lhe que a castigue: "Compi il voler d'un Dio, spegni nel sangue mio un esecrato amor". Essa seqüência culmina no instante em que, vencido pelo amor filial, cheio de compaixão pela mãe, Arsace atira-se em seus braços. Introduz assim um dos mais belos cantábiles da ópera: a seção "Giorno d'orror e di contento", em que Semirâmide expressa sentimentos totalmente antagônicos. Na arrebatada seção final, "Madre, addio", Arsace acalma a mãe mas, apesar dos esforços da rainha para detê-lo, reafirma a decisão de vingar o pai, eliminando Assur.

O traidor tem aqui seu grande momento. Já perturbado pela aparição de Nino, obcecado com a idéia de livrar-se de Arsace, ele recebe dos sátrapas a notícia de que Oroe sublevou contra ele a multidão e isso perturba a sua sanidade. Diante da entrada para a cripta de Nino, tem a visão de sua vítima armada, vindo em sua direção, e expressa seu terror primeiro num recitativo acompanhado magistral, entrecortado, ofegante, depois na ária "Deh... ti ferma... ti placa... perdona...", com intervenções do coro. Essa notável cena de loucura é arrematada pela cabaletta "Que' Numi furenti", em que, nada mais tendo a perder, Assur decide-se a desafiar até mesmo "l'orror delle tombe". Em sua imensa arrogância, está certo de que

De' Numi, del fatto,
dell'ombre di morte,
quest'anima forte
saprà trionfar.

(Esta alma forte saberá triunfar dos deuses, do destino, das sombras da morte.)

Em breve recitativo, Mitrane espanta-se com o "furor insano do traidor que ousa violar a santidade do túmulo". E anuncia: "Io volo a prevenir la Regina". Essas frases servem de ponte para a cena no mausoléu de Nino, onde se desenrola o *finale secondo*.

O coro inicial, "Un traditor, con empio ardir", baseia-se numa variação rítmica do tema central da abertura. Na comovente súplica "Al mio pregar t'arrendi", em que Semirâmide pede a Nino, "che sposo io più nomar non oso", que defenda o filho de ambos, completa-se o desenho de uma personalidade complexa, que veio sendo cuidadosamente construída ao longo do drama. Mulher ambiciosa, que se deixou dominar pela sensualidade e a sede de poder, a rainha teve tempo, nesses últimos quinze anos, para que remorso e sentimento de culpa agissem em seu espírito. O amor por Arsace, muito mais jovem do que ela – na verdade um desvio do amor maternal frustrado e que, agora, reencontra o seu verdadeiro alvo –, a redime. Faz com que tome consciência de seus erros e se prepare para expiá-los – o que lhe confere grandeza trágica. O desenlace da ação é desencadeao pelo trio "L'usato ardir", em que Assur, Arsace e Semirâmide procuram-se no escuro, até que o comandante, atendendo à ordem de Osroe, "Ninia, ferisce!", golpeia a mãe, acreditando estar apunhalando Assur.

Antes de ser preso, Assur ainda se vinga de Arsace apontando para o corpo de sua mãe e dizendo "Là, superbo, mira: contempla l'opra tua, guarda chi spira". A punição do traidor; gesto de Oroe, que impede Arsace de voltar contra o próprio peito o punhal matricida, levam, de forma um tanto sumária, a "Vieni, Arsace, al trionfo, alla reggia", em que os nobres da corte, os sátrapas e o povo aclamam o jovem como seu novo rei. É "ao mesmo tempo perfunctório e inapropriadamente exuberante", como lamenta Charles Osborne. Que importância isso tem? A forma demasiado apressada como o *Trovatore* ou o *Don Carlo* terminam tira delas algo de seu poder de persuasão? A essa altura, parece-nos já estar claro que a condição essencial para apreciar as grandes obras do Classicismo – e a *Semiramide* é uma delas – é pensar como o artista clássico, para o qual a suprema realização musical é um fim em si.

Semiramide é um retorno à tradição, sim, mas renovada pelos anos de experimentação em Nápoles. Bruno Cagliari chamou-a de "uma ópera de restauração [das formas clássicas] escrita durante a Restauração". Mas não se trata de um retorno puro e simples, como o demonstraram as observações feitas aos números mais importantes da partitura. O uso da orquestra é simplesmente suntuoso. E o do coro – embora sem o papel de protagonista que a multidão assume na *Armida* ou no *Mosè in Egitto* –, tem papel predominante na *introduzione* e nos dois finales. Graças à presença do coro, as árias de Assur e de Arsace, no ato II, possuem um caráter monumental que ultrapassa o das óperas progressistas napolitanas.

Essa monumentalidade é um elemento essencial na fase final do teatro rossiniano. Apesar do conservadorismo da simplicidade formal, o plano desta *opera seria*, a mais longa de sua carreira, é de proporções grandiosas e, nesse sentido, anuncia o papel de precursor do *grand opéra* que será desempenhado pelas óperas italianas revisadas para Paris e, principalmente, em 1829, pelo *Guillaume Tell*. Pode parecer contraditório que a forma simples, de austeras linhas clássicas, resulte num desenho dramatúrgico complexo mas, comentando essa questão do ponto de vista da expansão da frase musical, é Philip Gossett quem diz[32]:

> Os ouvintes familiarizados com o *Tancredi* podem facilmente reconhecer essa tendência [da frase musical se expandir em função dos recursos empregados]. Se compararmos qualquer tema individual de um dueto do *Tancredi* com o tema que abre "Ebben, a te: ferisci", o dueto do ato II para Semirâmide e Arsace, podemos constatar o crescimento ocorrido em termos de idéias musicais. Ou então, compare-se o primeiro tema do *allegro*, na abertura do *Tancredi*, e o tema correspondente na *Semiramide*. Nesta última, Rossini não inventou novas estruturas, mas preencheu as antigas com música mais elaborada, criando uma nova visão estrutural, que assume plenamente a alegria da expressão musical.

É mais do que oportuna, como já dissemos, a comparação entre *Tancredi* (1813) e *Semiramide* (1823), ambas *opere serie* sobre libretos de Gaetano Rossi baseados em Voltaire, para que se possa avaliar os passos gigantescos que a dramaturgia rossiniana deu em dez anos. Gossett continua:

> A mesma impressão emerge, para onde quer que olhemos. As formas rossinianas tornaram-se graníticas na *Semiramide* mas, dentro dessa arquitetura monumental, a

32. Em *Semiramide and the Elaboration of Rossini's Stylistic Vision*, ensaio de apresentação do álbum Íon Marin (DG).

O Théâtre Royal Italien, de Paris, que no final do século XVIII funcionava na Salle Favart.

música respira mediante temas de vastas proporções, de desenvolvimento harmônico complexo. As estruturas, na *Semiramide*, são tão perfeitamente proporcionadas, que os cortes[33] são problemáticos. Nesta obra, a perfeição formal e o significado estético estão indissoluvelmente ligados.

Semiramide é a ópera à qual a geração seguinte de compositores italianos há de retornar, compulsivamente, seja para imitá-la ou para abjurar a ela. Sua forma forneceu-lhes modelos, suas sonoridades impregnaram seu coração. Os duetos para Semirâmide e Arsace, por exemplo, preparam os de Norma com Adalgisa [na ópera de Bellini]. O que eles *rejeitaram* foi o seu classicismo, a glorificação assumida do poder da música. Apararam as suas arestas, procuraram no teatro romântico novas intrigas, atenuaram o seu esplendor vocal. Ao fazê-lo, voltaram a técnicas que o próprio Rossini usara em Nápoles. Mas *Semiramide* permaneceu como o principal ponto de contato entre Rossini, enquanto compositor de *opera seria*, e as gerações posteriores de compositores italianos. E o seu fascínio e beleza permanecem intactos para as platéias de hoje em dia.

De *Il Viaggio a Reims* ao *Guillaume Tell*

Depois da estréia da *Semiramide*, os Rossini passaram um tempo descansando em Bolonha e Castelnaso e, em seguida, foram a Paris, onde se hospedaram em casa de Nicola Bagioli, escritor bolonhês. Recepção delirante. *Otello* foi cantado no Thèâtre Italien por Giuditta Pasta e Manuel García. Ofereceram-lhe uma cadeira na Academie des Beaux-Arts, apesar da oposição de um grupo de músicos liderado por Lesueur, que chamava suas óperas de "flautas de bambu", e o apelidavam de Monsieur Crescendo e Monsieur Lebruit (barulho). Isso não impediu contratos tentadores de surgir, na tentativa de retê-lo em Paris.

Mas a França era apenas uma escala para a ida a Londres. Após longas negociações, o empresário Giambattista Benelli contratara o casal para apresentar-se na Inglaterra. La Colbran cantaria no King's Theatre, cuja direção Bennelli assumira em maio de 1823. E além da apresentação de várias óperas suas, Rossini comporia um título novo para o público inglês – a polêmica *Ugo, Re d'Italia*, a ópera "perdida"; mas há provas documentais de que ela foi pelo menos parcialmente composta. Data marcante para os estudos rossinianos é 15 de novembro de 1823: nesse dia, o editor Auguste Bouland publicou – com a data do ano seguinte – a *Vie de Rossini*, de Stendhal. Em 7 de dezembro, o casal Rossini chegou a Londres.

A viagem para Londres foi muito difícil, porque a atribulada travessia do canal deixou Gioachino à beira do colapso nervoso e, só depois de duas semanas de reclusão no apartamento que alugara na 90 Regent Street, ele aceitou o convite de George VI para visitá-lo em Brighton. A corte se encantou com o "Largo al factotum" e a "Canção do Salgueiro", que Rossini cantou para eles em falsete. O comentarista do *Quarterly Musical Magazine* se escandalizou com o fato de ele ter "imitado aqueles eunucos que foram banidos do palco, muitos anos atrás, porque ofendiam a modéstia e a humanidade dos ingleses". O rei não deu a mínima a esse protesto pois, na visita seguinte, cantou um dueto com seu hóspede, com sua desentoada voz de baixo. E ao se desculpar por ter desafinado, ouviu de Gioachino: "Majestade, o senhor tem todo o direito a fazer como quiser. Eu o seguirei até o túmulo."

Como Viena e Paris, Londres também cedeu à rossinimania. *Le tout Londres* compareceu, em 9 de junho, à execução da cantata *Il Pianto delle Muse in Morte di Lord Byron*, colagem de pedaços de várias óperas anteriores, formando a elegia ao poeta que tombara na Batalha de Missolonghi, lutando pela independência da Grécia. Em breve ele estava cobrando cinqüenta libras para comparecer a uma recepção. "Durante a estada em Londres", diria mais tarde, "recebi atenções sem paralelo com as de qualquer outro lugar." Além de lhe render um belo pé-de-meia, essas atividades sociais o deixaram tão ocupado, que *Ugo, Re*

33. Infelizmente muito comuns, tanto nas versões de palco quanto em gravações; a de Íon Marin (1992), com texto estabelecido por Ph. Gossett a partir da edição crítica de Alberto Zedda, é a única absolutamente integral.

d'Italia foi sendo adiada. Em HYIO/OR, o leitor encontará um detalhado ensaio de Jeremy Commons sobre os problemas legais de Rossini com Bennelli, numa fase em que o empresário já se achava à beira da bancarrota (ele fugiu da Inglaterra em agosto de 1824, para escapar da prisão por dívidas).

Segundo Commons, o autógrafo da *Ermione*, que hoje se encontra na Bibliothèque Nationale de Paris, reserva-nos uma surpresa. A partitura dessa ópera, insucesso na estréia napolitana de 1819, foi submetida a numerosas revisões e, a tinta vermelha, Rossini trocou os nomes de Ermione, Andrômaca, Pirro e Oreste pelos de Emma, Adelaide, Ugo e Lotario. Esta seria, então, a verdade sobre a "ópera perdida": sentindo-se livre para reciclar seções de uma obra que não dera certo, Rossini não hesitara em adaptar, para uma praça tão distante de Nápoles quanto Londres, música que não agradara à platéia original, mas que – ele tinha certeza – era boa. Sabe-se que o que chegou a ser composto de *Ugo, Re d'Italia* estava guardado em dois pacotes entregues à Ramson & Co de Londres, a firma encarregada de renegociar o acordo entre Rossini e Bennelli. Esses pacotes foram devolvidos a Rossini em abril de 1831 mas, segundo a suposição de Herbert Weinstock em sua biografia, teriam sido destruídos no incêndio da Salle Favart em janeiro de 1938.

Baseando-se nas pesquisas feitas na Bibliothèque Nationale, Commons e o maestro David Parry incluem, no álbum citado, a ária "Vieni, o cara, al sen mi stringi", uma cantilena muito lírica e florida, declaração de amor de Ugo a Emma que, na *Ermione*, era cantada por Pirro. São muito interessantes as observações de Commons a respeito dessa ária e da técnica requerida para interpretá-la:

> Este é exatamente o tipo de escrita rossiniana que, até bem pouco tempo atrás, os tenores do século XX consideravam inexecutável. Muitos de nós nos lembramos dos tenores verdianos das décadas de 40/50 emitindo sons estrangulados e desagradáveis ao tentar realizar a ornamentação de Rossini com plena voz e volume. Somente nos últimos dez ou vinte anos [o texto é de 1988] é que surgiu uma nova geração de tenores, resultado direto do interesse renovado nas óperas sérias de Rossini: tenores capazes de enfrentar a tessitura dessas partes e de integrar ornamentos realizados de forma muito leve numa linha ininterrupta de canto que exige um controle de respiração exemplar. A renascença rossiniana estimulou, assim, não só nova atividade musicológica, mas também novos avanços no estilo de canto e novos padrões de desempenho.

Enquanto freqüentava os círculos elegantes londrinos, Rossini negociava, com o príncipe de Polignac, na embaixada da França, o contrato que o levará a instalar-se em Paris: 40.000 francos anuais pela composição de uma ópera bufa para o Théâtre-Italien, uma séria para o Opéra, a supervisão de uma de suas obras antigas em versão francesa, além de um espetáculo em seu benefício exclusivo. Ao deixar a Inglaterra, em agosto de 1824, Rossini foi recebido de braços abertos pelos parisienses. O visconde Sosthène de la Rochefoucauld, diretor da Academie des Beaux-Arts, ofereceu-lhe o cargo de "Directeur de la Musique et de la Scène du Théâtre Royal Italien" – que ele aceitou com a condição de que seu ferrenho rival, Ferdinando Paer, não fosse demitido. Vingança sorridente pois, além de lhe ficar devendo esse favor, Paer teve de trabalhar como seu assistente.

Gioachino instalou-se na capital francesa. Com algumas pequenas interrupções, haveria de residir ali até o fim da vida. Ao contrário, porém, do que esperava o público parisiense, demorou a compor uma ópera nova para o Italien. Montou *Cenerentola, La Donna del Lago, Otello* e obras de outros compositores italianos. Mas só em 19 de junho de 1825 animou-se a produzir um título original, para comemorar a coroação do rei Carlos X na catedral de Rheims, ocorrida duas semanas antes. O desprezo do *Journal des Débats*, que a chamou de "obra de circunstância que dura três horas, com uma falta de assunto que a faz parecer ainda mais longa", e a sucinta observação, nos *Annals of Opera*, de Alfred Loewenberg – "Fracasso completo, três récitas apenas" – fizeram vários autores incorporar a suas obras a versão de que *Il Viaggio a Rheims* tinha sido um fiasco. Mas essas três récitas foram cantadas num teatro lotado, que recebeu a ópera entusiasticamente. E o elenco ostentava alguns dos maiores cantores da época: Giuditta Pasta (Corinna), Laure Cintie-Damoreau (a condessa de Folleville), Ester Mombelli (Mme Cortese), Adelaide Schiassetti (a marquesa Melibea), Domenico Donzelli (o cavaleiro Belfiore), Marco Bordogni (o conde de Libenskof), Carlo Zucchelli (lord Sidney), Felice Pellegrini (Don Profondo), Francesco Graziani (o barão Trombonok) e Nicholas-Prosper Levasseur (Don Alvaro).

O que aconteceu foi que o próprio Rossini retirou a ópera de cartaz, após a terceira apresentação, alegando que *Il Viaggio* não passava de uma *pièce d'occasion*. Na verdade, já tinha outros planos para ela: cinco de seus nove números seriam reutilizados no trabalho seguinte, *Le Comte Ory*. Uma quarta apresentação da ópera foi autorizada pelo compositor, alguns meses depois, num espetáculo em benefício das vítimas de um incêndio na cidadezinha de Salins-les-Bains. No auge da revolução de 1848, uma versão não-autorizada foi executada na capital com o nome de *Andremo a Parigi?* Nela, as personagens estão indo, não a Rheims, para a coroação, mas a Paris, para participar das barricadas contra Luís Felipe. Há também notícias de uma adaptação intitulada *Il Viaggio a Vienna*, nas festividades do casamento, em 1854, do imperador Francisco José com Elisabete da Baviera.

Il Viaggio a Rheims foi ressuscitada por Philip Gossett, e encenada no Auditorium Pedrotti, em 18 de agosto de 1984, durante o Festival Rossini de Pesaro. Gossett a reconstruiu graças a algumas partes individuais guardadas na biblioteca do Conservatório de Paris; ao manuscrito original dos números não usados no *Comte Ory*, encontrados no depósito da Biblioteca de Santa Cecília, em Roma; e a uma cópia da versão vienense de 1854, que localizou na Biblioteca Nacional Austríaca. Desde então, a ópera reapareceu no Scala de Milão (1985); em Saint Louis (1896) e na Guildhall School of Music (1987), nessas duas ocasiões cantada em inglês. Um coro que estava faltando foi finalmente encontrado. A reestréia da partitura completa foi no Covent Garden, em 4 de julho de 1992. Claudio Abbado, grande intérprete das óperas rossinianas em sua edição crítica, rege duas excelentes gravações do *Viaggio*, ambas com ótimos elencos:

DG, 1984 – Gasdia, Cuberli, Ricciarelli, Valentini-Terrani, Giménez, Ramey Raimondi/Cláudio Abbado.

Sony, 1992 – McNair, Serra, Studer, Valentini-Terrani, Matteuzzi, Giménez, Ramey, Raimondi, Dara, Gallo, Surian/Abbado.

Luigi Balocchi intitulou de *dramma giocoso* o texto de *Il Viaggio a Rheims ossia L'Albergo del Giglio d'Oro*. Mas em seu manuscrito, Rossini a definiu como uma *cantata scenica* e, de fato, ela tem um caráter estático que justifica essa denominação. A intriga gira em torno dos esforços de um grupo de viajantes de várias procedências, presos em um hotel de cura de águas em Plombières, para conseguir cavalos e carruagens que lhes permitam ir a Rheims, assistir à coroação de Carlos X. Entre as fontes de inspiração para Balocchi, a mais importante é *Corinne ou l'Italie*, o romance publicado por Mme de Staël em 1807, marco fundamental do Pré-romantismo francês. Nele, a poetisa Corinne, que tem sangue inglês, encontra-se em Roma com o aristocrata Osvald Nevill. Apaixona-se por ele, mas prefere os encantos da vida na Itália a voltar com o namorado para as sufocantes restrições da vida na Inglaterra, de que não tem saudade. Corinna, ´que já exibe os traços típicos de comportamento da heroína romântica – a começar pela forma como coloca as emoções acima da razão – é descrita no libreto como uma "famosa *improvvisatrice* romana". Ela é uma das principais personagens dessa comédia, em que Balocchi e Rossini se divertem fazendo a caricatura de vários tipos nacionais diferentes – um dos clichês prediletos da ópera bufa italiana, com raízes em peças tão remotas como a comédia madrigalesca *La Barca di Venezia per Padova*, de Adriano Banchieri[34], e que reencontramos em comédias de Donizetti como *Le Convenienze ed Inconvenienze Teatrali* ou *Il Campanello*[35].

Segundo o *Journal des Débats*, a ópera foi estreada sem abertura. Osborne refere a descoberta, entre os documentos do compositor guardados em Pesaro, de uma partitura – da mão de um copista – que traz a inscrição *Gran Sinfonia scritta per l'Opera Reale nel Melodramma Un Voyage à Rheims*. Mas Abbado, em suas gravações, usa a breve intro-

34. Ver *A Ópera Barroca Italiana*, desta coleção.
35. Ver *A Ópera Romântica Italiana*, desta coleção.

dução orquestral que desemboca diretamente na cena em que Maddalena, a governanta do albergue, exorta seus empregados a se empenhar mais no trabalho. Don Prudenzio, o médico da casa de banhos, vem inspeccionar o cardápio, para verificar se está compatível com o tratamento que dá aos hóspedes (Benché, grazie al mio talento). E Mme Cortese, a tirolesa casada com um comerciante francês, que é a dona do albergue, expressa, na ária "Di vaghi raggi adorno", o desejo de acompanhar seus hóspedes à cerimônia de coroação. Na cabaletta "Or state attenti", diz a seus empregados que os hóspedes só voltarão se forem bem tratados; para isso, eles têm de falar

coll'antiquario di cartapecore,
di belle femine col Cavaliere,
con Melibea d'idee fantastiche,
col Moscovita del vasto impero,
del Campidoglio colla Romana,
coll'Alemanno del contrappunto...

(com o antiquário de pergaminho, com o Cavalheiro de mulheres bonitas, com Melibea de idéias fantasiosas, com o moscovita do vasto império, com a romana do Capitólio, com o alemão de contraponto...)

A condessa de Folleville, sempre preocupada com a última moda, como toda parisiense que se preze, surge perturbadíssima. Sofreu um acidente, a caminho do hotel, e perdeu sua bagagem. Ela é o símbolo do lado mais fútil e superficial da vida na capital francesa (não é à toa que seu nome significa "cidade louca"). Os homens à sua volta apressam-se em acudir seu faniquito. Na ária de Folleville, "Partir, o ciel, desio", Rossini zomba dos excessos emocionais, da languidez e da melancolia que caracterizavam o então nascente estilo romântico. A ironia se prolonga na cabaletta "Che miro! ah, qual sorpresa", em que Folleville agradece a Deus por ter atendido a seus votos, pois Modestina, a sua camareira, vem trazendo um chapéu que conseguiu salvar do desastre. A grandiosidade do estilo é deliciosamente desproporcionada para situação tão prosaica.

Outras personagens vão aparecendo: o barão de Trombonock, eleito tesoureiro do grupo de viajantes; Don Profondo, que se desculpa pela demora em pagar a sua parte, pois tinha ido visitar uma antigüidade; o almirante espanhol Don Alvaro, acompanhado da marquesa Melibea, polonesa viúva de um general italiano; e o general russo conde de Libenskof, rival de Alvaro no afeto de Melibea. Os dois já estão à beira de se desafiar para um duelo quando Mme Cortese vem avisar que ainda não arranjaram os cavalos para a viagem. As reações dos viajantes se manifestam no sexteto "Non pavento alcun periglio", interrompido pela voz de Corinna que, fora do palco, entoa "Arpa gentil" – cujo tema provém da *Armida*. A delicadeza do canto de Corinna, que fala de "gioia e amor", acalma os sentimentos belicosos e todos se unem na celebração do "amor fraterno". A *stretta* brilhante tem todo o caráter de um finale de ato – e, embora escrita em um ato só, a ópera pode ter um intervalo neste ponto.

Mme Cortese apresenta lorde Sidney que "não sabe explicar a Corina, a quem adora, esse ardor que lhe devora o coração", e o jovem inglês fala de seu amor sem esperança numa *scena* bem construída: ária "Invan strappar dal core", com muita ornamentação; *tempo di mezzo* com participação do coro ("Come dal ciel"); e cabaletta com flauta *obbligato*, "Soavi e teneri eletti fior". O cavalheiro Belfiore, que também está apaixonado por Corinna, cria coragem ao ver-se sozinho com ela, e declara-se no dueto "Nel suo divin sembiante", em que faz tudo para ser encantador, sem conseguir, porém, evitar que ela o rejeite indignada.

Mas o *dramma é giocoso*, não nos esqueçamos, e Rossini não perdeu a mão para a típica *patter song* bufa que dá ao baixo grandes possibilidades histriônicas (na gravação Abbado-2, Ruggero Raimondi as aproveita todas, da maneira mais virtuosística). "Medaglie incomparabili" é uma longa canção estrófica de linha melódica muito simples, em que Don Profondo enumera as características dos seus companheiros de viagem:

- a veneração do espanhol pelas árvores genealógicas e as crônicas históricas que atestam a nobre linhagem de seus antepassados;
- o gosto da polonesa pelos autores românticos, sir Walter Scott, lorde Byron, o visconde d'Arlincourt;
- as caixas grandes e pequenas, os escrínios, os cofres em que se concentra a atenção da francesa, pois ali estão guardados seus vestidos, jóias e chapéus, rendas, fitas e enfeites;

- as doutas dissertações sobre novos efeitos harmônicos e "le rare produzioni di corni e di tromboni, modelli ignoti ancor", que constituem o único interesse do alemão (um traço de auto-ironia, pois Rossini sempre foi acusado de se deixar influenciar pelas "extravagâncias" de além-Alpes);
- o inglês sempre falando de viagens em volta do globo, de tratados de navegação, de chá e ópio trazidos da China, de letras de câmbio valendo grandes somas;
- o francês carregando para todo lado as litografias do "Horácio gaulês" – alusão a Horace Vernet, pintor famoso por suas cenas de batalha;
- o russo exibindo os mapas de seu vasto império e sua coleção de zibelinas, martas e chapéus enfeitados com penas de galo.

Embora de melodia repetitiva, cada uma dessas vinhetas permite ao cantor imitar o sotaque das personagens; e o ritmo contagiante arrasta o ouvinte de forma irresistível. A cena termina com a seção "Sta tutto all'ordine", em ritmo de valsa e com o obrigatório galope.

Volta finalmente Zefirino, o menino de recados mandado por Mme Cortese à procura de cavalos. E a notícia que ele traz não é nem um pouco animadora: todo mundo está indo para Rheims e ele não conseguiu comprar ou alugar um só animal. À suas palavras – "Ognun di voi al nobile proggeto di rinunciar or fia costretto" – todos os presentes reagem, consternados, num dos números mais complexos escritos por Rossini (e isso não é dizer pouco): o *Gran Pezzo Concertato a Quattordici Voci*, "A tal colpo inaspetatto" – que, pelo seu efeito, também pode servir como um ponto de interrupção do espetáculo. Durante esse concertato, Mme Cortese recebe uma carta do marido informando que, depois da coroação, Carlos X volta a Paris, onde serão realizadas festividades magníficas. Já que não podem ir a Rheims, os viajantes decidem ir a Paris, onde a condessa de Folleville lhes oferece hospedagem. Com o dinheiro economizado, eles decidem oferecer aos moradores da cidade um grande banquete, essa noite, no hotel.

A longa cena final se passa no jardim do hotel, feericamente iluminado, onde foi colocada uma mesa para o banquete. Antes do início da festa, Libenskof e Melibea vêm resolver, no dueto "D'alma celeste, o Dio!", os seus arrufos amorosos. É uma página muito bem construída, em que, a um *andantino* terno, segue-se uma alegre cabaletta com *stretta* tempestuosa. Muito a propósito, uma companhia de músicos e dançarinos ambulantes acabou de chegar a Plombières, e é convidada a vir entreter os hóspedes. Depois, o barão von Trombonok propõe que, cantando em seu estilo nacional, cada um dos presentes faça um brinde à família real e a um futuro harmonioso para a Europa. É o pretexto para uma seqüência de pastiches, coisa que Rossini sempre se divertiu em fazer com muita habilidade.

- O próprio Trombonok inicia com o *Inno Tedesco*, "Or che regna frale gentil a più placida armonia". O tema é o de "Gott erhalte Franz den Kaiser", o Hino Nacional Austríaco, sobre uma melodia de Haydn.
- Ai prodi guerrieri seguaci di gloria", a *Polacca* cantada pela marquesa Melibea, fala de independência, a eterna preocupação dos poloneses naquela época.
- É efervescente a melodia de "Onore, gloria e alto omaggio d'Augusta Donna al nobil cor", o *Ino Russo* entoado em seguida pelo conde de Libenskopf. Ele diz que essa foi a canção que ouviu "quando o monarca voltou para nós" – ou seja, quando Alexandre I retomou as rédeas do poder, em setembro de 1812, depois do incêndio de Moscou, que assinalou o início da expulsão de Napoleão da Rússia. Há aí, portanto, o traço político de evocar a queda do Corso, para agradar aos monarcas da Restauração. A Augusta Senhora a que o hino se refere é Maria Carolina, duquesa de Berry, cujo marido, o segundo filho de Carlos X, foi assassinado em 1820. Ela era a mãe de Henri-Charles, o duque de Bordeaux;
- A *Canzone Spagnola* de Don Alvaro, "Omaggio all'Augusto Duce", dirige-se a Louis-Antoine, duque de Angoulême, filho mais velho de Carlos X. Alvaro tem uma razão especial para escolhê-lo: o duque de Angoulême chefiou as tropas francesas que, a pedido de Fernando VII, recolocado no trono em 1814, intervieram na Espanha para sufocar a revolução que eclodiu em 1820.

- Quando chega a vez de lorde Sidney, ele se desculpa, pois só conhece uma canção: "God Save the King". Em seguida, contradizendo o que acaba de dizer – "Io musico non sono" – canta uma versão ornamentadíssima do *Inno Inglese*, com *obbligato* de flauta, encerrada por uma cadência tão longa que Trombonok, impaciente, o interrompe: "Basta! Basta!". "Dell'aurea pianta il germe amato" homenageia Henri-Charles, duque de Bordeaux, neto de Carlos X e filho póstumo do duque de Berry. Ao nascer, ele foi apelidado "l'enfant de la dernière chance", por ser o único herdeiro do trono na linha direta dos Bourbon.
- O cavalheiro de Belfiore e a condessa de Folleville unem-se num dueto, na *Canzone Francese*, "Madre del nuovo Enrico", brindando à duquesa de Berry.
- Mme Cortese e Don Profondo também cantam, em honra dos Bourbons, a *Tirolese* "Più vivace e più fecondo", com todos os *yodells* a que têm direito;

Chega finalmente a vez de Corinna. Mas ela, como boa heroína romântica, hesita, diz que a responsabilidade é grande demais, confessa estar cheia de medo e não saber escolher o tema de seu brinde. Don Profondo distribui papel e lápis a todos, e eles anunciam suas sugestões à medida que as colocam na urna: Joana d'Arc (Melibea); o cidadão de Rheims (Mme Cortese); a Batalha de Tolbiac[36] (Libenskof); o rei Clóvis (Don Profondo); "Las tres estirpes de Francia" (Don Alvaro), os merovíngios, os carolíngios e os Capetos; Davi e Samuel (Belfiore); O Crisma e a Coroa (Trombonok); Hugo Capeto (lorde Sidney); São Luís (Folleville). Como não podia deixar de ser, o bilhete extraído da urna pela marquesa Melibea, e solenemente lido por Don Profondo, anuncia: "Carlo X, Re di Francia".

É muito gracioso – e lisonjeador – o *Improvviso* "All'ombra amena del Giglio d'Or" em que Corinna retrata a família real francesa e o "novel splendor" que Carlos X dá à coroa[37]. Na apoteose final, trazem para o palco retratos dos mais importantes reis da França – o de Napoleão, naturalmente, não devia ser um deles – e todo o grupo entoa o festivo "Viva il diletto Augusto Regnator", com uma breve dança intercalada entre a primeira e a segunda estrofes. O conde de Libenskof coloca o ponto final na ópera proclamando um "Viva la Francia, il Prode Regnatore", e um merecido "Viva Rossini!"

Na época da estréia, o mal-humorado crítico do *Journal des Débats* elogiou o *Gran Pezzo Concertato*, mas concluiu que "o resto não passa de barulho, crescendos e todas essas outras formas de fazer culminar uma cena de que, hoje em dia, se anda usando e abusando". Revista hoje, a ópera demonstra que esse julgamento era tolo e injusto. *Il Viaggio* é uma síntese de todos os truques que o mágico Rossini tinha na cartola, um compêndio do teatro cômico da transição clássico-romântica, uma "ópera a respeito de ópera" que merece ser posta lado a lado com *Ariadne auf Naxos* e *Capriccio*. Em termos de técnica e variedade de estilo, ela oferece de tudo: dos adágios líricos às mais vivas cenas de *imbroglio*; das filigranas camerísticas com instrumento *obbligato* aos conjuntos mais elaborados; dos recitativos mais intimistas ao *Gran Pezzo Concertato a Quattordici Voci* que é, salvo engano, a maior cena de conjunto da História da Ópera. Tudo isso numa partitura de tom desenvolto, quase de *vaudeville* – só que exigindo a participação dos maiores cantores do mundo para dar certo. É o triunfo da arte mais difícil realizada com a maior espontaneidade.

Vale a pena reproduzir, da conversa com Wagner, registrada por Michotte, o comovente relato da visita de supresa que Rossini recebeu em fevereiro de 1826. A caminho de Londres, onde ia supervisionar a montagem do *Oberon*, Carl Maria von Weber, que tão mal falara dele na época do festival em Viena, foi procurá-lo em Paris:

> Como não me anunciara sua visita, experimentei emoção semelhante à que me comovera, anos antes, na presença de Beethoven, ao ver inesperadamente, diante de mim, aquele compositor genial. Palidíssimo, sem fôlego por causa das minhas escadas (já estava muito doente), o pobre jovem, assim que me viu, apressou-se a confessar,

36. Do século V, em que Clóvis venceu os alamanos.

37. Só para o registro: o "esplendor novo" trazido por esse rei à França foi uma escalada tão violenta de repressão e tirania que ele acabou deposto pela Revolução de 1830.

com uma dificuldade agravada pelo seu escasso conhecimento de francês, que tinha sido muito duro comigo em seus artigos de crítica musical... mas... Não o deixei terminar. "Vamos", disse, "não falemos disso. Em primeiro lugar, nunca li esses artigos, pois não entendo o alemão." [...] Tive a impressão de que ele estava num estado lamentável, a pele lívida, com a tez seca dos tuberculosos e, além disso, coxeando[38]. Dava pena vê-lo. Dias depois, veio ver-me de novo, para que eu lhe desse algumas cartas de recomendação para Londres, aonde se dirigia. Fiquei aterrorizado, ao pensar que ele ia empreender semelhante viagem[39]. Tentei dissuadi-lo da forma mais enérgica, dizia que ia cometer um crime... um suicídio. Mas não consegui convencê-lo, não consegui nada: "Já sei", me respondeu, "é lá que acabarei a minha vida... Mas tenho de ir montar o *Oberon*, tenho de ir, tenho de ir..." Entre outras cartas para as pessoas de relevo que eu tinha conhecido em Londres, havia uma para o rei Jorge que, muito acolhedor com todos os artistas, tinha sido especialmente amável comigo. Com o coração apertado, abracei pela última vez esse grande gênio, com o pressentimento de que nunca mais o veria. E assim foi. *Povero Weber!*

Extenuado pela viagem e a difícil preparação do *Oberon*, Weber morreu em Londres, de um colapso, durante o sono, em 5 de junho de 1826.

A seriedade com que desempenhava as funções de diretor do Théâtre Italiane continuaram mantendo Rossini afastado da composição. Mas não lhe agradou nada que Lemière de Corvey, sem lhe pedir a autorização, preparasse a versão francesa de *La Dame du Lac*, cantada no Théâtre de l'Odéon. Como a pressão do público para que apresentasse uma ópera francesa aumentava, permitu, em setembro de 1826, que Antonio Pacini[40] montasse um *pasticcio* no mesmo Théâtre de l'Odéon. Pediram a Émile Deschamps e Gabriel-Gustave de Wailly que escrevessem um libreto baseado no *Ivanhoe*, de sir Walter Scott[41]. Pacini fez a colagem com pedaços tirados de *Tancredi, Cenerentola, La Gazza Ladra, Mosè, Zelmira e Semiramide*. O próprio Rossini contribuiu com recitativos acompanhados e uma introdução orquestral. A forma é a do *opéra-comique*, com diálogos falados entre os números, solução adotada para abreviar o tempo de preparação. Essa salada mista foi encenada em 15 de setembro de 1826 e obteve apenas duas récitas. A única tentativa moderna de resgate de que tenho notícia é a de 3 de fevereiro de 1990, no Opéra Berlioz de Montpellier.

A essa altura, Rossini já estava trabalhando na adaptação, para o Opéra de Paris, de um de seus antigos sucessos italianos: pedira a Balocchi e Alexandre Soumet[42] que preparassem um texto francês baseado no *Maometto II*, de seis anos antes.

Os novos libretistas recuaram a ação para 1459, ano do assédio de Corinto pelas tropas de Maomé II – e o fizeram para explorar a posição pró-grega e antiturca do governo francês àquela altura da Guerra da Independência Grega. Rossini, que já tinha lamentado a morte de Byron em Missolonghi, regeu um concerto em benefício dos patriotas gregos. Balocchi e Soumet expandiram numa *tragédie lyrique* em três atos a *opera seria* em dois de Cesare della Valle. Além de escrever música nova para *Le Siège de Corinte*, Rossini transpôs a voz de contralto de Calbo, o namorado de Anna, para um tenor que passou a se chamar Néocles – pois, ao público parisiense, não agradavam *les rôles en travesti*. Apesar de modificações de detalhe, a intriga permanece a mesma. Agora, é Pamyre, a filha do governador de Corinto, quem está apaixonada por um homem que se apresentou sob um nome falso e, depois, ela descobre ser Maomé II. Como a Anna do *Maometto II*, Pamyre prefere se suicidar a viver com o homem que invadiu e conquistou sua cidade. Um grande elenco se apresentou, em 9 de outubro de 1826, no Opéra de Paris, estreando *O Assédio de Corinto*: Laure Cinti-Damoureau (Pamyre), Adolphe Nourrit (Néocles), Henri Étienne-Dérivis (Mahomet II), Louis Nourrit (Cléomène).

"Nada faltou ao triunfo do compositor", disse o crítico de *La Quotidienne*, "pois não

38. Rossini aparentemente não sabia que Weber coxeava em virtude de um problema ortopédico de nascença, que o impediu de andar até os quatro anos.

39. Decerto lembrando-se de como ele próprio sofrera com a travessia do Canal da Mancha.

40. Não confundir esse Pacini com o prolífico compositor Giovanni Pacini, autor também de um *Ivanhoé* estreado no La Fenice de Veneza em 1832.

41. Marco Beghelli e Nicola Gallino incluem esse texto em *Tutti i Libretti di Rossini*, mas apenas em francês, porque nunca chegou a ser feita uma tradução italiana.

42. Soumet é, junto com Jules Lefèvre, o autor da peça *Norma ou L'Infanticide*, em que se baseou o libreto de Felice Romani para a *Norma* de Bellini.

apenas cada número foi muito aplaudido como, depois da récita, toda a platéia quis desfrutar da presença de Rossini. Durante quase meia-hora, o maestro foi insistentemente chamado ao palco." Em 1839, a ópera tinha sido representada cem vezes, e ficou no repertório do Palais Garnier até 1844. A tradução de Calisto Bassi, *L'Assedio di Corinto*, foi estreada em Barcelona, em 1827, e dali chegou a Parma, Veneza, Nápoles e, numa tradução diferente, a Gênova. Desaparecendo de cartaz no final do século XIX, foi revivida em Florença, em 1949, com Renata Tebaldi no papel de Pamira. Em 1969, Beverly Sills e Marilyn Horne (como Neocles *em travesti*) cantaram no Scala, em italiano, uma versão híbrida, que o regente, Thomas Schippers, descreveu como "80% Nápoles e 20% Paris". Os selos Melodram e Arkadia têm a gravação desse espetáculo, de que participaram também Justino Díaz, Franco Bonisolli e Giovanni Foiani. Além dele, são os seguintes os registros disponíveis:

EMI, 1974 – Díaz, Theyard, Howell, Sills, Verrett/Schippers.
Nuova Era, 1992 – Serra, Comencini, Raffanti, Lippi, Gaforio/Paolo Olmi.

Rossini escreveu, para *Le Siège*, a abertura que *Maometto II* não tinha; refez todos os recitativos e submeteu todos os números a revisões maiores ou menores. Para o ato II, escreveu um coro muito imponente, "Divin prophète", e demonstrou, no eloqüente trio para Mahomet, Pamyre e Néocles, foco central do segundo finale, ser capaz de compor, para um texto francês, música tão fluente quanto para um italiano. No ato II, a bênção das bandeiras gregas, "Quel nuage sanglant", tem um vigor, na incitação ao fervor nacionalista, que faz pensar no tom das óperas *risorgimentali* verdianas. E é a orquestra quem conduz a ação na grande cena final da ópera.

O verdadeiro precursor do *grand-opéra* será o *Guillaume Tell*, de 1829. Mas no *Siège* já encontramos sinais claros de que esse novo formato de drama lírico está a caminho. O Rossini parisiense forma assim, ao lado do Spontini da *Vestal* (1809), um dos elementos fundamentais para o processo que, partindo da ópera reformada de Gluck e passando pela *Médée* de Cherubini (1797), vai desaguar no suntuoso melodrama parisiense da plenitude romântica.

Le Siège de Corinthe mal tinha estreado e Victor-Étienne-Joseph de Jouy, ajudado por Luigi Balocchi, já estava trabalhando numa revisão destinada a, em 26 de março de 1827, fazer sucesso ainda maior no Opéra: a do libreto de Tottola para *Mosè in Egitto*. Alguns nomes são trocados, surgem personagens novas, a ópera passa a ter quatro atos, e música nova é incorporada à já existente. No elenco que criou *Moïse et Pharaon*, havia alguns dos grandes nomes do canto francês na época: Nicholas-Prosper Levasseur (Moisés), Aléxis Dupont (seu irmão Eliezer), Henri-Bernard Dabadie (o Faraó), Adolphe Nourrit (o príncipe Amenófis), Laure Cinti-Damoreau (a escrava judia Anaï), Louise-Zulme Dabadie (a rainha Sinaïde).

Poucos meses depois da estréia parisiense, *Mosè e Faraone* foi cantada em versão de concerto, em Roma, retraduzida para o italiano por Calisto Bassi. A primeira encenação foi em Perúgia, em 4 de outubro de 1829. Michael Rophino Lacy montou, em 1833, no Covent Garden de Londres, *The Israelites in Egypt or The Passage of the Red Sea*, um indescritível cruzamente da ópera de Rossini com *Israel no Egito*, o oratório de Haendel. Lacy, de resto, era useiro e vezeiro nesse tipo de *pasticcio*: em 1829, já levara à cena, no mesmo teatro, *The Maid of Judah* que, à música da *Semiramide*, adaptava um libreto inspirado no *Ivanhoe*, de sir Walter Scott. O verdadeiro *Moïse* só foi cantado no Covent Garden em 20 de abril de 1850, na tradução de Bassi – mas teve de intitular-se *Zora* e adotar uma intriga profana, para despistar a oposição do clero britânico aos temas de origem bíblica. *Moïse et Pharaon* nunca realmente chegou a ser totalmente esquecida; mas as apresentações modernas foram, em geral, da versão Paris/Bassi. São as seguintes as gravações disponíveis:

Philips, 1956 – Rossi-Lemeni, Taddei, Mancini, Rizzoli, Filipeschi, Danieli/ Tullio Serafin (em italiano).
Frequenz, 1968 – Ghiaurov, Petri, Zylis-Gara, Verrett/Wolfgang Sawallisch (em francês).

Beverly Sills (Pamira) e Marilyn Horne (Neocles), na montagem de *L'Assedio di Corinto*, de Rossini, no Scala de Milão.

Festival Rossini, 1997 – Norberg-Schulz, Pentcheva, Workman, Petroni, Aliev, Pertusi/Iuróvski (em francês).

A ação é basicamente a mesma de *Mosè in Egitto*, porém com algumas modificações. Quando a ópera se inicia, Moisés e seu povo estão à espera de Eliezer, que foi defender, junto do Faraó, a causa dos escravos judeus. Ficamos sabendo também que o príncipe Amenófis está apaixonado por Anaï, filha de Maria, a irmã de Moisés. O Faraó concorda com a saída dos hebreus e Sinaide, sua mulher, convence Amenófis a aceitar o casamento com a princesa da Assíria. No templo de Ísis, onde se assiste a um extenso balé, o sumo-sacerdote Osiride exige que os escravos prestem homenagem à deusa. O Faraó ordena que os judeus sejam acorrentados e expulsos de seu país.

Durante a retirada, Amenófis vai à procura de Anaï no deserto, e lhe diz que está pronto a renunciar ao trono, se ela aceitar ficar com ele. A moça prefere seguir viagem com seu povo. O príncipe a avisa que o Faraó se arrependeu de tê-los deixado partir e pretende recapturá-los. Como Anaï não muda de idéia, ele vai reunir-se às tropas de seu pai. O final é o mesmo: a oração às margens do Mar Vermelho, as ondas que se dividem, os soldados egípcios submergidos pelas águas que voltam ao leito.

Ao prelúdio em duas seções, *andante-allegro*, segue-se o coro dos escravos – com material retirado da *Armida* e de *Bianca e Faliero* –, pedindo a Deus que os liberte do jugo egípcio, e ouvindo seu líder, que os estimula a ter coragem e fé no Senhor. Mas é nova a música da cena seguinte, que culmina no solene quarteto "Dieu de la paix/Dio possente"[43]. O dueto "Ah se puoi cosi lasciarmi", da primeira versão, é em seguida cantado por Anaï e Amenófis. Todo o resto do ato I reaproveita a música de 1818, com pequenas diferenças no texto, na linha melódica, na orquestração. O delicado dueto *andante* de Élcia-Amenosi é confiado a Anaï-Marie; e o dramático finale, no qual Moisès desencadeia a tempestade, que devasta as terras egípcias, é construído com a hábil repetição de curtas frases solistas que se acumulam até a grandiosa *stretta*, da qual participam todos os solistas.

O ato II a princípio segue a primeira versão, mas é bem menor o efeito dramático de transpor para o centro da ópera a cena coral *andante maestoso* em que os egípcios expressam o medo diante da escuridão que se abateu sobre o país. Iniciando a versão italiana *in media res*, ela obtinha resultado muito mais poderoso. Segue-se o grave quinteto *andante*, após a chegada de Moisés e sua oração, "Eterno! immenso! incomprensibil Dio/Arbitre suprême du ciel et de la terre". Depois da *stretta* desse quinteto, é inserido aqui o dueto "Parlar, spiegar non posso", em que Amenófis diz ao pai não poder aceitar o casamento com a princesa da Assíria. O *finale secondo* é basicamente o mesmo, omitindo, porém, a morte do filho do Faraó que, na versão francesa, fica vivo até a catástrofe final, no Mar Vermelho.

A bela ária de Élcia, "Porgi la destra amata", é mantida; mas agora ela se chama "Ah! d'une tendre mère", e é cantada por Sinaïde, a mulher do Faraó. Na versão italiana, Élcia fazia a Osíris o apelo a que se casasse com a princesa da Armênia e deixasse seu povo partir. Ele se recusava, decretava a morte de Moisés, e era fulminado. A cabaletta expressava o desespero da moça judia com uma daquelas enérgicas melodias rossinianas que não correspondia exatamente ao tom das palavras. O efeito aqui é muito melhor: a rainha faz o mesmo apelo a seu filho e, como ele concorda, ela celebra na cabaletta o seu contentamento.

Uma marcha e um coro introduzem, no ato III, o balé obrigatório das montagens francesas, para o qual Rossini recicla música de dança escrita para a *Armida*. O centro do finale, quando um gesto do bastão de Moisés faz cair a pira votiva do altar de Ísis, é o grande concertato "Mi manca la voce", de 1818, arrematado por uma *stretta* de estilo tradicional, mas muito vigorosa. O dueto "Quale assalto!", uma das páginas mais atraentes no ato II do *Mosè*, é deslocado para o ato IV, seguido por uma ária binária nova para Anaï, "Quelle horrible destinée/ Qual orribile sciagura". Essa é, certamente, a melhor página acrescentada à partitura.

No centro desse ato permanece a *prière* de Moisés, "Des cieux où tu resides/Dal tuo stellato soglio", com aquele mesmo apelo

43. Os títulos dos números referem-se ao texto francês de Jouy-Balocchi e à tradução de Bassi.

emocional simples e direto que, anos mais tarde, terá o "Va pensiero" do *Nabucco*, de Verdi. *Mosè in Egitto* termina com uma *stretta* orquestral enfática e triunfante. *Moise et Pharaon* se encerra de forma lenta, *sotto voce*, cheia de compaixão.

Em alguns pontos, a partitura do *Moïse* é mais amadurecida e consistente do que a do *Mosè*. Mas a inclusão dos coros e números de dança a que Rossini foi forçado, para acomodar a ópera ao gosto e às praxes parisienses, faz com que ela perca a concisão que tinha em 1818. Nela perde-se também o equilíbrio entre o lado público e os sentimentos pessoais, uma das melhores qualidades dramáticas da primeira versão.

Durante os ensaios de *Moïse et Pharaon*, Gioachino recebeu a notícia de que Anna Rossini, sua mãe, estava muito doente. Ela morreu em Bolonha, aos 55 anos, em 20 de fevereiro de 1827, e o compositor convenceu Giuseppe Antonio, seu pai, a ir morar com ele em Paris. A essa altura, já tinha assinado com o Opéra o contrato do *Guillaume Tell* mas, antes disso, dedicou-se a uma nova comédia na qual, ao lado de números novos, reaproveitou música do *Viaggio a Rheims*. O libreto de Eugène Scribe e Charles-Gaspard Delestre Poirson baseava-se numa peça em um ato que ambos tinham escrito em 1817, a partir de uma balada sobre os cruzados da Picardia, compilada por Antoine de la Place numa antologia de poesia trovadoresca publicada em 1785.

O conde Ory e seus seguidores se disfarçam de freira para entrar no castelo de Formoutiers. O libertino Ory quer conquistar a condessa Adèle, que ali se retirou, com suas damas de companhia, depois que Raimbaud, seu irmão, partiu para as cruzadas. Tendo fracassado a primeira tentativa, o disfarce de eremita, o conde usa esse novo expediente, o de vestir-se, e a seus homens, como religiosas. Mas o estratagema é desmontado pelo pajem Isolier, também apaixonado pela condessa. E pela chegada dos cruzados no momento crucial.

Cinti-Damoureau (Adèle), Nourrit (Ory), Constance Jawurek (Isolier), Henri-Bernard Dabadie (Raimbaud) e Levasseur (o Governador) foram aplaudidíssimos na noite da estréia de *Le Comte Ory*, em 20 de agosto de 1828. O editor Troupenas pagou a fortuna de 16.000 francos pelo direito de publicar a partitura. A ópera logo chegou a Londres em 1829 (em italiano), e a Nova York, em 1831 (em francês). A redescoberta, no século XX, ocorreu no Maggio Musicale Fiorentino de 1952 (em italiano), e no Festival de Glyndebourne de 1954 (em francês). Para conhecê-la, existem, sempre no original, em disco:

EMI, 1956 – Barabas, Canne-Meier, Sinclair, Oncina, Roux, Wallace/Vittorio Gui (versão abreviada).

Philips, 1988 – Jo, Montague, Aler, G. Quilico, Cachemaille/John Eliot Gardiner (integral);

e em vídeo:

Festival de Aix-en-Provence, 1995 – Jo, Matteuzzi, Carolis, Todorovitch/Pidò.

Festival de Glyndebourne, 1997 – Laho, Montague, Massis, Tézier/Davis.

Depois de uma breve introdução orquestral, a ópera começa com o número inicial do *Viaggio*: em "Jouvencelles, venez vite", Raimbaud, amigo de Ory, convida os camponeses a virem à presença do eremita. Esse é o conde disfarçado, e a sua graciosa cavatina em dó maior, "Que les destins prospères", convence até os mais céticos camponeses a reunirem-se ao redor dele, para consultá-lo. É nova a ária "Veiller sans cesse", um *andantino* em fá maior cantado pelo Governador, o idoso tutor do conde Ory. É novo também o dueto "Une dame de haut parage", em que Isolier louva para o eremita a beleza de Adèle. Um trecho orquestral retirado de *Bianca e Faliero* serve de introdução a "Partir, o ciel, desio", a ária da condessa de Folleville, aqui transformada em "En proie à la tristesse", cantada por Adèle em sua primeira aparição. Rossini fez vários retoques na orquestração porque, no *Viaggio*, a ária tinha um tom de paródia e, aqui, expressa a melancolia verdadeira. Esta é, no *Conde Ory*, a única ária em que a soprano se expressa com o tipo de virtuosismo que caracteriza as heroínas das óperas italianas de Rossini. Reduzido de quatorze para sete solistas, o *Gran Pezzo Concertato* reaparece como o finale do ato I, "Ciel! Ô terreur, ô peine extreme!".

Dois números do ato II vêm do *Viaggio*: "Nel suo divin sembiante", em que Corinna rejeita a corte de Belfiore, transforma-se no dueto "Ah, quel respect, madame", cantado por Adèle e Ory disfarçado de madre superiora; e o silabato de "Medaglie incomparabili", de Don Profondo, converte-se em "Dans ce lieu solitaire", a narrativa que Raimbaud faz de como assaltou a adega do castelo. Mas o ato II possui música nova inspiradíssima: o delicado quarteto em que as "freiras" pedem abrigo à sua "noble châtelaine", pedindo-lhe que as proteja do lascivo conde Ory; e o número mais engraçado da ópera, a canção de taverna "Buvons!", cuja truculência se alterna com o tom beato do quarteto precedente, cada vez que os companheiros de Ory suspeitam estar sendo observados.

A jóia do *Comte Ory* é o trio "À la faveur de cette nuit", em que Ory faz a corte a seu pajem, Isolier, acreditando estar falando com Adèle. É claro que a situação se inspira no ato IV das *Bodas de Fígaro* e Mozart, pelo qual Rossini tinha grande admiração, é o modelo óbvio dessa música de extraordinária leveza e elegância. Após ouvir a ópera numa reprise de 1839, Berlioz afirmou, num artigo escrito para o *Journal des Débats*, que esse trio era a obra-prima do compositor. Chamou essa comédia de "uma coleção de belezas diversas que, se divididas engenhosamente, bastariam para fazer a fortuna não de uma, mas de duas ou três óperas". Prova de que Rossini sabia assimilar o gosto do público novo para o qual estava trabalhando, *Le Comte Ory* ocupa posição histórica muito significativa pois, ao mesmo tempo em que se enraíza no legado mozartiano – ou seja, no que a ópera clássica tem de mais nobre –, aponta para o futuro, para a leveza e a ironia do teatro de Offenbach; isto é, pode ser apontada como uma das precursoras da opereta[44].

A qualidade superior das orquestras francesas, em especial no que se referia às madeiras; as possibilidades técnicas de um teatro como o Opéra; o fato de que, no Théâtre-Italien, Rossini formara uma equipe excelente de cantores franceses treinados no belcanto italiano deve ser levado em conta ao estudarmos sua última ópera. Rossini era indiferente à política, mas esperto o suficiente para perceber a importância das preocupações libertárias do início do século XIX, como o vimos ao falar das modificações introduzidas no *Maometto II* para que *Le Siège de Corinthe* ecoasse o tema da guerra de independência grega. Isso explica que aceitasse a proposta de musicar um libreto tendo como personagem um símbolo da luta revolucionária contra a invasão estrangeira.

Último grande representante do Classicismo italiano, Rossini é também uma figura de transição e produz sua derradeira ópera às vésperas da Revolução de 1830, o marco do início do Romantismo em sua primeira fase. Romantismo, de resto, é um impulso que já está no ar desde que, em 1821, estreou em Berlim o *Freischütz* de Weber, destinado a produzir tremenda impressão nos franceses ao ser apresentado em Paris, em 7 de dezembro de 1824, numa adaptação feita por Castil-Blaze, o diretor do Théâtre de l'Odéon, com o título de *Robin des Bois ou Les Trois Balles*. Não passava de "um travesti grosseiro, mutilado da maneira mais irresponsável", como disse Berlioz. Mas o espetáculo chegou à 327ª récita, e o crítico da *Gazette de France* comentou:

> Ouvir essa ópera obrigará os partidários do sr. Rossini a refletir seriamente. Na música do sr. Weber procuraríamos em vão esse exagero de notas ensurdecedoras, essa tagarelice dos ritornellos, essa seqüência uniforme de crescendos repetitivos que inflacionam inutilmente as partituras do Orfeu italiano. O edifício musical do mestre alemão tem alicerces muito sólidos, e as suas partes são conscienciosamente elaboradas.

Rossini sabia perfeitamente para que lado o vento soprava. As mudanças que sentia estarem a caminho provavelmente explicam o fato de ele ter encerrado tão cedo a carreira de operista. Mas ele sabia também que, depois do *Comte Ory*, todo mundo esperava a "grande ópera francesa" que, segundo o crítico Castil-Blaze, ele estava devendo a seu público. Em abril de 1828, a *Revue Musicale* anunciou: "Rossini prometeu escrever uma ópera nova, mas ele próprio garantiu que não irá além dessa promessa: esta será a última a sair de sua pena." Quem não acreditou, ao ler essa notícia, não sabia o quanto ela refletia a verdade.

Para essa "grande ópera francesa" a ser encenada no Opéra, Scribe propôs a Rossini dois libretos, que ele recusou. O primeiro,

44. Que começará a se delinear, a partir de 1836, com *Le Postillon de Longjumeau*, de Adam, e ganhará forma definitiva nas mãos de Jacques Offenbach.

Gustave III ou Le Bal Masque, seria musicado por Auber em 1833 e, mais tarde, serviria de base a *Un Ballo in Maschera*, de Verdi. O segundo, *La Juive*, haveria de se tornar, em 1835, a ópera mais famosa de Halévy. Rossini preferiu a sugestão do *académicien* Victor-Joseph Étienne de Jouy de levar à cena lírica o *Wilhelm Tell*, de Friedrich von Schiller. Jouy já trabalhara com ele no *Moïse et Pharaon* e fora o libretista da *Vestale* de Spontini e de *Les Abencérages*, de Cherubini. A eles devemos o primeiro estágio do libreto de *Guillaume Tell*.

Segundo a tradição, Wilhelm Tell viveu na aldeia suíça de Bürglen, perto de Altdorf. Esta é a principal cidade do cantão de Uri, pertencente à região de Vierwäldstattersee (o lago dos quatro cantões), em torno do Lago Lucerna. A primeira referência a ele aparece, em 1470, no *Weisse Buch von Sarnen* (O Livro Branco de Sarnen), que situa em 1307 o episódio do homem que atirou numa maçã colocada sobre a cabeça do próprio filho. Essa lenda aparece também no *Chronicon Helveticum*, de Aegidius Tschudi, que viveu entre 1505-1572 (mas seu livro só foi publicado, em fascículos, entre 1734 e 1736). Uma versão mais detalhada do episódio aparece, em 1786, na *Geschichte schweirerischer Eidgenossenschaft* (História da Confederação Suíça), de Johannes Muller. Historiadores do século XIX demonstraram que a personagem nunca realmente existiu. Mas a lenda atraiu muito os compositores desde o fim do século XVIII. O *Oxford Dictionary of Opera* registra

- o *Guillaume Tell* de André Gretry (1791), *opéra-comique*[45] com libreto de Michel Sedaine;
- *Wilhelm Tell*, um *singspiel* escrito por Bernhard Anselm Weber (1795);
- *The Archers or The Mountaineers of Switzerland* (1796), uma *ballad-opera* de Benjamin Carr, a primeira ópera americana de que se possui a partitura;
- e *Guillaume Tell*, um outro *opéra-comique* escrito por um certo Baillou, ouvido em Paris em 1797.

1797 é, de resto, o ano da terceira viagem de Goethe à Suíça. Durante essa excursão, o poeta tomou conhecimento da lenda de Wilhelm Tell, e entusiasmou-se por ela a ponto de pensar em escrever um poema épico sobre o herói suíço. Nunca chegou a fazê-lo. Mas falou da idéia a seu amigo Schiller, e este a aproveitou na última peça que chegou a terminar, estreada em Weimar em 17 de março de 1804.

O *Wilhelm Tell* de Schiller já é uma peça romântica e de dimensões épicas. Não tem as unidades clássicas de tempo e lugar: passa-se nos cantões de Uri, Schwyz e Unterwalden, ao longo de vários meses. E tampouco tem unidade de ação, pois desenvolve paralelamente três linhas diferentes de história:

- *a rivalidade de Gessler e Tell* – o governador austríaco comportou-se covardemente ao encontrar-se com Tell nas montanhas, e é para se vingar que lhe impõe um teste impossível de habilidade como atirador; a rebelião de Tell contra uma exigência absurda de demonstração de lealdade confere espessura revolucionária e patriótica ao que podia não passar de um ato isolado de indisciplina;
- *a conspiração dos camponeses contra a hegemonia austríaca* – fragmentos de cenas vão levando aos poucos ao momento climático do juramento de Rütli, do qual, na peça, Tell não participa;
- *e o conflito entre patriotismo e interesses pessoais* – na peça, o barão von Attinghausen se entristece ao ver que seu sobrinho, Ulrich von Rudenz, está disposto a colaborar com os austríacos; mas é o amor da rica herdeira Bertha von Bruneck que convence Ulrich a aderir à causa de seus compatriotas.

Depois de pronto, o libreto de Jouy era um calhamaço com mais de 700 versos. Era necessário condensá-lo, e esse trabalho foi confiado a Hippolyte-Louis-Florent Bis, que praticamente o reescreveu – em especial o ato II. Ainda assim, Rossini queria modificações na cena final desse ato, e as pediu a Armand

45. Lembro ao leitor que a expressão *opéra-comique*, no domínio operístico francês, designa não um gênero, mas uma forma – o tipo de ópera em que há diálogos falados ligando um número cantado ao outro. Um *opéra-comique* pode, portanto, ter assunto sério e até mesmo trágico, como é o caso da *Carmen* de Bizet.

Desenho de Du Fauger para a estréia do *Comte Ory*, de Rossini, mostrando Nourrit (o Conde) à esquerda, e Mlle Jawurek (Isolier) à direita.

Marrast e Adolphe Crémieux que, na época, estavam também hospedados na casa de campo de seu amigo e protetor, o banqueiro Alejandro Maria Aguado, marquês de Marismas[46].

Os libretistas concentraram-se na idéia central da conspiração, relacionando a ela as demais linhas da ação. Desde o início, Tell é mostrado como um dissidente e, na ópera, é ele o inspirador do juramento que une os cantões. Berta transforma-se na princesa Mathilde, da família dos Habsburgo, e o seu namorado é o camponês conspirador Arnold Melchthal, o que torna desnecessárias as figuras de Attinghausen e Rudenz.

A estréia de *Guillaume Tell* foi adiada até 3 de agosto de 1829, devido à gravidez de Laure Cinti-Damoureau, que o compositor exigia para criar Matilde, como ela já fizera antes com outras personagens suas: a condessa de Folleville, Pamyre, Anaï e Adèle. O elenco era estelar:

- Henri-Bernard Dabadie, outro experimentado rossiniano, criador de papéis em óperas de Auber, Meyerbeer – e no *Elisir d'amore* em Milão – fazia o papel-título;
- a seu lado, como o filho Jemmy, ele tinha a sua mulher, Louise-Zulme Dabadie, que estreara Sinaïde no *Moïse*;
- Arnold, naturalmente, era Adolphe Nourrit; os parisienses o tinham aplaudido como Néocles, Ory, e o Masaniello da *Muette de Portici*; mais tarde, ele lhes revelaria a personagem-título de *Robert le Diable*, de Meyerbeer, e o Éléazar da *Juive*, de Halévy;
- Levasseur, o primeiro *Moïse*, fazia Walter Furst; Ferdinand Prévost criou Gessler; entre as bailarinas, estava a grande Marie Taglioni;
- a regência era de François-Antoine Habeneck, regente titular do Opéra entre 1821-1846 e responsável pela introdução das sinfonias de Beethoven em Paris; Wagner ouviu toda a série com ele em 1839 e disse que era a mais bem ensaiada que já tinha escutado.

46. Conspirador na Revolução de 1848, contra o governo de Luís Felipe, Armand Marrast foi prefeito de Paris e presidente da Assembléia Nacional no governo provisório.

A opinião da crítica foi extremamente favorável. Na *Revue Musicale*, François-Joseph Fétis manifestou a sua admiração:

> Em que eu pensava quando, ao falar do *Comte Ory* nesta revista, afirmava que a natureza não fornece aos artistas, mesmo os mais organizados, mais do que um certo número de idéias particulares, mais ou menos consideráveis? Que daquele ponto em diante, Rossini nada mais poderia acrescentar à sua glória, e nada poderia fazer para tornar mais universal a sua reputação. O que ele poderia somar a essa glória? *Guillaume Tell*, no qual, sacrificando sem pena os seus antigos hábitos e tendências, multiplicou as criações mais dramáticas, respeitou as convenções da cena francesa sem trazer prejuízo à sua fantasia, e encontrou mil meios novos e interessantes de criar efeitos inexistentes em suas óperas anteriores. Eis o que ele fez. Mas quem poderia prever uma coisa dessas?"

Até mesmo o *Globe*, sempre hostil a Rossini, reconheceu que "uma nova era tinha começado aquela noite, não só para a música da França, mas para a música dramática do mundo inteiro". A platéia da estréia, porém, reagiu de forma apenas cortês diante de uma ópera longuíssima e de formas inovadoras (que, em breve, nas mãos de Meyerbeer e Halévy, haveriam de se tornar o modelo romântico francês por excelência). A situação foi mudando, é claro, ao longo das récitas. Semanas depois, os músicos do Opéra já acompanhavam os espectadores numa *promenade aux flambeaux*, para ir fazer uma serenata debaixo das janelas de Rossini. E o rei Carlos X lhe conferiu a Légion d'Honneur por uma ópera da qual deveria ter horror, pois é uma denúncia aberta da tirania.

Apesar dessa conquista gradual do público, logo após a primeira récita começaram os cortes para dar à ópera um tamanho mais aceitável pelo público. Nourrit foi o primeiro a renunciar à sua grande ária do ato IV, "Asile héréditaire", por achá-la muito difícil. Por volta de 1831, quando Cinti-Damoureau foi substituída por Cornélie Falcon – a cantora que deu seu nome ao soprano Falcon, com extensão de *mezzo* – a ópera já tinha sido encurtada para três atos. Contam que, anos depois da estréia, ao encontrar-se na rua com Louis Véron, o diretor do Opéra, e ouvir dele que o ato II seria incluído numa apresentação de *Guillaume Tell*, Rossini perguntou: "Inteirinho?"

Devido a seu conteúdo político, *Guillaume Tell* teve sérios problemas com a censura.

A primeira tradução italiana, feita por Luigi Balocchi, atenuava de tal forma os aspectos patrióticos e de luta pela liberdade que, em vários pontos da ação, as personagens viam-se privadas de motivação. Em diversos teatros, o libreto sofreu cortes, adaptações, e o título foi trocado: *Carlo il Temerario*[47] (São Petersburgo e Varsóvia); *Guglielmo Vallace* (Milão), transposta para a Escócia, pois os italianos não poderiam assistir à rebelião dos suíços contra a ocupação austríaca; e *Rodolfo di Sterlinga* (Roma). Na Santa Sé, aliás, o herói suíço passou pelo vexame de ver-se transformado em *Giuda Maccabeo*, quando a ópera se converteu num inverossímil drama bíblico.

Na Inglaterra, James Robinson Planché, o libretista do *Oberon* de Weber, reescreveu o libreto de *Hofer or The Tell of the Tyrol*, que estreou no Drury Lane em 1º de maio de 1830. Nem a música escapou, pois foi adaptada por sir Henry Bishop – compositor que, em seu catálogo, tem como obra mais importante a canção *Home Sweet Home*. Só em 1839 Londres ouviu a versão italiana, traduzida por Calisto Bassi. Em 1841, o Covent Garden encenou a versão francesa; mas o espetáculo que subiu à cena em 1850, em italiano, era uma mistura das traduções de Balocchi e Bassi. Foi caprichosa a carreira de *Guilherme Tell* em Nova York: ali, a ópera foi ouvida em inglês (1831), em francês (1845), em italiano (1855) e em alemão (1866).

A versão de Calisto Bassi merece um comentário mais detalhado. Ela lhe foi encomendada pelo empresário Alessandro Lanari, para a montagem de Lucca, em 17 de setembro de 1831. A princípio, Lanari pedira ao compositor Pietro Romani que transpusesse para contralto o papel de Arnold, pensando em usar no elenco a famosa Benedetta Pisaroni. Mas ela já estava em fim de carreira e, ao saber que tinha sido vaiada no Scala, Lanari rescindiu seu contrato, e arriscou num tenor francês de 24 anos que ouvira em Veneza, pouco antes. Ofereceu-lhe apenas 1.800 francos por dois meses de trabalho em Lucca e dois em Florença. Mas Gilbert-Louis Duprez viu nisso a sua grande chance. Ia cantar ao lado de Domenico Cosselli, o primeiro Tell italiano; e a sua Mathilde seria Santina Ferlotti. Aceitou o contrato, enlouqueceu a platéia com seu "dó de peito" e, ao chegar ao Teatro La Pergola, de Florença, para a continuação da temporada de *Guglielmo Tell*, já era uma celebridade nacional e podia pedir o que quisesse pelos seus cachês. Em Lucca, a ópera foi regida pelo spalla da orquestra, Angelo Puccini, antepassado do autor da *Tosca*. O *maestro al cembalo*, Massimiliano Quilici, mantinha um diário e, graças a ele, temos uma descrição do espetáculo de 17 de setembro:

> O teatro estava lotado e 128 pessoas tinham vindo de fora de Lucca. O resultado superou todas as expectativas. Cosseli, Duprez, La Ferlotti e [Gualtiero] Porto estavam inigualáveis. Toda a ópera agradou muito; mas o trio foi o número que suscitou fanatismo; nenhum dos números, porém, passou despercebido. Os coros foram muito bem executados. Na segunda noite, havia 95 pessoas de fora; na terceira, 150. Figurinos e cenários muito bonitos; nada faltou para que a apresentação fosse muito bem-sucedida.

Guillaume Tell nunca realmente saiu do repertório, pois o Opéra comemorou a 500ª récita em 1866, com Faure no papel-título, e ela continuou sendo encenada regularmente até 1932. Das muitas montagens no século XX, destaquemos a do Metropolitan, em 1923, com Rosa Ponselle e Giovanni Martinelli; a do Maggio Musicale Fiorentino de 1952, com Rossi-Lemeni, Tebaldi, Kurt Baum/Serafin; a do Scala, em 1965, com Guelfi, Ligabue, G. Raimondi/Molinari-Prandelli; e a do Maggio Musicale Fiorentino, de 1972, em versão integral, com Eva Marton, Nicolai Gedda, Norman Mittelman/Riccardo Muti. Em 1988, Muti regeu no Scala a edição crítica de Elizabeth Bartlett. Ela está entre as versões discográficas disponíveis:

Fonit Cetra, 1952 – Taddei, Filippeschi, Carteri, Corena, Tozzi, Sciutti, Truccato Pace, Pirino/Mario Rossi;

GOP, 1965 – Guelfi, Raimondi, Gencer, Campi, Washington, Bersiani, Rota, Bottazzo/Fernando Previtali;

EMI, 1973 – Bacquier, Gedda, Caballé, Hendrikx, Kováts, Mesplé, Taillon, Burles/Lamberto Gardelli;

Decca, 1979 – Milnes, Pavarotti, Freni, Mazzoli, Ghiaurov, Jones, Connell, Suarez/Riccardo Chailly;

47. Em Riga, a ópera foi cantada em alemão, batizada com o mesmo título: *Karl der Kühne*.

Philips, 1988 – Zancanaro, Merritt, Studer, Roni, Surjan, Felle, D'Intino, Terranova/ Riccardo Muti.

Arte Nova Classics, 1992 – Pons Tena, Muñoz, Martínez, Specht, Galkin, Kapílov, Tisi, Sánchez, Gonzáles, Saudelli, Ruggieri/ Wilhelm Keitel.

A gravação Gardelli é cantada em francês; as demais trazem a versão italiana. No álbum da Arte Nova, gravado ao vivo no Festival de Putbus, o papel de Matilde é feito pela brasileira Mônica Martínez. O espetáculo do Scala, com Muti, existe também em vídeo; além disso, há a documentação em imagens de um espetáculo na Ópera de Zurique.

Dentre os discos de trechos, vale a pena mencionar o de uma série da EMI dedicada à ópera francesa, pelo equilíbrio idiomático de cantores do elenco estável do Opéra e, em especial, pela interpretação de Arnold feita por Tony Aubin, o mais próximo possível da tessitura original. O próprio Nourrit, criador do papel, achou-o muito difícil. E de fato, ele é tão árduo que Luciano Pavarotti – embora viesse a gravá-lo com Chailly – recusou-o quando lhe ofereceram estrear no Scala cantando-o. Duprez desbancou o Arnold de Nourrit, tomando-lhe o título de maior tenor francês de seu tempo[48]. Mas já não o fazia mais de uma maneira que agradasse a Rossini. Ao ouvi-lo em Paris, em 17 de abril de 1837, arrebatando a platéia com seu estentóreo "dó de peito", Gioachino comentou, com seu costumeiro humor cáustico: "Ele canta Arnold como um capão cuja garganta está sendo cortada."

Papel temível que, na opinião do crítico Auguste Laget, "exterminou três gerações de tenores em vinte anos" (embora Duprez tivesse morrido aos 90, em 1896). Na verdade, como a técnica do belcanto pré-romântico se perdeu com a passagem para a plenitude romântica e, sobretudo, o Verismo, os intérpretes famosos de Arnold – Tamagno, Martinelli, Lauri-Volpi, Kurt Baum – o faziam num estilo de tenor heróico italiano que nada tinha a ver com a escrita original (Filipeschi e Raimondi, nos álbuns Rossi e Previtali, são bons termos de comparação). Antes de um tenor como Chris Merritt, pertencente a uma geração que se especializou no resgate do belcanto rossiniano, raros foram os cantores que o interpretaram de forma estilisticamente autêntica. Um deles foi Nicolai Gedda, tanto no Maggio Musicale, em 1972, quanto na gravação integral de Gardelli, em que realiza verdadeiros milagres de técnica e bom-gosto ao lado de Montserrat Caballé. Curiosa é a estatística feita pelo escritor James Joyce, após ouvir o tenor irlandês John O'Sullivan cantando Arnold no Opéra de Paris, em 1929:

> Examinei a partitura do *Guillaume Tell* e descobri que Sullivan canta 456 notas sol, 93 lá bemóis, 54 si bemóis, 15 sis, 19 dós e dois dós sustenidos. Nenhum outro conseguiria fazer uma coisa dessas.

De fato, muito pouca gente consegue cantar o papel como foi escrito.

Logo convertida em apreciada peça de concerto, a abertura – uma das melhores compostas por Rossini – é escrita para uma orquestra basicamente semelhante àquela de que dispunha em Nápoles. Mas é incrível a variedade de palheta instrumental que obtém nesta peça, construída em quatro seções. Existe, na ópera francesa anterior ao *Guillaume Tell*, exemplos de uso de violoncelos *divisi*; mas nenhum deles com a riqueza de sonoridades que Rossini extrai dos cinco violoncelos, com os quais estabelece, de imediato, a atmosfera tranqüila, bucólica – "a calma da solidão profunda, o silêncio solene da natureza, naqueles momentos em que os elementos e as paixões humanas estão em paz", como escreveu Berlioz. A segunda seção, *allegro*, é um dos melhores exemplos de um clichê tipicamente rossiniano, a descrição de uma tempestade. Para prepará-la, ele evita, no crescendo, o uso dos violoncelos e dos contrabaixos, de tal forma que, quando a tormenta finalmente explode, é de tirar o fôlego o efeito de sua entrada para reforçar o volume orquestral. Apaziguada a tormenta, o corne inglês e a flauta introduzem o tema do *ranz des vaches*, a melodia pastoral suíça que reaparecerá como um tema recorrente no corpo da obra. A fanfarra para os metais leva, na última seção, ao tradicional galope rossiniano.

48. Ver *A Ópera na França* e *A Ópera Romântica Italiana*, ambas nesta coleção.

O tom bucólico do coro "Quel jour serein le ciel présage", reforçado pela doçura da canção do pescador ("Accours dans ma nacelle"), pinta o quadro da vida tranqüila na aldeia de Bürglen, onde se prepara a celebração de uma tripla festa de casamento. Só Tell está inquieto, porque não consegue parar de se preocupar com a situação de seu país, oprimido pelo estrangeiro ("Il chante et l'Helvétie pleure sa liberte"). Arnold vem das montanhas com seu pai, o patriarca Melchthal, a quem Tell e Hedwige pediram que presidisse à cerimônia, abençoando os noivos. Tell o convida a hospedar-se em sua casa e o velho expressa a decepção com a demora do filho em escolher uma noiva. Em sua primeira ária, Arnold lamenta não poder lhe revelar que está apaixonado pela austríaca Mathilde, a quem salvou de uma avalanche.

Ao ouvir trompas de caça ao longe, dispõe-se a ir procurar os caçadores, pois tem a certeza de que Mathilde encontra-se no grupo reunido pelo governador Gessler. Mas é impedido por Tell que, confiando em sua lealdade, fala-lhe do projeto de rebelar-se contra os austríacos. Esse dueto consiste de um extenso dueto sustentado pela orquestra, que converge para a seção lírica "Ah! Mathilde, idole de ma vie", mostrando Arnold preso entre lealdades conflitantes. O dilema que se intensifica é expresso pela repetição da melodia apresentada em sol sustenido maior, na tonalidade mais elevada de lá sustenido maior – e a pressão para o agudo que Rossini impõe à voz do tenor visa a sugerir a luta interior de Arnold, que acaba prometendo: "Du danger quand sonnera l'heure, ami, je serai prêt." Numa passagem intensamente virtuosística que o leva ao dó agudo, Arnold externa a sua dúvida – "Ô ciel, tu sais si Mathilde m'est chère – mas, ao mesmo tempo, seu fervor patriótico: "Haine, malheur à nos tyrans!"

A cerimônia começa, e Melchthal exorta os noivos a nunca esquecerem o dever para com a pátria. Arnold se afasta ao ouvir cada vez mais próximo o toque das trompas de caça, cujo som provoca em Tell o protesto contra Gessler e a invasão de sua terra. As festividades prosseguem, incluindo um delicioso *pas de six*, e o concurso de tiro ao alvo, ganho por Jemmy, o filho de Tell. Mas são interrompidas pelo velho Leuthold, que está sendo perseguido pelos soldados de Gessler. Conta que matou um deles para proteger a honra de sua filha. O pescador recusa-se a levá-lo até a margem oposta do lago, alegando que isso é muito perigoso. Tell coloca Leuthold dentro do barco no momento em que Rodolphe, o tenente de Gessler, entra com seu destacamento na aldeia. Apesar dos esforços dos soldados para prendê-lo, consegue deixar o velho em segurança na outra margem. A *prière* andantino "Dieu de bonté, Dieu tout-puissant" é um dos mais belos movimentos lentos de Rossini. E o conjunto que ela forma com a *stretta* "Comme lui nous aurions dû faire" é um exemplo de como o compositor adapta a forma italiana à prática francesa: toda a cena de conjunto assume a forma de uma melodia muito ampla, cuja agitação harmônica serve para dar à cena um rumo definido, que se mantém durante as cadências, sem que nada pareça supérfluo. Rodolphe quer saber o nome do homem que salvou o "assassino", mas Melchthal lhe responde que o solo suíço não produz informantes. No concertato "Que du ravage, que du pillage", Rodolphe manda prender o patriarca e ordena a seus homens que toquem fogo na aldeia.

Donizetti dizia que *Guillaume Tell* era de Rossini, mas o ato II tinha sido escrito por Deus. De fato, nesse segundo ato, a capacidade do compositor de perscrutar a psicologia de suas personalidades mostra-se com toda a força. Um grupo de caçadores descansa um pouco na planície elevada de Rütli, de onde se vê o Lago de Lucerna, e no coro "Quelle sauvage harmonie", canta os prazeres da caça. Mathilde entra em cena: ela se separou do grupo com o qual estava e, na bela romança "Sombres forêts", revela à natureza solitária à sua volta o segredo de seu coração, o amor que nutre por Arnold. Essa forma de dirigir-se à natureza, tomando-a por confidente, já constitui uma característica muito típica das obras românticas. A ária de Mathilde tem elementos em comum com a música que Rossini escreveu para Cinti-Damoreau no *Moïse*: uma seção de abertura extensa e agitada, seguindo-se uma cabaletta mais melódica, com cromatismos vocais surpreendentes, de inflexões modais.

Arnold vem procurar Mathilde, temeroso de que seus sentimentos por ela a ofendam, pois tem consciência da distância social intransponível entre eles. Num dueto de grande beleza ("Oui, vous l'arrachez à mon ame"), ela o tranqüiliza, dizendo-lhe que retribui seus sentimentos. E lhe pede que busque, no "champ de gloire", a fama militar que há de torná-lo aceitável como seu marido. Ao ouvir passos que se aproximam, Mathilde sai rapidamente, antes da chegada de Tell e Walter, que vêm se certificar de que Arnold pretende realmente aderir à conspiração contra os austríacos. A princípio, o rapaz está hesitante, pensando nas possibilidades que lhe daria alistar-se no exército austríaco. Mas fica chocado e envergonhado ao saber que seu pai foi morto pelos homens de Gessler. No enérgico trio "Quand l'Helvétie est un champ de supplice", de vigor pré-verdiano, quer entrar imediatamente em ação. Agora é a vez dos outros dois lhe pedirem calma, pois a hora de lutar ainda não chegou. É de mão de mestre a forma como Rossini constrói o crescendo da cabaletta até o clímax de "Ou l'indépendence ou la mort!".

Nesse momento, começam a chegar de um lado os homens do cantão de Unterwalden, do outro os de Schwyz, e finalmente os de Uri; e eles proclamam a liderança de Tell. As palavras inflamadas de Tell ("L'avalanche roulant du haut de nos montagnes") e a história da prisão e morte de Melchthal consolidam a decisão dos delegados dos três cantões de unir-se na luta comum. E o ato termina com o juramento ("Jurons par nos malheurs, par nos dangers, par nos ancêtres") e, em vez de uma *stretta* formal, com um rolar de tambores que anuncia a alvorada, e o brusco apelo "aux armes!"

É uma pena a cena inicial do ato III ser muitas vezes eliminada nas representações. Arnold encontra-se com Mathilde numa capela arruinada, no fundo dos jardins dos palácio de Altdorf, onde fica a sede do governo de ocupação. Arnold conta à namorada que seu pai foi morto pelos homens de Gessler, e ela compreende: "Pour notre amour, plus d'espérance", a ária que apresenta as maiores exigências de virtuosismo à soprano. Ruídos dentro do palácio a fazem pedir a Arnold que fuja, para não correr perigo, e ambos se separam – no dueto "Sur la rive étrangère", de melodia desadornada e de tom docemente elegíaco – acreditando que não se verão mais.

Na praça principal de Altdorf, estão preparando a cerimônia ordenada por Gessler para comemorar um século de ocupação austríaca da Suíça. Um dossel para as autoridades foi construído junto de uma coluna que ostenta as armas do governador, e no topo da qual foi colocado o seu chapéu. Gessler quer se desforrar das revoltas populares ("Vainement dans son insolence") e humilha os suíços decretando que eles têm de inclinar-se diante de seu chapéu, como se o fizessem diante dele próprio. Os habitantes de Altdorf são obrigados a desfilar diante do chapéu, fazendo mesuras a ele. Satisfeito com a degradação dos cidadãos, ordena que as festividades se iniciem.

Segundo os costumes franceses, é no ato III que se concentram os obrigatórios números extensos de dança. Vem, depois deles, a cena mais famosa da peça de Schiller – e que também constitui o momento mais intensamente dramático da ópera. Rodolphe traz Tell e Jemmy, que se recusam a inclinar-se diante do chapéu. A atitude de franco desafio a Gessler ("Quel excès d'audace") faz o tenente reconhecer em Tell o homem que ajudou Leuthold a escapar. Jemmy não tem tempo de obedecer a ordem do pai ("Rejoins ta mère, je l'ordonne") de que fuja e acenda as tochas que servirão de sinal ao início da rebelião, pois Gessler manda prendê-lo e, colhendo uma maçã numa árvore da praça, ordena que seja colocada na cabeça do garoto. Os protestos do arqueiro só estimulam o sadismo do governador.

Tell pede que suas armas lhe sejam devolvidas, separa duas setas e esconde uma delas em suas roupas. A ária "Sois immobile", precedida por um solo de violoncelo, é notável pela simplicidade e nobreza da melodia com que o protagonista dá as instruções ao filho. A linha declamatória do canto constitui não só um grande momento de teatro, pela sua verossimilhança, como tem imensa importância histórica: aponta para o futuro, para o estilo de recitativo melódico da segunda geração romântica que, na *parola scenica* verdiana, encontrará a sua forma mais refinada de expressão. Wagner foi um dos que elogiaram "Sois immobile", na qual, a seu ver, "a linha de canto muito livre, acentuando cada palavra, e sustentada por acentos dos violoncelos que são de tirar o fôlego, alcançam os mais altos cumes da expressão lírica". Muitos anos depois, Rossini diria a Wagner, a respeito dessa cena: "Um sentimento que me moveu durante a vida inteira foi o amor pelos meus pais, e que eles me retribuíam com juros de usurário. Foi desse amor que extraí, eu acho, as notas de que precisava para escrever a cena da maçã."

O povo se regozija e Gessler se enfurece quando a seta acerta a maçã sem tocar em Jemmy. Falam a Gessler da segunda seta, alertando-o de que ela lhe seria destinada, caso Tell errasse o primeiro tiro. No finale III, ele ordena a prisão de pai e filho, mas Mathilde aparece e, em nome do Imperador, diz que tomará Jemmy sob sua proteção ("Au nom du souverain je le prends sous ma garde"). Não pode, porém, impedir que o governador, apesar dos protestos da multidão, ordene que Tell seja removido para a fortaleza de Küssnacht:

Au château-fort que le lac environne,
l'attend, l'attend un supplice nouveau.
Apprenez comment Gessler pardonne:
aux reptiles je l'abandonne,
et leur horrible faim lui répond d'un tombeau.

(Na fortaleza cercada pelo lago, espera-o um suplício novo. Fiquem sabendo como Gessler perdoa: entrego-o aos répteis e à horrível fome deles lhe servirá de túmulo.)[49]

No ato IV, Arnold faz uma última visita à casa em que nasceu e lamenta uma vez mais a morte do pai ("Ne m'abandonne pas, espoir de vengeance"). Esta é uma ária de tom inovador, com uma esplêndida introdução lírica, delicadamente orquestrada, e uma cabaletta heróica, na qual já localizamos o embrião dos procedimentos que vão caracterizar a escrita para tenor de Donizetti e do Verdi de início de carreira. Embora Rossini preferisse o estilo *di testa* do canto de Nourrit, a declamação melódica desta ária pôde facilmente ser adaptada à produção vocal *di petto* de um cantor como Gilbert-Louis Duprez – do qual derivam todos os tenores que, antes da geração "autêntica", fizeram Arnold. A cena se encerra no momento em que trazem a Arnold a notícia da prisão de Tell e, para tentar resgatá-lo, o rapaz mostra a seus companheiros onde seu pai escondeu armas, pensando numa eventual rebelião.

A cena seguinte se passa em uma paisagem rochosa, no sopé da montanha Pachsenberg. Hedwige está dizendo a seus vizinhos que vai pedir clemência a Gessler, quando Mathilde vem lhe devolver Jemmy: "Je rends à votre amour un fils digne de vous". Esse elegante trio, com acompanhamento apenas de madeiras e metais, ouvido na estréia parisiense, foi cortado em apresentações posteriores, pois Rossini achava que ele paralisava a ação num momento crucial. Como numa gravação não há motivo para sacrificar página tão bem escrita, ele é mantido nos registros tanto de Gardelli quanto de Muti. A princesa diz que veio oferecer-se como refém em troca da liberdade de Tell. A tempestade está para se desencadear. A ária de Hedwige – "Toi, qui du faible es l'espérance, sauve Guillaume, ô Providence" – é uma *preghiera*, tipo de número que vai se tornar obrigatório no *grand-opéra*, pela possibilidade que oferece de um momento de música para solistas e coro de grande impacto emocional. Esta página será, no futuro, uma inspiração para todas as *prières* de que estarão cheias, na França e fora dela, todas as óperas calcadas no modelo parisiense, da *Muette de Portici* de Auber ao *Guarany* de Carlos Gomes.

Leuthold vem correndo avisar que o barco em que Tell estava sendo levado para a fortaleza encalhou na margem do lago. Como, com a tempestade, Tell era o único capaz de manobrar o seu leme, os soldados foram obrigados a desamarrar as suas mãos. Tell surge na margem, e Jemmy vem lhe dizer que, impossibilitado de acender as tochas, ateou fogo à casa deles, como o sinal de aviso, não sem antes ter posto as armas a salvo. Gessler aparece no alto do rochedo com seus soldados. Uma flecha certeira de Tell o atinge no peito, e o tirano cai nas águas do lago. Chegam Walter

49. Na gravação de Gardelli há, nesse ponto, um apêndice: a inclusão da ária "Ah! que ton âme se rassure", em que Jemmy recrimina a crueldade de Gessler e exorta seu pai a ter coragem. No folheto do álbum, o produtor, Ronald Kinloch Anderson, explica as razões para a inserção desse número, que aparentemente não chegou a ser executado na noite da estréia, e não consta de nenhuma edição da ópera. Mesmo tendo sido descartada pelo compositor, para que não retardasse a seqüência dramática, ela constitui um bom exemplo da escrita vocal rossiniana e é muito bom ter sido preservada em disco.

IL TEATRO ILLUSTRATO

PREZZI D'ABBONAMENTO:

Un numero separato Cent. 50 in tutta Italia.

Anno II. — Febbrajo 1882. — N. 14.

EDOARDO SONZOGNO
EDITORE
Milano. — Via Pasquirolo, N. 14.

AVVERTENZE.

Gli abbonati annui ricevono in dono, nel corso dell'anno, QUATTRO COMPOSIZIONI MUSICALI, oltre ad un'elegante Copert per riunire in volume le dispense dell'annata.

Prezzo delle inserzioni nella copertina Cent. 50 per ogni li o spazio di linea.

Capa de *Il Teatro Illustrato* (fevereiro de 1882), a revista da editora Sonzogno, a respeito de óperas de sucesso naquela época: no centro, a de maior repercussão, o *Guguielmo Tell*, de Rossini, até aquela data muito estimada pelo público.

e seus companheiros, seguidos de Arnold e os homens dos três cantões. A tempestade amainou e o que todas as personagens têm diante de si é a insuperável e serena beleza de seu país, agora livre. É essa majestade da natureza que eles cantam no concertato final, "Tout change et grandit em ces lieux!"

As opções dramáticas de Rossini mostram-no, a essa altura da carreira, dono de uma suprema técnica teatral, capaz de fundir o lirismo do belcanto ao gosto francês da declamação eloqüente e do esplendor cênico. Principalmente, mostra-se em condições de fazer escolhas muito felizes, ao transpor, para o palco lírico, uma obra teatral da mais alta qualidade literária. Em Schiller, Wilhelm salva Baumgarten – o Leuthold da ópera – logo na primeira cena. O italiano prefere traçar o quadro de uma vida tranqüila que é perturbada – nós o percebemos aos poucos – pela tirania, e protela a ação heróica de Tell até o finale I. Para o ato II, desloca a cena de amor entre Rudenz e Berta – aqui Arnold e Mathilde – que em Schiller está na segunda cena do ato III; e com isso obtém um contraste entre o lírico e o épico que, na ópera, é de excelente rendimento. Em Schiller, a cena entre Rudenz e os conspiradores está muito afastada daquela em que Tell consegue escapar e premedita uma emboscada para Gessler no desfiladeiro de Küssnacht. Rossini recorre à técnica da compressão, muito eficiente no caso da adaptação de uma peça para o palco lírico: faz o encontro de Arnold com os rebedes preceder a cena da fuga de Tell e, depois, em rápida sucessão, mostra a morte do tirano.

Composta na soleira do Romantismo, *Guillaume Tell* não perde de vista os temas subjacentes ao drama de Schiller, os medos e esperanças da comunidade, a importância da solidariedade e do esforço compartilhado, idéia recorrente na obra do autor da *Ode à Alegria*. Como dissemos, esses eram motivos que Rossini também vinha incorporando a seu teatro: no *Siège de Corinthe*, a renúncia de Pamyre ao amor de Mahomet, e sua aceitação da morte como um exemplo de patriotismo a ser dado aos gregos; e no *Moïse*, a escolha de Anaï entre o conforto da vida no Egito e os rigores do deserto, como a forma pessoal de contribuir para o conflito do povo judeu.

Do drama de Schiller para a ópera de Rossini, vemos transposta uma característica já tipicamente romântica: a forma como os elementos naturais ecoam as emoções dos seres humanos a ponto de interagir com eles como uma verdadeira personagem. Aqui também devemos lembrar o influxo, sobre a composição do *Guillaume Tell*, do *Freischütz* de Weber, no qual a floresta e seus mistérios desempenham papel fundamental. Na peça de Schiller, depois da cena do juramento de Rütli, há a minuciosa descrição de um nascer do sol, que deve ser acompanhado de música incidental. Para o ato II, Rossini escreveu música que Berlioz assim descreveu:

> Ao ressoar o último e mais terrível grito de guerra, que explode dentro de todos esses peitos, pulsando na alvorada do primeiro dia de liberdade, toda a massa orquestral se atira, como uma avalanche, a um impetuoso *allegro*.

O ato V de Schiller também termina com uma cena que repousa mais na descrição pictórica do que nas palavras. Neste caso, Rossini iguala seu modelo com uma passagem que é prenunciada pelo poslúdio orquestral de *Moïse et Pharaon*. Uma vez mais Berlioz:

> O coro final é de uma bela expansão harmônica. O *ranz des vaches* flutua graciosamente sobre seus acordes maciços e o hino da Suíça Livre ergue-se para o céu, calmo e imponente, como a oração do homem justo.

O que torna *Guillaume Tell* fascinante é o seu amálgama de influências e estilos, o feliz casamento que faz da tradição italiana com os traços distintivos da ópera francesa. Já foi mostrado, na análise das óperas napolitanas, como esses elementos começaram a ser integrados à sua obra devido à influência das óperas heróicas de Spontini, cantadas no San Carlo em tradução italiana. Os balés da *Armida*, o estilo declamatório de algumas cenas da *Ermione*, o papel do coro no *Mosè in Egitto*, a preocupação com a cor local na *Donna del Lago* atestam essa integração gradual, que vai atingir o apogeu no *Guillaume Tell*. Ao longo de toda a ópera, o recitativo é extremamente poderoso, ora apaixonado, ora lírico. E isso acontece não só nos momentos óbvios – recitativos introduzindo árias –, mas também em cenas de construção complexa, como os finales III e IV. E essa atenção nova a cada detalhe da declamação é resultado da atenção que o músico hábil dá a um aspecto fundamental da ópera produzida no país que o hospedou.

Nunca é demais ressaltar a importância do coro, protagonista central numa ópera como *Guillaume Tell*. Por mais que nos toquem os problemas de Tell e sua família, ou do par de enamorados, é o povo suíço quem está no centro da trama. Presença central desde o triplo casamento no início do ato I, para o qual Rossini utiliza uma gama variada de efeitos musicais, pastoral, solene, festivo, é seu medo diante dos soldados austríacos, e a forma como reúnem coragem para desafiá-los, o grande tema do finale I. E o papel do coro cresce à medida que a ópera progride. Muito original, o finale II constrói-se sobre as melodias contrastantes dos homens de Uri, Schwyz e Unterwalden, primeiro apresentadas separadamente e, depois, unidas em forma de antífona, quando pedem a ajuda de Tell. A resposta do herói, eloqüentemente declamatória, une-os num magnífico concertato que aponta vigorosamente para o futuro.

Nem todos os coros do *Guillaume Tell* são tão inovadores quanto o finale II ou o finale IV, com suas caleidoscópicas modulações do tema do *ranz des vaches*. Mas mesmo quando são de concepção menos original, são onipresentes: o coro duplo de pastores e caçadores no início do ato II; a multidão na festa em Altdorf (ato III); ou a popular Canção Tirolesa do ato III[50]. Esse, aliás, era um número cujo "sucesso verdadeiramente incrível" Berlioz lamentava, pois considerava de mau-gosto uma melodia que, "sem dúvida nenhuma, foi escrita de manhã, na mesa do desjejum". Sobretudo, alguns desses coros fazem parte de *divertissements* em larga-escala, nos atos I e III, em cenas de festa em que canto e balé são integrados à história. Muitas vezes foram considerados dispensáveis e eliminados (é o caso da gravação Chailly, por exemplo); mas é inegável que têm, cada vez que aparecem, a função de criar o clima para a ação dramática que vai se seguir. E há neles muito boa música: os efeitos orquestrais do *pas de six* do ato I, com a expressiva linha do violoncelo sustentada contra a melodia principal; ou as inesperadas síncopes rítmicas da *Danse des Soldats* no III. Uma vez mais, registremos que, nesta ópera de Rossini, estará o ponto de partida para a música de dança que dominará a ópera francesa do século XIX.

Guillaume Tell é fascinante, em suma, por ser a produção marcantemente romântica de um músico que é o último expoente do Classicismo. Um grande painel épico traçado por um homem que, em 1860, confessava a Wagner ter muito mais afinidade com a comédia. Essa duplicidade da música, de resto, não escapou a Berlioz que, no artigo de 1834 na *Gazette Musicale de Paris*, afirma: "A força do hábito profundamente enraizado fazia com que, de vez em quando, [Rossini] desse uma olhadinha para trás." Em toda a partitura, passado e futuro convivem harmoniosamente. A canção do pescador, no ato I, ecoa traços da *Donna del Lago* ou da canção do gondoleiro no *Otello*; mas a frase de Tell, "Quel fardeau que la vie! Pour nous plus de patrie!" já anuncia o Verdi das grandes óperas *risorgimentali*. O coro "On entend des montagnes", que começa *allegro vivace*, é pura ópera cômica, no melhor estilo ligeiro *Comte Ory*; em compensação, a escrita coral após a exortação de Melchthal é grandiosa como a do ato I do *Moïse*. A respeito da *stretta* do coro final, ouçamos a descrição feita pelo ouvinte entusiástico que foi Hector Berlioz, na qual se percebe como há algo de perfeitamente calculado por trás do aparente efeito fácil:

> Todo o coro, cantando em oitavas, faz uma escala descendente sincopada, enquanto as flautas e os primeiros violinos sustentam a terça maior de mi para sol sustenido; contra esse intervalo, colidem, com violenta agitação, as notas das vozes graves, ré sustenido, lá e fá sustenido. Essa idéia por si só, com sua grandeza e força, apaga completamente as seções precedentes do finale, deixando-as esquecidas. No começo, estávamos indiferentes; no final, sentimo-nos comovidos. Se o autor parecia carecer de invenção, ele se redimiu e nos surpreendeu com um achado inesperado. Rossini está cheio desses contrastes.

O próprio Rossini – com o qual concorda a maioria dos críticos – achava que o ato II era o melhor da ópera. E ele é realmente notável, tanto pela perfeição de ourivesaria de cada nú-

50. A gravação Muti inclui a versão definitiva desse coro, com uma reprise acrescentada por Rossini depois de a partitura já ter sido enviada ao editor para publicação.

mero, quanto pelo efeito cumulativo que produzem, até o clímax da cena do juramento. Aqui também há um grande prenúncio da ópera do futuro, o *andantino* de Arnold, "Ses jours qu'ils ont osé proscrire, je ne les ai pas défendus", depois que Tell e Walter lhe dão a notícia do assassinato de seu pai – "é necessário ir procurar lá adiante, no ato II do *Simon Boccanegra* para encontrar algo de tão dilacerantemente dramático", escreve o musicólogo Nicholas Payne a respeito dessa ária.

Tudo parecia indicar que *Guillaume Tell* abria uma fase nova na obra de Rossini, a de compositor de óperas francesas em grande escala. Existem sinais de que ele pensava seriamente nisso pois, desde a época do *Siège de Corinthe* e do *Comte Ory*, vinha negociando, com o governo de Carlos X, uma anuidade vitalícia de 6.000 francos, "como a recompensa pelas melhorias e progressos que introduziu na arte musical da Academie Royale de Musique, e como um estímulo para que se empenhe em obter novos progressos, como se propõe a fazer no futuro". Além disso, assinaria o contrato de cinco óperas novas, a serem compostas no decorrer dos próximos dez anos, e que lhe renderiam 15.000 francos cada. A prova de que estava realmente interessado nisso é que, diante da lentidão da burocracia, chegou a suspender os ensaios do *Guillaume Tell*, para convencer o rei a assinar o contrato. O curso dos acontecimentos, porém, modificaria esses planos.

A ópera que planejava compor em seguida era um *Faust*. De Bolonha, para onde tinha seguido, pediu que o novo libreto lhe fosse enviado. O que lhe chegou foi a notícia de que, em julho de 1830, uma revolução tinha derrubado Carlos X. Gioachino voltou rapidamente de Bolonha, onde se encontrava, teve de se instalar na mansarda do Théâtre Italien, e deu início a um longo processo – que acabou perdendo, em dezembro de 1823 – para que as novas autoridades mantivessem esse compromisso. Mas o novo rumo político, com a posse do governo de Luís Felipe, e estético, com as ascensão meteórica de Meyerbeer no Opéra, parece ter reforçado nele a idéia de se afastar do palco, de que já falava antes mesmo da estréia do *Tell*,. Não se sabe se é verdadeira a frase – muito preconceituosa – atribuída a ele: "Je reviendrai quand les Juifs auront terminé leur Sabbat" (Voltarei quando os judeus – Meyerbeer e Halévy – tiverem terminado o seu Sabá). Mesmo que fosse, não passava de uma *boutade* maldosa pois, com o *Guillaume Tell*, ele pusera ponto final em sua carreira dramática.

Os hábeis investimentos que fizera, com os direitos autorais recebidos e a pequena fortuna ganha na Inglaterra, permitiam-lhe viver folgadamente, sem trabalhar. As pressões violentas dos vinte anos anteriores tinham afetado muito a sua saúde. Sua posição privilegiada no Opéra viu-se ameaçada, depois da triunfante estréia do *Robert le Diable*, de Meyerbeer (que devia muito ao exemplo formal do *Guillaume Tell*). O novo estilo de canto, cujas sementes já são perceptíveis em sua última ópera, o forçaria a alterar substancialmente a técnica de composição. Some-se a isso aspectos psicológicos do relacionamento de Gioachino com sua arte, seu público, seus familiares, e compreende-se o silêncio de um homem que viveu mais quarenta anos, compondo ainda, mas sem nada produzir para o palco. Talvez, escreve Frédéric Vitoux, ao assistir no Scala, em agosto de1829, ao triunfante *Pirata* de Bellini,

> Rossini tenha-se dado conta de que, aos 37 anos, o pano baixou-se definitivamente para ele. Não haverá mais cavatinas nem cabalettas, nem duetos de baixo bufo, nem trinados e apojaturas, nem loucas improvisações e castrati, nem canto ornamentado. Rossini passou para a História e, nos anos que lhe ainda lhe resta para viver, vai sobreviver de sua glória passada, de seus investimentos, de seu excelente apetite, de sua irônica lucidez.

A seu amigo, o pintor Guglielmo de Sanctis, ele tinha escrito, em 1828: "Sair de cena na hora certa exige gênio também."

Havia, em todo caso, o contrato das novas óperas a cumprir e, em 1846, ao aproximar-se a data da inauguração de sua estátua, no foyer do Opéra – ali colocada em 9 de junho –, o novo diretor do teatro, Louis Pillet, achou ter chegado a hora de cobrar dele a composição de uma partitura nova. Não deu certo. O máximo que obteve foi a permissão para que o compositor Abram-Louis Niedermeyer montasse um *pasticcio*, com trechos de obras suas, e um libreto escrito por Royer e Vaëz. Basea-

Nesta litografia francesa do século XIX, vê-se Rossini agradecendo os aplausos da platéia.

Para comemorar os 70 anos de Gioachino Rossini, a revista satírica francesa *Le Hanneton* publicou esta sua caricatura.

da em um episódio da história escocesa – a luta de Robert Bruce, rei da Escócia, e de lorde Douglas, o Negro, contra o rei Eduardo II da Inglaterra – a trama é, na verdade, um remanejamento da *Dama do Lago*, ao qual vieram juntar-se números tirados de *Zelmira, Bianca e Faliero, Torvaldo e Dorliska* e *Armida*.

Robert Bruce estreou em 3 de dezembro de 1846, com Paul Baroilhet no papel do rei e Rosina Stolz como Maria, filha de Douglas e namorada do montanhês Dickson, pela qual o rei Eduardo, disfarçado de escocês, se apaixona. O público a aceitou bem, mas a crítica foi desfavorável. Berlioz, em particular, escreveu um artigo virulento contra essa "obra apócrifa". Por esse motivo, da Itália, Olympe Pélissier, a nova companheira de Rossini, lhe mandou de presente uma caixa contendo... um par de orelhas de burro. Embora não se trate de uma obra autêntica, Begheli e Gallino incluem, em seu *Tutti i Libretti di Rossini*, o texto de Royer-Vaëz e a tradução italiana de Calisto Bassi.

Em 1831, acompanhado de seu amigo, o banqueiro Aguado, Gioachino e Isabella viajaram para a Espanha. O *Barbeiro* foi ovacionado em Madri; o rei Fernando VII cumulou-o de honrarias; e o arquidiácono de Sevilha, Don Manuel Fernández Varela, encomendou-lhe um *Stabat Mater*, que concordou em escrever desde que a obra nunca fosse publicada. Começou a escrevê-la, mas uma forte crise de lumbago o fez interrompê-la. Quando voltou a Paris, em março de 1831, doente, deprimido pelo ócio e a sensação de que estava sendo esquecido, viajava sozinho. Havia tempos o casamento estava em processo de queda livre, e Isabella tinha decidido separar-se dele. Ela passaria o fim da vida em Castelnaso.

Incapaz de terminar o *Stabat Mater*, Rossini pediu a Giovanni Tadolini, regente no Italien, que o fizesse em seu lugar, para que a peça pudesse ser cantada na Sexta-feira Santa de 1833, na capela de San Felipe el Real, em Madri. Mais tarde, sabendo que uma edição pirata estava sendo preparada, ele terminou essa belíssima partitura – na qual fala a Deus com o idioma teatral, o único que sempre soube usar – e, em 1840, a publicou chez Troupenas – seu amigo, ao qual escreveu: "Que não se fale demasiado na imprensa desse meu *Stabat Mater*; é preciso evitar que riam de nós dois." À estréia do *Stabat*, em 7 de janeiro de 1842, na Salle Ventadour – onde o Théâtre Italien estava funcionando –, seguiu a triunfal apresentação de Bolonha, regida pelo próprio Gioachino. Nessa ocasião, colocam uma placa comemorativa na casa de Pesaro, onde ele nascera, e inauguraram seu busto no Liceo Musicale de Bolonha. Ao saber que estão arrecadando fundos para lhe dedicar essa escultura, comentou: "Me dêem o dinheiro que fico em pé em cima do pedestal."

Sentia-se doente e cansado mas, pelo menos, não estava sozinho. Em meados de 1832, surgira, na vida desse homem de 40 anos, precocemente envelhecido, a semi-cortesã Olympe Pélissier, sem os mesmos encantos de La Colbran, mas boa dona de casa, uma mulher que se dedicará a cuidar dele, mimá-lo e protegê-lo, com carinho maternal. Seu prestígio no Italien ainda era grande. Foi ele quem conseguiu que, em 24 de janeiro de 1835, fosse estreada ali *I Puritani*, de Bellini – cuja morte, em 23 de setembro, o entristeceu enormemente. A publicação, por Troupenas, de suas *Soirées Musicales*, uma coleção de oito pequenas árias e dois duetos, não o consolou do desaparecimento desse gênio, nem da perda do processo contra o governo de Luís-Felipe. Em outubro de 1836, saiu de Paris e foi passar uns tempos em Bolonha.

As perdas se sucediam. Uma grande amiga, a cantora Maria Malibran, filha de Manuel García, tinha morrido aos 28 anos, de uma queda de cavalo, em 23 de setembro de 1836, em Manchester. Separar-se oficialmente da Colbran, em 1837, entristeceu-o muito, pois isso significou cancelar de vez uma página muito importante de seu passado. Gioachino sofreu muito com a destruição do Théâtre-Italien num incêndio, em 14 de janeiro de 1838. E ainda mais com a morte de Giuseppe, seu pai, em 29 de abril de 1839, com 80 anos. Incapaz de continuar vivendo na casa que fora dos pais, em Bolonha, vendeu-a e refugiou-se uns tempos, em Nápoles, na casa de seu amigo Barbaja. Só voltou a Bolonha no início de 1840, para dirigir o envelhecido Liceo Musicale, que revitalizou contratando novos professores e organizando concertos semanais.

Olympe tornou-se oficialmente a segunda Signora Rossini em 21 de agosto de 1845 pois, no início daquele ano, Isabella morrera, em sua casa de Castelnaso. No final de abril de 1848, Rossini foi para Florença, fugindo da rebelião, em Bolonha, contra os austríacos. Estava muito assustado, sobretudo depois que tropas sicilianas, passando diante de sua casa e tomando-o por um burguês rico e reacionário, jogaram pedras em suas janelas e o insultaram. Só volta a Bolonha em 1850, depois que os austríacos retomam o controle da situação, para reassumir a direção do Liceo Musicale. Mas por pouco tempo. No dia 1º de maio de 1851, o conde Nobili, governador austríaco, decidiu comparecer, sem avisar, a uma recepção que dava a amigos e admiradores. Ao ver o chefe da ocupação chegar, todos os bolonheses abandonaram o salão. Tomando isso como uma afronta pessoal, Rossini voltou para Florença.

Estava desanimado, enfraquecido, de mau-humor, com crises de insônia que nem os tratamentos de águas em Montecatini e Lucca conseguiam remediar. Olympe era de opinião que deveriam mudar de ares, voltar à França. Em 26 de abril de 1855, o convenceu a fazer a viagem até Paris, de carruagem, pois ao hipocondríaco Gioachino aterrorizava a idéia de entrar nessa coisa fumacenta e perigosíssima que era um trem. O casal chegou a Paris em 5 de maio, e instalou-se na Chaussée d'Antin. Olympe tinha razão: em contato com a vida parisiense, cercado de amigos – Carafa e Auber, Gustave Doré, o príncipe Poniatowski, Dumas père, Ambroise Thomas —, dono de um *salon* freqüentado pelo *tout Paris*, Gioachino recuperou o gosto pela vida, a boa mesa, a música. Ali teve, em 1860, a conversa com Wagner, transcrita por Edmond Michotte, a que nos referimos em vários pontos deste capítulo.

Construiu, em 1859, a residência de verão de Passy, e ali também recebeu Delacroix, Verdi, Gounod, e grandes cantoras, Grisi, Patti. No famoso texto recolhido por Michotte, em que lamenta a perda do estilo de canto de seu tempo, transparece a frustração de quem vive num mundo pós-*Rigoletto* e *Traviata*, pós-*Navio Fantasma* e *Lohengrin*, e se esconde por trás de uma muralha de silêncio, só mostrando a uns poucos amigos os *Péchés de Vieillesse*, peças curtas para piano, ora irônicas ora ternas, ora conservadoras ora surpreendentemente modernas. Seus títulos parecem prefigurar os de Erik Satie: *Meu Prelúdio Higiênico da Manhã, Estudo Asmático, Valsa Antidançante* e uma pequena suíte intitulada *Les Hors d'Oeuvres*, com quatro movimentos: *Os Rabanetes, As Anchovas, Os Pepinos em Conserva* e *A Manteiga*. Sinais de que seu senso de humor continuava aguçado.

Este, aliás, nunca perdeu o gume. Era temida a língua de trapo de Don Gioachino. Falando de um candidato a compositor, disse uma vez: "Cipriani Potter acaba de me mandar um queijo Stilton e uma nova cantata. O queijo estava ótimo." E quando Meyerbeer morreu, seu sobrinho escreveu uma marcha fúnebre, que mostrou a Rossini. Foi fulminado por "Teria sido melhor você morrer, para que ele escrevesse a sua marcha fúnebre." Achava as óperas de Wagner pesadas e antioperísticas: "Elas têm alguns minutos muito bons, mas alguns quartos de hora muito tediosos." E dizia que "escrever harmonia sem melodia é como comer um prato de molho sem carne para acompanhar".

A Berlioz, não perdoava. Horrorizavam-no as ousadias do francês – espantosas até mesmo para nosso ouvidos de hoje. "Graças a Deus isso não é música", exclamou ao ouvir pela primeira vez a *Sinfonia Fantástica*. E não perdeu a chance de destilar o seu veneno quando a estréia da *Danação de Fausto* foi um clamoroso fracasso. Falando da ária mais famosa de Mefistófeles, proclamou: "La Chanson du Rat n'a pas réussi, car il n'y avait pas un chat dans la salle" (a Canção do Rato não fez sucesso porque não havia um gato pingado no teatro). A língua afiada de Rossini estava sempre pronta para o trocadilho bem engatilhado. Ao dizer que a *Missa de Gran*, de Franz Liszt, era "a mais bela flor na guirlanda do compositor", arrematou: "É claro, uma *fleur de Liszt*".

Uma vez, foi convidado a jantar em casa de uma senhora da alta nobreza, famosa por sua avareza. O cardápio era de uma pobreza a toda prova. No final da refeição, a anfitriã desmanchou-se toda: "Maestro, adorei recebê-lo! Gostaria muito de convidá-lo para jantar outra vez." E Rossini, imperturbável: "Pois não, madame. Agora mesmo!" O inspirado autor dos *Hors d'Oeuvres* era um glutão assumido. Dizia: "Só chorei três vezes na vida: quando o

Barbeiro estreou, quando a minha morreu e quando, durante um piquenique, o frango assado caiu no lago."

A última peça importante que Rossini compôs foi a *Petite Messe Solemnelle*, de 1863, para quarteto solista, coro, piano e harmônio. Ela foi estreada na mansão de um amigo, o banqueiro Pillet-Will, para convidados, entre os quais estavam Auber, Meyerbeer e o núncio apostólico. A saúde declinava rapidamente, os últimos anos foram penosos. A hipocondria, no final, escondia males verdadeiros: uretrite crônica, de origem provavelmente venérea, que lhe causou muito sofrimento; e uma fístula, operada duas vezes, sem sucesso, e que era certamente um câncer retal. Após a segunda intervenção cirúrgica, muito dolorosa, Gioachino morreu em 13 de novembro de 1868, em sua casa de Passy. Em seus últimos momentos, o abade Gallet, da igreja de St. Roch, veio lhe ministrar a extrema-unção. Quando Gallet lhe perguntou se tinha fé, ele respondeu: "E o senhor acha que eu teria conseguido escrever o *Stabat Mater* e a *Petite Messe*, se não tivesse?"

Não tinha filhos, e deixou uma fortuna considerável: em *Lives of Great Composers*, publicado em 1970, o crítico americano Harold Schonberg avalia em US$1,42 milhão da época a fortuna que acumulara. Seus bens permitiram a instituição de um prêmio anual para compositores, a ser outorgado pela Académie des Beaux Arts; a criação, na Rue Mirabeau, da Villa Rossini, destinada a abrigar cantores e músicos aposentados e sem recursos (hoje, ela é administrada pela Beneficência Pública do governo francês); e a fundação do Conservatório Rossini, de Pesaro, cujo museu guarda vários de seus manuscritos.

Gioachino Rossini recebeu honrarias de chefe de Estado na cerimônia fúnebre da Église de la Trinité, no dia 21 de novembro. Enterraram-no no cemitério do Père Lachaise. Mas os despojos foram trasladados para Florença, em 1897, e estão na Basílica de Santa Croce, ao lado de Galileu e Michelangelo, de Maquiavel e Cherubini. Uma procissão de seis mil pessoas o acompanhou-o; quatro bandas militares e um coro de 300 vozes cantaram "Dal tuo stellato soglio", do *Mosè in Egitto*. Quando terminaram, a multidão, comovida, cantou-a de novo. As cortinas se fecharam sobre a vida de Don Gioachino de forma teatral, como ele merecia.

A Vocalidade Rossiniana

Reforma rossiniana[51] – expressão que se encontra muito na bibliografia, com referência à transição da ópera italiana do Classicismo para o Pré-romantismo – não diz respeito apenas à prática de, a partir do *Aureliano in Palmira*, escrever do próprio punho a ornamentação, para evitar que os cantores introduzissem variações abusivas. Rossini renova o melodrama com o fôlego novo de suas melodias; o impulso rítmico, mais contagiante do que o de qualquer um de seus predecessores; as cores novas de sua orquestração; o dinamismo dos concertatos e dos finales, o do ato I tornando-se tão elaborado quanto o do II. No plano vocal, assimila à tradição mediterrânea recursos de várias procedências, de tal forma que, para o canto europeu, graças à sua influência, o período 1820-1840 será uma fase áurea, tanto quanto o tinham sido, no Barroco Tardio, as décadas de 1720-1740.

A vocalidade rossiniana reflete sua concepção da música como uma arte ideal, abstrata, que não depende, como a pintura ou a escultura, da imitação da natureza (embora ele a imite, às vezes, de forma muito estilizada, em suas cenas de tempestade, por exemplo). Em 26 de agosto de 1868, ele escreveu ao crítico Filippo Filippi:

> O senhor terá notado, arguto e caríssimo doutor Filippi, que passei intencionalmente em silêncio a palavra "imitativa", na recomendação que fiz aos jovens compositores a respeito da arte musical italiana, na qual falei "apenas" de melodia e ritmo. Continuarei sempre *inébranbale*[52] ao afirmar que a arte musical italiana (especialmente a vocal) é "ideal e expressiva", e nunca "imitativa", como o quis certa filosofice materialista. Seja-me permitido dizer que os sentimentos do coração a gente exprime, não os imita.

Essa é uma maneira de pensar que situa Rossini como um homem do Classicismo. É

51. Este segmento final do capítulo baseia-se em *La Storia del Belcanto*, de Rodolfo Celetti (Discanto, 1983), referência bibliográfica indispensável para compreender a contribuição de Gioacchino Rossini à História da Ópera.

52. "inabalável"; em francês no texto.

de um herdeiro do "idealismo canoro", que remonta ao Barroco, a opinião de quem afirma, nessa mesma carta, que "a música é uma arte sublime, justamente porque, tendo meios para imitar o verdadeiro, transcende a natureza comum e alça-se até um mundo ideal". Mais adiante:

> Tenha em mente que a expressão da música não é da pintura, e não consiste em representar ao vivo os efeitos exteriores das afeições da alma, mas em excitá-las em quem a escuta. [...] O compositor há de se deter nas palavras apenas para adequar a elas o caráter geral da música que escolheu, de tal forma que as palavras é que sirvam à música, e não esta a elas. Numa cena patética ou terrível, as palavras serão ora alegres ora tristes, ora de esperança ora de temor, de oração ou de ameaça, de acordo com o movimento que o poeta, passo a passo, deseja dar à cena. Se o maestro quiser seguir, *pari passu*, o sentido das palavras, há de compor uma música não-expressiva em si mesma, pobre, vulgar, como um mosaico, incongruente ou ridícula.

Esta é uma discussão antiga como a própria História da Ópera. E nela Rossini assume posição contrária à de Monteverdi, para o qual a música era "l'ancella dell'horatione" – isto é, do texto poético – ou de Gluck que, no prefácio à versão francesa da *Alceste*, declara:

"Deve ser tão estreita a união entre palavras e canto, que as palavras devem parecer moldadas na música, da mesma forma que a música nas palavras."

Comentando essa concepção rossiniana, que deita raízes no princípio barroco da fantasia como principal instrumento de expressão das emoções, Rodolfo Celletti fala da

> melodia que parte do significado geral dos versos, que exprimem uma certa situação e um certo momento cênico mas, libertando-se da transposição em canto das inflexões e acentos da linguagem falada, reverbera, sobre a personagem e seus sentimentos, sugestões que são de natureza puramente musical. Substancialmente, é evocativa, e não descritiva, a configuração que a melodia pode dar de um estado de alma ou de um sentimento, das paixões humanas, às quais apela com os estímulos e as alusões de uma linguagem estilizada e sublimada (ou 'idealizada'). Para suscitar emoções nos espectadores, essa linguagem obedece às suas próprias leis, e usa as palavras exclusivamente como balizas, sinais de orientação.

Nesse sentido, embora mantenha vínculos com o Barroco, Rossini também o supera, na medida em que prescinde da necessidade setecentista de imitar, ainda que de maneira estilizada, as paixões humanas e os acontecimentos naturais, dando uma interpretação literal, quase gráfica, ao som das palavras (pense-se, por exemplo, no que eram as *arie di tempesta* barrocas). A concepção rossiniana de uma melodia operística que usa as palavras como "sinais de orientação" acarreta a transposição, para o canto, de características típicas da música instrumental – o que significa inverter os princípios neoplatônicos em que se baseava, nos primórdios da ópera, a escola florentina, ou aqueles que vão nortear a reforma de Gluck ou a busca da verossimilhança dramática empreendida pelos românticos.

Nesses autores, o canto nasce das sugestões contidas nas palavras, mas a necessidade de respeitar os acentos e as inflexões da língua falada estabelece, para eles, limitações naturais. Em Rossini, pelo contrário – como acontecia em Haendel ou Vivaldi, no apogeu do "idealismo canoro" do Barroco Tardio –, a melodia desfralda as asas e são suas "reverberações", como diz Celletti, que iluminam o texto, despertando a emoção no espectador, e dando relevo – porque é a música que é significativa – até mesmo àquelas palavras que, por si mesmas, não teriam muito destaque. É por isso que Stendhal insiste tanto, na *Vie de Rossini*, que não é nem mesmo necessário compreender o italiano para gostar de suas óperas. A esse comentário parece dar razão o que diz o compositor francês Reynaldo Hahn, em seu tratado *Du Chant*, publicado em 1920:

> A melodia representa, no canto, o elemento sobrenatural que acresce, ns palavras, a intensidade, a força, a delicadeza, a poesia, o encanto ou o estranhamento, por meios que escapam parcialmente à análise, e a seu encantamento nos submetemos sem saber direito como explicá-lo.

Ao repudiar o canto realístico, Rossini vincula-se, portanto, à abstração da vocalidade barroca, nela infundindo, é claro, a renovação que lhe era possibilitada pela evolução das técnicas de canto e os recursos novos da escrita orquestral. Se, por algum tempo, as óperas sérias rossinianas sumiram de cartaz e pareceram – sobretudo numa fase de predominância da estética verista – não mais corresponder ao gosto moderno, é porque a sua forma de compor as suas personagens tem, freqüentemente, um caráter estático, de estatuária. É relativamente recente a redescoberta e revalorização do *Tancredi*, do *Otello*, da *Semiramide* – assim como o é o das *opere serie* de Haendel ou Hasse – porque, mesmo quando exprimem a ira, a dor, o conflito, elas viram as costas à imitação realista, e recorrem àquela "indeterminação de tom" de que já falamos tantas vezes, encontrável também no *primo Settecento*.

A pureza extraordinária de certas melodias e de seus acompanhamentos teatrais deriva dessa representação estilizada das paixões, caracterizada por ausência de ênfase excessiva. Rossini recusava-se a ceder aos arroubos que, no Romantismo, vão se tornar cada vez mais comuns. E, com Verdi, ganharão uma energia que, evoluindo, desaguará necessariamente na ênfase verista. São inúmeras as passagens – e não apenas no texto famoso em que Michotte descreve a reunião de 1858, em Passy – em que Rossini lamenta a perda daquilo que considerava fundamental: a beleza intrínseca do som, a execução impecável de uma passagem *d'agilità*.

Em carta de 15 de junho de 1851, a Torquato Antaldi, ele reclama dos cantores da primeira geração romântica, que transformaram o canto "nell'urlare alla foggia del giorno". E na citada carta a Francesco Filippo, decreta: "Não posso negar uma certa decadência da arte vocal. Seus atuais cultores tendem mais ao estilo hidrófobo do que 'all'Italo dolce cantare che nell'anima si sente'." Radicciotti transcreve também os lamentos de fim de vida numa carta a Francesco Florimo:

> Hoje, a arte vocal está nas barricadas: o antigo *genere fiorito* foi substituído pelo nervoso; o solene, por aqueles urros que, em outros tempos, chamávamos de *francesi*; o *affetuoso sentimentale*, em suma, pela hidrofobia apaixonada.

O som que queria tinha de ser espontâneo, macio, fluido. Em sua biografia de Marietta Alboni, aluna do compositor, Arthur Pougin conta que ele "lhe incutiu um verdadeiro horror pelos sons forçados e duros". Rossini gostava do canto amplo e sonoro. A Michotte, ele disse que as passagens de agilidade executadas a meia-voz, como as realizavam os cantores românticos, traíam o verdadeiro espírito da coloratura, pois só a vocalização a plena voz, dos cantores de seu tempo, era capaz de enfatizar "gli accenti nascosti sotto il velo delle fioriture".

Celletti empenha-se em mostrar a incongruência de historiadores como Radicciotti ou Roncaglia que, se por um lado frisam a importância de Rossini ter limitado a liberdade de improvisação dos cantores, ao anotar minuciosamente a ornamentação, por outro, reduzem essa ornamentação a simples enfeites concebidos para dar aos artistas possibilidades de exibição virtuosística. Para ele, a coloratura rossiniana nunca é gratuita, mas

> um reflexo do conceito de que o ornamento e a vocalização são uma emanação da música *entendida como arte ideal* e, portanto, *capaz de expressão que transcenda a imitação realista e pedestre*. Nesse sentido, o *canto fiorito* representa a expressão em seu estágio mais intenso, o elemento reforçador dos sentimentos e das paixões: trata-se do amor idealizado ou do amor carnal, da nostalgia, da ira, do desespero, da alegria[53]. Por isso se entende por que, em certo ponto, Rossini se decidiu a escrever grande parte da coloratura, restringindo o campo de ação das intervenções pessoais dos cantores. Nele, *a melodia já nascia ornamentada e florida*, e a vocalização era, não apenas um acréscimo, mas *parte integrante da vocalização* [os grifos são meus].

Celletti se empenha em provar que a preocupação com a coloratura anotada precede o divisor de águas apontado pela maioria dos autores, o *Aureliano in Palmira*. Mostra que, no *Demetrio e Polibio*, existe a nítida influencia de Mayr e Paer, dois autores nos quais já se percebe a relativa preocupação em escrever os ornamentos. E estabelece o fato de que, da *Pietra del Paragone* para o *Tancredi*, e deste para *L'Italiana in Algeri*, é visível a preocupação com a escrita de uma coloratura progressivamente mais elaborada. A própria acusação feita a Velutti de ter abusado dos enfeites, a ponto de ter provocado a reação de Rossini – diz Celletti –, não se sustenta muito, se pensarmos que, no "Asia avrai tu regno, come regni sul mio cor", da ária "Se tu m'ami", can-

53. Estreitamente ligada, portanto, ao legado barroco da teoria dos *affetti*, e de como a música podia reperesentar, por si mesmo, cada uma das paixões humanas.

tada por Arsace no ato I, há seqüências de semicolcheias com trinados, escalas descendentes e sinais de fermata que já permitiriam a Velutti grandes exibições vocais pirotécnicas, sem que fosse necessário acrescentar nada mais. "Não sabemos como era o desempenho de Velutti", diz Celletti, "mas o certo é que o próprio Rossini o instigava a essas intervenções". Basta dizer que, no rondó "Ah, non posso, al mio tesoro", há oito sinais de fermata, passos em que havia "l'invito al cantante a tenere *ad libitum* il valore della nota".

Aureliano, portanto, na opinião de Celetti, dá início, por um lado, ao processo de restrição na liberdade individual dos cantores em contribuir com variantes (devemo-nos lembrar também que esse é um momento em que o prestígio crescente do compositor dá-lhe a possibilidade de exercer um controle cada vez mais rigoroso da forma como as suas partituras estão sendo executadas, pelo menos nos teatros onde pode fazer essa supervisão). Por outro lado, assistimos a um fenômeno de enriquecimento progressivo da ornamentação, que atingirá o ponto culminante na *Semiramide*. Momento significativo é a *Elisabetta Regina d'Inghilterra*, no início da importantíssima etapa napolitana de sua carreira. Nela há ainda muitas características do período precedente. Mas *Elisabetta* já contém o anúncio do bloco excepcional de óperas reformadas – *Barbeiro, Otello, Cenerentola, Gazza Ladra* –, em que Rossini não só escreve coloratura minuciosíssima, como também opta por algo muito mais importante: faz convergir, do ponto de vista do virtuosismo vocal, as formas da ópera bufa e da séria. Esse enriquecimento gradual da escrita vocal toma outro rumo, depois que a mudança para Paris impõe a adequação aos hábitos e ao gosto franceses.

Celleti tem razão ao dizer que Rossini seria um idiota se quisesse apenas punir Velluti pelos seus abusos, ou bajular Isabella com árias que valorizassem seus atributos vocais. O testemunho de seus biógrafos mostra que ele não era indiferente às contribuições que os cantores faziam, desde que lhe parecessem de bom-gosto. Radicciotti conta que ele foi visitar Henriette Sontag, em Paris, para lhe agradecer por uma bonita variação que ela tinha feito na *Mathilde di Shabran*. E no verbete *Pisaroni*, de seu *Dizionario Universale dei Musicisti*, Schmidt conta que Rossini dava bastante liberdade de improvisação a essa cantora. As pesquisas do Centro di Studi Rossiniani de Pesaro, iniciadas por Zedda e Gossett, e levadas adiante por Azio Corghi, Bruno Cagli e outros, revelaram diversas variantes escritas de árias suas. Não podemos esquecer que o autor do *Barbeiro* viveu numa época em que as partituras eram pensadas em função das características vocais de determinados artistas; e considerava-se perfeitamente normal o *rifacimento*, cada vez que essa escrita não era adequada para outro executante.

Em 1970, num dos boletins desse centro de Pesaro, Marco Aspinall divulgou uma carta do soprano inglês Clara Novello, perguntando a Rossini se ainda era permissível introduzir variações no *da capo* de uma ária (prática que tinha sido a regra no Barroco). O compositor respondeu que sim e, segundo Aspinall, foi com base nessa autorização que Novello usou ornamentação livre tanto na cavatina "Il braccio mio conquisi", do *Tancredi* de Giuseppe Nicolini, quanto na fogosa "La tremenda ultrice spada", dos *Capuleti e Montecchi* de Bellini.

Ao estudar a vocalidade rossiniana, é necessário considerar a herança belcantística clássico-barroca, as inovações que ele introduz nela, e a sua forma muito pessoal de tratar as vozes do ponto de vista da relação timbre-papel. Simetria de fraseado e tendência a construir melodias com períodos de duração equivalente fazem parte do legado setecentista. Vamos encontrar, até mesmo em grandes árias da maturidade, sobretudo as de cantábile amplo – "Dal tuo stellato soglio" do *Mosè*, "Giusto ciel! in tal periglio" do *Assédio de Corinto*, "Sombres forêts" do *Guillaume Tell* –, esses períodos confortavelmente simétricos, que facilitam a respiração e garantem a *morbidezza* da emissão (elas pressupõem legato muito cuidadoso, homogeneidade de colorido, efeitos discretíssimos de *rinforzando/diminuendo*, e aquilo que o italiano chama de *emissione in maschera e sul fiatto*).

É compreensível que tenha sido necessário recuperar, em anos recentes, o tipo de rigor no legato, de seleção exigente dos portamentos, de técnica impecável de respiração para que as passagens *d'agilità* sejam muito nítidas, responsável por uma beleza de emissão de *fiorettature* que não pode ser a mesma para cada papel, sensual e radiosa no *Tancredi*, elegíaca num papel trágico como o de Desdêmona. Fiel à tradição belcantística clássico-barroca, nas árias de *stile affetuoso* ou *patetico*, raramente Rossini faz a voz dar saltos bruscos ou alcançar notas muito graves ou muito agudas. São de tessitura central, pois o que importa é a pureza do som e uma emissão sem esforço ou desigualdade de colorido.

É de origem barroca também a diferenciação que ele faz entre canto *sillabico* e *vocalizzato*. Poucas vezes o virtuosismo pesado ou os rompantes do *stile agitato* incidem sobre regiões incômodas do registro (as zonas de passagem, por exemplo). No canto silábico, sobretudo o *di forza*, Rossini tende a concentrar o núcleo melódico na zona central e nos primeiros agudos, também visando a não forçar a voz do cantor. Evita, particularmente, a declamação no agudo, preferindo, nos trechos de *stile agitato* que exijam uso de notas muito agudas, levar a voz gradualmente até elas, mediante uma vocalização que parta do médio. Silabação em região aguda é técnica que reserva a sopranos leves ou àqueles tenores agudíssimos que, na Itália da virada do século, eram chamados de *tenorini*. Lindoro, na *Italiana in Algeri*, precisa de tessitura agudíssima em "Languir per una bella"; mas o caráter delicado da ária, a regularidade da respiração assegurada pela simetria dos períodos e a alternância das frases silábicas com outras de textura mais legato permitem que um bom tenor ligeiro contemporâneo a cante de modo muito satisfatório.

Já no *canto fiorito*, que concebe com emissão mais leve e expressão menos emotiva, Rossini usa saltos, escalas, arpejos, grupos de terças, quartas ou sextas, dispostos em progressões que facilitam a equalização dos sons e facilitam as passagens de um registro para o outro. É claro que a execução de trechos que exigem escalas ascendentes ou descendentes vertiginosas precisa de sons centrais que não sejam pesados e nem muito encorpados. De outra forma, subir aos extremos agudos ou descer aos extremos graves será áspero, forçado e sem nitidez. O que Rossini herda do belcanto clássico-barroco, portanto, é uma melodia que permita retomadas regulares de fôlego; que não insista nas zonas de passagem; que gravite na região central para os cantábiles; e invista numa gama ampla de recursos para o *stile brillante*. A isso some-se o gosto pela voz de *musico* (o contralto *em travesti*) para os papéis de jovem amoroso; e a rejeição dos sons "violentos", que se tornaram moda no Romantismo (já dissemos que ele chamava o dó de peito de Duprez um "urlo di cappone sgozzato").

Ao legado clássico-barroco, Rossini acrescenta tendências que estavam no ar, nas primeiras décadas do *Ottocento*, e que incorpora, transformando-as em traços característicos de seu estilo pessoal: o desenvolvimento, no domínio cômico, de melismas tão elaborados quanto os da ópera séria; e um langor e sensualidade nas melodias líricas, que já está presente em Mayr e Paer, mas que ele leva a um ponto muito elevado de requinte. A propósito dessa segunda característica, Celletti propõe uma série de balizas, mostrando a evolução estilística, que vale a pena reproduzir aqui:

- o dueto "Questo cor ti giura amore", de Siveno e Lisinga, no *Demetrio e Polibio*;
- a ária "Vicino è il momento", de Berenice, em *L'Occasione Fa il Ladro*;
- o andante "Un soave e nuovo incanto", de Fanny, na *Cambiale di Matrimonio*;
- o dueto "Mille sospiri e lacrime", de Zenobia e Arsace, no *Aureliano e Palmira*;
- a famosa "Di tanti palpiti" ou "Ah, che scordar non so", ambas da personagem-título do *Tancredi*;
- a ária "D'amor al dolce impero", da protagonista da *Armida*;
- culminando em "Bel raggio lusinghiero", da personagem-título na *Semiramide*, e em seu dueto "Serbami ognor si fido", com Arsace,

obra-prima absoluta, porque são as *fiorettature* adequadíssimas de Rossini, em sua última fase italiana, que sugerem, nos contornos sensuais da melodia, tudo o que de incerto e ambíguo se mistura aos sentimentos – ou aos pressentimentos – de amor materno e devoção filial.

Às vezes, o autor do *Barbeiro* lança mão de um recurso que não é novo. Mas usa-o de forma tão sistemática que nos força a associá-lo a seu nome. É o caso do estilo misto que consiste em introduzir, no meio de uma ária silábica, uma passagem em *stile vocalizzato*, detendo-se sobre uma determinada sílaba e enfeitando-a com terzinas ou sestinas. Isso já se encontra em Bononcini, Hasse, Galuppi, na viradas do séculos XVIII-XIX, nós o temos em Paer; mas é Rossini quem vai usá-lo de forma insistente. Nas primeiras óperas, ainda se percebe o hábito mecânico de apoiar demorados vocalises sobre determinadas sílabas, mais como um clichê do que como uma necessidade. Mas, no "per te m'accese l'anima, a te la serba amor" do dueto de Fanny e Edoardo, "Tornami a dir che m'ami", da *Cambiale di Matrimonio*, já há um exemplo desse estilo de agilidade, do qual diz Celletti:

> Torna-se claro por que Rossini não conseguia conceber um canto orientado para a imitação do sentido literal e realista da palavra. Sua melodia *exprime* um sentimento em vez de tentar *imitá-lo* [como ele próprio dizia na carta a Filippi que citamos]. Para ele, a palavra é apenas um meio. Decompondo as sílabas, separando uma da outra com *fiorettature*, Rossini quase anula seu significado comum, mas sublima a frase, o canto e o momento cênico com a graça, a leveza e até mesmo a fantasmagoria de uma melodia que nasce florida e da qual a coloratura é parte integrante, e não apenas uma ornamentação aplicada a frio.

Os exemplos são inúmeros e dos mais diversos gêneros, e Celleti cita:

- o *andantino* "O che muso, che figura", de Isabella e Mustafá, na *Italiana in Algeri*, em que as quartinas marteladas de "del mio colpo or son sicura" são usadas para obter efeito cômico;
- o *andante* "Bell'alme generose", em que os grupos arpejados irregulares de "siate felici" ilustram o caráter nobre da personagem;
- o *allegro moderato* da seção "Io sono docile", na cavatina de Rosina, e o "Dunque io son? tu non m'inganni" de seu dueto com Fígaro, no *Barbeiro*;
- o *allegro* de "Tutto sorridere mi veggo intorno", de Ninetta, na *Gazza Ladra*;
- o início da terceira estrofe ("Salce, d'amor delizia"), na Canção do Salgueiro do *Otello*;
- o *allegro* de Arsace, "O come da quel dì", na *Semiramide*.

A isso se acrescente o gosto pelas seqüências rápidas de escalas descedentes, como no "più scellerato cor!" com que Elisabetta externa o seu furor na ária "Fellon, la penna avrai". Ou no "m'offra chi mi vuol sposa" do *maestoso* "Sprezzo qual don che versa", com o qual Cenerentola demonstra a sua superioridade moral em relação à sua família. Essas *volatine successive* servem tanto para expressar a autoridade de Semirâmide em "Giuri omaggio", quanto a atitude desdenhoas de Idreno em "Ah, dov'è, dov'è il cimento", da mesma ópera, ou a alegria irrefreável de Cenerentola em seu rondó final.

Nem sempre os *da capo* são escritos com variação, o que significa – como já assinalamos – que Rossini esperava dos cantores que as fizessem, já que a variação era a razão mesma de se repetir uma seção da ária. Mas divertia-se refazendo as cadências de suas próprias árias, quando as tomava de empréstimo de uma ópera para a outra. Gostava também de variações nas canções estróficas, reelaborando a segunda e a terceira estrofes de forma totalmente diferente, para evitar a repetição de frases melódicas iguais – sacrossanto princípio do belcanto barroco. Exemplo disso é a *canzone* "D'amor al dolce impero" da *Armida*.

Numa carta de 23 de março de 1866 a Luigi Crisostomo Ferrucci, Rossini referia-se aos *castrati* dizendo: "Aqueles mutilados, que não podiam seguir outra carreira senão a do canto, foram os fundadores do 'cantar che nell'anima si sente', e a horrenda decadência do belcanto italiano teve origem quando eles foram suprimidos." Essa consciência do que se perdeu, em termos virtuosísticos e expressivos, com o fim da era dos sopranistas e contraltistas, leva-o a buscar alternativa no uso de cantoras *en travesti*. No Classicismo e no início do *Ottocento*, os papéis de jovens amantes e heróis, antes domínio exclusivo dos *castrati*, já começam a ser confiados aos tenores. Mas uma figura constante na ópera da virada dos séculos XVIII-XIX é o *musico*, como era chamada a cantora que fazia papéis masculinos.

Giuditta Pasta tinha em seu repertório o Telêmaco da *Penelope* de Cimarosa, o Armando do *Crociato in Egitto* de Meyerbeer, o Enrico de *La Rosa Bianca e la Rosa Rossa* de Mayr, três papéis originariamente concebidos para *castrati*. Mas são muito freqüentes, durante a primeira geração romântica – como o leitor poderá verificar em *A Ópera Romântica Italiana*, desta coleção, os chamados *trouser-roles*:

- o protagonista de *Enrico di Borgogna*, o Abenamat da *Zoraide di Granata*, o filho do prefeito da cidade em *L'Assedio di Calais*, de Donizetti;
- Edemondo na *Emma di Resburgo* e Almanzor no *Esule di Granata*, de Meyerbeer;
- Enéias na *Didone Abbandonata*, Osvino nos *Normanni a Parigi*, Don Diego na *Donna Caritea*, o papel-título em *Uggero il Danese*, de Mercadante;
- Corrado no *Corsaro* e Wilfredo no *Ivanhoe*, de Pacini;
- e a personagem masculina tanto do *Romeo e Giulietta* de Vaccai quanto dos *Capuleti e Montecchi* de Bellini.

Em sua *Méthode Complète de Chant*, publicada em Bruxelas em 1835-1840, Luigi Lablache diz que a voz de contralto – no fim do *Settecento* e início do *Ottocento* – é muito flexível, raramente apresenta dificuldades de emissão, mas é inclassificável, pois varia de uma cantora para a outra, em termos de extensão e de tessitura. Já nos referimos, no volume desta coleção sobre o *Romantismo*, ao fato de, até a década de 1830, a voz de meio-soprano não possuir ainda autonomia como registro. É muito difícil definir a voz de cantoras como Isabella Colbran, Giudita Pasta, Maria Malibran ou Carolina Unger, situadas a meio caminho entre o soprano e o *mezzo*. Mas mesmo contraltos autênticas como Rosmunda Pisaroni ou Marietta Alboni, muito identificadas com os papéis rossinianos, possuíam extensão excepcional.

Nelas, Rossini vê a possibilidade de reviver os prodígios vocais dos *castrati*, até mesmo porque ainda havia, em relação ao tenor, freqüentemente abaritonado nos melodramas sérios, algumas prevenções belcantísticas. O fascínio que ele tinha pela voz da Alboni – "Juliette et Romeo dans le même gosier"[54], como dizia Juliette Gautier, a filha do escritor – é o mesmo dos admiradores do belcanto barroco pela ambigüidade sexual da voz dos grandes contraltistas emasculados. A esse registro Rossini dará duas funções: a do contralto bufo e a do *musico*. Foi para Marietta Marcolini que ele compôs, no *Equivoco Stravagante*, o papel de Ernestina, o seu primeiro dessa natureza. E ela será a criadora de Clarice, na *Pietra del Paragone*, e de Isabella, na *Italiana in Algeri*, ambas mulheres ternas, mas vivas, combinando delicadeza e poder de decisão. Mais adiante, Rosina e Cenerentola serão contraltos bem mais agudas, correspondendo ao que hoje conhecemos como *mezzo* coloratura (Berganza, von Stade, Bartolli).

No *Demetrio e Polibio*, Siveno é um *trouser-role*, e o mesmo acontecerá a Ciro, Tancredi, Sigismondo, o Ottone da *Adelaide in Borgogna*, o Edoardo de *Edoardo e Cristina*, Malcom na *Donna del Lago*, Faliero na *Bianca e Faliero*, Calbo no *Maometto II* e Arsace na *Semiramide*. O fato de que ele dispunha de Adelaide Malanotte-Montresor, Rosmunda Pisaroni e Rosa Mariani para os papéis de Tancredi, Malcom e Arsace, além de tornar essas partes especialmente virtuosísticas, confere-lhes tessitura bem mais grave. Os *musici* rossinianos são, geralmente, jovens, mas com uma dimensão épica, fraseado nobre e amplo nos recitativos, cantábiles ternos ou elegíacos, melodias vibrantes e não raro acrobáticas nas grandes expansões emocionais.

O contralto *em travesti* pode aparecer tanto numa ópera séria – o Edoardo da *Matilde di Shabran* – quanto numa bufa: o Pippo da *Gazza Ladra*. Nesse último caso, são uma antecipação dos papéis de pajem comuns em Donizetti (o mais assemelhado é o pastorzinho da *Linda di Chamounix*). Oscar (soprano), no *Baile de Máscaras*, será uma manifestação tardia desse tipo de personagem. A extensão normal é sol^2 – si^4 (Zomira, do *Ricciardo e Zoraide*, canta um mi^2 bemol, porque o papel foi concebido para a Pisaroni). A voz só se alça ao si^4 nas *volate* do canto *vocalizzato*. No silábico, não passa do fá^4 ou do sol^4. Nessa modalidade, a tessitura é, normalmente, de dó^3 – dó^4. As *volate* e *fiorettature* do contralto não diferem muito das do soprano, mas para a Marcolini, especialmente, Rossini não escrevia longas escalas ascendentes, preferindo que a cantora ascendesse à região aguda mediante arpejos ou saltos sucessivos. Já as escalas descendentes são muitíssimo freqüentes, até mes-

54. "Julieta e Romeu na mesma garganta".

mo quando lhe são reservadas frases marteladas de agilidade, como no dueto "O che muso, che figura", da *Italiana in Algeri*.

Nas óperas francesas, não há contraltos pois, apesar da boa acolhida dada em Paris a cantoras como a Pasta ou a Pisaroni, não era costume, no Opéra, escrever papéis líricos para o *bas-dessus*, como elas eram chamadas. Já o meio-soprano, Rossini o usou muitíssimo, dando inclusive papel de relevo, na fase francesa, ao Isollier do *Conde Ory*. Nas óperas italianas, o mezzo é geralmente a *seconda donna*, mas com direito a uma ária de estilo silábico, de ornamentação moderada e tessitura central. Exemplos são a Clarina da *Cambiale*, a Argene do *Ciro in Babilonia*, a Zulma da *Italiana in Algeri*, a Zaïda do *Turco in Italia*, a Berta do *Barbeiro*, a Emilia do *Otello*.

Ao soprano cabem, naturalmente, os papéis da mulher jovem e apaixonada, com extensão mais ampla. A coloratura é mais elaborada para o soprano sério das primeiras óperas do que para os que fazem papel bufo. É o caso da Zenóbia do *Aureliano in Palmira*, que chega a mi^5 bemol. Como a voz dessas cantoras tende a ser bem clara, a heroína romântica, cujo timbre leve se associa à juventude e à inocência (Lucia, Amina, Gilda) é prefigurada por personagens de *amorosa ingenua* como a Lisinga do *Demetrio e Polibio*, a Amira do *Ciro*, a Amenaïde do *Tancredi*, a Aldimira do *Sigismondo*, Dorliska ou Matilde di Shabran.

A *prima buffa* alterna doçura e vivacidade, sensualidade e malícia: modelo disso é a Fiorilla do *Turco in Italia*; mas a Fanny da *Cambiale* e a Sofia do *Signor Bruschino* são também muito significativas. Nas óperas de *demi-caractère,* a meio caminho entre o sério e o bufo, a soprano faz a menina ingênua e despreparada para enfrentar a maldade do mundo: a Isabella do *Inganno Felice*, e principalmente a Ninetta da *Gazza Ladra*. Sua coloratura é menos acrobática do que das personagens de ópera séria; a tessitura é central e, na *Gazza Ladra* principalmente, avizinha-se à do mezzo agudo (isso, na verdade, está ligado às características específicas da voz de Teresa Belloc, para quem Ninetta e Isabella foram escritas).

Na fase napolitana, como os principais papéis femininos eram escritos para La Colbran, soprano central com grande extensão no grave, o único papel de soprano agudo é o de Matilde, que se opõe à protagonista da *Elisabetta Regina d'Inghilterra*. Virtuose naturalmente dotada para o fraseado amplo e nobre, e uma presença cênica que a predispunha a criar figuras reais ou de mulheres misteriosas – Elisabetta, Armida, Ermione, Semirâmide –, Isabella Colbran já estava entrando em declínio quando Rossini chegou a Nápoles. Stendhal e Giuseppe Carpani – na *Lettera sulla Musica di Rossini* – registram a sua tendência a desafinar, à voz ficar calante, e a ela já não poder mais executar frases *con slancio*, que exigissem grandes arroubos sonoros. Celletti comenta como o apaixonado compositor encontrou meios de suprir as deficiências de sua namorada:

> A tendência a desafinar, provocada pelo cansaço ou pelo mau uso da respiração, manifesta-se com mais freqüência nos cantábiles di *stile spianato* e andamento pausado, com longas notas sustentadas, do que na vocalização mais rápida. Ao mesmo tempo, a *fiorettatura* diminuta e os vocalises velozes, numa voz que Carpani, em 1822, ainda achava doce e sonora, podia contornar o problema. A agilidade de bravura (isto é, *forza*) tornava o som *mordente*, na falta de vigor no canto *spianato* ou *agitato*. Explica-se, assim, por que convinham à Cobran personagens doces e nostálgicos como Desdêmona, a Elena da *Donna del Lago* ou Zelmira, nas quais se alternavam *firettature* ternas e virtuosismo brilhante.

A partir do que foi dito, é importante assinalar de que modo as partes de soprano escritas para La Colbran prenunciam os papéis românticos de soprano *drammatico d'agilità*. Na fase final, parisiense, ao contrário, quando ele não tem mais a voz da Colbran como referência, as personagens são inocentes, delicadas – e isso se revela em sua tessitura mais aguda e leve –, mas não deixam de ter uma ponta de firmeza épica. Assim são a Pamyre do *Siège de Corinthe* e a Mathilde do *Guillaume Tell*, ambas concebidas para Laure Cinti-Damoureau.

Nas óperas sérias italianas, o tenor abaritonado[55] é bastante usado. Nas óperas em que

55. Fique claro para o leitor que, quando falamos aqui do *tenore baritonale* – ou *baritenore* – temos em vista a técnica de canto muito específica da fase clássica e pré-romântica. Nesse contexto, o termo "abaritonado" tem pouco a ver com o uso moderno, para designar o cantor pós-Romantismo de voz escura e encorpada, de que Caruso ou Plácido Domingo são exemplos típicos. Na verdade, a oposição de que se fala aqui é a do *tenore di grazia* e a do *tenore di forza*.

o papel do namorado é desempenhado por um contralto – ou por um *castrato*, como foi o caso de Velluti no *Aureliano in Palmira* –, cabe ao *baritenore* fazer

- o pai nobre: Eumene no *Demetrio e Polibio*, Argirio no *Tancredi*;
- ou então o antagonista do herói: Baldassare no *Ciro*, a personagem-título do *Aureliano*, Ladislao no *Sigismondo*.

Isso muda a partir de 1815. Gioachino já não pode mais usar o *musico*, porque isso significaria colocar em cena uma cantora que concorreria com Isabella. Por sorte ele tem à mão Andrea Nozzari, excelente baritenor, que será Leicester na *Elisabetta* e, logo depois, Torvaldo no Teatro della Valle, de Roma. Para Nozzari, Rossini escreverá Otello, o Rinaldo da *Armida*, o Osiride do *Mosè*. Tanto Leicester quanto Rinaldo preservam as características do jovem enamorado. Já Otello, por combinar os traços heróicos do general com a angústia do homem destroçado pelo ciúme, já prenuncia aquele tipo de personagem que, na plenitude romântica, será feito por um barítono – o Renato do *Baile de Máscaras* –, ou por um tenor dramático (tendendo também à voz escura), como será o equivalente verdiano dessa ópera.

Mas é na *Armida*, sobretudo, que Rossini enfrenta uma situação nova: fazer do *baritenore* um jovem apaixonado. E ele o faz nos três duetos, "Amor possente nome" (ato I), "Dove son io" (II), "Soavi catene" (III), cuja melodia é sensual e rica em ornamentos. A tendência belcantística de Rossini, porém, torna rara momentos assim. Seus tenores, pais nobres ou antagonistas, tendem mais para o canto *di forza* do que para o suave ou o melancólico – e seu canto é marcado pelos saltos ascendentes, os ritmos martelados, as frases muito acentuadas (por exemplo, "A pugnar m'accinsi, o Roma, col tuo nome impresso in cor", de Aureliano, no ato I da ópera que leva o seu nome). Isso é particularmente observável no *Otello*:

- na sua entrada *vivace marziale* "Ah, si per voi già sento";
- no veemente dueto do ato II com Iago, "L'ira d'avverso fato",
- em toda a cena final da ópera.

A partir do *Otello*, porém, surge um outro problema: se o tenor substitui o contralto *en travesti* no papel do jovem apaixonado, como outros autores já tinham feito antes dele, quem ocupará o lugar desse cantor na pele do pai nobre, do sacerdote, do tirano, do traidor? No *Achille*, Ferdinando Paer tinha tentado solucionar o problema fazendo de Agamêmnon um *baritenore*, e do protagonista um tenor de tessitura mais elevada. Na *Elisabetta*, devido aos cantores de que dispunha no San Carlo, a situação é inversa: Nozzari é Leicester, de voz mais escura do que Norfolk, o pai, porque este foi escrito para Manuel García que, em 1816, seria o primeiro Almaviva. Na *Armida*, a situação é ainda mais complicada, pois há sete tenores – Nozzari, Benedetti, Chizzola, além de Ciccimarra e Bonoldi fazendo dois papéis cada um – interpretando o cavaleiro apaixonado, seu antagonista, o general etc.

Foi no tenor de ópera cômica ou semi-séria que Rossini encontrou a saída. Giocondo, na *Pietra del Paragone*, tem tessitura central. Mas como a história da escrita vocal rossiniana é também a história dos cantores com quem ele trabalhou, o Lindoro da *Italiana*, escrito para Serafino Gentili, tem voz agudíssima e escrita muito florida. O mesmo acontece com Don Narciso, no *Turco in Italia*, destinado a Giovanni David – ambos eram o cantor de voz clara, grande extensão e timbre brilhante a que, na época, dava-se o nome de "tenorino". Manuel García, para quem foi concebido o *Barbeiro*, tinha a *Italiana* em seu repertório; mas sempre que fazia esse papel, abaixava em um tom e meio a ária "Languir per una bella", passando-a de dó maior para mi bemol.

No *Otello*, que é de 1817, Rodrigo foi representado por David, oferecendo assim uma alternativa de timbre agudo e brilhante às vozes mais escuras de Otello e Iago. Posteriormente, o príncipe Ramiro da *Cenerentola* será cantado pela voz agudíssima do tenorino Giacomo Guglielmi. Savino Monelli, criador do Giannetto da *Gazza Ladra*, também tinha voz muito elevada. A partir de 1818, tendo nas mãos o tenorino David e o baritenor Nozzari, Rossini os contrapôs como jovem apaixonado e antagonista: Ricciardo-Agorante no *Ricciardo e Zoraide*; Oreste-Pirro na *Ermione*; Giacomo-Rodrigo na *Donna del Lago*; Ilo-

Antenore na *Zelmira*. Nessa oposição, já existe o germe da que, na plenitude romântica, vai jogar o tenor contra o barítono. Na fase pós-1816, o tenor de voz abaritonada é também contraposto ao contralto; é o caso de Carlo em *Edoardo e Cristina*, ou de Contareno na *Bianca e Faliero*.

Giovanni David é o protótipo do que na época se chamava de *tenore contraltino*: voz agudíssima, brilhante, acrobática, mas também capaz de espraiar-se em delicadas melodias de tom elegíaco, como o "Ah, perchè mai non senti", que Rodrigo canta no ato II do *Otello*. Celletti cita duas passagens que ilustram a tessitura estratosférica e a agilidade vertiginosa de David – que gostava de inserir variações mirabolantes nas árias que interpretava:

- o "sì, distruggerlo saprò", no dueto "Ah, vieni, nel tuo sangue", de Rodrigo com Otello (ato II);
- a passagem "nel pensarlo solo, ogni più acerbo duolo", da cabaletta de "S'ella m'è ognor fedele", cantada pelo protagonista no ato I de *Ricciardo e Zoraide*;
- ou o verdadeiro duelo de tenores que há no dueto "Qual dolce speme" (ato II), entre Ricciardo e Agorante.

De acordo com a técnica de canto da época – que cantores como Rockwell Blake ou Chris Merritt tentaram resgatar em dias recentes –, o tenor abaritonado rossiniano chegava até o dó^4 e, às vezes, até mesmo ao ré^4 (mas, nesse caso, com a emissão em falsete). Em geral, o tenor cantava a plena voz até o sol^3 ou o lá^3 bemol – as notas mais agudas do barítono moderno; depois, recorria ao registro de cabeça, produzindo sons brancos, mas não de todo privados de vibração e alcance. O tenor contraltino também tinha de lançar mão do falsete depois do lá^3 ou do si^3 bemol. De ambos exigiam-se ornamentos – incluindo os trinados – mas raramente eram-lhe confiadas *volate*. Em compensação, tinham de fazer muito o chamado *canto di sbalzo*, em que há intervalos muito amplos, em que a voz salta de um som muito grave para um muito agudo, ou vice-versa.

No Idreno agudíssimo da *Semiramide* parece já haver a promessa dos papéis franceses – Ory, Néocle, Arnold – dedicados a Adolphe Nourrit, digníssimo herdeiro da tradição dos *haute-contres* franceses: voz clara, extensão para cima que facilitava, para ele, cantar em tessitura elevada – ainda que não tão estratosférica quanto a de David. Mestre no uso de um falsete muito bem colocado, a partir do sol^3, era Adolphe Nourrit, que o usou com perícia na criação do *Guillaume Tell*. Mas com ele o canto florido e de agilidade já está se atenuando bastante pois, como dissemos, Rossini se adapta, ao mudar para a França, às praxes vocais que correspondiam ao gosto parisiense.

O termo "baixo", nas óperas rossinianas, é um amplo guarda-chuva que abriga as vozes de barítono e de baixo. Da tradição clássico-barroca, Rossini herdou dois tipos de baixo:

- o *buffo caricato*, cujo comportamento farsesco remonta ao dos estereótipos da *Commedia dell'Arte*, usado para os papéis de pai ou marido ranzinza e repressor, mais preocupado com seus interesses financeiros do que com a felicidade da filha, ou então de tutor velho e babão que quer desposar a sua pupila;
- e o *buffo nobile*, de origens mais recentes – elas remontam aos primórdios da comédia de tema burguês, no início do Classicismo –, que tem função mais variada e pode até aparecer como apaixonado.

São comuns os pares de nobre e caricato: o conde Adrubale e Fabrizio, na *Pietra del Paragone*; Mustafá e Taddeo na *Italiana in Algeri*; Selim e Geronio no *Turco in Itália*. Na medida em que, do ponto de vista da complexidade da escrita vocal, fez diminuir a distância entre sério e cômico, Rossini atraiu grandes nomes para o domínio da comédia. E isso lhe permitiu escrever árias de ornamentação cada vez mais suntuosas. Frisamos, no decorrer deste capítulo, a importância de Filippo Galli (Asdrubale, Mustafá e Selim foram escritos tendo em vista os dotes excepcionais desse cantor). Há, pois, uma diferença básica entre o bufo caricato *parlante* – ainda que, às vezes, as *patter-songs* para esse tipo de personagem sejam extremamente difíceis, como é o caso de "Un dottor della mia sorte", de Bartolo, no *Barbeiro* – e o bufo nobre *cantan-*

te, capaz de canto florido um pouco mais empenhativo.

Não nos esqueçamos também do importante papel de urdidor de intrigas, ou de intermediário entre os amantes, que Rossini entrega ao barítono brilhante: o Prosdócimo do *Turco in Italia*, o Dandini da *Cenerentola* e, *primus inter pares*, o Fígaro do *Barbeiro de Sevilha*.

Quando podia dispor de um bufo nobre como Galli, Rossini usava uma extensão de sol[1] a fá[3] sustenido, tessitura praticamente de baixo-barítono – a de um Samuel Ramey, entre os cantores modernos. Como na época de Haendel, escreve para o baixo música muito ornamentada e que exige a *morbidezza* de emissão típica do belcanto. Há trinados até mesmo em números escritos para bufos caricatos – sem falar nos barítonos brilhantes, como é o caso de "Come un'ape ne' giorni d'aprile", que Dandini canta no ato I da *Cenerentola*. Caricatos e barítonos são chamados, além disso, a executar passagens em *stile parlante* ou *silabato*:

- o *parlante* é um recitativo cuja monotonia é temperada por vivas intervenções da orquestra; isso já acontece desde o "Nel fissarle gli adosso", de Batone, no *Inganno Felice*; e tem rendimento fabuloso no "Numero quindici a mano manca" do dueto de Fígaro com Almaviva, no ato I do *Barbeiro*; e uso muito virtuosístico no "Medaglie incomparabili" de Don Profondo, no *Viaggio a Rheims;*
- o *silabato*, a que os ingleses dão o nome de *patter song*, é rigorosamente monossilábico, com declamação velocíssima do texto, que exige do cantor muita clareza de articulação, de preferência com efeitos de crescendo/diminuendo para dar variedade dinâmica à interpretação; além da seção "Signorina, una altra volta", da ária de Bartolo no *Barbeiro*, que já citamos mais de uma vez, lembremos "Miei rampolli femminini", o relato do sonho de Don Magnífico no ato I da *Cenerentola*.

Na ópera rossiniana, portanto, o papel do baixo não difere muito do que lhe era atribuído nas óperas do Barroco e Classicismo. O baixo pode ser o antagonista ou o vilão: Orbazzano, no *Tancredi*; o duque de Ordow, em *Torvaldo e Dorliska*; o Prefeito, na *Gazza Ladra*. Ordow, certamente porque foi escrito para Filippo Galli, é o primeiro baixo do qual são exigidas habilidades virtuosísticas – por exemplo na passagem "affanni soffrir non so", de sua cavatina do ato I, em andamento marcial, "Dunque invano". O Prefeito tem de enfrentar escrita melismática na cavatina "Il mio piano è preparato", do ato I, que apresenta trinados e *volatine*; e na ária "Sì, per voi, pupille amate", do ato II. Durante o *andante grazioso* do segundo finale, o Prefeito canta uma passagem onomatopaica, "sordo sussurra il vento, minaccia il mare infindo", que poderia perfeitamente ter saído de uma *aria di tempesta* barroca.

Outra personagem escrita para Galli que tem grande relevo vocal é o Assur da *Semiramide*, cujo canto oscila entre o virtuosístico e o declamatório ou *spianato*. Outros baixos que fazem papel de tirano ou traidor são Gessler, no *Guillaume Tell*, Leucippo, na *Zelmira*, e o Faraó, no *Mosè* – esses dois últimos tendendo para a tessitura de baixo-barítono.

São de estilo mais tradicional os baixos usados para os papéis de pai ou sacerdote: Elmiro, do *Otello*, Douglas, da *Donna del Lago*, e Polidoro, da *Zelmira*, na primeira categoria; e na segunda, o Sumo-sacerdote de Ísis, no *Aureliano in Palmira*, o protagonista do *Mosè*, e Osroe, na *Semiramide*. Elmiro, Douglas e Polidoro foram concebidos, na fase napolitana, para a voz ampla e profunda de Michele Benedetti. Luciano Mariani foi o criador de Osroe. Nesse quadro, há personagens que constituem categoria à parte:

- Fernando, o pai de Ninetta, na *Gazza Ladra* – escrito para Galli – pai nobre, apesar de sua extração social plebéia, homem corajoso e de índole altiva; a sua coloratura oferece arpejos de agilidade, *fiorettature* e *volate*, mas é nas passagens de caráter patético em *stile spianato* que estão os grandes momentos de sua participação na ópera – por exemplo a primeira seção da ária "Accusata di furto", no ato I;
- Maometto II, outra personagem de Galli, um caso raro de baixo apaixonado; personagem nobre e magnânimo, cujo virtuosismo vocal e ternura na expressão dos sentimentos

amorosos são transplantados para a versão francesa, *Le Siège de Corinthe*;

- Guilherme Tell, a personagem mais moderna da dramaturgia rossiniana, já romântica; sua escrita é bastante despojada, com poucos melismas, e nele é mais importante o canto expressivo do que o virtuosístico, como fica claro na mais famosa cena da ópera, a da maçã na cabeça de seu filho; Tell será, para o futuro, uma referência no que se refere ao barítono como personagem nobre e de caráter épico.

É preciosa a radiografia que Celletti faz, na *Storia del Belcanto*, da vocalidade e suas praxes executivas, no período em que Rossini produziu a sua obra. Por esse motivo, pareceu-me importante, no contexto deste estudo da obra rossiniana, oferecer um resumo desse documento que, para o leitor brasileiro, pode ser de difícil acesso.

Em seu *Traité Complet de l'Art du Chant* (1840), o barítono Manuel García, filho do grande tenor rossiniano, expõe as regras básicas a que deveria estar atento o cantor, no início do século XIX; ele tinha de ser capaz:

- de executar a *messa di voce*, a passagem gradual de um pianíssimo para um fortíssimo, e vice-versa;
- de fazer corretamente um legato – passar suavemente, mas com nitidez, de uma nota para a outra – e um portamento: conduzir a voz, com graça e leveza, de um intervalo para o outro, sem quebrar o som ou fazer ouvir as notas intermediárias;
- de ter um fraseado elegante, ou seja, de apresentar os desenhos de cada frase musical de modo a dar o relevo exato a cada uma delas, sendo capaz também de usar precisamente a respiração para cada segmento desse desenho, sabendo inserir as pausas até mesmo nos pontos onde o compositor não as tinha explicitamente indicado;
- de saber executar as *sfumature*, isto é, as nuances expressivas, alternando ppp e fff e outras indicações dinâmicas, de acordo com o sentido das frases ou a conotação das palavras;
- de executar os ornamentos de forma impecável.

Se um só desses requisitos faltasse, a execução era considerada imperfeita. Havia regras complementares. Por exemplo a de que, nos portamentos ascendentes, devia-se reforçar a intensidade do som, diminuindo-a nos descendentes – princípio que se associava a um outro, de caráter mas geral: o de que era oportuno, nas frases ascendentes, passar gradualmente de piano para forte, fazendo o inverso nas descendentes. García, porém, sabendo que a aplicação sistemática desse princípio podia gerar uma execução mecânica, dizia que ppp/fff ou *crescendo/diminuendo* deviam ser empregados em função do sentimento a exprimir, e não do formato da frase musical. Propunha, assim, um efeito de *rinforzando* nas frases ascendentes, se o sentimento a exprimir fosse se tornando mais vivo; e vice-versa, um *diminuendo*, se ele arrefecesse.

Datando das origens do belcanto, continuava viva, na época de Rossini, a idéia de que o discurso musical deveria oferecer variedade, e isso se referia não só às oposições de ppp/fff, mas a todas as gradações intermediárias. Era fundamental também que, ao repetir uma melodia, o cantor a variasse mediante graduações de acento, *rinforzamenti* opostos a *smorzature* (o efeito de deixar a frase ir gradualmente morrendo), *rallentando/accellerando*, ou usar a técnica do *tempo rubato*, em que o executante alarga ou reduz o efeito de determinada nota, desde que permaneça no compasso, em relação à orquestra, sem alteração de tempo.

Outro recurso para a variação era, naturalmente, inserir ornamentação, que deveria ser moderada, nos casos de repetição parcial da melodia. Mas que poderia ser bastante elaborada no caso das repetições integrais, nas árias estróficas ou com *da capo*, nos rondós, nas cavatinas ou polonaises. Na primeira apresentação, a melodia é "lisa", tal como o compositor a escreveu; na segunda, surgem ornamentos moderados e alguns dos recursos de variação acima indicados; na terceira, todos esses recursos eram intensificados (às vezes com abusos exibicionistas, como já foi dito várias vezes). A partir do momento em que passa a escrever detalhadamente suas variações, Rossini segue à risca essa regra – exemplo disso é "D'amor al dolce impero", na

Armida, ou a Canção do Salgueiro, no *Otello*. O canto *d'agilità* previa várias formas de vocalização:

- A *agilità legata*, em que as notas, ligadas uma à outra sem solução de continuidade, deviam ter a mesma clareza, intensidade e colorido. Uma *volata* não devia ter alteração de velocidade: a rapidez era a mesma do princípio ao fim. Mas, quando se tratava de uma escala cromática, alguns teóricos aceitavam o apoio na primeira nota, para destacá-la. Em "D'amor al dolce impero", Rossini indica esse apoio tanto no início da escala ascendente, quanto no si bemol agudo em que ela culmina, dando início à escala descendente. Particularmente difíceis eram os vocalises de grau conjunto – de notas contíguas – com tercinas, como em "gli augei tra fronde e fronde spiegano l'amor col canto", na segunda estrofe dessa ária da *Armida*. Nos vocalises arpejados – como os que encontramos em "Bell'alma generosa", da *Elisabetta Regina d'Inghilterra* –, a primeira nota devia ser levemente acentuada em cada figura de arpejo; em seguida, os outros sons eram ligados de forma leve mas nítida, preocupando-se o cantor em não deixar cair o andamento. Alguns executantes costumavam sustentar o som do arpejo na fase ascendente da frase e, na descendente, fazer o *smorzando*; mas os teóricos insistiam em que os arpejos em andamento rápido deviam ser executados à meia-voz.
- A *agilità martellata* é a que consiste em marcar energicamente as notas sobre as quais há o sinal > ; mas a acentuação deve permanecer igual para todas as notas, excluindo-se a aspiração (a sensação de que a nota é precedida de um h aspirado), e os sons são cantados em legato. Exemplo típico é o dueto de Isabella e Mustafá na *Italiana*. García diz ainda que a *agilità martellata* pode ser indicada com notas pontuadas encimadas por um sinal de ligadura – exemplo disso é a passagem "questo cor ben lo comprende, palpitante dal diletto", no andante "Quanto è grato all'alma mia", a *aria di sortita* da personagem-título de *Elisabetta Regina d'Inghilterra*.
- A *agilità picchettata*, indicada por meio de notas pontuadas, cujo som, uma vez atacado, é imediatamente abandonado, para dar a sensação de uma linha melódica saltitante e "pontilhada";
- e a *agilità staccata* ou *flautata*, em que as notas, encimadas por uma vírgula, são também emitidas separadamente, mas admitem um levíssimo prolongamento após o ataque.

Todas as vozes femininas do tempo de Rossini eram capazes de executar, das formas mais variadas, trinados (*trilli*) pirotécnicos. Quanto aos homens, Gilbert-Louis Duprez, em seu *L'Art du Chant*, informa que eles geralmente o realizavam a meia-voz. As únicas exceções que ele aponta são os tenores Manuel García pai e Giovanni Rubini, o barítono Paul Barroilhet, e o baixo Nicolas Levasseur, capazes de fazê-lo a plena voz.

Em Rossini, é muito comum o *grupetto* – a alternância de uma nota principal com duas outras subsidiárias, que se encontram imediatamente abaixo e acima dela. Executados com energia, os *grupetti* rossinianos exprimem paixão, ardor, agressividade; feitos de modo leve e suave, sugerem sensualidade, melancolia, saudade. A regra era acentuar levemente, ou prolongar um pouco, a nota que precede o *grupetto*, acelerando depois a emissão das notinhas, para voltar ao compasso.

Quem eram os gigantes da vocalização na era Rossini? Mencionamos muitos deles no decorrer deste capítulo mas, para conhecê-los, nada melhor do que ler os escritos desse partidário incondicional do melodrama italiano – ou italianizante (Haydn, Mozart) –, chamado Henri Beyle, que assinava seus escritos com o pseudônimo de Stendhal. É nas páginas de *Vies de Haydn, de Mozart et de Métastase* (1815), ainda mais nas de *Rome, Naples et Florence* (1813) e, sobretudo, nas da tantas vezes citada biografia do compositor aqui estudado, que encontramos o perfil de Filippo Galli, Angelica Catalani, Giuditta Pasta, Giovanni David e, sobretudo da Colbran.

Esses retratos são traçados pelo *opera freak* que viajava de um lugar para o outro atrás da droga para o seu vício. Pelo melômano que tinha a perfeita consciência de que a música, por mais bela que seja ao sair das mãos de seu criador, só assume o seu verdadeiro significado ao ser materializada por um executante e atingir – bem ou mal, não importa – o público a que se destina. É de se espantar que, dedicando-se tanto à ópera, Stendhal ainda tenha tido tempo de escrever romances fundamentais para a história do Romantismo como *La Chartreuse de Parme* e *Le Rouge et le Noir*.

Henry Beyle é, neste capítulo, um coadjuvante tão importante quanto Gioachino Rossini. A ele devemos – a despeito de todas as imprecisões que, o mais das vezes, são fruto do excesso de entusiasmo – informações preciosíssimas para conhecer esse último clássico que, sintetizando todo o legado vocal de dois séculos, foi capaz também de apontar à ópera o rumo do futuro.

BIBLIOGRAFIA

ALLIER, Roger (1991). *"Una Cosa Rara" de Vicent Martín i Soler*. No folheto da gravação Jordí Saval dessa ópera, selo Astrée Auvidis, E 8760.

ABERT, Anna Amalie (1995). *Peter Winter.* Verbete no *Grove*, Londres, McMillan.

ANGERMÜLLER, Rudolph (1995). *Giuseppe Gazzaniga, Antonio Salieri* e *The Weigl Family*. Verbetes no *Grove*. Londres, McMillan.

ASHMAN, David (1997). *Il Matrimonio Segreto*. No folheto da gravação Nino Sanzogno dessa ópera de Cimarosa, selo EMI Classics, 5 66513-2.

BARTLET, Mary Elizabeth (1988). *The Critical Edition of "Guglielmo Tell"*. No folheto da gravação Muti de *Guglielmo Tell*, selo Philips 422 391-4.

BECKER-WEIDMANN, Gudrun (1995). *Vincenzo Righini*. Verbete no *Grove*, Londres, McMillan.

BEGHELI, Marco & GALLINO, Nicola (org.) (1991). *Tutti i Libretti di Rossini*. Milão, Garzanti.

BERLIOZ, Hector (1969). *Mémoires*, dois volumes. Paris, Garnier-Flammarion.

BERTELÉ, Antonio (org.) (1994). *Dictionaire Chronologique de l'Opéra de 1597 à Nos Jours*. Tradução de Sophie Gherardi. Edição francesa atualizada por Louis Jambou. Paris, Ramsay.

BRAUNBEHRENS, Volkmar (1993). *Maligned Master: The Real Story of Antonio Salieri*. Trad. Eveline Kanes. Londres, Ashgate.

BUDDEN, Julian (1995). *Ferdinand Paer* e *Niccolò Piccinni*. Verbetes no *Grove*, Londres, McMillan.

CAMERINI, Silvia (1990). *"La Locandiera" di Salieri*. No folheto da gravação Fabio Luisi dessa ópera, selo Nuova Era 6888/89.

CARLI BALLOLA, Giovanni (1995). *Vincenzo Lavigna, Stefano Pavesi*. Verbetes no *Grove*, Londres, McMillan.

______ . (1998). *Filosofi, Mitologi, Istorici, Antiquari*. No folheto da gravação Giovanni di Stefano de *Socrate Imaginario*, de Paisiello, selo Bongiovanni 2259/60-2.

CASOY, Sérgio (2002). *Il Barbiere di Siviglia*. Pesquisa destinada à realização de um programa na Rádio Cultura de São Paulo, gentilmente cedida pelo autor.

CATTELAN, Paolo (1988). *Il "Guglielmo Tell", melodramma tragico in italiano*. No folheto da gravação Muti de *Guglielmo Tell*, selo Philips 422 391-4.

CELLETTI, Rodolfo (1983). *Storia del Belcanto*. Florença, Discanto Edizioni.

______. (1983). *Gli Orazii ed i Curiazii*. No folheto da gravação Massimo di Bernart dessa ópera de Cimarosa, selo Bongiovanni GB 2021/22-2.

CLÉMENT, Félix & LAROSSE, Pierre (1888). *Dictionnaire des Opéras*, revisto e atualizado por Arthur Pougin em 1904. Paris, Édition Claude Tchou, edição fac-similada para a coleção *Bibliothèque des Introuvables*.

COLAS, Damien (1997). *Le Comique Bien Tempéré*. No folheto da gravação Marc Minkowski de *L'Inganno Felice*, de Rossini, selo Erato 0630-17579-2.

COMMONS, Jeremy (1993). *Medea in Corinto*. No folheto da gravação David Parry da ópera de Mayr, selo Opera Rara ORC 11.

______. (1999). *A Hundred Years of Italian Opera*, diversos textos nos folhetos dos volumes I (1800-1810), II (1810-1820) e III (1820-1830) dessa antologia gravada por David Parry para o selo Opera Rara.

______. (2001). *Ginevra di Scozia.* no folheto da gravação David Parry da ópera de Mayr, selo Opera Rara OR 22.

Cummings, David (org.). (1997). *Random House Encyclopedic Dictionary of Classical Music.* Nova York, Random House.

De Vivo, Vincenzo (1996). *Salieri tra Parigi e Viena.* No folheto da gravação René Clemencic de *Axur Rè d'Ormus*, selo Nuova Era 6852/54.

Di Chiera, David (1995). *Giuseppe Sarti, Antonio Sacchini.* Verbetes no *Grove*, Londres, McMillan.

Di Perna, Roberto (1989). *Nina ossia La Pazza per Amore.* No folheto da gravação Richard Bonynge dessa ópera de Paisiello, selo Nuova Era.

______. (1989). *Fedra – Paisiello.* No folheto da gravação Angelo Questa, selo Nuova Era.

Donington, John (1978). *Opera.* Nova York, Harcourt, Brace Jovanovich.

Doria, Alessandra (1992). *Valentino Fioravanti e "Le Cantatrici Villane".* No folheto da gravação Roberto Tigani, selo Bongiovanni GB 2135-2.

Folletto, Angelo (1990). *Il Pianto alle Radici dell'Opera (Non Solo Comica) Moderna.* No folheto da gravação Bruno Campanella de *La Cecchina ossia La Buona Figliola*, de Piccini, selo Nuova Era.

Gazzaniga, Arrigo (1988). *Da un "Fils par Hasard" a un Bruschino Azzardato.* No folheto da gravação Donato Renzetti de *Il Signor Bruschino*, selo Ricordi 2002.

Gerhard, Anselm (1990). *Coloratura para uma Doméstica: "La Gazza Ladra" de Rossini entre Ópera Semi-Séria e Melodrama Romântico.* No folheto da gravação Gianluigi Gelmetti, selo Sony Classical 752.142-3-4.

Gosset, Philip (1980). *Cenerentola.* No folheto da gravação Gabriele Ferro, selo Sony Classics.

______. (1981). *"Mosè" or "Moïse"? An Original Masterpiece Restored.* No folheto da gravação Claudio Scimone, selo Philips 420 109-2.

______. (1982). *Rossini's Comic Masterpiece.* No folheto da gravação Neville Marriner do *Barbeiro de Sevilha*, selo Philips 6769 100.

______. (1982). *Il Turco in Italia.* No folheto da gravação Riccardo Chailly, selo CBS 700.306/7.

______. (1988). *The Fruit of a Lengthy Apprenticeship.* No folheto da gravação Muti de *Guglielmo Tell*, selo Philips 422 391-4.

______. (1992). *"Semiramide" and the Elaboration of Rossini's Stylistic Vision.* No folheto da gravação Ion Marin, selo DG 437 797-2.

Gossett, Philip; Ashbrook, William; Budden, Julian & Lippman, Friedrich (1989). *Mestres da Ópera Italiana: Rossini, Donizetti, Bellini*, da série *The New Grove.* Porto Alegre, L&PM.

Grout, Donald Jay (1965). *A Short History of Opera.* Nova Cork, Columbia University Press.

Hoffelé, Jean-Charles (1992). *La Scala di Seta.* No folheto da gravação Marcello Viotti dessa ópera de Rossini, selo Claves 50-9219/20.

Holden, Amanda; Kenyon, Nicholas & Walsh, Stephen (org.). (1993). *The Viking Opera Guide.* Londres, Viking.

Holden, Amanda (org.). (2001). *The New Penguin Opera Guide.* Londres, Penguin Books (esta é a versão atualizada e expandida do *Viking Opera Guide*).

Holland, Dietmar (1977). *"Le Mariage Secret" de Cimarosa – Opéra-bouffe Traité en Comédie de Caractère: La Situation de l'Opéra-bouffe Après Mozart.* No folheto da gravação Daniel Barenboim, selo DG, 2740 171/2709 069.

Honegger, Marc (1988). *Diccionario de la Música: los Hombres y Las Obras*, edição espanhola a cargo de Tomás Marco. Madri, Espasa-Calpe.

Kobbé, Gustave (1991). *O Livro Completo da Ópera*, editado pelo conde de Harewood. Rio de Janeiro, Jorge Zahar.

Kraus, Gottfried (1990). *The Other Don Giovanni.* No folheto da gravação Stefan Soltesz do *Don Giovanni Tenório* de Gazzaniga, selo Orfeo, 214092 H.

Kunze, Stefan (s/d). *Don Giovanni – não o de Mozart.* No folheto da gravação Bruno Weil do *Don Giovanni Tenório* de Gazzaniga, selo 758.054/2 SK-46693.

Jackman, James (1995). *The Guglielmi Family.* Verbete no *Grove*, Londres, McMillan.

Johnson, Jennifer (1995). *Domenico Cimarosa.* Verbete no *Grove.* Londres, McMillan.

Lanza, Andrea (1995). *Pietro Generali, Giuseppe Nicolini* e *Vincenzo Pucitta.* Verbetes no *Grove*, Londres, McMillan.

Lanza Tomasi, Gioacchino (org.) (1971). *Guida a l'Opera da Monteverde a Henze.* Milão, Arnaldo Mondadori Editore.

Levarie, Siegmund (1995). *Giacomo Meyerbeer.* Verbete no *Grove.* Londres, McMillan.

Libby, Dennis (1995). *Giacomo Cordella* e *Giacomo Tritto.* Verbetes no *Grove*, Londres, McMillan.

Longyear, R. M. (1995). *Niccolò Zingarelli.* Verbete no *Grove.* Londres, McMillan.

Maag, Peter (1979). *About Paer's "Leonora".* No folheto de sua gravação dessa ópera, selo Decca, OSA 13133.

Machado Coelho, Lauro (1995). *O Barbeiro de Sevilha.* Texto de programa para a apresentação da ópera de Rossini no Teatro Municipal de São Paulo, de 25 de julho a 2 de agosto.

_____. (1998). *Rossini entre a Genialidade e o Ócio*. São Paulo, Caderno de Leitura do *Jornal da Tarde*.

_____. (2002). *La Donna del Lago*. Fascículo acompanhando a gravação Riccardo Muti dessa ópera de Rossini. São Paulo, Editora NBO, coleção *DVD-Ópera*.

MICHOTTE, Edmond (1858). "Souvenirs d'une Soirée chez Rossini à Beau-Séjour, Passy, en 1858: Exposé par le Mestro des Principes du Belcanto", in Herbert Weinstock, *Rossini: a Biography*.

MOLITERNI, Pierfranco (2000). *Niccolò Piccinni*. Cf. TOZZI, Lorenzo.

OSBORNE, Charles (1996). *The Bel Canto Operas of Rossini, Donizetti, Bellini*. Portland, Amadeus Press.

OSBORNE, Richard (1987). *Rossini*. Londres, J. M. Dent & Sons Ltd, coleção *The Master Musicians*.

PARKER, Roger (1996). *The Oxford History of Opera*. Oxford University Press.

PAROUTY, Michel (1992). *L'Inganno Felice*. No folheto da gravação Marcello Viotti dessa ópera de Rossini, selo Claves 50-9211.

PAVOLINI, Corrado (1952). *Valentino Fioravanti: "Le Cantatrici Villane"*. No folheto da gravação Mario Rossi, selo Cetra-Soria 50.102.

PAYNE, Nicholas (1973). *William Tell: an Introduction*, na gravação Gardelli da ópera, selo EMI 0777-7-69951-2.

PELUCCHI, Pier Angelo (1995). *Giovanni Simone Mayr: Overtures*. No folheto do disco de Donato Renzetti, selo Warner Fonit, 8573 87131-2.

PÉTERI, Judith (1985). *Salieri: Falstaff*. No folheto da gravação Tamás Pál, selo Hungaroton/Classic, lançamento nacional da Paulus 003683.

_____. (1987). *Cimarosa and Neapolitan Opera*. No folheto da gravação Tamás Pal de *Il Pittore Parigino*, selo Hungaroton.

_____. (1990). *The Barber of Seville or The Useless Precaution*, no folheto da gravação Ádam Fischer da ópera de Paisiello, selo Hungaroton.

PROGETTO MAYR (2001). Informações biográficas sobre G. S. Mayr e dados sobre sua ópera *Adelasia e Aleramo*, recolhidos em 28/12 no site novanet.it/Bianchini/mayr/opera.html.

ROBINSON, Michael (1995). *Pasquale Anfossi* e *Giovanni Paisiello*. Verbetes no *Grove*. Londres, McMillan.

RODEWALD, Albert (1995). *Johannes Simon Mayr*. Verbete no *Grove*. Londres, McMillan.

RUBINO, Maria Adelia (1989). *I Due Baroni di Roca Azzurra*. No folheto da gravação Domenico Sanfilippo dessa ópera de Cimarosa, selo Bongiovanni GB 2083/84-2.

RUSHTON, Julian (1991). *French Opera in the 17th and 18th Centuries* (a parte referente às operas produzidas por Piccini para Paris). Londres, Pendragon.

SADIE, Stanley (1977). *Domenico Cimarosa, his Time and His Music*. No folheto da gravação Daniel Barenboim de *Il Matrimonio Segreto*, selo DG 2740 171/2709 069.

_____. (1996). *The New Grove Book of Operas*. Nova York, St. Martin's Press.

SARTORI, Claudio (1960). *La Cambiale di Matrimonio*. No folheto da gravação Renato Fasano, selo Ricordi 109/10.

SAVAL, Jordí (1991). *Reflexions sobre el Context Historic i Interpretatiu de "Una Cosa Rara"*. No folheto de sua gravação dessa ópera de Martín y Soler; selo Astrée Auvidis E 8760.

SCHELLENBERG, Hans-Jürgen (1993). *Magic Without Any Tricks*, no folheto da gravação Claudio Abbado de *Il Viaggio a Rheims*, de Rossini, selo Sony Classical S2K 53.336.

SCHIMPF, Sigurd (1973). *Gioacchino Rossinis Oper "Wilhelm Tell": ein musikalisches Fresko*, no folheto da gravação Gardelli da ópera, selo EMI 0777-7-69951-2.

SEGALINI, Sergio (1992). *L'Occasione Fa il Ladro*. No folheto da gravação Marcello Viotti dessa ópera de Rossini, selo Claves 50-9208/9.

SLONIMSKI, Nicolas (org.). (1988). *The Concise Baker's Biographical Dictionary of Musicians*. Nova York, Schirmer Books.

SMITH, Patrick J. (1981). *La Decima Musa: Storia del Libretto d'Opera*, trad. Lorenzo Maggini. Florença, Sansoni Editore.

STENDHAL (1962). *Oeuvres Complètes*. Paris, Gallimard, Bibliothèque de la Pléiade. *Vie de Rossini – Notes d'un Dilettante – Voyages en Italie – Correspondance*.

STEFANELLI, Alfredo (1997). *Un Esempio di Satira Musicale nel Teatro Buffo di Cimarosa*. No folheto da gravação Fabio Maestri de *L'Impresario in Angustie*, de Cimarosa, selo Bongiovanni GB 2255-2.

TARTAK, Marvin (1995). *Francesco Gnecco, Giuseppe e Luigi Mosca*. Verbetes no *Grove*, Londres, McMillan.

TASSART, Maurice (1973). *Guillaume Tell*, no folheto da gravação Gardelli da ópera, selo EMI 0777-7-69951-2.

THORLBY, Anthony (org.). (1969). *The Penguin Companion to Literature*, vol. 1 "British" e vol. 2 "European", Londres, Penguin Books.

TIGANI, Roberto (1992). *Appunti sulle "Cantatrici Villane": Piccola Storia di una Revisione Difficile*. Cf. Doria, Alexandra.

TONNINI, Giuliano (1993). *"Il Mondo della Luna" fra Utopia Scientifizzante e Satira di Costume*.

No folheto da gravação Fabio Neri dessa ópera de Paisiello, selo Bongiovanni GB 2173/74-2.

Tozzi, Lorenzo (2000). *"Le Donne Vendicate": Una Palinodia tra Venezia e Napoli*. No folheto da gravação Rino Marone dessa ópera de Piccinni, selo Bongiovanni GB 2282-2.

Vitoux, Frédéric (1989). *Rossini*. Madri, Alianza Editorial.

Warrack, John & West, Evans (org.). (1992). *The Oxford Dictionary of Opera*. Oxford University Press.

Weaver, William (1980). *Rossini and William Tell*. No folheto da gravação Riccardo Chailly, selo London OSA1446.

Weinstock, Herbert (1963). *Rossini: a Biography*. Nova York, Alfred A. Knopf.

Wessely, Othmar (1995). *Vicente Martín y Soler*. Verbete no *Grove*. Londres, McMillan.

Zedda, Alberto (1988). *La Scelta della Vocalità*. No folheto da gravação Muti do *Guglielmo Tell*, selo Philips 422 391-4.

Título:	A Ópera Clássica Italiana
Autor:	Lauro Machado Coelho
Ilustração da Capa:	Silhueta de Luigi Lablace no papel de Fígaro
Formato:	18,0 x 25,5 cm
Tipologia:	Times 10/12
Papel:	Cartão Supremo 250g/m^2 (capa)
	Master Set 90/m^2 (miolo)
Número de Páginas:	440
Editoração Eletrônica e Laser Filme:	Lauda Composição e Artes Gráficas
Fotolito de Capa e Ilustrações:	Liner Fotolito e Gráfica
Impressão:	Gráfica Palas Athena

Coleção História da Ópera

*A Ópera Barroca Italiana**

*A Ópera Clássica Italiana**

As Óperas de Mozart

*A Ópera Romântica Italiana**

As Óperas de Verdi

*A Ópera Italiana Após 1870**

As Óperas de Puccini

*A Ópera na França**

*A Ópera Alemã**

As Óperas de Wagner

As Óperas de Richard Strauss

*A Ópera na Rússia**

*A Ópera Tcheca***

As Escolas Nacionais de Ópera

A Ópera Contemporânea

* volumes já publicados ** no prelo